DYNAMIC STOCHASTIC GENERAL EQUILIBRIUM (DSGE) MODEL

THEORY, METHODOLOGY, AND DYNARE PRACTICE

动态随机一般均衡（DSGE）模型

理论、方法和Dynare实践

李向阳◎著

清华大学出版社

北京

内 容 简 介

本书为DSGE领域入门级专著，讲述了DSGE模型的基本建模理论和求解逻辑，并示例如何在Dynare中加以实现。DSGE的基本建模理论涵盖了经典的RBC模型、新古典模型、RBC模型的拓展(MIU、CIA)、新凯恩斯模型和中等规模DSGE模型，并着重介绍了税收设定、可变资本利用率、投资调整成本、投资边际效率冲击、金融加速器机制、开放经济建模、利率钉住、两种定义下的最优货币政策和DSGE中微观福利度量方法等问题。DSGE的求解逻辑涵盖了一阶(线性化、B&K方法、Schur方法和待定系数法)和二阶的扰动算法、脉冲响应的计算、随机模拟和确定性模拟、最大似然和贝叶斯参数估计及其逻辑。此外，对Dynare的安装、使用、编译逻辑、语法表示、使用技巧和错误排除等也进行了详细介绍并加以示例。

本书最大的特点就是理论密切联系实践。在讲述DSGE理论的同时，辅以大量的模型示例来讲述求解过程和一阶条件，并在Matlab和Dynare中加以编程实现，并提供每个模型甚至每个图形对应的mod文件和Matlab源代码，使得读者知其然，更知其所以然。另外，本书在讲述建模理论的同时，注重分析其经济含义与背景，帮助读者建立经济学直觉。如在讲解MIU建模理论时，将其和著名的费雪货币数量理论相结合加以论述；在讲解CIA建模理论时，将其和弗里德曼规则相联系。本书中的专业术语注重英文再现，可帮助初学者准确把握概念。虽然本书定位于DSGE领域入门级学习资料，但目标读者群并不仅限于宏观经济学专业的学生(如高年级本科生、硕士和博士研究生)。对于那些从事宏观经济研究的学者，特别是对DSGE模型不甚熟悉的学者，以及银行、政府、企事业单位等相关研究机构的宏观经济研究人员，本书同样适用。

图书在版编目(CIP)数据

动态随机一般均衡（DSGE）模型：理论、方法和Dynare实践 / 李向阳著. — 北京：清华大学出版社，2018
（2025.10重印）

　ISBN 978-7-302-49774-5

　Ⅰ.①动… Ⅱ.①李… Ⅲ.①金融—经济模型 Ⅳ.①F830.49

　中国版本图书馆CIP数据核字(2018)第037303号

责任编辑：刘　洋
封面设计：李召霞
版式设计：方加青
责任校对：王凤芝
责任印制：杨　艳

出版发行：清华大学出版社
　　　　网　　　址：https://www.tup.com.cn，https://www.wqxuetang.com
　　　　地　　　址：北京清华大学学研大厦A座　　　　　　邮　　编：100084
　　　　社 总 机：010-83470000　　　　　　　　　　　　邮　　购：010-62786544
　　　　投稿与读者服务：010-62776969，c-service@tup.tsinghua.edu.cn
　　　　质 量 反 馈：010-62772015，zhiliang@tup.tsinghua.edu.cn
印 装 者：天津鑫丰华印务有限公司
经　　销：全国新华书店
开　　本：187mm×235mm　　　印　　张：31.5　　　字　　数：586千字
版　　次：2018年12月第1版　　　印　　次：2025年10月第9次印刷
定　　价：138.00元

产品编号：074344-01

前　言

2017 年 11 月，时值深秋，这是一个收获的季节，也是本书初稿完成的日子。这本书的问世，是对我近十年的求学和工作的一个小结。写作始于 2016 年炎热的夏季，得益于前期充足准备，已有部分手稿、源代码，这使得本书仅在 16 个多月的时间内便迅速成稿。

然而，写作是一个需要耐心和毅力的过程。针对某一个问题往往能花上好几天的时间来解决，通过反复调试源代码，找出问题所在。记得在写作"金融加速器机制及其 Dynare 实现"这一章节时，由于对原有模型进行了扩展，在银行均衡条件中加入成本溢价参数，结果发现原有的代码不能正常运行。为此对思路稍作调整，花了近一周的时间来解决这个问题。在碰到无法解决的问题时，那种无助感只有自己最清楚，有时真想放弃。在寒冷的冬夜和炎热的夏夜，长时间坐在计算机前不停地查阅资料、书写公式和编写代码，是考验耐心和毅力的过程，是一个艰辛的过程，更是一个蜕变的过程。

写作的过程是一个不断学习和自我提高的过程。只有当认认真真地书写每一个字符、每一个均衡条件，认真编写程序，才能发现真知，发现新知。在解决上述成本溢价参数问题的过程中，我彻底弄懂了 Matlab 调试模型的基本逻辑，并熟悉了大部分相关命令。这本书充满着各种数学公式、图形和源代码、复杂的结构和近 500 页的篇幅，使得 Word 2003 往往不堪重负，各种崩溃和排版问题蜂拥而至。因此，需要在解决 DSGE 模型相关专业问题的同时，还必须应对技术与排版问题。当然，解决这些问题之后获得的满足感和成就感也是巨大的。比如：对图形的标注和引用，明明已经定义并存在某个标签，但在插入题注时，标签却不显示已定义的标签。此时只有通过再定义同样的标签，才能"唤醒"Word 2003，找回已有的标签。不过遗憾的是至今仍有两个未解决的问题：问题一，"磁盘已满或打开文件过多"而无法保存的问题(明明不是磁盘已满的问题)；问题二，"Word 正在分析文档……"无论如何按 Esc 键都不能取消而导致 Word 不能操作和假死问题(Word 提示按 Esc 键取消)。有人告诉我这是 Word 本身的内在问题，最后只能作罢。

本书开始写作时就注重 DSGE 建模理论与 Dynare 实践相结合。因此，每一章都有相应的 Matlab 的源文件 (*.m) 和 Dynare 的模型文件 (*.mod)，使得读者能够复制所有的结果，包括 Matlab 图形，所有代码均在 Matlab 2012b 和 Dynare v4.4.1 或 v4.4.3 版本内调试通过。

代码的下载可移步至清华大学出版社官网 (http://www.tup.tsinghua.edu.cn/)、经管之家论坛 (http://bbs.pinggu.org/) 或者直接发邮件 (dynare@foxmail.com) 索要。

本书的写作过程中，对专业术语注重英文再现，重要的专有术语都在中文后面标注了英文，以使得初学者准确把握专有术语。在参考文献排版上，本来打算采取脚注的形式，但同一篇参考文献在一章或一节中多次出现，多次注释造成版面浪费，因此决定采取章尾列示的方式。虽然牺牲了一点便利，但仍不失为一种好的解决办法。此外，对于参考文献，本书尽最大努力减少二手文献，以给读者最准确、最及时的引用源。另外，对于重要的、引用率高的期刊文献，在每章首次引用时，注明期刊名称或缩写，以帮助读者加深对文献的印象。如：Kydland & Prescott(1982, *Econometrica*)、Christiano, Motto & Rostagno(2014, *AER*)。

本书共 9 章内容，除第 0 章为总体介绍性内容外，其余 8 章为实质性内容。8 章中有 3 章内容介绍了 Dynare 软件及其应用；其余 5 章则详细介绍了 DSGE 基础的建模理论与方法，并穿插 Dynare 代码讲解。总体内容分为两篇。第 1 篇含前 5 章内容，定位于初级水平；第 2 篇为后 4 章内容，定位于进阶水平。

第 0 章为 DSGE 模型简介。首先第 1 节介绍了本书的写作初衷和相关背景，然后笔锋一转开始介绍 DSGE 模型 (分析框架) 的发展、作用及其面临的批评、问题；第 3 节则介绍了两种典型 DSGE 模型构建，给初学者一个轮廓性概览；最后一节对宏观经济模型数据库 MMB 做了简单的功能性介绍。

第 1 章介绍了 DSGE 模型的求解逻辑，分为 3 节内容。第 1 节和第 2 节分别介绍了 DSGE 模型的一阶和二阶求解逻辑，并结合 Dynare 的求解惯例加以说明；第 3 节则分别介绍 4 个方面相关的问题，包括稳态及其计算、AR(1) 过程的校准、随机差分方程的求解以及 HP 滤波分析的基本原理，并在 Matlab 中编程实现。

第 2 章为 Dynare 的安装、配置、运行和管理，并对如何获取使用帮助做了简单的说明，相信学完本章之后所有初学者都能够正确配置和运行 Dynare。

第 3 章和第 6 章分主题集中介绍 Dynare 的语法、运行原理及使用方法、技巧等。

第 3 章分为 10 节内容，为基础性应用。从最简单的 DSGE 模型的例子开始，到变量的分类、表达方式、Dynare 的运行原理、求解表示，再到确定性和随机性模拟，以及最后的参数估计，几乎覆盖了 Dynare 基础应用的大部分内容。

第 6 章介绍了 Dynare 的进阶应用，分为 5 节内容，分别从模型文件的循环调用、脉冲响应函数自定义编程、二阶模拟中的相关问题、常见错误示例到最后的宏命令编程，涵盖了高阶应用的相当部分内容。

第 4 章介绍了 RBC 模型和 NK 模型的基本理论。算是 DSGE 建模理论中较为重要的一块，也是初学者必须掌握的内容，因此不惜笔墨，整个内容占据了全书篇幅的 1/4，分为 3 节内容。在 RBC 模型介绍时，着重从定性和定量两个方面力争呈现出 RBC 理论的真实面貌。在 RBC 模型拓展方面，则从 MIU、CIA、投资、边际技术冲击等经典方面进行讲解，力争全面、易懂。对于每一个模型，其均衡条件的推导和经济含义都仔细说明。在对新凯恩斯模型的介绍中，更详细介绍了黏性价格的来龙去脉，均衡条件的推导，并对 3 种不同的均衡做了详细界定，有助于初学者深入了解和全面把握建模和分析的基本逻辑。最后以一个含有价格黏性、工资黏性、消费习惯等要素的中等规模 DSGE 模型结束本章的分析。

接下来的 4 章内容为进阶篇。

第 5 章介绍了金融加速器机制的基本理论。本章内容分为 8 节，详细介绍了金融加速器模型中各行为主体在局部均衡和一般均衡下的决策。此处 DSGE 模型对文献中经典的模型做了简单的拓展，即在银行均衡条件中引入了成本溢价参数。当该成本溢价参数为零时，即为经典问题。

第 7 章是对部分经典文献和几个常见的建模问题做了解析，但很遗憾的是还不全面。本章分为 3 节内容。第 1 节首先对 Galí(2008) 介绍的小型开放模型进行了详细剖析和说明，并在此基础上加入了以福利损失函数为度量基准的最优货币政策，探析了相机抉择、规则承诺、含有成本推动型冲击等情况下最优货币政策问题。此部分内容算是对 Galí(2008) 中的大部分章节的内容做了概括性的解析。第 2 节介绍了文献中著名的零利率下限 (ZLB) 问题，以一个新凯恩斯模型为例，介绍了何为利率钉住。最后一节则着重分析了何为拉姆齐 (Ramsey) 最优货币政策。

第 8 章则聚焦分析了 DSGE 分析框架下微观福利的度量方法问题。首先介绍了条件福利水平和非条件福利水平的定义及在 Dynare 中的实现，然后介绍了消费补偿变化的方法作为政策福利度量和排序的依据，再进一步介绍了损失函数法在 Dynare 中的实现和数量刻画方法。

此外，各章节在写作过程中，尽量做到相对独立，也就是说读者可以从任一章开始阅读，涉及其他章节的知识点都做了详尽的标明，方便读者快速翻阅查找，获得帮助。然而，当本书完稿时，本人仍然在诚惶诚恐地阅读大量的中英文文献，特别是最新的工作论文和期刊论文，以进一步完善和修改。记忆最为深刻的当数第 0 章的写作，可谓数易其稿而不定。2016 年以来，对 DSGE 模型批评和质疑的声音此起彼伏，以重量级的经济学家、现任世界银行行长 Paul Romer 在 2016 年年初发表的对 DSGE 模型的尖锐批评为开端，2017 年以来，多位知名经济学家也陆续发声，包括 Jordi Galí、Oliver Blanchard 和著名经济学家、诺贝尔奖获得者 Joseph E. Stiglitz 等学者。欧洲经济政策研究中心 (CEPR) 还专门出版了一本电子书，刊发了 9 篇有关 DSGE 模型讨论的文章。因此，本书写作过程也紧跟了最新的文献。这里要特别感谢国内著名的微信群 "货值 DSGE 研讨会"，从中我汲取了不少营养，得到了很多宝贵的资料。群里的很多大咖一直是我学习的榜样！

然而鉴于本人时间和能力所限，本书还存在诸多不足：第一，对于开放经济的建模理论涉及还较少；第二，对于异质性 (HANK) 模型的介绍没有涉及；第三，对 DSGE-VAR 相关的介绍仍然较为有限；第四，对于 MS-DSGE(Markov Switching) 的内容没有涉及；第五，缺乏相关的练习题；等等。在后续再版中，我将努力克服这些短板，力争为读者呈现出更多、更丰富的内容。

本书虽然定位为入门级学习资料，但读者群并不仅限于学生，如高年级本科生、研究生。对于那些从事宏观经济研究的学者，特别是对 DSGE 建模理论不甚熟悉的学者，以及政府、企业等相关研究机构的研究人员，本书同样适用。

"魔鬼总隐藏在细节里 (The Devil Is In Details)。" 在初稿完成后，出版社和我一起先后对排版后的书稿进行 4 次校对，耗时之巨，力求失误最小。尽管我已尽最大努力减少本书每一页中的输入错误包括文字、公式和其他错误，但也难免会出现遗漏和差错。此外，由于作者水平有限，难免会出现技术性甚至系统性偏差和错误，因此我非常欢迎读者对本书提出建议和批评，以方便再版时及时更正。恳请发送邮件至：dynare@foxmail.com，我会力争在最短的时间内回复每一封来信，做到不遗漏。

本书的出版要感谢上海海关学院科研创新团队的支持 (No. 2313113)。没有团队成员和学校的支持，本书的出版估计还要一再被推迟。

在本书写作前的准备期，作者还受上海财经大学的资助赴美国圣母大学经济系访问一年，得到了 Nelson C. Mark、Eric Sims 和 Timothy S. Fuerst 教授启发和指导，并同时受益于宾夕法尼亚大学 Jesús Fernández-Villaverde 教授、西北大学 Lawrence J. Christiano 教授、芝加哥大学 John H. Cochrane 教授的讲座或讲课的启发。他们的指导和启发使我终身受益，在此一并表示衷心的感谢，当然文责自负！

本书的出版还得到了经管之家论坛的鼎力支持。感谢经管之家论坛给了我施展技艺的平台，同时也感谢给予 DSGE 视频录制帮助的几位工作人员，特别是小杨和小曾！经管之家论坛中活跃着上千万全国，甚至世界各地的经济学及其他相关学科的爱好者和工作者们，论坛中有非常丰富和宝贵的学习资料，为我的学习提供了不竭的源泉。

感谢清华大学出版社刘洋主任的鼎力支持，否则这本书也不会这么快面世。刘主任热情的解答、专业的服务精神让人敬佩！

最后还要感谢我的家人。没有父亲、姐姐和妻子的理解和帮助，就不可能有本书的出版。每当夜深人静，伏案疾书之后，都意味着我第二天迟起，父亲、妻子总是能把家里照顾得很好，让我甚是感动！在我父亲有事不能照顾时，岳父母也会及时帮忙，解决我的后顾之忧！当然，我还要感谢小家伙 Cherry，她的降临成为我学习、工作与进步的不竭动力之源。

路漫漫其修远兮，吾将上下而求索！

2018 年 10 月

@上海浦东花木

目 录

第1篇 初 级 篇

第 2 篇 进 阶 篇

第 1 篇

初 级 篇

0
DSGE 模型简介

本章对 DSGE 分析框架的发展做了简单的介绍，分为 4 节内容。第一节从本书的写作背景出发，简要地回顾了现有的图书文献，并引出本书写作的动机。第二节对 DSGE 分析框架的发展，从 5 个方面进行了阐述。第三节简要介绍了两种文献中常见的 DSGE 模型的构建，以给读者框架性概览。最后介绍了宏观经济模型数据库 MMB 的使用方法，以期为读者提供导引，从而获取更多的学习素材和帮助。

0.1 写作背景

近年来，有关动态随机一般均衡 DSGE(Dynamic Stochastic Genernal Equilibrium Framework/Model, DSGE Framework/Model) 分析框架 (模型) 的讨论越来越多。这种讨论不仅表现在日益增多的学术论文上，而且也表现在 DSGE 相关专著的层出不穷上。学术期刊上的宏观经济研究论文中采取 DSGE 分析框架的，可谓不胜枚举。对于图书和专著，不论是中文还是英文，都越来越丰富。

在国内，以刘斌老师为代表的研究者出版了多本 DSGE 专著，如由中国金融出版社出版的《动态随机一般均衡模型及其应用》一书到目前为止已经出版三版了。刘斌老师可谓笔耕不辍，紧跟文献研究最新发展动态，开国内 DSGE 理论研究之先河，令人钦佩。此书理论性研究较强，功底深厚，从参考文献的数量就能略知一二。但若通篇能与实践结合得更加紧密 (如 DSGE 模型求解一章)，如能提供 Dynare 编程实践和数据、操作指引，则体验将会更佳。此外，刘斌老师还翻译了一系列佳作，如《动态随机一般均衡模型入门》[1]《动态一般均衡建模——计算方法与应用》[2] 等都值得一读。

---

① Torres J L. *Introduction to Dynamic Macroeconomic General Equilibrium Models*[M]. Vernon Art and Science, 2015.

② Heer B, Maussner A. *Dynamic General Equilibrium Modeling-Computational Methods and Applications*(2nd edtion)[M]. Springer, 2009.

国外入门级的 DSGE 专著要数 Galí(2008, 2015)、McCandless(2008) 和 Torres(2015)。Galí(2008, 2015) 和 Torres(2015) 都是非常经典的专著，值得精读。两者具有非常类似的写作风格——简洁而不简单，都从一个最简单的、经典的 DSGE 模型 (新凯恩斯模型) 开始，然后逐步融入各种建模要素，层层递进。Galí(2008,2015) 遵循的阐述路径是完全弹性、完全竞争的 DSGE 模型，到含有垄断竞争和价格黏性的 DSGE 模型，再到含有价格黏性与工资黏性的 DSGE 模型，最后拓展到小型开放经济模型；每一章节都有相应的文献综述、技术推导附录和习题练习，是入门级不可多得的宝贵资料；而且在每一章中都加入了对最优货币政策的讨论，可谓循循善诱。Torres(2015) 遵循的阐述路径是从最简单的 DSGE 模型开始，逐步加入消费习惯形成 (Consumption Habit Formation)、投资调整成本 (Investment Adjustment Cost)、投资专有技术 (Investment-Specific Technology)、技术改变 (Technological Change)、税收、公共资本 (Public Capital)、家庭生产 (Household Production)、非李嘉图特性的家庭 (Non-ricardian Agents)、垄断竞争等要素，可谓引人入胜，一气呵成。Galí(2008, 2015) 和 Torres(2015) 的区别在于：前者没有提供有关 DSGE 模型求解和估计的任何内容；而后者则在每一章后面都提供了相关的 Dynare 模型文件，以供读者参考。但很遗憾的是，Torres(2015) 并未对模型文件和 Dynare 进行深入介绍。Galí(2008, 2015) 虽然没有提供 Dynare 模型文件，但这并不能成为拒绝阅读这本书的理由。相反，更应该通过学习 Dynare 软件，动手编程来实现每一章的模型求解和分析，从而能够获取更深层次的理解。

McCandless(2008) 这本书更专注于 RBC 理论及线性化方法的运用，但后半部分逐步深入凯恩斯模型的核心，引入黏性价格和黏性工资设定，最后介绍了小型开放模型。虽然通篇都采取线性化的求解方式，但其更加注重模型本身设定及经济学解释，而且提供了线性化求解的 Matlab 源代码帮助理解，是入门级专著中不可多得的学习资料。

除上述几本入门级专著外，还有一些其他的入门或中级专著，如 Walsh(2010)、Wickens(2008)、Heer & Maussner(2009)、DeJong & Dave(2007)。Walsh(2010) 这本《货币理论与政策》本身专注于货币在经济中的作用，将货币或货币政策融入每一章的分析中，内容翔实全面，并附有详细的技术推导细节和相应的习题。其中不少的章节涉及 DSGE 模型与货币，特别是新凯恩斯货币经济学、货币与开放经济部分都值得认真研读。如果该书能提供相关的 Dynare 模型文件或 Matlab 代码，帮助读者加深理解，则会锦上添花。Wickens(2008) 这本书也是一本优秀的教材，整本书都在 DSGE 分析框架下阐述宏观经济理论，覆盖范围较为广泛，包括对财政政策、货币政策、资产定价、金融市场、名义汇率、开放经济和货币经济等主题的讨论。值得一提的是，Wickens(2008) 提供了丰富的练习题与参考答案，甚至给出了 Dynare 模型文件，值得仔细研读。Heer & Maussner(2009) 更加关注于对求解技术 (如扰动算法、投影算法) 和算法本身的实现上，算得上是一本中级教材，但其缺乏对宏观经济模型、均衡条件与结果经济含义的解释与说明。Heer & Maussner(2009) 后半部分提供了有关异质性模型的介绍，比较难得。整本书虽然提供了相关算法的代码，但都以 Fortran 和 Gauss 为主。不可否认 Fortran 和 Gauss 仍然是高效率的结构化程序计算语言，在科学计算方面仍然占有重要的地位，而且不少初级 DSGE 模型能够通过 Gauss 程序求解，但在稍微复杂的 DSGE 求解、估计与后续分析方面，Gauss 程序，显得力不从心。此外，没有将 Fortran 和 Gauss 源程序转换为 Matlab 程序使此书的阅读与受众范围受到了一定的限制。DeJong & Dave(2007) 这本书虽然取名《结构宏观计量经济学》，但其大部分内容是关于 DSGE 模型及其求解，因此是名副其实的 DSGE 专著。从行文风格来看，和 Heer & Maussner(2009) 较为类似，偏重于技术本身的介绍，缺乏相关编程实践。因此，对初学者来说有些枯燥，很难吸收其艰深的理论，当然如果能够坚持啃下来，肯定会有不少收获。

在开放宏观经济学领域，Uribe & Schmitt-Grohé (2017) 的《开放经济宏观经济学》巨作可谓非常权威，两位作者也在宏观经济领域非常活跃，贡献不小。该书不仅覆盖了开放经济领域大部分主题，而且易读性也非常强，提供了数据、PPT 和相关的 Matlab 代码文件，其问题分析的框架也大都是一般均衡分析框架，因此本书是开放宏观领域不可多得的专著。但其目标范围并非入门人群，而是具有一定开放宏观经济学基础的研究人员。

越来越多有关 DSGE 模型的探讨还表现在如何求解和估计 DSGE 模型上。以 Dynare 为代表的软件包的开发与成熟，标志着 DSGE 模型的求解、估计不再是少数人的游戏，而成为所有宏观经济学习者 (包括初学者) 和专业研究者的日常工具。也就是说，Dynare 问世使得 DSGE 模型的求解和估计不再具有明显的技术门槛，只要通过简单的编程和指令就能完成以前复杂的求解与估计工作，使得遥不可及的任务变得唾手可得。

然而，目前尚没有一本将 DSGE 理论建模和 DSGE 编程实践 (求解、估计与结果分析) 有机融合的入门级专著，从而为刚刚入门学习宏观经济学的学生或者从事宏观经济研究但尚不熟悉 DSGE 分析框架的学者提供一个快速的导引。即，目前仍缺乏这样一本 DSGE 专著，它既能够使初学者对 DSGE 建模及其背后的经济学理论、数学推导等有一个快速地了解和掌握，又能够对构建的 DSGE 模型进行编程求解和估计提供帮助。随着时间的推移和个人经验的逐步积累，越来越觉得弥补这一缺陷变得相当紧迫和必要。

本书尽最大努力来尝试弥补这一缺陷。在行文中除介绍 DSGE 建模本身的理论外，还穿插介绍诸多 Dynare 软件及其功能，并对关键实现代码进行详细解读，不惜花费 1/3

的篇幅力求全面，尽量做到建模理论与编程实践的有机融合，使得读者知其然，更知其所以然。

0.2 DSGE 分析框架的发展

DSGE 代表动态随机一般均衡，可认其为一种宏观经济学的分析框架。基于此分析框架所建立的模型 (即具备动态和随机的一般均衡模型) 都可称之为 DSGE 模型[①]。DSGE 模型最早可追溯到由 Kydland & Prescott(1982, *Econometrica*) 提出的真实经济周期模型 (Real Business Cycle，RBC)。Galí(2017) 将 RBC 模型称为 DSGE 模型的乌托邦 (Utopian)，而 Blanchard(2017)[②] 则将其称为没有包含任何扭曲和摩擦设定的最早版本 DSGE 模型 (The Earliest DSGE Model)，即完全弹性价格和完全竞争设定，并考虑外生技术冲击对经济增长的重要作用。因此 RBC 模型作为"前辈"， 对 DSGE 模型的产生、发展起到奠基性作用。而后，在 RBC 模型的基础之上加入了各种经济行为主体 (厂商、金融中介、政府部门等)、各种市场 (产品市场、劳动力市场和金融市场等) 以及各种摩擦 (如黏性价格、黏性工资和黏性信息等)、扭曲 (如垄断竞争、信息不对称等) 和各种外生冲击[③]，形成了新凯恩斯模型 (New Keyensian) 模型以及 DSGE 模型。新凯恩斯模型可看作初级版的 DSGE 模型，是雏形；而一般情况下，更复杂的 DSGE 模型可看作是中、大规模(Medium and Large-Scale)的新凯恩斯模型，引入各种扭曲、摩擦设定以及外生冲击，以提升数据拟合能力和预测能力。

0.2.1 "三方程"新凯恩斯模型

很长一段时间内，新凯恩斯模型占据宏观经济模型和宏观经济分析的主流地位。至今，DSGE 模型仍然没有脱离新凯恩斯模型的建模思路。带有扭曲和摩擦 (如黏性价格、

---

① 在以下的叙述中，并未严格区分 DSGE 分析框架和 DSGE 模型，有时将其混用。

② 法国著名经济学家 Olivier Blanchard 在 2016 年撰文 :*Do DSGE models have a future?* 首先发表在皮尔森经济研究所 (Peterson Institute for International Economics) 网站上 (https://piie.com)，后被收录至电子书 *DSGE Models in the Conduct of Policy: Use as intended*, edited by Refet S. Gürkaynak and Cédric Tille, CEPR Press, London, April 2017. 此外，牛津大学出版社在 2018 年第 34 卷第 1 期和第 2 期的《牛津经济政策评论》(*Oxford Review of Economics Policy*) 中专门刊登了宏观经济模型相关的论文，特别是 DSGE 模型，值得一读。

③ 文献中，扭曲一词对应的英文为 distortion。摩擦一词对应的英文为 friction。 其模型设定对应着各种黏性 (stickiness) 或者称为名义刚性 (nominal rigidity) 或名义摩擦 (nominal friction)。本书未严格区分这两种设定在行文中的表达。无论是扭曲还是摩擦设定，在模型中都被称为无效率设定 (source of inefficiency) 或不完美设定 (nominal or real imperfection)。

垄断竞争) 设定的新凯恩斯模型，可最终用 3 个最关键的方程来表示，这恰是新凯恩斯模型的核心所在 [1]，其实也是 DSGE 模型的核心所在。这 3 个 (对数线性化) 方程分别如下所示。

第一个是总需求方程 (也称之为 New Keyensian IS Curve)[2]，即 Euler 方程：

$$X_t = E_t X_{t+1} - \frac{1}{\sigma}\left(i_t - E_t \pi_{t+1} - r_t^f\right) \tag{0.2.1}$$

其中，X_t 为产出缺口；i_t 为名义利率；π_t 为通胀；r_t^f 为自然利率，假设其服从 AR(1) 过程 [3]，$\sigma > 0$ 为参数。总需求方程描述了产出缺口的决定关系。

第二个是价格调整方程，即新凯恩斯菲利普斯曲线 (New Keyensian Philips Curve，NKPC) 方程：

$$\pi_t = \kappa X_t + \beta E_t \pi_{t+1} \tag{0.2.2}$$

其中，π_t 为通胀率；κ 为模型结构参数的函数；$\beta > 0$ 为贴现因子。NKPC 曲线描述了通胀的决定关系。

第三个是货币政策规则，比如 Taylor 规则：

$$i_t = \rho_i i_{t-1} + \left(1 - \rho_i\right)\left(\phi_\pi \pi_t + \phi_x X_t\right) + \epsilon_{it} \tag{0.2.3}$$

其中，ρ_i、ϕ_π、$\phi_x > 0$ 为参数。

Blanchard(2017) 在评价 DSGE 模型时，针对 Euler 方程和 NKPC 方程提出了严厉的批评：对于 Euler 方程，其最原始的含义是刻画消费和实际利率之间的关系。即消费与实际利率呈反向变动关系，但这与许多经验研究的结论相左，也就是说消费和实际利率并不负相关，不过其并未给出具体的例子。对于 NKPC 方程，其虽然加入了通胀预期，但式 (0.2.2) 完全没有考虑通胀的惯性 (Inertia)，即缺少通胀的滞后项 [4]。此外，Blanchard(2017) 还指出对于简单的 Taylor 规则，已经不能满足研究和决策的需要，这是因为在当下非常规货币政策工具的使用和非常规宽松环境下 (如量化宽松、前瞻指引 [5] 与零利率下限等)，某一单个的政策规则已经不能满足研究和决策的需要。

---

[1] 具体推导过程可参考本书的 **"4.2.7 '三方程' 新凯恩斯模型"**。

[2] 在 IS-LM 框架下，IS 代表投资 (Investment) 和储蓄 (Savings)，IS 曲线即投资等于储蓄。但是在简单的新凯恩斯模型中，并没有投资变量，之所以将其称为 IS 曲线，其基本的考量在于当期的消费支出需求和实际利率的反向关系。之所以称其为新凯恩斯 IS 曲线，是因为当期的消费支出需求 (产出) 不仅依赖于传统的变量，即实际利率，也依赖于消费支出 (产出) 的期望值。

[3] 关于自然利率,本节稍后会有介绍,也可参考本书**"4.2.7 '三方程' 新凯恩斯模型"**一节中相关的推导过程。

[4] 此问题可以通过简单的建模设定加以消除，比如 indexation 技术。

[5] 本节稍后会进一步解释。

从本质上讲，DSGE 模型引入的大部分模型设定，归根结底是对上述 3 个方程从不同的角度的拓展和修改 (Blanchard, 2017)，以提升其现实解释和经济数据预测能力。

0.2.2 选择DSGE的原因

不可否认，DSGE 已经成为现代宏观经济学的主流研究框架，不仅被学术界 (包括顶级学术期刊在内) 竞相推崇，也被广泛应用于政府经济与金融决策机构的研究中 , 如 OECD 国家央行和新兴经济体央行 (如中国人民银行) 等。那为什么 DSGE 能够成为宏观经济学主流的分析框架呢？ Galí(2017) 认为这是由宏观经济现象本身的属性和 DSGE 分析框架的定义决定的。

首先，宏观经济现象是动态的 (Dynamic)。多种行为主体相互联系，在各种市场 (产品市场、劳动力市场和金融市场) 中做出跨期决策行为，因此静态模型 (无论是确定性亦或局部均衡模型) 都无法很好地描述这些经济现象，比如跨期消费决策、投资、利率、汇率和财政赤字等都呈现出复杂的动态性。其次，宏观经济充满了各种不确定性 (Uncertainty)。经济本身或行为主体本身都面临着各种内部或外部不确定性冲击，只有随机模型 (Stochastic) 才能很好地对这些不确定性进行建模。最后，宏观经济现象是所有经济行为主体相互联系、共同作用的结果，局部均衡无法描述所有主体动态作用的结果，因此需要在一般均衡框架下进行分析。

DSGE 分析框架在研究与实施政策组合方面具有天然的优势 (这些政策组合包括货币、财政政策以及结构性改革政策，如 TPP 协定等)。Ghironi(2017) 认为当下实施全面的政策组合，已成为决策层的最新呼吁，而研究不同政策的传导渠道及其之间的相互作用与影响非常重要，同时也成为宏观经济研究的一个挑战。在分析框架的选择上，Ghironi(2017) 认为 DSGE 分析框架能够很好应对这一挑战，成为不可多得的研究框架。DSGE 分析框架的动态属性能够帮助决策者理解不同政策在短期和长期之间的效果差异，以及不同政策之间的互补或替代关系。DSGE 分析框架的随机属性使其具备对不确定性的现象进行微观建模的基本能力，即各个行为主体的决策都基于不完全信息。最后，DSGE 分析框架的一般均衡要求经济中的"价" (如利率、通胀等) 与"量" (如产出、消费、投资等) 由模型自身的约束与一阶条件共同确定，而无须施加影响"价"与"量"的先验假设。

此外，宏观经济学的大部分问题都可以纳入 DSGE 分析框架中。2017 年 5 月，政治经济学杂志 (JPE) 主编 Harald Uhlig 在上海财经大学举办的第三届思想中国论坛上，提出了当前五大宏观经济学前沿问题：科技进步与经济增长、人口老龄化与储蓄过剩、房价与金融市场、宏观经济学下的医疗保健与环境问题，并且对每一个问题都给出若干子问题。Harald Uhlig 认为这些问题的研究均可纳入 DSGE 分析与研究框架 [①]，可见 DSGE 作为一个分析框架，其应用范围之广。

DSGE 模型是结构性模型 (Structural)，这也意味着数据的拟合要依赖于经济背后的基本驱动力，即外生冲击。然而这些外生冲击往往是不可观测的 (Unobservable)，需要使用诸如贝叶斯估计的方法将其从数据中"提取"出来，并同时估计出某些结构参数的值。在有了"估计"的参数值和外生冲击，从而可以解释过去，并预测未来 [②]。除了外生冲击外，模型中还有很多其他不可观测的变量，而这些变量恰恰是决策者们非常感兴趣的：比如产出缺口、自然利率水平等，而这也恰恰是经典的结构模型所做不到的。

0.2.3 DSGE分析框架的表扬与批评

英国著名统计学家 George Box 有一个知名的论断：所有的模型都是错的，但有些是有用的 [③]。虽然 Box 身为统计学家，所提的论断针对统计学模型，但该论断在经济学中同样适用。没有哪一个简单的经济模型能够完全精确地拟合复杂的经济现象。但经过精心设计的某些模型却能提供对现实经济现象的高度近似，因而值得关注和研究。Prescott(2016) 也提出类似的观点 [④]。DSGE 模型也不例外，其对高度复杂的经济现象做出简化 (Simplification)，并最终使用一系列均衡条件 (包括最优化一阶条件、市场出清条件等) 和少数变量 (内生和外生变量，相对于宏观统计变量而言) 来表征经济整体。客观地说，DSGE 模型并非完美无瑕，也不是一无是处。下面从 DSGE 分析框架受到的表扬与批评两个方面来简要阐述。

---

① 此外 Harald Uhlig 还力荐其作为主编之一的《宏观经济学手册》(*Handbook of Macroeconomics*, 2016) 作为这些问题研究的起点和参考。这本《宏观经济学手册》多达 2 693 页，涵盖了现代宏观经济学的主要研究前沿，各章内容均为该领域的国际知名学者执笔，值得一读。其中相当一部分的研究与 DSGE 模型相关，包括了第 9 章 DSGE 模型的求解与估计方法、第 22 章的 RBC 理论与方法和第 26 章新古典经济模型，等等。

② 此为文献中所谓的讲故事 (story-telling).

③ Box, G. E. P. (1979), *Robustness in the strategy of scientific model building*, in Launer, R. L.; Wilkinson, G. N., *Robustness in Statistics*, Academic Press, pp. 201–236. 在该篇文章中，有一节以 "All models are wrong but some are useful" 为标题展开：... Now it would be very remarkable if any system existing in the real world could be exactly represented by any simple model. However, cunningly chosen parsimonious models often do provide remarkably useful approximations... For such a model there is no need to ask the question "Is the model true?" If "truth" is to be the "whole truth" the answer must be "No". The only question of interest is "Is the model illuminating and useful?".

④ (In Abstrct, 摘要中)... Reality is complex, and any model economy used is necessarily an abstraction and therefore false. This does not mean, however, that model economies are not useful in drawing scientific inference.

1. 表扬

从学术界和金融机构决策研究中的广泛采用中,在一定程度上已经说明了 DSGE 模型有其合理性和有用性。但相比 DSGE 模型受到的批评和质疑,其受到的表扬似乎相当有限。

Blanchard(2017) 认为 DSGE 模型的 3 个基本特征无疑是非常必要的,也是相当成功的:第一,微观基础 (Micro-founded);第二,引入了各种摩擦和扭曲 (Distortions);第三,多方程联立估计,而非逐个估计 (如贝叶斯估计);Del Negro & Giannoni(2017) 指出相比简化式模型 (Reduced Form)[①],DSGE 分析框架的一个重要优点在于其不受卢卡斯批判 (Lucas Critique) 的影响。这是因为模型的参数是结构性 (Structural),其不受政策变化的影响[②]。基于此,Del Negro & Giannoni(2017) 认为,DSGE 分析框架为央行估计不同的政策反应函数提供了天然的分析框架,这也是简化式模型所不能做到的。Justiniano, Primiceri & Tambalotti(2017) 指出,DSGE 分析框架的一个重要贡献在于其帮助识别经济周期背后的驱动力 (Sources of Business Cycles)。从 Kydland & Prescott(1982) 提出的 RBC 模型开始,技术进步作为经济增长和波动的主要驱动力,到 Justiniano, Primiceri & Tambalotti(2010, *JME*;2011, *RED*) 提出投资边际效率冲击能够解释大部分经济波动,再到 Christiano, Motto & Rostagno(2014, *AER*) 指出风险冲击超过投资边际效率冲击能够解释大部分经济波动[③][当引入金融摩擦并包含金融变量 (股票市值、贷款等) 作为参数估计的输入序列时,方差分解的结果证实了该结论],见表 0.1。因此,随着研究的不断深入,DSGE 分析框架会带来更多更深入的认识。

表 0.1　经济周期背后的主要驱动力

冲 击 类 型	解　　释	文　　献
技术冲击	全要素生产率冲击 (TFP)	Kydland & Prescott(1982, *Econometrica*)
投资边际效率冲击	影响投资向资本存量转换的技术冲击	Greenwood, Hercowitz & Huffman (1988, *AER*)、Justiniano, Primiceri & Tambalotti(2010, *JME*;2011, *RED*)
风险冲击	异质不确定性风险冲击的标准差	Christiano, Motto & Rostagno(2014, *AER*)

数据来源:作者自行总结。

---

① 在本书的“**4.1.1 RBC 模型与新古典增长模型**”一节中会对简化式模型的含义做进一步介绍。

② 从理论角度说,Del Negro & Giannoni(2017) 的分析具有一定的道理。既然是结构性参数,就意味着其不会轻易发生变化,或者说不受政策影响,这也是其取名的本意。但在实际研究中,结构性参数的估计值会随着所用的宏观序列本身的不同以及序列长度的不同而发生变化,而宏观时间序列本身受到政策变化的影响。因此作者认为应对 Del Negro & Giannoni(2017) 的观点持有保留意见。

③ 关于风险冲击的更多讨论,可参考本书“**5.8 金融加速器与随机波动模型示例**”一节。

2. 批评

从 2016 年开始，对 DSGE 分析框架的质疑与批评可谓此起彼伏。归纳起来，批评和质疑可大致分为两类：一类是带有否定倾向的尖锐批评；以经济学巨擘 Paul Romer[1]、Joseph Stiglitz 和经济学后起之秀 Anton Korinek 为代表；另一类是包容性批评，在指出缺点的同时给出方向性或策略性改进建议，以 Galí(2017)、Blanchard(2017) 等为代表。

DSGE 模型存在缺陷已经成为文献中不争的事实。对 DSGE 模型的批评最著名的要数 Romer(2016)，其对 DSGE 分析框架从两个方面进行了尖刻的批评。

第一，作为 DSGE 模型的"前辈"，RBC 模型将经济波动归因于虚拟 (Imaginary) 的冲击 (经典的 RBC 模型中仅为技术冲击)，而且这些冲击不受内生变量的影响，即外生 (Exogenous，不受经济行为人活动的影响，不受模型内生变量的影响，变化独立于模型本身)。Romer(2016) 进一步指出 DSGE 模型只不过是在此基础上添加更多的虚拟外生冲击而已。除个别例外，模型均假定大多数外生冲击无法直接观测和度量。Romer(2016) 认为这是极其荒谬的，并给出了一个具体的例子：在 Paul Volcker 执政美联储期间[2]，实际联邦基金利率从 0 上升至 5% 附近并持续数年，这是货币政策有效调控实体经济最好的例证，而非 RBC 或 DSGE 模型所描述的——货币政策的作用相当有限，或多由虚拟的外生冲击所致。此外，Romer(2016) 指出 RBC 模型引以为豪的微观基础假设，却无法从微观基础上对负向 TFP 冲击 (Negative Technology or Phlogiston Shock) 给出合理解释，也无法提供任何相关的理论依据。而宏观经济学家对此的辩解无外乎引经据典，糊弄过关：一是 Friedman(1953) 的论断，即理论越卓越和显著，假设越脱离现实；二是 George Box 的名言，即所有的模型都是错的。

第二，识别 (Identification) 问题始终是 DSGE 模型无法绕过的"坎"。识别问题的本质是参数的真实值 (True Value) 无从知晓。从参数估计的技术上讲，引入多少虚拟外生冲击，就需要引入多少观测变量，而这使得识别问题更加恶化。Romer(2016) 以一个简单

---

[1]　Paul M. Romer 因其在内生经济增长研究方面的卓越贡献获得 2018 年诺贝尔经济学奖。瑞典皇家科学院对他的评价是"for integrating technological innovations into long-run macroeconomic analysis"。

[2]　1979 年 8 月—1987 年 8 月，任美联储主席，服务两任美国总统：卡特总统和里根总统，其强有力的执政能力使得美国 20 世纪 70 年代的高通胀得以遏制，被称为 Volcker Deflation。

贷配给、股权配给现象) 几乎视而不见。最后，DSGE 模型总使得我们倾向于认为经济总在动态均衡路径上运行 [1]，并专注于分析跨期替代效应。Stiglitz(2018) 认为这两者都不是短期或中期分析的核心所在，而且进一步的 DSGE 模型对于经济长期增长的分析几乎空白。

不可否认，Stiglitz(2018) 的批评有其合理性，虽然带有否定性的倾向，但其仍给出了建设性的改进方向。Stiglitz(2018) 最后给出了一个耳目一新的宏观经济分析模型——三期简单模型 (Three-period Models)，将"分配效应""银行机构 (Bank)""信贷约束 (Credit Constraint)" 3 个未在 DSGE 分析框架中出现的关键元素纳入该模型，用于分析各种政策对产出和就业的影响，值得关注。

Korinek(2017) 对 DSGE 分析框架的批判同样尖刻。他指出，DSGE 分析框架概念相关的限制性约束 (Conceptual Restriction)、复杂的求解、模拟算法以及由此导致各种偏误 (Bias) 可能会阻碍宏观经济学的发展 [2]。Korinek(2017) 总体认为 DSGE 分析框架在应该花费力气的地方却没有花费足够的力气，在不应该花费力气的地方浪费了太多。比如 DSGE 分析框架应该在概念相关的限制性约束上下功夫，尽力减少不现实、甚至错误的约束和假设。再比如应减少复杂的数学逻辑，转而注重模型的经济内涵，这会更加有助于解决实际经济问题，从而更具有现实意义。

相比带有否定性倾向的"尖刻"批评，文献中更多的是包容性批评。Galí(2017) 指出 DSGE 分析框架有两个令人不安的"紧箍咒"：第一，无限期生存的代表性家庭的基本假设 (Infinitely-Lived Representative Household)；第二，由外生冲击驱动的平稳性、线性均衡。从目前来看，假设家庭具有无限生存期限几乎是文献中的"标配"，不仅从数理推导上方便，而且并没有太多的妨碍。Galí(2017) 指出代表性家庭无限期生存期限的假设使得模型无法研究如下 3 类问题。

第一类，收入分配或收入不平等相关问题。这是因为代表性家庭的根本假设是家庭是"相同"的，并没有不同，因而无法研究收入分配或不平等问题。为此必须引入家庭

---

[1] Hendry and Muellbauer(2018)(*Oxford Review of Economic Policy*,34(1-2), pp: 287-328.): The notion that the economy follows a stable long-run trend is highly questionable···The world is usually in disequilibrium: economies are wide-sense non-stationary from evolution and sudden, often unanticipated, shifts both affecting key variables directly and many more indirectly. Technology, globalization, both in trade and in finance, trade union power, credit conditions, monetary and fiscal policy rules and other legislation, social mores, skills, wars, resource and financial crises, climate, demography, health and longevity, and income and asset distributions all change over time. These, and other innovations keep perturbing the economic system in ways that not even rational individuals can foresee...

[2] ... biases that risk holding back progress in macroeconomics.

的异质性 (Heterogeneity) 设定，才能研究此类问题。如果再结合其他模型设定，比如不完全金融市场假设，Galí(2017) 认为至少可以研究如货币政策的收入分配效应、异质性在货币政策传导过程的作用、前瞻指引之谜 (Forward Guidance Puzzle)[①]3 方面问题。

第二类，无法对持续性的负自然利率水平进行建模[②]。在标准的假设下，代表性家庭的 Euler 方程决定了实际利率与主观贴现因子之间的密切联系 (比如在对数消费效用下)：

$$\frac{1}{C_t} = \beta E_t \frac{1}{C_{t+1}} \frac{1+R_t}{1+\pi_{t+1}} \tag{0.2.6}$$

其中，R_t 为名义利率；π_t 为通货膨胀率；$\beta < 1$ 为贴现因子。

如果定义实际利率 r_t 为

$$1 + r_t \equiv E_t \frac{1+R_t}{1+\pi_{t+1}} \tag{0.2.7}$$

那么在稳态时，实际利率将是贴现因子的倒数与 1 之差：

$$r = \frac{1}{\beta} - 1 \tag{0.2.8}$$

---

① 所谓前瞻指引是指央行对短期利率的未来走势进行公开承诺。特别是最近几年，和量化宽松 (Quantative Easing) 一样，是发达经济体的央行常常使用的工具之一。而标准的 DSGE 模型在估计前瞻指引对宏观经济的影响时，总是高估该影响 (GDP 和通胀等关键的宏观经济变量往往对将来期望的微小变动做出过分的反应，即过于灵敏，而不合实际，Del Negro & Giannoni，2017)，此被称为前瞻指引之谜。相关文献可参考：Negro M. D., Giannoni M., Patterson C. *The Forward Guidance Puzzle*[J]. Federal Reserve Bank of New York Staff Reports, No.574, 2015. McKay, Alisdair, Emi Nakamura and Jon Steinsson (2016), *The Power of Forward Guidance Revisited*, *American Economic Review*, 106(10), 3133-3158.

② 自然利率水平一般是指模型中不存在各种扭曲或摩擦设定下的实际利率水平 (即完全弹性价格和完全竞争下)。也有文献将自然利率水平解释为没有任何货币政策影响下的实际利率水平。自然利率水平也称之为中性利率 (Neutral Interest Rate)，美联储也将其称之为均衡实际联邦基金利率 (Equilibrium Real Fed Interest Rate)，很显然前任美联储主席耶伦女士接受了 "自然利率" 这一概念，并运用到实际决策中。2016 年 6 月，耶伦在费城的演讲中给出了自己的看法："... One useful measure of the stance of policy is the deviation of the federal funds rate from a 'neutral' value, defined as the level of the federal funds rate that would be neither expansionary nor contractionary if the economy was operating near potential. This neutral rate changes over time, and, at any given date, it depends on a constellation of underlying forces affecting the economy. At present, many estimates show the neutral rate to be quite low by historical standards-indeed, close to zero when measured in real, or inflation-adjusted, terms···(https://www.federalreserve.gov/newsevents/speech/yellen20160606a.htm)" 这也可以从美联储系统研究人员的相关报告和论文中找到蛛丝马迹，如 Del Negro & Giannoni(2017)；Laubach, Thomas, and John C. Williams (2003)，*"Measuring the Natural Rate of Interest"*，Review of Economics and Statistics, 85(4), November, 1063–1070. 关于自然利率的另外介绍，可参考本书 **4.2.7 '三方程' 新凯恩斯模型** 一节中关于自然利率水平的推导。

因此只要 $\beta < 1$，（自然）实际利率不可能长期为负。然而，在最近几年里，特别是发达经济体的短期名义利率接近于零 (Zero Low Bound，ZLB)，甚至在某些极端情况下为负。在温和的通胀下，这意味着长期以来实际利率为负。因此代表性家庭的无限生存期限的假设很难对此类问题建模。

第三类，理性泡沫 (Rational Bubble) 问题。Galí(2017) 指出理性泡沫的出现意味着家庭的遍历性约束条件不再成立[1]。标准的 DSGE 模型最终的均衡都是平稳的。特别是有关"金融危机"的 DSGE 模型，其危机发生机制是由于较大的外生冲击一次性突然发生从而导致危机发生。从本质上讲，这种发生机制仍然是平稳均衡下的"正常"现象，和实际危机发生的机制并不相符。实际危机的发生首先是危机前的经济或金融过热，是风险集聚的过程，是逐步积累的失衡现象，具有内在非平稳或非线性性质，并最终由违约、信贷骤停、资产价格骤降引发危机，造成总需求、就业的严重下降，从而导致经济萧条[2]。Del Negro & Giannoni(2017) 在阐述现行的 DSGE 模型处理前瞻指引问题时，发现关键变量出现了不可思议的过分灵敏，从而造成脱离实际的结果。因此，Del Negro & Giannoni(2017) 认为 DSGE 模型在设定上可能存在一定的缺陷。正如 Galí(2017) 指出的那样，引入家庭异质性约束和贷款与流动性约束等设定有助于解决该问题。但是异质性设定不是没有代价：模型求解与估计异常困难，甚至无法求解。因此需要在异质性设定与求解估计的难易度之间寻找一个平衡点或其他的解决办法。纽约联邦储备银行已经着手使用更加合适的编程语言来处理这类问题，如 Julia[3]。

虽然对 DSGE 模型批评与质疑不绝于耳，但仍有不少学者对 DSGE 模型持有乐观态度，认为其仍然是未来宏观经济学的核心分析工具。Blanchard(2017) 指出虽然 DSGE 模型具有严重缺陷，但仍有巨大改善和发展的空间，仍将是未来宏观经济学的核心，这一观点也得到了 Galí(2017) 强有力的支持[4]。相比 Romer(2016) 的尖锐批评，Blanchard(2017) 的批评更加温和，更具有包容性和建设性。Blanchard(2017) 列举了 DSGE 模型的 4 个缺陷。

第一，DSGE 模型的前提假设不能令人信服，甚至和已有关于消费者和厂商的微观研究结论相反。

---

[1] 在理性泡沫以名义利率的速度下增长并且由代表性家庭持有的条件下，遍历性条件将不再被满足。

[2] Boissay et al. (2016) 则尝试突破这一平稳性限制：Boissay, Frédéric, Fabrice Collard, and Frank Smets (2016), *Booms and Banking Crises*, *Journal of Political Economy*, 124(2), 489 – 538.

[3] 此外由 Thomas J. Sargent 等力荐的定量经济学 (Quantitative Economic) 也开始使用 Julia 和 Python 这两个较新的编程语言处理宏观经济问题：https://lectures.quantecon.org/。

[4] "... I wouldn't know how to disagree."

　　第二，DSGE 模型的标准估计方法并不令人信服，即校准加贝叶斯估计的混合方法。也就是说一部分参数先校准，然后在此基础上其他参数使用贝叶斯估计。无论是校准还是贝叶斯估计，在实际研究中都需要满足一定的前提条件或合理假设，然而这些条件或假设往往并不存在或不合理[①]。

　　第三，DSGE 虽然可用于规范经济学的基本意图[②]，即依据某些判断标准 (比如福利) 提出政策建议，但这些判断标准本身的准确性并不令人信服[③]。

　　第四，DSGE 模型是糟糕的交流工具[④]，即不能清晰地传递建模思路和逻辑。虽然 DSGE 模型存在上述 4 个缺陷，但 Blanchard(2017) 仍然认为这 4 个缺陷加起来并不足以构成丢弃 DSGE 模型而另辟蹊径的理由。相反，这些缺陷能够被逐步解决，最终 DSGE 模型仍然是宏观经济学基本的工具选择。在 DSGE 模型未来发展的方向上，Blanchard(2017) 给出了两个建设性意见：第一个建议是 DSGE 模型应更具包容性。简言之，经济学各领域的相关发现 (比如行为经济学中消费者行为理论、大数据经验研究成果等) 都可以而且应该最终纳入 DSGE 分析框架下进行讨论，只有这样才能有更加可行的、合理的模型设定与先验分布的假设，而这恰恰是 DSGE 框架下所欠缺的。第二个建议是不同的研究目的需要有不同的模型，DSGE 模型并非万能。Blanchard(2017) 认为此处不同的 DSGE 模型是指其在理论纯度 (Theoretical Purity) 上的差异。追求最高理论纯度的 DSGE 模型应当更加注重其模型结构的本身合理或清晰与否，而非数据拟合程度。而对于政策研究而言，特别央行或国际金融机构在使用模型，更加注重的是其数据拟合，甚至允许数据来决定各种关系的动态结构，也就是说此时的理论纯度没有那么高。最后对用于预测的模型 (如 VAR 模型，BVAR 模型，SVAR 模型等) 仍然在一段时间内优于结构模型 (比如 DSGE 模型)，因此追求理论纯度的 DSGE 模型此时并不占优。

　　Galí(2017) 同样对 DSGE 分析框架面临的批评进行了强有力的回应：任何反对使用 DSGE 模型人都会发现，很难再找到另外一种能替代 DSGE 模型从而成为宏观经济学分

---

①　Blanchard(2017) 认为校准的参数需要有公认的理论或经验研究支撑，而大多数情况下并不是这样；而贝叶斯估计时参数的先验分布必须是紧致先验分布 (tight prior)，可以将其理解为 informative prior。然而大多数情况下的先验分布往往反映的是研究者自己主观的先验分布，而非参数本身。

②　即经济政策或行为决策应该是什么，带有主观判断，和 positive 相对应，是一对经济学范畴。

③　以福利为例，Blanchard(2017) 认为福利变化依赖于模型中扭曲设定的方法或引入方式，而研究者往往以求解便利的方式来引入扭曲设定，因而不具有令人信服的福利影响。在经典的福利损失函数与福利水平函数 (本书 "**8.1 条件福利和非条件福利的定义**" 和 "**8.3 损失函数法**" 中会进行简单介绍) 中进行选择的话，Blanchard(2017) 认为其会选择前者：经典的福利损失函数法。

④　Blanchard(2017) 认为对于 DSGE 中引入的各种拓展或扭曲设定，往往不能够自圆其说，读者很难理解这种扭曲设定到底有何作用，并且和其他扭曲设定之间有何相互作用关系。

析的核心工具。Galí(2017) 认为任何模型或建模技术选择都会受到质疑。而受到质疑并非坏事，反而会成为该模型或技术选择向前发展的推动力，特别是那些有建设性的批评应该受到欢迎。

Ghironi(2017) 也对 DSGE 分析框架面临的批评进行了回应。Ghironi(2017) 认为 DSGE 分析框架之所以受到批评和质疑，其主要原因在于其建模要素甚至求解方法本身。进一步，Ghironi(2017) 认为这些批评和质疑完全不是 DSGE 分析框架的问题所在，而是具体建模和求解选择问题，言下之意是这些批评和质疑并不能成立。Ghironi(2017) 指出：第一，DSGE 分析框架并不一定要使用理性预期或依赖于外生冲击来驱动经济波动，也不需要贝叶斯估计要求的那样，必须构建一定数量的外生冲击来拟合宏观序列数据；第二，DSGE 分析框架并不一定要求有标准的 Euler 方程 (消费的边际效用增长与实际利率之间的关系)；第三，DSGE 分析框架并不一定要求均衡唯一、完全市场假设、无任何实质作用的金融中介部门 (言下之意指完全可以赋予金融中介部门更为复杂的模型角色)、Calvo 价格黏性；第四，DSGE 分析框架并不一定要求货币政策使用 Taylor 规则 (也可使用数量规则)；第五，DSGE 分析框架的求解并不一定要求使用一阶、二阶或三阶近似算法 (扰动算法)；第六，就连 DSGE 分析框架的基石即微观基础，在具体建模时都可以根据需要选择不同广度和深度进行建模。也就是说，Ghironi(2017) 认为上述建模要素或求解只是 DSGE 模型的一种选择而已，而非全部，也非必需。之所以选择这些建模要素或求解技术，是因为这些要素和技术提供了非常简单的分析基础和框架，帮助理解更为复杂的模型设定的含义和结果。

Williams(2017) 认为 DSGE 分析框架中缺乏对长期经济问题分析的基础。在现行的分析框架下，DSGE 模型大都假设外生冲击为暂时性冲击，即外生冲击下系统从最初的稳态回到稳态，聚焦于短期分析 [1]；从而很难解决央行所关心的中长期现实问题如人口变迁、消费偏好改变和结构变化。这些问题恰恰是长期一系列相关外生冲击作用的累积结果 (相当于永久性冲击)，而非某一暂时性冲击的结果。因此忽略永久性分析和长期内的结构变化会带来结论偏误。Edge, Laubach & Williams(2007, *JME*) 指出暂时性和永久性生产力冲击会导致完全不同的财富效应。此外，Williams(2017) 还指出假设所有外生冲击为暂时性冲击对预测自然利率水平有严重影响。从长期看，DSGE 模型认为自然利率水平为常数，短期受暂时性冲击围绕该常数上下波动。但是经济理论显示自然利率水平随着产出的趋势增长率的变化 (Trend Growth Rate of Output) 而发生变化 [2]。Laubach & Williams(2003,

---

[1] 因此从本质上讲，Williams(2017) 认为 DSGE 模型不允许存在结构变化。

[2] 请参考本书 **"4.2.7 '三方程' 新凯恩斯模型"** 一节中的式 (4.2.105)。

RES) 通过构建一个允许自然利率水平具有低频时变特征的模型，发现 20 世纪 90 年代以来自然利率水平呈显著下降趋势，并非 DSGE 模型假设的常数值。因此，忽略永久性冲击或长期内外生冲击的累积结果会造成较大的结果偏误。

0.2.4　DSGE与VAR

从方法论上讲，DSGE 和 VAR 两者完全不同。从前述分析可知，DSGE 模型具有微观基础，基于经济主体的优化并引入各种名义刚性设定，然后估计并求解，因此 DSGE 模型更倾向于理论建模，尽力做到"以理服人"。而 VAR 模型则从统计学和经验分析的角度出发，将所有变量看作内生变量，以其各阶滞后变量为解释变量，建立联立方程，从而寻找内生变量的 DGP 过程。此外，VAR 模型中一般要求外生冲击 (误差项) 的个数与内生变量的个数相等，而 DSGE 模型则不同，往往外生冲击的个数小于内生变量的个数。为了贝叶斯估计的需要，DSGE 模型在构建时会加入较多的外生冲击，以引入更多的宏观统计数据序列，进行参数估计。DSGE 模型中的冲击有两种解释：第一，结构性冲击，比如消费偏好冲击等 (Smets & Wouters, 2003)；第二，测量误差 (Measurement Error, Ireland, 2004, *JEDC*)。正如前文指出的那样，虽然大量外生冲击的加入有助于提高模型数据的拟合能力，但其牺牲了理论严谨性，因而可能导致结果偏误。

从上述分析过程可知，DSGE 模型更倾向于理论建模，而 VAR 模型则更倾向于经验建模。在文献中，DSGE 模型的数据拟合能力常常和 VAR 模型进行对比，比如 Galí(1999, *AER*)，Christiano, Eichenbaum & Evans (2005)，Smets & Wouters(2007) 等。虽然两者在方法论上差异巨大，但这并不意味着两者之间并非没有关系，相反，两者关系密切。在本书"1.1.6 线性模型的状态空间表示"一节可知，当 DSGE 模型使用一阶求解算法进行求解时 (比如对数线性化)，那么在满足一定的条件下，该状态空间表示可以表示成 VAR 形式[①]。

在文献中 DSGE 与 VAR 模型之间的关系被认为是互补关系，而非竞争关系。SVAR 模型的研究结果和经验证据常常被用来指导 DSGE 分析框架下的建模 (Christiano, Eichenbaum & Vigfusson, 2006)。一个经典的例子是货币政策冲击的脉冲响应。在理性预期假设下，没有扭曲和摩擦设定的 DSGE 模型对货币政策冲击的脉冲响应很弱，持续性不强。而 SVAR 模型下，对于货币政策的冲击、产出和通胀都呈现出明显的"驼峰状"(Hump-shaped)。这种经验研究的发现为后来 DSGE 分析框架下的建模提供了重要

---

① 　矩阵 D 可逆且矩阵 N 的特征值都小于 1。

启示，即通过加入消费习惯、价格和工资黏性设定、投资调整成本等扭曲和摩擦设定，使得 DSGE 模型的结论和 SVAR 模型趋同。反过来，DSGE 模型的研究结果可以缓解 SVAR 模型面临的识别问题 (Identification)。SVAR 模型的识别约束通常是基于方差和协方差矩阵的等号约束，即零约束。然而零约束作为一种较强的识别约束，受到了广泛质疑，因此 Uhlig(2005) 提出了符号约束。而 DSGE 模型则可以为 SVAR 模型提供符号约束指引，即方向性指引。比如 DSGE 模型的研究结果表明，一般情况下，扩张性的货币政策会使得产出增加、价格上升、利率下降。因此，在 SVAR 模型识别时，处理此类问题时，至少不能出现相反的结论。

不可否认，从预测效果看目前 VAR 模型仍然较好，一般领先于 DSGE 模型。不过两者的差距在缩小。在 VAR 模型中，特别是贝叶斯 VAR(Bayesian VAR)，结合先验约束，通常情况下有更好的预测效果。早期的 DSGE 模型主要用于政策分析，而预测则不是其主要目标。然而其不断提高的数据拟合能力，也使得 DSGE 模型具有一定的预测能力。Smets & Wouters(2007) 发现他们构建的 DSGE 模型的预测能力能够媲美贝叶斯 VAR 模型。Del Negro & Schorfheide (2004, *IER*) 则构建了一个既能用于政策分析，又有较好预测能力的 DSGE 模型。

综上所述，DSGE 与 VAR 模型之间的关系也决定了它们各自的用处，因此在相当长的一段时间内，两者将在央行的政策研究工具箱中共存 [①]。

0.2.5 DSGE 与央行

现阶段许多决策机构，特别是中央银行仍在继续使用大型宏观计量模型 (Macro-econometric Models)，并辅以其他的结构模型，如结构 VAR 模型进行辅助决策。虽然中央银行仍然怀疑 DSGE 模型在政策决策，特别是货币政策决策过程中的价值与地位，但不可否认 DSGE 模型已经被广泛纳入世界多数央行的政策研究工具箱中 (见表 0.2)。

[①] Olivier Blanchard 在皮尔森经济研究所网站 (PIIE) 发表文章 (*On the Need for (At Least) Five Classes of Macro Models,* https://piie.com/blogs/realtime-economic-issues-watch/need-least-five-classes-macro-models，2017 年 4 月)，指出宏观经济模型至少需要 5 类：第一，基础性模型 (Foundational Models) 比如 Paul Samuelson 的消费—信贷模型，Peter Diamond 的世代交叠 OLG 模型，Ed Prescott 的证券溢价 (Equity Premium) 模型，Diamond, Mortensen & Pissarides 的搜寻 (Search Models) 模型，Neil Wallace 或 Randy Wright 的货币模型；第二，DSGE 模型；第三，政策模型 (Policy Model)，也称之为结构计量模型；第四，玩具模型 (Toy Models)，包括 IS-LM 模型，Mundell-Fleming 模型，RBC 模型和新凯恩斯模型 (New Keynesian)；第五，预测模型 (Forecasting Model)。Olivier Blanchard 强调任何模型都必须建立在局部均衡 (Partial Equilibrium Foundations) 和经验证据 (Empirical Evidence) 之上，而且不同的任务需要不同的宏观模型，而且不同宏观模型之间需要相互学习，取长补短。

表 0.2　世界主要中央银行及其 DSGE 模型

央　　行	DSGE 模型
美联储系统	EDO(美国经济模型)、SIGMA(多国模型)
欧洲央行	New Area Wide Model (NAWN)；Smets & Wouter(2003)
国际货币基金组织	GEM,GFM,GIMF
英国央行	Medium-Term Macro Models(MTMM,1999), BEQM(2004)/COMPASS(2011)
智利央行	MAS
瑞典央行	RAMSES
秘鲁央行	MEGA-D
挪威央行	NEMO

数据来源：Tovar(2008); Williams(2017)。

　　表 0.2 中列示了 7 个中央银行和 1 个国际组织所构建的部分 DSGE 模型的名称。众所周知，美国联邦储备系统由位于华盛顿特区的联邦储备委员会和全美 12 家地区性的联邦储备分支机构组成 (如纽约、达拉斯、旧金山等)。就目前而言，美联储所开发和使用的 DSGE 模型相比其他央行和国际机构而言较为完备，而在全系统内共享使用，而新的编程语言已经开始被用于解决现行工具很难或无法解决的复杂问题，如家庭异质性问题等。

　　DSGE 模型之所以能够进入诸多央行的政策工具箱，是因为其有诸多央行认可的优点。

　　Justiniano, Primiceri&Tambalotti(2017) 认为 DSGE 模型对于中央银行的主要吸引力在于其较好的数据拟合能力，而且在估计后能够"讲好故事"，即可解释过去、预测未来，也能进行随机模拟与仿真试验。而 Del Negro & Giannoni(2017) 以纽约联邦储备银行为例，分析了 DSGE 模型在预测、仿真试验方面的作用。他们认为 DSGE 模型除了能够估计不可观测的外生冲击外，还可以估计 (过去) 和预测 (未来) 其他不可观测的重要经济变量如产出缺口和自然利率水平，而这恰恰是纽约联邦储备银行 DSGE 模型一个不可或缺的任务。Del Negro & Giannoni(2017) 还举了一个生动的例子，即通过计算自然利率水平，并与实际利率水平相对比，即可为判断货币政策是否合意提供非常有用的参考[①]。

　　但 DSGE 模型也有其缺陷。很显然，正如本节前述中提到的 George Box 的名言：所有的模型都是错的，只有一些是有用的。因此不论如何努力，都不可能得到完全准确的"真实"模型，因而模型设定偏误 (Misspecification) 会一直存在。Korinek(2017) 指出成为好的研究者其精妙之处在于能够 (根据研究的问题来) 区分哪些设定可以简化，哪些不可以简化。因此为了尽可能地减小模型设定偏误造成的影响，央行的政策研究工具箱中

---

① 　Del Negro & Giannoni(2017) 还指出通过估计自然利率水平，他们发现自金融危机以来，金融风险和其他因素致使家庭储蓄增加，企业削减投资，从而成为推动实际利率下降到较低水平的关键因素所在。

不仅仅包括 DSGE 模型一种工具，很多传统或自建的结构模型仍然在相当长的时间内存在。如美联储系统的政策研究工具箱中，还有许多传统的结构模型，如 FRB/US，FRB/Global(Brayton, Levin & William, 1997)。从稳健性的角度说，工具箱中的工具越多越好，可谓多多益善。依赖任何单一模型、方法或分析框架进行政策分析与决策都具有极大的风险。这是金融危机以来，欧美央行决策者们得到的关键教训之一 [①]。而且在 DSGE 模型中，也因目的不同会构建不同的模型，比如专门用于预测目的的 DSGE 模型。

Gerlach(2017) 指出虽然 DSGE 模型在货币政策委员会内部讨论时较为有用，但在实际决策时起到的作用非常有限。其主要原因如下：第一，在面对全新的外部冲击时，DSGE 模型的重构耗时耗力，无法满足决策者快速应对的需求。比如最近出现的英国退欧 (Brexit) 和大规模难民迁徙问题。此时传统的模型仍然具有优势，比如传统的 VAR 模型，完全可以在其中加入汇率变量来快速考察英国退欧事件对金融市场的影响。第二，假设 DSGE 不受卢卡斯批判是没有道理的。虽然 DSGE 模型具有微观基础和"深度结构参数"，但其稳定性仍然不足，即结构参数仍然面对外部冲击时发生变化，而不是不变。第三，在给定的一个 DSGE 模型下，其覆盖的宏观变量太少，不足以满足决策者的全方位需求。特别是对于金融市场的诸多关键变量，尤其如此。事实上，正如 Buiter(2009) 指出的那样，央行实际决策时，更多依赖于经验法则 (Empirical Regularities)、预感 (Hunches)、直觉 (Intuition) 等。

Williams(2017) 指出在美联储实际决策中遇到 3 个非常关键的问题，而美联储的 DSGE 模型在解决这 3 个问题上几乎无能为力：劳动力市场的萧条、生产力的增速放缓以及自然 (均衡) 利率水平 [②]。充分就业作为美联储政策目标的重要组成部分，是非常现实的问题。美联储的 DSGE 模型在劳动力市场的建模上几乎是空白的。因此在研究劳动力市场的结构性和周期性波动时，特别当研究失业率、劳动参与、职位空缺和兼职等问题时，DSGE 模型几乎苍白无力。所以，Williams(2017) 认为这在一定程度上限制了

---

① ... "the key lesson I would draw from our experience is the danger of relying on a single tool, methodology or paradigm. Policy-makers need to have input from various theoretical perspectives and from a range of empirical approaches. Open debate and a diversity of views must be cultivated – admittedly not always an easy task in an institution such as a central bank. We do not need to throw out our DSGE and asset-pricing models: rather we need to develop complementary tools to improve the robustness of our overall framework." 摘自: Trichet, Jean-Claude (2010), "Reflections on the nature of monetary policy nonstandard measures and finance theory", Opening address at the ECB Central Banking Conference, Frankfurt, 18 November.

② Williams(2017) 认为自然利率水平为无扭曲设定下的短期实际利率。

DSGE 模型的实际应用价值[①]，因此也成为下一步改进的方向。

　　央行在 DSGE 模型的开发和研究上，从来都不是和纯学术研究相割裂的，相反两者往往都是有机融合在一起的。Justiniano, Primiceri & Tambalotti(2017) 指出了学术圈和央行决策研究圈之间的关系以及未来的发展方向。首先，学术研究的某些结论可成为央行决策的关键依据。比如 Eggertsson & Woodford (2003) 研究了零利率下限约束下的最优货币政策问题，其主要的政策含义在于经济开始复苏之后 (金融危机后) 仍然需要采用较低的政策利率。而这成为不少央行实施名义利率前瞻指引的重要依据。其次，央行决策研究部署的 DSGE 模型滞后于学术研究；在当前非常规货币政策环境下 (比如量化宽松、ZLB)，纯学术研究已经着手研究金融中介与实体经济之间的相互作用，以及央行资产负债表效应 (大小、组成、资产购买等) 对上述相互作用的影响 (Gertler & Karadi,2011, *JME*; Gertler & Kiyotaki, 2011; Del Negro, Eggertsson, Ferrero & Kiyotaki, 2017, *AER*)。但是央行部署的 DSGE 模型目前仍然没有针对这些问题进行建模，因而无法研究相关问题。最后，央行决策研究追求"大而全"的 DSGE 模型，追求模型的功能和覆盖面，以全面辅助决策；而学术研究则更倾向于"小而精"的 DSGE 模型，追求模型的简洁和清晰度，以研究某一问题。而 Justiniano, Primiceri & Tambalotti(2017) 则认为，"小而精"的模型是学术圈和央行决策研究圈进行有效交流和沟通的桥梁与纽带。

0.3　DSGE 模型两种典型构建一瞥

　　DSGE 模型的构建千差万别，依据问题不同而不同，但本质是对新凯恩斯模型核心三方程在不同程度、不同方面的拓展和修改。本节就几种典型的 DSGE 模型构建做简单的介绍，以给读者一个轮廓性概览，但并不包罗万象。

　　经常有人问：标准的 DSGE 模型存在吗？答案是否定的。但文献中有几个公认的、经典的 DSGE 模型，如，封闭模型的典型代表作 Christiano, Eichenbaum & Evans (2005, CEE, *JPE*)，Smets & Wouters(2007, *AER*)；开放经济的代表作如 Obstfeld & Rogoff (1995, *JPE*)，Galí & Monacelli (2005, *RES*) 等。这些模型都值得精读。CEE(2005) 这篇文献在 DSGE 模型中引入了很多建模元素 (如名义刚性)，多数已经成为标准的 DSGE 建模要素和出发点，因此 CEE(2005) 成为高被引文献之一。CEE(2005) 引入的主要建模要素包括：

[①]　在劳动力市场的建模上，近年来虽然取得了较大的进步，但仍然不足以胜任劳动力市场的深度分析和决策的需求。美联储所构建的 DSGE 模型尤其如此："... the models in use at the Fed typically treat it (labor market) in a cursory manner or abstract from it entirely."

可变资本利用率 (Variable Utilization Rate of Capital)，以提升模型的传播机制、消费习惯 (Habit Formation)、工作资本贷款机制 (Working Capital Loan Mechanism) 和投资调整成本 (Adjustment Cost of Investment) 等。另外一篇高被引文献是 Smets & Wouters (2007)。这篇文献构建了中等规模的 DSGE 模型，并使用贝叶斯估计，以美国宏观经济数据 (1966 Q1—2004Q4) 估计了 (线性化)DSGE 模型。该模型引入了黏性价格和黏性工资设定，中间品和劳动使用了 Kimball 加总技术 (Kimball Aggregator, Kimball, 1995, *JMCB*)，而非 Dixit-Stiglitz 加总，从而允许估计时变需求弹性。模型引入了 7 种冲击：技术 (TFP) 冲击、风险溢价 (Risk Priemium) 冲击、投资边际效率冲击、工资和价格 (Markup) 加成冲击 (也被称之为成本推动型冲击，Cost-Push Shocks) 和两个政策冲击即货币政策 (利率冲击) 与财政政策冲击 (政府支出冲击)。

CEE(2005) 和 Smets & Wouters (2007) 这两篇文献构建的 DSGE 也成为美联储和欧洲央行构建自己的 DSGE 模型的重要参考和起点。

下面对两种主要的建模框架，给予简单的解释和说明。

0.3.1　CMR框架—金融加速器框架

CMR 框架来源于 Christiano, Motto & Rostagno(2010)，用于构建含有金融加速器机制的 DSGE 模型。金融加速器机制及其建模将在后续章节中具体介绍。此处仅对模型的逻辑架构进行简要阐述，如图 0.1 所示。

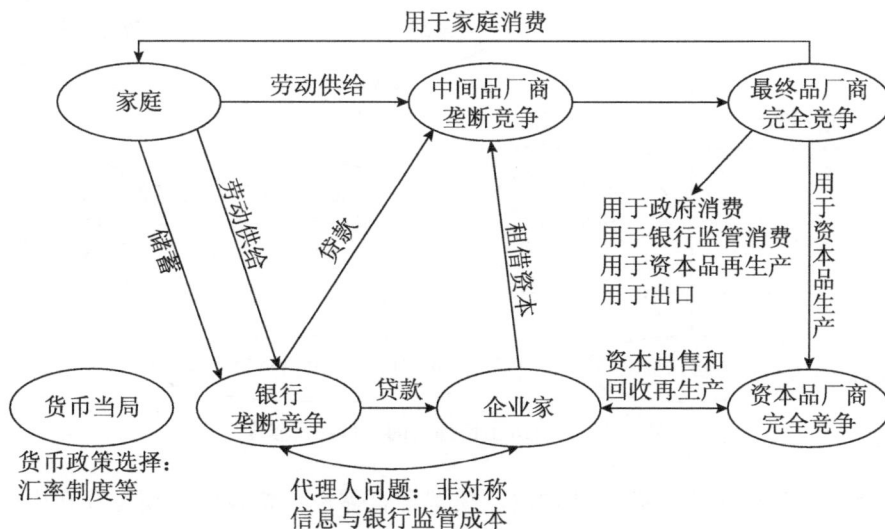

图 0.1　含有金融加速器机制的模型

和含有黏性价格的 DSGE 模型一致，模型包含家庭、中间品厂商和最终品厂商等 3个部门，其中中间品和最终品厂商是黏性价格设定所必须引入的部门，其中中间品厂商的垄断定价能力恰是黏性价格设定的关键所在。

为了引入金融加速器机制，模型引入了银行、企业家和资本品生产者等行为主体或部门。家庭在银行储蓄，并从银行获取无风险收益。家庭提供劳动给中间品厂商，获取工资收入，最终品生产商生产的产品用于家庭最终消费、资本品再生产等。企业家从银行获取贷款，从资本品生产者那里购买资本品，并出租给中间品厂商。最后货币当局选择货币政策。当然，这个模型框架可以拓展到开放经济中。最终品厂商的产品可用于出口，货币当局可以选择汇率制度等。

0.3.2　小型开放经济模型的架构(产品市场)

此处的小型开放经济模型 (产品市场) 的架构来源于 Christiano, Trabandt & Walentin(2011, *JEDC*)，如图 0.2 所示。

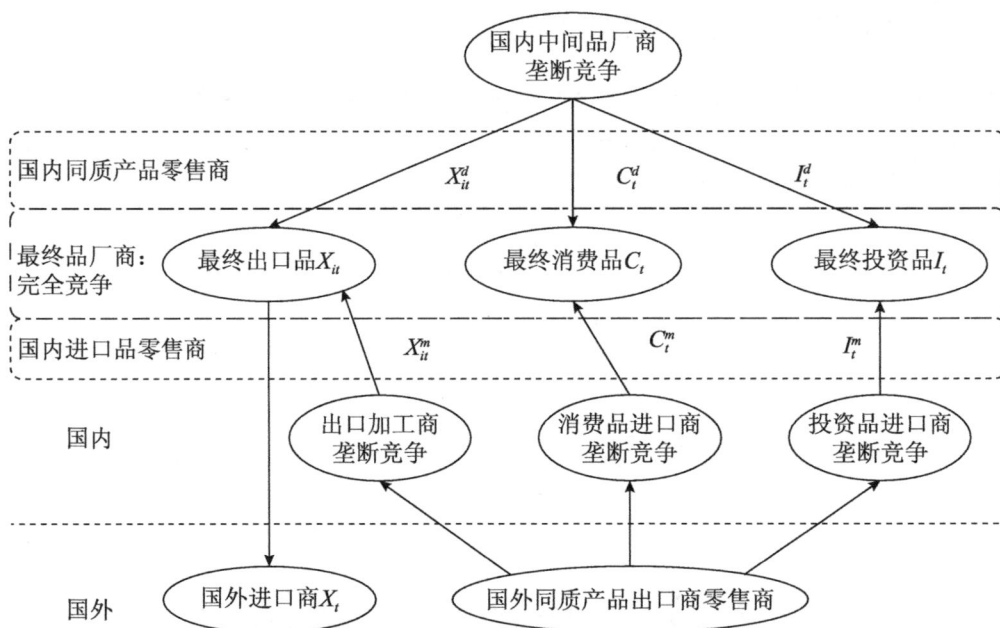

图 0.2　含有进出口部门的开放经济模型

产品市场的架构稍微复杂。同样地，模型含有黏性价格设定，模型存在中间品厂商和最终品厂商。但此处存在 3 类最终品厂商，一类是用于消费的最终品；一类是用于投资的最终品；一类是用于出口的最终品。为了对开放经济进行建模，3 类最终品的生产都引入了国外产品，也就是说最终品是由国内中间品和国外产品的复合。最终出口品的生产包含了国内产品和劳动的部分，也包括了由进口而复加工成分，因此在一定程度上可将最终出口品部门解释为加工贸易部门。

此外，关于开放经济的建模文献还很多。比如 Obstfeld & Rogoff (1995，*JPE*) 被认为是新开放宏观经济模型的开山之作。已经有不少专著对此文献做了专门解读，如 Obstfeld & Rogoff (1996)、Wickens (2008) 和 Walsh(2010) 等，此处不再涉及。Galí & Monacelli (2005) 经典的小型开放经济模型 (Small Open) 已进入教科书，本书将在 **"7.1.1 货币政策和新开放宏观模型"** 一节中再做详细介绍。

0.4 宏观经济模型数据库 MMB

宏观经济模型数据库 (Macroeconomics Model Database，MMB) 提供了文献中经典的、著名的宏观经济模型 (特别是 DSGE 模型) 之间相互比较的平台，对每一个 DSGE 模型都提供了对应的模型文件。MMB 软件包运行于 Matlab 平台，是一个不可多得的学习工具和宝贵资料[1]。

2017 年 10 月，MMB 的最新版本为 2.2，提供了总共 82 个模型[2]，分为 6 类，如表 0.3 所示。随着版本的不断更新，相信会有更多的经典模型被加入 MMB 中，从而使得 MMB 内容更加丰富并更具吸引力。

表 0.3　MMB 2.2 模型分类

类　　别	模 型 个 数
小型校准模型	21
估计的美国模型	26
估计的欧元区模型	10
估计或校准的多国模型	8
估计的其他国家模型	6
适用性学习模型	11

数据来源：http://www.macromodelbase.com/。

---

[1]　更多关于项目的起源、背景的具体介绍，请参考 MMB 官方网站：http://www.macromodelbase.com/。
[2]　共 82 个不同的模型，部分模型被复用，因此总共有 93 个模型。关于所用的模型 MMB 提供了简单的说明，请参考 \MMB_2_2\MMB_OPTIONS\MMB_model_description.pdf。

0.4.1　MMB源文件构成

MMB 官方网站提供了两个软件包。以 MMB 2.2 版本为例，第一个是用于模型间比较的软件包即 MMB_2_2.zip。该软件包内包括了所有用于模型比较的 m 文件和 Dynare 模型文件。但此处的 Dynare 模型文件不仅包括了模型本身的代码，还加入了 MMB 相关的代码，以便于 MMB 用于模型之间的比较，此种类型的模型文件包括了所有的模型[①]。MMB_2_2.zip 的目录结构如图 0.3 所示。

名称	修改日期	类型
ALTOOL	2017/6/17 0:52	文件夹
MMB_OPTIONS	2017/9/7 6:32	文件夹
MODELS	2017/6/27 17:47	文件夹
OUTPUT	2017/6/28 0:50	文件夹
MMB.m	2017/9/14 2:04	MATLAB Code
Notes on MMB_AL implementation.txt	2017/2/17 21:12	文本文档
User guide_MMB2_0.pdf	2015/5/7 15:33	Adobe Acrobat

图 0.3　MMB_2_2.zip 的目录结构

第二个是不用于模型比较而只用于学习和复制的软件包，MMB_replications_2_2.zip。这个软件包中，包括了 58 个模型的模型文件，即并未包括全部已覆盖模型。虽然未能全部涵盖，但这些模型文件大都是 MMB 团队收集并经过测试的可运行模型文件，是学习经典文献不可多得的宝贵资料。因此推荐读者阅读相关的模型文件代码，更加深入地理解文献。

0.4.2　MMB使用方法

MMB 提供了非常详细的使用方法说明[②]，此处不再详细介绍，而是简单地加以说明。由于不同的模型之间千差万别，模型之间的比较也变得比较困难。因此 MMB 所能提供的比较，只能是特定的货币政策规则下，共同变量的 (称为MMB 变量，通常为利率、通胀、产出和产出缺口等) 脉冲响应函数 (IRF) 和自相关函数 (Autocorrelation) 的比较，所以比较的内容也较为有限。

---

① 　请移步至官网下载最新版本的软件包。关于此类模型文件的具体结构和功能，请参考使用说明：MMB_2_2.zip 软件包中包括了 User guide_MMB2_0.pdf，此 PDF 文件为详细使用说明。
② 　请参考使用说明。

MMB 使用较为简单，请在 Matlab 中直接运行 MMB_2_2.zip 软件包的 MMB.m 文件，此为主文件和主入口，执行成功后 MMB 将弹出第一个主对话窗口，如图 0.4 所示。

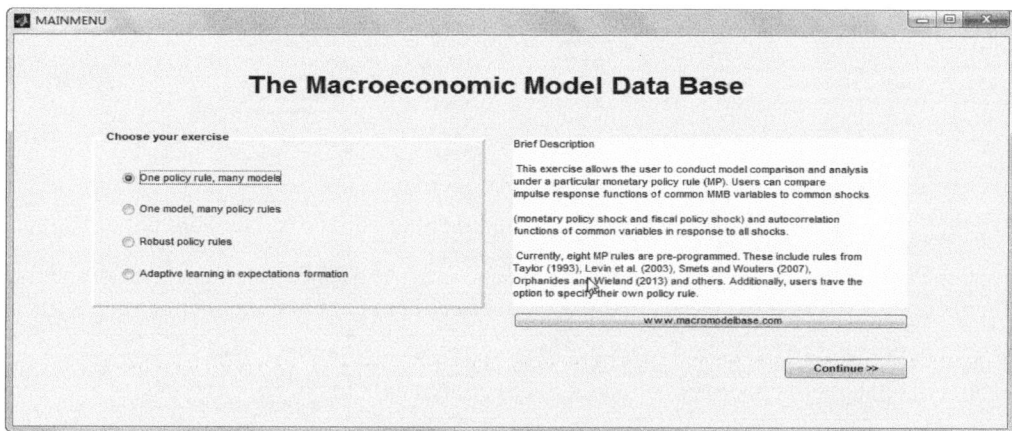

图 0.4　MMB 主运行窗口

MMB 首先要求选择适当的比较方式。目前 MMB 实现了两种模型比较的方式：第一种为同一个货币政策规则不同模型的比较；第二种为同一个模型不同货币政策规则的比较[①]。目前只支持两种冲击：货币政策冲击 (Monetary Policy Shock) 和财政政策冲击 (Fiscal Policy Shock)。但货币政策规则本身却提供了不同的形式，不仅包括了经典的 Taylor 规则 [Taylor (1993)]，而且还包括了文献中其他的不同规则，如 Smets & Wouters (2007)、Christiano, Eichenbaum & Evans (2005) 等，多达 9 种规则[②]，并且可以自行指定货币政策规则，灵活性较高。

在选择好模型的比较方式后，单击继续 (Continue) 按钮，MMB 会弹出第二个对话框，如图 0.5 所示。以第一种比较方式为例，即选择一个货币政策规则不同模型之间的比较。在此处，首先选择需要比较的模型，比如 US_SW07 和 US_CMR10 两个模型，然后选择货币政策如 Smets & Wouters (2007)，并指定画出 20 期脉冲响应函数，使用货币政策冲击 (即一单位正向利率冲击)，然后单击继续 (Continue) 按钮，稍作等待，即可得到结果，脉冲响应图形如图 0.6 所示。如果还选择了"显示无条件方差"(Show Unconditional Variances)，那么命令行窗口中会分别显示两个模型的共同变量的无条件方差。

---

① 　另外两种比较方式尚未实现：Robust Policy rules 和 Adaptive Learning in expectations formation. 但适应性模型在两种已实现的比较方式中可使用。

② 　关于货币政策规则的描述，请参考 \MMB_2_2\MMB_OPTIONS\MMB_MPrule_description.pdf。

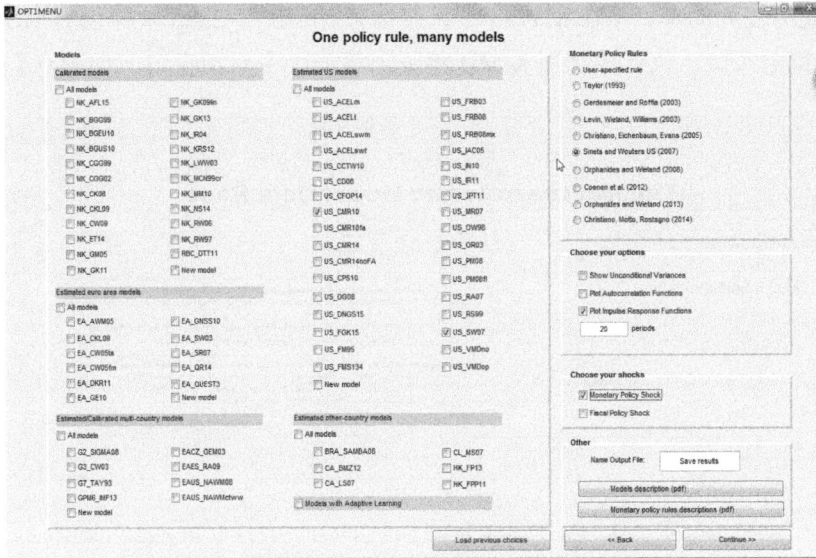

图 0.5　同一货币政策不同模型比较

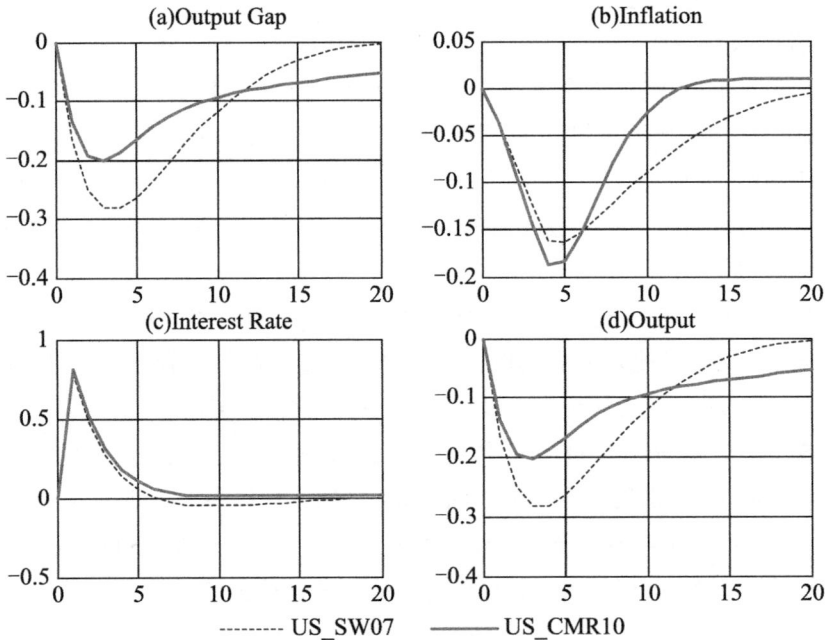

图 0.6　一单位正向货币政策冲击下两个模型的脉冲响应函数

注：Output Gap: 产出缺口；Inflation：通货膨胀；Interest Rate：利率；Output：产出。

参 考 文 献

[1] Blanchard O. *Do DSGE Models Have a Future?*[M].Gürkaynak R. S., Tille C. DSGE Models in the Conduct of Policy: Use as intended. London: Centre for Economic Policy Research (CEPR), 2017:93-100.

[2] Brayton F., Levin A., Tryon R., Williams J. C.(1997). *The Evolution of Macro Models at the Federal Reserve Board*[J]. Carnegie-Rochester Conference Series On Public Policy,47,December):43-81.

[3] Buiter W. *The Unfortunate Uselessness of Most "State of the Art" Academic Monetary Economics*[N]. Financial Times, 2009-03-30.

[4] Christiano L. J., Eichenbaum M., Evans C. L.(2005). *Nominal Rigidities and the Dynamic Effects of a Shock to Monetary Policy*[J]. Journal of Political Economy,113(1):1-45.

[5] Christiano L. J., Eichenbaum M., Vigfusson R.(2006). *Assessing Structural VARs*[J]. *NBER Macroeconomics Annual*,21:1-105.

[6] Christiano L. J., Motto R., Rostagno M.(2014). *Risk Shocks*[J]. American Economic Review,104(1):27-65.

[7] Christiano L. J., Trabandt M., Walentin K.(2011). *Introducing Financial Frictions and Unemployment Into a Small Open Economy Model*[J]. Journal of Economic Dynamics and Control,35(12):1999-2041.

[8] Del Negro M., Eggertsson G. B., Ferrero A., Kiyotaki N.(2017). *The Great Escape? A Quantitative Evaluation of the Fed's Liquidity Facilities*[J]. American Economic Review,107(3):824-857.

[9] Del Negro M., Giannoni M. *Using Dynamic Stochastic General Equilibrium Models at the New York Fed*[M].Gürkaynak R. S., Tille C. DSGE Models in the Conduct of Policy: Use as intended. London: Centre for Economic Policy Research (CEPR), 2017:40-47.

[10] Del Negro M., Schorfheide F.(2004). *Priors From General Equilibrium Models for Vars*[J]. International Economic Review,45(2):643-673.

[11] Edge R. M., Laubach T., Williams J. C.(2007). *Learning and Shifts in Long-Run Productivity Growth*[J]. Journal of Monetary Economics,54(8):2421-2438.

[12] Eggertsson G. B., Woodford M.(2003). *The Zero Bound on Interest Rates and Optimal Monetary Policy*[J]. *Brookings Papers On Economic Activity*,34(1):139-235.

[13] Friedmann M.(1953). *The Case for Flexible Exchange Rates*[J]. Essays in Positive Economics, Chicago, University of Chicago Press.

[14] Galí J.(2008). *Monetary Policy, Inflation, and the Business Cycle: An Introduction to the New Keynesian Framework*[M]. Princeton University Press.

[15] Galí J.(2015). *Monetary Policy, Inflation, and the Business Cycle: An Introduction to the New Keynesian Framework and its Applications (2nd Edition)*[M]. Princeton University Press.

[16] Galí J. *Some Scattered Thoughts On DSGE Models*[M].Gürkaynak R. S., Tille C. DSGE Models in the Conduct of Policy: Use as intended. London: Centre for Economic Policy Research (CEPR), 2017:86-92.

[17] Galí J.(1999). *Technology, Employment, and the Business Cycle: Do Technology Shocks Explain Aggregate Fluctuations?*[J]. American Economic Review, 89(1):249-271.

[18] Galí J., Monacelli T.(2005). *Monetary Policy and Exchange Rate Volatility in a Small Open Economy*[J]. The Review of Economic Studies,72(3):707-734.

[19] Gerlach S. *DSGE Models in Monetary Policy Committees*[M].Gürkaynak R. S., Tille C. DSGE Models in the Conduct of Policy: Use as intended. London: Centre for Economic Policy Research (CEPR), 2017:31-37.

[20] Gertler M., Karadi P.(2011). *A Model of Unconventional Monetary Policy*[J]. Journal of Monetary Economics,58(1):17-34.

[21] Gertler M., Kiyotaki N. *Financial Intermediation and Credit Policy in Business Cycle Analysis*[M].Benjamin M. F. A. M. Handbook of Monetary Economics. Elsevier, 2010:547-599.

[22] Ghironi F. *Policy Packages: Challenge and Opportunity for DSGE Research*[M]. Gürkaynak R. S., Tille C. DSGE Models in the Conduct of Policy: Use as intended. London: Centre for Economic Policy Research (CEPR), 2017:61-69.

[23] Greenwood J., Hercowitz Z., Huffman G. W.(1988). *Investment, Capacity Utilization, and the Real Business Cycle*[J]. American Economic Review,78(3):402-417.

[24] Heer B., Maussner A.(2009). *Dynamic General Equilibrium Modeling-Computational Methods and Applications*[M]. Springer.

[25] Ireland P. N.(2004). *A Method for Taking Models to the Data*[J]. Journal of Economic Dynamics and Control,28(6):1205-1226.

[26] Justiniano A., Primiceri G., Tambalotti A. *Empirical DSGE Models: From the Great Moderation, to the Great Recession and Beyond*[M].Gürkaynak R. S., Tille C. DSGE Models in the Conduct of Policy: Use as intended. London: Centre for Economic Policy Research (CEPR), 2017:49-59.

[27] Justiniano A., Primiceri G., Tambalotti A.(2010). *Investment Shocks and Business Cycles*[J]. Journal of Monetary Economics,57(2):132-145.

[28] Justiniano A., Primiceri G., Tambalotti A.(2011). *Investment Shocks and the Relative Price of Investment*[J]. Review of Economic Dynamics,14(1):102-121.

[29] Kimball M. S.(1995). *The Quantitative Analytics of the Basic Neomonetarist Model*[J]. Journal of Money, Credit and Banking,27(4):1241-1277.

[30] Korinek A. *Thoughts on DSGE Macroeconomics: Matching the Moment, but Missing the Point*?[M].Guzman M. Economic Theory and Public Policies: Joseph Stiglitz and the Teaching of Economics. New York: Columbia University Press,forthcoming, 2017.

[31] Kydland F. E., Prescott E. C.(1982). *Time to Build and Aggregate Fluctuations[J]*. Econometrica,50(6):1345-1370.

[32] Laubach T., Williams J. C.(2003). *Measuring the Natural Rate of Interest*[J]. Review of Economics and Statistics,85(4):1063-1070.

[33] McCandless G.(2008). *The ABCs of RBCs: An Introduction to Dynamic Macroeconomic Models*[M]. Harvard University Press, 448.

[34] Obstfeld M., Rogoff K.(1995). *Exchange Rate Dynamics Redux*[J]. Journal of Political Economy,103(3):624-660.

[35] Obstfeld M., Rogoff K.(1996). *Foundations of International Macroeconomics*[M]. MIT Press.

[36] Prescott E. C. *Chapter 22 - RBC Methodology and the Development of Aggregate Economic Theory*[M].Taylor J. B., Uhlig H. Handbook of Macroeconomics. Elsevier, 2016:1759-1787.

[37] Romer P.(2016). *The Trouble with Macroeconomics*[J]. The American Economist(forthcoming). Delivered Jan.,5,2016 at the Commons Memorial Lecture of the Omicron Delta Epsilon Society. Https://paulromer.net.

[38] Smets F., Wouters R.(2003). *An Estimated Dynamic Stochastic General Equilibrium Model of the Euro Area*[J]. Journal of the European Economic Association,1(5):1123-1175.

[39] Smets F., Wouters R.(2007). *Shocks and Frictions in US Business Cycles: A Bayesian DSGE Approach*[J]. The American Economic Review,97(3):586-606.

[40] Stiglitz J. E.(2018). *Where Modern Macroeconomics Went Wrong*[J]. Oxford Review of Economic Policy,34(1-2):70-106.

[41] Torres J. L.(2015). *Introduction to Dynamic Macroeconomic General Equilibrium Models*[M]. Vernon Art and Science.

[42] Tovar C. E.(2008). *DSGE Models and Central Banks*[J]. BIS Working Papers,No.258.

[43] Uhlig H.(2005). *What are the Effects of Monetary Policy On Output? Results From an Agnostic Identification Procedure*[J]. Journal of Monetary Economics,52(2):381-419.

[44] Uribe M., Schmitt-Grohé S.(2017). *Open Economy Macroeconomics* [M]. Princeton University Press.

[45] Walsh C. E.(2010). *Monetary Theory and Policy*[M]. MIT Press.

[46] Wickens M.(2008). *Macroeconomic Theory-A Dynamic Gereral Equilibrium Approach*[M]. Princeton University Press.

[47] Williams J. C. *DSGE Models: A Cup Half Full*[M].Gürkaynak R. S., Tille C. DSGE Models in the Conduct of Policy: Use as intended. London: Centre for Economic Policy Research (CEPR), 2017:16-21.

[48] 陈彦斌，陈惟. 从宏观经济学百年简史看"宏观经济学的麻烦"[J]. 经济学动态，(2017)(1):4-13.

1

DSGE 模型求解逻辑

自从 Kydland & Prescott (1982, *Econometrica*)、King，Plosser & Rebelo (1988, *JME*) 发表以来，对非线性 DSGE 模型使用线性近似算法求解已经越来越普遍。线性近似求解算法虽然不能解决所有问题，但在某些情况下仍然不失为一种简单、有效的方法。当外生冲击的波动较小且模型的内点稳定解存在时，一阶近似算法能够准确地回答诸如均衡局部存在性和确定性、内生变量二阶矩 (Second Moments) 的大小等问题 (Schmitt-Grohé & Uribe,2004, *JEDC*)。

1.1 DSGE 一阶求解

本节首先介绍一阶求解的基本逻辑，然后介绍对数线性化方法，最后对 3 种常见的、简单的一阶求解方法如 B&K 方法、Schur 方法和待定系数法进行介绍，并分别给出示例，帮助理解。

1.1.1 一阶求解逻辑

DSGE 模型求解目标是找到模型的政策函数 (Policy Function[①])，即将选择变量 (Control Variables or Choice Variables) 表示成外生变量 (Exogenous Variables or State Variables) 和预先决定内生变量 (Predetermined Endgenous Variables) 的函数。因此，求解的基本逻辑围绕这一基本目标展开。

1. DSGE 求解逻辑

在求解模型之前，首先要定义模型均衡。这包括界定模型内生变量和均衡条件 (Equilibrium Conditions)。模型的内生变量一般是选择变量。除预先决定的内生变量外，

---

① 也称为决策函数，decision function；决策规则，decision rule。

内生变量一般需要依据模型的外生变量或状态变量来决定。模型均衡条件一般由最优化问题的一阶条件 (FOCs) 和非一阶条件 (如预算约束、资源约束等条件) 组成。值得注意的是，模型均衡要求内生变量的个数和均衡条件的个数必须相等。否则无法继续求解，这是求解的必要条件。

其次，确定模型结构参数 (Structural Parameters)。一般说来，模型结构参数在求解之前必须已知 [1]。结构参数可以通过校准 (Calibration) 或估计 (Estimation) 的方法获取其值。参数校准通常从数据中依据某种算法计算数据的某一统计值 (Long Run Moments) 作为参数的值。比如消费占产出的比值，可使用宏观统计序列，计算每个时期消费占产出的比值，然后使用该比值的均值作为参数值。当然，也可以从经典的文献中直接借鉴。

参数估计是使用某种统计方法和统计数据，对一个或多个参数进行估计。参数估计的方法多种多样，常用的有贝叶斯估计 (Bayesian)、极大似然估计 (MLE)、广义矩估计 (GMM)、模拟矩估计 (SMM) 等。本书"**3.10 参数估计简介**"一节会对贝叶斯估计和极大似然估计做进一步介绍。

很明显，无论参数的校准还是估计，都会因方法和数据的不同而存在差异，从而影响模型求解和后续分析。一般情况下，如果参数的赋值差异不大，不会出现截然相反的分析结论，也就是说不会对定性分析的结果有实质性影响。

最后，根据需要选择合适的求解算法，寻找政策函数，并进行后续分析。目前主流的求解算法多为数值求解。Aruoba, Fernández-Villaverde & Rubio-Ramírez(2006，*JEDC*) 从计算耗时、可用性和复杂度、精确度等方面总结分析了几种常见的 DSGE 模型求解算法如基于扰动项的泰勒近似 (一阶、二阶和三阶，Perturbation Method)、有限元方法 (Finite Element Method)、契比雪夫多项式 (Chebyshev Polynomials) 法、值函数递归 (Value Function Iteration，VFI) 法等，并附有相关源程序和数据，有兴趣的读者可以深入探讨学习。

在 Dynare 的求解逻辑中，使用了基于扰动项的泰勒近似算法 (Taylor Approximation)。从数学分析或高等数学中可知，泰勒近似算法因近似阶数不同，会出现不同的近似结果 (就近似精确度而言)。因此在 Dynare 的求解中，同样存在不同近似阶数的选择问题。泰勒近似会随着阶数的增加，其复杂度呈几何级数增长，考虑到 DSGE 模型中存在大量的状态变量和内生变量，这种复杂程度可想而知。截至目前 [2]，Dynare

---

① DSGE 模型很少有解析，一般都需要数值求解算法来求数值解。因而需要参数值已知，才能进行数值求解。
② 本书正式写作始于 2016 年年中，并持续到 2017 年年底。截至 2018 年 10 月，Dynare 的最新版本为 v4.5.6，但 Dynare++ 中提供四阶、五阶甚至更高阶的求解算法。

最大可求解阶数只为 3 阶，可见高阶求解具体实现异常复杂。

此外，需要指出的是，泰勒近似求解算法给出的解是局部解，而非全局解。因为泰勒展开定理本身要求基于某个给定的点来近似逼近。在 DSGE 模型求解中，这个点往往是系统所谓的"稳态"(Steady State)。当然这并不排除基于其他点的近似展开。

2. 一阶求解逻辑

一般来说，对于如下形式 DSGE 模型的均衡条件：

$$E_t\left\{f\left(y_{t+1}, y_t, y_{t-1}, u_t\right)\right\} = 0 \tag{1.1.1}$$

其中，y_t 为内生变量，u_t 为外生冲击 (Exogenous Shocks)，在期初被观测到，满足：

$$E(u_t) = 0, \quad E(u_t u_t') = \textstyle\sum_u, E(u_t u_s') = 0, \quad t \neq s \tag{1.1.2}$$

在 t 期，未知的随机变量仅为 y_{t+1} 和 u_{t+1}，其余变量均被观测到。

一般情况下，外生冲击只出现在当期，即 t 期变量 [①]；内生变量 y_t 可能有超过一阶的先导 (lead) 或滞后 (lag) 变量，这时需要引入辅助变量来处理，从而仍然能将均衡写成式 (1.1.1) 的形式。此外，并不是所有的内生变量都有先导或滞后变量出现。

DSGE 模型求解的最终目标是寻找如下的政策函数：

$$y_t = g\left(y_{t-1}, u_t\right) \tag{1.1.3}$$

一阶求解首先将均衡条件线性化 (可通过一阶泰勒近似或对数线性化)，然后求解政策函数的一阶近似，即寻找如下形式的一阶近似解：

$$y_t = g\left(y_{t-1}, u_t\right) \simeq \overline{y} + g_y \hat{y}_{t-1} + g_u u_t \tag{1.1.4}$$

即寻找系数 g_y 和 g_u，其中 $\hat{y}_t = y_t - \overline{y}$ 表示 y_t 的线性化变量，下一小节有介绍；$\overline{y}$ 为稳态，外生冲击的线性化为其本身。

目前，文献中关于一阶求解的方法有许多种，其中 Blanchard & Kahn(1980, *Econometrica*)(以下简称 B&K 方法)、Klein(2000, *JEDC*)、Sims(2002)、Uhlig(1999) 较为常见。Dynare 的一阶求解使用 Klein(2000) 和 Sims(2002) 提出的 Schur 方法。其中前 3 篇文献探讨的方法较为类似，都通过矩阵分块的思想，先求解特征值进而求解，而 Uhlig(1999) 提出的待定系数法 (Undetermined Coefficient Method) 则使用矩阵的克氏乘积 (Kronecker Product) 来求解。由于求解逻辑的差异，使得 B&K 方法、Schur 方法与待定系数法对变量的划分逻辑也不尽相同。Dynare 的一阶求解逻辑，将在下一节中结合高阶求解逻辑一并介绍。

---

① 这也是外生变量的特征。

McCandless(2008) 对一阶求解方法有非常详尽的介绍，而且通篇都通过一阶求解的方法进行分析，可当作入门级教程，是非常不错的 DSGE 模型启蒙书籍，值得阅读。

1.1.2　线性化与对数线性化

相比非线性系统，线性化系统的求解最为简单，求解技术最为完备。此外，由于非线性系统可以使用线性系统进行逼近 [①]，因此求解复杂的非线性系统，研究其一阶近似线性系统的性质，是最自然的选择，也是良好的开端。

对于复杂的非线性 DSGE 模型来说，直接求解几乎是不可能的。而且对于大多数模型，研究其一阶近似系统，已经能够满足解决问题的需要。一阶线性系统最为简单、直观，能够帮助研究者建立变量之间的"直觉"关系，从而有助于理解和解决问题。

本小节将着重介绍如何对 DSGE 模型非线性均衡条件进行线性化处理，并将所有非线性均衡条件转换为线性条件，从而获取原始非线性均衡的一阶近似均衡，然后通过某种求解方法来求解该一阶近似均衡系统。

1. 线性化

线性化不仅针对变量本身，而且更重要的是由变量组成的均衡条件。首先，针对变量 x_t，定义其线性化变量为 $\hat{x}_t$：

$$\hat{x}_t \equiv \frac{x_t - x}{x} \tag{1.1.5}$$

其中，$x \neq 0$ 表示变量 x_t 的稳态值；$\hat{x}_t$ 读作 x_t-hat 即帽子的意思。线性化变量 $\hat{x}_t$ 有时也被称为变量 x_t 的离差形式 (Deviation Form)。

然而针对比率变量，即百分比变量而言，根据百分比变量本身的定义，其线性化变量的定义也稍微不同。下面通过一个简单的例子加以说明。假设通货膨胀率用 π_t 表示，其为比率变量，无量纲，如果其定义为

$$\pi_t \equiv \frac{P_t}{P_{t-1}} \tag{1.1.6}$$

即此时 π_t 为总通货膨胀率，称之为 Gross 变量，此时其线性化变量的定义仍然遵循式 (1.1.5) 的定义。但当 π_t 被定义成如下的形式：

[①]　根据魏尔斯特拉斯逼近定理 (Weierstrass Theorem)，闭区间上的连续函数都可以由多项式一致逼近。具体说来，6 大类基本初等函数 (指数函数、对数函数、幂函数、三角函数、反三角函数和常数函数) 和初等函数 (基本初等函数经过有限次四则运算和复合运算得到的函数)，都可以由多项式函数任意逼近。多项式是线性时 (即一次多项式) 为一阶逼近；二次及以上多项式为高阶逼近。

$$\pi_t \equiv \frac{P_t}{P_{t-1}} - 1 = \frac{P_t - P_{t-1}}{P_{t-1}} \tag{1.1.7}$$

即此时 π_t 被定义成净通货膨胀率，称为 Net 变量，此时其线性化变量的定义略不同于式 (1.1.5)：

$$\hat{\pi}_t \equiv \pi_t - \pi \tag{1.1.8}$$

此时 π 为净通货膨胀率的目标值或稳态值，比如 2%，而非总通货膨胀率的目标值或稳态值即 102%。如果对于净通货膨胀率定义其线性化变量仍然采用式 (1.1.5) 的形式，会出现无意义的结果，因为对于净值比率，其稳态值或目标值一般比较小，比如 2%，如果此稳态值出现在分母上，此时即使净通货膨胀率仅对其稳态正向偏离 2%，那么其线性化变量会出现 100% 的异常值，此时并没有经济含义，也就是说此时会出现比率的比率，因而没有经济含义：

$$\hat{\pi}_t \equiv \frac{\pi_t - \pi}{\pi} = \frac{4\% - 2\%}{2\%} = \frac{2\%}{2\%} = 1 \tag{1.1.9}$$

对于可导函数 $f(x_t)$ 基于 x_t 稳态值 x 的泰勒近似为：

$$f(x_t) = f(x) + f'(x)(x_t - x) + \frac{f''(x)}{2!}(x_t - x)^2 + \cdots \tag{1.1.10}$$

一阶近似只需保留一阶项即线性项，丢弃高阶项即可：

$$f(x_t) \simeq f(x) + f'(x)(x_t - x) \tag{1.1.11}$$

对于二元函数 $f(x_t, y_t)$ 而言，其一阶近似为

$$f(x_t, y_t) \simeq f(x, y) + f_x(x, y)(x_t - x) + f_y(x, y)(y_t - y) \tag{1.1.12}$$

上述一阶泰勒近似所得到的结果完全和一阶线性化 (Linearization) 的结果相同。

2. 对数线性化

对数线性化，顾名思义是使用对数函数的基本性质 (本质是对数函数 $\log x$ 或指数函数 e^x 的一阶泰勒展开式) 来实现线性化，和上述一般线性化的定义 (1.1.5) 殊途同归。对于均衡条件的对数线性化，特别是均衡条件中含有期望算子 (expectation operator) 时，使用对数线性化比较方便，也比较容易理解。对于给定的变量 x_t，定义其对数线性化变量 $\tilde{x}_t$ 为

$$\tilde{x}_t \equiv \log x_t - \log x \tag{1.1.13}$$

对数线性化变量 $\tilde{x}_t$ 被定义成变量 x_t 的对数对其对数稳态值的偏离，读作 x_t-tilde[①]。

[①] 由于对数线性化和线性化在本质上没有区别，两者近似相同，因此在本书的后续分析中并未严格区分。

这种方法由 Uhlig(1999) 最早使用。当变量 x_t 在稳态附近时，上述对数线性化式 (1.1.13) 和一般线性化式 (1.1.5) 的定义几乎等价，即 $\tilde{x}_t \simeq \hat{x}_t$。这是由于

$$\tilde{x}_t \equiv \log x_t - \log x = \log \frac{x_t}{x} = \log\left(1 + \frac{x_t - x}{x}\right) \simeq \frac{x_t - x}{x} \equiv \hat{x}_t \tag{1.1.14}$$

上式使用了指数函数 e^x 的泰勒展开式：

$$e^x = 1 + x + \frac{x^2}{2!} + \frac{x^3}{3!} + \cdots \tag{1.1.15}$$

其中的仅一阶项：$e^x \simeq 1 + x$，即 $\log(1+x) \simeq x$（当 x 较小时）。**因而，在无特殊说明的情况下认为一般线性化和对数线性化是等价的，因此可不做任何区别。**一般线性化相当于一阶泰勒近似，因而对数线性化的本质是关于对数形式变量的一阶泰勒近似。此外，由式 (1.1.13)，可使用线性化变量表示原变量

$$x_t = x\exp(\tilde{x}_t) \simeq x(1 + \tilde{x}_t) \tag{1.1.16}$$

即原变量大约等于该变量的稳态值乘以 1 加对数线性化变量的和。

由于对数运算具有很多优良的性质，比如将乘积转换为加和形式，将方幂转换为乘法等，因此对数线性化在某些情况下（如仅含有乘积形式的均衡条件），已成为线性化的首选方法。

以上主要是针对变量的线性化定义。接下来通过几个简单的例子，介绍如何线性化均衡条件。一般说来对不含有期望算子的均衡条件，其线性化遵循如下的步骤：先取对数，然后泰勒展开：

第一，均衡条件两边取自然对数；

第二，确定各变量的稳态值，然后在等式两边分别进行一阶泰勒展开；

第三，简化、合并同类项、整理表达式。

值得注意的是，上述步骤中的第二步，也可以直接在等式两边取全微分（更易理解和操作），而无须一阶泰勒展开，但两者实质上是一致的，具体请参考本节最后一个例子。

对含有期望算子的表达式，建议直接使用式 (1.1.16) 进行替换，并使用幂级数展开公式 (1.1.17) 中的一阶项进行近似计算，即：

$$(1+x)^\alpha \simeq 1 + \alpha x + \frac{\alpha(1-\alpha)}{2}x^2 + \cdots, \quad \alpha \neq 0, \ |x| < 1 \tag{1.1.17}$$

注意，在替换和近似计算的过程中，会出现 $\tilde{x}_t$ 的高阶项和与其他变量的交乘项，这时直接舍弃即可，因为此时只关注线性项。

3. 几个简单的例子

(1) 乘积示例：Cobb-Douglass 生产函数

$$Y_t = A_t K_t^\alpha N_t^{1-\alpha} \tag{1.1.18}$$

两边取自然对数，即

$$\log Y_t = \log A_t + \alpha \log K_t + (1-\alpha) \log N_t \tag{1.1.19}$$

在稳态时成立，即

$$\log Y = \log A + \alpha \log K + (1-\alpha) \log N \tag{1.1.20}$$

在式 (1.1.19) 两边，对每一项在稳态处都进行一阶泰勒展开，可得

$$\log Y + \frac{Y_t - Y}{Y} = \log A + \frac{A_t - A}{A} + \alpha \left(\log K + \frac{K_t - K}{K} \right) + (1-\alpha) \left(\log N + \frac{N_t - N}{N} \right) \tag{1.1.21}$$

因此可得生产函数的线性化表示：

$$\hat{Y}_t = \hat{A}_t + \alpha \hat{K}_t + (1-\alpha) \hat{N}_t \tag{1.1.22}$$

此外，也可以直接使用对数线性化的定义，将式 (1.1.19) 和式 (1.1.20) 相减，可得式 (1.1.22)。可见，对于只含有乘积的表达式，使用对数线性化将非常简单、方便。

(2) 加和示例：资源约束条件

$$Y_t = C_t + I_t \tag{1.1.23}$$

稳态时，各变量满足

$$Y = C + I \tag{1.1.24}$$

将式 (1.1.23) 减去式 (1.1.24)，两边除以产出的稳态值 Y，可得

$$\frac{Y_t - Y}{Y} = \frac{C}{Y} \frac{C_t - C}{C} + \frac{I}{Y} \frac{I_t - I}{I} \tag{1.1.25}$$

即

$$\hat{Y}_t = \frac{C}{Y} \hat{C}_t + \frac{I}{Y} \hat{I}_t \tag{1.1.26}$$

此外也可以先取对数，然后使用泰勒近似展开的方法。首先，两边取自然对数可得

$$\log Y_t = \log (C_t + I_t) \tag{1.1.27}$$

然后两边分别一阶泰勒近似可得

$$\log Y + \frac{Y_t - Y}{Y} = \log (C + I) + \frac{C}{C+I} \frac{C_t - C}{C} + \frac{I}{C+I} \frac{I_t - I}{I} \tag{1.1.28}$$

因而同样可得到式 (1.1.26)。

(3) 加和示例：资本积累方程

$$K_{t+1} = I_t + (1-\delta) K_t \tag{1.1.29}$$

稳态时，有 $I = \delta K$。上式两边同时减去资本存量的稳态值 K，然后同时除以 K，可得

$$\frac{K_{t+1} - K}{K} = \delta \frac{I_t - \delta K}{\delta K} + (1-\delta) \frac{(K_t - K)}{K} \tag{1.1.30}$$

可得线性化方程

$$\hat{K}_{t+1} = \delta \hat{I}_t + (1-\delta) \hat{K}_t \tag{1.1.31}$$

同样，也可以先取对数，然后使用泰勒近似的方法，此处省略。

(4) 带有期望算子的均衡条件：Euler 方程

$$C_t^{-\sigma} = \beta E_t C_{t+1}^{-\sigma} (1+r_t) \tag{1.1.32}$$

首先，实际利率 r_t 的稳态为

$$r = \frac{1}{\beta} - 1 > 0$$

且 r_t 为 Net 比率变量，其线性化定义为 $\hat{r}_t \equiv r_t - r$。其次，由于均衡条件中含有期望算子，而且期望算子只具有线性运算的性质，因此暂时不能在两边取对数，此时可考虑使用，即 $x_t = x \exp(\tilde{x}_t) \simeq x(1+\tilde{x}_t)$。将当期消费 C_t 和下一期消费 C_{t+1} 使用该公式进行替换：

$$C_t \simeq C(1+\hat{C}_t), \quad C_{t+1} \simeq C(1+\hat{C}_{t+1})$$

代入 Euler 方程

$$\left(C(1+\hat{C}_t)\right)^{-\sigma} = \beta E_t \left(C(1+\hat{C}_{t+1})\right)^{-\sigma} (1+\hat{r}_t + r) \tag{1.1.33}$$

再由幂级数展开式 (1.1.17)，并简单整理可得 (舍弃交叉项)：

$$1 - \sigma \hat{C}_t = \beta E_t \left(1 - \sigma \hat{C}_{t+1}\right) \left(\hat{r}_t + \frac{1}{\beta}\right) \simeq \beta E_t \left(\hat{r}_t - \frac{1}{\beta} \sigma \hat{C}_{t+1} + \frac{1}{\beta}\right) \tag{1.1.34}$$

因而可得 Euler 方程一阶线性化的方程

$$\hat{C}_t = E_t \left(\hat{C}_{t+1} - \frac{\beta}{\sigma} \hat{r}_t\right) \simeq E_t \left(\hat{C}_{t+1} - \frac{1}{\sigma} \hat{r}_t\right) \tag{1.1.35}$$

(5) 加和示例——全微分

$$Y_t = C_t + I_t \tag{1.1.36}$$

首先两边取自然对数，并在稳态处取全微分：

$$d \log Y_t = d \log (C_t + I_t) \tag{1.1.37}$$

即

$$\left. \mathrm{d}Y_t \frac{1}{Y_t} \right|_{Y_t=Y} = \left. \frac{\mathrm{d}C_t + \mathrm{d}I_t}{(C_t + I_t)} \right|_{C_t=C, I_t=I} \tag{1.1.38}$$

若定义 $\mathrm{d}Y_t \equiv Y_t - Y$，那么式 (1.1.38) 为式 (1.1.25)。或者在式 (1.1.36) 两边直接取全微分，然后两边同时除以产出的稳态 Y，同样可得相同的结果。

1.1.3　B&K 方法

B&K 方法来源于经典的文献 Blanchard & Kahn(1980)。该方法假设线性化系统具有如下的一般形式[①]：

$$\underset{(m+n)\times(m+n)}{\boldsymbol{B}} \times E_t \begin{pmatrix} x_{t+1} \\ {}_{m\times 1} \\ y_{t+1} \\ {}_{n\times 1} \end{pmatrix} = \underset{(m+n)\times(m+n)}{\boldsymbol{A}} \times \begin{pmatrix} x_t \\ y_t \end{pmatrix} \tag{1.1.39}$$

其中，$\boldsymbol{B}$、$\boldsymbol{A}$ 均为系数矩阵 (行对应均衡条件，列对应内生变量)；m 为状态变量或预先决定变量的个数；n 为前向变量的个数。需要指出的是式 (1.1.39) 虽然从形式上预先决定变量 x_{t+1} 具有时间下标 $t+1$，但并不表示其为前向变量。

当矩阵 $\boldsymbol{B}$ 可逆时，问题变得比较简单，即两边同时乘以 $\boldsymbol{B}^{-1}$ 可得：

$$E_t \begin{pmatrix} x_{t+1} \\ y_{t+1} \end{pmatrix} = \boldsymbol{B}^{-1}\boldsymbol{A} \begin{pmatrix} x_t \\ y_t \end{pmatrix} \tag{1.1.40}$$

此时系统可使用 B&K 方法进行求解，经过简单的 Matlab 编程即可实现。当矩阵 $\boldsymbol{B}$ 不可逆时，问题变得稍微复杂，需求使用 QZ 分解来求解 (如图 1.1 所示，图中省略了期望算子)，具体内容会在本书的 "1.1.4 Schur 方法" 中做详细介绍。

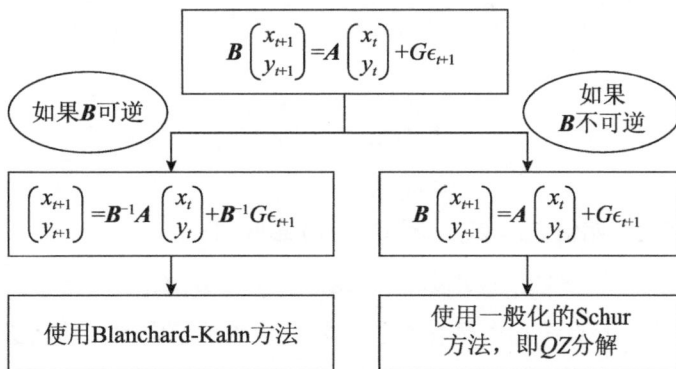

图 1.1　一阶求解方法：B&K 和 Schur 方法

[①]　此处将状态变量放在前面，前向变量放在后面，这并不影响模型的求解结果，只影响矩阵的定义和模型推导。放置顺序完全可以相反，即前向变量在前，状态变量在后。

1. B&K 方法

本小节首先介绍如何使用 B&K 方法求解系统，然后举例说明。B&K 方法首先要求对矩阵 $\boldsymbol{B}^{-1}\boldsymbol{A}$ 进行相似分解，即寻找矩阵 $\boldsymbol{\Gamma}$ (Gamma) 和 $\boldsymbol{\Lambda}$ (Lambda) 满足如下的关系式：

$$\boldsymbol{B}^{-1}\boldsymbol{A} = \boldsymbol{\Gamma}\boldsymbol{\Lambda}\boldsymbol{\Gamma}^{-1} \tag{1.1.41}$$

其中，$\boldsymbol{\Gamma}$ 为特征向量 (Eigenvector) 组成的矩阵，$\boldsymbol{\Lambda}$ 为特征值 (Eigenvalue) 组成的矩阵。一般说来，$\boldsymbol{\Lambda}$ 为对角矩阵。然后对特征值矩阵 $\boldsymbol{\Lambda}$ 中的特征值依据模值 (Modulus)，从小到大依次排列，形成如下的分块矩阵：

$$\boldsymbol{\Lambda} = \begin{pmatrix} \boldsymbol{\Lambda}_1 & 0 \\ {\scriptstyle S \times S} & \\ 0 & \boldsymbol{\Lambda}_2 \\ & {\scriptstyle T \times T} \end{pmatrix} \tag{1.1.42}$$

其中，$\boldsymbol{\Lambda}_1$ 中的特征值均小于 1，称 $\boldsymbol{\Lambda}_1$ 为稳定的 (Stable)，记为 $|\boldsymbol{\Lambda}_1| < 1$，假设其维度为 $S \times S$；$\boldsymbol{\Lambda}_2$ 中的特征值均不小于 1，称 $\boldsymbol{\Lambda}_2$ 为非稳定的 (Unstable)，记为 $|\boldsymbol{\Lambda}_2| \geqslant 1$，假设其维度为 $T \times T$。很显然 $m + n = S + T$。

将 $\boldsymbol{B}^{-1}\boldsymbol{A}$ 矩阵分解的结果式 (1.1.41) 和式 (1.1.42) 代入原系统式 (1.1.40)，可得

$$E_t \begin{pmatrix} x_{t+1} \\ y_{t+1} \end{pmatrix} = \boldsymbol{\Gamma} \begin{pmatrix} \boldsymbol{\Lambda}_1 & 0 \\ {\scriptstyle S \times S} & \\ 0 & \boldsymbol{\Lambda}_2 \\ & {\scriptstyle T \times T} \end{pmatrix} \boldsymbol{\Gamma}^{-1} \begin{pmatrix} x_t \\ y_t \end{pmatrix} \tag{1.1.43}$$

两边同时左乘 $\boldsymbol{\Gamma}^{-1}$，可得

$$E_t \begin{pmatrix} Z_{1,t+1} \\ {\scriptstyle S \times 1} \\ Z_{2,t+1} \\ {\scriptstyle T \times 1} \end{pmatrix} = \begin{pmatrix} \boldsymbol{\Lambda}_1 & 0 \\ {\scriptstyle S \times S} & \\ 0 & \boldsymbol{\Lambda}_2 \\ & {\scriptstyle T \times T} \end{pmatrix} \begin{pmatrix} Z_{1t} \\ {\scriptstyle S \times 1} \\ Z_{2t} \\ {\scriptstyle T \times 1} \end{pmatrix}, \quad \boldsymbol{\Gamma}^{-1} \begin{pmatrix} x_t \\ y_t \end{pmatrix} \equiv \boldsymbol{Z}_t \equiv \begin{pmatrix} Z_{1t} \\ {\scriptstyle S \times 1} \\ Z_{2t} \\ {\scriptstyle T \times 1} \end{pmatrix} \tag{1.1.44}$$

因此可得

$$E_t Z_{1,t+1} = \boldsymbol{\Lambda}_1 Z_{1t} \tag{1.1.45}$$

$$E_t Z_{2,t+1} = \boldsymbol{\Lambda}_2 Z_{2t} \tag{1.1.46}$$

对于任意给定的初始值 $Z_{2t} = Z_{21}$，式 (1.1.46) 意味着：

$$E_t Z_{2t+1} = \boldsymbol{\Lambda}_2 Z_{2t} = \boldsymbol{\Lambda}_2^2 Z_{2t-1} = \cdots = \boldsymbol{\Lambda}_2^t Z_{21} \tag{1.1.47}$$

注意到 $|\boldsymbol{\Lambda}_2| \geqslant 1$，若系统均衡是存在的或者说系统是稳定的，那么必然有：

$$Z_{2t} \equiv 0, \quad \forall t \tag{1.1.48}$$

此为系统稳定或均衡存在的充分必要条件。依此条件为出发点来推导系统的政策函数：$y_t = \boldsymbol{\phi} x_t$，$\boldsymbol{\phi}$ 为常数矩阵。首先对矩阵 $\boldsymbol{\Gamma}^{-1}$ 进行分块划分如下：

$$\begin{pmatrix} Z_{1t} \\ {\scriptstyle S\times 1} \\ Z_{2t} \\ {\scriptstyle T\times 1} \end{pmatrix} \equiv Z_t \equiv \boldsymbol{\varGamma}^{-1} \begin{pmatrix} x_t \\ {\scriptstyle m\times 1} \\ y_t \\ {\scriptstyle n\times 1} \end{pmatrix} = \begin{pmatrix} \varGamma_{11} & \varGamma_{12} \\ {\scriptstyle S\times m} & {\scriptstyle S\times n} \\ \varGamma_{21} & \varGamma_{22} \\ {\scriptstyle T\times m} & {\scriptstyle T\times n} \end{pmatrix} \begin{pmatrix} x_t \\ {\scriptstyle m\times 1} \\ y_t \\ {\scriptstyle n\times 1} \end{pmatrix}, \quad \boldsymbol{\varGamma}^{-1} \equiv \begin{pmatrix} \varGamma_{11} & \varGamma_{12} \\ {\scriptstyle S\times m} & {\scriptstyle S\times n} \\ \varGamma_{21} & \varGamma_{22} \\ {\scriptstyle T\times m} & {\scriptstyle T\times n} \end{pmatrix} \quad (1.1.49)$$

其次，根据均衡存在的必要条件式 (1.1.48) 和式 (1.1.49) 可得

$$0 \equiv \underset{T\times 1}{Z_{2t}} = \underset{T\times m}{\varGamma_{21}} \underset{m\times 1}{x_t} + \underset{T\times n}{\varGamma_{22}} \underset{n\times 1}{y_t} \quad (1.1.50)$$

这是一个具有 T 个方程，n 个未知量 (y_t 的维度为 n) 的齐次线性方程组。线性代数的基本知识表明，政策函数 $y_t = \boldsymbol{\phi} x_t$ 存在的充分必要条件是 $T=n$，并且 $\varGamma_{22}^{-1}$ 存在。该充分必要条件即著名的 B&K 条件[①]：前向变量的个数 (n) 要和不小于 1 的特征值 (Unstable) 的个数 (T) 要相等。当 $T>n$ 时，线性齐次方程组方程个数大于未知量的个数，此时无解；当 $T<n$ 时，线性齐次方程组方程个数小于未知量的个数，此时有无穷多组解，系统未决 (Indeterminacy)。当 $T=n$ 时，政策函数为

$$y_t = -\varGamma_{22}^{-1} \varGamma_{21} x_t \equiv \boldsymbol{\phi} x_t, \ \boldsymbol{\phi} \equiv -\varGamma_{22}^{-1} \varGamma_{21} \quad (1.1.51)$$

至此，完成了政策函数的求解。

将 B&K 方法求解政策函数的基本步骤总结如下：

第一，对系数矩阵 $\boldsymbol{B}^{-1}\boldsymbol{A}$ 进行相似分解；

第二，对特征值矩阵 $\boldsymbol{\varGamma}$，按特征值模值从小到大进行排序，并分块；

第三，施加系统均衡约束，即 B&K 条件，求解政策函数。

在获取政策函数式 (1.1.51) 后，即可进一步来确定系统状态转换方程。将政策函数式 (1.1.51) 代入原系统式 (1.1.40)，可得：

$$E_t \begin{pmatrix} x_{t+1} \\ y_{t+1} \end{pmatrix} = \boldsymbol{B}^{-1}\boldsymbol{A} \begin{pmatrix} x_t \\ \boldsymbol{\phi} x_t \end{pmatrix} \quad (1.1.52)$$

将矩阵 $\boldsymbol{B}^{-1}\boldsymbol{A}$ 写成分块矩阵的形式：

$$\boldsymbol{B}^{-1}\boldsymbol{A} \equiv \begin{pmatrix} BA_{11} & BA_{12} \\ {\scriptstyle m\times m} & {\scriptstyle m\times n} \\ BA_{21} & BA_{22} \\ {\scriptstyle n\times m} & {\scriptstyle n\times n} \end{pmatrix} \quad (1.1.53)$$

因此可将式 (1.1.52) 第一行元素表达为

$$E_t x_{t+1} = \left(BA_{11} + BA_{12}\boldsymbol{\phi} \right) x_t \quad (1.1.54)$$

因此式 (1.1.51)、式 (1.1.54) 共同构成了线性化系统的解。接下来，通过一个简单的

---

① 相信不少读者都看到过 Dynare 中的一个错误提示：Blanchard & Kahn 条件不满足：Blanchard Kahn conditions are not satisfied: no stable equilibrium。此即前向变量的个数 (n) 大于或小于特征值大于 1 的个数 (T)。

RBC 模型来讲解，如何通过 Matlab 编程实现使用 B&K 方法求解线性系统。

2. 一个例子：经典 KBC 模型

本小节来考虑一个仅含有投资但不含劳动的简单随机增长模型[①]：中央计划者选择消费和资本存量最大化无穷期贴现效用：

$$\max_{\{C_t, K_{t+1}\}} E_0 \sum_{t=0}^{\infty} \beta^t \frac{C_t^{1-\gamma}-1}{1-\gamma}$$

其中，$\gamma > 0$ 为参数，预算约束为

$$C_t + I_t \leqslant Y_t \tag{1.1.55}$$

生产函数为经典的柯布道格拉斯形式：

$$Y_t = A_t K_t^{\alpha}$$

其中，$0 < \alpha < 1$ 为参数，技术生产率 A_t 的对数满足经典的 AR(1) 过程：

$$\log A_t = \rho \log A_{t-1} + \epsilon_t \ , 0 < \rho < 1 \tag{1.1.56}$$

资本存量满足经典的积累方程：

$$K_{t+1} = I_t + (1-\delta)K_t \tag{1.1.57}$$

效用最大化问题的拉格朗日函数 (Lagrangian) 为[②]

$$\mathcal{L} \equiv E_0 \sum_{t=0}^{\infty} \beta^t \left\{ \frac{C_t^{1-\gamma}-1}{1-\gamma} + \lambda_t \left(A_t K_t^{\alpha} - C_t + (1-\delta)K_t - K_{t+1} \right) \right\}$$

关于消费 C_t、资本存量 K_{t+1} 和拉格朗日乘子 λ_t 的一阶条件分别为

$$\partial C_t : C_t^{-\gamma} = \lambda_t$$

$$\partial \lambda_t : K_{t+1} = A_t K_t^{\alpha} - C_t + (1-\delta)K_t$$

$$\partial K_{t+1} : \lambda_t = \beta E_t \lambda_{t+1} (A_{t+1} \alpha K_{t+1}^{\alpha-1} + 1 - \delta)$$

其中，拉格朗日乘子 λ_t 表示消费的边际效用。有时 λ_t 也被称为影子价格 (Shadow Price)，这是指当放松预算约束一个单位时，所能带来的效用恰好为 λ_t。其中关于资本存量 K_{t+1} 的一阶条件，其具体推导如下 (暂时省略期望算子)：

[①]　该模型虽然不显示含有劳动，但其实是包括劳动在内，只不过其暗含假设认为劳动不变 (Fixed Labor)，并标准化为单位 1。

[②]　效用最大化问题的拉格朗日函数也称为即期拉格朗日函数 (current value)，指贴现因子乘以预算约束，这是最常用的方法。之所以被称为即期，是因为拉格朗日乘子代表了当期消费的边际效用。另外一种方法称为现值拉格朗日函数 (present value)，其乘子等于消费的边际效用贴现到第 0 期。

$$\mathcal{L} = \beta^0 \left\{ \frac{C_0^{1-\gamma}-1}{1-\gamma} + \lambda_0 \left(A_0 K_0^{\alpha} - C_0 + (1-\delta)K_0 - K_1 \right) \right\} + \cdots +$$

$$\beta^t \left\{ \frac{C_t^{1-\gamma}-1}{1-\gamma} + \lambda_t \left(A_t K_t^{\alpha} - C_t + (1-\delta)K_t - K_{t+1} \right) \right\} +$$

$$\beta^{t+1} \left\{ \frac{C_{t+1}^{1-\gamma}-1}{1-\gamma} + \lambda_{t+1} \left(A_{t+1} K_{t+1}^{\alpha} - C_{t+1} + (1-\delta)K_{t+1} - K_{t+2} \right) \right\} + \cdots$$

关于资本存量 K_{t+1} 求一阶偏导并令其为零 (其他变量视为给定) 可得

$$0 = \frac{\partial \mathcal{L}}{\partial K_{t+1}} = \beta^t \frac{\partial \left\{ \frac{C_t^{1-\gamma}-1}{1-\gamma} + \lambda_t \left(A_t K_t^{\alpha} - C_t + (1-\delta)K_t - K_{t+1} \right) \right\}}{\partial K_{t+1}}$$

$$+ \beta^{t+1} \frac{\partial \left\{ \frac{C_{t+1}^{1-\gamma}-1}{1-\gamma} + \lambda_{t+1} \left(A_{t+1} K_{t+1}^{\alpha} - C_{t+1} + (1-\delta)K_{t+1} - K_{t+2} \right) \right\}}{\partial K_{t+1}}$$

整理可得关于资本存量的一阶条件 [①]。将关于消费、资本存量和乘子的一阶条件加以整理，可得 Euler 方程和资源约束方程分别为

$$C_t^{-\gamma} = \beta E_t C_{t+1}^{-\gamma} \left(A_{t+1} \alpha K_{t+1}^{\alpha-1} + 1 - \delta \right) \tag{1.1.58}$$

$$K_{t+1} = A_t K_t^{\alpha} - C_t + (1-\delta)K_t \tag{1.1.59}$$

模型的均衡条件由 Euler 方程 (1.1.58)、资源约束方程 (1.1.59) 和技术生产率的 AR(1) 过程 (1.1.56) 共 3 个方程组成。

模型均衡还有一个重要的必要条件，即遍历性条件 (Transversality Condition)：

$$\lim_{T \to +\infty} \beta^T \lambda_T K_T = 0 \tag{1.1.60}$$

遍历性条件从有穷期的角度来理解，会更加容易。在时间终点时，遍历性条件要求不能留下任何效用，否则无法最大化效用。这是因为不会再有第二天用来获取剩下的效用。K_T 代表时间在终点时的资本存量，$\lambda_T K_T$ 表示时间终点时还有未获取的效用，如果贴现值 $\beta^T \lambda_T K_T$ 不为零，那么这部分效用将被浪费，存在"过度储蓄"，因此无法最大化效用。遍历性条件为必要条件，无须进入系统均衡条件。

在对均衡条件线性化处理之前，首先求出系统的稳态值。对于技术生产率变量 A_t 的稳态值，一般假定为单位 1。一般说来，服从 AR(1) 过程的变量，其稳态值都假定为 1，即稳态时这些变量不对系统有任何贡献。对技术生产率变量 A_t 来说，它是生产函数的一

---

① 注意，最大化问题虽然是基于初始期的期望值，但这并不妨碍最大化问题关于 t 期变量求导，并基于 t 期取期望得到相应的一阶条件。

个系数，对产出有扩张 $(A_t > 1)$ 或紧缩效应 $(A_t < 1)$。此外容易从 Euler 方程 (1.1.58)、资源约束方程 (1.1.59) 求出资本存量和消费的稳态值：

$$K = \left(\frac{\alpha}{\frac{1}{\beta} - (1-\delta)} \right)^{\frac{1}{1-\alpha}}, C = K^\alpha - \delta K$$

其次，对系统进行线性化。根据上一小节介绍的线性化方法，可得如下的线性化均衡系统：

$$\hat{K}_{t+1} = -\frac{C}{K}\hat{C}_t + \frac{1}{\beta}\hat{K}_t + K^{\alpha-1}\hat{A}_t \tag{1.1.61}$$

$$\gamma\hat{C}_{t+1} = \gamma\hat{C}_t + \beta(\alpha-1)\alpha K^{\alpha-1}\hat{K}_{t+1} + \beta\alpha K^{\alpha-1}\hat{A}_{t+1} \tag{1.1.62}$$

$$\hat{A}_t = \rho\hat{A}_{t-1} + \epsilon_t \tag{1.1.63}$$

然后，将上述 3 个线性方程组成的 3 方程、3 变量均衡系统写成 (1.1.39) 形式：

$$\begin{pmatrix} 1 & 0 & 0 \\ 0 & 1 & 0 \\ 0 & 0 & \gamma \end{pmatrix} E_t \begin{pmatrix} \hat{K}_{t+1} \\ \hat{A}_{t+1} \\ \hat{C}_{t+1} \end{pmatrix} = \begin{pmatrix} \frac{1}{\beta} & \frac{r}{\alpha} & -\frac{C}{K} \\ 0 & \rho & 0 \\ r(\alpha-1) & \beta r\left(\rho + r\frac{\alpha-1}{\alpha}\right)\gamma - \frac{C}{K}\beta r(\alpha-1) \end{pmatrix} \begin{pmatrix} \hat{K}_t \\ \hat{A}_t \\ \hat{C}_t \end{pmatrix} \tag{1.1.64}$$

其中，$r \equiv \frac{1}{\beta} - (1-\delta) = \alpha K^{\alpha-1}$。

最后，校准参数 $\alpha = 0.36$, $\beta = 0.99$, $\delta = 0.025$, $\gamma = 2$, $\rho = 0.9$，根据稳态计算公式，可得资本存量和消费的稳态值分别为 $K = 37.9839$, $C = 2.7543$，总结于如表 1.1 所示。

表 1.1　模型稳态值——BK 方法

变　量	K	C	Y	I
稳　态　值	37.9893	2.7543	3.7041	0.9497

数据来源：依据模型稳态计算逻辑，作者自行计算。

根据式 (1.1.39) 和式 (1.1.64)，可知矩阵 $\boldsymbol{B}$ 可逆，并且容易求出：

$$\boldsymbol{B}^{-1}\boldsymbol{A} = \begin{pmatrix} \frac{1}{\beta} & \frac{r}{\alpha} & -\frac{C}{K} \\ 0 & \rho & 0 \\ \frac{r(\alpha-1)}{\gamma} & \frac{\beta r}{\gamma}\left(\rho + r\frac{\alpha-1}{\alpha}\right) & 1 - \frac{C}{K}\frac{\beta r(\alpha-1)}{\gamma} \end{pmatrix} = \begin{pmatrix} 1.0101 & 0.0975 & -0.0725 \\ 0 & 0.9000 & 0 \\ -0.0112 & 0.0146 & 1.0008 \end{pmatrix} \tag{1.1.65}$$

值得指出的是，此处用于求解的均衡系统中并未包括产出和投资这两个变量。由于这两个变量都可以表示成均衡系统中的 3 个状态变量（资本存量、消费和技术变量）的线性组合，因此一旦政策函数求出，可最终将产出和投资表示成这 3 个变量，即状态变量和预先决定变量的函数，因而无须将其包括在均衡系统中。因此，这两个变量也被称为冗余变量 (Redundant Variable) 或静态变量 (Static Variable)。静态变量从时间下标来看，在均衡条件中只出现时刻 t，而没有出现时刻 $t-1$ 或 $t+1$，因此无法将静态变量归入 x_t 和 y_t 中，否则会造成无法求解政策函数，即 Γ_{22}^{-1} 可能不存在的情况。

接下来，将在 Matlab 中进行编程。首先，根据模型定义状态变量和前向变量：

$$x_t \equiv \begin{pmatrix} \hat{K}_t \\ \hat{A}_t \end{pmatrix}, y_t \equiv \left(\hat{C}_t \right), m = 2, n = 1$$

其次，求解政策函数：

$$\hat{C}_t = \phi_1 \hat{K}_t + \phi_2 \hat{A}_t \tag{1.1.66}$$

即确定系数 ϕ_1, ϕ_2，也即为系数矩阵 ϕ 的元素。如果政策函数 (1.1.66) 一旦确定，可以通过如下的线性化方程，将产出和投资表示为状态变量和预先决定变量的函数：

$$\hat{Y}_t = \hat{A}_t + \alpha \hat{K}_t, \quad \hat{I}_t = \frac{Y}{I} \hat{Y}_t - \frac{C}{I} \hat{C}_t \tag{1.1.67}$$

进一步可表示为

$$\hat{Y}_t = (\alpha, 1) \begin{pmatrix} \hat{K}_t \\ \hat{A}_t \end{pmatrix}, \quad \hat{I}_t = \left(\alpha \frac{Y}{I} - \phi_1 \frac{C}{I}, \frac{Y}{I} - \phi_2 \frac{C}{I} \right) \begin{pmatrix} \hat{K}_t \\ \hat{A}_t \end{pmatrix} \tag{1.1.68}$$

B&K 方法的 Matlab 源代码如下 [①]：

源代码1　B&K方法的Matlab实现

```
clear;
%the parameters and steady states
beta = .99;
alpha = .36;
gamma = 2;
delta = .025;
rho = .9 ;
ks = (alpha/(1/beta - 1 + delta))^(1/(1-alpha)); %steady state of
capital
cs = ks^alpha - delta*ks; %steady state of consumption;
ck= cs/ks; %consumption capital ratio
R = 1/beta - 1 + delta; %simplifying parameter
ys = ks^alpha; %steady state of prodction
is = ys - cs; %steady state of investment

%preparation for solution
n = 1; %number of jumper
m =2; %number of states
```

① 具体代码请参考 \Sources\Chap1_DSGE_basics\1.1_1st_logic\BK\BK.m。

```
BA=zeros(3,3); %the coefficient matrix
BA(1,1)= 1/beta;
BA(1,2)= R/alpha;
BA(1,3)= -ck;
BA(2,2) = rho;
BA(3,1)=(alpha-1)*R/ gamma;
BA(3,2) =beta*R*(rho + (alpha-1)*R/alpha)/ gamma;
BA(3,3)=1- ck*(alpha-1)*beta*R/ gamma;
[vv,lamb] = eig(BA); %find the eigenvalues of BA;
[lamb_sorted, index] = sort(abs(diag(lamb)));

%sort the eigenvector matirx
for ii = 1:m + n
    vv_sorted(:,ii) = vv(:,index(ii));
end

%find the index of the first eigenvalue whose value >=1
first_unstable_index = find(abs(lamb_sorted)>=1, 1 );

% num of stable eigenvalue
S = first_unstable_index - 1;
% num of unstable eigenvalue
T = m+n - S;

Gamma = inv(vv_sorted);
Gamma21 = Gamma(S+1:S+T,1:m); % low left, size = T*m;
Gamma22 = Gamma(S+1:S+T,m+1:n+m);% lower right, size = T*n;
%the policy function coefficients
pol= -inv(Gamma22)*Gamma21;
```

上述 Matlab 源代码中，仅用于求解本例。如果用于求解其他例子，有几个地方需要注意：

第一，$\boldsymbol{B}^{-1}\boldsymbol{A}$ 矩阵的元素赋值是根据模型不同而不同，应依情况赋值。

第二，获取特征值使用了 Matlab 的内置函数 eig；排序使用了内置函数 sort；寻找第一个大于 1 的特征值的位置，使用了内置函数 find[①]。

第三，如果线性均衡系统 (1.1.40) 中变量 x_t 和 y_t 的位置发生互换，此时推导部分和相应的 Matlab 代码也应做相应的变化。感兴趣的读者可使用本例自行推导，结果应该是一样的。

直接运行上述源代码，可得矩阵 $\boldsymbol{\phi}$，即政策函数的系数矩阵：

$$\boldsymbol{\phi} = (0.462\,9,\ 0.227\,6) \tag{1.1.69}$$

----

① 关于内置函数的具体使用方法，请在 Matlab 命令行中使用 help 命令如 help sort，即可找到关于 sort 函数的基本语法信息。

因而政策函数和静态变量的表达式如下 [①]：

$$\hat{C}_t = 0.462\,9\hat{K}_t + 0.227\,6\hat{A}_t \tag{1.1.70}$$

$$\hat{Y}_t = \hat{A}_t + 0.36\hat{K}_t \tag{1.1.71}$$

$$\hat{I}_t = 3.240\,1\hat{A}_t + 0.061\,6\,\hat{K}_t \tag{1.1.72}$$

用矩阵形式可表达为

$$\begin{pmatrix} \hat{C}_t \\ \hat{Y}_t \\ \hat{I}_t \end{pmatrix} = \begin{pmatrix} 0.462\,9 & 0.227\,6 \\ 0.360\,0 & 1 \\ 0.061\,6 & 3.240\,1 \end{pmatrix} \begin{pmatrix} \hat{K}_t \\ \hat{A}_t \end{pmatrix} \tag{1.1.73}$$

然后根据技术变量 $\hat{A}_t$ 的 AR(1) 过程，把资本存量和技术变量组成的二维列向量表示成：

$$\begin{pmatrix} \hat{K}_t \\ \hat{A}_t \end{pmatrix} = \begin{pmatrix} 1 & 0 \\ 0 & 0.900\,0 \end{pmatrix} \begin{pmatrix} \hat{K}_t \\ \hat{A}_{t-1} \end{pmatrix} + \begin{pmatrix} 0 \\ 1 \end{pmatrix} \epsilon_t \tag{1.1.74}$$

上式代入即可得到最终的政策函数和静态变量的表达式：

$$\begin{pmatrix} \hat{C}_t \\ \hat{Y}_t \\ \hat{I}_t \end{pmatrix} = \begin{pmatrix} 0.462\,9 & 0.204\,8 \\ 0.360\,0 & 0.900\,0 \\ 0.061\,6 & 2.916\,1 \end{pmatrix} \begin{pmatrix} \hat{K}_t \\ \hat{A}_{t-1} \end{pmatrix} + \begin{pmatrix} 0.227\,6 \\ 1.000\,0 \\ 3.240\,1 \end{pmatrix} \epsilon_t \tag{1.1.75}$$

在获取政策函数和静态变量表达式后，接下来可求出状态转换方程。根据式 (1.1.54) 和式 (1.1.65)，可得：

$$\begin{pmatrix} \hat{K}_{t+1} \\ \hat{A}_{t+1} \end{pmatrix} = \begin{pmatrix} 0.976\,5 & 0.081\,0 \\ 0 & 0.900\,0 \end{pmatrix} \begin{pmatrix} \hat{K}_t \\ \hat{A}_t \end{pmatrix} \tag{1.1.76}$$

结合式 (1.1.74)，不难求得系统的状态转换方程为

$$\begin{pmatrix} \hat{K}_{t+1} \\ \hat{A}_t \end{pmatrix} = \begin{pmatrix} 0.976\,5 & 0.072\,9 \\ 0 & 0.900\,0 \end{pmatrix} \begin{pmatrix} \hat{K}_t \\ \hat{A}_{t-1} \end{pmatrix} + \begin{pmatrix} 0.081\,0 \\ 1.000\,0 \end{pmatrix} \epsilon_t \tag{1.1.77}$$

即可进行后续的分析，如脉冲响应分析 (IRF，Impulse Response Function) 和随机模拟 (Simulation) 等。本书 "1.1.7 脉冲响应和随机模拟" 会提及脉冲响应和随机模拟分析，更

---

① 感兴趣的读者，可以验证此结论。使用 Dynare 编写该模型的 mod 文件，然后运行即可验证。注意，此处 B&K 方法使用是线性化变量进行求解，因此 mod 文件必须使用对数水平 log-level 的形式，关于对数水平书写方法详见本书 "**3.4 内生变量的表达形式：level or log-level**" 一节中的介绍。此处 mod 文件具体源代码请参考：\Sources\Chap1_DSGE_basics\1.1_1st_logic\BK\BK_check.mod。

多详细地分析参见本书的后续章节，如 "**3.9 随机模拟分析：stoch_simul**"、"**6.2 脉冲响应函数和自定义编程**"。

1.1.4　Schur 方法

本小节介绍线性模型求解的另外一个方法：Schur 方法。Schur 方法比 B&K 方法更为一般，因此适用求解范围更大一些。Schur 方法的本质是 QZ 矩阵分解。在矩阵分解后的推导几乎和 B&K 方法一致。

首先给出理论推导，然后举例说明如何使用 Matlab 实现使用 Schur 方法求解简单的随机增长模型。

1. Schur 方法

在上一小节中，已经说明了何时使用 Schur 方法。即当线性化系统式 (1.1.39)

$$\underset{(m+n)\times(m+n)}{\boldsymbol{B}} \times E_t \begin{pmatrix} x_{t+1} \\ {\scriptstyle m\times 1} \\ y_{t+1} \\ {\scriptstyle n\times 1} \end{pmatrix} = \underset{(m+n)\times(m+n)}{\boldsymbol{A}} \times \begin{pmatrix} x_t \\ y_t \end{pmatrix}$$

中的系数矩阵 $\boldsymbol{B}$ 不可逆时，需要对系数矩阵 $\boldsymbol{A}$、$\boldsymbol{B}$ 使用 QZ 分解。所谓 QZ 分解是指对于两个矩阵 $\boldsymbol{A}$、$\boldsymbol{B}$，存在正交矩阵 $\boldsymbol{Q}$、$\boldsymbol{Z}$(Orthogonal Matrix)[①]，使得

$$A = QUZ^{\mathrm{T}}, \quad B = QVZ^{\mathrm{T}} \tag{1.1.78}$$

其中，$\boldsymbol{U}$、$\boldsymbol{V}$ 均为上三角矩阵 (Upper Triangular)[②]，Z^{T} 表示 Z 的转置。$\boldsymbol{U}$、$\boldsymbol{V}$ 对角线上的元素为一般化的特征值 (Generalized Eigenvalues)[③]。系统的特征值由下式定义：

$$\lambda_{ii} \equiv \begin{cases} \dfrac{u_{ii}}{v_{ii}} & v_{ii} \neq 0 \\ +\infty & u_{ii} > 0, v_{ii} = 0 \\ -\infty & u_{ii} < 0, v_{ii} = 0 \\ \in \mathbb{C} & u_{ii} = 0, v_{ii} = 0 \end{cases} \tag{1.1.79}$$

其中，u_{ii}, v_{ii} 是矩阵 $\boldsymbol{U}$、$\boldsymbol{V}$ 对角线上第 i 个元素。当 u_{ii}, v_{ii} 都为零时 ($\mathbb{C}$ 表示复数集)，此时特征值为复值 (Complex Eigenvalues，成对出现)。将其代入原系统 (1.1.39)，可得

[①]　所谓正交矩阵是指该矩阵左乘、右乘以其转置都等于单位矩阵。如果一个矩阵是正交矩阵，那么它的转置也是正交矩阵。

[②]　更准确地说，矩阵 U 可为准上三角矩阵 (Quasi-upper Triangular)。

[③]　可使用 Matlab 函数 diag 获取 U、V 对角线上的元素：alpha=diag(U); beta=diag(V)。而系统的特征值有 alpha 向量点除 beta 向量获得：lambda= alpha./beta。或者使用 eig(A,B) 命令获取 lambda。特征值的排序是指对 lambda 中元素的排序。

$$QVZ^{\mathrm{T}}E_t\begin{bmatrix}x_{t+1}\\y_{t+1}\end{bmatrix}=QUZ^{\mathrm{T}}\begin{bmatrix}x_t\\y_t\end{bmatrix} \tag{1.1.80}$$

消去矩阵 Q，并将 U、V、Z^{T} 写成分块矩阵的形式 (假设分块矩阵 $\left|V_{22}^{-1}U_{22}\right|\geqslant 1$，即系统特征值已经按照从小到大的顺序排列)[①]，可得

$$\begin{pmatrix}\underset{S\times S}{V_{11}}&V_{12}\\0&\underset{T\times T}{V_{22}}\end{pmatrix}\begin{pmatrix}\underset{S\times m}{Z_{11}}&Z_{12}\\\underset{T\times m}{Z_{21}}&\underset{T\times n}{Z_{22}}\end{pmatrix}E_t\begin{pmatrix}x_{t+1}\\y_{t+1}\end{pmatrix}=\begin{pmatrix}\underset{S\times S}{U_{11}}&U_{12}\\0&\underset{T\times T}{U_{22}}\end{pmatrix}\begin{pmatrix}\underset{S\times m}{Z_{11}}&Z_{12}\\\underset{T\times m}{Z_{21}}&\underset{T\times n}{Z_{22}}\end{pmatrix}\begin{pmatrix}x_t\\y_t\end{pmatrix} \tag{1.1.81}$$

先考察第二行的元素：

$$V_{22}E_t\left(Z_{21}x_{t+1}+Z_{22}y_{t+1}\right)=U_{22}\left(Z_{21}x_t+Z_{22}y_t\right) \tag{1.1.82}$$

假设 V_{22} 可逆，注意到 $\left|V_{22}^{-1}U_{22}\right|\geqslant 1$，如果系统均衡存在，则要求：

$$Z_{21}x_t+Z_{22}y_t=0,\quad\forall t \tag{1.1.83}$$

和 B&K 方法一样，系统均衡存在需要满足 B&K 条件：$T=n$，并且 Z_{22}^{-1} 存在。如果均衡存在，由式 (1.1.83) 可知政策函数为

$$y_t=-\left(Z_{22}^{-1}\right)Z_{21}x_t\equiv-Nx_t \tag{1.1.84}$$

其中，$N\equiv(Z_{22})^{-1}Z_{21}$。将政策函数 (1.1.84) 代入原系统（1.1.39），并将矩阵 A、B 写成分块形式：

$$\begin{pmatrix}\underset{m\times m}{B_{11}}&B_{12}\\B_{21}&\underset{n\times n}{B_{22}}\end{pmatrix}E_t\begin{pmatrix}x_{t+1}\\-Nx_{t+1}\end{pmatrix}=\begin{pmatrix}\underset{m\times m}{A_{11}}&A_{12}\\A_{21}&\underset{n\times n}{A_{22}}\end{pmatrix}\begin{pmatrix}x_t\\-Nx_t\end{pmatrix} \tag{1.1.85}$$

第一行的元素可写为

$$\left(B_{11}-B_{12}N\right)E_tx_{t+1}=\left(A_{11}-A_{12}N\right)x_t \tag{1.1.86}$$

如果 $B_{11}-B_{12}N$ 可逆，则有

$$E_tx_{t+1}=\left(B_{11}-B_{12}N\right)^{-1}\left(A_{11}-A_{12}N\right)x_t\equiv Mx_t \tag{1.1.87}$$

其中，$M\equiv\left(B_{11}-B_{12}N\right)^{-1}\left(A_{11}-A_{12}N\right)$。因而线性系统的解为

$$\begin{aligned}y_t&=-Nx_t\\E_tx_{t+1}&=Mx_t\end{aligned} \tag{1.1.88}$$

2. 一个例子：不可分劳动模型

经典的 RBC 模型，总是假设劳动的波动来自于平均工作时长 (Intensive Margin，集

---

① 即系统的特征值 λ_{ii} 已经按照从小到大的顺序排列。Christopher A. Sims 曾专门写过一个 Matlab 程序 qzdiv.m，来专门处理这个问题。本节的模型中同样使用这个 Matlab 文件。该文件位于 \Sources\Chap1_DSGE_basics\1.1_1st_logic\schur_QZ 目录下。Matlab 也有内置函数 ordqz，能达到同样的目的。

约边际)，而不是来源于工作和失业这两种状态来回转换造成的波动 (Extensive Margin，广延边际)。一般说来，根据劳动合同，劳动者的劳动时间是相对固定的，比如说每天 8 小时工作制。而劳动时长的波动更多来自于工作和失业这两种状态的转换。因此，RBC 模型的假设和实际情况相差较远。

现实生活中，很少有工人能够自行调节工作时间长度。一般说来，要么劳动合同大都要求每周或每月固定工作时长，要么就没有劳动合同，即失业状态，工作时间为零。这种要么工作、要么失业的劳动时间假定，实际上暗含着劳动时间在微观上不可分的含义或者说不能自由分配，这也是不可分劳动的由来。Hansen(1985, *JME*) 将不可分劳动 (Indivisible Labor) 引入经典的 RBC 模型，成功解决了 RBC 模型中劳动的波动率较小的问题。

不可分劳动模型，假设家庭和厂商签订劳动合同，每期以概率 α_t 提供固定时间的劳动 h_0，以概率 $1 - \alpha_t$ 处于失业状态，劳动时间为零。因此，平均来说，家庭每期提供的期望劳动时间为 $H_t \equiv \alpha_t h_0$。无论工作与否，家庭都会得到与期望劳动时间相匹配的工资 w_t。也就是说，不可分劳动实际上引入了一种失业保险，从而平滑消费和工作时间。假设效用函数是消费和工作时间的二元函数，因此使得效用最大化问题的定义域是凸集合，即消费和工作时间组成的二维平面 (McCandless, 2008)。

Hansen(1985) 的不可分劳动模型，是一个含有资本存量和劳动的简单随机增长模型[1]。假设家庭的可用时间被标准化为 1，效用函数是消费、期望劳动时间的函数：

$$U\left(C_t, \alpha_t\right) = \log C_t + \alpha_t \log\left(1 - h_0\right) + \left(1 - \alpha_t\right) \log(1) \tag{1.1.89}$$

其中，h_0 为固定工作时间。式 (1.1.89) 中后两项表示家庭从提供的期望劳动时间 $H_t \equiv \alpha_t h_0$ 中获取的期望效用。简单整理后，可得

$$U\left(C_t, H_t\right) = \log C_t + H_c H_t, \quad H_c \equiv \frac{\log\left(1 - h_0\right)}{h_0} < 0 \tag{1.1.90}$$

其中，$H_c < 0$ 为待决系数。不可分劳动的引入，使得劳动以一次项的形式出现在效用函数中。这区别于普通的效用函数形式，如 $U\left(C_t, H_t\right) \equiv \log C_t + \chi \log\left(1 - H_t\right)$，$\chi$ 为参数。

家庭选择消费、资本存量和劳动来最大化如下的终身贴现效用：

$$\max_{C_t, K_{t+1}, H_t} E_0 \sum_{t=0}^{\infty} \beta^t \left(\log C_t + H_c H_t\right) \tag{1.1.91}$$

---

[1]　此例子来源于 McCandless(2008)，P112。本书此处关于变量的处理方式和状态空间的表达有别于 McCandless(2008)。McCandless(2008) 将产出当作状态变量或预先决定变量的做法，有待商榷。

其预算约束为

$$C_t + K_{t+1} - (1-\delta)K_t = Y_t$$
$$Y_t = A_t K_t^\theta H_t^{1-\theta} \tag{1.1.92}$$
$$\log A_t = \gamma \log A_{t-1} + \epsilon_t$$

其中，θ、γ、δ、$\beta > 0$ 为待决参数。关于消费、资本存量和劳动的一阶条件为

$$1 = \beta E_t \left(\frac{C_t}{C_{t+1}} \left(r_{t+1} + (1-\delta) \right) \right) \tag{1.1.93}$$

$$C_t = -\frac{(1-\theta)Y_t}{H_c H_t} \tag{1.1.94}$$

$$r_t \equiv \theta \frac{Y_t}{K_t} \tag{1.1.95}$$

其中，资本存量的收益率 r_t 被定义成资本的边际产出。

接下来，计算模型的稳态值。假设不带时间下标的变量表示对应的稳态值。由 Euler 方程 (1.1.93)，可得资本存量收益率的稳态为

$$r = \frac{1}{\beta} - (1-\delta) \tag{1.1.96}$$

由资本收益率的定义 (1.1.95) 可得，产出资本比为

$$\frac{Y}{K} = \frac{r}{\theta} \tag{1.1.97}$$

对劳动的稳态值，采取和 McCandless(2008) 相同的校准值：$H = 0.333\,5$，因此由生产函数的定义 (1.1.92)，可得资本存量的稳态值为

$$K = \left(\frac{r}{\theta} \right)^{\frac{1}{1-\theta}} H \tag{1.1.98}$$

从而依据产出资本比 (1.1.97) 来求出产出的稳态值 Y，依据资源约束方程 (1.1.92) 求出消费的稳态值 C，依据劳动一阶条件 (1.1.94) 求出待决参数 H_c。

首先，对结构参数进行校准。假定 $\beta = 0.99$, $\delta = 0.025$, $\theta = 0.36$, $\gamma = 0.95$。以此计算各变量的稳态如表 1.2 所示。

表 1.2 不可分劳动模型各变量的稳态值

变　量	Y	C	K	r	H	H_c
稳　态　值	1.235 3	0.918 6	12.669 4	0.035 1	0.333 5	−2.580 8

数据来源：依据模型稳态计算逻辑，作者自行计算。

然后，将均衡线性化，线性化后的一阶条件为

$$K\hat{K}_{t+1} = Y\hat{Y}_t - C\hat{C}_t + (1-\delta)K\hat{K}_t \tag{1.1.99}$$

$$\hat{A}_t = \gamma\hat{A}_{t-1} + \epsilon_t \tag{1.1.100}$$

$$0 = \hat{A}_t - \theta\hat{Y}_t + \theta\hat{K}_t - (1-\theta)\hat{C}_t \tag{1.1.101}$$

$$0 = \hat{K}_t + \frac{\hat{r}_t}{r} - \hat{Y}_t \tag{1.1.102}$$

$$E_t\hat{C}_{t+1} - \beta E_t\hat{r}_{t+1} = \hat{C}_t \tag{1.1.103}$$

和 B&K 方法处理的方式一致，求解模型时，需要暂时消除静态变量：产出。如果包括产出变量，此时 Z_{22}^{-1} 不存在，从而无法求出政策函数。由资本收益率方程 (1.1.102) 将产出替换为资本存量和收益率的和，然后代入资源约束方程 (1.1.99) 和生产函数方程 (1.1.101)。

再次，定义模型均衡。此时模型均衡由 4 个变量即消费 $\hat{C}_t$、资本收益率 $\hat{r}_t$、资本存量 $\hat{K}_t$、技术生产率变量 $\hat{A}_t$ 和 4 个均衡条件即资源约束方程 (1.1.99)、技术生产率方程 (1.1.100)、生产函数方程 (1.1.101) 和 Euler 方程 (1.1.103) 组成。定义状态变量和前向变量如下：

$$x_{t+1} \equiv \begin{pmatrix} \hat{K}_{t+1} \\ \hat{A}_{t+1} \end{pmatrix}, \quad y_{t+1} \equiv \begin{pmatrix} \hat{C}_{t+1} \\ \hat{r}_{t+1} \end{pmatrix}, \quad E_t\begin{pmatrix} x_{t+1} \\ y_{t+1} \end{pmatrix} \equiv E_t\begin{pmatrix} \hat{K}_{t+1} \\ \hat{A}_{t+1} \\ \hat{C}_{t+1} \\ \hat{r}_{t+1} \end{pmatrix} \tag{1.1.104}$$

因此，状态变量的个数 $m=2$，前向变量的个数 $n=2$。因此目标是求解

$$\begin{pmatrix} \hat{C}_t \\ \hat{r}_t \end{pmatrix} = -N\begin{pmatrix} \hat{K}_t \\ \hat{A}_t \end{pmatrix}, \quad E_t\begin{pmatrix} \hat{K}_{t+1} \\ \hat{A}_{t+1} \end{pmatrix} = M\begin{pmatrix} \hat{K}_t \\ \hat{A}_t \end{pmatrix} \tag{1.1.105}$$

中的系数矩阵 N、M。将线性化的系统写成（1.1.39）的形式，则系数矩阵 A、B 分别为

$$A \equiv \begin{Bmatrix} Y+(1-\delta)K & 0 & -C & \dfrac{Y}{r} \\ 0 & \gamma & 0 & 0 \\ 0 & 1 & -(1-\theta) & \dfrac{-\theta}{r} \\ 0 & 0 & 1 & 0 \end{Bmatrix} \quad B \equiv \begin{bmatrix} K & 0 & 0 & 0 \\ 0 & 1 & 0 & 0 \\ 0 & 0 & 0 & 0 \\ 0 & 0 & 1 & -\beta \end{bmatrix} \tag{1.1.106}$$

很显然，矩阵 B 不可逆，无法使用 B&K 方法。

最后，编程实现。源代码 2 给出了求解不可分劳动模型 Schur 方法的 Matlab 实现[①]。代码分为 4 个部分：第一部分为参数校准和内生变量稳态计算；第二部分为矩阵 A、B 的定义，即依据 (1.1.106) 进行元素逐一赋值；第三部分即 QZ 分解；第四部分首先依

① 此 Matlab 代码位于 \Sources\Chap1_DSGE_basics\1.1_1st_logic\schur_QZ\ schur_stochastic.m。

据式 (1.1.84) 求解政策函数的系数矩阵 N，然后根据式 (1.1.87) 求解系数矩阵 M。具体源代码如下：

源代码2　Schur方法示例

```
%Schur Decompostion Example
%Hansen(1985, JME): Indivisible labor model
clear all;
beta =0.99;
delta =0.025;
theta = 0.36;
gamma= 0.95;

Hbar = 1/3;
rs = 1/beta -(1-delta);
Kbar = (theta/rs)^(1/(1-theta))*Hbar;
Ybar = Kbar^theta*Hbar^(1-theta);
Cbar = Ybar - delta*Kbar;
Hc=-(1-theta)*Ybar/Cbar/Hbar;

%define the coefficient martix
A= zeros(4,4);    B=zeros(4,4);
A(1,1)=(1-delta)*Kbar + Ybar;       A(1,3)=-Cbar;    A(1,4) = Ybar/rs;
A(2,2)=gamma;                    A(3,2)=1;        A(3,3)=-(1-theta);
A(3,4)=-theta/rs;                 A(4,3)=1;

B(1,1)=Kbar;  B(2,2)=1;  B(4,3)=1;  B(4,4)=-beta;

%the number forward-looking variables
%one is consumption and the other is capital rental rate.
n=2;

% QZ decomposition: A,B is defined above
[U1,V1,Q1,Z1,Vec1,Vec2]=qz(A,B);

%order the general eigenvalues in ascending manner
[V,U,Q,Z,Vec1]=qzdiv(1,V1,U1,Q1,Z1,Vec1);
%[V,U,Q,Z,Vec1]=ordqz(1,V1,U1,Q1,Z1,Vec1);

alpha=diag(U);
beta =diag(V);
%you can verify the lower right conner to make sure the eigenvalues are
%probably ordered.
alphabeta=[alpha beta];
%recover the transpose of Z
Zp=Z';
[a,b]=size(Z1);
```

```
%recover the policy function coefficients matrix
%where N and C corresponds to the ones defined in the text.
%inv 为Matlab内置函数, 表示求逆矩阵
N=inv (Zp(a-n+1:a,a-n+1:a))*Zp(a-n+1:a,1:a-n);
invBBN=inv(B(1:a-n,1:a-n)-B(1:a-n,a-n+1:a)*N);
M=invBBN*(A(1:a-n,1:a-n)-A(1:a-n,a-n+1:a)*N);
```

值得强调的是，源代码 2 中的第三部分 QZ 分解，首先调用了 Matlab 内置函数 qz：$[U_1,V_1,Q_1,Z_1,Vec_1,Vec_2] = qz(A,B)$，该函数接受两个参数即矩阵 A、B，然后返回 6 个参数并满足：$Q_1*A*Z_1 = U_1, Q_1*B*Z_1 = V_1$。其中 Q_1、Z_1 为正交矩阵。U_1、V_1 为上三角矩阵，其对应的特征值 lambda $= diag(U_1)./diag(V_1)$ 没有按照需要的从小到大的顺序排序。因而需要对 U_1、V_1 做进一步处理。Vec_1、Vec_2 为对应的一般化的特征向量。

此时有两个选择：使用 Matlab 外部函数 qzdiv 来处理，另外一个是 Matlab 内置函数 ordqz，两者殊途同归。这两个函数都是 Matlab 编写的，都使用 qz 分解输出的上三角矩阵做进一步的处理。qzdiv 函数接受 qz 分解得到的两个上三角矩阵 U_1，V_1 和对应的正交矩阵 Q_1，Z_1，对特征值进行排序，并把对应的正交矩阵及特征向量进行排序，得到最终的排序后的上三角矩阵 U,V 以及正交矩阵 Q、Z，qzdiv 接受参数 stake，表示放置于右下角的特征值应该不小于 stake。ordqz 函数几乎和 qzdiv 一致，只不过两者接受参数的稍微有差异。注意代码中的正交矩阵 Z 即理论推导部分的 Z，而代码中的正交矩阵 Q 的转置，相当于前述理论推导部分的 Q。

运行该 Matlab 程序，即可得到系数矩阵 N 和 M：

$$N = \begin{pmatrix} -0.531\,6 & -0.470\,3 \\ 0.033\,2 & -0.068\,2 \end{pmatrix}, M = \begin{pmatrix} 0.941\,8 & 0.155\,2 \\ 0 & 0.950\,0 \end{pmatrix} \tag{1.1.107}$$

因而：

$$\begin{pmatrix} \hat{C}_t \\ \hat{r}_t \end{pmatrix} = \begin{pmatrix} -0.531\,6 & -0.470\,3 \\ 0.033\,2 & -0.068\,2 \end{pmatrix} \begin{pmatrix} \hat{K}_t \\ \hat{A}_t \end{pmatrix}, E_t \begin{pmatrix} \hat{K}_{t+1} \\ \hat{A}_{t+1} \end{pmatrix} = \begin{pmatrix} 0.941\,8 & 0.155\,2 \\ 0 & 0.950\,0 \end{pmatrix} \begin{pmatrix} \hat{K}_t \\ \hat{A}_t \end{pmatrix} \tag{1.1.108}$$

注意到

$$\begin{pmatrix} \hat{K}_t \\ \hat{A}_t \end{pmatrix} = \begin{pmatrix} 1 & 0 \\ 0 & 0.950\,0 \end{pmatrix} \begin{pmatrix} \hat{K}_t \\ \hat{A}_{t-1} \end{pmatrix} + \begin{pmatrix} 0 \\ 1 \end{pmatrix} \epsilon_t \tag{1.1.109}$$

因而政策函数为

$$\begin{pmatrix} \hat{C}_t \\ \hat{r}_t \end{pmatrix} = \begin{pmatrix} 0.531\,6 & 0.446\,8 \\ -0.033\,2 & 0.064\,7 \end{pmatrix} \begin{pmatrix} \hat{K}_t \\ \hat{A}_{t-1} \end{pmatrix} + \begin{pmatrix} 0.470\,3 \\ 0.068\,2 \end{pmatrix} \epsilon_t \tag{1.1.110}$$

状态转换方程为

$$\begin{pmatrix} \hat{K}_{t+1} \\ \hat{A}_t \end{pmatrix} = \begin{pmatrix} 0.941\,8 & 0.147\,5 \\ 0 & 0.950\,0 \end{pmatrix} \begin{pmatrix} \hat{K}_t \\ \hat{A}_{t-1} \end{pmatrix} + \begin{pmatrix} 0.155\,2 \\ 1.000\,0 \end{pmatrix} \epsilon_t \tag{1.1.111}$$

此外，可以验证排序后的结果：系统的特征值 lambda= diag(U)./ diag(V)，确以从小到大的顺序排列：

$$\mathrm{diag}(U) = \begin{pmatrix} -10.542\,0 \\ 0.943\,5 \\ 1.289\,2 \\ 10.324\,6 \end{pmatrix}, \mathrm{diag}(V) = \begin{pmatrix} -11.193\,3 \\ 0.993\,2 \\ 1.202\,1 \\ 0 \end{pmatrix}, \mathrm{lambda} = \begin{pmatrix} 0.941\,8 \\ 0.950\,0 \\ 1.072\,5 \\ \mathrm{Inf} \end{pmatrix} \tag{1.1.112}$$

其中，Inf 代表无穷大。

1.1.5　待定系数法

本小节简单介绍非线性模型一阶近似线性系统的另外一种解法：待定系数法。该方法由 Uhlig(1999) 提出，并给出了非常详细的介绍[1]。

Uhlig(1999) 提出两种方法可供选择：第一种方法未区分内生变量的类型，即未区分内生状态变量和内生非状态变量[2]；第二种方法则做了区分。首先来看第一种方法。

1. 内生与外生变量法

假设线性化后的均衡系统可写为

$$0 = E_t(Fx_{t+1} + Gx_t + Hx_{t-1} + Lz_{t+1} + Mz_t) \tag{1.1.113}$$

$$z_{t+1} = Nz_t + \epsilon_{t+1}, E_t\epsilon_{t+1} = 0 \tag{1.1.114}$$

其中，x_t 为内生变量；z_t 为外生变量；$\boldsymbol{F}$、$\boldsymbol{G}$、$\boldsymbol{H}$、$\boldsymbol{L}$、$\boldsymbol{M}$、$\boldsymbol{N}$ 为已知常系数矩阵。此种方法的目标在于寻找具有如下形式的解：

---

[1]　Uhlig(1999) 不仅给出了具体的例子，还给出了非常详细的 Matlab 代码，以及线性化的具体方法，本书的源代码中包括了这个 toolkit，供有兴趣的读者阅读。

[2]　Uhlig(1999) 认为这种方法简单粗暴 (brute force)，但仍基本可行，不过实践中多使用第二种方法，Uhlig(1999) 也认为第二种方法更具灵活性 (with sensitivity)，因为第二种方法对内生变量做了区分，分为内生状态变量和内生前向变量。

$$x_t = Px_{t-1} + Qz_t \tag{1.1.115}$$

其中，P、Q 为待定系数矩阵。Uhlig(1999) 将该近似的一阶线性系统的解 (1.1.15)，称为递归均衡运动律 (Recursive Equilibrium Law of Motion)。Uhlig(1999) 指出，上述线性系统均衡存在的充分必要条件是系数矩阵 P 的所有特征值的绝对值小于 1，并且如果均衡存在，须满足 [1]

$$0 = FP^2 + GP + H \tag{1.1.116}$$

$$V \times \text{vec}(Q) = -\text{vec}(LN + M) \tag{1.1.117}$$

$$V \equiv N^T \otimes F + I_k \otimes (FP + G) \tag{1.1.118}$$

其中，$\text{vec}(\cdot)$ 表示列向量化函数 [2]，$\otimes$ 为矩阵克氏乘积 (Kronecker Tensor Product)[3]。

2. 内生状态变量与前向变量法

假设线性化后的均衡系统可写为

$$0 = Ax_t + Bx_{t-1} + Cy_t + Dz_t \tag{1.1.119}$$

$$0 = E_t\left(Fx_{t+1} + Gx_t + Hx_{t-1} + Jx_{t+1} + Ky_t + Lz_{t+1} + Mz_t\right) \tag{1.1.120}$$

$$z_{t+1} = Nz_t + \epsilon_{t+1}, \ E_t\epsilon_{t+1} = 0 \tag{1.1.121}$$

其中，x_t 为内生的状态变量 (States)；y_t 为其他内生变量 (也称为前向变量或 Jumper Variables，此时可包括静态变量 [4])；z_t 为外生变量。大写字母均表示系数矩阵，且已知。目标是寻找如下形式的解：

$$x_t = Px_{t-1} + Qz_t \tag{1.1.122}$$

$$y_t = Rx_{t-1} + Sz_t \tag{1.1.123}$$

其中，P、Q、R、S 均为待决系数矩阵。和第一种方法类似，Uhlig(1999) 指出，上述线性系统均衡存在的充分必要条件是系数矩阵 P 的所有特征值的绝对值均小于 1。Uhlig(1999) 定理 2 中给出了更为一般的结论，即当内生状态变量的个数和前向变量的个数 (出现在含有期望算子的方程中，一般说来，有多少个前向变量就有多少个期望方程) 不相同时系统如何求解，由于过程较为复杂，不再详细探讨。此处仅考虑当内生状态变量的个数和前向变量的个数相同时的情况 [5]，此时待决系数矩阵 P、Q、R、S 满

---

[1]　Uhlig(1999)，定理 1。

[2]　列向量操作符，将矩阵的各列按顺序依次叠放在第一列下方，形成一个列向量。在 Matlab 中如 2×3 矩阵 X=[1,2;3,4;5,6], vec(X)=[1 3 5 2 4 6]'；或者 vec(X)=X(:)。

[3]　请查阅 Matlab 对应的函数 kron，在命令窗口处输入 help kron 即可得到相应的帮助。

[4]　因此从这个意义上讲，待定系数法要比 B&K 方法、Schur 方法更为方便，使用范围更广。

[5]　...that there are as many expectational equations as there are endogenous state variables.

足如下的方程[①]：

$$0 = \left(F - JC^{-1}A \right)P^2 - \left(JC^{-1}B - G + KC^{-1}A \right)P - KC^{-1}B + H \tag{1.1.124}$$

$$R = -C^{-1}\left(AP + B \right) \tag{1.1.125}$$

$$V \times \text{vec}(Q) = \text{vec}\left[\left(JC^{-1}D - L \right)N + KC^{-1}D - M \right] \tag{1.1.126}$$

$$S = -C^{-1}\left(AQ + D \right) \tag{1.1.127}$$

$$V \equiv N^{\mathrm{T}} \otimes \left(F - JC^{-1}A \right) + I_k \otimes \left(JR + EP + G - KC^{-1}A \right) \tag{1.1.128}$$

3. 一个例子：不可分劳动模型

此处使用和 Schur 方法中相同的模型即不可分劳动模型，来对比求解结果。使用方法二来求解，由于待定系数法不要求在求解时去除静态的内生变量，因而使用范围更广。

首先，直接借用上一小节线性化后的模型均衡条件：

$$K\hat{K}_{t+1} = Y\hat{Y}_t - C\hat{C}_t + (1-\delta)K\hat{K}_t \tag{1.1.129}$$

$$\hat{A}_t = \gamma \hat{A}_{t-1} + \epsilon_t \tag{1.1.130}$$

$$0 = \hat{A}_t - \theta\hat{Y}_t + \theta\hat{K}_t - (1-\theta)\hat{C}_t \tag{1.1.131}$$

$$0 = \hat{K}_t + \frac{\hat{r}_t}{r} - \hat{Y}_t \tag{1.1.132}$$

$$E_t\hat{C}_{t+1} - \beta E_t\hat{r}_{t+1} = \hat{C}_t \tag{1.1.133}$$

上述均衡条件中不带时间下标的变量表示对应变量的稳态值。此外，把生产函数的线性化方程也添加进均衡条件：

$$\hat{Y}_t = \hat{A}_t + \theta\hat{K}_t + (1-\theta)\hat{H}_t \tag{1.1.134}$$

其次，定义变量。定义内生状态变量 x_t，内生的其他变量 y_t 和外生变量 z_t 如下：

$$x_t \equiv \hat{K}_{t+1}, \quad y_t \equiv \begin{pmatrix} \hat{Y}_t \\ \hat{C}_t \\ \hat{H}_t \\ \hat{r}_t \end{pmatrix}, \quad z_t \equiv \hat{A}_t \tag{1.1.135}$$

由于期望方程的个数 (Expectational Equations) 和内生的状态变量（即资本存量 $\hat{K}_{t+1}$）的个数相同，都为 1，因而可以使用方法二求解。于是根据方法二和线性化后的共 6 个均衡条件 (1.1.129)~(1.1.134)，可得系数矩阵如下：

---

① Uhlig(1999)，定理 2，推论 1。

$$A \equiv \begin{pmatrix} -K \\ 0 \\ 0 \\ 0 \end{pmatrix}, B \equiv \begin{pmatrix} (1-\delta)K \\ \theta \\ 1 \\ \theta \end{pmatrix}, C \equiv \begin{pmatrix} Y & -C & 0 & 0 \\ -\theta & \theta-1 & 0 & 0 \\ -1 & 0 & 0 & 1 \\ -1 & 0 & 1-\theta & 0 \end{pmatrix}, D \equiv \begin{pmatrix} 0 \\ 1 \\ 0 \\ 1 \end{pmatrix} \tag{1.1.136}$$

$$F \equiv (0), G \equiv (0), H \equiv (0), J \equiv \begin{pmatrix} 0 \\ 1 \\ 0 \\ -\beta \end{pmatrix}, N \equiv (\gamma), L \equiv (0), M \equiv (0) \tag{1.1.137}$$

最后，编程求解。为了节省篇幅，此处不再列示源代码[①]，直接运行该代码，即可得到系数矩阵 P、Q、R、S 如下：

$$P=0.941\,8, Q=0.155\,2, R = \begin{pmatrix} 0.055\,0 \\ 0.531\,6 \\ -0.476\,6 \\ -0.033\,2 \end{pmatrix}, S = \begin{pmatrix} 1.941\,7 \\ 0.470\,3 \\ 1.471\,5 \\ 0.068\,2 \end{pmatrix} \tag{1.1.138}$$

此结果和 Schur 方法的结果 (1.1.110)、(1.1.111) 完全一致。

1.1.6　线性模型的状态空间表示

当模型中所有衡条件被线性化之后，并且已经求出政策函数，此时可以根据变量的类型，将模型写成紧致形式即状态空间表示 (State Space Representation)。将模型写成状态空间形式，有助于求解后的各项分析，如模拟、脉冲响应等分析。

假设线性化后的模型可写成：

$$E_t \underset{(n+m)\times 1}{X_{t+1}} = \underset{(n+m)\times(n+m)}{M} \times \underset{(n+m)\times 1}{X_t} \tag{1.1.139}$$

其中，n 为前向变量 (Forward-looking) 的个数，m 为状态变量 (含预先决定内生变量) 的个数。若定义：

$$X_t \equiv \begin{pmatrix} \underset{m\times 1}{X_{1t}} \\ \underset{n\times 1}{X_{2t}} \end{pmatrix}, \quad M \equiv \begin{pmatrix} \underset{m\times m}{M_{11}} & \underset{m\times n}{M_{12}} \\ \underset{n\times m}{M_{21}} & \underset{n\times n}{M_{22}} \end{pmatrix} \tag{1.1.140}$$

[①]　Matlab 源代码文件：\Sources\Chap1_DSGE_basics\1.1_1st_logic\Uhlig\Uhlig1999.m。

则 (1.1.139) 可写为

$$E_t \begin{pmatrix} X_{1,t+1} \\ {\scriptstyle m\times 1} \\ X_{2,t+1} \\ {\scriptstyle n\times 1} \end{pmatrix} = \begin{pmatrix} M_{11} & M_{12} \\ {\scriptstyle m\times m} & {\scriptstyle m\times m} \\ M_{21} & M_{22} \\ {\scriptstyle n\times n} & {\scriptstyle n\times n} \end{pmatrix} \times \begin{pmatrix} X_{1t} \\ {\scriptstyle m\times 1} \\ X_{2t} \\ {\scriptstyle n\times 1} \end{pmatrix} \tag{1.1.141}$$

假设在已求出的政策函数

$$X_{2t} = \underset{n\times m}{\phi}\, X_{1t} \tag{1.1.142}$$

的情况下, 可将 (1.1.141) 写为

$$E_t X_{1,t+1} = M_{11} X_{1t} + M_{12} X_{2t} = \left(M_{11} + M_{12}\phi\right) X_{1t} \equiv \underset{m\times m}{A}\, X_{1t} \tag{1.1.143}$$

$$E_t X_{2,t+1} = M_{21} X_{1t} + M_{22} X_{2t} = \left(M_{21} + M_{22}\phi\right) X_{1t} \equiv \underset{n\times m}{C}\, X_{1t} \tag{1.1.144}$$

其中:

$$\underset{m\times m}{A} \equiv M_{11} + M_{12}\phi,\ \underset{m\times m}{C} \equiv M_{21} + M_{22}\phi \tag{1.1.145}$$

于是式 (1.1.141) 可进一步表示为

$$E_t \begin{pmatrix} X_{1,t+1} \\ {\scriptstyle m\times 1} \\ X_{2,t+1} \\ {\scriptstyle n\times 1} \end{pmatrix} = \begin{pmatrix} A \\ {\scriptstyle m\times m} \\ C \\ {\scriptstyle n\times m} \end{pmatrix} \times \underset{m\times 1}{X_{1t}} \tag{1.1.146}$$

由理性预期 (Rational Expectation) 的定义, 加入误差项 ϵ_t, 状态方程 (1.1.143) 可写成

$$X_{1,t+1} = A X_{1t} + B \epsilon_{t+1} \tag{1.1.147}$$

或

$$X_{1t} = A X_{1,t-1} + B \epsilon_t \tag{1.1.148}$$

其中, 矩阵 B 依据模型均衡条件确定。由状态方程 (1.1.148), 可将政策函数 (1.1.142) 写成:

$$X_{2t} = \phi X_{1t} = \phi A X_{1,t-1} + \phi B \epsilon_t \equiv C X_{1,t-1} + D \epsilon_t \tag{1.1.149}$$

其中, $D = \phi B$。式 (1.1.149) 的最后一个等号, 使用了等价代换: $C = \phi A$。此等价代换可由式 (1.1.144) 和式 (1.1.149) 得到, 即在式 (1.1.149) 两边取期望, 并和式 (1.1.144) 对比即可。

综上所述, 可得求解后, DSGE 模型的一阶近似线性系统的状态空间表示如下:

$$X_{2t} = C X_{1,t-1} + D \epsilon_t \tag{1.1.150}$$

$$X_{1t} = A X_{1,t-1} + B \epsilon_t \tag{1.1.151}$$

方程 (1.1.150) 可视为观测方程 (Observation Equation 或 Measurement Equation), 状态变量的 AR(1) 过程 (1.1.151) 可视为状态方程 (State Equation 或 Transition Equation)。

当 DSGE 模型一阶近似解表示成式 (1.1.150) 和式 (1.1.151) 的状态空间形式时，前向变量 X_{2t} 可以表示 VAR(∞) 的形式。假设矩阵 $\boldsymbol{D}$ 可逆，首先从观测方程 (1.1.150) 可知：

$$\epsilon_t = \boldsymbol{D}^{-1}X_{2t} - \boldsymbol{D}^{-1}\boldsymbol{C}X_{1,t-1} \qquad (1.1.152)$$

将变形后的观测方程 (1.1.152) 代入状态转换方程 (1.1.151) 中，可知：

$$\begin{aligned} X_{1t} &= \left(\boldsymbol{A} - \boldsymbol{B}\boldsymbol{D}^{-1}\boldsymbol{C}\right)X_{1,t-1} + \boldsymbol{B}\boldsymbol{D}^{-1}X_{2t} \\ &\equiv \boldsymbol{N}X_{1,t-1} + \boldsymbol{B}\boldsymbol{D}^{-1}X_{2t}, \quad \boldsymbol{N} \equiv \boldsymbol{A} - \boldsymbol{B}\boldsymbol{D}^{-1}\boldsymbol{C} \end{aligned} \qquad (1.1.153)$$

假设矩阵 $\boldsymbol{N}$ 的特征值的模值均小于 1，那么式 (1.1.153) 前向迭代可得：

$$X_{1t} \equiv \boldsymbol{N}X_{1,t-1} + \boldsymbol{B}\boldsymbol{D}^{-1}X_{2t} = \boldsymbol{B}\boldsymbol{D}^{-1}X_{2t} + \boldsymbol{N}\boldsymbol{B}\boldsymbol{D}^{-1}X_{2,t-1} + \boldsymbol{N}^2\boldsymbol{B}\boldsymbol{D}^{-1}X_{2,t-2} + \cdots \qquad (1.1.154)$$

将 (1.1.154) 代入观测方程 (1.1.150)，从而可得 X_{2t} 的 VAR(∞) 表达形式：

$$X_{2t} = \boldsymbol{G}_1 X_{2,t-1} + \boldsymbol{G}_2 X_{2,t-2} + \cdots + u_t, u_t \equiv \boldsymbol{D}\epsilon_t, \boldsymbol{G}_t \equiv \boldsymbol{C}\boldsymbol{N}^{i-1}\boldsymbol{B}\boldsymbol{D}^{-1}, i = 1, 2, \cdots \qquad (1.1.155)$$

综合可知，只有当矩阵 $\boldsymbol{D}$ 可逆且矩阵 $\boldsymbol{N}$ 的特征值的模值均小于 1 的情况下，DSGE 模型一阶近似解才能表示 VAR 的形式，此时称该 DSGE 模型为可逆的 (Invertible)；否则称之为不可逆 (Non-invertible, Sims, 2012)。实际上该 VAR 模型为结构 VAR，即 SVAR。

1.1.7 脉冲响应和随机模拟

本小节将通过手动编程，利用一阶近似系统的状态空间表示来计算各变量的脉冲响应，并进行随机模拟。通过本小节的学习，特别是通过 Matlab 编程，将会使得读者对脉冲响应计算和随机模拟分析有一个初步的认识，也为后续深入学习 Dynare 中的脉冲响应和随机模拟分析奠定基础。此处将使用本书"1.1.3 B&K 方法"一节中的例子来进行编程。

首先，手动编程必须要清楚各变量的排序。在上述几小节的分析中，采取了先状态变量、后前向变量的形式：

$$位置顺序 \equiv \begin{matrix} 1 \\ 2 \\ 3 \end{matrix}\begin{pmatrix} \hat{K}_t \\ \hat{A}_t \\ \hat{C}_t \end{pmatrix} \qquad (1.1.156)$$

1. 脉冲响应分析

所谓脉冲响应 (Impulse Response)，直观上说是指当某一个外生冲击在某一期发生，而后所有期该冲击都消失时各变量的变化路径 (暗含其他外生冲击都为零，不仅在该冲击发生的当期，而且以后所有期都如此)。在"6.2 脉冲响应函数和自定义编程"一节中将给出脉冲响应的数学定义，并做进一步探讨。根据"1.1.3 B&K 方法"一节中的例子，此处考察在初期技术冲击发生一单位正向变化，此后各期为零时各变量的脉冲响应。

计算脉冲响应有如下两种方法。

第一种方法是使用上述脉冲响应的直观定义和政策函数来实现 (源代码 3)。在代码中首先声明了用于存储资本、技术和消费的脉冲响应数组 (注意各变量均为线性化变量)，并定义了技术冲击的脉冲响应在第一期为单位 1[①]，资本存量为 0，即意味着资本存量位于稳态；然后对消费脉冲响应的第一期值使用政策函数赋值；接着使用式 (1.1.40) 进行循环计算；最后利用式 (1.1.67) 计算产出、投资和资本收益率的脉冲响应，并画出图形。

源代码3　手动编程实现脉冲响应分析(基于IRF的定义)[②]

```
%% do the IRF by Definition ,H=30
%number of simulation; if you use great number,like H=1500, you will get
strange results, but for small number it works
H = 30;
%n+m rows correspondent to the number of variables
%in B&K example, m=2, n=1;
%position index: (capital, technology,consumption)=(1,2,3)
IRF = zeros(n+m,H);
%setting up the first period
IRF(2,1) = 1; %one unit shock to technology shock
IRF(1,1) = 0; % for capital, starts from steady state
% for the controls, actually only for consumption, n=1, the policy
function
IRF(m+1:m+n,1) = pol*IRF(1:m,1);
% by defintion
for ii=2:H
    IRF(:,ii) = BA*IRF(:,ii-1);
end
%including another two variables: output and investment
IRF2 = zeros(3,H);
for jj=1:H
    IRF2(1,jj) = IRF(2,jj) + alpha*IRF(1,jj);%for output
    IRF2(2,jj) = ys/is*IRF2(1,jj) - cs/is*IRF(3,jj);%for investment
    IRF2(3,jj) = IRF2(1,jj)- IRF(1,jj);%for capital rental rate
end
%plot the IRF
figure(1)
title('IRF of Technology Shock')
subplot(3,2,1)
plot(IRF(1,:),'-bo','Linewidth',1,'MarkerSize',4)
title('Capital')
……(此处省略，参看源代码)
```

---

① 注意在实际计算时，应将其设定为技术冲击的标准差，此处仅为示例，将标准差设定为 1。

② Matlab 源代码：\Sources\Chap1_DSGE_basics\1.1_1st_logic\1.1.7_IRF_Simulation\myIRF.m，模块 (cell)：do the IRF by Definition。

基于 IRF 的定义，分别计算 30 期和 1 500 期脉冲响应，如图 1.2 和图 1.3 所示。图 1.2 中的脉冲响应图的形状是正确的。

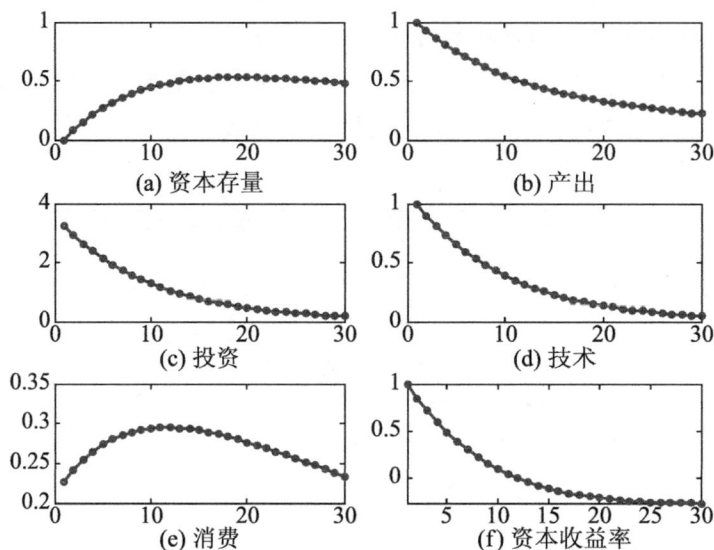

图 1.2　一单位正向技术冲击下各变量的脉冲响应图 (模拟 30 期)

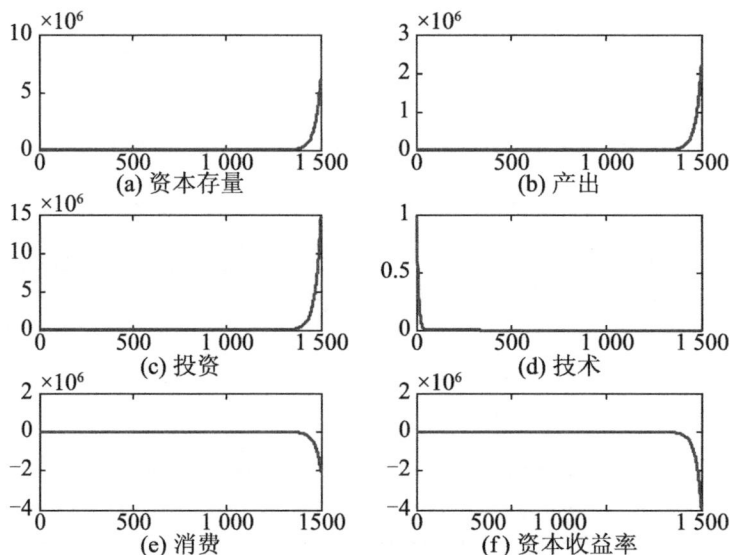

图 1.3　一单位正向技术冲击下各变量的脉冲响应图 (模拟 1 500 期)

然而出乎意料的是，图 1.3 中主要变量的脉冲响应呈现出发散状态 (即趋于无穷大)。

这到底是为什么呢？假设从某一状态 $\left(\hat{K}_0, \hat{A}_0\right)^{\mathrm{T}}$ 出发，根据政策函数：

$$\hat{C}_0 = \boldsymbol{\phi}\begin{pmatrix} \hat{K}_0 \\ \hat{A}_0 \end{pmatrix} \tag{1.1.157}$$

再根据原系统的定义 (1.1.40)：

$$\begin{pmatrix} \hat{K}_t \\ \hat{A}_t \\ \hat{C}_t \end{pmatrix} = \left(B^{-1}A\right)^t \begin{pmatrix} \hat{K}_0 \\ \hat{A}_0 \\ \hat{C}_0 \end{pmatrix} = \left(B^{-1}A\right)^t \begin{pmatrix} \hat{K}_0 \\ \hat{A}_0 \\ \boldsymbol{\phi}\left(\hat{K}_0, \hat{A}_0\right)^{\mathrm{T}} \end{pmatrix} = \left(B^{-1}A\right)^t \begin{pmatrix} I_2 \\ \boldsymbol{\phi} \\ {\scriptstyle 3\times 2} \end{pmatrix}\begin{pmatrix} \hat{K}_0 \\ \hat{A}_0 \end{pmatrix} \tag{1.1.158}$$

其中，I_2 表示二阶单位矩阵。由于矩阵 $\boldsymbol{B}^{-1}\boldsymbol{A}$ 中含有大于 1 的特征值，并且政策函数系数矩阵存在数值计算误差，当模拟期数足够大，大于 1 的特征值会使得计算误差无限放大，从而出现趋于无穷大的情况。虽然上述计算方法在理论上对的，但在实际计算时却很难行得通，因此出现如图 1.3 所示的情况，即尾部趋于无穷大。

为了避免出现这种情况，需要对此非稳定特征值进行处理，此时需要用到脉冲响应计算的第二种方法，即使用状态空间表示的均衡解进行脉冲响应计算，以稳妥处理非稳定特征值问题。

如果使用状态空间解表示形式即式 (1.1.146)，此时 AR(1) 系数矩阵仅仅依赖于状态变量 x_{1t}，因为状态变量的 AR(1) 系数是"稳定"的 (By Construction)，因而能够处理非稳定特征值问题。具体实现方式，参考源代码 4。

源代码4　手动编程实现脉冲响应分析(基于状态空间表示)[①]

```
%no matter how large of H, the IRFs are correct, by construction is
stable
H = 100;

%n+m rows correspondent to the number of variables
IRF = zeros(n+m,H);

%position index: (capital, technology,consumption)=(1,2,3)
%setting up the first period, the initial states
IRF(1,1) = 0; % for capital, starts from steady state
IRF(2,1) = 1; %one unit shock to technology shock

%the initial controls
% for the controls, actually only for consumption, n=1, the policy
function
IRF(m+1:m+n,1) = pol*IRF(1:m,1);
```
---

① Matlab 源代码：\Sources\Chap1_DSGE_basics\1.1_1st_logic\1.1.7_IRF_Simulation\myIRF.m，cell: do the IRF by state space representation. 感兴趣的读者可自行验证，无论模拟多少期，都不会出现发散的情况。

```
%state sapce, by construction is stable
M1 = BA(1:m,:); %the first m rows
M2 = BA(m+1:n+m,:); % the last n rows;
BA11=M1(:,1:m);
BA12=M1(:,m+1:n+m);
A = BA11 + BA12*pol;

for ii=2:H
    IRF(1:m,ii)=A*IRF(1:m,ii-1);%transition equation
    IRF(m+1:n+m,ii)=pol*A*IRF(1:m,ii-1); %measurement equation
end

%including another two variables
……(此处省略，同方法一)

%plot the IRFs
figure(1)
title('IRF of Technology Shock')
subplot(3,2,1)
plot(IRF(1,:),'-b','Linewidth',2)
title('Capital')
……(此处省略，参看源代码)
```

可以发现，使用状态空间解表示形式，无论模拟多少期，都不会出现发散状态。

2. 随机模拟分析

所谓随机模拟，顾名思义就是基于随机外生冲击的样本对内生变量进行数值模拟。在模拟周期内，每期都有外生冲击发生。从实现技术上讲，每期都会随机抽样[①]，实现随机外生冲击。从 Matlab 编程实践来看，这种外生冲击往往就是从白噪声 (White Noise) 过程中抽取的样本，一般使用内置 randn 函数，即抽取方差为 1，均值为 0 的正态随机变量的样本。

本部分首先列示出随机模拟的 Matlab 实现，然后基于随机模拟考察模拟的 (HP 滤波后) 变量的波动特征。需要注意的是，本部分的模拟都是针对线性化后的变量，而非水平变量的模拟，即离差形式 (Deviation Form) 变量的模拟，后续的统计分析也是基于 HP 滤波后离差形式变量进行的。当然可以从离差形式的变量中提取水平变量进行相关分析。本书 "3.9 随机模拟分析：stoch_simul" 一节中会进一步介绍关于随机模拟的内容。

源代码 5 给出了基于状态空间表示的均衡解的随机模拟实现 (B&K 方法中的例子)。模拟首先抽取了标准差为 0.1，均值为 0 的 200 个白噪声样本。然后通过构建状态空间表示状态转换方程中的 AR(1) 系数矩阵 **A**。注意此时状态变量有两个，第一个是资本存量，第二个是技术变量，两者具有位置顺序，在编写程序时不能混淆。接着构建了扩展的矩

---

① 在编程时，为了方便，往往一次抽取所有模拟期内的外生冲击的样本。

阵 C，通过观测方程对消费、产出和投资进行模拟。最后使用了 HP 滤波进行统计分析。HP 滤波的介绍会在本书"**1.3.4 HP 滤波的基本逻辑**"一节中做详细分析。

源代码5　手动编程实现随机模拟(基于状态空间表示的模拟)[①]

```
%% do simulation of the model by state space representation
randn('state',1234567);    %ensure the replication of simulation results
T = 200; %number of data to be simulated

%sampling from standard normal distribution, i.e. the technology shock;
e = 0.1*randn(1,T);
%state sapce, by construction is stable
M1 = BA(1:m,:); %the first m rows, in this example, m=2
M2 = BA(m+1:n+m,:); % the last n rows, in this example, n=1
BA11=M1(:,1:m);
BA12=M1(:,m+1:n+m);
A = BA11 + BA12*pol; %pol, coefficient of the policy function
C = pol;
Tech=[0;1];
% [consumption, output ,investment]
% this matrix corresponds to eq., coefficient matrix in text
C = [C;alpha 1;(ys/is)*alpha - (cs/is)*pol(1,1) (ys/is)*1 - (cs/
is)*pol(1,2)];
s = zeros(2,T); % states, [capital , technology]
c = zeros(3,T); % controls, [consumption, output ,investment]

%s(:,1) = 0; means that we starts from steady states
for j = 2:T
    s(:,j) = A*s(:,j-1) + Tech*e(1,j); %the state equations
end
for j = 1:T
    c(:,j) = C*s(:,j); %the extended policy function, states map to
controls
end
lambda = 1600; % do hp filtering
%*t, trend part; *c, cycle part;
% hp_filter函数为自定义函数，请参考1.3.4 HP滤波的基本逻辑
[yt,yc] = hp_filter(c(2,:)',lambda);
[ct,cc] = hp_filter(c(1,:)',lambda);
[it,ic] = hp_filter(c(3,:)',lambda);

% find out the simulated moments:standard deviations
% from cyclic part of the data
stdy = std(yc);    stdc = std(cc);    stdi = std(ic);

% relative volatility
Rc = stdc/stdy;  Ri = stdi/stdy;
```

[①]　Matlab 源代码：\Sources\Chap1_DSGE_basics\1.1_1st_logic\1.1.7_IRF_Simulation\ mySimulation.m。

图 1.4 给出了消费、产出、投资和技术冲击的随机模拟路径图。很明显，技术变量是平稳的 AR(1) 过程，产出和消费的波动低于投资冲击，而消费的波动低于产出。

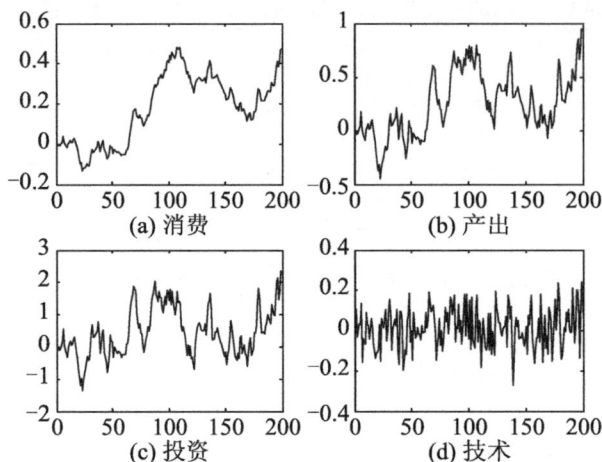

图 1.4 随机模拟 (离差形式，Deviation Form)

图 1.5 给出了当技术变量 AR(1) 过程的持续性参数 (ρ，也可称为平滑参数) 变化时，产出、消费和投资的波动变化 (即标准差)。持续性参数 ρ 的变化范围是 0.1~0.96。

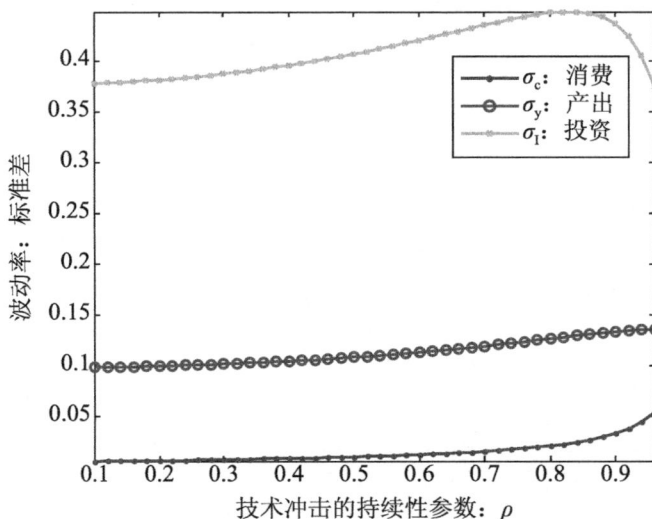

图 1.5 技术变量的持续参数变化对 HP 滤波后的产出、消费和投资波动的影响[1]

---

[1] Matlab 源代码：\Sources\Chap1_DSGE_basics\1.1_1st_logic\1.1.7_IRF_Simulation\ persistence_volatility_main.m。直接运行即可得到该图，该函数调用 find_Persistence_Volatility.m。

一个非常有趣的现象是消费的波动随持续性参数的增长而增加，投资的波动则先增后减。更近一步，图 1.6 表明消费的相对波动（相对于产出）是持续性参数的增函数，投资相对波动（相对于产出）是持续性参数的减函数。这是为什么呢？其实这可由著名的永久收入假说 (Permanent Income Hypothesis[①]) 来解释。

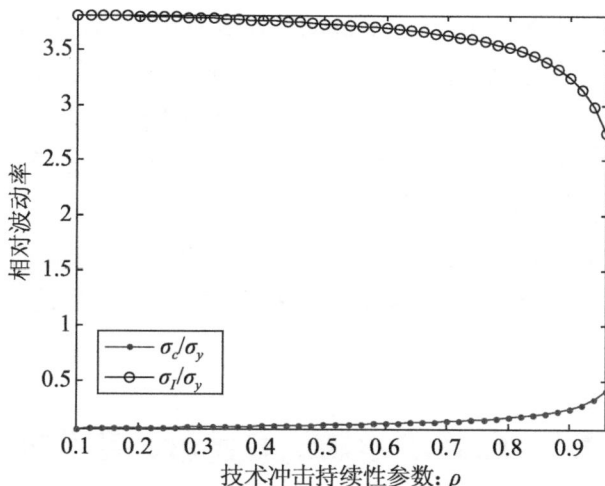

图 1.6 技术变量 AR(1) 过程的持续性参数变化对消费和投资相对波动的影响 [②]

永久收入假说认为，消费者的当期消费行为，不仅受到当期收入的影响，更加受到其期望的、长期收入的影响，即永久性收入的影响。换句话说，永久性收入的改变能显著改变消费者当期消费行为。

持续性参数衡量了技术冲击持续的程度。持续性参数越大，外生技术冲击影响的程度越大，时间越长，因而产出持续增加时间越长，进而预期收入增长的时间变长。当持续性参数较大时，面对一个外生技术冲击，消费者会预期其未来收入将保持增长，因而其消费行为将发生变化，进而产生较大的消费波动。相反，当持续性参数较小时，技术冲击的影响很快消失，因而对预期收入影响较小，不能显著影响消费行为，消费波动较小。这就解释了为什么消费（相对）的波动是持续性参数的增函数。

---

① 最早由 Friedman 提出。Friedman, Milton (1957). *The Permanent Income Hypothesis* . A Theory of the Consumption Function. Princeton University Press. ISBN 0-691-04182-2.

  Hall(1978) 则较早地对此理论做了验证。Hall, Robert E. (1978). *Stochastic Implications of the Life Cycle-Permanent Income Hypothesis: Theory and Evidence*. Journal of Political Economy. 86 (6): 971–87. doi:10.1086/260724.

② Matlab 源代码：\Sources\Chap1_DSGE_basics\1.1_1st_logic\1.1.7_IRF_Simulation\ persistence_volatility_main.m。直接运行即可得到该图，该函数调用 find_Persistence_Volatility.m。

那为什么投资的相对波动是持续性参数的减函数呢？事实上，根据线性化后的资源约束方程

$$\hat{Y}_t = \frac{C}{Y}\hat{C}_t + \frac{I}{Y}\hat{I}_t \tag{1.1.159}$$

可知，产出对稳态的偏离是消费和投资对其稳态偏离的加权平均。从图 1.5 可见，产出的波动受持续性参数变化的影响不大，其波动率均值为 0.113 4，最小值为 0.099 1，最大值为 0.136 2，可见产出的波动受持续性参数变化不敏感。其实这并不意外，因为持续性参数的水平效应较强，而波动效应较弱，因而可基本认为产出的波动为常数。从这个意义上说，根据式 (1.1.159)，消费对稳态偏离的增加，往往伴随着投资对稳态偏离的减少，因而投资波动会呈现下降趋势。

图 1.6 中，消费的相对波动的均值为 0.130 7，投资的相对波动的均值为 3.635 6。这基本都和数据吻合。即消费的波动一般较小，小于产出，而投资的波动很大，往往是产出的数倍。

1.2　DSGE 高阶求解：Dynare 的求解逻辑

本节将围绕 Schmitt-Grohé & Uribe(2004) 展开论述。Schmitt-Grohé & Uribe(2004)[①] 提出了如何对离散时间 DSGE 模型进行一阶和二阶基于扰动项的泰勒近似方法，给出了 Matlab 实现，有重要的理论贡献，并最终被 Dynare 采用作为一阶和二阶求解的标准算法。

由于三阶和三阶以上近似的扰动算法过于复杂，因此不在本书的讨论范围内。目前而言，Dynare 仅仅实现了三阶近似。这一工作基于 Andreasen, Fernández-Villaverde & Rubio-Ramírez (2013)。该论文的技术附录多达 277 页，可见技术处理的复杂度之高，有兴趣的读者可详细阅读[②]。此外，作为 Dynare 平台的一个副产品，Dynare++ 可以实现更高阶的求解，比如四阶、五阶甚至更高阶，有兴趣的读者可查看 Dynare 安装目录下的帮助文档。

1.2.1　基于扰动项的泰勒近似方法

假设模型的均衡可由 (1.1.1) 定义：

$$E_t f(y_{t+1}, y_t, y_{t-1}, u_t) = 0$$

---

① 这是一篇非常重要的论文，推荐大家仔细阅读。

② 可去 Fernández-Villaverde 的个人网页下载更新版：http://economics.sas.upenn.edu/~jesusfv/research.html。

其中，y_t 为内生变量，u_t 为外生冲击。此处论述为了和前节保持一致，未采用 Schmitt-Grohé & Uribe(2004) 引入的符号，即上式中未对内生变量做区分，但基本求解算法是一致的。

Schmitt-Grohé & Uribe(2004) 使用了扰动算法[①]，而非值函数递归方法 (VFI, Value Function Iteration)。扰动算法的基本想法是引入一个随机调节系数 σ (Stochastic Scale Variable)，用于调节外生冲击标准差的大小，并作为政策函数的一个参变量 (Argument)。在进行泰勒近似时，将 σ 看作变量进行一阶和二阶求导。该方法由 Fleming(1971) 首次引入，后来被广泛应用于经济模型求解中[②]。在求解时同时引入一个辅助随机变量 ϵ_t (Auxiliary Random Variable)，使得

$$u_t = \sigma \epsilon_t \tag{1.2.1}$$

并且辅助随机变量满足

$$E(\epsilon_t)=0, \quad E(\epsilon_t \epsilon_t')=\Sigma_\epsilon, \quad E(\epsilon_t \epsilon_s')=0, t\neq s, \quad \Sigma_u=\sigma^2\Sigma_\epsilon \tag{1.2.2}$$

此时，模型的解 (1.1.3)，即政策函数可写为

$$y_t = g(y_{t-1}, u_t, \sigma) \tag{1.2.3}$$

这样做的好处在于，来能够通过调节系数 σ 的变化来改变模型的类型：当 $\sigma=0$ 时，模型不存在不确定性，从而为确定性模型 (Deterministic)；当 $\sigma>0$ 时，模型为随机模型 (Stochastic)，当 $\sigma\to 0^+$ 时，随机模型趋于确定性模拟，也就是说确定性模型是随机模型的极限情况。当 $\sigma=1$ 时，模型不受调节系数的影响，为原来的模型。因此，来调节系数 σ 也被称为扰动项或扰动变量，这也是扰动算法名称的由来。

如果 (1.2.3) 为已知，前向迭代一期，即

$$y_{t+1}=g(y_t, u_{t+1}, \sigma)=g[g(y_{t-1}, u_t, \sigma), u_{t+1}, \sigma]$$

从而模型均衡 (1.1.1) 可进一步写成

$$F(y_{t-1}, u_t, \epsilon_{t+1}, \sigma) \equiv f\left(\underbrace{g(g(y_{t-1}, u_t, \sigma), \sigma\epsilon_{t+1}, \sigma)}_{y_{t+1}}, \underbrace{g(y_{t-1}, u_t, \sigma)}_{y_t}, y_{t-1}, \sigma \right) \tag{1.2.4}$$

$$E_t\{F(y_{t-1}, u_t, \epsilon_{t+1}, \sigma)\}=0 \tag{1.2.5}$$

接下来，简略介绍 Dynare 如何实现一阶和二阶求解[③]。Dynare 的一阶、二阶和

[①] 该文还给出了两个不错的 notes，感兴趣的读者可自行阅读，见参考文献目录：\References\chap1\perturbationmethods_I.pdf 和 \perturbationmethods_II.pdf。
[②] 如 Judd, K. L. *Numerical methods in economics*[M]. Cambridge, MA, MIT Press，1998.
[③] 在 Dynare 的实现上，由位于安装目录 matlab 文件夹下的 m 文件：stochastic_solvers.m 实现一阶和二阶求解。

三阶近似算法都是基于扰动项的泰勒近似法。此处着重介绍一阶和二阶泰勒近似实现逻辑。

1. Dynare 一阶求解

前文已经提及，Dynare 一阶求解使用的是一阶泰勒近似法，其本质上和上一节介绍的 B&K 方法、Schur 方法是一致的。因而其本质任务同样是根据解的一阶线性表达式 (1.1.4) 来寻求系数 g_y, g_u。本节在更一般的形式下，介绍 Dynare 如何进行一阶近似求解。具体说来，近似展开是对非线性系统式 (1.2.4) 或式 (1.2.5) 基于确定性稳态值 $(\bar{y}, 0, 0)$ [1] 的一阶泰勒展开 (1st Order)。关于 y_{t-1}, u_t, σ 这三个变量的一阶求导，可得

$$0 = E_t \left\{ F^{(1)}\left(y_{t-1}, u_t, \epsilon_{t+1}, \sigma\right) \right\}$$

$$= E_t \left\{ \begin{array}{l} f\left(\bar{y}, \bar{y}, \bar{y}, 0\right) \\ + \dfrac{\partial f}{\partial y_+}\left(\dfrac{\partial g}{\partial y}\left(\dfrac{\partial g}{\partial y_-}\hat{y} + \dfrac{\partial g}{\partial u}u + \dfrac{\partial g}{\partial \sigma}\sigma\right) + \dfrac{\partial g}{\partial u_+}\sigma\epsilon_+ + \dfrac{\partial g}{\partial \sigma}\sigma\right) \\ + \dfrac{\partial f}{\partial y}\left(\dfrac{\partial g}{\partial y_-}\hat{y} + \dfrac{\partial g}{\partial u}u + \dfrac{\partial g}{\partial \sigma}\sigma\right) + \dfrac{\partial f}{\partial y_-}\hat{y} + \dfrac{\partial f}{\partial u}u \end{array} \right\} \quad (1.2.6)$$

其中，符号中的加号"+"代表 $t+1$ 期变量，"−"代表 $t-1$ 期变量，未标号变量代表当期；$\hat{y} \equiv y_{t-1} - \bar{y}$，外生变量和随机调节系数的线性化为其本身；各偏导数均在稳态 $(\bar{y}, 0, 0)$ 处取值，也就是说在确定性稳态处，各偏导也是确定的，即常数。注意到 $E_t\epsilon_t = 0$，合并同类项，去除期望算子，并简化符号，则式 (1.2.6) 可写为

$$\left(f_{y+}g_yg_y + f_yg_y + f_{y-}\right)\hat{y} + \left(f_{y+}g_yg_u + f_yg_u + f_u\right)u + \left(f_{y+}g_y + f_y + f_{y+}\right)g_\sigma\sigma = 0 \quad (1.2.7)$$

其中

$$f_{y+} \equiv \left.\frac{\partial f}{\partial y_+}\right|_{(\bar{y},\bar{y},\bar{y},0)} \quad f_y \equiv \left.\frac{\partial f}{\partial y}\right|_{(\bar{y},\bar{y},\bar{y},0)}, f_{y-} \equiv \left.\frac{\partial f}{\partial y_-}\right|_{(\bar{y},\bar{y},\bar{y},0)},$$

$$g_y \equiv \left.\frac{\partial g}{\partial y}\right|_{(\bar{y},0,0)} = \left.\frac{\partial g}{\partial y_-}\right|_{(\bar{y},0,0)}, g_u \equiv \left.\frac{\partial g}{\partial u}\right|_{(\bar{y},0,0)}, g_\sigma \equiv \left.\frac{\partial g}{\partial \sigma}\right|_{(\bar{y},0,0)}$$

由于政策函数解析式未知，因而 g_y, g_u 以及 g_σ 均为未知量。根据式 (1.1.4)，接下来的任务是寻求系数 g_y, g_u 以及 g_σ。式 (1.2.7) 为 0，意味着每项系数为 0：

---

[1] 内生变量稳态值的定义请参考第 3 节。外生冲击稳态时为 0，随机调节系数 σ 稳态时也为 0。

$$f_{y+}g_yg_y + f_yg_y + f_{y-} = 0 \tag{1.2.8}$$

$$f_{y+}g_yg_u + f_yg_u + f_u = 0 \tag{1.2.9}$$

$$\left(f_{y+}g_y + f_y + f_{y+}\right)g_\sigma = 0 \tag{1.2.10}$$

从形式上看，三方程，三未知量，因而上述系统可解。首先来看式 (1.2.9) 和式 (1.2.10)。从形式上看，这两个方程是关于 g_u 和 g_σ 的线性齐次方程，即二元一次线性方程，因而求解简单。从式 (1.2.9) 中，可得 [①]：

$$g_u = -\left(f_{y+}g_y + f_y\right)^{-1}f_u \tag{1.2.11}$$

从式 (1.2.10) 中可得 (一般情况下括号内的项不为 0)：

$$g_\sigma = 0 \tag{1.2.12}$$

这就是一阶近似的确定性等价 (Certainty Equivalence) 性质。也就是说，一阶近似中随机调节变量的系数为 0，即不依赖于随机调节变量。

其次，从式 (1.2.8) 中求解 g_y。这是一个关于 g_y 的二次矩阵方程。从理论上可以求解，特别是当 g_y 为一维时，直接使用一元二次方程的求根公式即可。Dynare 使用了状态空间表示的形式，即式 (1.1.39) 来求解。令式 (1.2.7) 中第一项为 0，经过简单的变形可得

$$\begin{pmatrix} 0 & f_{y+} \\ I & 0 \end{pmatrix}\begin{pmatrix} I \\ g_y \end{pmatrix}g_y\hat{y} = \begin{pmatrix} -f_{y-} & -f_y \\ 0 & I \end{pmatrix}\begin{pmatrix} I \\ g_y \end{pmatrix}\hat{y} \tag{1.2.13}$$

其中，I 表示单位矩阵 (Identity Matrix)。若记：

$$A \equiv \begin{pmatrix} -f_{y-} & -f_y \\ 0 & I \end{pmatrix}, B \equiv \begin{pmatrix} 0 & f_{y+} \\ I & 0 \end{pmatrix} \tag{1.2.14}$$

则 (1.2.13) 可写为

$$B\begin{pmatrix} I \\ g_y \end{pmatrix}g_y\hat{y} = A\begin{pmatrix} I \\ g_y \end{pmatrix}y \tag{1.2.15}$$

或 (省略期望算子)

$$Bx_{t+1} = Ax_t, \quad x_t \equiv \begin{pmatrix} y_{t-1} - \overline{y} \\ y_t - \overline{y} \end{pmatrix} \tag{1.2.16}$$

接下来对矩阵 A、B 进行 QZ 分解，逻辑和第一节中介绍的 B&K 方法、Schur 方法是一致的，从而可求出 g_y。

[①] 可证明在稳定均衡存在的条件下，矩阵 $f_y + g_y + f_y$ 可逆。可参考 Hong Lan and Alexander Meyer-Gohde, 2012, *Existence and Uniqueness of Perturbation Solutions to DSGE models*, SFB649 Discussion Papers, Humboldt University.

在完成 g_y, g_u 的求解后，即完成了政策函数的求解，一阶线性近似解 (1.1.4) 此时已知。内生变量的一阶矩和二阶矩分别为

$$E(y_t) = \overline{y} \tag{1.2.17}$$

$$\Sigma_y \equiv \mathrm{var}(y_t), \Sigma_y = g_y \Sigma_y g_y' + \sigma^2 g_u \Sigma_u g_u' \tag{1.2.18}$$

(1.2.17) 揭示了一阶近似的一个重要特征：无条件均值等于稳态。更进一步说，期望值和稳态相同，平均而言外生冲击不起作用，即确定性等价的另外一种表现形式，后续会详细说明。关于二阶矩即方差，式 (1.2.18) 是关于方差矩阵 Σ_y 的李雅普诺夫 (Lyapunov) 方程，需要使用特定的算法才能求解出来，此处不再详细说明。

至此，完成了 Dynare 一阶求解实现的介绍。

2. Dynare 二阶求解

Dynare 的二阶求解逻辑和一阶求解一致，所不同的是对非线性系统式 (1.2.4) 或式 (1.2.5) 基于确定性稳态值 $(\overline{y}, 0, 0)$ 的二阶泰勒展开 (2nd Order)。关于 y_{t-1}、u_t、σ 这三个变量二阶求导可得：

$$
\begin{aligned}
0 = E_t &\left\{ F^{(2)}\left(y_{t-1}, u_t, \epsilon_{t+1}, \sigma\right)\right\} \\
= E_t &\left\{
\begin{array}{l}
F^{(1)}\left(y_{t-1}, u_t, \epsilon_{t+1}, \sigma\right) \\
+\dfrac{1}{2}\left(F_{y-y-}\left(\hat{y}\otimes\hat{y}\right) + F_{uu}\left(u\otimes u\right) + F_{u+u+}\sigma^2\left(\epsilon_+\otimes\epsilon_+\right) + F_{\sigma\sigma}\sigma^2\right) \\
+F_{y-u}\left(\hat{y}\otimes u\right) + F_{y-u+}\left(\hat{y}\otimes\sigma\epsilon_+\right) + F_{y-\sigma}\hat{y}\sigma + F_{uu+}\left(u\otimes\sigma\epsilon_+\right) \\
+F_{u\sigma}u\sigma + F_{u+\sigma}\sigma^2\epsilon_+
\end{array}
\right\} \\
= E_t &\left\{ F^{(1)}\left(y_{t-1}, u_t, \epsilon_{t+1}, \sigma\right)\right\} \\
&+\dfrac{1}{2}\left(F_{y-y-}\left(\hat{y}\otimes\hat{y}\right) + F_{uu}\left(u\otimes u\right) + F_{u+u+}\sigma^2\Sigma_{\otimes\epsilon} + F_{\sigma\sigma}\sigma^2\right) \\
&+F_{y-u}\left(\hat{y}\otimes u\right) + F_{y-\sigma}\hat{y}\sigma + F_{u\sigma}u\sigma
\end{aligned}
\tag{1.2.19}
$$

其中，$\Sigma_{\otimes\epsilon} \equiv E\left(\epsilon_+\otimes\epsilon_+\right)$，第三个等号使用了 $E_t(\epsilon_+)=0$，各项系数具体如下：

$$F_{y-y-} \equiv f_{y+}\left(g_{yy}\left(g_y\otimes g_y\right) + g_y g_{yy}\right) + f_y g_{yy} + T.I.P. \tag{1.2.20}$$

$$F_{y-u} \equiv f_{y+}\left(g_{yy}\left(g_y\otimes g_u\right) + g_y g_{yu}\right) + f_y g_{yu} + T.I.P. \tag{1.2.21}$$

$$F_{uu} \equiv f_{y+}\left(g_{yy}\left(g_u\otimes g_u\right) + g_y g_{uu}\right) + f_y g_{uu} + T.I.P. \tag{1.2.22}$$

$$F_{u+u+} \equiv f_{y+y+}\left(g_u\otimes g_u\right) + f_{y+}g_{uu} \tag{1.2.23}$$

$$F_{\sigma\sigma} \equiv f_{y+}\left(g_{\sigma\sigma} + g_y g_{\sigma\sigma}\right) + f_y g_{\sigma\sigma} \tag{1.2.24}$$

$$F_{y\sigma} \equiv f_{y+} g_y g_{y\sigma} + f_y g_{y\sigma} \tag{1.2.25}$$

$$F_{u\sigma} \equiv f_{y+} g_y g_{u\sigma} + f_y g_{u\sigma} \tag{1.2.26}$$

其中，*T.I.P.* 表示未包括政策函数 g 的二阶导数的项，即只包含一阶导数的项。

接下来，求解由政策函数 g 的二阶项的 6 个系数矩阵 g_{yy}、g_{yu}、$g_{y\sigma}$、g_{uu}、$g_{u\sigma}$、$g_{\sigma\sigma}$ 以获取二阶近似解，注意此时假设一次项各系数矩阵均已知。首先，令式 (1.2.20) 为 0，并整理可得：

$$\left(f_{y+}g_y + f_y\right)g_{yy} + f_{y+}g_{yy}\left(g_y \otimes g_y\right) = -T.I.P. \tag{1.2.27}$$

上式是关于 g_{yy} 的线性方程，很遗憾不能直接简单求出，这是著名的 Sylvester 方程，需要一定的算法才能求出，此处不再详细介绍，感兴趣的读者可查阅相关资料或阅读 Dynare 相关源代码。

其次，令式 (1.2.21) 和式 (1.2.22) 分别为 0，可很容易求出 g_{yu} 和 g_{uu}。

再次，令式 (1.2.23) 和式 (1.2.24) 之和为 0，从而容易求解 $g_{\sigma\sigma}$。

最后，从式 (1.2.25) 和式 (1.2.26) 中可知 $g_{y\sigma} = 0$, $g_{u\sigma} = 0$，也就是说，二阶近似解中不存在随机调节变量的一次项。此时二阶近似解可写为 (令 $\sigma=1$)

$$\begin{aligned} y_t = \bar{y} + \frac{1}{2}g_{\sigma\sigma}\sigma^2 + g_y\hat{y}_{t-1} + g_u u_t \\ + \frac{1}{2}\left(g_{yy}(\hat{y}_{t-1} \otimes \hat{y}_{t-1}) + g_{uu}(u_t \otimes u_t) + 2g_{yu}(\hat{y}_{t-1} \otimes u_t)\right) \end{aligned} \tag{1.2.28}$$

其中，$\hat{y}_{t-1} \equiv y_{t-1} - \bar{y}$；一阶导数 g_y, g_u 构成的系数矩阵已经在一阶求解逻辑中求出。二阶近似解无条件期望 (均值，Unconditional Mean) 为

$$E\left(y_t\right) = \bar{y} + \frac{1}{2}\left(I - g_y\right)^{-1}\left(g_{\sigma\sigma} + g_{yy}\Sigma_{\otimes y} + g_{uu}\Sigma_{\otimes\epsilon}\right) \tag{1.2.29}$$

其中，I 表示单位矩阵 (Identity Matrix)，$\Sigma_{\otimes y} \equiv E\left(\hat{y}_{t-1} \otimes \hat{y}_{t-1}\right)$。此时可知，二阶近似时无条件期望不再和稳态值相同。

3. 一个例子：经典 RBC 模型

此处使用本书 "1.1.3 B&K 方法" 一节中简单 RBC 模型的例子来阐述一阶求解逻辑。由于二阶手动求解较为繁杂，此处不再详细探讨。为方便起见，此处仅针对资本存量 K_t 的水平变量进行求解，而非对数水平变量。然后使用资本积累方程消去投资变量，并假定：

$$f\left(K_t, A_t\right) \equiv A_t K_t^{\alpha} + (1-\delta) K_t \tag{1.2.30}$$

此时资源约束为

$$C_t + K_{t+1} = f\left(K_t, A_t\right) \tag{1.2.31}$$

其次，引入随机调节系数 σ：

$$\log A_t = \rho \log A_{t-1} + \sigma \epsilon_t \tag{1.2.32}$$

即

$$A_t = \exp\left(\sigma \epsilon_t\right) A_{t-1}^{\rho} \tag{1.2.33}$$

最后，引入资本存量的政策函数：

$$K_{t+1} = g\left(K_t, A_{t-1}, \sigma\right) \tag{1.2.34}$$

接下来的任务是寻找上述政策函数的一阶近似解

$$K_{t+1} \approx K + g_k\left(K_t - K\right) + g_a\left(A_{t-1} - 1\right) \tag{1.2.35}$$

中的一次项系数 g_κ 和 g_A。为了求解 g_κ 和 g_A，需要对一阶条件进行泰勒展开。

首先，由效用最大化问题，可得一阶条件 (Euler 方程)：

$$E_t\left[u'\left(C_t\right) - \beta u'\left(C_{t+1}\right) \cdot f_K\left(K_{t+1}, A_{t+1}\right)\right] = 0 \tag{1.2.36}$$

将资源约束方程 (1.2.31) 代入式 (1.2.36)，可得

$$E_t\left(u'\left(\overbrace{f\left(K_t, A_t\right) - K_{t+1}}^{C_t}\right) - \beta u'\left(\overbrace{f\left(K_{t+1}, A_{t+1}\right) - K_{t+2}}^{C_{t+1}}\right) f_K\left(K_{t+1}, A_{t+1}\right)\right) = 0 \tag{1.2.37}$$

进一步将政策函数 (1.2.34) 代入 (1.2.37) 可得

$$E\left(K_t, A_{t-1}, \sigma; g\right) \equiv$$

$$E_t\left(\begin{array}{l} u' \cdot \left(f\left(K_t, A_t\right) - g\left(K_t, A_{t-1}, \sigma\right)\right) \\ \quad - \beta u' \cdot \left(f\left(g\left(K_t, A_{t-1}, \sigma\right), A_{t+1}\right) - g\left(g\left(K_t, A_{t-1}, \sigma\right), A_t, \sigma\right)\right) \\ \quad \cdot f_K\left(g\left(K_t, A_{t-1}, \sigma\right), A_{t+1}\right) \end{array}\right) = 0 \tag{1.2.38}$$

其次，对式 (1.2.38) 左边关于 K_t、A_{t-1}、σ 这 3 个变量在其稳态 $(K, 1, 0)$ 处分别求偏导，并令其为 0：

$$E_K\left(K_t, A_{t-1}, \sigma; g\right) = E_A\left(K_t, A_{t-1}, \sigma; g\right) = E_\sigma\left(K_t, A_{t-1}, \sigma; g\right) = 0 \tag{1.2.39}$$

具体而言，

$$E_K = u'' \cdot \left(f_K - g_K\right) - \beta u'' \cdot \left(f_K g_K - g_K^2\right) f_K - \beta u' \cdot f_{KK} g_K = 0 \tag{1.2.40}$$

$$E_A = u'' \cdot \left(f_A \rho - g_A\right) - \beta u' \cdot \left(f_{KA} \rho^2 + f_{KK} g_A\right) - \beta u'' \cdot f_K f_A \rho^2$$
$$- \beta u'' \cdot f_K\left(f_K - g_K - \rho\right) g_A = 0 \tag{1.2.41}$$

$$E_\sigma = -u''g_\sigma - \beta u'' \cdot f_K \left(f_K g_\sigma - g_K g_\sigma - g_\sigma \right) - \beta u' \cdot f_{KK} g_\sigma$$

$$= -\underbrace{\left(u'' + \beta u'' \cdot f_K \left(f_K - g_K - 1 \right) + \beta u' \cdot f_{KK} \right)}_{\text{确定性等价的来源}} g_\sigma = 0 \tag{1.2.42}$$

其中，u'、u''、g_K、g_A、g_σ、f_K、f_A、f_{KK}、f_{KA} 均表示相应下标变量的一阶、二阶或交叉偏导数在稳态处的取值。在计算过程中使用了如下的等式，由技术变量的定义 (1.2.32) 可知：

$$\left. \frac{\partial A_{t+1}}{\partial A_t} \right|_{A_t=1,\ \sigma=0, \epsilon_t=0} = \rho, \quad \left. \frac{\partial A_{t+1}}{\partial \sigma} \right|_{A_t=1,\ \sigma=0, \epsilon_t=0} = 0 \tag{1.2.43}$$

式 (1.2.40) 是关于 g_K 的一元二次方程；在 g_K 求出后，由于式 (1.2.41) 是关于 g_A 的线性方程，因此可立即求解。在求解之前，需要先求出 u'、u''、f_K、f_A、f_{KK}、f_{KA} 的值。

首先，稳态的资本存量由一阶条件求出

$$K = \left(\frac{\alpha\beta}{1 - (1-\delta)\beta} \right)^{\frac{1}{1-\alpha}} \tag{1.2.44}$$

而由 $f(K_t, A_t)$ 的定义，可知

$$f(K, A) = K^\alpha + (1-\delta)K, \quad f_K = \alpha K^{\alpha-1} + 1 - \delta = \frac{1}{\beta}$$

$$f_A = K^\alpha, f_{KK} = \alpha(\alpha-1)K^{\alpha-2}, \quad f_{KA} = \alpha K^{\alpha-1}, A = 1 \tag{1.2.45}$$

再由效用函数的定义，可知

$$u' = C^{-\gamma}, u'' = -\gamma C^{-1-\gamma}, C = f(K, A) - K \tag{1.2.46}$$

因此由式 (1.2.44) ～式 (1.2.46)，可计算出 u'、u''、f_K、f_A、f_{KK}、f_{KA} 的取值。在此基础上，资本存量 K_t 的一阶条件 (1.2.40) 可写为

$$\frac{1}{\beta} - \left(1 + \frac{1}{\beta} + \beta \frac{u'}{u''} f_{KK} \right) g_K + g_K^2 = 0 \tag{1.2.47}$$

由于式 (1.2.41) 进一步可得

$$g_A = \rho \frac{u'' f_A - \beta u' f_{KA} \rho - \beta u'' f_A \rho f_K}{u'' + \beta u' f_{KK} + \beta u'' \left(f_K - (\rho + g_K) \right) f_K} \tag{1.2.48}$$

接下来，将在 Matlab 中编程对上述计算逻辑进行数值求解 [①]，参数的取值同原 RBC 模型：$\alpha = 0.36$、$\beta = 0.99$、$\delta = 0.025$、$\gamma = 2$、$\rho = 0.9$。数值求解结果如下：

$$g_K = 0.976\,5, g_A = 2.769\,5 \tag{1.2.49}$$

---

① 源文件地址：\Sources\Chap1_DSGE_basics\1.2_2nd_logic\first_order_perturbation_by_hand.m。

为了验证该求解结果的正确性，此处编写了该 RBC 模型对应的 Dynare 模型文件（以水平变量的形式）[①]。在执行完模型文件后，可观察 Matlab 屏幕输出中的"政策函数和转换方程"部分，会发现资本存量 K_t 对应的一阶滞后系数 g_K 和技术变量 A_t 一阶滞后系数与此处手动计算的结果完全一致。此外，根据上述各参数的校准和计算可知

$$-\left[u'' + \beta u'' \cdot f_K \left(f_K - g_K - 1\right) + \beta u' \cdot f_{KK}\right] \neq 0 \tag{1.2.50}$$

因此由 (1.2.42) 可知 $g_\sigma = 0$ ，即确定性等价，具体请参考本书下一小节内容。

1.2.2 确定性等价和维数诅咒

扰动算法被广泛应用于经济模型的求解中。其优点在于不受维数诅咒 (Curse of Dimensionality) 的约束。维数诅咒是说当模型中状态变量的个数很多（即维数较大）时，求解将会耗费大量资源，甚至有时不可行。扰动算法最终归结为求解线性方程组，状态变量的多寡只和线性方程的维度或系数矩阵的维度相关，因而不受维数诅咒的影响。但是扰动算法有其缺点。特别是在一阶近似中，其解具有确定性等价 (Certainty Equivalence) 性质，因而限制了一阶近似求解方法的应用范围。但这种缺陷可以通过高阶近似加以解决。

上一节已经提及了确定性等价的概念，但为了使读者能够更加清楚地理解确定性等价的概念，此处介绍 Schmitt-Grohé & Uribe(2004) 关于确定性等价的阐述。Schmitt-Grohé & Uribe(2004) 关于变量表示方法区别于前述一阶和二阶求解逻辑中使用的方法，其将内生变量区分为内生状态变量和其他内生变量。但不管内生变量如何划分，确定性等价的本质是不变的：无条件均值和稳态相同，或者说，对称性外生冲击平均意义上没有作用[②]。

1. 维数诅咒

维数诅咒是宏观经济学模型求解，特别是在动态规划求解中 (Dynamic Programming)，

---

① 源文件地址：\Sources\Chap1_DSGE_basics\1.2_2nd_logic\first_order_perturbation_by_hand.mod. Dynare 软件的使用、语法都会在后续章节详细介绍。如果尚未接触 Dynare 的读者，可忽略此部分。注意此处 mod 文件中的变量采取了水平形式，因此系数结果和对数水平对应的结果有较大差异。

② 稳态的求解是在模型没有不确定性，也就是说没有外生冲击时计算出来的内生变量的值。而无条件期望是指完全考虑到不确定性时计算出的内生变量的平均值，即考虑到了外生冲击的平均作用。当稳态和无条件期望相同时，意味着对称性外生冲击平均意义上没有作用，因此确定性等价也意味着外生冲击平均意义上没有作用。在 DynareWiki 中，关于脉冲响应的计算有这样一句注释：In Dynare, at order 1, we don't need to care about the possible values of shocks except for the impulsion, because in a linear model the average effect of symmetric shocks is always 0. This is not true for orders of approximation 2 and above.

遇到的一个难题。这也是动态规划方法无法求解中等或大型 DSGE 模型的重要原因。本部分将通过一个简单的示例，使用值函数递归算法求解一个简单的随机增长模型的政策函数，来解释维数诅咒的由来和背景。此处以本书"1.1.3 B&K 方法"一节中的随机增长模型为例，并使用值函数递归 (VFI) 算法求解政策函数。动态规划的方法要求求解模型对应的贝尔曼 (Bellman) 方程。

首先，确定模型的状态变量。该模型中含有两个状态变量：预先决定的状态变量，资本存量 K_{t+1} 和技术变量 A_t。

然后，写出相应的 Bellman 方程：

$$V(K,A) = \max_C \left\{ \frac{C^{1-\sigma}-1}{1-\sigma} + \beta EV(K',A') \right\} \tag{1.2.51}$$

受约束于

$$K' = AK^\alpha - C + (1-\delta)K \tag{1.2.52}$$

其中 E 表示期望算子，为了简化书写，去掉时间下标，使用未带时间下标的变量表示当期变量 (t 期)，带有上标一撇 (Prime) 的变量表示下一期变量即 $t+1$ 期。由资源约束条件，消除线性变量消费 C，Bellman 方程可进一步写为

$$V(K,A) = \max_{K'} \left\{ \frac{\left(AK^\alpha - K' + (1-\delta)K\right)^{1-\sigma}-1}{1-\sigma} + \beta EV(K',A') \right\} \tag{1.2.53}$$

求解 Bellman 方程是指在给定的状态 (K,A) 下以及技术变量 A 的随机过程，寻求最优参数值 K' 使得 (1.2.53) 得以成立。最优参数值 K' 选择是基于对 A' 的期望，因此对下一期值函数需要使用期望算子。求解 Bellman 方程的难点在于方程两边同时含有同一个值函数，而且其参数取值不同。对于这类问题，典型的求解方法就是递归法，其一般步骤如下：

第一，给出一个初始猜测值 $V^0(K,A)$；

第二，由 Bellman 方程计算

$$V^1(K,A) = \max_{K'} \left\{ \frac{\left(AK^\alpha - K' + (1-\delta)K\right)^{1-\sigma}-1}{1-\sigma} + \beta EV^0(K',A') \right\}$$

第三，重复第二步 n 次，直到

$$\left\| V^n(K,A) - V^{n-1}(K,A) \right\| \leqslant \epsilon$$

其中，ϵ 为误差可容忍参数 (Tolerance)。

接下来，定义系统的状态空间。假设资本存量在如下的状态空间内变化：

$$\left[\overline{K} - 0.8\overline{K}, \overline{K} + 0.8\overline{K} \right]$$

其中，$\overline{K}$ 表示资本存量的稳态值，状态空间的选取以稳态值为中心，两端长度相同，为稳态值的 80%。系统的随机性来源于技术变量 A。

为了简化分析，此处不再假设技术变量服从经典的 AR(1) 过程，而是假设其服从简单的 3 状态马尔可夫过程 (Markov Process)：假设 A 取如下 3 个状态值，且定义其状态转换矩阵为 P：

$$A \equiv \begin{pmatrix} 0.8 \\ 1.0 \\ 1.2 \end{pmatrix}, P \equiv \begin{pmatrix} \frac{1}{3} & \frac{1}{3} & \frac{1}{3} \\ \frac{1}{3} & \frac{1}{3} & \frac{1}{3} \\ \frac{1}{3} & \frac{1}{3} & \frac{1}{3} \end{pmatrix}$$

在给定技术变量某个状态时，其下一期状态有 3 种，因而期望的值函数为

$$EV^0\left(K', A'\right) = \left[\frac{1}{3}V^0\left(K', 0.8\right), \frac{1}{3}V^0\left(K', 1.0\right), \frac{1}{3}V^0\left(K', 1.2\right) \right]$$

最后，进行编程求解[1]。编程求解的基本逻辑如下：首先校准模型结构参数，在此基础上，对资本存量的状态空间上的每一点，递归求解值函数。在具体实施时，则对状态空间进行均等划分成若干个小区间，使用 for 循环对每一端点求解下一期 (中间) 最优状态值。然后使用 while 循环实现递归求解，确定最终最优状态值。运行 Matlab 代码，即可得到图 1.7 和图 1.8(区间数 kgrid 为 99，端点数为 100)。

图 1.7 给出了不同技术状态下值函数的变化趋势：第一，给定资本存量水平，技术水平越高，值函数越大；第二，值函数是资本存量的下凹增函数，资本存量越大，值函数越大[2]。

图 1.8 给出了不同技术状态下的政策函数，即给定初始资本存量时最优的下一期资本存量。图 1.8 同时画出了 45° 线。可看出，各政策函数的斜率都小于 1，即比 45° 线更平坦。45° 线和 3 条线都相交，说明模型存在稳态均衡。

---

[1]　Matlab 源代码：\Sources\Chap1_DSGE_basics\1.2_2nd_logic\ Val_fun_iter_stoc.m。直接运行该代码即可得到结果。此处非常感谢 Eric Sims 教授无私地提供和分享他的源代码。源代码中，还牵涉很多实际问题。比如在求解最值时，fminbnd 内置函数要求目标函数必须是连续的，而此处是离散数值求解，因此必须进行处理。此处 Eric 教授采取了插值近似计算。

[2]　此处的值函数应为家庭终身贴现效用。

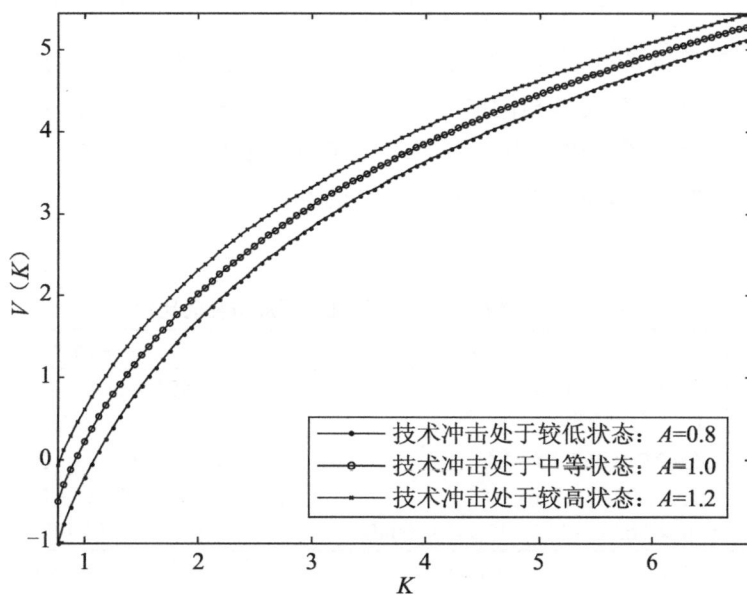

图 1.7　不同技术状态下的值函数

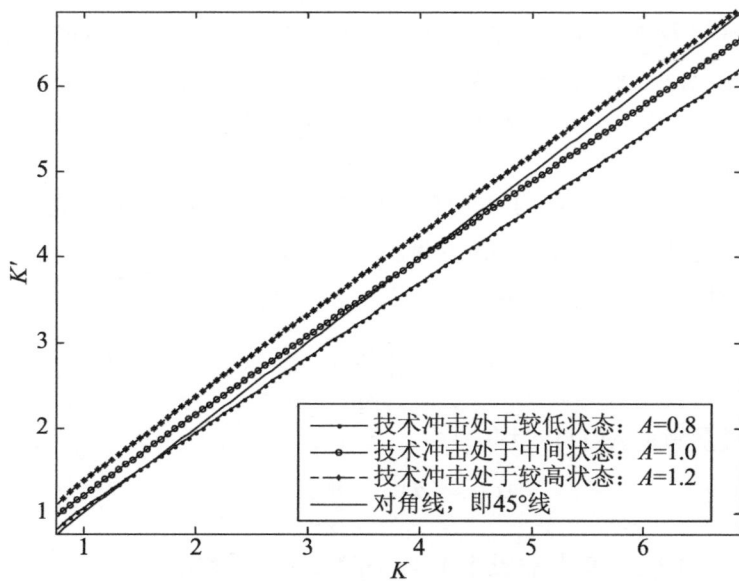

图 1.8　不同技术状态下的政策函数 (最优的资本存量 K')

其实，完全可以对技术变量采取和资本存量一样的处理方式，定义状态空间，并均等划分成小区间。之所以简化处理，是因为如此处理，会省不少计算资源。表 1.3 给出了资本存量状态空间两种划分下的耗时对比，细分程度加倍时，耗时变为原来的近 4 倍。如果将技术冲击的状态空间做相同的处理，取 100 个状态点，此时求解两变量 Bellman 方程的耗时将呈几何级数增长，从而变得不可接受。如果求解含有 3 个或更多状态变量的问题时，数值求解将会不再可行。这就是所谓的维数诅咒的由来。状态变量的个数越多，即维度越多，求解会越不可行。

表 1.3　资本存量状态空间细分程度与耗时比较

划分的区间数	*kgrid*=99	*kgrid*=199
耗时	dif = 11.733 6 its = 1 ... dif = 0.010 367 its = 84 dif = 0.009 848 5 its = 85 Elapsed time is 201.195 085 seconds.	dif = 17.503 4 its = 1 ... dif = 0.010 126 its = 109 dif = 0.0096 198 its = 110 Elapsed time is 784.447 053 seconds.

数据来源：作者自行计算得到，不同平台下计算耗时会有所差异。dif 表示等式两端的误差；Elapsed time 表示耗时 (秒)。

2. 确定性等价

前文已多次提及确定性等价的概念，此处以 Schmitt-Grohé & Uribe(2004) 为例进一步说明。Schmitt-Grohé & Uribe(2004) 假设系统均衡可写为如下的形式：

$$E_t f(\underbrace{y_{t+1}, y_t}_{n_y \times 1}, \underbrace{x_{t+1}, x_t}_{n_x \times 1}) = 0 \tag{1.2.54}$$

其中，y_t 为内生变量组成的 $n_y \times 1$ 维向量，该内生向量即为非预先决定的内生变量 (Non-predetermined)，包括前向变量和静态变量[①]。x_t 为 $n_x \times 1$ 维状态变量，包括预先决定的内生状态变量 x_{1t} 和外生状态变量 x_{2t}：

$$x_t \equiv \begin{pmatrix} x_{1t} \\ x_{2t} \end{pmatrix} \tag{1.2.55}$$

外生状态变量满足 AR(1) 过程：

$$x_{2t+1} = \Lambda x_{2t} + \underbrace{\tilde{\eta}}_{n_\epsilon \times n_\epsilon} \sigma \epsilon_{t+1} \tag{1.2.56}$$

其中，系数矩阵 Λ 的特征值都假设小于 1，$\tilde{\eta}$ 为 $n_\epsilon \times n_\epsilon$ 系数矩阵 。模型 (1.2.54) 的解可表

[①]　通俗地说，非预先决定的内生变量是指只出现 t 和 $t+1$ 时间下标的内生变量；凡是出现 $t-1$ 时间下标的内生变量都认为是预先决定的内生变量，比如资本存量是预先决定的内生状态变量，虽然从形式上出现 $t+1$ 时间下标，但实际仍为 t 期变量，在 t 期末被确定。

示为

$$y_t = g(x_t, \sigma) \tag{1.2.57}$$
$$x_{t+1} = h(x_t, \sigma) + \eta \sigma \epsilon_{t+1} \tag{1.2.58}$$

其中，$\eta \equiv [0, \tilde{\eta}']'$ 为 $(n_x \times n_\epsilon)$ 为系数矩阵。

模型一阶和二阶近似解是指函数 g、h 的一阶和二阶泰勒近似，在确定性稳态 $(x, \sigma) = (\bar{x}, 0)$ 附近分别进行一阶泰勒展开

$$g(x, \sigma) = g(\bar{x}, 0) + g_x(\bar{x}, 0)(x - \bar{x}) + g_\sigma(\bar{x}, 0)\sigma \tag{1.2.59}$$

$$h(x, \sigma) = h(\bar{x}, 0) + h_x(\bar{x}, 0)(x - \bar{x}) + h_\sigma(\bar{x}, 0)\sigma \tag{1.2.60}$$

和二阶泰勒展开

$$\begin{aligned} g(x, \sigma) = {} & g(\bar{x}, 0) + g_x(\bar{x}, 0)(x - \bar{x}) + \frac{1}{2}g_{xx}(\bar{x}, 0)\left[(x - \bar{x}) \otimes (x - \bar{x})\right] \\ & + g_{x\sigma}(\bar{x}, 0)\sigma(x - \bar{x}) + \frac{1}{2}g_{\sigma\sigma}(\bar{x}, 0)\sigma^2 \end{aligned} \tag{1.2.61}$$

$$\begin{aligned} h(x, \sigma) = {} & h(\bar{x}, 0) + h_x(\bar{x}, 0)(x - \bar{x}) + \frac{1}{2}h_{xx}(\bar{x}, 0)\left[(x - \bar{x}) \otimes (x - \bar{x})\right] \\ & + h_{x\sigma}(\bar{x}, 0)\sigma(x - \bar{x}) + \frac{1}{2}h_{\sigma\sigma}(\bar{x}, 0)\sigma^2 \end{aligned} \tag{1.2.62}$$

Schmitt-Grohé & Uribe(2004) 在定理 1 中指出 (1.2.59) ～ (1.2.62) 中关于随机调节变量 σ 的一阶项的系数矩阵均为 0，即[①]

$$g_\sigma(\bar{x}, 0) = 0, \quad h_\sigma(\bar{x}, 0) = 0, \quad g_{x\sigma}(\bar{x}, 0) = 0, \quad h_{x\sigma}(\bar{x}, 0) = 0 \tag{1.2.63}$$

这个定理表明，一阶和二阶泰勒展开中，关于随机调节变量的一次项的系数为 0(即确定性等价)；因此在一阶泰勒和二阶泰勒展开中，系数矩阵和随机调节变量无关，也就是说外生冲击的标准差在一阶和二阶泰勒近似中没有任何影响 (二阶泰勒近似除常数项外)。这同时也意味着确定性模型和随机模拟在除常数项外，一阶和二阶泰勒展开的系数应该相同。

特别地，一阶近似解出现确定性等价的性质，即此时内生变量无条件期望 (均值) 和确定性稳态相同：

$$E(y_t) = \bar{y}, E(x_t) = \bar{x} \tag{1.2.64}$$

其中，$\bar{y} = g(\bar{x}, 0)$ 为内生非预先决定变量的稳态值，$\bar{x} = h(\bar{x}, 0)$ 为外生变量的稳态值。事

---

① 为了获取上述泰勒展开中剩余的各项系数矩阵，需要将 (1.2.57) 和 (1.2.58) 同时代入 (1.2.54)，可得 $0 = F(x, \sigma) \equiv E_t f\{g[h(x, \sigma) + \eta\sigma\epsilon_+, \sigma], g(x, \sigma), h(x, \sigma) + \eta\sigma\epsilon_+, x\}$，然后关于状态变量 x 和随机调节变量 σ 求导，并在稳态取值即可求解。

实上由 (1.2.60)，两边取无条件期望：

$$E(x_{t+1}) = E\big[h(x_t, \sigma)\big] = \bar{x} + h_x(\bar{x}, 0)\big[E(x_t) - \bar{x}\big] \tag{1.2.65}$$

如果内生和外生状态变量是平稳的，则 $E(x_{t+1}) = E(x_t)$，并注意到 $h_x(\bar{x}, 0)$ 为非单位矩阵，因此 $E(x_t) = \bar{x}$。从而由式 (1.2.59) 可推导出 $E(y_t) = \bar{y}$。

这种确定性等价的性质在二阶泰勒展开中不再具备，也就是说，内生变量的无条件均值和确定性稳态不再相等。事实上，相比确定性模型，内生非预先决定变量、内生状态变量对应的二阶展开公式则分别多出一个常数项：

$$\frac{1}{2}g_{\sigma\sigma}(\bar{x}, 0)\sigma^2, \quad \frac{1}{2}h_{\sigma\sigma}(\bar{x}, 0)\sigma^2 \tag{1.2.66}$$

此时从二阶泰勒展开式 (1.2.62) 中，可知

$$E(x_t) = \bar{x} + \frac{1}{2}\big(I - h_x(\bar{x}, 0)\big)^{-1}\big(h_{xx}(\bar{x}, 0)\Sigma_{\otimes x} + h_{\sigma\sigma}(\bar{x}, 0)\sigma^2\big) \tag{1.2.67}$$

$$E(y_t) = \bar{y} + g_x(\bar{x}, 0)\big(E(x_t) - \bar{x}\big) + \frac{1}{2}\big(g_{xx}(\bar{x}, 0)\Sigma_{\otimes x} + g_{\sigma\sigma}(\bar{x}, 0)\sigma^2\big) \tag{1.2.68}$$

此为式 (1.2.29) 的另外一种表现形式，因而无条件均值和确定性稳态不再相同。这也使得二阶近似具备了一阶近似不具备的统计性质：体现不确定性的影响。式 (1.2.66) 中的两个常数项恰恰说明了不确定性在起作用。也就是说，二阶近似在处理诸如资产定价问题时能够区别具有不同风险特征资产的平均回报率，或处理福利问题时能够捕捉不同风险水平下家庭的平均福利水平的差异 (Schmitt-Grohé & Uribe, 2004)。因此在处理某些特别的问题时，必须使用二阶或二阶以上的近似方法。

Schmitt-Grohé & Uribe(2004) 最大的理论贡献在于其发现扰动算法下，一阶和二阶泰勒近似解关于随机调节变量一次项的系数矩阵是 0(在泰勒展开基于确定性稳态时)，也就是说，一阶和二阶近似解均不含随机调节变量的一次项。换句话说，如果关于随机调节变量的一次项的系数矩阵不为 0，那么这个解就一定不是基于泰勒近似展开而得到的。Collard & Juillard (2001a, 2001b) 提出的"误差缩减 (Bias Reduction Procedure)"方法正是如此，此时的一次项和二次项的系数均依赖于随机调节变量，因此这种误差缩减方法和扰动算法并不等价。

接下来，以一阶和二阶近似解之间的关系为出发点，通过图示的方式来进一步解释确定性等价的概念，如图 1.9 所示。

图 1.9 给出了两种近似解下，对应的稳态和无条件均值之间的差异。虚线表示 45° 线，实线表示一阶近似解，曲线表示二阶近似解。点 A 表示系统的确定性稳态 (Deterministic

Steady State，假设只有一个)。

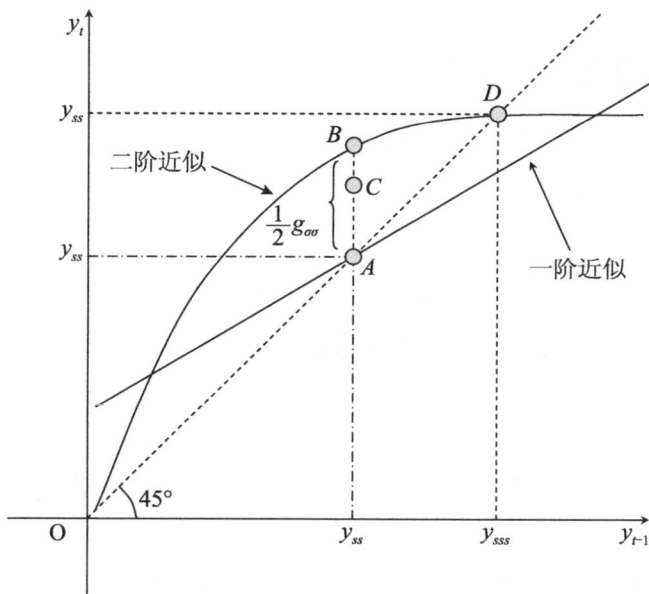

图 1.9　一阶和二阶近似解关于确定性稳态、不确定性稳态和无条件均值的差异

在一阶近似下，由确定性等价性质式 (1.2.64) 可知，点 A 也同时表示内生变量的无条件期望值 $E(y_t)$，也就是说如果当期选择稳态 A，那么下一期最优决策仍然是点 A，而不管风险如何，平均意义下风险都不起作用。

在二阶近似下，由决策规则 (1.2.28) 并考虑到风险和不确定性因素，可知最优决策不再是点 A。如果当期选择稳态 A，那么下一期最优决策不再是点 A，而是点 B；点 A 和点 B 之间的差异恰好为 $\frac{1}{2}g_{\sigma\sigma}$，此为风险作用的体现。由詹森不等式 (Jensen Inequality)[①]，二阶近似下内生变量的无条件期望 $E(y_t)$ 不再是点 A，也不位于二阶决策规则曲线上，而是位于二阶决策规则曲线之下的某个位置，比如位于点 A 和点 B 之间的某个 C 点位置。此外，点 D 则代表着不确定性稳态值 (Risky Steady State)[②]，不确定性稳态概念会在本书下一节做简单介绍。

---

① 　詹森不等式是以丹麦数学家约翰·詹森 (Johan Jensen) 命名的，是数学中的一个非常重要的不等式，也是有关凸性 (convexity) 的基本不等式。很多数学中重要的不等式都可以由詹森不等式推导或证明出来。

② 　本书"1.3.1 确定性稳态值及其计算示例"一节会做简单的介绍。

1.3 DSGE 模型求解其他相关问题

1.3.1 确定性稳态值及其计算示例

本小节首先给出确定性稳态的定义及求解基本步骤，再通过一个简单的例子来说明如何求模型的确定性稳态值。

1. 确定性稳态的定义

确定性稳态 (Deterministic Steady State)，是指模型不存在任何外部冲击和不确定性，模型各内生变量都处于某一不变的稳定状态[1]。假设模型的均衡可由如下的一般形式定义[2]：

$$E_t f(y_{t+1}, y_t, x_{t+1}, x_t, z_{t+1}, z_t) = 0 \tag{1.3.1}$$

其中，y_t 为内生非预先决定变量；x_t 为预先决定的内生状态变量；z_t 为外生变量且满足

$$z_t = \Lambda z_{t-1} + \sigma \epsilon_t, \ 0 < \Lambda < 1, \sigma > 0$$

其中，外生冲击 ϵ_t 的稳态被定义为 0。外生变量 z_t 的稳态也为 0(一般为对数水平变量)。此处需要说明的是，对于一个 AR(1) 过程，比如典型的技术冲击过程：

$$\log A_t = \rho \log A_{t-1} + \epsilon_t, 0 < \rho < 1$$

其中，ϵ_t 为外生冲击，稳态时其值取 0，因为其本身就被定义为独立同分布的白噪声过程。对于技术变量 A_t，其为外生决定变量，稳态值一般设定为单位 1[3]，也就是说其对数稳态为 0，事实上，根据技术变量 A_t 的 AR(1) 过程，设定外生冲击 ϵ_t 为 0，容易看到 $\log A_t = 0$，即水平变量 A_t 的稳态为 1。但这并不意味着所有的 AR(1) 过程对应的变量的稳态都为 1。比如对于常见的财政变量，如税收变量 (1.3.2)，其稳态值 $\bar{\tau}$ 一般应为小于 1 且大于 0 的某个值：

---

[1] 确定性稳态 (Deterministic) 有时也被称为非随机稳态 (Non-stochastic)。但某些文献中对非随机稳态有不同的定义，如 Groot, O. D. (2014). The risky steady state and multiple (spurious) equilibria: The case of the small open economy model，认为非随机稳态是指模型的无条件均值 (unconditional mean)。

[2] 此处关于一般形式的定义不同于 (1.1.1) 和 (1.2.54) 较为类似，但仍有区别。目的是为了后续关于不确定性稳态值的定义。

[3] 在 Dynare 的变量声明中，仍然使用 var 命令声明，将其视为内生变量。一般对于那些 AR(1) 变量，如果其作为调节变量出现在均衡条件中，即乘法形式乘以其他变量，起到强弱调节作用，对系统均衡产生紧缩或扩张作用。其稳态值一般都被设置为 1。也就是说，稳态时此类变量不起作用。技术变量和资本利用率变量的作用都是如此，稳态值都是 1。有时也将技术水平变量 A 称为外生冲击。在给定初始状态外，其完全由白噪声过程决定。

$$\tau_t = (1-\rho)\overline{\tau} + \rho\tau_{t-1} + \epsilon_t^{\tau} \tag{1.3.2}$$

式 (1.3.1) 的解可表示为

$$y_t = g(x_t, z_t, \sigma), \ x_{t+1} = h(x_t, z_t, \sigma) \tag{1.3.3}$$

一个确定性的稳态值 $(y_t, x_t, z_t, \sigma) = (\overline{y}, \overline{x}, 0, 0)$，被定义成满足如下等式的解：

$$f(\overline{y}, \overline{y}, \overline{x}, \overline{x}, 0, 0) = 0 \tag{1.3.4}$$

(1.3.4) 为非线性方程组，注意该式中并未含有期望算子。求解上述非线性方程组，即可求出相应的稳态值。然而有时直接求解 (1.3.4) 比较困难，需要通过某些特殊的数值求解算法才能解出稳态值。此外，(1.3.4) 可能存在多个确定性稳态值。当模型存在多个稳态时，扰动算法只能基于其中的一个进行泰勒近似，而不能同时基于多个稳态近似求解。

围绕确定性稳态进行近似求解是文献中最常用的方法，这是因为确定性稳态的求解和模型本身的随机设定没有关系，稳态时已经假设模型没有随机性和不确定性，因而求解相对简单方便。如果均衡存在，在没有外生冲击或外生冲击逐渐消失时，系统将逐渐收敛到确定性稳态值。

这里值得一提的是，与确定性稳态相对应的一个概念是不确定性稳态 (Risky Steady State)。Coeurdacier, Rey & Winant (2011, *AER*) 将不确定性稳态定义为满足均衡条件 (1.3.1) 的这样一个点，即当期 (*t* 期) 外生冲击为 0，但未来各期 (包含 $t+1$ 期在内的以后各期) 仍然面临风险和不确定性，即以后各期冲击都存在[1]。Groot (2013, *EL*) 给出了不确定性稳态 $(y_t, x_t, z_t, \sigma) = (y^r, x^r, 0, \sigma)$ 的数学定义，即满足如下方程的解：

$$E_t f(y_{t+1}, y^r, x^r, x^r, z_{t+1}, 0) = 0 \tag{1.3.5}$$

即当期冲击实现值为 0，未来期的冲击仍存在。若用 (1.3.3) 的形式表示，不确定性稳态满足：

$$x^r = h(x^r, 0, \sigma), y^r = g(x^r, 0, \sigma) \tag{1.3.6}$$

比较式 (1.3.4) 和式 (1.3.5) 可知，确定性和不确定性稳态的定义差异较大。不确定性稳态的计算较为复杂，因为计算过程并不独立于系统的随机性，虽然当期没有外生冲击，但仍需要考虑未来的不确定性，也就是说有期望算子出现[2]。

不确定性稳态在某些情况下非常有用，因为不确定性稳态本身包含了未来的不确

---

[1]　... point where agents choose to stay at a given date if the realization of shocks is zero at this date and expect future risk is stochastic... (or take into account of the distribution of future shocks).

[2]　在 Dynare 官方论坛中搜集了 9 个关于随机稳态计算的 Dynare 模型文件 (*.mod 文件)，请参考此处提供的 copy：\Sources\Chap1_DSGE_basics\1.3__other_issues_hp_filter\risky_steady_states_examples。 感兴趣的读者可自行研究，此处不再详细介绍。

定性信息。在考虑资产组合问题或不同宏观经济政策下的福利问题时，使用不确定性稳态较为契合 (Groot, 2013, P566)。关于不确定性稳态的计算，可参考 Coeurdacier, Rey & Winant (2011)，Groot (2013)，此处不再详细介绍。其中 Groot (2013) 提出的算法较为简洁，并且容易操作，利用了 Schmitt-Grohé & Uribe(2004) 推导的二阶近似解，并给出了求解的 Matlab 代码。

2. 计算稳态的一般步骤

确定性稳态的计算是扰动算法得以实现的基础。对于简单的 DSGE 模型，确定性稳态的计算非常简单，甚至稳态都有解析表达式。但对于复杂的非线性模型，稳态值往往没有解析解，需要利用数值算法才能求出内生变量的稳态[1]，比如带有金融加速器机制的 DSGE 模型。此外，确定性稳态计算的前提条件是所有结构参数都已知，即已被校准或估计。结合定义，确定性稳态的计算一般遵循如下的步骤[2]：

第一，校准或估计所有结构参数；

第二，去除模型中所有外生冲击 (白噪声过程)；

第三，去除变量的时间下标；

第四，去除期望算子；

第五，编程求解。这往往是最困难的部分，需要对几个核心均衡方程和变量求解。有时需要复杂的循环或嵌套循环才能解决。在 Matlab 中，往往需要使用 fzero 等求根函数来寻找。

3. 两个稳态计算的例子

(1) 可分效用函数

这是一个含有资本存量和劳动的 RBC 模型，效用函数关于劳动和消费加性可分即 $U_{CN}=0$，且关于消费为对数形式，各内生变量的稳态有解析解，即可表示结构参数的解析表达式。

首先给出模型的均衡条件，分别为 Euler 方程 (1.3.7)、劳动供给方程 (1.3.8)、资本收

---

[1] 计算内生变量的稳态，对于某些中型或大型 DSGE 模型来说，的确是个问题，过程非常复杂。一般说来，DSGE 模型都要求是平稳的，即内生变量存在稳态，对于非平稳的模型需要经过处理，比如去趋势等变成稳态模型才能进行求解。Dynare 一般也要求模型是平稳的才能求解 (也能处理某些简单的非平稳模型，比如带趋势或 unit root 的模型)，并且能够计算某些简单模型的稳态值。但 Dynare 官方强烈建议使用者为 Dynare 提供模型的稳态，以提升求解速度和求解成功率。事实上，对于大多数模型 Dynare 无法计算其稳态。本书"**3.8.2 稳态求解命令：steady**"一节会进一步介绍 Dynare 稳态声明和处理逻辑。

[2] 上述计算步骤中的前三步可简称为"三去"处理：去冲击、去下标、去算子。

益率方程 (1.3.9)、劳动需求方程 (工资率决定方程)(1.3.10) 和资源约束条件 (或称为可行性约束，Feasibility Condition)(1.3.11) 和技术 AR(1) 外生过程 (1.3.12)：

$$\frac{1}{C_t} = \beta E_t \left\{ \frac{1}{C_{t+1}} \left[r_{t+1} + (1-\delta) \right] \right\} \tag{1.3.7}$$

$$L_t^\gamma = \frac{w_t}{C_t} \tag{1.3.8}$$

$$r_t = \alpha A_t K_{t-1}^{\alpha-1} \left(L_t \right)^{1-\alpha} \tag{1.3.9}$$

$$w_t = (1-\alpha) A_t K_{t-1}^{\alpha} \left(L_t \right)^{-\alpha} \tag{1.3.10}$$

$$K_t + C_t = (1-\delta)K_{t-1} + A_t K_{t-1}^{\alpha} \left(L_t \right)^{1-\alpha} \tag{1.3.11}$$

$$\log A_t = \rho \log A_{t-1} + \epsilon_t \tag{1.3.12}$$

其中，α、β、γ、δ、ρ 为模型结构参数，且 $\gamma \neq -1$。注意，此处资本存量的下标表示不同于以往模型，具体可参考本书 **"3.2.2 Dynare 内生变量的书写规范"** 一节的阐述。根据稳态计算的一般步骤，将上述均衡条件做"三去" 处理，可得如下的非线性方程组，用不带时间下标的变量表示稳态值：

$$\frac{1}{C} = \beta \left(\frac{1}{C} \left(r + (1-\delta) \right) \right) \tag{1.3.13}$$

$$L^\gamma = \frac{w}{C} \tag{1.3.14}$$

$$r = \alpha A K^{\alpha-1} \left(L \right)^{1-\alpha} \tag{1.3.15}$$

$$w = (1-\alpha) A K^\alpha \left(L \right)^{-\alpha} \tag{1.3.16}$$

$$K + C = (1-\delta)K + A K^\alpha \left(L \right)^{1-\alpha} \tag{1.3.17}$$

$$\log A = \rho \log A \tag{1.3.18}$$

首先技术变量 A_t 的稳态 A 为 1，然后根据 Euler 方程可得资本收益率的稳态值为

$$r = \frac{1}{\beta} - (1-\delta) \tag{1.3.19}$$

再根据资本收益率稳态值和资本收益决定方程 (1.3.15)，可得资本劳动比稳态值为

$$\frac{K}{L} = \left(\frac{\alpha}{r} \right)^{\frac{1}{1-\alpha}} = \left(\frac{\alpha}{\frac{1}{\beta} - (1-\delta)} \right)^{\frac{1}{1-\alpha}} \tag{1.3.20}$$

由资本劳动比稳态值和劳动需求方程 (1.3.14)，可得工资稳态值为

$$w = (1-\alpha)\left(\frac{\alpha}{\frac{1}{\beta}-(1-\delta)}\right)^{\frac{\alpha}{1-\alpha}} \tag{1.3.21}$$

最后来求劳动的稳态 L。从劳动供给方程 (1.3.14) 求出消费稳态的表达式，并代入资源约束方程 (1.3.17)，两边除以劳动稳态 L 可得

$$\delta\frac{K}{L}+\frac{w}{L^{\gamma+1}} = A\left(\frac{K}{L}\right)^{\alpha} \tag{1.3.22}$$

$$L = \left(\frac{1-\alpha}{1-\frac{\alpha\delta}{\frac{1}{\beta}-(1-\delta)}}\right)^{\frac{1}{\gamma+1}} \tag{1.3.23}$$

再由劳动供给方程 (1.3.14) 可得消费的稳态为

$$C = (1-\alpha)\left(\frac{\alpha}{\frac{1}{\beta}-(1-\delta)}\right)^{\frac{\alpha}{1-\alpha}}\left(\frac{1-\alpha}{1-\frac{\alpha\delta}{\frac{1}{\beta}-(1-\delta)}}\right)^{-\frac{\gamma}{\gamma+1}} \tag{1.3.24}$$

如果校准参数 $\alpha=0.36, \beta=0.99, \delta=0.025, \gamma=1$，可得内生变量的稳态如表 1.4 所示。

表 1.4　给定参数 γ 时各变量的稳态值

变　量	K	C	r	L	w
稳　态　值	35.243 7	2.555 3	0.035 1	0.927 7	2.370 6

数据来源：依据模型稳态计算逻辑，作者自行计算。

从上述模型稳态计算来看，劳动的稳态值为 0.927 7。如果认为劳动的总时间为单位 1，则此稳态值显然偏高，因此文献中往往采取相反的做法。即，先假定劳动的稳态值为 1/3，每天大约有 1/3 的时间用于劳动或工作，相当于 8 小时工作制，然后反向推定参数的

值[①]。这里所指向的参数就是 γ。参数 γ 有一个特殊的名字，叫劳动供给的 Frisch 弹性的倒数，会在 RBC 模型中做进一步介绍。在给定其他参数值不变的情况下，由（1.3.23）可知，

$$\gamma = \log\left(\frac{1-\alpha}{1-\dfrac{\alpha\delta}{\dfrac{1}{\beta}-(1-\delta)}}\right)\Big/\log L - 1 \simeq -0.863\,4 \tag{1.3.25}$$

此时各变量的稳态如表 1.5 所示。可以发现，当稳态劳动为 1/3 时，资本存量和消费的稳态都下降了。

表 1.5　校准劳动稳态时各变量的稳态值

变　量	K	C	r	L	w
稳　态　值	12.663 1	0.918 1	0.035 1	0.333 3	2.370 6

数据来源：依据模型稳态计算逻辑，作者自行计算。

此外容易找到劳动稳态值 L 和参数 γ 之间的关系，如图 1.10 所示。图 1.10 显示了在其他参数给定的情况下，劳动供给的稳态 L 是参数 γ 的下凹增函数，随着参数 γ 的增加而逐步趋向于 1。

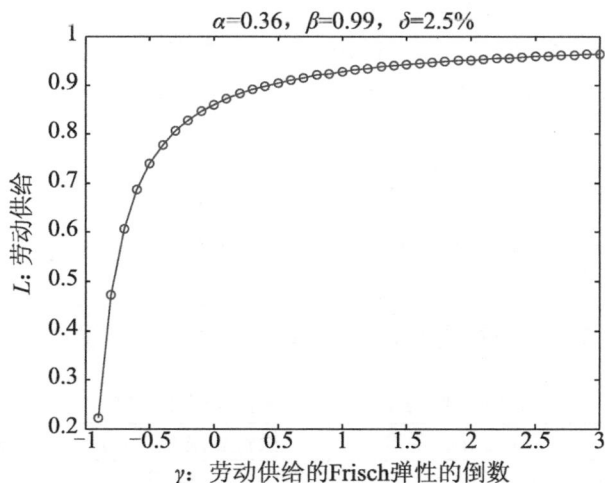

图 1.10　劳动供给和参数 γ 之间的关系[②]

---

①　在给定某个内生变量的稳态值后，此时参数校准将失去一个自由度，也就是说必须有一个参数不能被自由校准或估计，必须由该内生变量的稳态值和其他参数联合决定。

②　Matlab 源代码：\Sources\Chap1_DSGE_basics\1.3__other_issues_hp_filter\labor_gamma_relationship.m。

(2) 不可分效用函数

不可分 (Non-separable) 效用函数是指效用函数中消费和劳动不是加性可分的，即 $U_{CN} \neq 0$。一个经典的不可分效用函数来源于 Greenwood, Hercowitz & Huffman (1988, *AER*)。在不可分效用函数假设下，模型内生变量的计算变得复杂些。但对于简单的 RBC 模型而言，内生变量的稳态值仍然可手动求出解析解。关于 Greenwood, Hercowitz & Huffman (1988) 模型的具体介绍和内生变量的稳态值计算，请参考本书 **"4.1 RBC 模型及其拓展"** 一节的内容。

1.3.2 外生冲击持续参数和标准差的校准

外生冲击作为模型波动的主要来源，对分析模型动态变化至关重要。在文献中，一般假设外生冲击服从 AR(1) 过程。

AR(1) 过程由两个参数确定：冲击方程 AR(1) 系数和冲击分布的标准差 (标准误)。AR(1) 系数即为持续性参数 (Persistence)，一般说来位于 0~1 之间，表征冲击持续的时长和强度。持续性参数越大，持续时间越长，影响效果较远。

如下以技术冲击为例，说明如何从数据中校准持续性参数和标准差参数。假设生产技术服从如下经典的 AR(1) 过程：

$$\log A_t = \rho_A \log A_{t-1} + \epsilon_t^A \tag{1.3.26}$$

其中，$0 < \rho_A < 1$，技术外生冲击 $\epsilon_t^A \sim \text{i.i.d}(0, \sigma_A^2)$，即服从均值为 0，标准差为 σ_A 的高斯白噪声过程。考虑如下的柯布道格拉斯 (Cobb-Douglas) 生产函数：

$$Y_t = A_t K_t^\alpha N_t^{1-\alpha} \tag{1.3.27}$$

参考姚斌 (2007) 的做法，对生产函数 (1.3.27) 两边取自然对数，并做一阶差分可得：

$$\begin{aligned} \log A_{t+1} - \log A_t = {} & \log Y_{t+1} - \log Y_t - \alpha \left(\log K_{t+1} - \log K_t \right) \\ & - (1-\alpha)\left(\log N_{t+1} - \log N_t \right) \end{aligned} \tag{1.3.28}$$

以我国 1992—2016 年度数据为例 (见表 1.6)，来估算生产技术水平。

表 1.6　国内生产总值、投资和就业人数

年　份	国内生产总值 (亿元，现价)	投资总额 (亿元)	就业人数 (万人)
1992	27 194.50	8 080.10	66 152
1993	35 673.20	13 072.30	66 808
1994	48 637.50	17 042.10	67 455
1995	61 339.90	20 019.30	68 065
1996	71 813.60	22 913.50	68 950

续表

年　份	国内生产总值（亿元，现价）	投资总额（亿元）	就业人数（万人）
1997	79 715.00	24 941.10	69 820
1998	85 195.50	28 406.20	70 637
1999	90 564.40	29 854.70	71 394
2000	100 280.10	32 917.70	72 085
2001	110 863.10	37 213.50	72 797
2002	121 717.40	43 499.90	73 280
2003	137 422.00	55 566.61	73 736
2004	161 840.20	70 477.43	74 264
2005	187 318.90	88 773.61	74 647
2006	219 438.50	109 998.16	74 978
2007	270 232.30	137 323.94	75 321
2008	319 515.50	172 828.40	75 564
2009	349 081.40	224 598.77	75 828
2010	413 030.30	278 121.85	76 105
2011	489 300.60	311 485.13	76 420
2012	540 367.40	374 694.74	76 704
2013	595 244.40	446 294.10	76 977
2014	643 974.00	512 020.70	77 253
2015	689 052.00	561 999.80	77 451
2016	744 127.00	596 501.00	77 603

数据来源：中经统计网数据库和国家统计局网站；投资数据为全社会固定资产投资总额；就业数据为年末从业人员总数（包括城镇和农村从业人员总数）。

首先需要选取产出、资本存量和劳动的代理变量。以国内生产总值 GDP 作为 Y_t 的代理变量。由于资本存量的数据难以获取，而 (1.3.28) 中是关于资本存量的增长率，为了简化和计算的方便，使用投资的增长率近似替代。根据经典的资本积累方程，可得：

$$\log \frac{K_{t+1}}{K_t} = \log\left((1-\delta) + \frac{I_{t-1}}{K_t}\frac{I_t}{I_{t-1}} \right) \simeq \frac{I_{t-1}}{K_t}\frac{I_t}{I_{t-1}} \simeq \delta \frac{I_t}{I_{t-1}} \tag{1.3.29}$$

即以投资的总增长率乘以资本折旧率作为资本存量增长率的近似代理变量。而劳动则使用每年城镇就业人员总数作为代理变量。在进一步计算之前，需求对参数 α、δ 进行赋值。选择 $\alpha = 0.36$ 作为资本的产出份额。由于使用了年度数据，因此将折旧参数设定为 $\delta = 0.12$。

为了进行数据的拟合，需要获取对数技术变量的水平值，因此需要对初始对数技术变量进行假定。因为初始对数技术变量的大小只会产生水平效应（即截距会发生变化），而不会产生斜率效应 [即 AR(1) 系数不会发生变化，而且误差的标准差也不会发生变化]，因此理论上说可以假设为任何值。一般的情况下，有两种做法：第一，假设初始对数技术变量为这样一个值，它能够使得样本期内对数技术变量均值为 0，即标准化的技术变量。第二，为了计算的方便，可以假设基期的对数技术变量为 0(即技术变量的水平值为 1)。此处校准时使用第二种做法。

此外使用 Eviews 编程，对外生冲击持续性参数和标准参数进行估计，如源代码 6 所示。

源代码6 外生冲击持续性参数和标准差的Eviews估计[①]

```
'Define variables, genr is the built-in Eviews function to define new
variables
genr loggdpgrowth=log(gdp) -log(gdp(-1))
genr loginvgrowth = log(investment) - log(investment(-1))
genr loglabgrowth=log(labor)- log(labor(-1))

scalar alpha=0.4
scalar delta=0.12
genr productivity = loggdpgrowth - alpha*delta*loginvgrowth  -
(1-alpha)*loglabgrowth
smpl 1994 2016
'recover the level of log productivity
productivity = productivity + productivity(-1)

'using hp filter to extract the trend, hpf is the built-in function of
Eviews to perform HP filtering.
productivity.hpf(lambda=100) hptrend_prod
'get the cycle of the productivity
genr hpcycle_prod= productivity - hptrend_prod

'the least square regression, ls is the built-in function of Eviews for
least square regression.
'eqhp is an Eviews object to store the LS regression results.
equation eqhp.ls hpcycle_prod hpcycle_prod(-1)
```

注：Eviews 工作表中的变量 gdp 代表国内生产总值，investment 代表固定资产投资总额，labor 代表就业人数。

在获取技术变量的 (对数) 水平变量后，进行 HP 滤波处理，获得波动成分。然后以 (1.3.26) 为回归方程，进行最小二乘法回归，一阶滞后项的系数即可作为持续性参数 ρ_A 的估计值，回归的标准差 (S.E. of Regression) 可作为外生冲击标准差的估计值 σ_A，回归

---

① Eviews 源代码：\Sources\Chap1_DSGE_basics\1.3__other_issues_hp_filter\ persistence_vol_estmation.prg。即程序文件。数据存储于同目录下的 productivity.wf1 工作文件中。首先打开工作文件，然后在打开 Eviews 程序文件，运行该程序文件即可得到估计结果。

结果如表 1.7 所示：$\rho_A = 0.686\,7$，$\sigma_A = 0.039\,2$。

表 1.7　外生冲击持续性参数和标准差的 Eviews 估计结果

Dependent Variable: HPCYCLE_PROD			
Method: Least Squares			
Date: 04/19/17 Time: 13:09			
Sample (adjusted): 1995 2016			
Included observations: 22 after adjustments			
	Coefficient	Std. Error	t-Statistic	Prob.
HPCYCLE_PROD(-1)	**0.686 656**	0.158 542	4.331 068	0.000 3
R-squared	0.469 438	Mean dependent var		0.003 519
Adjusted R-squared	0.469 438	S.D. dependent var		0.053 785
S.E. of regression	**0.039 177**	Akaike info criterion		-3.597 075
Sum squared resid	0.032 231	Schwarz criterion		-3.547 482
Log likelihood	40.56 783	Hannan-Quinn criter.		-3.585 393
Durbin-Watson stat	0.755 138			

上述回归结果和 Galí(2008, P174) 的结果类似。

1.3.3　随机差分方程及其求解简析

随机差分方程在后续的分析中，特别是一阶差分方程经常用到，因为很多问题或均衡条件最后都可以归结为差分方程。因此，本节将对常见的几种差分方程及其求解进行简单介绍。

1. 确定性差分方程

最简单的确定性差分方程 (Deterministic Difference Equation，DDE) 当数一阶齐次单变量差分方程：

$$y_t = \alpha y_{t-1}$$

其中，α 为参数。很显然当 $|\alpha| < 1$ 时，$y_t \to 0, t \to \infty$。此处一阶是指只含有一阶滞后项 y_{t-1}；单变量是指 y_t 是一维的，非多维变量；确定性是指不带有随机扰动项，如白噪声过程等；齐次是指除了含有 y_t 及其滞后项或随机扰动项外，不含有其他的项，如常数项或其他非零项。如下的一阶单变量差分方程称为非齐次的 DDE，即含有非零项 x_t：

$$y_t = \alpha y_{t-1} + \beta x_t$$

其中，x_t 为给定的非随机序列，$\alpha, \beta \neq 0$。在给定初始 (Initial Condition) 的条件下，上述

DDE 可以前向迭代求解 (Forward Solution Method)：

$$
\begin{aligned}
y_t &= \alpha y_{t-1} + \beta x_t \\
&= \alpha \left(\alpha y_{t-2} + \beta x_{t-1} \right) + \beta x_t \\
&\cdots \\
&= \alpha^t y_0 + \beta \sum_{i=0}^{t-1} \alpha^i x_{t-i}
\end{aligned}
$$

此处 y_0 为给定的初始条件。

当给定终止条件 (Terminal Condition) 时，可使用后向求解 (Backward Solution Method)。假设终止条件为 y_T，即 T 期的取值，此时需要对原始 DDE 做变形处理：

$$
\begin{aligned}
y_{t-1} &= \frac{1}{\alpha} y_t - \frac{\beta}{\alpha} x_t \\
&= \frac{1}{\alpha} \left(\frac{1}{\alpha} y_{t+1} - \frac{\beta}{\alpha} x_{t+1} \right) - \frac{\beta}{\alpha} x_t \\
&\cdots \\
&= \frac{1}{\alpha^{T-t+1}} y_T - \beta \sum_{i=0}^{T-t} \frac{1}{\alpha^{i+1}} x_{t+i}
\end{aligned}
$$

在不确定性 (随机) 差分方程中，很多变量往往只会给出终止条件，而非初始条件，如消费、资产价格这些前向变量 (Forward-looking)。这些变量的当期值往往受到外生冲击的影响，没有初始值或者初始值并不重要，更重要的是其未来的值，受预期的影响，因此往往给定终止条件而非初始条件。

2. 随机差分方程的几个例子

在不确定性模型中，随机差分方程 (Stochastic Difference Equation，SDE) 是非常常见的。特别是一阶线性化的模型中能经常看到，也就是说方程式中多出了一个随机扰动项或期望算子。下面举几个常见的例子。最经常看到的例子是一阶常系数非齐次差分方程。在特殊情况下，能看到二阶常系数非齐次差分方程，或者二元一阶常系数非齐次差分方程组。

(1) Euler 方程

RBC 模型中消费 C_t 的 Euler 方程，其线性化后为一阶差分方程。在标准的 RBC 模型中，消费的跨期替代方程为

$$
\frac{1}{R_t} = \beta E_t \frac{C_t^\sigma}{\pi_{t+1} C_{t+1}^\sigma}
$$

或者

$$\beta E_t \frac{C_t^\sigma}{C_{t+1}^\sigma} r_t = 1, \quad r_t \equiv \frac{R_t}{\pi_{t+1}}$$

其中，R_t 表示债券的名义利率 (Gross Rate)；r_t 为形式定义；β 为贴现因子；σ 为消费的跨期替代弹性的倒数；$\pi_{t+1} \equiv P_{t+1}/P_t$ 为通胀 (Gross CPI Inflation)。若使用 Uhlig(1999) 的方法进行对数线性化，即

$$\tilde{x}_t \equiv \log x_t - \log x$$

则上述消费的 Euler 方程可以改写为消费的一阶随机差分方程：

$$\tilde{c}_t = E_t \tilde{c}_{t+1} - \frac{1}{\sigma} \tilde{r}_t \tag{1.3.30}$$

(2) 新凯恩斯菲利普斯曲线

一般带有 Calvo(1983) 黏性价格设定的新凯恩斯模型，都能推导出新凯恩斯菲利普斯曲线 (NKPC 曲线)，即当期通胀是预期通胀和边际成本的函数，此为通胀的一阶随机差分方程：

$$\pi_t = \beta E_t \pi_{t+1} + \lambda mc_t \tag{1.3.31}$$

其中，$\beta < 1$ 为贴现因子，λ 为模型结构参数的函数，关于参数的具体解释和 NKPC 曲线的推导可参考本书"**4.2.7 '三方程'新凯恩斯模型**"一节的内容。

(3) 投资学中的资产定价模型 (Asset-Pricing Model)

假设某风险证券的价格为 p_t，d_t 为其红利，而无风险资产的投资回报率 r 为常值。根据资本定价理论，在风险中性的假设下，持有证券和无风险资产之间的套利会使得证券的期望回报率等于其无风险利率，即

$$r = \frac{E_t p_{t+1} - p_t}{p_t} + \frac{d_t}{p_t}$$

整理后可得到关于资本价格的一阶随机差分方程：

$$p_t = \alpha E_t p_{t+1} + \alpha d_t, \quad \alpha \equiv \frac{1}{1+r} < 1$$

(4) 宏观货币模型：Cagan 模型

Cagan 模型是宏观经济学中一个著名的模型，常被用来解释超级通胀问题。其核心观点是货币需求与期望的通胀负相关，即期望的通胀越大，实际货币余额需求越少：

$$\frac{M_t^d}{P_t} = \exp\left(-\alpha \pi_{t+1}^e\right) = \exp\left(-\alpha \frac{E_t P_{t+1} - P_t}{P_t}\right) \tag{1.3.32}$$

其中，$\pi_{t+1}^e \equiv \dfrac{E_t P_{t+1} - P_t}{P_t}$ 表示期望的通胀；M_t^d 表示货币需求；$\alpha > 0$ 为参数。考虑均衡状态，货币需求 M_t^d 等于货币供给 M_t^s，即

$$M_t^d = M_t^s = M_t$$

因此

$$\frac{M_t}{P_t} = \exp\left(-\alpha \frac{E_t P_{t+1} - P_t}{P_t}\right)$$

依据数学分析或高等数学中的经典结论：当 x 很小时，有 $\log(1+x) \approx x$ 或 $e^x \approx 1+x$；若用小写字母表示大写字母的对数，则上述等式可写为关于 (对数) 价格的一阶随机差分方程：

$$p_t = \lambda E_t(p_{t+1}) + (1-\lambda)m_t, \lambda \equiv \frac{\alpha}{1+\alpha} < 1$$

在上述 4 个例子中，可看到其最终的方程都可以归结为如下形式的 SDE：

$$y_t = \alpha E_t(y_{t+1}) + \beta x_t \tag{1.3.33}$$

其中，x_t 为非零项或随机项，$\alpha, \beta \neq 0$。在第一个例子中，$\alpha=1$，后 3 个例子中，其前导项 (lead) 系数都满足：$0 < \alpha < 1$。通常情况下，y_t 被称为前向变量 (Forward-looking)，这类变量大都给定终止条件：

$$\lim_{t \to \infty} |y_t| < \infty$$

也就是说，由未来的状态决定当前的行为，从而存在均衡解或稳定解，即施加了稳定性约束 (Stationarity)。这个终止条件非常类似于动态优化理论中的遍历性条件 (Transversality Condition)，从这个意义上讲，施加遍历性条件，其实就是施加了存在稳定解的条件。

(5) 二阶随机差分方程

在本书"**7.1.2 基于福利损失的最优货币政策**"一节中，考虑带有成本推动型冲击 u_t 时，规则承诺下的最优货币政策为价格的二阶随机差分方程：

$$p_t = \alpha p_{t-1} + \alpha\beta E_t p_{t+1} + u_t, \quad 0 < \beta < 1, \quad \alpha \equiv \frac{\omega}{\omega(1+\beta) + \kappa^2}, \omega, \kappa > 0 \tag{1.3.34}$$

此为式 (7.1.54) 的推广形式。其中 p_t 为 (对数) 价格水平。此式说明，当期最优的价格水平不仅是上一期价格水平，也是预期价格水平的函数。其中外生冲击 u_t 满足 AR(1) 过程：

$$u_t = \rho_u u_{t-1} + \epsilon_t^u \tag{1.3.35}$$

假设外生冲击 u_t 满足 AR(1) 过程对于求解价格水平的解析解较为重要。

(6) 二元一阶常系数非齐次差分方程组

考察带有价格黏性的新凯恩斯三方程模型[①]：

$$x_t = E_t x_{t+1} - \frac{1}{\sigma}\left(R_t - E_t \pi_{t+1} - \rho\right) + \epsilon_t \tag{1.3.36}$$

$$\pi_t = \beta E_t \pi_{t+1} + \kappa x_t + u_t \tag{1.3.37}$$

$$R_t = \rho + \phi_\pi \pi_t \tag{1.3.38}$$

其中，ϵ_t，u_t 分别为外生需求冲击和供给冲击（成本推动型冲击）；x_t，π_t 分别为产出缺口和通胀；R_t 表示名义利率；σ、ρ、κ、$\beta > 0$ 均为参数。将名义利率变量消去，即可得到关于 x_t，π_t 的二元一阶常系数非齐次随机差分方程组：

$$\begin{cases} x_t = E_t x_{t+1} - \dfrac{1}{\sigma}\left(\pi_t - E_t \pi_{t+1}\right) + \epsilon_t \\ \pi_t = \beta E_t \pi_{t+1} + \kappa x_t + u_t \end{cases} \tag{1.3.39}$$

3. 求解方法

对于常系数差分方程，无论是确定性还是随机差分方程，一般都可以使用迭代法或待定系数法求解。

(1) 一阶差分方程

在上述 4 个例子中，除第一个例子外，其他 3 个例子中前导变量 (lead) 的系数均小于 1。因此，此处主要考虑 (1.3.33) 中当 $|\alpha| < 1$ 时的情形。当 $|\alpha| < 1$ 时，(1.3.33) 可使用后向迭代算法进行求解：

$$\begin{aligned} y_t &= \alpha E_t \left(E_{t+1}\left(\alpha y_{t+2} + \beta x_{t+1}\right)\right) + \beta x_t \\ &= \underbrace{\alpha\beta E_t\left(x_{t+1}\right) + \beta x_t + \alpha^2 E_t\left(y_{t+2}\right)}_{\text{迭代期望律, Law of Iterated Expectation}} \\ &= \cdots \\ &= \beta \lim_{T\to\infty}\sum_{i=0}^{T}\alpha^i E_t\left(x_{t+i}\right) + \lim_{T\to\infty}\alpha^{T+1}E_t\left(y_{t+T+1}\right) \\ &= \underbrace{\beta\sum_{i=0}^{\infty}\alpha^i E_t\left(x_{t+i}\right)}_{\text{遍历性条件}} \end{aligned} \tag{1.3.40}$$

---

① 具体请参考本书"**4.2.7 '三方程'新凯恩斯模型**"一节的介绍。

式 (1.3.40) 中最后一个等号使用了终值约束条件。下面来看一个简单的例子，一阶非齐次随机差分方程：

$$y_t = \alpha E_t y_{t+1} + \beta x_t$$
$$x_t = \rho x_{t-1} + (1-\rho)\overline{x} + \epsilon_t$$

其中，$\alpha = 0.5, \beta = 2, \rho = 0.8, \overline{x} = 3$，$\epsilon_t$ 为独立同分布的白噪声 (White Noise) 过程，并假设 x_t 的初始值为 2。使用上述后向算法，经过简单的迭代，可得到

$$y_t = \frac{\beta}{1-\alpha\rho}x_t + \frac{\alpha\beta(1-\rho)}{(1-\alpha)(1-\alpha\rho)}\overline{x} \tag{1.3.41}$$

上述求解也可使用待定系数法来求出，假定 $y_t = c_1 x_t + c_0$，然后代入即可求出式 (1.3.41)。使用上述的参数赋值，并对式 (1.3.41) 在 Matlab 中编程[①]，可得到不确定性和确定性条件下 y_t 的轨迹图 [后向求解 100 期，由式 (1.3.41) 确定] 分别如图 1.11，图 1.12 所示。确定性条件下是指 x_t 中不存在白噪声过程，而不确定性是指 x_t 中存在白噪声过程。从图 1.11 中可以看到，y_t 围绕其均值 12 上下波动，而且从 y_t 的解析形式来看，白噪声被立即反映出来。

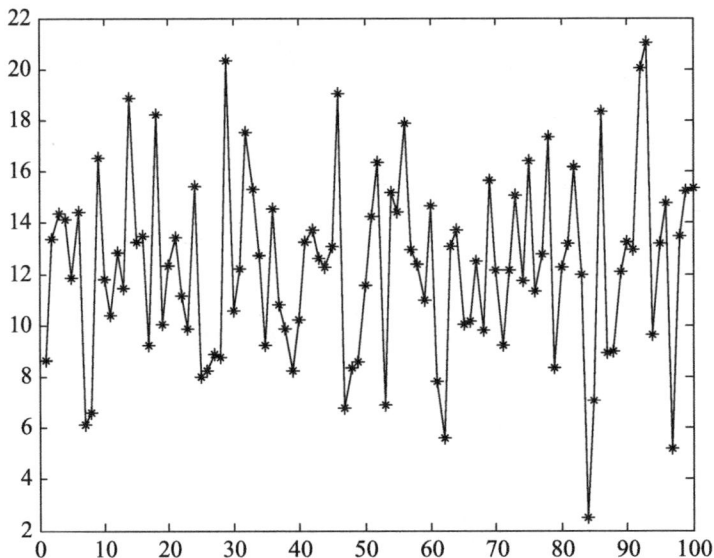

图 1.11　不确定性的情况下 y_t 的轨迹

从图 1.12 可看到，y_t 在经过短暂的上升后，一直稳定在其均值附近。如果将 x_t 的初始值设定为 3，即和 $\overline{x}$ 相同，可以发现 y_t 将一直处于其均值上，不发生变化。

① 请直接运行 stochastic_diff_equ.m，即可得到上述两个图形。

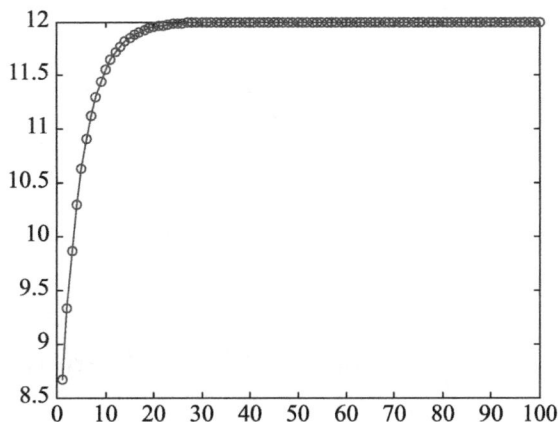

图 1.12   确定性情况下 y_t 的轨迹

(2) 二阶差分方程

二阶差分方程的求解可同样使用待定系数法。以上述二阶随机差分方程 (1.3.34) 为例。假设其解可用如下形式的 AR(1) 过程表示：

$$p_t = \lambda p_{t-1} + \sigma u_t \tag{1.3.42}$$

其中，λ, σ 为待定系数。由 (1.3.42) 并注意到 u_t 服从 AR(1) 过程，容易得到：

$$E_t p_{t+1} = \lambda^2 p_{t-1} + \sigma (\lambda + \rho_u) u_t \tag{1.3.43}$$

然后将上述两式同时代入 (1.3.34) 中，可得关于 λ、σ 的二元二次方程组：

$$\alpha\beta\lambda^2 - \lambda + \alpha = 0 \tag{1.3.44}$$

$$\sigma = \frac{\alpha}{1 - \alpha\beta(\lambda + \rho_u)} \tag{1.3.45}$$

其中，α、β、ρ_u 均为已知参数。(1.3.44) 的两个根为

$$\lambda_{1,2} \equiv \frac{1 \pm \sqrt{1 - 4\alpha^2\beta}}{2\alpha\beta} \tag{1.3.46}$$

很显然两根之积、两根之和为

$$\lambda_1 + \lambda_2 = \frac{1}{\alpha\beta} > 1, \quad \lambda_1\lambda_2 = \frac{1}{\beta} > 1 \tag{1.3.47}$$

由 (1.3.34) 可知 $\alpha < \frac{1}{1+\beta}$，因此容易验证：

$$\lambda_2 \equiv \frac{1 + \sqrt{1 - 4\alpha^2\beta}}{2\alpha\beta} > \frac{1}{\beta} > 1 \tag{1.3.48}$$

因此另外一根必然小于 1，即

$$\lambda = \lambda_1 \equiv \frac{1 - \sqrt{1 - 4\alpha^2\beta}}{2\alpha\beta} < 1 \tag{1.3.49}$$

取稳定解，容易得到

$$\sigma = \frac{\lambda}{1 - \lambda\beta\rho_u} \tag{1.3.50}$$

因此最终将解写为

$$p_t = \lambda p_{t-1} + \frac{\lambda}{1 - \lambda\beta\rho_u}u_t, \lambda \equiv \frac{1 - \sqrt{1 - 4\alpha^2\beta}}{2\alpha\beta} \in (0,1) \tag{1.3.51}$$

(3) 两元一阶差分方程组

两元一阶差分方程组也可以使用待定系数法来求解，以 (1.3.39) 为例。为了简化求解，此处假设外生冲击为独立同分布、互不相关的外生冲击，且产出缺口和通胀为外生冲击的线性函数。假设解具有如下形式：

$$\begin{cases} x_t = \lambda_1\epsilon_t + \lambda_2 u_t \\ \pi_t = \gamma_1\epsilon_t + \gamma_2 u_t \end{cases} \tag{1.3.52}$$

其中，λ_1、λ_2、γ_1、γ_2 为待定参数。通过简单的代数运算可得其解如下：

$$\begin{cases} x_t = \frac{\sigma}{\sigma + \kappa\phi_\pi}\epsilon_t - \frac{\phi_\pi}{\sigma + \kappa\phi_\pi}u_t \\ \pi_t = \frac{\kappa\sigma}{\sigma + \kappa\phi_\pi}\epsilon_t + \frac{\sigma}{\sigma + \kappa\phi_\pi}u_t \end{cases} \tag{1.3.53}$$

1.3.4　HP滤波的基本逻辑

数据处理在 DSGE 模型的估计以及后续分析中非常重要，特别是宏观经济数据尤其如此。从 DSGE 模型变量的构建和书写来看，大都将变量写为离差形式，即变量对其长期均衡值的偏离。严格地说，这些离差形式的变量都要求服从均值为零的协方差平稳随机过程 (Covariance Stationary Stochastic Process，CSSP)。因此，在寻求模型变量和观测统计数据之间的匹配时 (Take model to Data)，一般要求数据也是平稳的。

一般说来，时间序列数据大都含有某种趋势以及围绕这种趋势的某种波动。这种波动反映了经济波动的事实，具有 CSSP 性质，正是模型所需要的。从数据中去除趋势，提取波动成分则成为经济分析的一个重要基础工作[①]。因此，问题集中于如何去趋势。时间序列理论表明，不同的趋势特征需要使用不同的去趋势方法。当数据具有不变增长率的特征时 (线性趋势)，比如趋势平稳序列、差分平稳序列，可分别使用线性拟合和一阶差分的方法。当数据不具有线性增长趋势时，则需要考虑更复杂的处理方法。比如对于确定性的非线性趋势，可以考虑二次消除趋势处理 (Quadratic Detrending)，即使用二次多项式进行拟合；对于随机性的非线性趋势，可考虑使用诸如 HP 滤波、BP 滤波等滤波工具[②]。

本节将介绍 HP 滤波的基本逻辑及其 Matlab 实现。HP 滤波算法是由 Robert J. Hodrick & Edward C. Prescott 于 20 世纪 80 年代初在分析美国战后的经济景气时首先提出的[③]。后来 HP 滤波被广泛应用于对经济指标的分析中，其理论基础是时间序列的谱分析方法 (Spectral Analysis)，即将时间序列看作是不同频率成分的复合。从直观上讲，HP 滤波可从时间序列数据中抽出一条平滑曲线和一条波动曲线，即提取长期趋势 (趋势性成分，Secular Component 或随机性趋势，Stochastic Trend) 和中短期波动成分 (周期性成分，Cyclic Component)。因此，从这个意义上讲，可将 HP 滤波看作一个滤波器 (Filter)，能提取高频和低频成分。

简单地说，如果假设时间序列 $\{y_t\}$ 包含趋势项 $\{y_t^{Tr}\}$ 和波动项 $\{y_t^{C}\}$，即

$$y_t = y_t^{Tr} + y_t^{C}$$

那么 HP 滤波算法的功能就是从 $\{y_t\}$ 析出趋势项 $\{y_t^{Tr}\}$，因而也就析出了波动项 $\{y_t^{C}\}$。对于某个给定的有限长时间序列 $\{y_t\}_{t=1}^{T}$，HP 滤波的基本想法是找到一个趋势序列 (Trend)$\{y_t\}_{t=1}^{T}$，以最小化如下的目标函数：

$$\min_{g_t} V_T \equiv \sum_{t=1}^{T}(y_t - g_t)^2 + \lambda \sum_{t=2}^{T-1}\left[(g_{t+1} - g_t) - (g_t - g_{t-1})\right]^2, \lambda \geqslant 0 \qquad (1.3.54)$$

目标函数中第一项是对波动项的考量，第二项则是对趋势项 "平滑程度" 的考量，参数 λ 用以调节两者的权重，被称为平滑参数。首先来关注参数 λ 的取值对结果的影响。

---

① 这并不意味着去趋势一定能够获取平稳的波动成分。但这往往是必要的，特别是对于那些波动位于 6~40 个季度的数据。

② 滤波 (Filter) 本质上是一种统计算法，其假定数据是由不同频率的成分组成 (注意，线性趋势的波动频率为零)。HP 滤波用来消除低频波动，BP 滤波能够消除指定频率以外的所有波动成分，而季度滤波 (Seasonal Filter) 则用来消除高频波动 (Seansonality)。注意，趋势和波动相比，趋势的频率更低。

③ 该文最早出现于 1980 年，University of Warwick, Discussion Paper No.451. 后正式于 1997 年由 JMCB 杂志重印了这个未正式出版的 discussion paper，1981.5 修改版。Hodrick R. J., Prescott E. C. Postwar U.S. *Business Cycles: An Empirical Investigation*[J]. Journal of Money Credit & Banking, 1997(1):1-16.

如果当 $\lambda=0$ 时，很显然 $g_t=y_t$，$t=1,2,\cdots,T$ 是唯一解，即趋势项即为序列本身。

如果当 $\lambda \to \infty$ 时，此时序列的趋势项为线性时间趋势，即 $g_t=\alpha t$，其中 α 是常数。事实上，当 $\lambda \to \infty$ 时，如果对某个时间 t，$(g_{t+1}-g_t)-(g_t-g_{t-1}) \neq 0$，此时目标函数的取值将趋于无穷大 ∞，无法实现最小化。因此对任意时间 t，$(g_{t+1}-g_t)-(g_t-g_{t-1})=0$，即 $g_{t+1}-g_t=g_t-g_{t-1}$。也就是说，每期趋势项的变化相同，因此不妨假设 $\alpha=g_t-g_{t-1}$，$g_0=0$，即可得到趋势项为线性时间趋势。

如果当 $0<\lambda<\infty$ 时，此时需要对目标函数关于变量 g_t，$t=1,\cdots,T$ 求一阶偏导，总共有 T 个一阶条件，然后求解 T 元线性方程组即可。

首先将目标函数 V_T 的前 3 期展开：

$$\begin{aligned} V_T &= (y_1-g_1)^2+\lambda(g_3-2g_2+g_1)^2 \\ &+(y_2-g_2)^2+\lambda(g_4-2g_3+g_2)^2 \\ &+(y_3-g_3)^2+\lambda(g_5-2g_4+g_3)^2 \\ &\cdots \end{aligned}$$

容易求得关于 g_1、g_2、g_3 的一阶条件：

$$\frac{\partial V_T}{\partial g_1}=0 \Leftrightarrow y_1=(1+\lambda)g_1-2\lambda g_2+\lambda g_3$$

$$\frac{\partial V_T}{\partial g_2}=0 \Leftrightarrow y_2=-2\lambda g_1+(1+5\lambda)g_2-4\lambda g_3+\lambda g_4$$

$$\frac{\partial V_T}{\partial g_3}=0 \Leftrightarrow y_3=\lambda g_1-4\lambda g_2+(1+6\lambda)g_3-4\lambda g_4+\lambda g_5$$

特别地，对于 $t=3,4,\cdots,T-2$，有

$$\frac{\partial V_T}{\partial g_t}=0 \Leftrightarrow y_t=\lambda g_{t-2}-4\lambda g_{t-1}+(1+6\lambda)g_t-4\lambda g_{t+1}+\lambda g_{t+2}$$

然后将目标函数 V_T 的后 2 期展开，求出关于 g_{T-1},g_T 的一阶条件：

$$\begin{aligned} V_T &= \cdots \\ &+(y_{T-2}-g_{T-2})^2+\lambda(g_{T-1}-2g_{T-2}+g_{T-3})^2 \\ &+(y_{T-1}-g_{T-1})^2+\lambda(g_T-2g_{T-1}+g_{T-2})^2 \\ &+(y_T-g_T)^2 \end{aligned}$$

容易求出：

$$\frac{\partial V_T}{\partial g_{T-1}} = 0 \Leftrightarrow y_{T-1} = \lambda g_{T-3} - 4\lambda g_{T-2} + (1+5\lambda)g_{T-1} - 2\lambda g_T$$

$$\frac{\partial V_T}{\partial g_T} = 0 \Leftrightarrow y_T = \lambda g_{T-2} - 2\lambda g_{T-1} + (1+\lambda)g_T$$

为了方便求解线性方程组，定义如下的向量和矩阵：

$$Y_T \equiv \begin{pmatrix} y_1 \\ y_2 \\ \vdots \\ y_{T-1} \\ y_T \end{pmatrix}, G_T \equiv \begin{pmatrix} g_1 \\ g_2 \\ \vdots \\ g_{T-1} \\ g_T \end{pmatrix}, \Lambda \equiv \begin{pmatrix} 1+\lambda & -2\lambda & \lambda & 0 & \cdots & \cdots & \cdots & 0 \\ -2\lambda & 1+5\lambda & -4\lambda & \lambda & 0 & \cdots & \cdots & 0 \\ \lambda & -4\lambda & 1+6\lambda & -4\lambda & \lambda & 0 & \cdots & 0 \\ 0 & \ddots & \ddots & \ddots & \ddots & & & 0 \\ \vdots & \ddots & \ddots & \ddots & \ddots & \ddots & & \vdots \\ \vdots & \vdots & \ddots & \ddots & \ddots & \ddots & \ddots & 0 \\ 0 & \vdots & & \lambda & -4\lambda & 1+6\lambda & -4\lambda & \lambda \\ 0 & \vdots & & & \lambda & -4\lambda & 1+5\lambda & -2\lambda \\ 0 & 0 & 0 & 0 & \cdots & \lambda & -2\lambda & 1+\lambda \end{pmatrix}$$

其中，Λ 为 $T \times T$ 对称矩阵 (Symmetric)，其各元素为参数 λ 的线性函数，即由一阶条件中各趋势变量的系数构成，此矩阵为 HP 滤波问题的核心。容易看出，当 $\lambda=0$ 时，Λ 为单位矩阵 (Identity Matrix)，此时 $Y_T = G_T$，即趋势项为数据序列本身，波动项为 0。由上述定义，T 个一阶条件可写成矩阵形式：

$$Y_T = \Lambda G_T$$

当矩阵 Λ 可逆时（一般情况下 Λ 是可逆的），即可求得解 $G_T = \Lambda^{-1} Y_T$，因此可以通过 Matlab 进行简单的循环编程加以实现。从上述分析中，可看出要实现 HP 滤波，其实非常简单：在数据准备好后，只要选择适当的 λ 值即可。一般说来，λ 取值应依据观测变量序列的取值频率确定。文献中大都使用如下的 λ 取值：年度数据为 $\lambda=100$，季度数据为 $\lambda=1\,600$，月度数据为 $\lambda=14\,400$[①]。此处亦然。

依据 (1.3.55)，HP 滤波可以由源代码 7 实现 (hp_filter.m)：

---

① 对于季度数据，文献基本认可由原作者提出的取值：$\lambda=1\,600$；尤其是年度数据的取值争论比较大，在此不再详述了。此处选取了 Eviews 软件的默认值 100，由 Backus, D. K. and P. J. Kehoe (1992). *International Evidence on the Historical Properties of Business Cycles*. American Economic Review 82 (4): 864-888 提出。

源代码7　　HP滤波的Matlab实现

```
function [ytrend,ycycle] = hp_filter(y,lambda)
%A SIMPLE code for implementing the HP filter
%Written By Xiangyang Li@UND
%y should be a column vector with T>=4 since the entries in LAMBDA is
hard coded.

%y should be a column vector or matrix with #rows>=4 , otherwise a error
%issued by Matlab will appear in Command window.
%number of rows
T= size(y,1);
if T<4
    error('rows of series must great than 3');
end
%initialization of the Coefficient Matrix
mLAMBDA = zeros(T,T);

%the first 2 and last 2 rows of LAMBDA IS HARD CODED.
mLAMBDA(1,1) = 1+lambda;    mLAMBDA(1,2) = -2*lambda;
mLAMBDA(1,3) = lambda;

mLAMBDA(2,1) = -2*lambda;   mLAMBDA(2,2) = 1+ 5*lambda;
mLAMBDA(2,3) = -4*lambda;   mLAMBDA(2,4) = lambda;

for ii = 3:T-2
    mLAMBDA(ii,ii) = 1 + 6*lambda;    mLAMBDA(ii,ii+1) = -4*lambda;
    mLAMBDA(ii,ii+2) = lambda;        mLAMBDA(ii,ii-1) = -4*lambda;
    mLAMBDA(ii,ii-2) = lambda;
end

mLAMBDA(T,T) = 1 + lambda;            mLAMBDA(T,T-1) = -2*lambda;
mLAMBDA(T,T-2) = lambda;              mLAMBDA(T-1,T) = -2*lambda;
mLAMBDA(T-1,T-1) = 1 + 5*lambda;  mLAMBDA(T-1,T-2) = -4*lambda;
mLAMBDA(T-1,T-3) = lambda;

ytrend = mLAMBDA\y;

ycycle = y - ytrend;
```

该代码定义了 hp_filter 函数，有两个输入参数：时间序列数据 (y) 和平滑参数 λ，两个输出参数：HP 趋势项 (ytrend) 和波动项 (ycycle)[①]，该函数可反复使用。注意此处对矩

---

① 感兴趣的读者，可以进一步验证该代码的正确性。首先选取一段时间序列数据，比如 GDP 数据；然后根据数据频率选取适当的 lambda 值，在 Eviews 软件中进行 HP 滤波处理，并同时使用此处的 hp_filter 函数进行滤波处理，然后比较所得结果是否完全一致。

阵 Λ(mLAMBDA) 的编程是整个函数的核心内容，前两行和后两行的元素都直接加以赋值 (Hardcoded)，中间行的元素则通过 for 循环的方法，动态赋值。因此，这要求时间序列数据的长度不能小于 4 期，否则会报错。

值得指出的是，HP 滤波的结果不仅依赖于平滑参数 λ 的选择，而且也依赖于时间序列的长度 T。不同的平滑参数值和不同长度的序列，都会导致不同的 HP 滤波结果，这一点在上述分析和编程中已能够清楚地看到。关于去趋势 (Detrending) 的更多文献，可参考 Canova(1998, *JME*)，这是一篇非常不错的综述性文章，发在《货币经济学》(*Journal of Monetary Economics, JME*) 上，值得一读。

参 考 文 献

[1] Andreasen M. M., Fernández -Villaverde J., Rubio-Ramírez J. F. *The Pruned State-Space System for Non-Linear DSGE Models: Theory and Empirical Applications*[J]. NBER Working Papers 18983,2013.

[2] Aruoba S. B., Fernández-Villaverde J., Rubio-Ramírez J. F. *Comparing Solution Methods for Dynamic Equilibrium Economies*[J]. Journal of Economic Dynamics and Control,2006,30(12):2477-2508.

[3] Blanchard O. J., Kahn C. M. *The Solution of Linear Difference Models Under Rational Expectations*[J]. Econometrica,19810,48(5):1305-1311.

[4] Calvo G. A. *Staggered Prices in a Utility-Maximizing Framework*[J]. Journal of Monetary Economics,1983,12(3):383-398.

[5] Canova F.*Detrending and Business Cycle Facts*[J]. Journal of Monetary Economics,1998,41(3):533-540.

[6] Coeurdacier N., Rey H., Winant P.*The Risky Steady State*[J]. American Economic Review,2011,101(3):398-401.

[7] Collard F., Juillard M.*Perturbation Methods for Rational Expectations Models*[J]. Manuscript, CEPREMAP,Paries, February,2001a.

[8] Collard F., Juillard M.*Accuracy of Stochastic Perturbation Methods: The Case of Asset Pricing Models*[J]. Journal of Economic Dynamics and Control,2001b,25(6–7):979-999.

[9] Fleming W. H.*Stochastic Control for Small Noise Intensities*[J].SIAM Journal of Control,1971,9(3):473-517.

[10] Greenwood J., Hercowitz Z., Huffman G. W.*Investment, Capacity Utilization, and the Real Business Cycle*[J]. American Economic Review,1988,78(3):402-417.

[11] Groot O. D.*Computing the Risky Steady State of DSGE Models*[J].Economics Letters,2013,120(3):566-569.

[12] Hansen G. D.(1985). *Indivisible Labor and the Business Cycle*[J]. Journal of Monetary Economics,1985,16(3):309-327.

[13] King R. G., Plosser C. I., Rebelo S. T.*Production, Growth and Business Cycles: II. New Directions*[J]. Journal of Monetary Economics,1988,21(2–3):309-341.

[14] Kydland F. E., Prescott E. C. *Time to Build and Aggregate Fluctuations*[J]. Econometrica,1982,50(6):1345-1370.

[15] McCandless G. *The ABCs of RBCs: An Introduction to Dynamic Macroeconomic Models*[M]. Harvard University Press,2008: 448.

[16] Paul K. *Using the Generalized Schur Form to Solve a Multivariate Linear Rational Expectations Model*[J]. Journal of Economic Dynamics and Control,2000,24(10):1405-1423.

[17] Schmitt-Grohé S., Uribe M. *Solving Dynamic General Equilibrium Models Using a Second-Order Approximation to the Policy Function*[J]. Journal of Economic Dynamics and Control,2004,28(4):755-775.

[18] Sims C. A.*Solving Linear Rational Expectations Models.*[J]. Computational Economics,2002,31(2):95-113.

[19] Sims E. R. *News, Non-Invertibility, and Structural VARs*[M].Balke N., Canova F., Milani F., Wynne M. A. DSGE Models in Macroeconomics: Estimation, Evaluation, and New Developments (Advances in Econometrics). Emerald Group Publishing Limited[D], 2012:81-135.

[20] Uhlig H. *A Toolkit for Analyzing Nonlinear Dynamic Stochastic Models Easily* [D]. CentER, University of Tilburg, and CEPR, Unpublished Manuscript,1999.

[21] 姚斌 . 基于福利分析的人民币汇率制度选择研究 [D]. 上海：复旦大学经济学院国际金融系，2007.

2

初识 Dynare

Dynare 是 Matlab 的一个预处理器 (Pre-processor)，Dynare 的模型文件将被 Dynare 预处理成 Matlab 可识别的文件，通常为 m 文件，然后依靠 Matlab 求解和运行，输出最终计算的数值结果和图形结果[①]。

Dynare 能够求解一类广泛的宏观经济学模型，如 DSGE 模型和 OLG 模型，而且不管模型是否基于理性预期的假设。也就是说，Dynare 能够处理非理性预期假设的模型。此外，Dynare 能够在一定程度上解决异质性、变量非平稳等问题，但对于复杂的异质性模型的求解几乎无能为力。

Dynare 的编程语言比较简单易懂，初学者一旦掌握，能够在很短的时间内完成一个中等规模 DSGE 模型的编程和求解。在 Dynare 中，通过使用简单的命令，就能完成极其复杂的计算任务，从而大大减轻研究者的负担。Dynare 在编写的过程中，大量运用了文献中经典的数值求解和近似算法，例如：多元非线性求解、优化算法和矩阵分解，以及许多经典的统计算法如卡曼滤波、粒子滤波、贝叶斯估计中的 MCMC 算法，等等。

Dynare 主要由法国的经济研究与应用中心 (CEPREMAP) 的核心团队成员在业余时间内开发完成的，而且研究团队和合作伙伴[②]在不断扩大，从而保证了 Dynare 更新和完善，及时将经典文献写入 Dynare。也正因此，成就了 Dynare 功能的强大，以及用户基础日益扩大，成为宏观经济研究中一个不可多得的免费工具软件。

2.1　安装 Dynare

Dynare 提供了多种操作系统下的安装软件包 (Packages)，包括 Windows，MacOS 和两种 GNU/Linux 操作系统。下面仅仅针对 Windows 操作系统讲述如何安装 Dynare，其

---

① 本书仅仅考虑 Matlab 软件，未考虑 Octave 软件。

② Dynare 项目的资金来源主要是 CEPREMAP、法国央行（Banque de France）和 DSGE-net。

他操作系统的安装请参考 Dynare 官网。

2.1.1　安装环境

以版本 4.5.0 为例，Dynare 支持 Windows XP/Vista/7/8 以及 Matlab 7.3/R2006b (或以后版本) 或 Octave (4.2.1)。其中 Matlab 和 Octave 软件选择其一。Octave 是一个类似于 Matlab 的免费 GNU 软件，语法大部分和 Matlab 兼容，因此可粗略地认为是 Matlab 的免费简化版本 [①]。因此，在 Matlab 不可获得的情况下，安装 Octave 是一个非常不错的选择。在 Windows 操作系统下，为了安装 Dynare，必须首先安装 Matlab 或 Octave，而且版本号必须达到上述要求。

2.1.2　下载安装

截至 2018 年 10 月，Dynare 最新版本为 4.5.6，提供了非常强大的功能。本书附属的源代码包中有 Dynare 历史版本的拷贝。

首先去 Dynare 的官方网站 (http://www.dynare.org) 下载最新版本的安装包。此处以 4.5.0 版本为例。Windows 下的安装包已经打包成 exe 可执行文件：dynare-4.5.0-win.exe，大约为 15MB，双击即可执行安装。图 2.1 为 Dynare 安装组件选择界面。

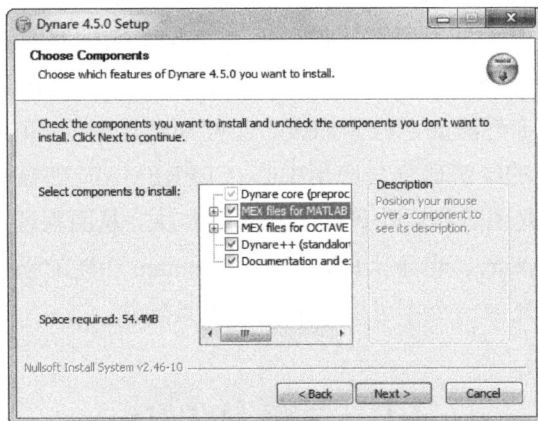

图 2.1　Dynare 安装组件选择界面

在选择组件的界面，Dynare 提供了 5 个组件：第一个是 Dynare 的核心，包括预处理器和重要的 Matlab 文件，为必选组件，对应安装目录下的 matlab 文件夹，包含核心

---

① 　https://www.gnu.org/software/octave/. Octave 作为 GNU 计划的一部分，能够实现 Dynare 的几乎全部功能。

m 文件和以 exe 形式存在的预处理器；第二个是 Matlab 的 MEX 文件 [①]，可根据 Matlab 的版本 (包括 32 位和 64 位，其中 32 位的版本包括 R2007b-R2015b，64 位的版本包括 R2007b-R2017a) 选择需要的 MEX 文件；第三个是 Octave 的 MEX 文件，如果选择了 Matlab 的 MEX 文件，即可取消此选项；第四个是 Dynare++，这是一个由 C++ 语言编写的、可独立运行的简化版的 Dynare [②]，专门用于求解 DSGE 的高阶近似解，感兴趣的读者可查看安装目录下的帮助文档；第五个是文档和例子 (包括 Dynare 和 Dynare++)，这个选项非常重要，强烈建议安装。如果勾选此项，会在安装目录下多出 doc 目录和 examples 目录。在 doc 目录下，会有当前版本的全套帮助文档，包括参考手册 Dynare Reference Manual，既有 PDF 版本，也有 html 版本、入门帮助 (UserGuide.pdf) 以及宏处理、预编译器等相关 PDF 帮助文档。

接下来，选择安装路径，如图 2.2 所示。这里有两点要注意：第一，Dynare 会自动创建安装路径，最后一层目录通常是版本号，建议大家不要更改此版本号；第二，如果更改安装路径，请避免在安装路径中出现中文字符，否则可能出现意想不到的问题。

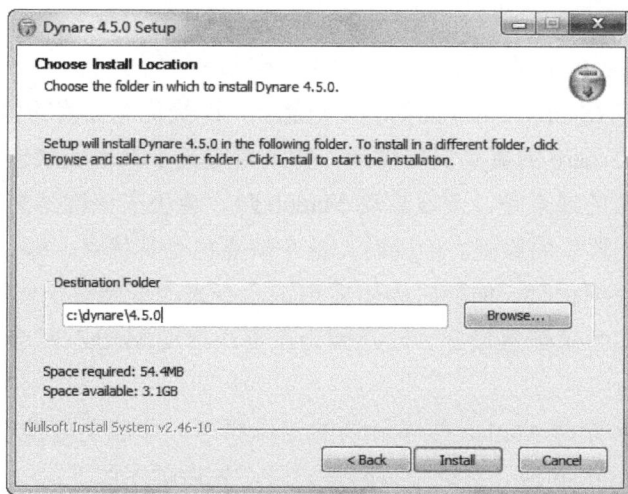

图 2.2　选择安装路径

选择好安装路径后，单击安装，等待文件抽取完毕即可完成 Dynare 安装。Dynare 安装完成后，必须要在 Matlab 或 Octave 中进行简单的配置，才能真正开始使用 Dynare。

---

① Mex 是 Matlab 与 Executable 的缩写，一般是由 C 或 Fortan 编写的外部程序，经 Matlab 编译后形成的二进制文件，能为 Matlab 自动装载并执行。这样做的好处是代码复用，提高效率。

② 其运行方式、mod 文件的语法等都和标准的 mod 文件有区别。Dynare++ 是一个独立的 exe 文件。

2.2 配置 Dynare

Dynare 的安装实际上只是把 Dynare 的基本组件拷贝到硬盘目录中，而真正的运行环境 Matlab 或 Octave 对其一无所知，因此必须告诉 Matlab 或 Octave，Dynare 软件的具体位置和必要的文件路径，以便 Matlab 或 Octave 搜寻，这称之为"配置 Dynare"。只有配置完成后，才能真正开始 Dynare 的使用。配置 Dynare 并不复杂，分为两种方法：单次配置与永久配置。此处以 Matlab 为例。

2.2.1 单次配置

单次配置是指在 Matlab 的命令行窗口 (Command Prompt) 直接输入诸如源代码 8 中的命令。

源代码8　单次配置

```
addpath c:\dynare\4.x.y\matlab
addpath c:\dynare\4.5.0\matlab
```

此处使用 Matlab 内置命令 addpath，将指定目录 "c:\dynare\4.5.0\matlab" 添加到 Matlab 搜寻路径列表 (Search Path) 的第一个位置[1]，即最优先寻找的位置[2]。注意，"c:\dynare\4.5.0" 应为 Dynare 的真实安装目录。如果自定义了其他安装位置，请修改为正确的安装路径。这样做的缺点是，下次启动 Matlab 时，会丢失该次添加的目录，这也是为什么称之为"单次配置"的原因。但同时，这个缺点也是其优点，即 addpath 命令具有灵活性。也就是说，在编程时，能随时因需要用该命令来改变当前工作的 Dynare 版本[3]，而无须担心改变原有目录配置设定。这是因为在下次启动 Matlab 时会自动恢复原有目录配置设定。

这里需要进一步解释 Matlab 搜寻目录的工作原理，才能更好地理解 Dynare 多版本管理的机制。假设 Matlab 搜寻目录中有两条记录，先后顺序如下：

```
c:\dynare\4.4.3\matlab
c:\dynare\4.5.0\matlab
```

如果调用 Dynare 中的相关命令，比如主命令 dynare，那么 Matlab 优先从第一个路

[1]　搜索路径列表除了在"设置路径"对话框中显示，还可以通过命令 PATHDEF 来查看。
[2]　在搜寻路径列表中，位置靠前，就意味着具有被优先搜寻到的机会。
[3]　多版本需求经常碰到，特别是不同版本下编写的 mod 文件，可能会出现兼容性问题，因此运行某些别人或以前编写的模型文件时，很可能需要用到特定版本的 Dynare 软件包。

径中寻找该命令，即使用 4.4.3 版本的 Dynare，而非 4.5.0 版本。只有在第一条路径不正确或所要搜寻的命令不能在第一条路径中找到的情况下，才从第二条路径中寻找，依次类推。因此，直观上讲，哪个版本的路径在列表中靠前，就优先使用哪个版本。

2.2.2　永久配置

所谓永久配置，是相对于单次配置而言，一旦配置成功，就无须再次配置。如图 2.3 所示为 Matlab 设置搜寻路径对话框。

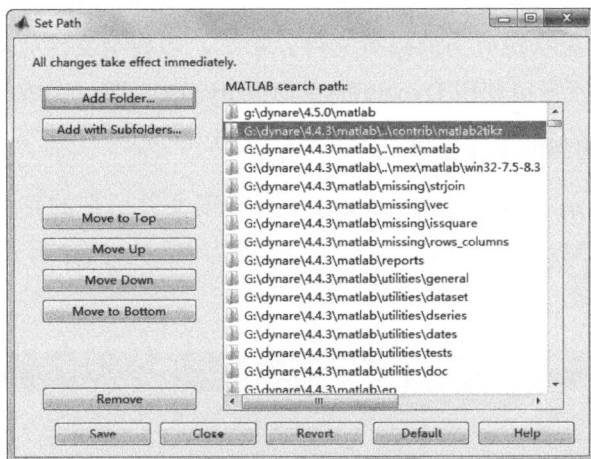

图 2.3　Matlab 设置搜寻路径对话框

永久性配置设定最简单的办法是通过 Matlab 的对话框来设置。以 Matlab R2012b 为例，在 "Home" 选项卡中找到 "Set Path" 按钮，单击打开 "设置路径" 对话框 ①。单击添加目录 "Add Folder..." 按钮，定位到 Dynare 已安装目录，假设为 "G:\dynare\4.5.0"，选择该文件夹，单击保存 "Save" 按钮并关闭，这样就完成了永久配置 Dynare 的任务。即使 Matlab 重新启动，该设定仍然有效，即仍然保证使用 "G:\dynare\4.5.0" 路径下的 Dynare 命令，而非其他路径或版本的命令。

此外，可以使用 Matlab 的内置命令 "path"，即在命令行窗口中输入 "path" 命令来查看当前 Matlab 的搜寻目录，或者可使用 "Set Path" 对话框。Matlab 的 "Set Path" 对话框可以方便地管理当前搜寻目录列表，即移动或删除某条路径，设置完毕后保存并退出即可。

---

① 　也可以直接在命令行窗口中直接输入 "pathtool" 命令，打开 "设置路径" 对话框。

2.3　执行和编辑 Dynare 文件

2.3.1　执行 Mod 文件

在编写好 Dynare 的模型文件 (*.mod，也称之为 mod 文件) 之后，就可以开始使用 Dynare 编译和求解了，称之为执行模型文件。

执行模型文件非常简单，只需两个简单的步骤：第一，首先确认 Matlab 当前工作目录 (Working Directory) 为该模型文件所在目录，这是执行模型文件的第一步，否则 Dynare 会编译报错，无法找到当前模型文件。第二，当模型文件无语法错误和运行时错误的情况下，在命令行窗口使用 Dynare 的主命令 dynare，即可完成执行。

1. 确认 Matlab 的当前工作目录

如果当前工作目录 (Working Directory) 不是模型文件所在的目录，则需要将模型文件所在的目录设置为 Matlab 当前工作目录[①]，如图 2.4 所示。方法有两种：一是单次设置；二是永久设置。

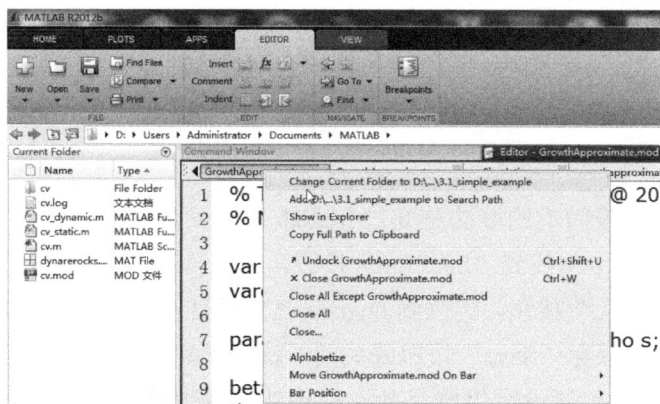

图 2.4　设置 mod 文件所在目录为 Matlab 当前工作目录

假设已编写好的一个模型文件：GrowthApproximate.mod，位于目录 "D:\ABCD\Sources\Chap3_Dynare_Basics\3.1_simple_example" 下，分别用以上两种方法操作如下。

方法一：单次设置。即下次重新启动 Matlab 后，需要重新设定，当前设定不被保存到下次启动。

---

① 　使用 Matlab 内置命令 pwd 来查看当前工作路径。

操作一：在命令行中直接使用 cd 命令，该方法需要准确输入路径名称，否则设置失败。cd 命令示例如下：

```
cd D:\ABCD\Sources\Chap3_Dynare_Basics\3.1_simple_example
```

操作二：使用鼠标操作，快捷方便。在编辑器 (Editor) 窗口，找到 "GrowthApproximate.mod" 文件对应的选项卡，右单击选项卡，选择 "将当前目录设置为……" (Change Current Folder to ...)，即可将当前模型文件所在的目录设置为当前目录。

方法二：永久设置。一次设置，会一直被保存下来，重启 Matlab 仍然有效，直到下次更改位置：使用 userpath 命令和 savepath 命令，具体语法如下：

```
userpath('D:\ABCD\Sources\Chap3_Dynare_Basics\3.1_simple_example')
savepath
```

使用 userpath 命令会改变 Matlab 的搜寻路径列表 (PATHDEF)，使得当前路径被添加到搜寻路径列表第一行的位置。

2. 使用主命令：dynare

在工作路径设置完毕后，可在命令行窗口直接输入 dynare 命令后跟文件名即可 (可省略 mod 后缀)。如果模型文件不存在语法错误和运行时错误，那么即可顺利执行。具体语法如下：

```
dynare GrowthApproximate.mod
dynare GrowthApproximate
```

关于 dynare 命令的选项和进一步说明，参见本书 **"3.5 Dynare 文件的预编译和运行原理"** 一节的内容。

2.3.2　编辑Mod文件

模型文件作为文本文件，可以在任何文本编辑器中编辑。推荐使用 Matlab 进行编辑，因为编辑完毕后，无须切换编辑平台即可立即执行和调试。在 Matlab 中编辑模型文件非常简单，只需要将当前目录切换到模型文件所在的目录，然后在当前目录 (Current Folder) 列表中双击该模型文件，或者在命令行窗口中输入 "edit filename.mod" 即可打开，进行各种编辑操作。

如果是新建模型文件，这里需要强调的是，Matlab 默认新建的是 m 文件。当保存或另存为时，在 "保存类型" 中选择 "所有文件 (*.*)"，在 "文件名称" 中输入文件名时，一定要加后缀 ".mod"。当保存不带后缀 (.mod) 的模型文件后，Dynare 编译此模型文件时会提示当前目录中无法找到该文件。也就是说，模型文件一定要有 ".mod" 作为后缀。

模型文件作为 Dynare 的源文件，虽然有自己的语法和关键字，但很遗憾的是，到目前为止，Matlab 尚未完全支持模型 (*.mod) 文件的语法标记[①]。而且 Dynare 官方或 Matlab 官方也未推出兼容 Dynare 模型文件的语法配置文件，使得在 Matlab 中编辑模型文件时，无法顺利实现全部智能语法标记和辅助编辑功能。但有一个替代的办法，能够使得 Matlab 部分支持模型文件的语法标记并继承着色方案，毕竟模型文件中的部分关键字来自于 Matlab。也就是说，通过简单的偏好设置，使得模型 (*.mod) 文件能够继承 m 文件 (*.m) 的着色方案以及智能输入或修改等功能。具体操作如下：单击 Preferences 按钮，打开对话框，找到 "Editor/Debugger" 下的 "Language" 选项，如图 2.5 所示。首先选择语言 MATLAB；然后添加扩展名 (File Extension)，"mod"，最后单击 OK 或 Apply 按钮后退出。关闭原来的模型文件，重新打开即可生效。

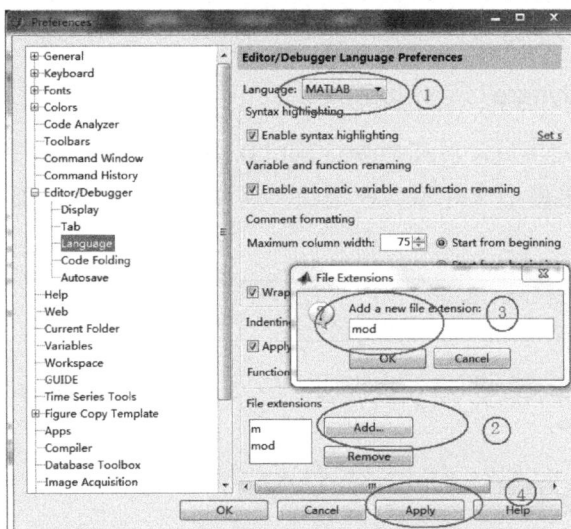

图 2.5 让 Matlab 部分支持模型文件的语法标记和智能修改功能

2.4 Dynare 多版本管理

Dynare 在不断完善和更新，版本号也不断变化，因此会面临安装多个 Dynare 版本

---

① 相对比，m 文件会有各种类型的语法标记，包括着色、错误和警告提醒、智能输入等辅助编辑功能，极大地提升编辑效率和感受。

的尴尬。默认情况下，在安装新版本的 Dynare 时，会自动创建一个以当前版本号为名称的文件夹，并在此文件夹下进行新版本安装，因此无须担心会覆盖以前的旧版本。图 2.6 显示了 4 个不同版本 Dynare 的安装目录示意图。

图 2.6　Dynare 的多版本管理

在某些情况下，老版本的某些功能可能会更加稳定或更符合使用习惯。某些运行于特定版本下的模型文件，即使安装了新版本也可能有使用老版本的需求。因此在使用时，如何在多版本之间进行切换呢？这个问题在本书"**2.2 配置 Dynare**"中已经涉及，答案非常简单，就是使用 addpath 命令将想要使用版本的 Dynare 的安装路径添加到搜寻路径列表即可 (具体参考源代码 8)。注意，addpath 命令既可在命令行窗口使用，也可在编程时写入代码中，随时灵活切换版本。

2.5　获取 DYNARE 帮助

及时、准确地获得 Dynare 的使用帮助，无论是对初学者还是熟练的使用者来说，都是非常重要的。获取 Dynare 的使用帮助有多种渠道。

2.5.1　官方帮助文档

查阅官方帮助文档是解决问题最重要、最便捷、最权威的途径。Dynare 的官方帮助文档较多。其最有用的要数参考手册 (Dynare Reference Manual)、用户入门帮助 (UserGuide. pdf)。其中 Dynare Reference Manual 既有在线版本[1]，也有本地版本。本地版本有 PDF 版本，也有 HTML 版本 (网页版)[2]。Dynare Reference Manual 以功能为主题进行介绍，内容涵

---

[1]　在线版本的地址为：http://www.dynare.org/manual/index_toc.html#SEC_Contents。
[2]　本地 Dynare Reference Manual 网页版的地址是：安装盘符 :\dynare\4.5.0\doc\dynare.html\index.html, 其中 4.5.0 是对应的版本号，请根据自己安装的版本替换。

盖各个功能，甚至包括各种算法背后对应的参考文献、命令与变量的索引目录等，查阅起来非常方便。此外，Dynare 在安装目录中也提供了不少的例子，可供学习使用。值得注意的是，查阅的文档版本号应和使用的 Dynare 版本号一致，这样能避免因版本号差异造成的各种问题。

此外，Dynare 提供了一个在线查看其 Matlab 所有源命令的工具：M2HTML(即将 m 文件转换为网页文件的工具)[1]。该工具提供了安装子目录 matlab 下所有文件的列表，以及这些源命令文件的代码和相互调用关系，对于理解源文件非常有帮助。

2.5.2　官方帮助论坛

Dynare 官方提供了一个在线论坛：Dynare Forum[2]，供全世界的用户使用。该论坛由 Dynare 项目核心开发团队的成员 Johannes Pfeifer 负责维护，回答用户提出的问题。因此，一般用户的使用问题，都能够及时在这里得到最权威的解答。在碰到棘手的问题时，建议大家首先选此论坛。

此外，Dynare 论坛中还提供了很多经典文献对应的 Dynare 模型文件，并不断更新，可供用户下载学习和使用，非常难得。

2.5.3　其他在线方式

首先推荐大家去知名学者的个人网站获取相关的学习资料和 Dynare 的模型文件代码。如：Dynare 二阶扰动算法的创始人之一 Stephanie Schmitt-Grohé[3]；三阶扰动算法的创始人之一 Jesús Fernández-Villaverde[4]；2011 年诺贝尔经济学奖获得者、理性预期的创始人 Thomas Sargent[5]；2011 年诺贝尔经济学奖获得者、VAR 理论的主要创始人 Sims Christopher[6] 等人的个人网站，都有大量的文献、源代码甚至视频资料可供下载学习使用。

Dynare 官方每年在不同的地方举办 Dynare 短期研讨班[7]，由核心开发成员讲解 Dynare 的使用，提供讲义、代码等资料，是不可多得的学习机会。

---

[1]　http://www.dynare.org/dynare-matlab-m2html/.

[2]　Dynare 论坛的地址为：https://forum.dynare.org/，应首先注册，然后才可以登录提问。

[3]　Stephanie Schmitt-Grohé 的个人网页：http://www.columbia.edu/~ss3501/。

[4]　Jesús Fernández-Villaverde 的个人网页：http://economics.sas.upenn.edu/~jesusfv/。

[5]　Thomas Sargent 的个人网页：http://www.tomsargent.com/。

[6]　Sims Christopher 的个人网页：http://www.princeton.edu/~sims/。

[7]　2013 年 11 月，Dynare 短期研讨班在上海财经大学经济学院举办，由 Dynare 核心团队成员 Michel Juillard 和 Sébastien Villemot 共同主讲。

国内著名的经济论坛 (如经管之家论坛) 活跃着一批研究 DSGE 模型的国内外学者和同人，提供了非常丰富的学习资料，并开设了 Dynare 的答疑专栏 ①。

此外，本书"**6.4 常见的 Dynare 运行错误**"一节也提供了部分运行错误的解释，可供参考。

最后，鼓励初学者在遇到错误或其他困难时，应该首先"自救"，即根据 Dynare 的错误反馈信息，自行查阅官方提供的 Dynare Reference Manual 和 UserGuide 或在线搜索，这应该是最快捷的解决方式。在自己经过查阅后仍然无法解决的问题，可通过在线方式进行提问或其他方式寻求立即的帮助。

---

① 答疑专栏地址：http://bbs.pinggu.org/forum.php?mod=forumdisplay&fid=114&filter=typeid&typeid=10943。

3

Dynare 基本应用

本章介绍 Dynare 软件的基本语法及其简单应用。通过本章的学习，读者应该能够对 Dynare 变量的分类、排序与书写规范、模型 (*.mod) 文件的基本结构、模型文件的预编译和运行原理、确定性和随机模拟的基本原理、Dynare 中贝叶斯估计的基本方法、Dynare 的解表示和结果表示等，有较为深入的认识，能够自行编写简单的 DSGE 模型的模型文件，并能读懂 Dynare 的输出结果，为进一步深入应用 Dynare 做好铺垫。

3.1 DSGE 模型: 一个简单的例子

本小节介绍一个简单的 RBC 模型 [①]，为后续章节做好铺垫，以示例"如何在 Dynare 中编写一个完整的模型文件"，熟悉 Dynare 的运行原理以及如何进行后续的各种分析。

一个代表性家庭选择消费 C_t 和劳动 L_t 来最大化其终身贴现效用:

$$\max_{\{C_t, L_t\}_{t=0}^{\infty}} E_0 \sum_{t=0}^{\infty} \beta^t \frac{(C_t^{\theta}(1-L_t)^{1-\theta})^{1-\tau}}{1-\tau} \tag{3.1.1}$$

其中，θ, τ 为参数; $1 > \beta > 0$ 为贴现因子; 即期效用函数关于消费和劳动不可分。最大化问题面临的资源约束为

$$C_t + I_t = \exp(Z_t) K_t^{\alpha} L_t^{1-\alpha} \tag{3.1.2}$$

其中，$0 < \alpha < 1$ 为产出的资本份额，I_t 为投资，资本存量 K_t 遵循经典的积累方程:

$$K_{t+1} = I_t + (1-\delta)K_t \tag{3.1.3}$$

其中，$0 < \delta < 1$ 为折旧率参数，外生冲击 Z_t 服从简单的 AR(1) 过程:

$$Z_t = \rho Z_{t-1} + s\epsilon_t, \quad \epsilon_t \sim N(0,1) \tag{3.1.4}$$

[①] 该例子来源于 Practicing Dynare，由包括 Thomas Sargent 在内的 6 位作者编写的 notes，2010.12.4，可在 Sargent 的个人网站上下载到: http://www.tomsargent.com/rational_expectations.html。

其中, $s > 0$ 为扰动参数, $0 < \rho < 1$ 为外生冲击持续性参数, 越接近于 1, 持续性越强。

效用最大化问题关于消费和劳动的一阶条件如下:

$$\frac{\left(C_t^{\theta}\left(1-L_t\right)^{1-\theta}\right)^{1-\tau}}{C_t} = \beta E_t\left(\frac{\left(C_{t+1}^{\theta}\left(1-L_{t+1}\right)^{1-\theta}\right)^{1-\tau}}{C_{t+1}}\left(1+\alpha\exp\left(Z_{t+1}\right)K_{t+1}^{\alpha-1}L_{t+1}^{1-\alpha}-\delta\right)\right) \quad (3.1.5)$$

$$\frac{1-\theta}{\theta}\frac{C_t}{1-L_t} = (1-\alpha)\exp\left(Z_t\right)K_t^{\alpha}L^{-\alpha} \quad (3.1.6)$$

因此, 模型的均衡由 4 个变量 $\{C_t, L_t, K_t, Z_t\}$ 和 4 个均衡条件 Euler 方程 (3.1.5)、劳动供给方程 (3.1.6)、资源约束方程 (3.1.2)[①] 和技术变量的 AR(1) 过程 (3.1.4) 组成。

3.2 Dynare 内生变量的分类和书写规范

3.2.1 Dynare 内生变量的分类

在 Dynare 中, 内生变量根据时间下标的不同被分为 4 类, 分别为静态 (Static) 变量、前向 (Purely Forward-looking) 变量、后向 (Purely Backward-looking, Pre-determined) 变量和混合 (Mixed) 变量, 如表 3.1 所示。

表 3.1 Dynare 内生变量的分类

内生变量类型	定 义	内生变量个数存储位置
静态变量	仅仅出现时间下标 t	M_. nstatic
前向变量	仅仅出现时间下标 t 和 $t+1$	M_. nfwrd
后向变量	仅仅出现时间下标 t 和 $t-1$	M_. npred
混合变量	同时出现时间下标 t, $t-1$ 和 $t+1$	M_. nboth

数据来源: 作者自行总结。

针对第 1 节的简单模型, 和上述变量类型的定义, 可对模型中的 4 个变量进行归类。首先是消费和劳动。两者都出现时间下标 t 和 $t+1$, 而且没有出现 $t-1$ 期下标, 因此属于前向变量。对于资本存量则比较特殊。由资本积累方程可知, 虽然资本存量出现了 $t+1$

---

① 资源约束方程中的投资变量可由资本积累方程替换, 因此可消去投资变量。同时也可以称之为资本积累方程。

期下标，但是资本存量是在 t 期末决定，属于预先决定的变量，因此应归为后向变量[①]。技术变量属于标准的后向变量。

当效用函数为消费和劳动的可加可分函数时，劳动通常为静态变量。但当效用函数关于消费和劳动不可分，劳动也将变成非静态变量，即动态变量。此外，如果在效用函数中引入消费习惯设定，则会使得消费变成混合变量。

通常情况下，内生变量属于且只能属于上述 4 种中的某一类，也就是说上述分类的划分是内生变量类型的一个完全划分。因此上述 4 类变量个数之和为模型所有内生变量的个数 (M_.endo_nbr)，即

$$M\_.endo\_nbr \equiv M\_.nstatic + M\_.nfwrd + M\_.npred + M\_.nboth.$$

一般说来，模型中内生状态变量的个数为后向变量和混合变量的个数之和。在 Dynare 中内生状态变量的个数存储在 M_.nspred 中，因此：

$$M\_.nspred \equiv M\_.npred + M\_.nboth.$$

此外，相对于静态变量而言，其余 3 类变量也被统称为动态变量 (Dynamic Variables)，其个数存储在 M_.ndynamic，因此：

$$M\_.ndynamic \equiv M\_.nfwrd + M\_.npred + M\_.nboth.$$

4 类不同的变量以及状态变量、动态变量之间的逻辑关系，如图 3.1 所示。

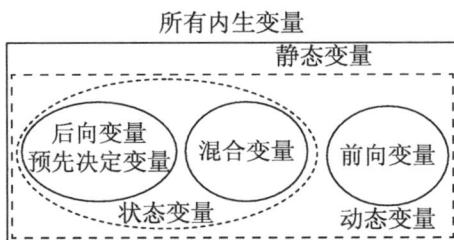

图 3.1 4 类不同的变量以及状态变量、动态变量之间的逻辑关系

3.2.2 Dynare内生变量的书写规范

1. 命名规范

由于 Dynare 运行于 Matlab 之上[②]，内生变量的命名规范一般情况下要遵循 Matlab 的

---

① 这一点需要特别注意，在书写 Dynare 的 mod 文件时，要滞后一期，即 K_{t+1} 要写成 K_t 的形式，而 K_t 要写成 K_{t-1} 的形式，这是很多初学者容易犯的错误。也正是因为如此，很多文献干脆在资本积累方程中直接写成滞后一期的形式，下一小节关于时间下标的说明会更详细地解释这一原因。
② 此处未考虑其他运行平台，如 Octave。

命名规范。在变量命名时，尽量遵循如下规范，否则可能会造成意想不到的错误或后果。

第一，尽量不要使用 Matlab 和 Dynare 内置函数的名字作为变量或参数的名字。如 Dynare 使用"Sigma_e"作为存储外生变量方差的矩阵名称，应避免使用该名称。在自定义的变量名称前使用字母 v，在参数名称前使用字母 c，都是良好的编程习惯。比如，vConsump、vLabor、cAlpha、cBeta 等。注意变量不能以数字开头，比如"2Consump"是非法变量名[①]。

第二，不要在变量或参数名称中包含特殊字符，如 @、#、! 等，但下划线"_"可以使用，而且提倡使用。

第三，Dynare 是字母大小写敏感的。比如 z 和 Z 是不同的名字，指代不同的对象。

第四，尽量不要使用字母 i，避免和 Matlab 中复数单位 i 混淆（但目前暂时不会造成技术上的问题）。在声明利率或投资变量时，可以使用 R、I 或 inv 等字母或字符串表示。

2. 时间下标约定

在 Dynare 中，变量的时间下标是根据该变量决定时期来确定。一般说来，t 期变量（流量）由 $t-1$ 期的变量（内生和外生变量）和 t 期初实现的外生冲击共同决定。因此，从这个意义上讲，存量变量 (Stock Variables) 在 t 期末被决定，或者说在流量变量决定后再决定。一个典型的例子就是资本存量。根据经典的资本积累方程：

$$K_{t+1} = I_t + (1-\delta)K_t$$

投资 I_t 在 t 期中被决定，因此 K_{t+1} 形式上虽然是 $t+1$ 期变量，实则是 $t+1$ 期预先决定的变量，即 t 期末被决定。基于此原因，上述经典方程在某些文献中也被写作：

$$K_t = I_t + (1-\delta)K_{t-1}$$

因此，时期 t 可虚拟地看成由 3 部分组成：期初（外生冲击实现）、期中（当期变量决定）、期末（存量变量决定）。

在 Dynare 文件的书写中，非 t 期的变量书写时，需要进行简单处理，具体参见表 3.2。

表 3.2　Dynare 内生变量书写规范

变　量　形　式	书　写　形　式
x_{t+2}	$x(+2)$，$x(2)$
x_{t+1}	$x(+1)$，$x(1)$
x_t	x
x_{t-1}	$x(-1)$
x_{t-2}	$x(-2)$

---

① 虽然某些希腊字母，如 alpha，在 Matlab 是内置函数，但在 Dynare 中将其声明为参数的名称，并不会造成问题。

只有少数情况下，变量会出现 $t+2$ 期或 $t-2$ 期下标的情况。这时为了技术处理上的便利，Dynare 会引入辅助变量 (Auxiliary Variables)，将 $t+2$ 期或 $t-2$ 期变量转换为 $t+1$ 期或 $t-1$ 期变量，方法如下：

$$y_t \equiv x_{t+1} \rightarrow y_{t+1} = x_{t+2}$$
$$y_t \equiv x_{t-1} \rightarrow y_{t-1} = x_{t-2}$$

因此，最终的模型文件只会出现 t 期、$t+1$ 期和 $t-1$ 期共 3 种变量。

3.2.3　Dynare内生变量的排序

在 Dynare 中，有两种内生变量的排序，分别用于不同的场合。

第一种为声明顺序 (Declaration Order)，即在模型文件书写时，使用 var 命令进行变量声明时，变量出现的先后次序。对于第一节中的简单模型，使用 var 命令声明变量如下：

```
var c k lab z;
```

此处，声明排序为消费、资本存量、劳动和技术变量。当然完全可以声明不同的顺序。在模型文件运行后，声明顺序被存储在 M_.endo_names 中。

第二种为决策规则顺序 (Decision Rule Order，DR Order)。这种顺序有别于声明顺序，被用于决策规则中，即政策函数的表达式中。决策规则顺序的基本定义为：首先是静态变量，其次是后向变量，然后是混合变量，最后是前向变量。在每一类变量中，变量以声明顺序排列。针对 var 命令的声明，并结合第 1 节中的均衡条件，可知该模型中没有静态变量和混合变量，后向变量 (预先决定) 为资本存量 K_t 和技术冲击 Z_t 变量，然后是前向变量消费 C_t 和劳动 L_t，此时决策规则顺序为资本存量、技术冲击、消费和劳动。其中，资本存量先于技术冲击，消费先于劳动，这是组内 (类别内) 按照声明顺序排列的缘故。

在 Dynare 中，声明顺序和决策规则顺序之间存在一个简单的映射 (置换，Permutation)。这个映射存储于数组 oo_.dr.order_var 中，即决策规则顺序中的第 n 个变量，则对应着声明顺序中的第 oo_.dr.order_var(n) 个变量。比如当 $n=1$ 时，oo_.dr.order_var(1) = 2，决策规则顺序中的第一个变量为声明顺序中的第二个变量，即资本存量。

当内生变量的个数较多时，可以使用如下的命令列示出声明顺序、两者之间的置换以及决策规则顺序。第一列表示声明顺序，第二列表示声明顺序与决策规则顺序之间的映射，第三列表示决策规则顺序。

```
[M_.endo_names    int2str(oo_.dr.order_var)    M_.endo_names(oo_.dr.order_
var,:)]
ans =
c    2    k
k    4    z
lab  1    c
z    3    lab
```

注意：上述命令的使用需要在运行完模型文件之后，内存变量尚未清除之前，特别是结构变量 M_ 未被清除之前。

3.3　Dynare 文件基本结构

由于 Dynare 语法规则较多，特别是某些关键命令的选项 (options) 较为专业且复杂，而且随着版本的更新，会新增或删除一些命令。本节并不打算详细介绍每一条语法，为了节省篇幅，此处仅简单介绍常用的语法规则，使大家能够编写可运行的、简单的 Dynare 文件①。在本章和后续的章节中，也会陆续介绍相关的命令及其语法结构。本节介绍 Dynare 模型文件的基本结构，并以此为开端，介绍相关语法和命令。

一般说来，模型文件 (*.mod) 由 5 大部分组成：前导 (Preamble) 部分、模型 (Model) 声明部分、稳态值或初始值 (Steady state or initial values) 声明部分、外生冲击 (Shocks) 声明部分和模型计算 (Computation) 部分。

3.3.1　前导部分

前导部分主要完成模型声明前的准备工作，包括 3 个部分：内生变量声明 (var 命令)、外生变量声明 (varexo) 以及参数声明 (parameters) 与赋值。针对第 1 节中的模型，其对应模型文件的前导部分可编写为源代码 9，具体如下所述。

源代码9　Mod文件的前导部分

```
var c k lab z;      % 内生变量的声明，使用var命令，使用空格或逗号隔开
varexo e;           % 外生变量的声明，使用varexo命令
parameters beta theta delta alpha tau rho s; %参数的声明，使用parameters命令

%参数的赋值，直接书写表达式即可;
beta     = 0.987;
theta    = 0.357;
delta    = 0.012;
```

① 若详细介绍 Dynare 的语法，将会花费整本书的篇幅。强烈推荐大家查阅 Dynare 的在线帮助文档，方便而且更新较为及时：http://www.dynare.org/manual/index_toc.html#SEC_Contents。

```
alpha    = 0.4;
tau      = 2;
rho      = 0.95;
s        = 0.007;
```

值得一提的是，前导部分的 3 个声明命令，在同一个模型文件中可多次使用，Dynare 会自动将其合并处理。多次重复使用的好处在于能提高模型文件的可读性，将不同类别或含义的变量或参数放在不同的声明下，以示区分。

3.3.2　模型部分

在前导部分声明完毕后，即可声明模型部分，这也是模型文件的核心部分，即模型均衡条件部分。该部分以 "model;" 开始，以 "end;" 结束 [①]，在中间输入模型的均衡条件 [②]，每个均衡条件以分号 ";" 结束。当均衡条件较长时，可以跨行，分号不能在行间使用，只能在结尾使用一次。源代码 10 列示了第一节中 RBC 模型的 4 个均衡条件。

源代码10　Mod文件的模型声明部分

```
model;
% define model-local variables to improve readability;
# mar_c= (c^theta*(1-lab)^(1-theta))^(1-tau);
# mar_c1=(c(+1)^theta*(1-lab(+1))^(1-theta))^(1-tau);

%(1) Euler equation
[name = 'Euler Equation']
mar_c/c=beta*(mar_c1/c(+1))*(1+alpha*exp(z(+1))*k^(alpha-1)*(lab(+1))^(1-
alpha)-delta);

%(2) labor supply equation
c=theta/(1-theta)*(1-alpha)*exp(z)*k(-1)^alpha*lab^(-alpha)*(1-lab);

 %(3)resource constraint or capital accumulation equation
k=exp(z)*k(-1)^alpha*lab^(1-alpha)-c+(1-delta)*k(-1);

%(4) technology shock
z=rho*z(-1)+e;
end;
```

---

①　通常情况下，以模块 (block) 出现的结构，都由两个关键字加以界定首尾，并以 end 关键字加分号结束。如模型声明模块、初值与终值模块、外生冲击模块等。此外，每一个命令结束或表达式结束后，必须以分号结尾来告诉 Dynare 该命令或表达式已经结束，否则编译报错。

②　均衡条件的输入可以有两种方式："*a=b*;" 或 "*a-b*;"，此时省略 "=0;"。注意句末分号不可少。

为了提高源代码的可读性，建议在每个均衡方程前面添加注释和编号，以"%"或"//"开头表示单行注释，也是最常用的注释方式。此外，还可以使用系统标签 (tag) 对均衡条件进行标识。这样做的用处是，后续进行稳态计算调试时，resid 命令能够显示出该标签名称[①]，将名称和均衡条件对应起来，从而提高调试效率，否则只会显示该均衡条件的编号。系统标签的语法非常简单，首先使用中括号"[ ]"，然后使用关键字 name，后跟标签内容，并用单引号括起来，如源代码 10 中第一个均衡条件的示例。

在上述模型声明部分中，还定义了模型局部变量 (Model Local Variables)，即以"#"开头的两个变量，且名称和前导部分声明的变量与参数的名称不能相同："mar_c"与"mar_c1"。在使用局部变量时，无须加"#"字符。定义局部变量的根本目的在于简化均衡条件的书写，提高可读性。特别当均衡条件中存在多个重复的表达式时，定义局部变量不仅能够提高书写效率，而且还能够提高可读性，减少差错。局部变量的唯一作用就是文本替换 (Text Substitution)。也就是说，均衡条件中的所有局部变量都被 Dynare 自动替换为其对应的字符串，除此之外，局部变量没有其他作用。这同时也意味着，局部变量无法在模型部分之外被使用，即局部可见。

此外，模型声明命令"model;"有 8 个选项，最常用的是线性 linear 选项，使用方式为"model(linear);"，即模型均衡条件被声明为线性，这也是初学时常遇到的选项。linear 表示线性，即当输入的均衡条件为线性化的均衡条件时使用该选项。需要注意的是，使用该选项必须"名副其实"。也就是说，均衡条件必须是手动或其他方式线性化后的结果，否则会出现编译错误。使用 linear 选项后，由于模型是线性化模型，可无须指定稳态值，因为稳态值本身就是 0。

3.3.3 稳态或初值部分与外生冲击

稳态值和初值的声明是模型文件的重要组成部分，这是因为 Dynare 采取的扰动算法的基本要求。初值的声明其最终目的是为了让 Dynare 找到稳态值，然后进行下一步的运算。关于稳态和初值的声明会在本书"**3.8.2 稳态求解命令：steady**"一节中详细介绍，而外生冲击部分的设定会在本书"**3.8.3 确定性模拟**"一节中详细介绍。此处仅简单介绍随机模拟的情况，而确定性模拟的情况要稍微复杂。源代码 11 示例了如何简单地设定初始值、外生冲击的方差，计算稳态并同时计算各静态方程的残差，此时各内生变量取值稳态。

---

① resid 命令是计算每个均衡条件对应的静态方程的残差。静态方程是抹去时间下标后对应的方程，resid 命令计算方程两端计算结果的差异 (残差)，因此在计算稳态时非常有用，残差为 0 时即找到稳态。

源代码11　　Mod文件的初值、稳态与外生冲击部分

```
initval;   %初值模块，设定内生变量和外生变量的初值，以此为起点计算稳态值
k = 1;  c = 1;   lab = 0.3;  z = 0;  e = 0;
end;

shocks;    %外生冲击设定，直接设定外生冲击的方差
var e=s^2;
end;

steady;  %稳态计算
resid;       %给定内生变量的取值(通常为稳态)，计算均衡条件对应的静态方程的残差
STEADY-STATE RESULTS:
c    1.49163
k    29.2885
lab  0.291593
z    0

Residuals of the static equations:
Equation number 1 : -1.5417e-07 : Euler equation
Equation number 2 : 3.0544e-06
Equation number 3 : 2.6682e-06
Equation number 4 : 0
```

　　在模型编译并运行后，Dynare 会显示稳态计算的结果，以及静态方程的残差。此时，第一个方程显示了 "Euler Equation"，这正是在模型声明时使用系统标签 (tag) 的结果。一般说来，只有静态方程的残差为 0，才能说明已经获取了稳态值。但上述静态方程的残差除第 4 个方程外，都不为 0。这是为什么呢？这是由于计算误差导致的。由于此处只设定了内生变量的初始值，而此初始值本身离稳态值有一定的距离，因此 Dynare 会使用内置非线性算法计算模型稳态，并设定迭代容忍误差。当计算误差位于容忍度以内时，即停止计算，认为已经找到稳态值。因此，静态方程两边会存在轻微误差。可看出前 3 个均衡条件对应的残差的数量级都在 1E-6，比较接近于 0。

　　如果当内生变量个数较多时设定某一初值，然后让 Dynare 自行计算稳态值，往往是失败的，要么因为初始值离稳态太远，要么模型过于复杂，在设定的初值下无法找到稳态 (如迭代次数、容忍度等)。因此在多数情况下，建议手动编程计算稳态，然后告诉 Dynare 即可，这样效率较高。本书后续会详细介绍关于稳态计算语法设置的几种方式。

3.3.4　计算部分

　　计算部分是模型最核心的部分之一，也是最复杂的部分。所谓计算，就是在各参数

都已知，而且各内生变量的稳态都已求出的情形下 ①，求解决策规则。常用的有 3 个计算命令：确定性模拟 (Simul)、随机模拟 (Stoch_simul) 与估计 (Estimation)。

3 种不同的计算命令，各有区别，在不同的场合下使用。粗略地说，确定性和随机性模拟是针对外生冲击而言的。确定性是指外生冲击的发生时刻和大小都已经预先知晓并确定，在 Dynare 中通过外生冲击模块设定。而随机性是指外生冲击的发生时刻或大小是未知的、随机的。通常的做法是从正态分布中随机抽取，每个时刻的大小是未知的。在 Dynare 中也是通过外生冲击模块设定。估计是指根据观测或统计数据，首先使用估计技术估计未知的参数值，然后使用估计后的参数值进行求解，此时其作用相当于随机模拟。确定性模拟将会在本书 "**3.8.3 确定性模拟**" 一节中详细介绍，随机模拟会在 "**3.9 随机模拟分析：stoch_simul**" 一节中详细介绍，估计命令会在 "**3.10 参数估计简介**" 一节中详细介绍。此处简单介绍随机模拟的设定。

源代码 12 列示了随机模拟命令 stoch_simul 及其 3 个常用的选项，然后使用 Dynare 内置命令将模拟结果保存为自定义名称的 Matlab 矩阵文件 (mat 文件)：simudata.mat，便于事后分析使用。

源代码12　Mod文件的计算部分

```
%if periods not specify, there will be no simulations.
stoch_simul(periods=1000,irf=40,order=1);

%save the simulated data to file
dynasave('simudata.mat');
```

然后来简单解释 stoch_simul 命令的 3 个选项。periods 表示随机模拟的期数；irf 用来指定脉冲响应的计算期数；order 表示求解的阶数，即指定一阶、二阶或三阶求解算法。因此，此处随机模拟命令的含义是使用线性求解算法求解模型，并模拟 1 000 期内生变量的样本，计算 40 期脉冲响应函数。

至此，已经完成了对模型文件的全部结构描述 ②。相信读者已经能够独立地完成一个简单 RBC 模型的 Dynare 编程。

本书 "**6.5 Dynare 宏命令编程示例**" 将结合宏语言编程，讲解如何使用宏命令 (@#include) 来进行模块化编程，即将模型文件的组成部分分割成物理上独立的小模型文件，以处理复杂的模型编程问题。这样做的目的是提高代码的可读性和可维护性，并减少差错。

---

① 或指定内生变量在其他位置的情况下。

② 完整版 mod 源文件：\Sources\Chap3_Dynare_Basics\3.1_simple_example\GrowthApproximate.mod。

3.4 内生变量的表达形式：level or log-level

模型均衡条件的输入是 Dynare 编程的一个核心，因为均衡条件代表了整个模型。而多数情况下，均衡条件是参数和内生变量的非线性组合。不同的内生变量的表达形式，决定了运行结果的不同含义，因此要根据研究问题的实际需要选择不同的表达形式。

一般说来，内生变量的表达形式有 3 种：水平 (level) 形式、对数水平 (log-level) 形式和离差 (deviation) 形式。水平形式即变量本身，不做任何形式的变动；而对数水平即取对数，以对数形式进入均衡条件；离差形式是线性形式。

在本书"1.1.2 线性化与对数线性化"一节中，已经介绍了内生变量的离差形式。一阶线性是学习 DSGE 模型较好的出发点，形式简单，而且能够建立变量之间的直觉关系，有利于理解经济问题本身。但是，并不建议对每一个模型的均衡条件都进行线性化，然后输入线性化的均衡条件到模型文件中。原因有如下两点。

第一，手动线性化每一个均衡条件，极容易出错。而且在某些情况下，几乎是不可能完成的任务。对于中等规模或大型的 DSGE 模型，均衡条件的个数超过 100 个甚至 500 个以上，手动线性化是不大可能完成的任务。即使能够完成，不仅耗费大量的时间和精力，而且差错率也会较高，可谓"出力不讨好"。

第二，Dynare 可以帮你完成线性化。只须在计算命令中加入求解阶数选项 (order=1)，即可实现所有均衡条件的线性化，简单高效。

鉴于以上原因，推荐大家使用水平形式或对数水平形式。在源代码 10 中，各变量均使用了其水平形式，即变量本身。

下面着重介绍对数水平形式。这是因为对数水平形式，对于脉冲响应图形的显示和解释较为重要，因而推荐大家在实际研究中使用该种表示形式。首先通过第 1 节的例子来简单解释对数水平形式的具体内涵和使用方法。以均衡条件 (3.1.6) 为例，说明消费、劳动以及资本存量如何使用对数水平形式[①]：

$$\frac{1-\theta}{\theta}\frac{C_t}{1-L_t}=(1-\alpha)\exp(Z_t)K_t^{\alpha}L_t^{-\alpha}$$

进行如下的等价变形：

$$\frac{1-\theta}{\theta}\frac{\exp\left[\log(C_t)\right]}{1-\exp\left[\log(L_t)\right]}=(1-\alpha)\exp(Z_t)\left\{\exp\left[\log(K_t)\right]\right\}^{\alpha}\left\{\exp\left[\log(L_t)\right]\right\}^{-\alpha}$$

---

① 技术变量已经是对数水平形式。

如果定义3个新变量为水平变量的对数,即对数水平变量(此处添加字母v表示对数变量)

$$vC_t \equiv \log(C_t), vL_t \equiv \log(L_t), vK_t \equiv \log(K_t)$$

那么上述均衡条件可进一步表示为如下形式:

$$\frac{1-\theta}{\theta}\frac{\exp(vC_t)}{1-\exp(vL_t)} = (1-\alpha)\exp(Z_t)\exp(\alpha\times vK_t)\exp(-\alpha\times vL_t)$$

在不引起混淆的情况下,可使用同一个变量名称,进而将上述对数水平形式的均衡条件表达为

$$\frac{1-\theta}{\theta}\frac{\exp(C_t)}{1-\exp(L_t)} = (1-\alpha)\exp(Z_t)\exp(\alpha\times K_t)\exp(-\alpha\times L_t)$$

因此,在实际操作时,只需要将相应的水平变量替换为 exp(.) 形式,即可完成从水平形式到对数水平形式的转变。此时,Dynare 模型部分的输入形式如源代码 13 所示[①]。

源代码13　　Mod文件的模型声明部分

```
model;
......
%(2) labor supply equation
exp(c)=theta/(1-theta)*(1-alpha)*exp(z)*exp(k(-1))^alpha*exp(lab)^(-
alpha)*(1-exp(lab));
......
end;
```

需要注意的是,此时的变量虽然名称相同,但已经不是原来的变量,而是取对数以后的变量。因此,模型中变量的含义发生了变化,因此 Dynare 的运行结果也发生了变化。如:Dynare 输出的稳态值,是对数稳态值而非水平变量的稳态值;各变量之间的相关性变成了对数水平变量之间的相关性,而非水平变量;模拟的样本也将是对数水平变量,使用时要特别注意。最终决策规则中的变量也是对数水平变量。

为了进一步搞清楚使用对数水平变量带来的影响,有必要回顾 Dynare 决策规则的表示形式。以一阶为例,Dynare 的决策规则的形式可由 (1.1.4) 表示:

$$y_t = \bar{y} + g_y(y_{t-1} - \bar{y}) + g_u u_t$$

其中,$\bar{y}$ 为稳态值。如果上述决策规则的变量 y_t 是对数水平变量,那么根据对数线性化变量的定义,有 $\hat{y}_t = y_t - \bar{y}$。此时上述决策规则中的变量其实已经变成了离差形式 [回顾式 (1.1.13)],即

$$\hat{y}_t = g_y\hat{y}_{t-1} + g_u u_t \tag{3.4.1}$$

---

① 对数水平形式源代码:\Sources\Chap3_Dynare_Basics\3.1_simple_example\GrowthApproximate_exp.mod。

　　这也正是为什么在模型文件中经常使用对数水平变量的原因所在。在此情况下，脉冲响应图形就变成了对稳态偏离的百分比，是相对偏离，而非绝对偏离[①]，因而具有经济含义。此外，这也使得脉冲响应图形不因内生变量的量纲不同而出现图形比例不协调的问题，可谓"一举多得"。

　　图 3.2 和图 3.3 分别显示了第 1 节中的 RBC 模型，在水平和对数水平形式下，对一单位 (一标准差) 正向外生技术冲击的脉冲响应图。从图 3.2 中可看到，不同变量的脉冲响应的大小差异较大，最大差异接近 100 倍。而图 3.3 中，各变量的脉冲响应都在一个数量级上，表现匀称。

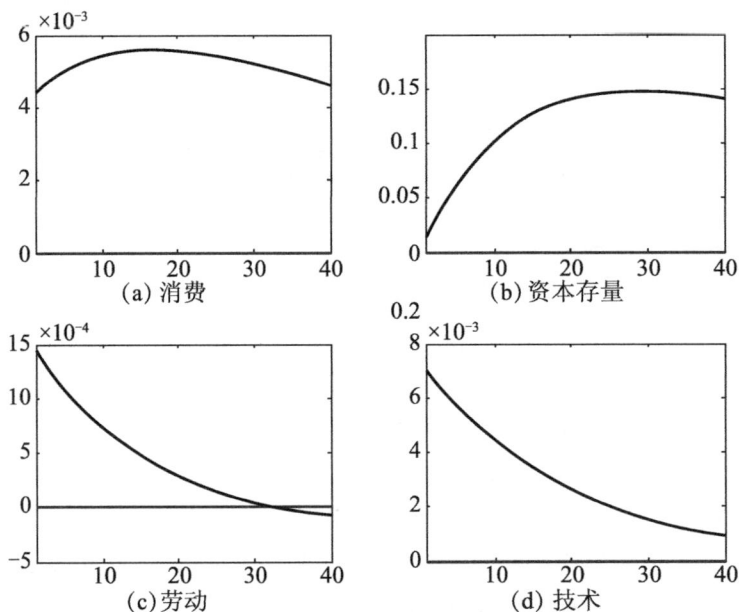

图 3.2　水平形式下的脉冲响应图

　　以消费为例来说明两者的定量差异。在图 3.2 中，第一期消费对于一单位外生冲击做出正向反应，绝对偏离稳态 0.004 409，而消费的稳态为 1.491 63，因此相对偏离为

$$\frac{0.004\,409}{1.491\,626} \times 100\% = 0.3\%$$

这恰是图 3.3 中消费对稳态偏离的百分比。

[①]　绝对偏离是水平变量的情形，即水平变量对其稳态的偏离量。粗略地说，相对偏离和绝对偏离就差一个分母。

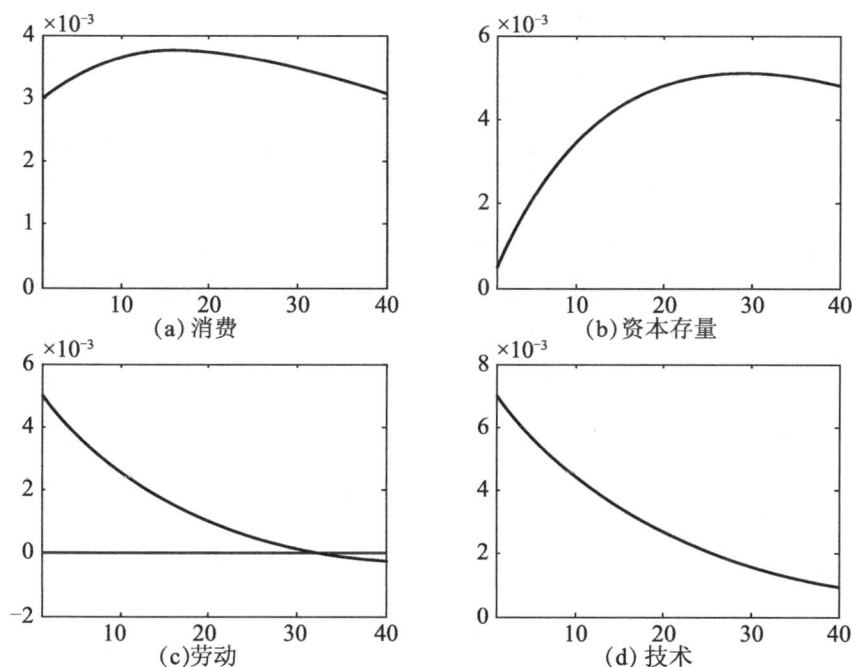

图 3.3　对数水平形式下的脉冲响应图

　　值得一提的是，虽然变量的表达形式发生了变化，但是均衡条件的结构没有发生任何变化，因此不会改变模型的内涵和变量的变化趋势 (因为对数函数为增函数)，只是变量本身和最终结果的解释方式发生了变化。此外，并不是所有的变量都可以或适合取对数，若某些变量的稳态为负，那么该变量一般不能取对数。再比如，某些比率变量如利率等，在净值 (net) 形式下不宜取对数，只有当比率变量为总值 (gross) 形式时才可以取对数，才有经济内涵。

3.5　Dynare 文件的预编译和运行原理

　　Dynare 的模型文件是用 Dynare 语言编写的文件 (*.mod)，只有 Dynare 才能读懂和处理，也就是说，Matlab 无法直接识别和处理。模型文件最终的执行和处理是依靠 Matlab，但必须经过 Dynare 预处理之后，翻译成 Matlab 可识别的文件 (如 m 文件) 才能最终执行。因此从这个意义上讲，Dynare 是外挂在 Matlab 上的一层外衣和中介，面向宏观经济学用户，以一种比较接近于经济学的语言编写程序，表征模型，然后由 Dynare 负责中介处理和翻译，然后交由 Matlab 执行，并输出最终结果。

3.5.1 Dynare文件的预编译与运行原理

在编写完模型文件后，接下来是编译并运行模型，目标是求出决策函数。模型文件的预处理都交由 Dynare 的预处理器 (Preprocessor) 完成。预处理器是 Dynare 的编译器，包含了多个组成部分。模型文件的编译处理流程如下 (逻辑示意图如图 3.4 所示)：首先，若模型文件中含有宏命令 [①]，会先使用宏处理器，生成不含有宏命令的模型文件。其次，使用解析器对模型文件进行编译，形成较为抽象的、表征模型的 Matlab 文件 (一般为 m 文件)。这些 m 文件中包括了对 Dynare 和 Matlab 内置函数和命令的调用，并最终依靠 Matlab 输出各种结果。

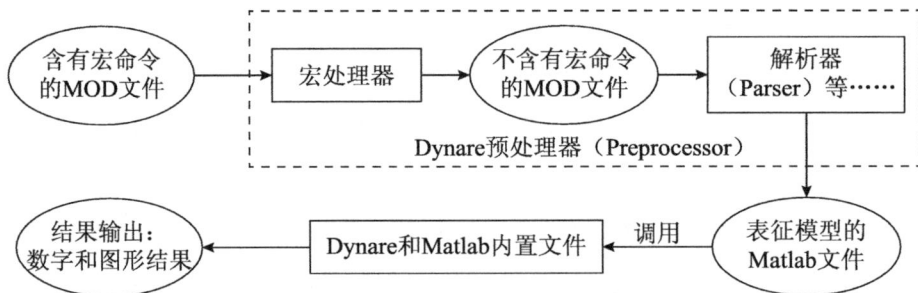

图 3.4 Dynare 的预编译和运行原理

在进一步介绍之前，有必要对 Dynare 的主命令 dynare 做进一步的介绍。dynare 命令在本书 **"2.3 执行和编辑 Dynare 文件"** 一节中已经提及，此处对其含义和选项做进一步说明。dynare 命令是预编译和求解的起点，即通过该命令启动 Dynare，自动完成预编译处理和求解两项任务。

dynare 命令使用非常简单，后面直接跟模型文件的全名，注意文件名大小写敏感，可加后缀名，也可省略，然后是以空格隔开的各种选项 (options)。具体语法参见源代码 14。

源代码14   dynare主命令示例
dynare GrowthApproximate.mod
dynare GrowthApproximate
dynare GrowthApproximate **noclearall**

● dynare命令有多达20余个选项，其中较为常用的有：

---

① 宏命令将会在本书**"6.5 Dynare 宏命令编程示例"**一节中详细介绍。

- **noclearall**，如果不使用该选项，Dynare会在编译成的主文件中(即filename.m，比如GrowthApproximate.m)的第一行加入"clear all"命令，以清除内存中的所有变量[①]。如果使用该选项，就不会清除。

- **debug**，输出关于模型文件的解析和编译信息。即会在源代码 15中多出数千行的解析和编译信息，供调试使用。

- **savemacro**，当模型文件中含有宏语言时，可使用此选项。该选项会命令宏处理器保存不含有宏语言的模型文件。本书"**6.5 Dynare宏命令编程示例**"一节中对此选项进行了示例。

- **nolog**，指示Dynare不要保存预编译和计算过程的日志文件(即*filename*.log，比如GrowthApproximate.log)，默认情况下保存日志文件。

- **nowarn**，指示Dynare在编译和计算过程中不显示任何警告信息。

- **nograph**，和计算命令，比如stoch_simul的nograph选项具有相同的含义与作用，即不画图(不显示也不保存)。

以第 1 节中的 RBC 模型为例子，其预编译输出如源代码 15 所示。首先是 Dynare 的配置信息，加载动态链接库 mex 文件。然后是模型文件的预处理信息，包括均衡条件的语法检查、静态和动态模型的相关计算。最后开始运行编译后的 Matlab 文件 (m 文件)。

源代码15   Mod文件的预编译输出信息(Matlab屏幕输出)

```
Configuring Dynare …
[mex] Generalized QZ.
[mex] Sylvester equation solution.
[mex] Kronecker products.
[mex] Sparse kronecker products.
[mex] Local state space iteration (second order).
[mex] Bytecode evaluation.
[mex] k-order perturbation solver.
[mex] k-order solution simulation.
[mex] Quasi Monte-Carlo sequence (Sobol).
[mex] Markov Switching SBVAR.

Starting Dynare (version 4.4.3).
Starting preprocessing of the model file …
```

[①] 当 Matlab 版本低于 R2015b 时。Matlab R2015b 开始，如果不使用该选项，仅仅删除全局变量（global）和使用持久性（persistent）变量的函数，Matlab 为两者都建立永久存储空间，只不过 persistent 是函数内部可见的局部变量。Matlab R2015b 开始如果使用该选项，就不会删除全局变量和持久性变量。如果想在 Matlab R2015b 版本以前只清除全局和持久变量，可使用 onlyclearglobals 选项。

```
Found 4 equation(s).
Evaluating expressions …done
Computing static model derivatives:
 - order 1
Computing dynamic model derivatives:
 - order 1
Processing outputs …done
Preprocessing completed.
Starting MATLAB/Octave computing.
```

3.5.2　表征模型的Matlab文件

在经过 Dynare 预处理后，即通过"dynare"命令后，将输入的模型文件，依具体情况生成如下的几个或全部 Matlab 的 m 文件 (如下以 GrowthApproximate 为模型文件名来示例)[①]：

- *GrowthApproximate.m*，表征模型的Matlab主文件，包含各种变量声明和各种计算命令。直接运行该文件，即可完成模型文件所要实现的全部目的。也就是说，该文件是主入口，因此在没有改动文件结构的前提下，直接运行该m文件，会节省大量的预编译时间。无须Dynare再次编译原有的模型文件，直接运行已编译好的m文件，会提升运行效率。特别是当循环调用时，此方法会节省大量的时间。

- *GrowthApproximate_static.m*，静态模型文件，包含长期静态均衡条件，可用来计算稳态，会输出均衡条件的残差以及静态均衡条件的雅克比(Jacobian)矩阵。

- *GrowthApproximate_dynamic.m*，动态模型文件。

- *GrowthApproximate_steadystate2.m*，计算稳态时，如果使用内置模块命令"steady_state_model;"会生成该m文件。

- *GrowthApproximate_set_auxiliary_variables.m*，辅助变量文件，即模型均衡条件中出现多于一期的先导或滞后下标变量时，Dynare会生成此文件。

在随机模拟时，调用主文件会完成模型文件的执行。其基本的内部调用逻辑流程稍微复杂，牵涉多层调用，如图 3.5 所示。主文件依次嵌套调用 Dynare 的 3 个内置函数，进行模型求解：首先调用随机模拟函数，其次是 resol.m，再次是核心求解函数 stochastic_solvers.m，该函数实现了一阶和二阶扰动算法的核心逻辑，即由 Schmitt-Grohé & Uribe(2004) 提出的扰动算法；最后再调用模型的动态文件完成求解。

---

① 此处仅仅列示了较为简单的情况。在更为复杂的模型中，比如 Ramsey 最优问题中，如果使用了诸如 ramsey_policy, planner_objective 等内置命令，会生成更多的辅助 m 文件，比如 *filename*_objective_static.m, *filename*_objective_set_auxiliary_variables.m 等 m 文件。

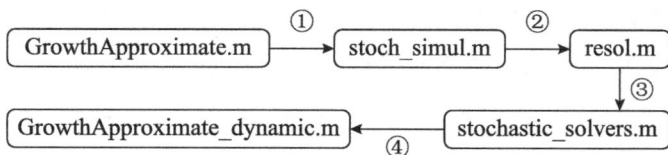

图 3.5　表征模型的 M 文件的调用逻辑 (随机模拟情况下)

3.6　Dynare 的解表示

求解完成后，Dynare 的最终计算结果在 Matlab 的主屏幕输出，包含求解结果信息 (即政策函数与转换方程)，同时 Dynare 也会按照一定规则将求解结果存储到结构数组中。本节将使用本章第 1 节的 RBC 模型来分别讲述 Dynare 一阶和二阶求解表示和后续调用。

3.6.1　一阶解表示

Dynare 求解的最根本目的就是找到模型的政策函数 (决策规则)。正如前文所述，Dynare 关于一阶近似解有如下的经典表达形式：

$$y_t = g\left(y_{t-1}, u_t\right) \simeq \overline{y} + g_y \hat{y}_{t-1} + g_u u_t \tag{3.6.1}$$

假设模型内生变量的个数为 n，状态变量的个数为 m，外生冲击的个数为 q，根据 Dynare Reference Manual：

- $\overline{y}$ 表示内生变量的稳态值，行对应以声明顺序排列的内生变量，其维度为 n 行 1 列，存储于 oo_.dr.ys 结构数组中；
- g_y 表示状态变量的系数矩阵，列对应状态变量，行对应以决策规则顺序排列的内生变量，其维度为 n 行 m 列，存储于 oo_.dr.ghx 中；
- g_u 表示外生冲击的系数矩阵，列对应以声明顺序排列的外生变量，行对应着以决策规则顺序排列的内生变量，其维度为 n 行 q 列，存储于 oo_.dr.ghu 中。

根据上述的分析，式 (3.6.1) 表示的经典一阶解形式，其实并未考虑到变量的排序问题。也就是说，其只是示意公式或形式逻辑。如果变量均以声明顺序排序，那么 g_y 实际上对应着 oo_.dr.ghx(oo_.dr.inv_order_var,:)，而 g_u 实际上对应着 oo_.dr.ghu(oo_.dr.inv_order_var,:)[①]。

以第 1 节 RBC 模型为例，内生变量的个数 $n = 4$，状态变量的个数 $m = 2$，外生冲

---

① 可在 Matlab 中进行验证，即在 Matlab 命令行中输入 oo_.dr.ghx(oo_.dr.inv_order_var,:) 和 oo_.dr.ghu(oo_.dr.inv_order_var,:)，会发现结果应和 (3.6.2) 是一致的。

击的个数 $q=1$。模型定义中各变量以水平形式表示。根据内生变量的排序，再考虑到 Matlab 的运行结果，由式 (3.6.1) 可得到以声明顺序排列的解表示如下：

$$\begin{pmatrix} C_t \\ K_{t+1} \\ L_t \\ Z_t \end{pmatrix} = \begin{pmatrix} 1.4916 \\ 29.2885 \\ 0.2916 \\ 0 \end{pmatrix} + \begin{pmatrix} 0.0282 & 0.5984 \\ 0.9779 & 1.9003 \\ -0.0019 & 0.1972 \\ 0 & 0.9500 \end{pmatrix} \begin{pmatrix} K_t \\ Z_{t-1} \end{pmatrix} + \begin{pmatrix} 0.6299 \\ 2.0004 \\ 0.2076 \\ 1.0000 \end{pmatrix} \epsilon_t \tag{3.6.2}$$

如果进一步观察 Dynare 在 Matlab 中输出的解表示（在"政策函数和状态方程"一栏中）会发现，上述由解表示的方法 (3.6.1) 得到的结果 (3.6.2) 与 Matlab 屏幕输出完全一致（源代码16）。

源代码16　一阶解表示：政策函数与转换方程(Matlab输出)

```
POLICY AND TRANSITION FUNCTIONS
                   c                k              lab               z
Constant    1.491626         29.288520         0.291593               0
k(-1)       0.028175          0.977868        -0.001880               0
z(-1)       0.598385          1.900349         0.197182        0.950000
e           0.629879          2.000368         0.207560        1.000000
```

注意：第一列"Constant"表示内生变量的稳态值（一阶近似时）。$k(-1)$ 在形式上对应 K_t，$z(-1)$ 在形式上对应 Z_{t-1}，e 表示外生冲击 ϵ_t，即政策函数中的解释变量（状态变量）。后 4 列分别表示各内生变量关于第一列各解释变量的系数向量。

3.6.2　二阶解表示

Dynare 关于二阶近似解，在本书"**1.2.1 基于扰动项的泰勒近似方法**"一节中已有详细介绍，其经典表达形式如下：

$$\begin{aligned} y_t = &\bar{y} + \frac{1}{2} g_{\sigma\sigma} + g_y \hat{y}_{t-1} + g_u u_t \\ &+ \frac{1}{2} \left[g_{yy}(\hat{y}_{t-1} \otimes \hat{y}_{t-1}) + g_{uu}(u_t \otimes u_t) + 2g_{yu}(\hat{y}_{t-1} \otimes u_t) \right] \end{aligned} \tag{3.6.3}$$

其中，$\bar{y}$，g_y，g_u 的含义如一阶解表示中的相同，所不同的主要是二阶项及其系数。

- $g_{\sigma\sigma}$ 表示关于扰动项的二阶系数列向量，由外生冲击造成的转移效应(Shift Effect)，行对应以决策规则顺序排列的内生变量，存储于oo_.dr.ghs2中。
- g_{yy} 表示关于状态变量二阶项的系数矩阵，行对应以决策规则顺序排列的内生变量，列对应以决策规则顺序排列的状态变量的克氏乘积(Kronecker Product，即张量乘积)，存储于oo_.dr.ghxx中。

- g_{uu} 表示关于外生冲击变量二阶项的系数矩阵，行对应以决策规则顺序排列的内生变量，列对应以决策规则顺序排列的状态变量的克氏乘积，存储于oo_.dr.ghuu中。
- g_{yu} 表示关于外生冲击变量二阶项的系数矩阵，行对应以决策规则顺序排列的内生变量，列对应以决策规则顺序排列的状态变量的克氏乘积，存储于oo_.dr.ghxu中。

同样以本章第 1 节中的 RBC 模型为例，模型文件中各内生变量以水平形式表示。

首先，模型的状态向量为资本存量与技术冲击组成的 2×1 的列向量，其克氏乘积为 4×1 列向量，可写为

$$
\begin{pmatrix} K_t \\ Z_{t-1} \end{pmatrix}_{2\times1} \otimes \begin{pmatrix} K_t \\ Z_{t-1} \end{pmatrix}_{2\times1} \equiv \begin{pmatrix} K_t \times \begin{pmatrix} K_t \\ Z_{t-1} \end{pmatrix} \\ Z_{t-1} \times \begin{pmatrix} K_t \\ Z_{t-1} \end{pmatrix} \end{pmatrix}_{4\times1} = \begin{pmatrix} K_t^2 \\ K_t \times Z_{t-1} \\ Z_{t-1} \times K_t \\ Z_{t-1}^2 \end{pmatrix}_{4\times1} \tag{3.6.4}
$$

其次，外生冲击只有技术冲击，为 1 维向量即标量，因此 $u_t \otimes u_t$ 是标量，即 ϵ_t^2。

最后，由于外生技术冲击只有 1 维，因此模型状态变量与外生冲击的克氏乘积仍为 2×1 的列向量，即

$$
\begin{pmatrix} K_t \\ Z_{t-1} \end{pmatrix}_{2\times1} \otimes u_t \equiv \begin{pmatrix} u_t K_t \\ u_t Z_{t-1} \end{pmatrix}_{2\times1} = \begin{pmatrix} \epsilon_t K_t \\ \epsilon_t Z_{t-1} \end{pmatrix}_{2\times1} \tag{3.6.5}
$$

从存储结果中提取相关系数矩阵，并代入二阶解表示式 (3.6.3) 中，因此二阶解为[1]

$$
\begin{pmatrix} C_t \\ K_{t+1} \\ L_t \\ Z_t \end{pmatrix} = \begin{pmatrix} 1.491\,6 \\ 29.288\,5 \\ 0.291\,6 \\ 0 \end{pmatrix} + \underbrace{\frac{1}{2} 1.0\mathrm{E}-05 \times \begin{pmatrix} -0.450\,3 \\ 0.861\,6 \\ 0.108\,5 \\ 0 \end{pmatrix}}_{\frac{1}{2} g_{\sigma\sigma}}
$$
$$
+ \underbrace{\begin{pmatrix} 0.028\,2 & 0.598\,4 \\ 0.977\,9 & 1.900\,3 \\ -0.001\,9 & 0.197\,2 \\ 0 & 0.950\,0 \end{pmatrix}}_{g_y} \begin{pmatrix} K_t \\ Z_{t-1} \end{pmatrix} + \underbrace{\begin{pmatrix} 0.629\,9 \\ 2.000\,4 \\ 0.207\,6 \\ 1.000\,0 \end{pmatrix}}_{g_u} \epsilon_t \tag{3.6.6}
$$

---

[1]　各系数矩阵均已调整为声明顺序，而非决策规则顺序，因此各系数矩阵的行位置有别于 Dynare 中存储的各系数矩阵的行位置。其中一阶项的系数和前一小节相同。

$$
+\frac{1}{2}\underbrace{\begin{pmatrix} -0.000\,4 & 0.007\,4 & 0.007\,4 & 0.430\,1 \\ -0.000\,2 & 0.024\,1 & 0.024\,1 & 2.422\,0 \\ 0.000\,1 & 0.000\,6 & 0.000\,6 & -0.007\,9 \\ -0.000\,0 & 0.000\,0 & 0.000\,0 & 0.000\,0 \end{pmatrix}}_{g_{yy}} \underbrace{\begin{pmatrix} K_t^2 \\ K_t \times Z_{t-1} \\ Z_{t-1} \times K_t \\ Z_{t-1}^2 \end{pmatrix}}_{4\times 1}
$$

(3.6.6)

$$
+\underbrace{\begin{pmatrix} 0.007\,8 & 0.452\,7 \\ 0.025\,4 & 2.549\,4 \\ 0.000\,6 & -0.008\,3 \\ -0.000\,0 & -0.000\,0 \end{pmatrix}}_{g_{yu}} \underbrace{\begin{pmatrix} \epsilon_t K_t \\ \epsilon_t Z_{t-1} \end{pmatrix}}_{2\times 1} + \frac{1}{2}\underbrace{\begin{pmatrix} 0.476\,5 \\ 2.683\,6 \\ -0.008\,7 \\ 0 \end{pmatrix}}_{g_{uu}} \epsilon_t^2
$$

仔细观察就会发现，上述解表示的方法得到的结果（3.6.6）与 Matlab 屏幕输出完全一致（源代码 17）。

源代码17 二阶解表示：政策函数与转换方程(Matlab输出)				
POLICY AND TRANSITION FUNCTIONS				
	c	k	lab	z
Constant	1.491624	29.288524	0.291594	0
(correction)	-0.000002	0.000004	0	0
k(-1)	0.028175	0.977868	-0.001880	0
z(-1)	0.598385	1.900349	0.197182	0.950000
e	0.629879	2.000368	0.207560	1.000000
k(-1),k(-1)	-0.000184	-0.000080	0.000026	0
z(-1),k(-1)	0.007386	0.024104	0.000582	0
z(-1),z(-1)	0.215030	1.210985	-0.003943	0
e,e	0.238261	1.341812	-0.004369	0
k(-1),e	0.007775	0.025372	0.000613	0
z(-1),e	0.452695	2.549443	-0.008301	0

注意：其中 $k(-1)$、$z(-1)$、e 的含义同一阶解表示中的含义。而"Constant"则表示变量的稳态值加上 (correction)，此时 (correction) 表示 $1/2g_{\sigma\sigma}$，一般说来该值很小。$k(-1)$，$k(-1)$ 表示 K_t^2，其他类同。在 Matlab 屏幕输出中，K_t^2 的系数对应了最终的计算结果即 $1/2g_{yy}$，因此和 oo_.dr.ghxx 对应的 g_{yy} 相差一个系数 $1/2$。

3.7 求解结果分析和调用

在上一节中介绍了政策函数的表示，其中已经涉及如何调用求解的部分结果，特别是政策函数中各项系数矩阵。本节继续介绍其他结果的调用，为后续分析所用。

3.7.1　屏幕输出结果

屏幕输出信息给出了运行结果的简要概括。其中大部分信息都被存储下来，后面会详细介绍。屏幕输出信息可分为两类：一类是预编译信息；一类是计算结果信息。预编译信息已经在本书"**3.5.1 Dynare 文件的预编译与运行原理**"一节中讨论过，此处主要介绍计算结果信息，并在本节第二部分介绍各计算信息的存储位置。

源代码 18 中显示了 8 个方面的结果信息，并都已经说明每个信息具体的存储位置：Dynare 专门设计的结构数组，前面的阐述中已经涉及。接下来，简单介绍这些重要结构数组的含义及其常用字段。

源代码18　计算结果信息(Matlab输出)

```
% 1. 内生稳态值，存储于oo_.steady_state和oo_.dr.ys中
STEADY-STATE RESULTS:
c    1.49163
......
% 2. 静态方程的残差
Residuals of the static equations:
Equation number 1 : -1.5417e-07 : Euler equation
......
% 3. 模型变量概要，存储于模型数组M_中
MODEL SUMMARY
   Number of variables:              4
   Number of stochastic shocks:  1
   Number of state variables:    2
   Number of jumpers:            2
   Number of static variables:   0
% 4. 模型外生冲击的方差与协方差，存储于模型数组M_.Sigma_e中
MATRIX OF COVARIANCE OF EXOGENOUS SHOCKS
Variables        e
e            0.000049
% 5. 政策函数与转换方程，存储于oo_.dr中
POLICY AND TRANSITION FUNCTIONS

......
% 6. 内生变量的各阶模拟矩，存储于oo_.mean, oo_.var等数组中
MOMENTS OF SIMULATED VARIABLESVARIABLE MEAN STD. DEV. VARIANCE
SKEWNESS KURTOSIS

c        1.467646    0.037010    0.001370    0.257294    0.239254
......


% 7. 内生变量的相关系数，存储于oo_.autocorr中
CORRELATION OF SIMULATED VARIABLES
```

```
VARIABLE        c         k        lab        z
c             1.0000    0.9585    0.4131    0.7532
k             0.9585    1.0000    0.1363    0.5345
lab           0.4131    0.1363    1.0000    0.9101
z             0.7532    0.5345    0.9101    1.0000

% 8．内生变量的自相关系数，存储于oo_.autocorr中
AUTOCORRELATION OF SIMULATED VARIABLES
VARIABLE        1         2         3         4          5
c             0.9921    0.9840    0.9746    0.9650    0.9550
......
Total computing time : 0h00m06s
```

注：为了节省篇幅，此处省略了部分细节，其中关于政策函数和转换方程部分的仔细分析，请参考本书 **"3.6 Dynare 的解表示"** 一节的详细介绍。

3.7.2　存储结果

Dynare 会将大部分计算结果以结构数组的形式存储下来，以备后续分析和调用。Dynare 将计算结果分为 3 大类，分别存储于 M_、oo_ 和 options_ 这 3 个结构数组中 [①]。这 3 个结构数组的存储结果，会因不同的求解选项设定出现细微的差异。比如二阶求解比一阶求解会多出几项系数矩阵。

为了后续的分析，Dynare 会将这三个结构数组以 mat 文件的形式保存到硬盘上，以备后用。以本章第一节的 RBC 模型为例，Dynare 保存的这个 mat 文件的名字为 GrowthApproximate_results.mat，即以 *filename*_results.mat 的名字保存，其中 *filename* 表示原模型文件的名字。在 Matlab 中，使用 load 命令可加载此 mat 文件至内存，以作分析。

1. 模型信息数组 M_

数组 M_ 包括了几乎所有和模型有关的基本解析信息，比如模型文件的名称、模型内生变量和参数的名称、参数的数值、4 种类型内生变量的个数、外生冲击及其方差和最大的先导或滞后的阶数等信息，因此不妨将 M_ 称为模型数组。所有这些信息均可在模型运行完毕后进行调用，以作分析。在模型数组总共 40 余个子数组中，比较常用的如表 3.3 所示。

[①]　一般情况下，mod 文件编译运行后都会产生这 3 个数组。在不同的设定或计算命令下会产生其他的结构数组，如 estimation_info、estim_params_、bayestopt_、dataset_,oo_recursive_ 等字段，都会被存储到结果文件中。

表 3.3　模型数组中常用的字段

字　　段	名　　称	备　　注
M_.param_names	参数名称	多维字符矩阵
M_.params	参数取值	数组
M_.param_nbr	参数个数	整数
M_.endo_names	内生变量名称	多维字符矩阵
M_.endo_nbr	内生变量个数	整数
M_.exo_names	外生冲击名称	多维字符矩阵
M_.exo_nbr	外生冲击个数	整数
M_.Sigma_e	外生冲击的方差协方差矩阵	方阵
M_.sigma_e_is_diagonal	Sigma_e 是否为对角矩阵	0 或 1

此外，关于不同类型内生变量的个数也是较为常用的信息，此处不再列示，具体可参考本书"**表 3.1 Dynare 内生变量的分类**"。

2. 计算和模拟结果数组 oo_

模型计算的大部分结果都将被存储于结构数组 oo_ 中，因此不妨将 oo_ 称之为结果数组。结果数组中根据不同的设定情形，存储了大约近 30 个子数组[①]，其中较为常用的如表 3.4 所示。

表 3.4　结果数组 oo_ 中的常用字段

字　　段	名　　称	备　　注
oo_.exo_simul	外生冲击的模拟样本矩阵	数值矩阵
oo_.endo_simul	内生变量的模拟样本	数值矩阵
oo_.dr	决策规则系数数组	结构数组
oo_.exo_steady_state	外生变量的稳态	列向量 (或标量)
oo_.steady_state	内生变量的稳态	列向量
oo_.mean	内生变量的理论或模拟均值	列向量
oo_.var	内生变量的理论或模拟方差协方差矩阵	方阵
oo_.autocorr	内生变量的自相关矩阵	cell 数组
oo_.irfs	脉冲响应函数	结构数组

除决策规则数组 (oo_.dr.ys 除外) 外，其余矩阵或向量的行都对应着以声明顺序排列

---

① 　结果数组中依据不同情况，还存储着诸如预测、平滑、滤波、后验分布等相关信息。具体请参考 Dynare Reference Manual，http://www.dynare.org/manual/index_54.html#Variable-Index。

的内生变量。

oo_.exo_simul 存储着外生冲击的模拟样本 (或称之为模拟路径)。该模拟样本一般是从正态分布中随机抽取，其均值为 0，方差或标准差由模型文件中的外生冲击模块指定 [①]。因此，一般情况下，外生冲击的其稳态为 0，也就是说，oo_.exo_steady_state 一般是零向量。oo_.endo_simul 则存储着内生变量的模拟路径，并同时以各内生变量的名称为数组名称，将模拟路径直接列示在内存中。

oo_.dr 结构数组存储着决策规则中各变量的系数矩阵，在本书 **"3.6 Dynare 的解表示"** 一节中已经做过详细介绍，此处不再赘述。

oo_.steady_state 存储着内生变量的稳态值，内容同 oo_.dr.ys，两者均以声明顺序排序。

oo_.mean 和 oo_.var 分别存储理论或模拟的一阶与二阶矩。所谓理论矩 (Theoretical Moments) 是指随机模拟的期数，即 periods 选项未被指定时 (在随机模拟分析中将会进一步介绍)，没有进行模拟的条件下，从均衡条件的关系式中计算出变量的各阶统计量。模拟矩 (Simulated Moments 或 Empirical Moments) 就从模拟出来的样本中计算出来的各阶统计量。

oo_.autocorr 则存储着内生变量之间的自相关系数，具体含义如下：

$$\text{oo\_.autocorr}\{i\}(m,n) \equiv \text{corr}\left(y_t^{(m)}, y_{t-i}^{(n)}\right) \tag{3.7.1}$$

其中，i 是自相关数组中的第 i 个自相关矩阵，表示滞后阶数，默认情况下最大滞后阶数为五阶，也就是说自相关数组中默认情况下有 5 个自相关矩阵。m,n 分别表示第 m,n 个内生变量 (以声明顺序排序)。

oo_.irfs 存储各内生变量的脉冲响应，其长度 (期数) 由计算命令的选项 irf 指定。脉冲响应的命名规则为 Variable_Name_Shock_Name。比如 c_e 表示变量 c 关于外生冲击 e 的脉冲响应。此外，各变量的脉冲响应同时列示在内存中，名称不变，便于调用和查看。

在本书 **"3.9 随机模拟分析：stoch_simul"** 一节将结合第 1 节中 RBC 模型的例子，示例如何调用模拟结果，并画出模拟的内生变量的示意图。

此外，在运行完毕模型文件后，往往需要对内生变量的稳态做出分析，如何快速地将所有内生变量和其稳态对应起来，并动态加载到内存作为变量 (参数) 供分析使用呢？比如，消费 C，假设其稳态值为 1，分析时往往需要 $C=1$ 这样形式的变量。首先，要弄明白的是稳态值被以声明顺序存储在 oo_.steady_state 和 oo_.dr.ys 两个数组中。其次，可

[①] 以本章第 1 节的 RBC 模型为例子，可以验证抽取的外生冲击的样本，的确是均值为 0，标准差为 0.7% 的正态样本。

以编写内容为源代码 19 的 m 文件来实现此目的 [①]。

源代码19 动态加载稳态值到内生变量

```
%loading steady states to endogenous variables
%how many endo. variables
Nendo = M_.orig_endo_nbr;

%dynamic loading steady states to endo. vars.
for indexvar = 1: Nendo
    %finding out the name of endogenous variables.
    varname = deblank(M_.endo_names(indexvar,:));
    eval([ varname '= oo_.steady_state(' int2str(indexvar) ')']);
end
```

源代码 19 首先从 M_ 中分别获取内生变量的个数以及内生变量的名称。然后动态加载，使用了 deblank、eval 和 int2str 共 3 个 Matlab 内置函数。其中 indexvar 为整数，需要使用 int2str 函数将其转换为字符串，使用中括号将各个字符串连接起来。最后使用 eval 动态执行字符串对应的命令。上述代码需要在模型文件运行完毕后再执行。

3. 选项数组 options_

选项数组 options_ 中存储着和模拟计算相关的各种细节性设定，多达近 200 项 [②]。比如求解牵涉的各种 (迭代) 算法的终止条件 (误差容忍度)、随机模拟的求解阶数、模拟的期数，脉冲响应的计算期数，自相关系数计算的阶数，还包括结果输出中的各种选项：是否输出图像；是否保存输出的图形等。

由于模型文件中各大命令 (如随机模拟命令 stoch_simul 和估计命令 estimation) 的选项几乎都被写入选项数组，导致选项数组的字段比较繁多。虽然 Dynare Reference Manual 中并未给出具体的解答，但大多数选项的含义不言自明，可以反向追回到各大命令中去查找该选项的具体含义，比如随机模拟命令："stoch_simul(periods=1000,irf=40, order=2);"的 3 个选项，分别被存储在 options_.periods, options_.irf, options_.order 中，因此此处并不一一介绍每个选项的含义。

---

① 　源文件地址：\Sources\Chap3_Dynare_Basics\3.7_results_analysis\ loading_steady_states_into_endo_vars.m.
② 　如果要查看选项数组的每个字段，可在运行完 mod 文件后，在 Matlab 的命令行中输入 options_ 即可列示所有相关的字段。

3.8 确定性求解和模拟：simul

确定性和随机模拟是模型分析的重要内容和方法，是在参数估计和模型求解之后必须要做的操作。不论是确定性还是随机模拟，都必须是模型结构参数已知 (校准或估计后) 并且模型已经被求解的基础上才能进行。

在进行两种模拟之前，还需要做一些准备工作。首先，在大多数的情况下，不论确定性模拟还是随机模拟，都需要提供初始条件 (Initial Condition)，某些情况下需要提供终止条件 (Terminal Condition)。具体说来，初始和终止条件一般是指内生变量和外生变量的初值和终值 (Initial and Terminal Value)。其次，还要依据问题分析需要，指定外生冲击的变化特征包括外生冲击大小、外生冲击的方差或标准差、持续周期等，选择模拟的类型即确定性还是随机模拟。下面结合 Dynare 的语法，首先介绍如何设定初值和终值。

3.8.1 初始、终止条件

一般说来，初值设定的目的有两个。第一个目的是为 (随机或确定性) 模型计算稳态值，提供一个初始的出发点。通常，如果模型的内生变量的稳态值容易求出，则可直接将其作为初值，这样会提升计算效率，节省时间，因为此时 Dynare 最多需要一次迭代。第二个目的就是为确定性模型模拟提供初值。终值的设定并不是专指设定模拟后各期的值，如果设定终值，它将覆盖初值设定的部分功能，下文进一步详述。

在 Dynare 中，模拟始于第一期 (period=1)，在模拟之前的那一期为第 0 期 (period=0)，在模拟之前的第 2 期为负 1 期 (period=−1)，如此类推 (如图 3.6 所示)。初值即是第 0 期及以前各期的值，终值即是第 $T+1$ 期及以后各期的值。

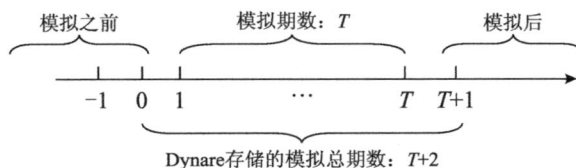

图 3.6　Dynare 模拟的时空设定

假设总模拟期数是 T 期，模拟期是指 1 到 T 期，模拟后的第一期是指 $T+1$ 期。一般情况下，Dynare 在存储模拟结果时 (确定性模拟)，不仅考虑模拟期，而且还考虑模拟前和模拟后的各一期，因此总共有 $T+2$ 期。如果画出此模拟路径，则往往在首尾位置出现跳跃的情况。这是由于在 Dynare 中，模拟前和模拟后各变量值的设定通常独立于或先于模拟本身，因此设定值通常和模拟计算的结果存在较大的差异，于是在图形上表现为跳跃的情况。

在 Dynare 中设定初值和终值分别使用关键字：initval(或由 histval 修改) 和 endval，并使用 end 关键字结束初始和终止值的设定 (见表 3.5)。然后在两个关键字之间设定内生和外生变量的初值和终值。一般来说，所有的内生变量和外生变量都要设定初值，否则默认值为 0。需要注意的是，初值设定一般来说是必需的[①]，而终值设定则不是必需的 (只有在确定性模拟中使用)。

表 3.5　初值和终止模块的设定

初 值 设 定	终 值 设 定
initval;	endval;
endogenous_varibles = initial_values;	*endogenous_varibles = initial_values;*
exogenous_variables = initial_values;	*exogenous_variables = initial_values;*
end;	end;

在 Dynare 中，初值设定的含义因模型类型不同而不同。确定性模拟相比随机模拟，初值和终值的设定稍微复杂。

在确定性模型中，使用 initval 模块设定初值是指对第 0 期及其之前的各期设定取值（Before Simulation）[②]，除非使用 histval 命令修改过。在没有 endval 模块设定终值时，initval 模块设定的初值将作为模拟后各期的取值（After Simulation），同时也作为模拟计算的初值。如果有 endval 模块，那么 endval 模块中设定的值将做为模拟后各期的值，initval 模块设定的初值仅为第 0 期的值，不再作为模拟后各期的值，这一点非常重要，特别是后续进行不同类型的确定性模拟时尤其如此。如果 initval 模块后紧跟 steady 命令，initval 模块的作用将发生变化：首先 steady 命令将使用 initval 模块提供的初值作为初始猜测值，来计算内生变量的稳态值，并将稳态作为初值。因此，initval 模块外加 steady 命令的设定，相当于只设定 initval 模块，并且各变量初值被设定为稳态值。

前述已经提及，使用 endval 模块设定终值时，将会覆盖部分 initval 模块的功能：终值优先用于设定模拟后各期的值，而不管 initval 的初始如何设定。如果某些变量在

---

① 尽管从理论上讲，初值的设定只有对后向变量 (backward-looking) 才有意义。虽然初值设定是必需的，但这并不意味着一定需要设定 initval 模块。

② 第 0 期之前期数的长度取决于模型中变量的最大滞后阶数。一般情况下，初值只针对第 0 期，也就说最大滞后阶数为 1。

endval 模块中没有被赋予终值，则其取值于上一个 initval 模块或 steady 命令稳态值（如果存在）[①]。

此外，当 steady 命令结合 initval 和 endval 模块同时使用时，有更深刻的内涵。此时，Dynare 会输出两个稳态值，分别基于初值和终值的设定而分别计算出来的。如果两个模块中设定的外生变量的值有差异，那么这两个稳态值一般不同。initval 模块对应的稳态值被设定为初值，endval 模块对应的稳态值被设定为终值[②]。

在随机模型中，初值的设定有着非常不同的含义，通常情况下是作为非线性求解算法的初始猜测值，用来求解模型的稳态值，而不管是否有 steady 命令紧随其后。如果进行随机模拟 (periods=xx，即设定 periods 选项) 或预测 (forecast)，这时会使用稳态值作为初值，即第 0 期及以前各期的值均为稳态值。

此外，可以使用 histval 模块来修改历史值，能和 initval 模块同时使用，但不能和 endval 模块同时使用，具体可参考 Dynare Reference Manual。

3.8.2　稳态求解命令：steady

计算稳态值是非线性模型求解面临的一个非常具有挑战性的问题，特别当模型较为复杂时尤其如此。在 Dynare 中，steady 命令被用来求解模型的稳态值。具体来说，steady 命令使用一个非线性的牛顿算法 (递归算法)，并使用 initval 或 endval 模块中声明的内生和外生变量的值作为初始值来求解稳态。通常情况下，对于较为复杂的模型甚至简单的模型，Dynare 都无法准确地求出模型的稳态值。这可能是因为初始值离稳态值太远，或默认求解的递归算法并不适合。这时需要重新猜测初始值或更改算法，但这往往耗时且效率不高。经验表明，完全依靠 Dynare 来计算模型的稳态值，几乎行不通。这也是初学者经常碰到问题的地方。因此，求解模型的稳态值，大部分只能靠手动编程来实现。在 Dynare 中具体编程时，稳态求解通常采取如下几种常见的处理方式，并且不受模型类型的限制，即不管模型是确定性还是随机模型都可以使用。

1. 自定义稳态参数

自定义稳态参数的方法是非常常用的方法，特别适用于中小规模的模型，而且要求

[①] 在"**3.8.3 确定性模拟**"一节中的例子：det_rbc_4_Unanticipated_Permanent.mod（未预期永久性冲击）和 det_rbc_5_Anticipated_Permanent.mod （预期永久性冲击）两个例子，请比较 oo_.exo_simul 的差异，就能更加深刻理解 endval 模块设定的含义了。

[②] endval 模块后面紧跟的 steady 命令在计算稳态时，假设外生变量的指定值一直不变，并使用此值计算内生变量的稳态值。

稳态值能够方便地计算，具有解析解。这种方法的好处是简洁明晰，而且后续可扩展能力较强。使用这种处理方式，允许方便地循环调用模型文件来进行某个或某些参数的敏感性测试。该处理方式的基本逻辑如下：

首先，对每一个内生变量定义一个稳态参数。比如消费 C，定义其稳态参数为 Css。然后编程计算 Css 的取值。这要求内生变量的稳态值具有解析表达式，即稳态值要能够表示成结构参数、外生变量稳态值等变量的解析式。或要求内生变量稳态值能够数值求解。最后，在初值模块直接将 Css 赋予消费变量 C 即可。直接将稳态值作为初值赋予给内生变量，省去 Dynare 自行求解稳态值的烦琐过程，将在一定程度上提高 Dynare 运行的效率。

在源代码 20 的示例中，甚至可以省略 steady 命令，让 stoch_simul 命令来计算稳态值。但值得注意的是，如果加入 steady 命令，则需要放在 initval 模块后，否则会出现错误。

源代码20　自定义稳态参数求解稳态值

```
var C …;
varexo epsA;
parameters alpha beta…;

%declare the steady state parameters for each endogenous variable
parameters Css …;

% Compute the steady state of consumption C;
% This requires that steady states must have analytical forms of model
% structural parameters and already-known steady states of other
% endogenous and exogenous variables.
Css = …;

model;
…; % model equilibrium conditions;
end;

initval;
C = Css;
…;
end;

stoch_simul;
```

---

2. 内置模块命令 steady_state_model

稳态计算的内置模块命令，提供了更加灵活的、可靠的稳态值计算方式，是第二种稳态计算方式。相比第一种自定义参数的办法，此种办法更为便捷，甚至不需要自行定义任何稳态参数，而直接在该模块内部使用内生变量本身进行稳态值的计算，而且可以不加声明地使用自定义参数来辅助稳态值计算。在某些特殊的情况下，此命令非常有用。如在参数估计时，要对模型中的某个参数值在可能的参数空间内的每一点，重复计算稳态值。

和第一种自定义方法一样，此种处理方法具有一定的局限性。该方法同样要求内生变量稳态值具有解析解的形式或数值求解。也就是说，只适用于中小模型。对于不具有解析解或者求解稳态非常困难的模型，不推荐使用这种方法，而推荐使用第三种方法：使用外部 M 文件。

内置模块命令的语法非常简单。源代码 21 提供了一个简单的例子。在模块内部稳态计算上，使用了很多辅助变量，诸如 Y_K, C_K, N_K 等参数辅助计算，无须事前声明，比较方便。此外，该命令本身不直接计算稳态，需要辅以 steady 命令来具体计算和执行 [①]。如果不需要改变初值和终值，则无须使用 initval 和 endval 模块。如果确实需要使用 initval 和 endval 模块设定初值和终值，则 steady 命令须紧跟在 initval 和 endval 模块后来执行稳态计算。

源代码21　稳态计算内置模块命令

```
steady_state_model;
......(具体稳态计算过程)
end;
steady;
```

Dynare 会根据内置模块命令内的信息，自动生成一个稳态计算的 M 文件：*filename_*steadystate2.m。

3. 使用外部 M 文件

对于复杂的模型，通常使用自定义的外部稳态计算文件是一种选择，也是稳态计算的第 3 种方式。这种处理方式的优点是能够较为灵活地处理稳态计算问题，但付出的代价就是繁重的编程任务，并耗时较多。

使用外部 M 文件，通常需要遵循一定的约定。首先，外部 M 文件的名称必须满足形式 *filename_*steadystate.m，其中 *filename* 为模型文件的名字，否则 Dynare 无法识别而出现运行错误；其次，M 文件的书写必须遵循一定的格式，否则 Dynare 无法读取计算的稳态值而出现错误并停止运行。

Dynare 提供了一个简单的附带例子，可以在 Dynare 的安装根目录下 examples 文件夹中找到："NK_baseline_steadystate.m"。该稳态 M 文件，专门为 NK_baseline.mod 文件提供所需的稳态值，在模型文件编译中被调用。此外，本书"**5.8 金融加速器与随机波**

---

① 　否则会出现类似于如下的错误：Fatal error in bytecode: in Simulate_Newton_Two_Boundaries, the initial values of endogenous variables are too far from the solution. Change them!

动模型示例" 一节中也给出了一个例子 ①。

下面简单介绍一下该外部 M 文件的语法格式要求。该外部 M 文件其实是定义了一个 Matlab 函数，由 Dynare 自动调用。该函数有两个输入变量和两个输出变量，具体如下所示。

```
% function [ys,check] = NK_baseline_steadystate(ys,exo)
% 使用Matlab内置数值求解算法fsolve 计算 NK_baseline.mod 对应的内生变量的稳态值
% 输入：
%   - ys          [向量] 内生变量的初始值；
%   - exo         [向量] 外生变量的取值；
%
% 输出：
%   - ys          [向量] 内生变量的稳态值
%   - check       [标量] check=0 如果稳态计算无异常，正常工作；check=1 稳态
计算碰到问题；
global M_ options_
check=0;
…
%获取参数及其值，此处仅为示例；获取参数是稳态计算的必须步骤
%M_.param_names 存储所有参数名称
%M_params          存储所有参数值
%M_.param_nbr     存储参数数量，为整数
Np = M_.param_nbr;
for I = 1:Np
    paramname = deblank(M_.param_names(I,:));
    eval([ paramname ' = M_.params(' int2str(I) ');']);
end
…
(稳态计算过程)
…
% 稳态赋值给稳态值ys变量，此变量名称为Dynare内部设定的名称，不得更改
Ne = M_.orig_endo_nbr;
ys = zeros(Ne,1);
for indexvar = 1:Ne
    varname = deblank(M_.endo_names(indexvar,:));
    eval(['ys(' int2str(indexvar) ') = ' varname ';']);
end
```

函数的主体结构中的第一部分，首先声明了全局变量 M_，从中获取模型结构参数的值，这是必需的步骤，否则无法进一步求解其他变量的稳态值。然后开始根据模型均衡条件求解稳态值，这是最重要的，也是最复杂的部分，依据模型不同而不同。最后返回稳态值向量 ys 以供 Dynare 继续求解使用。注意，此处至少两处使用了 Matlab 的内置函数 eval。

---

① 源文件地址：\Sources\Chap5_Financial_Friction\5.8_example\fin_acc_rbc_steadystate.m。

3.8.3 确定性模拟

1. 确定性模型求解的基本逻辑

确定性模拟 (Deterministic Simulation) 具体说来是指，通过外生冲击的确定性变化过程来考察系统的变化，如在某一期或几期施加一个外生的冲击来考察各内生变量在外生冲击发生后的变化路径和趋势，画出脉冲响应图，以直观观测外生冲击的影响。

确定性模型是指模型中不存在随机的外生冲击，或者存在外生冲击，但其是完全可见的，也就是说通常假设完全信息 (Perfect Foresight)，指外生冲击的数值大小和持续周期被完全知晓，不像随机冲击那样只知道外生冲击的分布，在当期冲击实现后，下一期样本取值完全不被知晓。确定性模拟是用来考察均衡系统在给定初始状态下，对于给定的外生冲击，系统如何返回原来的均衡或者如何到达另外一个新均衡。和确定性模型相反，随机模型是指模型中存在随机的外生冲击，形式上模型不仅存在期望算子和外生冲击的概率分布，而且外生冲击的方差不能为 0。因此，区别确定性和随机模型的一个关键的判断标准就是对外生冲击的定义。举例说明如下。假设模型中存在一个外生的技术冲击变量，$\{\epsilon_t\}_{t=0}^{T}$ 满足独立同分布。如果仅仅考虑 $T < \infty$ 的情形：

第一，如果 $\epsilon_t = 0$，$t = 0, 1, \cdots, T$，此时外生冲击完全消失，可认为此时模型为确定性模型；

第二，如果 $\epsilon_0 = 0$，$\epsilon_1 = 0.02$，$\epsilon_t = 0$，$t = 2, \cdots, T$，此时除第 1 期外，其他各期全为 0，外生冲击的变化被完全预期，因此模型为确定性模型；

第三，如果 $\epsilon_t \sim N(0, 0.01^2)$，$t = 0, 1, \cdots, T$，即服从正态分布，随机抽取样本作为其实现值，不能被完全预期，模型为随机模型。

2. 确定性模拟的 4 种类型

依据外生冲击的可预期性和变化长短类型，确定性模拟可以分为 4 种情况：预期的永久性变化、预期的暂时性变化、非预期的永久性变化和非预期的暂时性变化。直观来说，预期和非预期是指外生冲击是否出现在模拟的第 1 期。如果出现在第 1 期，通常是非预期性冲击，否则是预期性冲击[①]；而永久性和暂时性是指变量的初值和终值是否相同，如果两者不同，则说明出现了永久性改变，否则是暂时性变化。

上述确定性模拟需要 Dynare 中的几个命令组合才能实现：初值命令 initval 和终值命令 endval、冲击命令 shocks 和模拟命令 simul 来实现，如表 3.6 所示。

---

① 直观上说，外生冲击出现在第 1 期，多为非预期性；当使用冲击模块设定外生冲击的取值及其出现的期数，这相当于说了外生冲击是确定出现的，多为预期性。

表 3.6   确定性模拟的 4 种情况

变化长短 ＼ 预期性	预 期 的	非 预 期 的
永久性变化	初值≠终值 使用 endval 模块 外生冲击出现在其他期 需要使用 shocks 模块	初值≠终值 使用 endval 模块 外生冲击出现在第 1 期 不需使用 shocks 模块
暂时性变化	初值＝终值 外生冲击出现在其他期 需要使用 shocks 模块	初值＝终值 外生冲击出现在第 1 期 不需要使用 shocks 模块

注：永久性变化表示 Permannent Change；暂时性变化表示 Transitory Change；预期的表示 Anticipated；非预期的表示 Unanticipated。

后续会通过几个例子，对 4 种不同的组合实现不同的确定性模拟加以细致解释。接下来先对外生冲击模块、确定性模拟命令进行介绍，然后举例说明。

3. 外生冲击模块设定：Shocks

在 Dynare 中，外生冲击是指由 varexo 定义的变量，而非某个内生变量或者某个结构参数。确定性模拟使用外生冲击模块设定外生冲击的暂时性变化，而永久性变化需要使用 endval 模块定义。需要强调的是外生冲击模块只针对外生冲击进行设定，而不能对参数或内生变量设定暂时性变化。

确定性模拟和随机模拟的外生冲击的设定方式在 Dynare 中不完全相同，如表 3.7 所示。

表 3.7   外生冲击模块的设定

	确 定 性 模 拟	随 机 模 拟
语法	**shocks;** **var** 外生变量名称 ； **periods** 某一期或多期 ； **values** 数值或表达式 ； **end;**	**shocks;** **var** 外生变量名称 ； **stderr** 数值或表达式； **var** 外生变量名称＝数值或表达式 ； **end;**

示例	shocks;
	var e;
	periods 1;
	values 0.5;
	var u;
	periods 4:5;
	values 0;
	end;
		shocks;
		var e ; stderr 0.01;
		var e ; stderr sigma-alpha;
		var e=sigma^2;
		var e=0.01^2/2;
		end;

确定性模拟中，通常有 3 个关键字同时出现：var，periods 和 values。首行使用 var 定义发生变化的外生冲击变量的名称；然后使用 periods 指定变化出现在何时；最后使用 values 定义变化的大小。多个外生变量需要重新使用 3 个关键字加以指定。

在随机模拟中，外生冲击模块只使用 var 和 stderr 两个关键字，不使用 periods 和 values 两个关键字，因此语法比较简单。在外生冲击模块内直接指定外生冲击的标准差或方差，标准差或方差还可以是已知参数的表达式，此外还可以设定两个变量之间的协方差或相关系数，具体请参考 Dynare Reference Manual。

从语法来看，也能"悟出"随机模拟的内在含义。由于没有使用 periods 关键字指定外生冲击出现的时间，因此外生冲击在每一期都存在，而且是随机抽取，因而可能为正值，也可能为负值。理解这一点对理解随机模拟非常重要，这有别于脉冲响应函数。因为脉冲响应函数计算时，虽然也需要随机模拟，但外生冲击只出现在第 1 期，以后各期为 0[①]。

4. Dynare 确定性模拟命令：Simul

Simul 命令根据既定设置，求解非线性联立方程，得到模拟值。首先来分析 simul 的求解逻辑，然后再分析 simul 命令的语法。

一般说来，确定性模型具有如下的形式：

$$f\left(y_{t+1}, y_t, y_{t-1}, u_t\right) = 0$$

其中，y_t 为内生变量 (向量)，u_t 为确定性外生冲击 (向量)[②]。假设模型具有稳态 $\overline{y}$，满足：

$$f\left(\overline{y}, \overline{y}, \overline{y}, \overline{u}\right) = 0$$

其中，$\overline{u}$ 为外生变量的稳态值；Dynare 使用命令 steady 来计算模型的稳态值。

通常情况下，在模拟开始前即第 0 期，通常假设系统处于稳态，在接下来的第 1 期即模拟的开始，外生冲击已经完全确定。模拟的基本目的就是来分析系统在外生冲击下的变化路径，是回归原始均衡 (如原始稳态值) 还是到达一个新的均衡 (如新的稳态值)。

确定性模拟，事实上是基于两边界 (初值和终值) 的数值求解问题。在 Dynare 的具体实现上，确定性模拟其实是使用了一个有限期模型来近似逼近无限期模型，从而数值求解模拟值。具体来说，Dynare 求解如下的非线性联立方程 (Stacked System) 来完成确定性模拟计算：

---

① Dynare 在计算脉冲响应函数时，使用的算法有别于此处，具体请参考本书**"6.2 脉冲响应函数和自定义编程"**一节。

② 这里必须满足条件 (identification rule)：方程个数与内生变量个数相同。

$$\begin{cases} f(y_2, y_1, y_0, u_1) = 0 \\ f(y_3, y_2, y_1, u_2) = 0 \\ \quad\quad\quad \vdots \\ f(y_{T+1}, y_T, y_{T-1}, u_T) = 0 \end{cases} \quad\quad (3.8.1)$$

其中，T 为模拟的总期数；y_0，y_{T+1} 为给定的初值和终值。如果写成更紧致的形式，方程 (3.8.1) 可表达为

$$F(Y) = 0$$

其中，$Y = (y_1', y_2', \cdots, y_T')$。Dynare 将使用牛顿算法来求解该联立方程系统。其对应的 Jacobian 矩阵 $\partial F/\partial Y$ 是一个 $n \times T$ 的矩阵，n 是内生变量的个数。可以看出，当模拟总期数 T 很大时，雅克比 (Jacobian) 矩阵将是一个非常大的矩阵，因此大规模模拟会给 Dynare 的计算带来挑战。

在明白确定性模拟计算逻辑后，接下来看 simul 命令的语法。相比随机模拟 stoch_simul，确定性模拟命令 simul 要简单很多，选项相对较少，具体参见源代码 22。

源代码22 simul命令的基本用法

```
simul ;
simul (options...);
```

确定性模拟的选项只有 6 项，最常用的就是 periods，用来指定模拟的总期数 T。一般情况下，需要指定该选项的值。此外还有一个比较重要的选项用来指定求解算法：stack_solv_algo。此选项的值一般不需要更改。在 4.4.3 版本中，Dynare 提供了 7 种不同的算法来处理雅克比矩阵[1]，包括稀疏矩阵 LU 分解 (Spare LU)、块分解 (Block decomposition)、松弛技术 (Relaxation Technique) 等方法。此处不再深入介绍背后艰深的数学算法问题。其他几个选项也不在一一介绍，请参考 Dynare Reference Manual。

模拟后，内生变量和外生变量被存储在不同的位置。内生变量的模拟值被存储在 oo_.endo_simul，每个内生变量占一行，每列表示一期，存储顺序为声明顺序 (Declaration Order)，即在命令 var 后出现的先后顺序。外生变量的模拟值被存储在 oo_.exo_simul，每个外生变量占一列，每行表示一期，这一点和内生变量截然相反，但存储顺序为声明顺序，和内生变量的存储方式相同。一般情况下，oo_.endo_simul 和 oo_.exo_simul 存储的模拟结果比 periods 指定的多两期，这是由于包括初值和终值的原因。初值被存储于模

---

[1]　选项 stack_solve_algo=0,1,2,…,6，用来确定不同的算法。默认值为 0，即稀疏矩阵算法。具体请参考 Dynare Reference Manual，一般情况下使用默认值即可。

拟结果的第一个元素中，终值被存储在模拟结果的最后一个元素中。

5. 两个简单的示例

首先通过第一个简单的示例来说明初值和终值模块具体设定的内涵，具体参见源代码 23。这个例子的目的是，在给定外生变量变化的情况下，模拟消费和资本存量的最优路径。此处同时设定了 initval 和 endval 模块，但没有 shocks 模块，根据表格 3.6，意味着外生冲击将在模拟第一期就会取值 eps=0.1，并且在模拟期内保持不变，而非 eps=0，因此外生冲击为永久性冲击。当然可以使用 shocks 模块对外生冲击的取值和持续时长进行灵活设定。从资本积累方程中可看到，资本存量是后向变量 (Backward-looking)，因此需要设定初值，即第 0 期取值 k_0，并在 invital 模块中指定。而从 Euler 方程中，可知消费是前向变量 (Forward-looking)，因此需要指定终值即 c_{T+1}，并在 endval 模块中设定。因此，设定消费的初值和资本存量的终值，其实在模拟中并没有用到，改变消费的初值和资本存量的终值对模拟并没有影响。这说明从理论上，后向变量一般只需要指定初值，前向变量只需要指定终值。但问题是为什么还要指定这些值呢？虽然并未用到这些值，但 Dynare 认为这些值是在第 0 期和第 $T+1$ 期的均衡值或优化的结果，并将其当作给定，并包括在模拟结果中。

源代码23 初值、终值模块与稳态命令示例

```
var c k ...;
varexo eps;
......
model;
exp(c)^(-sigma)=beta*exp(c(+1))^(-sigma)*(R(+1)+(1-delta));
exp(k)=exp(i)+(1-delta)*exp(k(-1));
exp(y)=exp(eps)*exp(k(-1))^(alpha)*exp(n)^(1-alpha);
......
end;

initval;
c = 0.6;
k = 15;
eps = 0;
end;
steady;

endval;
c = 1;
k = 30;
```

```
eps = 0.1;
end;
steady;
simul(periods=198);
```

然后来看一个完整的例子：带有投资的新古典增长模型。假设家庭选择消费、劳动和资本存量来最大化如下的终身贴现效用：

$$\max_{\{C_{t+j}, N_{t+j}, K_{t+j}\}_{j=0}^{\infty}} E_t \sum_{j=0}^{\infty} \beta^j u\left(C_{t+j}, N_{t+j}\right)$$

s.t.

$$Y_t = C_t + I_t$$
$$Y_t = A_t F\left(K_t, N_t\right)$$
$$K_{t+1} = I_t + \left(1-\delta\right) K_t$$
$$\log A_t = \log A + \rho \log A_{t-1} + \epsilon_t^A, \epsilon_t^A \sim N\left(0, \sigma^2\right)$$

其中，C_t、Y_t、I_t、K_t、A_t 分别为消费、产出、投资、资本存量和技术冲击；$A=1$ 为技术冲击的稳态值；$\delta > 0$ 为资本存量的折旧率；$\rho > 0$ 为技术冲击的自相关系数。假设效用函数和生产函数分别具有如下的解析形式：

$$u\left(C_t, N_t\right) = \frac{\left[C_t^{\theta}\left(1-N_t\right)^{1-\theta}\right]^{1-\tau}}{1-\tau}$$

$$F\left(K_t, N_t\right) = \left[\alpha K_t^{\psi} + \left(1-\alpha\right) N_t^{\psi}\right]^{\frac{1}{\psi}}$$

其中，$\theta > 0$ 为效用函数中消费的权重；$\tau > 0$ 为风险厌恶参数；$\alpha > 0$ 为资本存量的产出份额；ψ 为生产函数中资本存量和劳动的替代弹性参数，生产函数为 CES 形式，即常替代弹性形式。效用函数为消费和劳动的不可分函数。

家庭选择消费、劳动和资本存量以最大化效用函数，可得如下的一阶条件：

$$u_C\left(C_t, N_t\right) = \beta E_t \left\{u_C\left(C_{t+1}, N_{t+1}\right)\left[A_{t+1} F_K\left(K_{t+1}, N_{t+1}\right) + 1 - \delta\right]\right\} \tag{3.8.2}$$

$$-\frac{u_N\left(C_t, N_t\right)}{u_C\left(C_t, N_t\right)} = A_t F_N\left(K_t, N_t\right) \tag{3.8.3}$$

模型均衡由 5 个内生变量 C_t、K_t、N_t、Y_t、A_t 和 5 个均衡条件：Euler 方程 (3.8.2)、劳动供给方程 (3.8.3)、生产函数、资源约束条件以及技术冲击的 AR(1) 过程[①]组成。从形

[①]　为了增强 Dynare 源代码 mod 文件的可读性，在编程时，引入了另外两个辅助变量，具体请参考源码。

式上看，模型是随机模型，但可通过对外生冲击的确定性定义，来进行不同的确定性模拟。

此处共给出了 5 个模型文件，第一个模型文件使用 histval 模块修改内生变量的初值；其余 4 个模型文件"名副其实"，具体如表 3.8 所示。

表 3.8　确定性模拟示例 -Mod 文件说明

文　件　名	说　　　明
det_rbc_1.mod	示例 histval 模块的用法
det_rbc_2_Unanticipated_Transitory.mod	未预期的暂时性冲击
det_rbc_3_Anticipated_Transitory.mod	预期的暂时性冲击
det_rbc_4_Unanticipated_Permanent.mod	未预期的永久性冲击
det_rbc_5_Anticipated_Permanent.mod	预期的永久性冲击

注：模型文件位于本节对应的目录下：\Sources\Chap3_Dynare_Basics\3.8_simulation。

源代码 24 给出了预期永久性冲击的模型文件的部分源代码。在模型雅克比矩阵处理时选择了块分解的方式进行而非默认情况，并且使用了 steady_state_model 模块来计算模型的稳态值，并配合初值和终值设定模块以及 shocks 模块来完成预期永久性冲击的确定性模拟。最后使用了 Dynare 内置画图命令rplot，画出了消费和资本存量的模拟轨迹图。

源代码24　确定性模拟(预期的永久性冲击)

```
%Mod file: det_rbc_5_Anticipated_Permanent.mod
%Anticipated Permanent shock
%Adapted by Xiangyang Li@SCC, 2017-3-4 ;provided by Sébastien Villemot.
close all; //close all existing figures
var
K,  //capital stock
Y, //output
N, // labour
C, //consumption
A, // level technology
a, // log technology
STerm//simplifying variables
;
%usually, exogenous variables has steady state zero
varexo epsA;

parameters beta, theta, tau, alpha, psi, delta, rho, Astar;

beta    =   0.99; //discount factor
theta   =   0.35; //weight  of consumption in utility
tau     =   2; //risk aversion
alpha   =   0.35; //share of capital in production
psi     =   -0.1; //elasticity of substitution of captial and labor
```

```
delta    =    0.025; //depreciation rate
rho      =    0.85; //autocorrelation of productivity, i.e. technology
persistence
Astar =   1;// steady state of level of productivity or technology;


%using a divide-and-conquer technique for the Jacobian matrix and
compact
%representation of the modle in a binary file instead of the M files;

model(block,bytecode,cutoff=0);
   ......(equilibrium conditions ommited for saving space, see source code
for details)
end;

steady_state_model;
a = epsA/(1-rho);
A = Astar*exp(a);
Y_K=((1/beta-1+delta)/alpha)^(1/(1-psi));
C_K=Y_K-delta;
N_K=(((Y_K/A)^psi-alpha)/(1-alpha))^(1/psi);
Y_N=Y_K/N_K;
C_N=C_K/N_K;

% Compute steady state of the endogenous variables.
N=1/(1+C_N/((1-alpha)*theta/(1-theta)*Y_N^(1-psi)));
C=C_N*N;
K=N/N_K;
Y=Y_K*K;
STerm=beta*((((C^theta)*((1-N)^(1-theta)))^(1-tau))/C)
              *(alpha*((Y/K)^(1-psi))+1-delta);
end;

%the economy starts from the inital steady states
%immediately followed by a steady command and this is equvilent to
%initval block with endogenous variables are equal to steady states;
initval;
epsA = 0;
end;
steady;

%in period 5, technology increases by 8% permanently
%and this is anticipated as defined by shocks block.
%followed immediately by a steady command and this is equvilent to
%endval block with endogenous variables are equal to steady states;
endval;
epsA = (1-rho)*log(1.08);
end;
steady;
```

```
%a shocks block is used to maintain technology remains at
%its initial level during periods 1-4;
%uncomment for anticipated shock.
%comment for unanticipated shock.
shocks;
var epsA;
periods 1:4;
values 0;
end;

simul(periods=98);

%built-in Dynare function: rplot
%Plots the simulated trajectory of one or several variables.
rplot C;
rplot K;
```

注意：如果将冲击模块注释或删除，那么此时冲击为未预期的永久性冲击，因为此时无法预期外生何时发生，此时缺少外生冲击模块的明确定义，此即 det_rbc_4_Unanticipated_Permanent.mod。

在模型 model 模块使用了几个选项，其中之一是 bytecode，该选项表示使用二进制文件来存储模型 (*.bin)，而不用 M 文件来存储。这样做的好处是提高运行的效率，相比 M 文件，bin 文件中模型存储的形式更加紧致 (Compact)[1]，更有利于执行。在模型的雅克比矩阵处理方式上选择了 block 选项，即块分解技术。关于 block 选项以及 cutoff 选项的具体含义，请参考 Dynare Reference Manual。

在运行完模型文件后，此时 Dynare 会给出两个稳态值，分别基于初值和终值而计算出的稳态。如表 3.9 所示，第 1 列基于初值，第 2 列基于终值。可以发现在永久性冲击下，各变量的稳态值均发生变化，包括技术变量的水平值和对数值。

表 3.9　初值与终止分别对应的两个稳态值

STEADY-STATE RESULTS(与初值对应)		STEADY-STATE RESULTS(与终值对应)	
K	**6.936 19**	**K**	**7.777 96**
Y	0.857 369	Y	0.961 419
N	0.325 829	N	0.328 191
C	**0.683 964**	C	**0.766 97**
A	**1**	A	**1.08**
a	**0**	a	**0.076 961**
STerm	2.157 77	STerm	1.852 85

数据来源：Dynare 输出结果。

---

[1]　使用 bytecode 选项，Dynare 将生成 *filename*_dynamic.bin（动态）和 *filename*_static.bin（静态）两个二进制文件；如果不使用 bytecode 选项，则会生成两个对应的 M 文件。

从图 3.7 可看出，对于消费的第 0 期和第 1 期 (第 1 列)，和资本存量在第 99 期和 100 期之间 (第 2 列)，图形中存在明显的跳跃情况。这就是在第一个示例中提及的问题。对于消费而言，其初值为 0.684 0(由 initval 模块设定而得的稳态值确定)，而模拟的第 1 期值为 0.701 4(参考 oo_.endo_siuml)，因此存在跳跃情况；而对于资本存量而言，其第 99 期的模拟值为 7.709 1(oo_.endo_siuml)，而终值为 7.778 0(由 endval 模块设定而得的稳态值确定)，因而也存在跳跃情况。

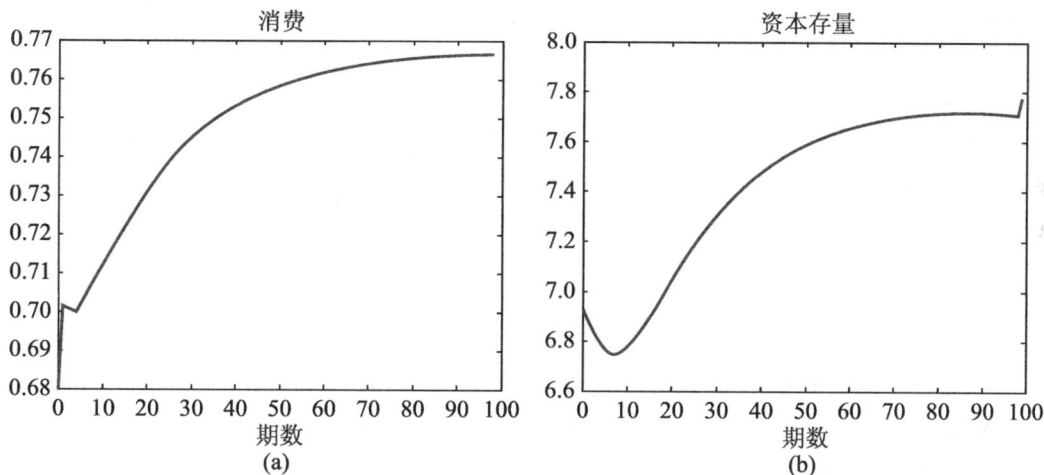

图 3.7　预期的永久性技术冲击下的消费和资本存量的轨迹图

注：(a) 表示消费 (C)；(b) 表示资本存量 (K)；水平轴表示模拟期数 (periods)。

此外可以看出，永久性的冲击使得模型收敛于新的稳态，也就是说，从旧的稳态逐步向新的稳态过渡。正向的技术冲击使得消费稳步增长，而资本存量先下降后逐步升高。因此，如果模拟的周期足够长，资本存量对应的变化轨迹则不会出现跳跃的情况。而消费对应的图形中的跳跃情况不会消失，从表面上看，这是因为初值和终值不同而造成的。而其本质原因在于消费是前向控制变量，在外生冲击下能立即跳跃到新的状态 (即新的鞍点路径)，并最终收敛到模型的新稳态，这也是为什么前向内生控制变量得名跳跃变量 (Jump Variable) 的原因。此外，资本存量在初期并未发生跳跃，这是因为资本存量为预先决定的状态变量，资本形成需要时间，因而只能缓慢变化，不会发生跳跃的情况。接下来，以未预期的暂时性冲击为例来介绍确定性模拟的另外一种情况。相比永久性冲击，暂时性冲击在图形上最大的不同在于变量最终回归到原始的稳态。具体参见源代码 25。

源代码25　未预期的暂时性技术冲击

```
%Mod file: det_rbc_2_Unanticipated_Transitory.mod
......
steady_state_model;
......
end;
steady;

%the economy starts from the steady state
%unanticipated negative transitory shock during period 1:3.
%the economy will eventually return back to initial steady state.
shocks;
var epsA;
periods 1:3;
values -0.1;
end;

simul(periods=98);
......
```

注：省略部分和源代码 24 相同。

　　此处并未设置初值模块，此时外生变量的初值被认为 0，内生变量的初值仍被 Dynare 赋予为其稳态值。该处设定了在模拟的前 3 期使用了负向的外生技术冲击，然后以后各期的外生冲击变为 0。

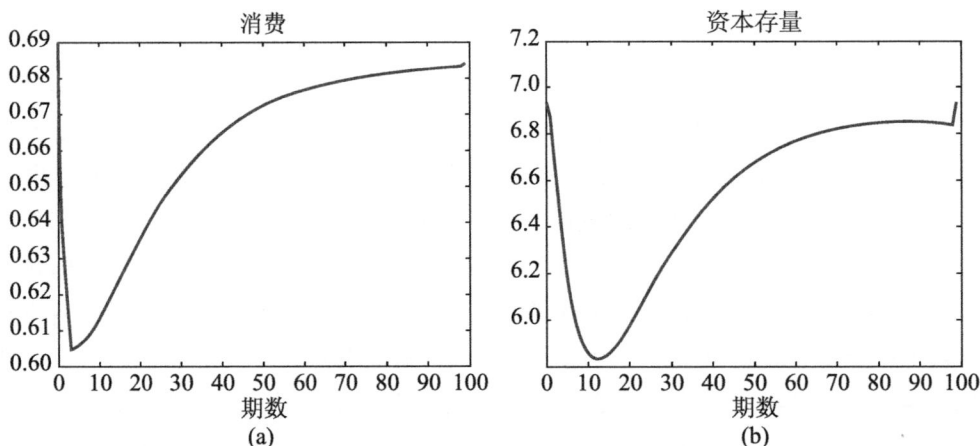

图 3.8　未预期的暂时性冲击下的消费和资本存量的轨迹图

注：(a) 表示消费 (C)；(b) 表示资本存量 (K)；水平轴表示模拟期数 (periods)。

消费和资本存量的初始稳态值同表 3.9。图 3.8 显示了暂时性负向 (Negative) 技术冲击下，消费 (第 1 列) 和资本存量 (第 2 列) 出现剧烈的下降，随着外生冲击的消失，而后缓慢上升，消费和资本存量最终回归到原来的稳态值，而非新的稳态。同样地，消费在初期和资本存量在末期存在跳跃的情况，具体可参考 oo_.endo_simul 进行验证。

关于其他几种确定性模拟的示例，请参考提供的 Dynare 模型文件，此处不再一一介绍。在介绍完确定性模拟之后，下一节来聚焦随机模拟分析。

3.9　随机模拟分析：stoch_simul

随机模拟分析是最常用的 Dynare 计算命令之一。顾名思义，随机模拟首先使用扰动算法完成基本的模型求解任务，然后在求解的基础上计算内生变量的脉冲响应、各阶矩，最后进行随机模拟，即根据随机抽取的外生冲击的样本，模拟出内生变量的增长路径。在本书 "1.1.7 脉冲响应和随机模拟" 一节中，已经简单介绍了随机模拟的概念，并手动编程实现随机模拟，即实现了 stoch_simul 的部分功能。手动编程能够帮助初学者理解 stoch_simul 命令背后的基本原理，但每次手动编程工作繁重而且容易出错，因此使用 stoch_simul 命令不失为一个好办法。

3.9.1　随机模拟选项简介

此处简略介绍 stoch_simul 命令及其选项。在 Dynare Reference Manual 中，stoch_simul 命令的选项多达 44 项，此处仅选取常用的选项加以介绍。

- **drop = xx**，在计算内生变量的各阶矩时，需要首先指定丢弃的期数(burn-in)：xx期，但这并不影响模拟变量本身，即oo_.endo_simul不受影响。默认情况下xx=100。

- **hp_filter =xx**，在计算内生变量的各阶矩时，首先进行HP滤波，同样地，这并不影响模拟变量本身，即oo_.endo_simul。此处的xx代表通常的lambda值，具体取值可参考本书 "**1.3.4 HP滤波的基本逻辑**"。

- **irf=xx**，计算xx期的脉冲响应，默认情况下xx=40，即计算40期的脉冲响应。关于脉冲响应的计算会在本书 "**6.2 脉冲响应函数和自定义编程**" 一节中进一步探讨。

- **irf_shocks = (shock1,shock2, ...)**，针对给定的外生冲击计算脉冲响应，多个外生冲击以逗号隔开。默认情况下，即不指定该选项，计算全部外生冲击的脉冲响应。

- **irf_plot_threshold = xx**，指定画出脉冲响应图形的门槛大小。当某变量的脉冲响应的各期值的绝对值的最大值小于xx，那么该变量将不会在脉冲响应图中画出，默认情况是百亿分之一，即1E-10。

- **nocorr**，指定不要在Matlab命令行窗口显示相关系数矩阵，默认显示，不影响计算，即仍然计算相关系数并存储起来。

- **nofunctions**，指定不要在Matlab命令行窗口显示政策函数和转换方程，默认显示，不影响计算。

- **nomoments**，指定不要在Matlab命令行窗口显示内生变量的各阶矩，默认显示，不影响计算。

- **nograph**，指定不要显示和保存图形，即不画图，默认为显示和保存。

- **nodisplay**，指定不要显示图形，但保存图形到硬盘。

- **noprint**，指定不要显示任何计算信息，对于循环调用非常有帮助，能节约不少时间，但启动和预编译信息仍然显示。

- **order =xx**，指定Taylor近似的阶数，可接受的值为1，2，3。默认为2，即二阶近似求解。

- **periods=xx**，指定随机模拟的期数，同时也是决定计算理论矩还是模拟矩的关键所在。xx为非零时，计算模拟矩，否则计算理论矩。在外生变量随机抽取样本时，如果外生冲击之间是相关的，即M_.Sigma_e是非对角矩阵，那么Dynare会使用类似于VAR文献中的处理办法来对M_.Sigma_e进行Cholesky分解，此时外生变量的次序则依据varexo的声明顺序进行分解。默认情况下periods=0。

- **pruning**，指定使用剪枝算法，即在迭代计算过程中丢弃高阶项。如果指定该选项，Dynare在二阶计算时，将使用由Kim, Schaumburg & Sims (2008)提出的剪枝算法；在三阶计算时，使用由Andreasen, Fernández-Villaverde & Rubio-Ramírez (2013)[1]提出的剪枝算法。本书"**6.3 二阶随机模拟中的一些问题**"中会进一步介绍剪枝算法。

3.9.2 随机模拟示例

以本章第一节中的 RBC 模型为例。首先进行随机模拟，然后示例如何提取模拟结果中的水平变量进行画图分析。具体语法参见源代码 26。

---

① Andreasen, Martin M., Jesús Fernández-Villaverde, and Juan Rubio-Ramírez.: ***The Pruned State-Space System for Non-Linear DSGE Models: Theory and Empirical Applications***, NBER Working Paper, 2013,18983（Jesús Fernández-Villaverde 的网站上提供了更新的版本，2017-7）.

源代码26 随机模拟冲击示例

```
stoch_simul(periods=1000,irf=40,order=1) c k lab z;
......
figure(1)
subplot(2,2,1)
plot(oo_.endo_simul(1,:),'-b','Linewidth',1)  %调用oo_.endo_simul
title('Consumption ')

subplot(2,2,2)
plot(oo_.endo_simul(2,:),'-b','Linewidth',1)
title('Capital Stock ')

subplot(2,2,3)
plot(oo_.endo_simul(3,:),'-b','Linewidth',1)
title('Labor')

subplot(2,2,4)
plot(oo_.endo_simul(4,:),'-b','Linewidth',1)
title('Technology Shock')
```

此处,随机模拟命令中指定了 3 个选项,即模拟 1 000 期、计算 40 期脉冲响应图、进行一阶泰勒近似求解。在结果显示时只针对列示的 4 个内生变量 (实际上是全部变量),未被列示的变量将不予显示 (包括政策函数、脉冲响应图、各阶矩等不予显示),但不影响计算。

根据前文的分析,随机模拟的结果存储于 oo_.endo_simul 结构数组中,其行对应着以声明顺序排序的内生变量,列为模拟的期数,因此 oo_.endo_simul 为 $4 \times 1\,000$ 的矩阵。接下来,从 oo_.endo_simul 数组中提取 4 个内生变量的模拟值,如图 3.9 所示[①]。从图 3.9 可看出,在模拟期内,技术冲击实际上就是白噪声过程,其均值为 0,标准差为

$$\mathrm{std}\left(Z_t\right)=\frac{s}{\sqrt{1-\rho^2}}\approx 0.022\,4$$

其中,参数 s,ρ 的含义参见本书 **"3.1 DSGE 模型:一个简单的例子"**。可以验证模拟样本的标准差与此值非常接近[②]。在此冲击驱动下,其他内生变量也呈现出不同幅度的变化。

[①] 具体 Matlab 源代码请参考源代码 26。对其他存储结果的调用可如法炮制。具体请参考本章第一节中的模型文件:\Sources\Chap3_Dynare_Basics\3.1_simple_example\ GrowthApproximate.mod。

[②] 在 Matlab 的命令行中输入 std(oo_.endo_simul(4,:)),即外生技术冲击模拟样本的标准差,可发现此值与理论值非常接近。

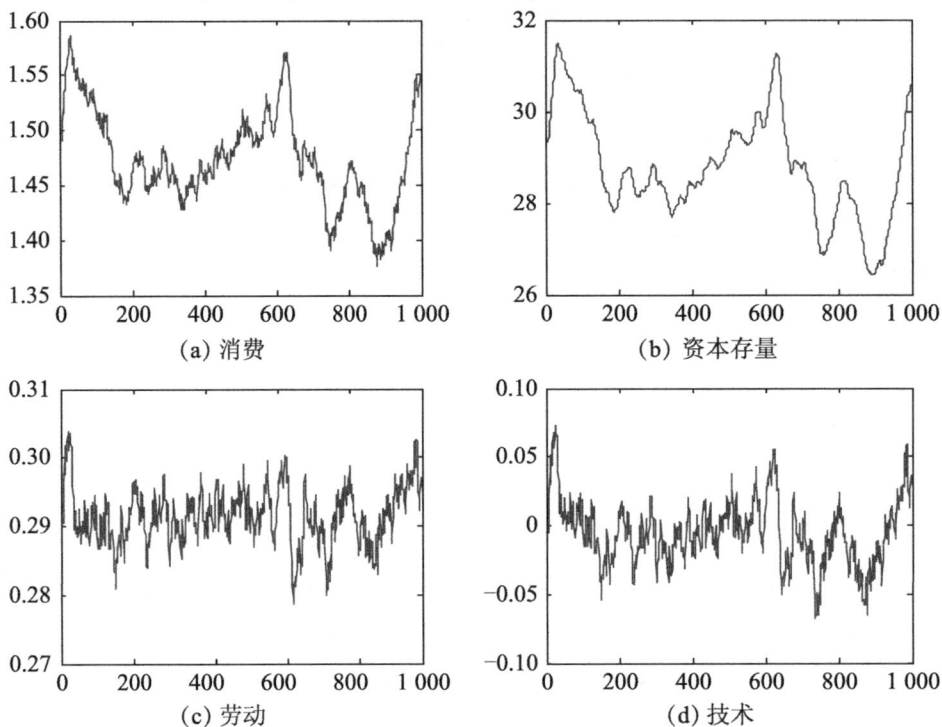

图 3.9　随机模拟 (消费、资本存量、劳动和技术冲击)

3.10　参数估计简介

模型中结构参数的赋值有两种方法：第一种为校准 (Calibration)；第二种为估计 (Estimation)，即使用实际统计或观测数据对参数进行估计，从而获取估计值。简单来说，Dynare 对参数进行估计就是使用某些基本方法，比如贝叶斯 (Bayesian) 估计如 Schorfheide(2000)、Rabanal & Rubio-Ramirez (2005)、Smets & Wouters (2003; 2007) 等，极大似然估计 (MLE)，如 Ireland (2004) 等，并在某些假设下 (比如假定参数服从某些概率分布)，从数据中"发现"参数的"真实"取值[1]。

---

① 由于真实值是无法知道的，只能估计。此处"真实"二字加了引号，这表明估计得到的值，不是绝对意义上的真实值，而是相对意义或者有条件的真实值。之所以称之为相对或有条件的真实值，是因为估计是在一定的前提下进行的，这包括估计方法的选择，先验分布的选择，数据序列本身和序列长度的选择等，这些因素的差异将会导致估计值的差异。

Herbst & Schorfheide (2016) 是一本专门介绍 DSGE 模型贝叶斯估计的专著，不仅介绍了线性化 DSGE 模型的估计，更深入地讨论了使用粒子滤波 (Particle Filter) 估计非线性 DSGE 模型，并给出具体的例子，值得仔细阅读。

本节结合 Dynare 实践，对极大似然估计和贝叶斯估计进行简单介绍，然后对贝叶斯估计中的马尔可夫链—蒙特卡洛 (MCMC) 方法进行阐述，最后给出一个例子。

3.10.1 极大似然估计与贝叶斯估计的基本逻辑

在本小节中，主要阐述最大似然估计和贝叶斯估计的基本原理和逻辑，但并不打算阐述两者背后复杂的数理知识，只是点到为止。在继续阐述之前，熟悉表 3.10 中各符号的含义，将会非常有助于理解接下来的内容。

表 3.10　本节定义的几个符号与其含义

符　　号	含　　义
θ	待估参数，一般为向量
$Y^{\text{data}} \equiv \{Y_1^{\text{data}}, \ldots, Y_T^{\text{data}}\}$	观测数据，用于估计的事实统计数据
$p(\theta)$	先验分布，Prior Density Function, PDF
$p(Y^{\text{data}} \vert \theta)$	似然函数，Likelihood Function
$p(Y^{\text{data}})$	边际似然函数，用于估计模型的拟合度
$p(\theta \vert Y^{\text{data}})$	后验分布密度函数，Posterior Density Function，PDF
$Ker(\theta \vert Y^{\text{data}})$	Kernel，核密度函数
$\theta^* = \arg\max\limits_{\theta} \log Ker(\theta \vert Y^{\text{data}})$	众数，mode

1. 极大似然估计

极大似然估计 (Maximum Likelihood Estimation，MLE) 就是选择参数 θ 来最大化如下的似然函数 (Likelihood)，其原理较为简单：

$$
\begin{aligned}
p\left(Y^{\text{data}} \mid \theta\right) &\equiv p\left(Y_1^{\text{data}}, Y_2^{\text{data}}, \cdots, Y_T^{\text{data}} \mid \theta\right) \\
&\underset{\text{条件概率}}{=} p\left(Y_1^{\text{data}} \mid \theta\right) \times p\left(Y_2^{\text{data}} \mid \theta, Y_1^{\text{data}}\right) \\
&\times \cdots \times p\left(Y_t^{\text{data}} \mid \theta, Y_1^{\text{data}}, \cdots, Y_{t-1}^{\text{data}}\right) \\
&\times \cdots \times p\left(Y_T^{\text{data}} \mid \theta, Y_1^{\text{data}}, \cdots, Y_{T-1}^{\text{data}}\right)
\end{aligned}
$$

其中，条件概率 $p(Y_t^{\text{data}} \mid \theta, Y_1^{\text{data}}, \cdots, Y_{t-1}^{\text{data}})$ 使用 Kalman 滤波进行计算。关于 Kalman 滤波的详细介绍，请参考 Hamilton(1994)，此处不再详细介绍。后续会举例说明，如何在 Dynare 中使用极大似然估计的方法进行参数估计。

2. 贝叶斯估计

贝叶斯估计 (Bayesian Estimation) 的基本原理，直观地说非常简单，就是在参数先验分布 (Prior) 的基础上，结合数据的信息 (Y^{data})，找到参数的后验分布 (Posterior)。也就是说，贝叶斯估计的实质就是一个简单的映射，依据数据信息，将先验分布映射成后验分布。由于先验分布是依据经验而假设的分布，可能存在"偏误"，而数据的作用其实是"纠偏"，将其中有用的信息融入，以"纠正偏误"，从而形成后验分布，如图 3.10 所示。

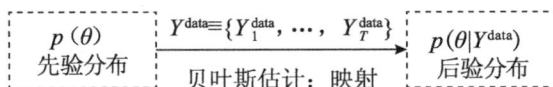

$$p(\theta) \atop \text{先验分布} \quad \xrightarrow{Y^{\text{data}} \equiv \{Y_1^{\text{data}}, \cdots, Y_T^{\text{data}}\} \atop \text{贝叶斯估计：映射}} \quad {p(\theta \mid Y^{\text{data}}) \atop \text{后验分布}}$$

图 3.10　贝叶斯估计的基本原理

从逻辑推导上说，贝叶斯估计背后就是概率论中著名的贝叶斯法则 (Bayes' Rule)，即参数的后验分布由条件概率公式：

$$p\left(Y^{\text{data}} \mid \theta\right) \times p(\theta) = p\left(Y^{\text{data}}, \theta\right) = p\left(\theta \mid Y^{\text{data}}\right) \times p\left(Y^{\text{data}}\right) \tag{3.10.1}$$

推导出来：

$$p\left(\theta \mid Y^{\text{data}}\right) = \frac{p\left(Y^{\text{data}} \mid \theta\right) \times p(\theta)}{p\left(Y^{\text{data}}\right)} \tag{3.10.2}$$

从数据使用和先验假设的角度来看，贝叶斯估计位于极大似然估计和参数校准 (Calibration) 之间。参数校准就是依据经验假设，给参数指定一个值，其实是在指定先验分布，只不过这个先验分布比较特殊，其对应的方差或标准差为 0，也就说是一个固定的点。而极大似然估计直接使用数据，没有给定先验分布 (或者说给定的先验分布的方差为无穷大)，然后极大化似然函数，从而找到使得似然函数取值最大的参数值作为估计值。而贝叶斯估计恰恰结合了这两点：假定先验分布并使用数据，正如贝叶斯法则 (3.10.2) 那样，将两者联系在一起。Hamilton(1994) 提供了一个非常直观的例子来理解参数校准、极大似然估计与贝叶斯估计之间的联系 [1]。

贝叶斯估计中先验分布则是一般意义上的分布，即标准差不为 0，不再是一个点，

---

[1]　PP352, Chapter 12, Hamilton, J. D. *Time Series Analysis*. Princeton, NJ, Princeton University Press,1994.

而是指定一个区域，或更严格地说，是整个参数空间中的一个子区域，作为候选区域。先验分布可以理解为施加于似然函数的"权重"或"偏好"，使得参数的选择范围集中于均值附近，而非离均值较远。换句话说，先验分布使得"巨大的参数选择空间"变小，从而使似然函数集中于更"有意义"的子区域去寻找合适的参数估计值。

　　Dynare 中贝叶斯估计可分为两步：第一步，使用数值求解算法，求出使得似然函数取最大值时的众数 (Mode)；第二步，从众数开始，使用 MCMC 方法模拟后验分布，然后计算各种感兴趣的矩 (Moments)。在下一节中，将对此进行简要介绍。

3.10.2　马尔可夫链——蒙特卡洛(MCMC)方法

　　由于参数的后验分布 (密度函数) 在多数 DSGE 模型中 (甚至某些 RBC 模型中) 无法用解析形式来表达，不可能通过贝叶斯法则计算出来，只能通过随机抽样的方法，即所谓的蒙特卡洛 (Monte Carlo) 方法来近似逼近后验分布。马尔可夫链—蒙特卡洛方法 (Markov Chain-Monte Carlo，MCMC) 是一类方法的统称，是贝叶斯估计的逻辑方法和框架，而非具体估计的算法。此处使用的 MCMC 的具体方法是 MH 算法 (Metropolis-Hastings Algorithm)，后续会有进一步介绍。

1. 核密度函数

　　假设已经获得待估参数 θ 的抽样 $\theta^{(1)}$、$\theta^{(2)}$、$\cdots$、$\theta^{(T)}$(即马尔可夫链，Markov Chain)，那么后验分布的密度函数 $p\left(\theta \mid Y^{\text{data}}\right)$ 可以通过如下的方式获得 [1]：

$$p\left(\theta \mid Y^{\text{data}}\right) = \lim_{T \to \infty} \text{Frequency}\left(\theta^{(i)} \text{ draw using MCMC}\right)$$

其中，待估参数抽样通过 MCMC 方法抽取，以频率的极限值作为后验分布概率密度。此外，在获取待估参数 θ 的抽样 $\theta^{(1)}$、$\theta^{(2)}$、$\cdots$、$\theta^{(T)}$ 后，可以计算或估计各种关于 θ 的后验分布的统计量，比如期望和方差 $\mathrm{E}(\theta)$、$\mathrm{var}(\theta)$，以及边际后验分布

$$q\left(\theta_i \middle| Y^{\text{data}}\right) \equiv \int_{\theta_{j \neq i}} p\left(\theta \middle| Y^{\text{data}}\right) \mathrm{d}\theta_{j \neq i}$$

和边际似然函数

$$p\left(Y^{\text{data}}\right) = \int_{\theta} p\left(Y^{\text{data}} \middle| \theta\right) \times p(\theta) \mathrm{d}\theta$$

　　因此，MCMC 方法的核心是在后验分布没有解析解的情况下，如何获取后验分布及其抽样。

---

[1]　在 Matlab 中，可以使用命令 hist 画出抽样的直方图来直观地看出后验分布概率密度函数的近似形状。

由 (3.10.2) 可得

$$p\left(\theta\middle|Y^{\text{data}}\right) \propto p\left(Y^{\text{data}}\middle|\theta\right) \times p\left(\theta\right) \equiv Ker\left(\theta\middle|Y^{\text{data}}\right) \tag{3.10.3}$$

其中，$Ker(\theta|Y^{\text{data}})$ 被称为后验分布的核密度函数 (Posterior Kernel)，与后验分布 $p(\theta|Y^{\text{data}})$ 相差一个常数 [取对数后，并假设数据的边际似然函数 $p(Y^{\text{data}})$ 为常数，即不依赖于待估参数]。在贝叶斯估计中，同样使用 Kalman 滤波对似然函数 $p(Y^{\text{data}}|\theta)$ 进行计算，该似然函数是待估参数的复杂函数，Dynare 将使用数值求解方法来找到最大值对应的参数 [1]，被称为众数：

$$\theta^{*} \equiv \arg\max_{\theta} p\left(\theta \middle| Y^{\text{data}}\right) = \arg\max_{\theta} Ker\left(\theta \middle| Y^{\text{data}}\right)$$

这个众数是 Dynarc 的一个重要的输出结果。一般说来，对于单众数 (单峰) 对称分布，均值和众数是一致的 (Hamilton, 1994)。在某些情况下，均值和众数存在差异，但随着样本的增大，众数将趋近于均值 (DeGroot, 1970, PP236)。

2. MH 算法

在获得似然函数的众数后，接下来就是寻找后验分布自身。在大多数 DSGE 模型中，核密度函数本身没有解析解，只能通过 Kalman 滤波算法进行数值计算和估计，从而后验分布也没有解析解。在对后验分布知晓甚少的情况下 (此时知晓后验分布的众数、由 Kalman 滤波估计的似然函数)，如何才能找到其密度函数呢？由于其没有解析表达式，因而只能通过随机模拟来抽样，近似逼近密度函数。这正是 MH 算法所做的事情。MH 算法是文献中公认的一个较为高效的算法，思想类似于常见的接受拒绝算法 (Acceptance-Rejection Algorithm，AR)，对抽取的样本选择性接受，因而存在一个适意的接受率问题 (Acceptace Rate) 后续会有进一步介绍。MH 算法通过对核密度函数进行随机模拟，抽取一系列的样本 (Markov Chain)，然后画出样本直方图来近似逼近后验分布的密度函数。当样本足够大时 (比如抽样十万或百万次)，直方图的锯齿状会逐渐消除，趋于平滑和连续。

了解 MH 算法，将有助于 Dynare 贝叶斯估计编程，特别是估计命令 estimation 选项的设定。因而此处做简单介绍，其基本的步骤如下：

第一步：选择一个初始点，$\theta^{(1)}=\theta^{*}$，通常情况下选择众数作为初始点；

第二步：抽取 $\theta^{(t)}$，$t > 1$。首先从跳跃分布中 (Jumping Distribution) 抽取一个候选样本 (Candidate) s：

---

[1] 该数值求解方法，由估计命令 estimation 的选项 mode_compute=xx 来确定，具体见后续关于该命令详细介绍。

$$s \sim \theta^{(t-1)} + c \times N\left(0, V_{\mathrm{mode}}\right) = N\left(\theta^{(t-1)}, c^2 V_{\mathrm{mode}}\right) \tag{3.10.4}$$

其次计算接受比率 r：

$$r \equiv \frac{p\left(Y^{\mathrm{data}}\big|s\right)p(s)}{p\left(Y^{\mathrm{data}}\big|\theta^{(t-1)}\right)p\left(\theta^{(t-1)}\right)} = \frac{Ker\left(Y^{\mathrm{data}}\big|s\right)}{Ker\left(Y^{\mathrm{data}}\big|\theta^{(t-1)}\right)}$$

最后根据如下的规则，以确定是否接受或拒绝候选样本 s：

$$\theta^{(t)} = \begin{cases} s & \text{with probability min }(r,1); \\ \theta^{(t-1)} & \text{otherwise.} \end{cases}$$

通常情况下，会从 $U(0,1)$ 一致分布中抽取样本，和接受比率 r 比较大小，用于判断是否接受还是拒绝候选样本。

第三步：不断重复第二步，直到获取足够的样本。从数学上可证明，经过这样抽取的样本最终收敛于后验分布。因此只要样本足够大，就可以获得足够的近似。

第二步中，首先要对跳跃分布做出简单说明。关于跳跃分布的详细背景、定义以及如何选择的问题，已经超出了本书讨论的范围。简单地说，如果一个分布很难或无法知道如何从中抽样，则此时需要借助于另一个分布来辅助抽样，这个分布就是跳跃分布。跳跃分布的选择，其实很难说有一个统一的标准。在 AR 抽样中，如果从原始分布 $f(x)$ 直接抽取样本很困难，则一般会选择跳跃分布 $g(x)$ 和某个合适的常数 λ，满足 $f(x) \leqslant \lambda g(x)$，然后从 $g(x)$ 抽样，经过选择后留下合适的样本。而此处由于对后验分布知之甚少，因此无法确定一个合适的跳跃分布。通常情况下要求这个跳跃分布是关于均值对称 (Symmetric)。于是，一个最自然的选择就是正态分布[1]。

An & Schorfheide(2007) 指出使用众数作为该正态分布的均值，使用一个"调整"的 (Scaled) 的方差—协方差矩阵作为该正态分布的协方差矩阵。这样，至少在众数周围，可以对后验分布做非常好的近似[2]。这正是 Dynare 的做法。初始值选择众数作为均值，并使用：

$$V_{\mathrm{mode}} \equiv \left[-\frac{\partial^2 L}{\partial\theta\partial\theta'}\right]^{-1}_{\theta=\theta^*}$$

作为正态分布的方差—协方差，其中 $L \equiv L(\theta) \equiv \log p(Y^{data}|\theta) + \log p(\theta)$。这里"调整"

---

[1]　一般情况下，参数可看作是渐进服从正态分布 (asymptotically normal)。

[2]　An, S. and F. Schorfheide (2007). *Bayesian Analysis of DSGE Models*. Econometric Reviews 26 (2-4): 113-172. "... The algorithm constructs a Gaussian approximation around the posterior mode and uses a scaled version of the asymptotic covariance matrix as the covariance matrix for the proposal distribution. This allows for an efficient exploration of the posterior distribution at least in the neighborhood of the mode... "

是指式 (3.10.4) 中的系数 c，c 值的变化直接影响跳跃分布的方差和抽样。Dynare 的估计命令中有一个专门的选项，mh_jscale，用以设定 c。作为关键参数，c 的大小还直接影响随机模拟样本的接受率。在方差和协方差矩阵 V_{mode} 给定的情况下，较小的 c 值将导致方差较小，从而使得样本选择过于集中在均值附近，从而导致接受率较高，很难遍历较大的参数空间，而且有可能"困在"某个"局部最大值"的地方，从而导致马尔可夫链 (Markov Chain) 收敛较慢。反之，当 c 值较大时，方差较大，从而会使得样本选取范围更大，同时这也意味着样本接受率较低，往往会使得模拟"困在"后验分布的尾部，即概率密度较小的地方。因此适意的 c 值较为重要，后续会做进一步介绍。

虽然样本最终收敛于后验分布，但在模拟的初期却面临一个尴尬：初期抽取的样本无法知晓其分布，也就说是初期抽取的样本可能根本就不是来自于后验分布，或者说与后验分布差异很大。此时，一个标准的做法就是丢弃一定数量前期抽取的样本，这在统计中被称为预迭代期 (Burn-in Period)。Dynare 中使用选项 mh_drop=xx 来定义丢弃的样本数量，默认值为丢弃 50%。

在第二步计算接受比率时，可看到接受比率是密度函数之比。在给定上一期抽取的样本 $\theta^{(r-1)}$ 后，当前抽取的样本 s 的似然值越大，接受比率越大，因而其被接受的概率越高，这也符合直觉。

最后是关于重复次数的问题。在实际模拟时，重复 10 000 次算是比较小的数值，理想的情况多达 1 000 000 次，甚至更多。但这种情况下将会非常耗时 (Time Intensive)，特别是多个并行的马尔科夫链同时进行 (默认情况下是两条链同时进行模拟，下文会提及，由估计命令的选项 mh_nblocks 决定)。因此，可根据问题的需要和实际计算资源，选择合适的重复次数。

为了直观地理解 MH 算法，来看一个简单的例子。在该例子中，使用 MCMC 来近似逼近均值为 1 的对数正态分布 (Log Normal) 的密度函数，也就是说将对数正态分布看作后验分布。此后验分布的均值已知 (因而方差)，无须估计，此处反过来使用 MCMC 算法逼近后验分布，检验其效果。因此，在计算跳跃分布的方差时，直接使用了对数正态分布的密度函数 (Matlab 的内置函数 lognpdf)，而且在计算接受比率时也同样直接使用了该函数。同时为了对比分析，使用了拉普拉斯 (Laplace) 算法 (见本节第三部分) 逼近对数正态分布的密度函数。

源代码 27 给出了所有关于模拟的细节和代码解读，应该仔细研读，以掌握 MCMC 算法。整个代码可分为如下几个部分：第一部分是模拟前的准备，寻找跳跃分布的均值和方差 (此处跳跃分布选择正态分布，但需要确定此正态分布的均值和方差)，即找出给定对数正态分布的众数作为均值，然后使用二阶导数的近似计算公式计算出方差。第二部分是进行 MCMC 模拟。此模拟部分的代码是和前面 MH 算法的步骤一一对应的，并力争做到符号对应，以方便理解和阅读。最后是模拟后的简单处理。首先对直方图进行标准化处理，即将直方图中的各个小矩形的面积之和标准化为 1，然后画出相应的图形。对于 Laplace 近似算法，则直接使用了本节第三部分的结果，在画图函数 plot 中直接调用 Laplace 近似的结果，即近似服从正态分布。

源代码27　对数正态分布的MCMC和Laplace近似[①]

```
%% Log-Normal Approximation: MCMC_Laplace_Approximation.m
%This m file is to illustrate the MCMC and Laplace approximation
%to a lognormal distribution important in Financial Accerlerator Model

clear all
close all

%parameter in the jump distribution(mh_jscale):
c=8.5;
%number of total simulation, you could change this value depends on need
number_of_sim=20000;

%parameters of the Lognormal distribution with expected value equal to 1.
%see "5.2 对数正态分布的基本概念" for more details.
lognormal_mean=-1/2;
lognormal_sigma=1;

%find the mode of lognormal
x_interval=0:.001:3; %desired or defined domain of lognormal
Y = lognpdf(x_interval,lognormal_mean,lognormal_sigma);
[maxY,i]=max(Y);
lognormal_mode=x_interval(i);

epsilon=1e-6; %a small number for 2nd derivatives
s=lognormal_mode;

%get the variance required for the Laplace approximation and the MCMC:
f_right=log(lognpdf(s+2*epsilon,lognormal_mean,lognormal_sigma));
f_left=log(lognpdf(s-2*epsilon,lognormal_mean,lognormal_sigma));

%approximation for 2nd derivatives of lognormal distribution
f_2nd_der=(f_right-2*log(maxY)+f_left)/(2*epsilon*2*epsilon);

%the standard deviation (variance) for the jump distribution;
%in our text, we use Vmode as the variance
Vmode=sqrt(-1/f_2nd_der);
```

[①] 源文件地址：\Sources\Chap3_Dynare_Basics\3.10_estimation\ MCMC_Laplace_Approximation.m。

```
randn('seed',1);  %set seed, for replication

theta(1)=lognormal_mode;  %starting simulation from mode

acceptance=0; %count how many samples are accepted

%how long its takes for simulation
tic
%codes for MCMC simulation
for ii = 2:number_of_sim
    %draw from [0,1] uniform distriubtion
    u=rand;

    %draw from the jump distribution starting from mode
    s=theta(ii-1)+c*randn*Vmode;

    x0=theta(ii-1);   %previous draw

        %the lognormal random variable is non-negative, so a negative
candidate has density zero.
    if s < 0
        theta(ii)=theta(ii-1); %reject the draw, i.e. discard negative
draws
    else
        fn=lognpdf(s,lognormal_mean,lognormal_sigma);
        fd=lognpdf(x0,lognormal_mean,lognormal_sigma);
        %acceptance ratio
        r=fn/fd;
        %accept the new draw with prob. min(r,1)
        if u < r
            theta(ii)=s;
            acceptance=acceptance+1;
        else
            theta(ii)=theta(ii-1); %reject the draw

 end
    end
end
toc
%burn-in periods
burn_in=min([1000,round(.01*number_of_sim)]);
%the histogram for the sample
%N, the vector of numbers in each bins which correspondes the height
of
 %each bin in the histogram
%X, the centers of each bin
[N,X]=hist(theta([burn_in:number_of_sim]),150);
```

```
%the width of each bin should be the same
width1=max(diff(X));
width2=min(diff(X));
width=(width1+width2)/2;

%to ensure the sum of the area of all bins equal to unity since we
are
%approximating the probability density function using histogram
weight=width*sum(N);
%you will find sum(n*width) ==1 where n*width represents the area of
each
%bin, this implies the Riemann integral over the histogram is unity.
n=N/weight;

%restrict the samples to the x_interval, the defined domain

upper_=max(find(X<max(x_interval)&X>min(x_interval)));
lower_=min(find(X<max(x_interval)&X>min(x_interval)));
rsi=[lower_:upper_];

%plot the lognormal, Laplace approximation and MCMC simulation
% Laplace approximation:see(3.10.6).
plot(x_interval,Y,X(rsi),normpdf(X(rsi),lognormal_mode,Vmode),'x-
',X(rsi),n(rsi),'ro-')

t1=['Lognormal distribution, mode = ',num2str(lognormal_mode),', \mu =
',num2str(lognormal_mean), ' \sigma = ',num2str(lognormal_sigma)];
t2=['MCMC, c = ',num2str(c),', acceptance ratio=
',num2str(100*acceptance/number_of_sim),'%'];

legend(t1,'Laplace approximation',t2)
axis tight
```

　　有一点需要提及，在随机模拟中由于后验分布即对数正态为非负，而跳跃分布为正态分布，可以为负，因此对抽取的负值样本应舍弃，因此代码中多出了一个 if 判断语句："if s < 0"来处理这个问题。

　　上述源代码同时画出图 3.11。在直方图标准处理时，首先计算了所有小矩形的面积，将其设定为总权重 (weight)，然后将每个小矩形的高度 N 标准化为 N/weight。从而保证了总面积之和为 1，满足了概率密度函数在定义区间上积分为 1。此处的标准化并非严格意义上的标准化，因为此处对数正态分布的定义区间仅仅考虑了 [0,3]，而非 [0, ∞)。

　　图 3.11 给出了 MCMC 和 Laplace 近似方法的结果。可以看出 MCMC 的逼近结果较好，而 Laplace 近似在众数 (mode=0.223 0) 附近取值较大，给予了较多的权重，因此尾部

的权重较低，总体而言偏离较大。其实可以在更苛刻的环境中考察两者的近似情况，比如可考察具有双峰 (bimodal) 的概率分布[①]，结果是同样的，而且随着模拟次数的增长，MCMC 几乎和后验分布重合，而 Laplace 算法逼近的效果较差，这说明 MCMC 算法是一种比较可靠的近似算法。

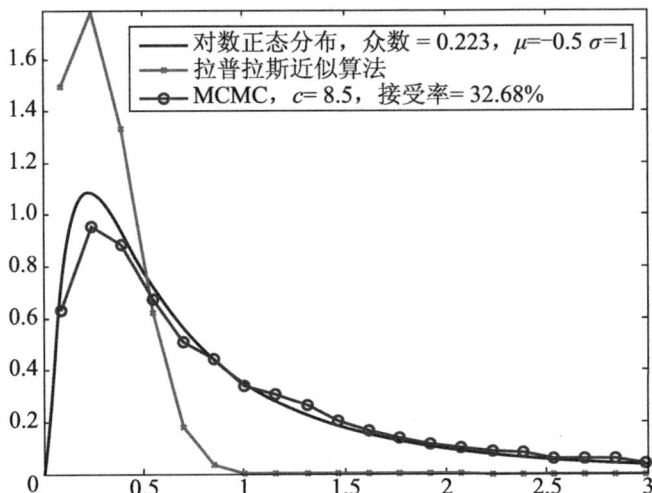

图 3.11　对数正态分布的 MCMC 和 Laplace 逼近

3. Laplace 近似算法

Dynare 在贝叶斯估计后，一般会给出如下的输出信息：

```
Log data density [Laplace approximation] is xxx.xxx.
```

此信息即对数数据密度值，常常用于模型的拟合度比较。该数量值越大，意味着拟合度越高。比如：同一个模型的一个参数，给定两种不同的先验分布，在其他条件不变，对应较大数据密度的先验假设被认为更合适。

从输出结果中可看到，数据密度的计算使用了 Laplace 近似算法。从本质上讲，该算法就是在某个给定点处的二阶 Taylor 展开。通常情况下，该给定点为众数。核密度函数的 (对数)$L(\theta)$ 的定义为

$$L(\theta) \equiv \log p\left(Y^{\text{data}} \mid \theta\right) + \log p(\theta) \tag{3.10.5}$$

---

① 两个均值不同的正态分布密度的线性组合，即一个双峰的密度函数。这区别于两个正态随机变量之线性组合仍为正态分布的结论。

在众数处对 $L(\theta)$ 进行二阶 Taylor 展开，可得：

$$L(\theta) \approx L(\theta^*) + L_\theta(\theta^*)(\theta - \theta^*) - \frac{1}{2}(\theta - \theta^*)' V_{\text{mode}}^{-1}(\theta^*)(\theta - \theta^*), V_{\text{mode}}^{-1}(\theta^*) \equiv -\left.\frac{\partial^2 L(\theta)}{\partial\theta\partial\theta'}\right|_{\theta=\theta^*}$$

(3.10.6)

其中，θ^* 为后验分布的众数，因此 $L_\theta(\theta^*)=0$，$V_{\text{mode}}^{-1}(\theta^*)$ 为正定矩阵 (Positive Definite)。于是由 (3.10.6) 可得：

$$p(Y^{\text{data}} \mid \theta) p(\theta) \approx p(Y^{\text{data}} \mid \theta^*) p(\theta^*) \exp\left(-\frac{1}{2}(\theta - \theta^*)' V_{\text{mode}}^{-1}(\theta^*)(\theta - \theta^*)\right)$$

利用正态分布的基本性质，可推导出在 Laplace 近似下[1]，后验分布近似为如下的正态分布

$$\theta \mid Y^{\text{data}} \sim N(\theta^*, V_{\text{mode}})$$

(3.10.7)

以及数据密度函数满足

$$p(Y^{\text{data}}) \approx \frac{p(Y^{\text{data}} \mid \theta^*) p(\theta^*)}{\dfrac{1}{(2\pi)^{\frac{T}{2}}} \left| V_{\text{mode}}^{-1} \right|^{\frac{1}{2}}}$$

(3.10.8)

4. Dynare 贝叶斯估计的核心逻辑

综上所述，在贝叶斯估计中，Dynare 首先使用 Kalman 滤波，结合观测数据，估计似然函数，然后通过数值求解算法求出似然函数的最大值即众数，最后使用 MH 算法 (MCMC) 模拟，抽取马尔可夫链，通过直方图近似逼近后验分布的密度，这就是 Dynare 贝叶斯估计最核心的逻辑 (如图 3.12 所示)。

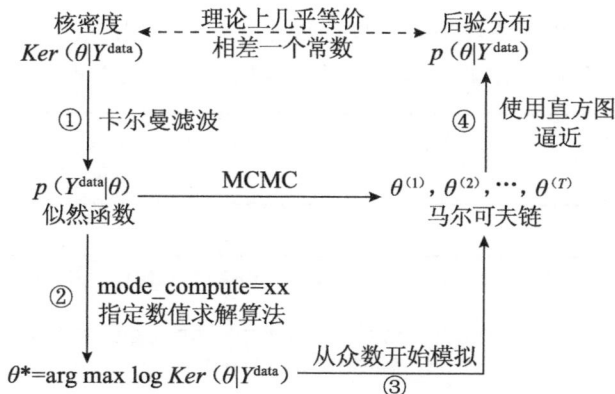

图 3.12 Dynare 贝叶斯估计的核心逻辑

---

[1] 由于篇幅限制，此处没有提供推导的过程，感兴趣的读者可向作者索要推导过程。

3.10.3　Dynare参数估计和一个例子

由于篇幅的限制，本节并不打算介绍 Dynare 对参数估计所使用的求解后验众数的数值算法和 MH 算法背后的各种细节，而是着重介绍如何使用 Dynare 内置的估计命令，对一个或多个参数进行编程估计。

1. Dynare 参数估计的基本逻辑

Dynare 参数估计是使用模型 (3.10.9) 的一阶线性化系统进行估计[①]：

$$E_t\left\{f\left(y_{t+1}, y_t, y_{t-1}, u_t; \theta\right)\right\} = 0 \qquad (3.10.9)$$

其中，θ 为待估参数向量；u_t 为外生的冲击；y_t 为内生变量组成的向量。

(1) Dynare 参数估计的基本逻辑

第一，计算内生变量 y_t 的稳态值 y；

第二，线性化系统均衡条件；

第三，求解线性化模型；

第四，使用 Kalman 滤波算法计算对数似然函数 (Log-Likelihood)；

第五，找到极大似然值和后验分布的众数 (Mode)；

第六，使用 Metropolis-Hastings 算法模拟后验分布。

(2) Dynare 参数估计的语法

Dynare 参数估计的基本语法包括 3 部分：首先是使用内置关键字以声明参数估计模块 (block)；然后是待估参数本身的声明；最后是使用 estimation 命令，完成语法设置。接下来一一介绍。

Dynare 中声明待估参数模块的内置命令是以"estimated_params；"开头，以"end；"结尾，中间输入待估参数声明。待估参数有两种常见的类型：一种是结构参数，使用"方法一"声明，一种是外生冲击的标准差参数，使用"方法二"声明，具体如下所示。

```
estimated_params;
……(加入相应的语法声明，见方法一和方法二)
end;
```

方法一：

```
PARAMETER NAME [, INITIAL_VALUE [, LOWER_BOUND, UPPER_BOUND]], PRIOR_
SHAPE,
PRIOR_MEAN, PRIOR_STANDARD_ERROR [, PRIOR_3RD_PARAMETER [,
PRIOR_4TH_PARAMETER [, SCALE_PARAMETER ] ] ];
```

[①]　这里的线性化方法包括对数线性化，但需要在 estimation 命令中指定选项 loglinear，才能使用对数线性化，具体参考 Dynare Reference Manual。

方法二：

```
stderr VARIABLE_NAME[, INITIAL_VALUE [, LOWER_BOUND, UPPER_BOUND]],
PRIOR_SHAPE,
PRIOR_MEAN, PRIOR_STANDARD_ERROR [, PRIOR_3RD_PARAMETER [,
PRIOR_4TH_PARAMETER [, SCALE_PARAMETER ] ] ];
```

实例如下：

```
estimated_params ;
gamma,normal_pdf,1,0.05;
alpha, uniform_pdf, , , 0,1;
end;
estimated_params ;
stderr e, inv_gamma_pdf, 0.01, inf;
end;
```

初始值和上下界的其他指定方式

```
estimated_params_init;(初始值)          estimated_params_bounds;(上下界)
stderr eps_a, 0.015;                     stderr eps_a, 0.001, .2;
rho, 0.89;                               rho, .001,.95;
end;                                     end;
```

注：此处仅列示了 Bayesian 估计下的简单、常用的命令，MLE 估计的声明方式略有不同，即不需要指定 Prior Shape，只需要参数的初始值、上下限 (lower & upper bound)；SCALE_PARAMETER 用于设定跳跃分布的方差与协方差矩阵的调节系数，还可以通过 estimation 命令的选项 mh_jscale 设定该条件系数，更为详细的使用方法请参考 Dynare Reference Manual。

结构参数的声明以该参数的名称开头，然后是该参数服从的先验分布的名称 (Prior Shape)，该名称是由 Dynare 预先定义的常见概率分布，如表 3.11 所示。

表 3.11　Dynare 预先定义的 Prior Shape

先验分布名称	符 号 形 式	分布取值范围
beta_pdf	$B(\mu, \sigma, p_3, p_4)$	$[p_3, p_4]$, $p_3, p_4 > 0$
gamma_pdf	$\Gamma(\mu, \sigma, p_3)$	(p_3, ∞), $p_3 > 0$
inv_gamma_pdf	$I\Gamma(\mu, \sigma)$	$(0, \infty)$
normal_pdf	$N(\mu, \sigma)$	$(-\infty, \infty)$
uniform_pdf	$U(p_3, p_4)$	(p_3, p_4)

数据来源：Dynarev4 User Guide, P.48。

表格 3.11 中参数 μ、σ 分别表示分布的均值和标准差；参数 p_3、p_4 仅用于 Beta 分布、Gamma 分布和 Uniform 分布，可以为无穷大。此外 Uniform 分布因为不需要声明均值和标准差，因此需要在参数声明中留出两个逗号隔开的空格，然后声明 p_3、p_4 参数。对于标准差参数的声明，需要使用关键字"stderr"后跟外生冲击的名称，而不是外生冲击对应的标准差的名称，然后是指定其服从的先验分布，其声明语法同方法一。

如果在"estimated_params;"声明中没有给定参数的初始值、上下界或已给定，可以在"estimated_params_init;"或"estimated_params_bounds;"中另外单独指定或重新给定，以覆盖前面指定的值 (参见上述实例)。

对于先验分布的选择，的确是非常困难的。在没有足够信息的情况下，选择先验分布往往具有较强的主观性，这也成为贝叶斯估计被质疑和批评最多的地方。但文献中有如下几条不成文的共识，可供参考：

- 对于标准差参数 σ 的估计，通常选择Inverse Gamma分布；
- 对于AR(1)过程的滞后项系数 ρ，即Persistence 参数，通常选择Beta分布；
- 其他参数，大都选择正态(Normal)分布。

在进行估计之前，还需要注意几个问题。

第一，数据问题。 参数估计的前提是模型中某些内生变量是可以观测的或者由观测值经过处理得到。使用数据首先需要确定选择哪些数据的问题。比如模型中有产出、消费、投资、通胀、就业等多个可观测的内生变量，但模型中只有 3 个外生冲击，由于不确定性问题 (Indeterminacy Problem) 的存在 [1]，从而只能选择不超过 3 个观测数据项，作为数据输入。选定数据项后，需要选择适当的时间序列长度和时间频率。一般说来，时间频率的选择可根据家庭贴现因子 β 的大小来选择，这是因为名义利率的稳态值 $R = \pi/\beta - 1$，如果稳态的通胀 $\pi = 1$，$\beta = 0.99$ 时，名义利率的稳态为 1%，年化名义利率为 4%，因此选择季度为数据频率较为合理。当 $\beta = 0.95$ 时，名义利率的稳态值为 5%，因此可选择年度作为频率。在时间频率选定后，就是序列长度问题。从直觉上讲，时间序列越长越好，因为其包含的有用信息越多，估计的准确性越高 [2]。

第二，观测数据与内生变量的匹配问题。 在估计时，要求模型文件中的变量形式应和观测数据相匹配。模型文件中的内生变量可能为水平变量、对数水平变量，也可以为增长率形式。比如对于产出 Y_t，如果模型文件中为对数水平变量即 $y_t = \log Y_t$，则观测数据也需要取对数。若产出为增长率变量即 $dy_t = \log Y_t - \log Y_{t-1}$，那么数据也要做相应的处理。

---

[1] 不确定性问题是指观测变量的个数不能超过模型中外生冲击（shock）的个数，否则无法计算模型的似然函数 likelihood，从而无法估计和求解。观测变量个数少于或等于外生冲击的个数是能使用 Kalman filter 的充分条件。不确定性问题也称之为随机奇异问题 (Stochastic Singularity)。

[2] 其前提条件是待估参数本身是相对稳定的或随时间不发生较大变化。

第三, 观测变量的声明问题。 内生变量如果声明为可观测变量, 需要使用如下的命令:

```
命令
varobs   VARIABLE_NAME…;
例如
varobs pi tau a;    //声明三个内生变量为观测变量
```

Dynare 会在 estimation 命令中调取外部数据 (datafile 选项指定外部数据文件名), 并加载到内存中去。观测变量声明命令 varobs 会告诉 Dynare 去内存中寻找变量名为 pi、tau 和 a 的 3 个序列, 如果找不到, 则会提示相应错误。

第四, Estimation 命令及其选项问题。 估计命令 estimation 是 Dynare 中最重要也最复杂的命令之一 [①]。此处仅仅选取几个关键的选项加以介绍。

在参数估计之后, Dynare 将使用后验分布的**均值** (Posterior Mean) 作为参数的估计值, 分别存放于 M_.params 及 M_.Sigma_e (外生冲击的方差与协方差矩阵) 中。然后使用这些值继续求解模型 [②]。

estimation 常用的选项 (options) 如下 (第 8 项开始为 Bayesian 估计独有选项)。

① **datafile = xx**, 可以是一个 Matlab 的 m 文件, mat 矩阵或外部 CSV 文件等。也可以使用 xls_sheet 选项加载 xls 文件等。此处推荐使用 m 文件, 这样可以对已有的数据文件, 如 mat 文件、csv 或 xls 文件先进行简单的自定义处理, 然后加载到当前模型文件中。在源代码 28 中, 使用了 Matlab 文件 load_Gali_est_data.m 文件加载数据。

② **conf_sig = xx**, 定义置信区间的宽度 (比如 xx = .95 定义 "95% 的置信区间")。

③ **first_obs=xx**, 定义由 load_Gali_est_data.m 加载的数据, 第一个开始用于估计的数据位置, xx 必须是一个数字 (正整数), 不能为预先定义的变量 [③], 缺省值为 1。

④ **nobs=yy**, Dynare 估计中使用的观测变量序列长度: t=xx to t=yy+xx-1 , 同样的 yy 必须是一个数字 (正整数), 缺省值为全部观测变量。

⑤ **mode_check**, 画出后验分布众数 (posterior mode) 附近的后验分布密度图。

---

① 在 4.4.3 版本中, 估计命令 estimation 的选项 (options) 多达 75 项, Dynare Reference Manual 中也有多达 20 余页的相关解释。

② Dynare Reference Manual: After running estimation, the parameters M_.params and the variance matrix M_.Sigma_e of the shocks are set to the mode for maximum likelihood estimation or posterior mode computation without Metropolis iterations. After estimation with Metropolis iterations (option mh_replic > 0 or option load_mh_file set) the parameters M_.params and the variance matrix M_.Sigma_e of the shocks are set to the posterior mean. 因此极大似然估计使用众数, 而贝叶斯估计使用后验分布均值作为参数的估计值, 进而求解。

③ 如果使用预先定义的变量, 会产生错误: syntax error, unexpected NAME, expecting INT_NUMBER or '['。

⑥ **mode_compute=xx**， 选择优化算法 (Optimizer)，取值 0 ～ 10，默认使用 4，即 Chris Sims's csminwel 程序。(注意，优化算法在不断的更新中)

⑦ **forecast=n**，在观测变量最后一期之后进行预测 n 期值。

⑧ **smoother**，计算内生变量和外生冲击的后验分布的相关矩，即给定所有信息 (至最后一期)，计算期望值 $E_T y_t$(Expected Values，Dynare 中称为 Smoothed Variables)。同时也计算另外一种期望值，即给定所有至当期的信息，计算期望值 $E_t y_t$(Dynare 中称为 Updated Variables)，并存储到 oo_ 结构 (struct) 的相应位置。

⑨ **mh_replic=xx**，定义计算后验分布时 MCMC 重复的次数，缺省值为 2 000，一般大于 1 200。

⑩ **mh_jscale=xx**，定义 MCMC 中的乘法因子 (Scale Factor)。如果合适，理想情况下，乘法因子的选择应该使得接受率 "acceptation rate" 在 25% ～ 33% 附近。如果太高，请增大乘法因子的值。该参数一般需要多次调试后获取比较合适的值，很难一次获取理想的值，缺省值为 0.2。此乘法因子还可以通过 "estimated_params;" 命令进行声明。

⑪ **mh_nblocks=xx**，定义 Metropolis-Hastings 算法中平行 (Paralleled) 进行的马尔可夫链 (Markov Chain) 的个数，缺省值为 2。链条数越多，耗费资源越多。

⑫ **filtered_vars**，计算滤波变量，即一步前向预测，是指 $E_{t-1} y_t$, t=1, …, T，即提前一期预测 (One-step-ahead Forecast)，相关结果存储在 oo_.FilteredVariables 中。

⑬ **moments_varendo**，计算内生变量的后验分布的理论矩，结果存储在结构 oo_.PosteriorTheoreticalMoments 中。

2. Dynare 参数估计的例子

在 Dynare 中使用贝叶斯对参数进行估计的一个非常经典的例子就是 Smets & Wouters (2007, *AER*)。估计时，Smets & Wouters (2007) 首先对原有 DSGE 模型的均衡条件进行了线性化，然后使用了 7 个宏观经济序列变量 (GDP、消费、投资、工资、劳动时间、GDP 平减通胀、联邦基金利率)，对 19 个结构参数和 17 个外生冲击 AR(1) 过程参数 (标准差和持续性参数) 进行了估计 [1]。由于该模型较为复杂，不再详细讲解，此处转而估计一个简单的模型。

为了更加清楚地看到估计结果的准确性，此处不打算使用事实统计数据进行估计，而是使用一个完全校准的线性化模型进行随机模拟，将模拟的数据用于参数估计。因为

---

[1] 此处收集了该论文的数据和代码：\Sources\Chap3_Dynare_Basics\3.10_estimation\SW2007。包括论文技术附录、模型文件、数据文件、数据使用说明和其他技术细节等。

待估参数此时已经完全知晓，这样就能清楚看到 Dynare 估计结果的准确性和某些估计选项的适用性。

考虑如下一个简单的新凯恩斯模型，不含有投资但含有黏性价格和产出缺口，该模型主要来自于 Galí(2008)。此处为对数线性化后的均衡系统，其多数均衡方程都是文献中标准的结论。

(1) 模型

假设家庭的即期效用函数如下：

$$U\left(C_t, N_t\right) \equiv \frac{C_t^{1-\sigma}-1}{1-\sigma} - \exp\left(\tau_t\right)\frac{N_t^{1+\varphi}}{1+\varphi} \tag{3.10.10}$$

其中，$\sigma > 0$ 为消费跨期替代弹性的倒数；τ_t 为劳动负效用的外生冲击，服从 AR(1) 过程：$\tau_t = \lambda \tau_{t-1} + \epsilon_t^\tau$，$\epsilon_t^\tau \sim$ i.i.d；$\varphi > 0$ 为劳动供给的 Frisch 弹性的倒数。

首先是新凯恩斯 IS 曲线 (NKIS) 和新凯恩斯菲利普斯曲线 (NKPC)[①]：

$$x_t = E_t\left(x_{t+1}\right) - \frac{1}{\sigma}\left(i_t - E_t\left(\pi_{t+1}\right) - i_t^*\right) \tag{3.10.11}$$

$$\pi_t = \beta E_t \pi_{t+1} + \kappa x_t \tag{3.10.12}$$

其中，NKIS 曲线由标准的消费跨期替代的 Euler 方程得到：$-\sigma c_t = i_t - \sigma E_t c_{t+1} - E_t \pi_{t+1}$[②]，此处假设了所有产出用于消费，即没有投资。$x_t$ 为产出缺口，定义为 $x_t \equiv y_t - y_t^*$；y_t 为产出的对数；y_t^* 为自然水平产出的对数[③]；i_t 为名义利率；i_t^* 为自然利率 (Natural Real Rate)；π_t 为通货膨胀；β 为贴现因子；$\kappa \equiv \dfrac{(1-\beta)(1-\beta\theta)}{\theta}\Theta$；$\theta$ 为标准的 Calvo 黏性价格定价参数，$\Theta \equiv \dfrac{1-\alpha}{1-\alpha+\alpha\epsilon}$；$1-\alpha$ 为产出的劳动份额，由中间品厂商的生产函数决定：$Y_{i,t} = A_t N_{i,t}^{1-\alpha}$；$\epsilon$ 为最终品生产的不同中间品之间的替代弹性。为了后续分析简单起见，假设 $\alpha=0$，即除技术外，产出由劳动完全确定。

---

① 本例子中各变量均为对数离差形式，即 log deviation form。为了简化处理，此处暗含了假设：净通胀稳态值为 0，即总通胀 (gross) 的稳态值为 1。因此，价格离散变量 [Price Dispersion，具体分析见本书 "**4.2.2 黏性价格设定与价格离散核 (Price Dispersion)**" 一节] 的稳态为 1，进而在稳态时自然产出和实际产出水平相同，因此产出缺口在稳态时为 0，在后续的产出缺口分析中不再显性说明。

② IS 曲线由标准的 Euler 方程减去自然水平下的 Euler 方程得到。

③ 自然产出水平，Natural Output，是不存在无效率 (如没有价格黏性) 时经济的产出水平。此外，有学者将自然产出认为是潜在产出 (Potential Output，有学者将其称为产能)。关于自然产出水平的解释，请参考本书 "**4.2.4 有效均衡、弹性价格均衡和实际均衡**" 一节。

其次是自然水平产出和自然利率方程：

$$y_t^* = \frac{1+\varphi}{\sigma+\varphi}a_t - \frac{1}{\sigma+\varphi}\tau_t \tag{3.10.13}$$

$$i_t^* = \sigma\frac{1+\varphi}{\sigma+\varphi}(\rho-1)a_t + \sigma\frac{1-\lambda}{\sigma+\varphi}\tau_t \tag{3.10.14}$$

技术冲击 A_t 的对数 a_t 服从 $a_t = \rho a_{t-1} + \epsilon_t^a, \epsilon_t^a \sim$ i.i.d。自然水平产出方程由加总的生产函数和家庭劳动供给方程共同确定 [①]。利率方程则由消费的 Euler 方程、自然水平产出方程和技术的 AR(1) 过程共同确定。此外，假设货币政策为 Taylor 规则如下：

$$i_t = \rho_i i_{t-1} + (1-\rho_i)(\phi_\pi \pi_t + \phi_x x_t) + \epsilon_t^i, \epsilon_t^i \sim \text{i.i.d} \tag{3.10.15}$$

除滞后项外，名义利率对通胀和产出缺口做出反应。其中 $\rho_i, \phi_\pi, \phi_x > 0$。

综上所述，模型有 6 个内生变量：x_t、i_t、i_t^*、π_t、a_t、τ_t 和 6 个均衡条件：NKIS 曲线 (3.10.11)、NKPC 曲线 (3.10.12)、自然利率方程 (3.10.14)、Taylor 规则 (3.10.15)、技术和偏好冲击的 AR(1) 过程。所有参数的校准请参考前面的模型文件：源代码 28。

接下来，对上述模型文件进行随机模拟，模拟 5 000 个样本[②]作为下一步估计的数据。然后，使用上述模拟的样本作为观测数据，对模型中的 3 个结构参数进行估计，如表 3.12 所示，并示例如何在 Dynare 中分别使用极大似然估计和贝叶斯估计此 3 个参数。虽然 3 个参数已经有真实值，并且样本数据是基于这 3 个真实值模拟出来的，因此反过来假设 3 个参数未知，使用数据估计参数值，能做到有的放矢，发现问题。比如，通过选取不同观测序列或序列长度对参数估计结果的影响。

表 3.12 3 个待估结构参数

待 估 参 数	含　　义
$\rho = 0.8$	技术冲击 AR(1) 过程的持续参数
$\lambda = 0.5$	劳动负效用的外生冲击 AR(1) 过程的持续参数
$\sigma_a = 0.02$	技术冲击 AR(1) 过程中的外生冲击的标准差

注：此处将参数真实值列示出来，以和估计值对比。

(2) 最大似然估计 (MLE) 及 Dynare 实践

在源代码 28 中，使用了"estimated_params;"设定了初始值，使用"estimated_params_bounds;"设定了上下边界。此外使用"varobs"定义了 3 个观测变量。

---

① 在没有黏性价格设定下，加总的产出为 $Y_t=A_t N_t$，劳动供给方程为 $\exp(\tau_t)C_t^\sigma N_t^\varphi = A_t W_t/P_t$。

② 模拟文件地址：\Sources\Chap3_Dynare_Basics\3.10_estimation\Gali_sim.mod。具体请参考本小节第四部分关于 Dynare 程序文件的说明。

源代码28 极大似然(MLE)估计

```
// Maximum Likelihood estimation of the Galí-Christiano Model
// Gali_est_mle.mod, 默认设定
//we are going to estimate two persistence parameters, rho and lambda
// and one standard deviation parameter
//Written by Xiangyang Li@SCC

//declaration of the endogenous variables, log-deviation form
var a // technology
pi      //CPI inflation
i       //nominal rate
istar //nature real rate
tau //labor disutility shock
x    //output gap = output - natural output
dy  //growth rate of output
;
varexo  eps_a eps_tau eps_i;

parameters sigma phi beta kappa phi_x phi_pi rhoi theta;
parameters rho lambda; //to be estimated

// Parameter Values
sigma   = 1; //inverse of inter-temporal elasticity of substitution of
consumption
beta    = 0.99; //discount factor of households
phi_x   = .15;  //coefficient of output gap in monetary policy rule
phi_pi = 1.5; //coefficient of inflation in monetary policy rule
rhoi    = 0.8;  //persistence of nominal interest rate;
//rho     = 0.8; //persistence of technology, to be estimated
//lambda   = 0.5; //persistence of labor disutility shock, to be
estimated;
phi     = 1;        //inverse of Frisch elasticity of labor supply
theta   = 0.75;  //Standard Calvo stickiness parameter
kappa   = ((1-theta)*(1-beta*theta))/theta; //simplifying parameter

// The model in log-linear
model(linear);
//(1) Philips Curve -  Calvo Pricing Equation
beta*pi(+1) + kappa*x = pi;

//(2) New Keynesian IS curve
sigma*(i - pi(+1)-istar) = x(+1) - x;

//(3) natural real rate definition
istar = sigma*(1+phi)*(rho-1)/(sigma+phi)*a + sigma*(1-lambda)/
(sigma+phi)*tau;
```

```
//(4)Taylor Rule
i= rhoi*i(-1) + (1-rhoi)*(phi_pi*pi + phi_x*x) +eps_i;

//(5)Technology shock
a = rho*a(-1) + eps_a;

//(6) Labor disutility shock
tau = lambda*tau(-1) + eps_tau;

//(7) Growth rate of output - by output gap
dy  = x - x(-1) + (1+phi)/(sigma+phi)*(a-a(-1)) - (tau - tau(-1))/(sigma
+phi);
end;

shocks;
var eps_tau;  stderr 0.01;
var eps_i;     stderr 0.01;
end;

// maximum likelihood estimation:
// initial values, pre-set to optimum
estimated_params;
   stderr eps_a,0.01;
   rho, .80;
   lambda, .50;
end;

estimated_params_bounds;
stderr eps_a, 0.001, .2;
rho, .001,.95;
lambda, .001,.95;
end;

// Observables used in the estimation
varobs pi tau a;

estimation(datafile=load_Gali_est_data,conf_sig =.95,first_obs=101,nobs=4000,
mode_check,mode_compute=4) a pi i istar tau x dy;
```

　　在默认情况下 (观测数据选择通胀、技术和劳动负效用的外生冲击[1]，序列长度为 4 000，算法选择 mode_compute=4)，极大似然估计结果令人满意，非常接近于真实值 (表 3.13 第一列)。但选择不同的观测数据，会影响参数的点估计，如表 3.13 所示。

---

[1]　假设观测数据合理。事实上，劳动负效用的外生冲击在实际中不可观测或很难观测到。

表 3.13　观测数据选择的影响

变　　量		varobs pi tau a	varobs pi dy a
$\rho = 0.8$	估计值	0.813 5	0.804 4
	标准差	0.009 2	0.002 8
$\lambda = 0.5$	估计值	0.484 4	0.893 1
	标准差	0.006 9	0.004 4
$\sigma_a = 0.02$	估计值	0.019 6	0.019 6
	标准差	0.000 2	0.000 2

数据来源：Dynare 估计结果，经由作者自行计算，其算法 mode_compute=4 和观测数据 nobs=4 000(第一列的设置是真实值 [①])。

　　第二列设定了不同的观测数据，将劳动负效用的外生冲击的数据 τ_t 换成了产出的增长率 dy。此时，劳动负效用冲击的 Persistence 参数 λ 发生了很大变化。直观上讲，由于观测数据 τ_t 和参数 λ 密切相关，即数据 τ_t 中包含了参数 λ 最准确的信息。如果不使用数据 τ_t 势必会损失有用信息，而结果也恰恰说明了这点。因此，在选择观测数据时，要尽量选择和待估参数关系密切的数据序列，包括尽可能多的数据项，以获取更多有用信息来准确估计参数。

　　同样，观测数据序列的长度也会影响估计。表 3.14 列示了序列长度分别是 4 000 和 40 这两种情况。可看出，当序列长度缩小到 100 倍时，标准差增大约 10 倍。除 λ 参数外，其他两个参数的估值变化很小，这说明极大似然估计有一定的稳健性。

表 3.14　序列长度选择的影响

变量（真实值）		nobs=4 000	nobs=40
$\rho = 0.8$	估计值	0.813 5	0.792 4
	标准差	0.009 2	0.094 8
$\lambda = 0.5$	估计值	0.484 4	0.280 7
	标准差	0.006 9	0.090 0
$\sigma_a = 0.02$	估计值	0.019 6	0.018 4
	标准差	0.000 2	0.002 1

数据来源：Dynare 估计结果，经由作者自行计算，其算法 mode_compute = 4 和观测数据 varobs pi tau a。

---

① 　在极大似然估计中，默认情况下，优化方法的选择并未对结果产生影响。我们尝试了 mode_compute = 4、7、10 等，发现估计结果没有发生变化。但这并不意味着优化方法的选择不会对所有情况产生影响。

(3) 贝叶斯估计及 Dynare 实践

在贝叶斯估计 (源代码 29) 中，指定先验分布时，设定技术标准差参数的均值为 0.02，和真值相同，标准差为 10；设定 ρ、λ 两个参数的均值为其真值，标准差都为 0.04；此外还设定了 3 个参数的上下界和初始值。在默认情况下 [1]，从图 3.13 和表 3.15 中可看出，贝叶斯估计的结果同样令人满意。

源代码29　贝叶斯(Bayesian)估计

```
// Bayesian estimation of the Gali-Christiano Model
// Gali_est_Bayesian.mod : 默认设定
//we are going to estimate two persistence parameters, rho and lambda
// and one standard deviation parameter
//Written by Xiangyang LiaSCC

……(此处省略，代码同最大似然估计中的源代码28)
// Set up the priors on the parameters
// Bayesian estimation:
estimated_params;
    stderr eps_a, inv_gamma_pdf,0.02,10;
    rho, beta_pdf, 0.80, .04;
    lambda, beta_pdf, 0.50, .04;
end;
estimated_params_bounds;
stderr eps_a, 0.001, .2;
rho, .001,.95;
lambda, .001,.95;
end;

// the initial value block is optional, pre-set to the optimum.
estimated_params_init;
stderr eps_a, 0.019;
rho, 0.82;
lambda, 0.51;
end;

// Observables used in the estimation
varobs pi tau a;

// Bayesian estimation
estimation(datafile=load_Gali_est_data,conf_sig =.95, first_
obs=101,forecast =40,nobs=40, mode_check, mode_compute=4, mh_
replic=1200, mh_jscale=1.4,mh_nblocks=2) a pi i istar tau x dy;
```

---

① 　默认设定：mode_compute=4; mc_replic=1 200; mc_nblocks=2; nobs=40; varobs pi tau a。

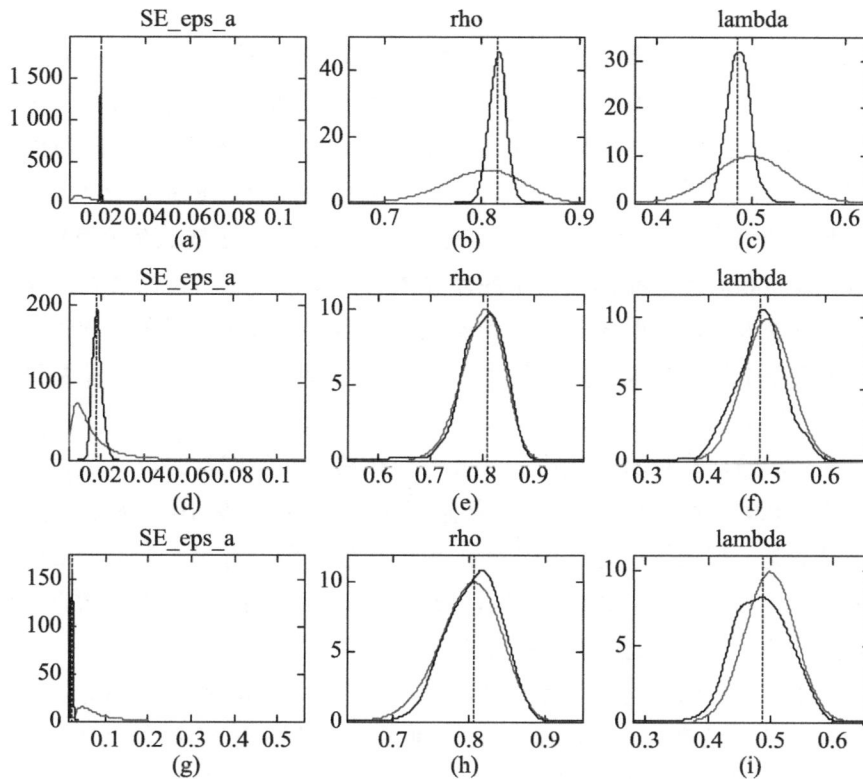

图 3.13 贝叶斯估计下的先验 (灰线) 和后验分布图 (黑线)

第 一 行：nobs=4 000；第 二 行：nobs=40；第 三 行：nobs=40, stderr eps_a, inv_gamma_pdf,0.1,1。

表 3.15 序列长度选择的影响

变量 (真实值)		nobs=4 000	nobs=40
ρ=0.8	估计值	0.816 2	0.801 0
	标准差	0.040 0	0.040 0
λ=0.5	估计值	0.487 1	0.488 1
	标准差	0.040 0	0.040 0
σ_a=0.02	估计值	0.019 6	0.018 3
	标准差	10.000 0	10.000 0

数据来源：Dynare 估计结果，经由作者自行计算；除序列长度外，其他选项为默认设定。

图 37 则给出了 3 种不同情况下的先验分布和后验分布的情况。黑线表示后验分布，

灰线表示先验分布。

第一行和第二行表示在默认设定下，两个不同序列长度下的估计结果，两者相差 100 倍。在序列长度为 4 000 时，后验分布则呈现尖峰状 (Spike)，而且比先验分布更加紧凑。在序列长度为 40 时，除标准差参数外，后验和先验分布的较为接近。由于先验分布的假设和真实值相同 (源代码 29)，可以看出后验分布和先验分布差异并不大，也就是说数据中的信息和先验分布的假设差异不大。**有一个不成文的 (事后判断) 经验法则就是先验分布和后验分布的均值不能差异太大。**从图形上讲，两者在水平方向上不能偏离太远。偏离太远，说明先验分布的假设离数据中包含的信息差异太远；靠得太近或重合，说明数据中的信息没有被利用上，或者说先验分布中已经包含了数据中的大部分信息。

如果假设参数的均值和真实值不同，会有什么情况发生呢？为此，假设标准差参数 σ_a 不再取真实值 0.02，而是取值 0.1，是真值的 5 倍，标准差从 10 变为 1，缩小 10 倍，其他参数假设不变。第三行就是此假设下的估计结果。可以看出，标准差后验分布则严重偏离先验分布，向真实值靠拢 (左偏离，第三行第一个图)。这说明，数据中的确包含了关于真实值的信息，而不是完全依靠先验假设。

和极大似然估计相比，序列长度和观测数据的选择似乎对参数点估计的影响不大。表格 3.15 显示了序列长度为 4 000 和 40 时两种情况，结果相差不大。序列长度为 4 000 时，标准差参数 σ_a 的点估计有所提高，其他两个参数点估计的结果甚至差于序列长度为 40 时的估计结果。从表 3.16 中看到，观测数据选择影响不大，选取 pi tau a 这 3 个观测数据比 pi dy a 这 3 个观测数据结果略有改善，但改善不大。

相比极大似然估计，贝叶斯估计似乎更加稳健，因为其受到序列长度和观测数据的选择影响较少 (如表 3.15 和表 3.16 所示)。

表 3.16　观测数据选择的影响

变量		varobs pi tau a	varobs pi dy a
ρ=0.8	估计值	0.801 0	0.806 8
	标准差	0.040 0	0.040 0
λ=0.5	估计值	0.488 1	0.487 0
	标准差	0.040 0	0.040 0
σ_a=0.02	估计值	0.018 3	0.018 1
	标准差	10.000 0	10.000 0

数据来源：Dynare 估计结果，经由作者自行计算；除观测变量定义外，其他选项为默认设定。

选项 mh_jscale 取值默认为 0.2，但该默认值很少能够满足要求，因为该参数的取值要使得 MCMC 算法的接受率在 25% ～ 33% 附近。也就是说需要不断尝试才能取得合适的值。根据接受率的合意取值，从表 3.17 可看出，本例在两条马尔可夫链上，取值 1.2 都导致接受率较高，高于 33%；而取值 1.8，接受率都低于 25%。因此，比较理想的乘法因子的取值介于 1.2 和 1.8 之间，经过反复试验，发现取值 1.4 较为合适。

表 3.17　乘法因子的选择 (scale factor, mh_jscale) 与接受率 (acceptance ratio)

接受率 / 后验均值	mh_jscale=1.2	mh_jscale=1.4	mh_jscale=1.8
Chain 1：接受率	36.681 7%	30.784 6%	22.188 9%
Chain 2：接受率	36.082%	29.785 1%	23.538 2%
运行耗时	6min22s	5min57s	6min38s

数据来源：Dynare 估计结果，经由作者自行计算；除乘法因子外，nobs=3 000，其他为默认设定。

至此，基本完成了 Dynare 中关于参数估计的简单介绍。此外，为了更加清楚地理解 Dynare 中贝叶斯估计的各种输出结果，在接下来的部分，以产出缺口为例来对此加以说明。

3. 产出缺口 (Output Gap) 分析

通俗来讲，产出缺口是衡量实际产出和自然产出 (或潜在产出) 之间差异的一个经济指标。然而产出缺口的准确计算比较困难。自然产出水平是经济在其效率最高时的产出水平。然而现实中的自然产出水平几乎是无法观测的，其效率最高，无法量化，而且经济增长受到的制约因素太多，比如制度约束、市场因素等。在宏观经济模型构建时，一般认为自然产出水平是模型中不存在无效率设定，如不存在黏性价格等设定时的产出水平。

本部分利用 Dynare 在贝叶斯估计后的输出关于后验分布的相关结果，对产出缺口做一个简单的分析[①]。作为贝叶斯参数估计的副产品，Dynare 会给出内生变量的各种估计和预测，包括平滑估计 (Smoothed)、滤波估计 (Filtered)、实时估计 (Updated)、预测 (Forcast) 等。本部分将结合 HP 滤波对产出缺口进行比较分析[②]。

(1) 基本概念

在实际的计算中，常使用 HP 滤波对 GDP 序列 $\{Y_t\}$ 进行处理，以获取产出缺口 Gap_t，

---

① 很多书籍对产出缺口的介绍非常有限。本书试图从简单的新凯恩斯模型入手，通过利用 Dynare 的输出，进行简单的图示分析，但并未进行深入探讨。

② 关于 HP 滤波的详细逻辑，请参考前述本书 "**1.3.4 HP 滤波的基本逻辑**" 一节的分析。

其计算公式如下：

$$Y_t = Y_t^T + Y_t^C \tag{3.10.16}$$

$$Gap_t \equiv \frac{Y_t - Y_t^T}{Y_t^T} \times 100 = \frac{Y_t^C}{Y_t^T} \times 100 \tag{3.10.17}$$

其中，Y_t^T 为趋势项，Y_t^C 为波动项。公式 (3.10.17) 为产出缺口的实际计算公式，为标准化后的产出缺口，不妨称作相对产出缺口；但有时也将波动项 Y_t^C 直接解释为产出缺口，而无须将其标准化，此时不妨称作绝对产出缺口。在本小节前述的模型中，产出缺口的定义为

$$x_t \equiv y_t - y_t^* = \log \frac{Y_t}{Y} - \log \frac{Y_t^*}{Y^*} = \log \frac{Y_t}{Y_t^*} \simeq \frac{Y_t - Y_t^*}{Y_t^*} \tag{3.10.18}$$

其中，Y_t^* 为自然产出水平变量。

在模型线性化时，前文已有阐述，即假定通胀的稳态为 0，此时容易推导出实际产出水平和自然产出水平的稳态值相同，$Y = Y^*$，因此 (3.10.18) 和 (3.10.17) 具有相同的形式[①]，但这并不意味着能将自然产出水平等同于趋势项：$Y_t^* = Y_t^T$，实际上两者往往在数量上存在一定的差异，如图 3.14 所示。

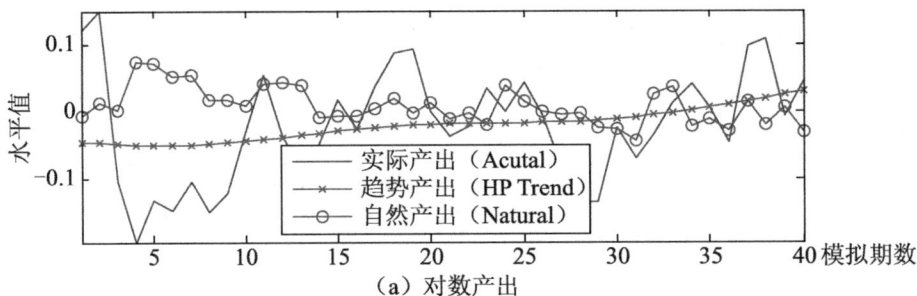

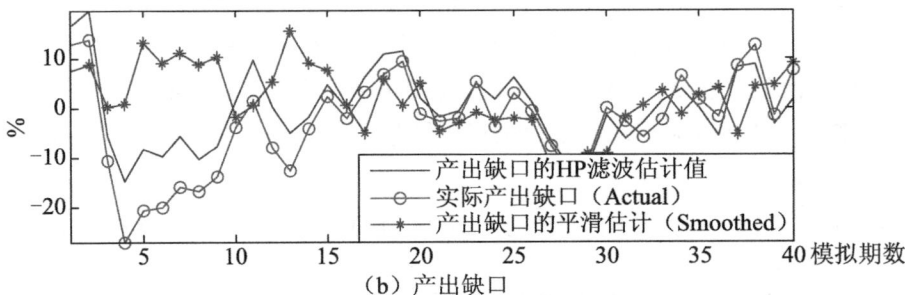

图 3.14 （对数）产出和产出缺口

---

① 在后续的图示中，已将模型中的产出缺口 x_t 转换成了百分点 (%) 表示。

然后，考虑 Dynare 进行贝叶斯估计后，关于内生变量的各种估计和预测值。

- **滤波变量(Filtered Variables)。**滤波估计从本质上讲是计算期望值，具体说来是指$E_{t-1}y_t$, $t = 1, \cdots, T$，即提前一期预测(One-step-ahead Forecast)。当$t = 1$时，对应第一个观测变量，此时的预测可获得的信息集是空集，即没有可获得的数据，因此可看作该序列的无条件均值$E_0 y_1$。当$t = T$时对应最后一个观测变量。当$t = T+1$时，此时为样本外一期预测值，$E_T y_{T+1}$。Dynare将滤波结果存储在oo_.FilteredVariables中。

- **平滑变量(Smoothed Variables)。**平滑估计和滤波估计一样，都是计算期望值，只不过计算方法或期望基于的信息集不一样，具体可参考估计命令estimation选项的解释部分。如果在估计命令estimation后加入选项smoother，则会计算各内生变量的平滑变量。结果将存储在oo_.SmoothedVariables中。

- **实时变量(Updated Variables)。**同样的，实时变量的计算，其实质也是计算期望值，具体可参考估计命令estimation选项的解释部分。实时变量的计算也依赖于选项smoother，即smoother选项同时会计算平滑和实时变量。结果将存储在oo_.UpdatedVariables中。

- **预测变量(Forecast)。**直观来说，预测是样本外预测。Dynare计算预测会根据估计estimation的选项不同而不同。如果选项没有使用MH算法，则基于后验分布的众数进行预测，结果存储于oo_.forecast结构中；否则依据MH模拟结果，进行点预测(Point Forecast，考虑到参数和外生冲击的不确定性)和均值预测(Mean Forecast，仅仅考虑到参数的不确定性，外生冲击被抑制，Averaged Out)，结果分别存储于oo_.PointForecast，oo_.MeanForecast中。

(2) 比较分析

此部分所画的图形中，产出缺口的各种估计使用了 Dynare 输出的中位数 (Median) 序列[①]。为了节省篇幅，不再列示相关的 Matlab 源代码，具体请参考本书提供的相关 m 文件[②]。

由于使用的是模拟数据，因此产出序列是对数水平变量[③]，进而 HP 滤波估计时使用了对数水平变量而非水平变量。图 3.14 显示了对数产出及产出缺口。第一行为产出图，

[①]　Dynare 会对各内生变量的各种估计计算中位数 (median)、均值 (mean)、方差 (var)、分位数 (deciles) 和置信区间的上下界 HPDinf 与 HPDsup (如果估计选项中设置了 conf_sig)。

[②]　地址：\Sources\Chap3_Dynare_Basics\3.10_estimation\output_gap_analysis.m。

[③]　Dynare 源文件中的产出变量 y_t 是对数离差形式，需要将其转换为对数水平变量然后进行 HP 滤波处理，即将产出变量稳态对数加回对数离差序列中，就能将其转换为对数水平变量。具体请参考源文件。

实线表示模拟的实际产出，带有 x 的标识线表示 HP 滤波后的趋势项，带有 o 标识的是自然产出[①]。可见，自然产出水平和 HP 趋势项存在较大差异，趋势项则呈现出缓慢增长的态势。此外，自然产出水平虽然和实际产出水平存在数量差异，但两者的增减趋势大致相同。

图 3.14 第二行显示了 3 种不同的产出缺口的估计，分别是实线表示的 HP 滤波估计值 [由 (3.10.17) 定义]、带 o 表示的实际值 (x_t) 和带 * 表示的平滑值 (x_t 的平滑值)。可看出，三者虽然存在一定的数量差异，但增减趋势大致相同，但 HP 滤波估计值更贴近真实值。

图 3.15 中画出了产出缺口的滤波值 (Filtered，非 HP 滤波) 和实际产出缺口，以及两者的差异。可以发现，滤波值与实际值差异较大。

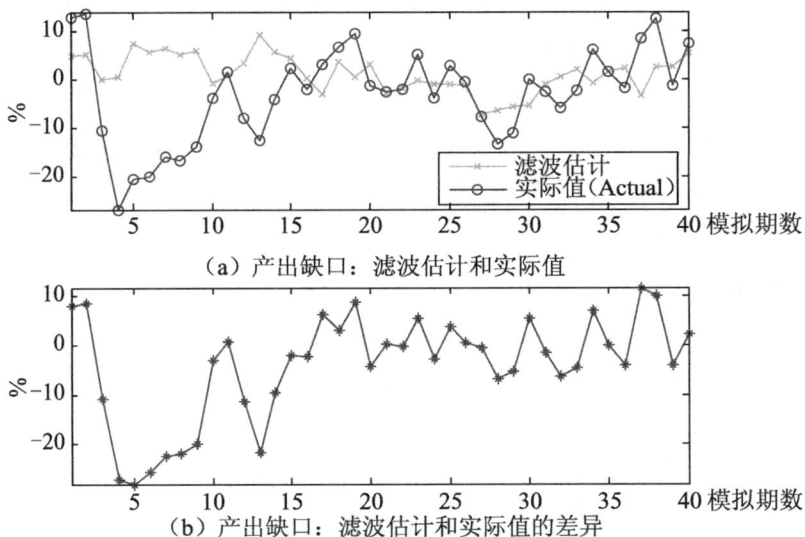

（a）产出缺口：滤波估计和实际值

（b）产出缺口：滤波估计和实际值的差异

图 3.15　滤波后的产出缺口

图 3.16 关于产出缺口的实际值 (x_t)、实时变量和点预测。此处点预测为 40 期的样本外预测。产出缺口的点预测较为平滑，和实际值与实时变量的差异较大。表 3.18 列示了各种产出缺口的估计值与真实值之间差异的描述性统计，包括差异的均值和标准差 (误)。可以看出，各估计值的确和真值之间存在不小的差异，其中 HP 滤波与真实值之间差异的绝对值平均值最小，标准差 (误) 最小。

---

① 自然产出水平为模拟值。

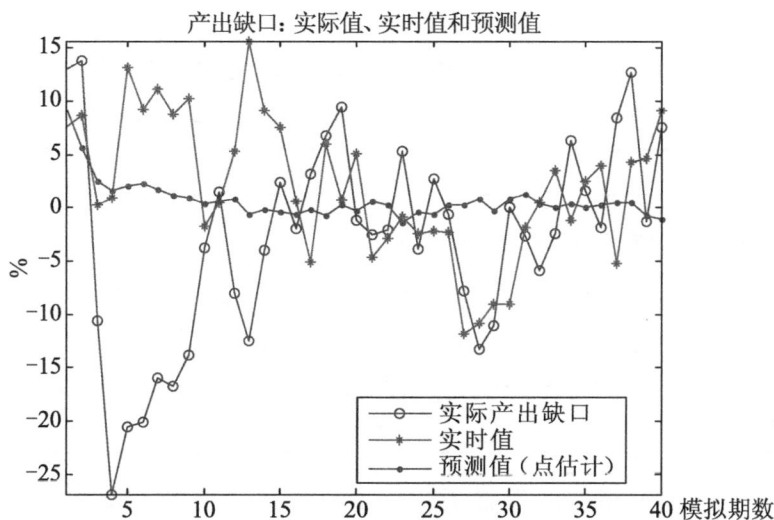

图 3.16 实时产出缺口和预测产出缺口

表 3.18 各种产出缺口估计与真实值 (Actual) 之间差异的统计描述

统计量 ＼ 变量	平 滑 变 量	实 时 变 量	滤 波 变 量	HP 滤波
差异的标准差	0.123 7	0.123 7	0.108 1	0.044 5
差异均值	−0.048 5	−0.048 5	−0.041 1	−0.029 2

数据来源：Dynare 贝叶斯估计结果和作者自行计算；中位数 median 和均值 mean 的统计量相同。具体计算源代码请参考本节的 m 文件。

4. Dynare 程序说明

(1) 观测数据模拟文件——Gali_sim.mod

Gali_sim.mod 用于模拟本节中的模型，并保存模拟的数据，作为可观测数据用于后续的估计。因此在极大似然和贝叶斯估计之前，**请先运行此文件**，以获取 data.mat。其最核心的代码如下：

```
...（此处省略，请参考源代码）
set_dynare_seed=1; //set a fixed seed for random number generators for replications.
stoch_simul(periods=5000, irf=7, nograph); //stochastic simulation
gcsim = oo_.endo_simul; //create a variable gcsim to store the data
save data gcsim; //save gcsim into data.mat file.
```

(2) 其他文件说明

观测数据加载文件——load_Gali_est_data.m，以加载上述模拟文件保存的 data.mat。该观测数据文件在 estimation 命令的选项中被调用，具体可参考源代码 28 和源代码 29。

```
load_Gali_est_data.m

load data; //load data.mat file saved by Gali_sim.mod

datatobeloaded = {'a' 'pi' 'i' 'istar' 'tau' 'x' 'dy'};

for i=1:length(datatobeloaded)
    eval(strcat(datatobeloaded{i}, '=','gcsim(',num2str(i),',:)'';'));
end
```

此处使用了两个 Matlab 的内置函数：字符串估计函数 eval 和字符串连接函数 strcat。第一个 eval 函数是一个非常有用的 Matlab 函数，在动态编程中经常用到，已经多次提及。

- **Gali_est_mle.mod:** 最大似然估计模型文件。
- **Gali_est_Bayesian.mod:** 贝叶斯估计的模型文件。

以上文件都位于 \Sources\Chap3_Dynare_Basics\3.10_estimation 目录下。

参 考 文 献

[1] An S., Schorfheide F. *Bayesian Analysis of DSGE Models*[J]. Econometric Reviews,2007, 26(2-4):113-172.

[2] Andreasen M. M., Fernández-Villaverde Jesús., Rubio-Ramírez J. F. *The Pruned State-Space System for Non-Linear DSGE Models: Theory and Empirical Applications*[J]. NBER Working Papers 18983,2013.

[3] Cooley T. F., Prescott E. C. *Economic Growth and Business Cycles*[M].Cooley T. F. Frontiers of Business Cycle Research. Princeton: Princeton University Press, 1995:1-38.

[4] DeGroot M. H.*Optimal Statistical Decisions*[M]. New York: McGraw-Hill,1970.

[5] Hamilton J. D. *Time Series Analysis*[M]. Princeton, NJ: Princeton University Press: 799,1994.

[6] Herbst E. P., Schorfheide F. *Bayesian Estimation of DSGE Models*[M]. Princeton University Press,2016.

[7] Ireland P. N. *A Method for Taking Models to the Data*[J]. Journal of Economic Dynamics and Control,2004,28(6):1205-1226.

[8] Kim J., Kim S., Schaumburg E., Sims C. A. *Calculating and Using Second-Order Accurate Solutions of Discrete Time Dynamic Equilibrium Models*[J]. Journal of Economic Dynamics and Control,2008,32(11):3397-3414.

[9] Rabanala P., Rubio-Ramírez J. F. *Comparing New Keynesian Models of the Business Cycle: A Bayesian Approach*[J]. Journal of Monetary Economics,2005,52(6):1151-1166.

[10] Schorfheide F. *Loss Function-Based Evaluation of DSGE Models*[J]. Journal of Applied Econometrics,2000,15(6):645-670.

[11] Smets F., Wouters R. *An Estimated Dynamic Stochastic General Equilibrium Model of the Euro Area*[J]. Journal of the European Economic Association,2003,1(5):1123-1175.

[12] Smets F., Wouters R. *Shocks and Frictions in US Business Cycles: A Bayesian DSGE Approach*[J]. The American Economic Review,2007,97(3):586-606.

4
RBC 模型和 NK 模型

Kydland & Prescott(1982, *Econometrica*) 开创性地提出了真实经济周期模型 (Real Business Model, RBC)。RBC 模型不仅在理论上有创新，而且在方法论上更有创新。

首先来看其在理论上的创新。其理论创新和贡献现在看来虽然有争议，但仍然值得回顾，具有启发性：第一，技术的趋势性进步是经济长期增长的主要推动力；从短期看，技术冲击是经济波动 (Aggregate Fluctuation) 的主要因素，回答了为什么技术冲击能够使得消费、投资和劳动产生顺周期特性的问题。第二，货币政策因素是不重要的，即货币中性。第三，弗里德曼规则 (Friedman Rule) 是最优的，即名义利率为 0。第四，经济波动 (Business Cycle) 是对供给冲击的反应，因而使我们重新认识到不仅需求冲击重要，而且供给冲击同样重要。第五，供给冲击的传播机制 (Propagation Mechanism) 解释了经济短期波动的内在机理，以及宏观统计变量与产出的顺周期特性。

其次来看其在方法论上的创新。具体表现为四点：第一，抛弃了以往简化形式的联立方程或结构方程的分析方法，从一般均衡的角度进行分析，即求解家庭和厂商最优化行为，设定目标函数和预算约束。第二，用理性预期理论来处理预期形成及其影响，而非适应性预期理论。第三，求解 RBC 模型时使用了以前未被使用的数值求解和模拟技术，并创新性地使用了一种特殊的参数估计方法即校准法来对参数赋值。第四，强调模型分析的数量特征以及和实际统计数据的对比与吻合程度，如参数校准、模拟以及经济变量之间的统计特征分析 (顺周期和逆周期)。这些方法论上的创新，得到了进一步发扬光大。如今 DSGE 模型的方法论几乎完全继承了 Kydland & Prescott(1982) 方法论的创新。

Prescott(2016) 对 RBC 方法论 (Methodology) 和新古典增长理论进行了系统综述，值得仔细阅读。在过去的几十年里，Kydland & Prescott(1982) 在理论上的贡献引起诸多质疑和批评，从而使得宏观经济分析模型的发展开始转向新凯恩斯模型 (New Keynesian, NK)。NK 模型区别于 RBC 模型的两个明显的、重要的特征：模型是否包含垄断竞争和名义刚性或黏性 (Rigidity or Stickiness)。名义刚性 (或黏性) 是指名义变量，比如价格或工资在短期内不易发生变化，具有一定的黏性或刚性。名义刚性使得短期内货币政策不再无效，反而会发挥重要作用。本章将通过简单的 NK 模型来说明垄断竞争、名义刚性的作用及其对应的不同均衡 [①] 以及货币政策的非中性问题等。

4.1　RBC 模型及其拓展

4.1.1　RBC模型与新古典增长模型

作为 RBC 模型的基本框架，新古典增长模型 (Neoclassical Grwoth Model) 在 Kydland & Prescott(1982) 以及后来的研究中起到了重要的作用。因此，在介绍 RBC 模型之前，首先来介绍新古典增长模型的一些基本常识；然后以 Kydland & Prescott(1982) 的研究为出发点，介绍 RBC 模型。

经济周期现象 (Business Cycle Phenomena) 是指 GDP 围绕其长期变化趋势周期波动的现象，同时重要的宏观经济变量之间会呈现规律性的波动 (Co-movements)，比如 GDP 与消费、投资、就业以及生产率等。

1. 新古典增长模型

新古典增长模型，最早可追溯到 Slow(1956, *QJE*) 和 Swan(1956) 提出的 Slow-Swan 增长模型。Slow-Swan 增长模型通过分析资本积累、劳动或人口增长以及技术进步来解决经济的长期增长问题。该增长模型中采取了被后来广泛使用的生产函数即 Cobb-Douglas 生产函数，这使得 Slow-Swan 增长模型具备了和微观经济学连接的桥梁。由于其具备良好的数学性质 (一次齐次)，使得 Slow-Swan 增长模型成为进一步研究和拓展的基础，比如 Ramsey-Cass-Koopmans 增长模型，通过求解消费优化问题，使得储蓄率内生化。也就是说，储蓄率可变，从而改变了 Slow-Swan 增长模型关于储蓄率为常值的基本假设。

接下来，介绍一个简单的新古典增长模型，及其相关的几个基本概念：相位图 (Phase Diagram) 和鞍点路径 (Saddle Point Path)。

经济中存在大量的具有无限生存期限 (Infinitely Lived) 的相同个体，个体通过消费获得效用，并储蓄以积累资本存量，模型均衡可通过求解如下无穷期贴现效用最大化问题：

[①]　本章的写作受到了美国圣母大学 Eric Sims 教授、Timothy S. Fuerst 教授、Nelson C. Mark 教授的启发，并借鉴了他们的讲义。聆听他们的授课和教诲让我受益匪浅，在此一并表示感谢，当然文责自负。

$$\max_{C_t, K_{t+1}} E_0 \sum_{t=0}^{\infty} \beta^t \frac{C_t^{1-\sigma}-1}{1-\sigma}$$

预算约束为

$$C_t + K_{t+1} - (1-\delta)K_t = A_t F(K_t, Z_t N_t) \tag{4.1.1}$$

其中，$A_t F(K_t, Z_t N_t)$ 为标准的厂商生产函数，满足 $F_1, F_2 > 0$ (表示一阶偏导数) 即关于要素投入为增函数，$F_{11}, F_{22} < 0$ (表示二阶偏导数) 即关于要素投入具有边际产出递减性质；A_t 为中性技术进步 (Neutral Technological Progress)，(对数) 服从平稳的随机过程；Z_t 为劳动增强型技术进步 (Labor-Augmenting Technological Progress)，为趋势平稳序列 (Trend Stationary)，满足：

$$Z_t = (1+z)^t Z_0 \tag{4.1.2}$$

其中，Z_0 为给定，z 为复合增长率。N_t 表示人口数量，同样假设其为趋势平稳序列：

$$N_t = (1+n)^t N_0 \tag{4.1.3}$$

其中，N_0 为给定，n 为人口复合增长率。很显然，模型存在两个不平稳变量：Z_t 和 N_t。因而在后续均衡条件的处理中需要消除不平稳因素。生产函数采取 Cobb-Douglas 形式：

$$F(K_t, Z_t N_t) \equiv K_t^{\alpha} (Z_t N_t)^{1-\alpha} \tag{4.1.4}$$

根据本书 "1.1.3 B&K 方法" 一节中的求解方法 (拉格朗日问题)，很容易获取上述效用最大化问题的一阶条件，即 Euler 方程：

$$C_t^{-\sigma} = \beta E_t C_{t+1}^{-\sigma} (A_{t+1} \alpha K_{t+1}^{\alpha-1} (Z_{t+1} N_{t+1})^{1-\alpha} + 1 - \delta) \tag{4.1.5}$$

为了消除模型的不平稳性，重新定义变量如下：

$$c_t \equiv \frac{C_t}{Z_t N_t}, \quad k_t \equiv \frac{K_t}{Z_t N_t} \tag{4.1.6}$$

因而式 (4.1.5) 可重新写为

$$c_t^{-\sigma} = \beta \gamma^{-\sigma} E_t c_{t+1}^{-\sigma} (A_{t+1} \alpha k_{t+1}^{\alpha-1} + 1 - \delta) \tag{4.1.7}$$

其中，$\gamma \equiv (1+z)(1+n) \geqslant 1$，此时可行性条件可写为

$$\gamma k_{t+1} - (1-\delta)k_t + c_t = A_t k_t^{\alpha} \tag{4.1.8}$$

模型均衡由式 (4.1.7) 和式 (4.1.8) 共同组成。和本书 "1.1.3 B&K 方法" 一节中的均衡条件相比，此处的均衡条件仅仅多出了一个参数 γ，从数值求解和均衡分析来看，其影响并不大，这也是为什么常常考虑平稳模型的原因所在，不平稳模型可以通过去趋势的办法消除不平稳性。因此，通常情况下该参数被忽略，仅仅考虑平稳的情况。

接下来，为了简化分析，仅仅考虑 $\gamma = 1$。新古典模型一个典型的定性求解分析工具

就是相位图。在二维平面上，以内生的状态变量为横轴 (此处为资本存量 K_t)，以内生的前向变量 (也称为"跳跃"变量) 为纵轴 (此处为消费 C_t)，能够定性地分析内生变量的变化状态 (如图 4.1 所示)，并最终找到一条满足所有均衡条件、遍历性条件的一条曲线：鞍点路径。也就是说，在给定外生状态的条件下 (此处假设外生技术冲击 A_t 处于无条件均值或稳态)，鞍点路径是指对于每一个给定内生状态变量 K_t，对应的内生前向变量 C_t 的路径或集合，此时的前向变量 C_t 满足所有均衡条件和约束，也就是说鞍点路径将状态映射为控制变量，因此鞍点路径也可以解释成政策函数。

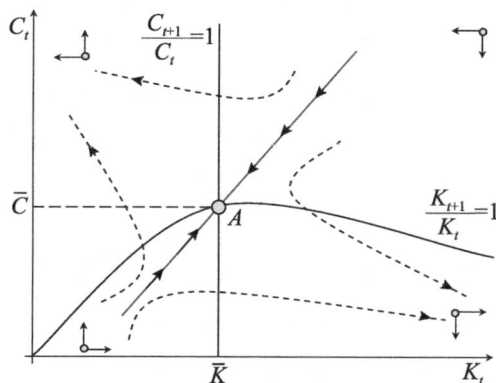

图 4.1　相位图与鞍点路径

在相位图 4.1 中有两条重要的曲线：资本存量等相位曲线 (Capital Isocline) 和消费等相位曲线 (Consumption Isocline)。资本存量等相位曲线被定义成在 (C_t, K_t) 二维空间中，资本存量不发生变化的点集合。根据资源约束方程 (4.1.1) 和生产函数 (4.1.4)，资本存量等相位线为

$$\frac{K_{t+1}}{K_t} = 1 : C_t = A_t K_t^{\alpha} - \delta K_t \tag{4.1.9}$$

资本存量等相位曲线在 (C_t, K_t) 二维空间中是一个下凹曲线，先上升后下降，在

$$K_g \equiv \left(\frac{A\alpha}{\delta}\right)^{\frac{1}{1-\alpha}}$$

时取最大值。消费等相位曲线同样被定义成在 (C_t, K_t) 二维空间中，是消费不发生变化的点集合。根据 Euler 方程 (4.1.5)，消费等相位线为

$$\frac{C_{t+1}}{C_t}=1 : K_{t+1}=\left(\frac{\alpha A_{t+1}}{\frac{1}{\beta}-(1-\delta)}\right)^{\frac{1}{1-\alpha}} \tag{4.1.10}$$

在 (C_t, K_t) 空间中，消费等相位线为一垂直线 (假定技术冲击变量处于均值，即不变状态)。相比连续时间模型，离散时间模型在使用相位图进行分析时有一个缺点，即内生状态变量 K_{t+1} 的一阶滞后项 K_t 出现在资本存量等相位曲线中，使得分析复杂化。为了简化分析，假定 $K_{t+1}\approx K_t$，两条等相位线相交于模型稳态 $(\bar{C}, \bar{K})$，如图 4.1 中的圆点 A 所示。

在资本存量等相位线下方，消费较少，即 $C_t < A_t K_t^\alpha - \delta K_t$，消费少于维持资本存量不变时 (即资本存量等相位线上) 的消费水平，因此投资会增加。也就是说，下一期的资本存量将大于当期 $K_{t+1} > K_t$，因此资本存量逐渐增加，使用水平向右的箭头表示资本存量增加。同理，在资本存量等相位线上方水平箭头向左，表示资本存量减少。在消费等相位线左侧，资本存量小于维持消费不变时 (消费等相位线上) 的资本存量水平，因此未转化为资本的实物将被消费，于是消费将增加，因此使用向上的箭头表示消费的增加。在消费等相位线右侧，消费减少，使用向下的箭头表示消费减少。根据遍历性条件，相位图的"东南"和"西北"两个区域中的点将不会落在鞍点路径上，最终成非收敛状态。这是因为位于东南区域的点，最终会使得资本存量无穷大 ($K_t \to \infty$)，位于西北区域内的点将使得消费最终趋于 0(因此 $\lambda_t \to \infty$)。这两种情况都使得遍历性条件失效，因而这两个区域内的点不具有可行性，于是鞍点路径只能位于"西南"和"东北"两个区域内，但这并不意味着这两个区域内的所有点都可行，事实上只有鞍点路径上的点才具有可行性。图 4.1 中带箭头的实线表示鞍点路径。鞍点路径描述了给定每一个资本存量，对应的最优消费量，并且满足遍历性条件。图中可看到鞍点路径经过系统的稳态点。

接下来，通过参数校准来考察基于具体校准模型绘出的真正相位图、鞍点路径和变量变化轨迹。图 4.2 给出了在适当参数校准值下，资本存量等相位线和消费等相位线、鞍点路径以及 4 种不稳定路径和资本存量的黄金律水平[①]。图中实际模拟路径几乎复制了图 4.1 中各曲线的变化趋势。其中，(C_0, K_0) 表示初始给定点，并标识出位置坐标，此处不再做详细解释。

在了解相位图和鞍点路径后，可以考察系统动态，即外生变量 A_t 的变化对系统的影响。系统内生变量的动态则依据外生冲击变化和内生变量的类型来确定。在外生冲击下，首先内生变量中的前向变量 (比如消费) 则会立即"跳跃"至新的状态 (这是前向变量得名

① 源代码地址：\Sources\Chap4_NKmodels\4.1_RBC_extensions\4.1.1_RBC\ isocline_capital_consumption.m。

跳跃变量的原因)[1]，并且这种新状态最终会收敛到模型新的稳态或回归到旧稳态。从图 4.3 上看，应该有"断点"或"跳跃"出现。对于状态变量，比如资本存量，则不会发生跳跃的情况，这是因为资本存量为预先决定的变量，当期内无法形成新的资本存量，只有到下一期才能形成。

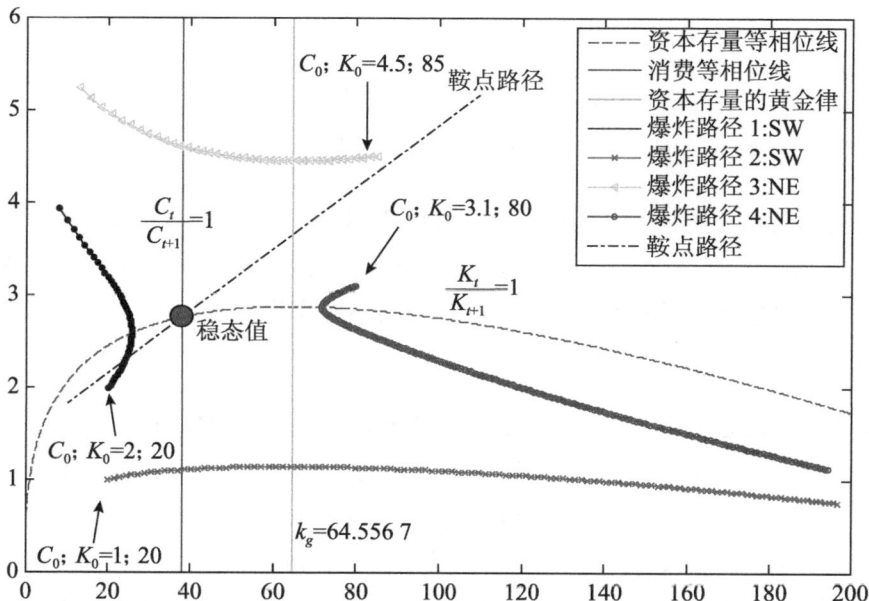

图 4.2　相位图和鞍点路径示例

永久性冲击会使得前向变量跳跃至新的鞍点路径，并使得系统最终收敛到新的稳态如图 4.3 所示；暂时性冲击则会使得前向变量跳到一个不稳定的状态，并使得系统逐步回归到旧稳态如图 4.4 所示。

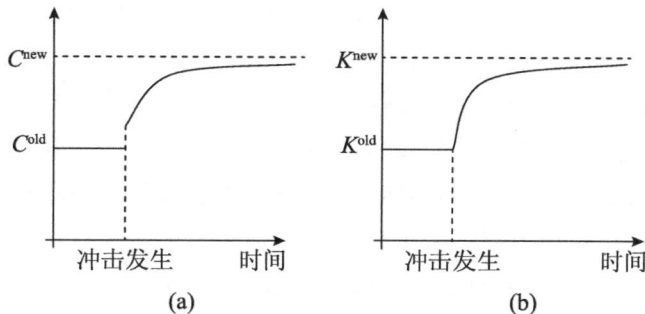

图 4.3　永久性冲击下消费和资本变化趋势图：收敛到新稳态

---

① 　本书 "**3.8.3 确定性模拟**" 一节对此有示例。

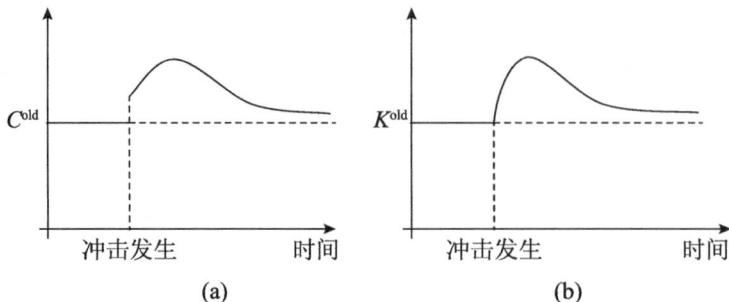

图 4.4　暂时性冲击下消费和资本的变化趋势：回归到旧稳态

感兴趣的读者可根据本书"**3.8 确定性求解和模拟：simul**"一节中关于永久性和暂时性冲击的 Dynare 实践，对新古典模型或下文的经典 RBC 模型进行编程，来进一步验证各种变量的变化趋势，理解不同冲击类型带来的不同变化特征。

2. 定量分析

"二战"后期，宏观经济分析主要由凯恩斯经济学所主宰 (Keynes, 1936)。凯恩斯经济学认为短期经济波动 (如产出和劳动) 主要由于总需求的变化引致。也就是说，投资需求和消费需求的变化，是短期经济波动的主要因素。此外，凯恩斯经济学还认为，宏观经济政策能够而且应该干预市场、调节总需求，从而解决市场不能有效平衡供给和需求的问题，避免经济的经常性波动。直到 20 世纪 70 年代中期，凯恩斯经济学一直非常成功；但 20 世纪 70 年代后期出现的"滞胀"(Stagflation) 问题[①]，即通货膨胀和失业问题同时出现，使得凯恩斯经济学无法解释，总需求的调节政策已经"力不从心"，因为这种现象的来源更多的是和总供给相关，油价高企、生产率下降等供给冲击造成了这种"滞胀"，而非总需求；而供给冲击在凯恩斯理论中并不占主流地位。

另外，凯恩斯理论的方法论基础也饱受质疑。从理论上来讲，其分析主要基于 IS-LM 模型及其各种拓展模型，并未考虑到经济行为主体的优化行为、期望和动态决策等问题。从经验分析来讲，凯恩斯经济学主要使用由联立方程组成 (Simultaneous Equations) 的各种宏观计量模型，以反映宏观经济变量之间的相互作用。联立方程的各种系数则通过拟合或回归来确定 (Reduced Form)，并基于联立方程模型进行各种预测。Lucas(1972, *JET*；1973, *AER*；1976) 的研究则特别指出了这种方法的重要缺陷，此后则成为宏观经济学中著名的卢卡斯批判 (Lucas' Critique)：基于联立方程进行政策变化效果的预测充满着危险，或者说是错误的。因为联立方程表征的宏观经济变量之间的相互关

[①]　滞胀在宏观经济学中特指经济停滞 (stagnation)，失业及通货膨胀 (inflation) 同时持续高涨的经济现象。

系本身会受政策变化的影响。更具体来说，基于历史数据进行拟合的联立方程本身是内生的（如模型参数或系数），而非外生的，因为理性行为人会根据政策的变化动态调整其预期，并因此改变经济行为。因此，卢卡斯主张宏观经济政策的分析不能没有明确的微观基础。只有充分考虑经济个体行为如消费者、厂商等，才能推导出稳健的结论。因为消费者的偏好、厂商的生产技术和市场结构，对经济政策变化来说具有一定的稳健性。下面通过一个简单的例子来说明。

考虑一个经典的新凯恩斯—菲利普斯曲线 (NKPC)：

$$\pi_t = \lambda mc_t + \beta E_t \pi_{t+1} \tag{4.1.11}$$

NKPC 曲线表明通货膨胀由边际成本 mc_t 和预期通货膨胀 $E_t\pi_{t+1}$ 共同确定。其中，λ, β 均为结构参数 (Structural Parameter)，主观贴现因子 β 则衡量了家庭对未来效用流贴现程度的大小；λ 由下式确定：

$$\lambda \equiv \frac{(1-\phi_p)(1-\beta\phi_p)}{\phi_p} \tag{4.1.12}$$

其中，ϕ_p 为价格黏性参数，指厂商不能最优调整价格的概率。此处需要特别指出的是：参数被称为结构 (Structural) 参数，如果其不随政策变化而变化，并且具有明确的经济学定义或原型 (Economic Primitive)，否则该参数被称为简化形式参数 (Reduced Form)。在理性预期理论之前，经济模型往往都是静态方程，并没有恰当的方式来处理经济个体的预期及其影响。

如果从凯恩斯经济学的视角，使用如下的回归方程来估计 NKPC 曲线即 (4.1.11)：

$$\pi_t = \alpha \times mc_t + \epsilon_t \tag{4.1.13}$$

其中，边际成本的系数 α，会出现模型设定偏误问题，因为误差项中包括了被解释变量的预期值。根据 (4.1.11)，期望的通货膨胀应该作为解释变量，而不应该放在误差项中。如果历史数据显示期望的通货膨胀比较稳定，那么估计结果不会出现太大的偏差，于是估计值 α 则接近其真实值 λ。但是当较高的当期通货膨胀伴随着较高通货膨胀预期时，而且实际上也往往如此。也就是说，预期通货膨胀和当前通货膨胀正相关时，α 的估计值则会出现较大的偏差，且此时 α 的估计值偏高，因为预期的通货膨胀被包括在误差项中，当期通货膨胀中未被解释的部分则反映在较高的 α 的估计值中。此时基于参数 α 的政策效果预测是错误的，具有误导性。

卢卡斯的批判表明，在做计量分析和拟合时，必须注意到计量模型背后的"故事"和"理论"。虽然理论没有告诉真实的结构参数值，但理论告诉我们应该使用什么样的计量模型来估计参数，才能不至于产生较大的偏差。因此从 (4.1.11) 可知，正确的计量模型应为

$$\pi_t = \alpha_0 \times mc_t + \alpha_1 \times E_t \pi_{t+1} + \epsilon_t \qquad (4.1.14)$$

但这里有一个问题，预期通货膨胀 $E_t \pi_{t+1}$ 无法观测到。但理性预期的定义可解决此问题。根据理性预期的定义：

$$E_t \pi_{t+1} = \pi_{t+1} + v_{t+1} \qquad (4.1.15)$$

其中，v_{t+1} 为误差项，均值为 0，且不和任何 t 期及以前变量相关，此时计量模型为

$$\pi_t = \alpha_0 \times mc_t + \alpha_1 \times \pi_{t+1} + u_t, \quad u_t = \epsilon_t + \alpha_1 v_{t+1} \qquad (4.1.16)$$

后来，卢卡斯批判被逐渐认可和接受。因此，建立一个不同于凯恩斯理论的、具有可操作性的宏观经济分析框架成为解决卢卡斯批判的一个具有挑战性的任务。Kydland & Prescott(1982) 的研究以及与之相关的另外一篇 (政策的时间不一致性问题) 研究 Kydland & Prescott(1977, *JPE*) 尝试回答了这一问题，从而使得解决卢卡斯批判成为可能，两位作者也因其卓越贡献获得了 2004 年的诺贝尔经济学奖。

接下来，简要介绍 Kydland & Prescott(1982) 的工作。

首先，从模型设定逻辑来看，Kydland & Prescott(1982) 简化了 Debreu(1959) 提出的基本框架：第一，假设经济中只有一种消费者，即有大量相同的消费者，且具有无穷生存期限，可供劳动时间的总禀赋标准化为 1；第二，只有一种消费品；第三，只有一种生产技术即以 Cobb-Douglas 形式出现的加总的生产技术，以资本存量和劳动作为输入生产要素

$$Y_t = F\left(A_t, K_t, N_t\right) \equiv A_t K_t^{\alpha} N_t^{1-\alpha} \qquad (4.1.17)$$

第四，假设模型没有任何无效率和摩擦存在。因此，从这个意义上讲均衡是帕累托最优的 [①]。既然均衡是最优的，可通过求解一个简单的中央计划者问题，找到均衡的"数量"(如消费、劳动供给)，并通过一阶条件求解均衡的"价格"(如资本收益率和工资)。

其次，从模型求解来看，使用了校准的方法。即参数值的选择匹配了某些宏观经济数据的统计量，如统计数据均值或比率数据。消费者选择消费、资本存量和劳动最大化终身贴现效用

$$\max_{C_t, K_{t+1}, N_t} E_0 \sum_{t=0}^{\infty} \beta^t U\left(C_t, 1 - N_t\right) \qquad (4.1.18)$$

资源约束为

$$C_t + K_{t+1} = \left(1 + r_t - \delta\right) K_t + w_t N_t \qquad (4.1.19)$$

---

① 均衡被定义为价格和数量的随机过程：1) 给定价格要素，消费者和厂商选择数量，以分别最大化期望的效用和利润。2) 市场出清。模型均衡的存在性由不动点定理可以证明。因为 DSGE 模型的复杂性，准确界定模型均衡是非常困难的。

其中，$r_t \equiv F_2(A_t, K_t, N_t)$ 为资本存量的收益率；$w_t \equiv F_3(A_t, K_t, N_t)$ 为工资水平。即厂商在完全竞争市场中最大化利润的一阶条件：资本存量的收益率等于资本存量的边际产出，工资水平等于劳动的边际产出。在柯布道格拉斯 (Cobb-Douglas) 形式的生产函数假设下，这两个价格变量可以表示为生产要素的函数：资本和劳动 (即数量)。

Kydland & Prescott(1982) 使用了递归分析 (Recursive Analysis) 的方法来表征模型均衡即模型状态变量的函数，此处为当期的外生冲击和资本存量 (A_t, K_t)，即

$$N_t = g_n\left(A_t, K_t\right) \tag{4.1.20}$$

$$C_t = g_c\left(A_t, K_t\right) \tag{4.1.21}$$

以及状态递归方程

$$K_{t+1} = \left(1-\delta\right)K_t + F\left[A_t, K_t, g_n\left(A_t, K_t\right)\right] - g_c\left(A_t, K_t\right) \tag{4.1.22}$$

和价格变量

$$r_t = F_2\left[A_t, K_t, g_n\left(A_t, K_t\right)\right] \tag{4.1.23}$$

$$w_t = F_3\left[A_t, K_t, g_n\left(A_t, K_t\right)\right] \tag{4.1.24}$$

其中，F_i 表示关于第 i 个变量求偏导数。方程(4.1.20)～方程(4.1.24)共同构成了模型的均衡。此处并未考虑人口和技术的长期增长趋势，正如新古典增长模型所分析的那样，长期增长趋势的影响不大 (Marginal Influence)。感兴趣的读者可参考 Cooley & Prescott(1995)，其采取了不可分效用函数，并考虑了人口和技术的长期增长趋势。一般情况下，无论是否考虑了长期增长趋势，都无法求解出函数 g_n 与 g_c 的解析解。

Kydland & Prescott(1982) 使用了 1950Q1—1979Q2 美国宏观经济数据 (118 个观测值)，并使用了 HP 滤波方法提取数据中波动成分[①]，然后计算波动成分的标准差及与产出的相关系数，最后使用了数值模拟的方式计算了模型变量的统计特征，总结于表 4.1。

表 4.1 模型变量的统计特征 (数据)

	产 出	消 费	投 资	劳 动	劳动生产率
标准差 (%)	1.8(1.8)	0.63(1.3)	6.45(5.1)	1.05(2.0)	0.90(1.0)
与产出的相关系数 (Correlation)	1(1)	0.94(0.74)	0.80(0.71)	0.93(0.85)	0.90(0.10)

数据来源：Kydland & Prescott(1982)。相关系数为当期相关系数，括号内为数据的统计值。其中劳动生产率的定义为人均产出水平。

这些数量统计结果在 RBC 文献中经常被称为典型化事实 (Stylized Facts)。在进一

---

① 文献中，经济周期的长度大约公认为 3~5 年，即 36~60 个月。

步解释上述计算结果之前，有必要对"典型化事实"这一概念做一些解释和说明。在英文的维基百科中，典型化事实被解释为经验事实 (Empirical Findings) 或统计分析结果 (Statistical Calculation Results)，尽管在多数情况下，"典型化事实"是对的，但仍然可能有一定的瑕疵或不成立的时候①。因此，典型化事实只是经验发现而已，而远非事实本身。也就是说，典型化事实并不一定是事实。

英文维基百科中一个经典的例子：教育能显著提高一生的收入②。这是一个典型化事实。一般说来，接受的教育程度越高，其收入越高。这虽然是经验或统计分析的结果，但这并不是放之四海皆准的事实。因为教育接受程度可能是能力、背景或机遇等关键因素自我选择的结果，而这些因素往往也能带来同样高的收入。此外，贸易领域有许多典型化事实，如"出口厂商的生产率大于非出口厂商的生产率""出口厂商的规模大于非出口厂商的规模"，等等。

从计算结果来看，模型变量的统计特征和经济事实数据的统计特征吻合度较高。首先产出的波动大于消费，小于投资。模型和数据的结论虽然存在差距，但排序是一致的。之所以消费的波动要小一些，这是消费的平滑偏好所致。模型中劳动的波动要显著小于数据中的波动。这是由于模型中劳动使用的集约边际 (Intensive Margin) 概念，而数据则使用的是广延边际 (Extensive Margin) 的统计变量③。这是模型和数据差异的主要原因。为了解决这一问题，Hansen(1985, *JME*) 和 Rogerson(1988, *JME*) 提出了不可分劳动的概念 (Indivisible Labor) 的概念，在模型中引入广延边际劳动，从而较为成功地解决了这一问题，并且降低了工资的顺周期性，即降低了工资和产出的相关系数④。

此外，模型中各变量和产出高度正相关，高于数据的统计值，但差异不大。这是因为模型中只有一个外生不确定性 (即外生冲击) 所致。可以加入诸如政府支出冲击、税收冲击等外生冲击，使得模型中各变量和产出的相关性系数较低 (McGrattan,1994, *JME*)。

---

① In social sciences, especially economics, a stylized fact is a simplified presentation of an empirical finding. A stylized fact is often a broad generalization that summarizes data, which although essentially true may have inaccuracies in the detail.

② Education significantly raises lifetime income.

③ 边际的概念一般可从集约边际和广延边际两个方面定义。广延边际是指某种对象或物品在某种意义上的使用量，例如额外雇用一个工人表示的是一个广延边际量。集约边际是指在给定的某个对象或物品内提取的使用量，比如某个或某组工人多工作一个小时表示的是集约边际量。此外，诸如消费和贸易都有类似的定义。消费的集约边际是指在给定价格下，消费者消费量的变化，而广延边际是在给定价格下，有多少消费者进入或退出该商品的消费市场。有时也有学者将集约和广延边际理解为深度和广度的概念。比如贸易量的集约边际是指同样市场内原有贸易的增加，广延边际则指新市场的开辟和新产品的贸易。

④ 在本书 "1.1.4 Schur 方法" 一节中介绍了 Hansen(1985, *JME*) 的不可分劳动模型。

为什么技术冲击能带来产出的波动呢？以一单位正向技术冲击为例来解释产出增长的内在机制。正向技术冲击意味着技术水平高于其稳态或均值的生产率水平，因此会产生直接的增长效应。此外，较高的生产率意味着较高的工资水平，因此劳动供给会增加，从而产生间接的增长效应。此外，较高的生产率水平同时意味着较高的资本回报率，如果能够预见正向技术冲击的发生，那么当期投资同样会增加，下一期的资本存量将增加，会产生经济增长的第三种效应。以技术冲击为代表的供给冲击，将以 3 种可能的渠道影响产出。

产出的波动会带来消费和投资的波动。正向技术冲击带来的产出增长的部分，一方面用于消费，一方面用于再投资。消费和投资的多少取决于消费的平滑偏好 (Smoothing) 和技术冲击的强度大小和持续性时长。技术冲击的持续性参数越大，其持续强度越强，较高生产率水平持续时间越长，因而更多的储蓄和投资将会更加有利。Kydland & Prescott(1982) 的研究发现技术冲击的持续性参数非负时 (自相关)，投资的波动要大于持续性参数为 0 时 (不相关) 的波动。总结上述分析，模型的动态构成了技术冲击的传播机制，如图 4.5 所示。

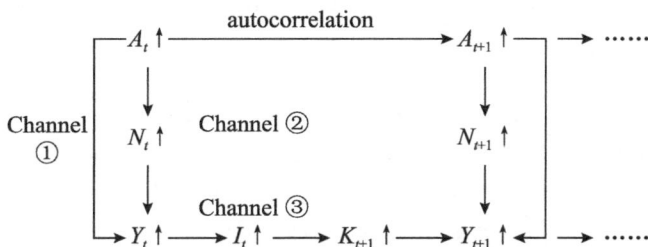

图 4.5　RBC 模型中技术冲击的传播机制

注：Channel 表示传播渠道；Autocorrelation 表示自相关。

Summers(1986) 对 RBC 模型提出了 4 个尖锐的批评。其中之一就是关于技术波动的存在性问题，以及如何定义技术退步 [①] 或者说如何理解负的技术冲击。Summers(1986) 认为，作为模型的唯一外生冲击，仅仅将其解释为全要素生产率 TFP 的波动是不够的，还应该合理说明其来源或从微观上加以论证其重要性。

20 世纪 80 年代以来，大多数研究试图修改和丰富经典的 RBC 模型，使得修正后的模型具有更好的放大机制 (Amplification) 和传播机制 (Propagation)。换句话说，RBC 模型的拓展主要围绕放大机制和传播机制展开。放大机制是指在较小的外生冲击下，能够

[①]　What are the sources of technical regress?（comparing to technological progress）.

产生较大的波动效应。也就是说，产出能够对较小的外生冲击做出灵敏的反应。经典的 RBC 模型中的放大机制的来源是劳动，而且相当微弱。传播机制是指模型能否使得外生冲击的效应得以持续传播和延续。经典的 RBC 模型中的传播机制来源于资本积累，同样传播能力比较弱。因此，从这个意义上说，新凯恩斯模型和 DSGE 模式其实是从放大机制和传播机制两个方面来提升模型的解释能力。

3. 定性分析

本部分在 Kydland & Prescott(1982) 模型的基础之上，在家庭预算约束中引入债券，即家庭持有厂商发行的债券，并取得利息补偿，不再假设家庭拥有资本存量，以此来进一步定性分析 RBC 模型[①]。

(1) 模型设定

假设家庭 t 期持有债券 B_t（在 $t-1$ 期末决定），并支付利率 r_{t-1}，该利率在 $t-1$ 期被决定，但在 t 期支付，因此 r_t 表示在 t 期被决定，但在 $t+1$ 期支付[②]。$B_t > 0$ 表示家庭有正的储蓄，即购买厂商发行的债券；$B_t < 0$ 表示家庭有负的储蓄，即有负债；$B_t = 0$ 表示家庭没有任何储蓄和负债。假设家庭将利息 r_t 看做给定，根据预算约束和优化目标选择最优债券持有量，其预算约束如下：

$$C_t + B_{t+1} \leq (1+r_{t-1}) B_t + w_t N_t + \Pi_t \tag{4.1.25}$$

也就是说，家庭的总支出（消费和下一期的债券持有量）不能超过其总收入：上一期债券本息 $(1+r_{t-1})B_t$、工资收入 $w_t N_t$ 和厂商的利润分配 Π_t。

家庭选择消费、债券和劳动最大化终身贴现效用

$$\max_{C_t, B_{t+1}, N_t} E_0 \sum_{t=0}^{\infty} \beta^t \left[U(C_t) - V(N_t) \right] \tag{4.1.26}$$

受约束于 (4.1.25)。最大化问题的一阶条件为

$$U'(C_t) = \beta E_t \left[U'(C_{t+1})(1+r_t) \right] \tag{4.1.27}$$

$$V'(N_t) = U'(C_t) w_t \tag{4.1.28}$$

(4.1.27) 为 Euler 方程，也就说，当期和下一期消费的边际替代率（即跨期边际替代率，Marginal Rate of Substitution，MRS）应等于当期消费的相对价格：

[①] 可以通过简单的推导证明，家庭拥有资本存量和厂商拥有资本存量都会得到相同的一阶条件。这类模型相比中央计划模型（Social Planner Model），被称为非中央计划模型（Decentralized Model）。

[②] 由于模型中设有名义货币，因此利率 r_t 应表示实际利率；若当模型中含有名义货币，则会引入价格和通胀，此时 r_t 的含义发生变化，成为名义利率。此外，由式 (4.1.25) 可知 r_t 为净变量 (net)。下文中有时也将 r_t 定义为总变量 (gross)，请勿混淆。应根据上下文灵活使用。

$$\frac{U'(C_t)}{\beta E_t U'(C_{t+1})} = MRS = 1 + r_t \tag{4.1.29}$$

(4.1.28) 为劳动供给方程，表明劳动和消费的边际替代率等于劳动价格。此为微观经济学中的基本结论。参考 (1.1.60)，模型的遍历性条件为

$$\lim_{T \to +\infty} \beta^T U'(C_T) B_{T+1} = 0 \tag{4.1.30}$$

此遍历性条件可简单理解为，在时间结束时（或时间尽头），家庭持有的债券贴现效用为 0。如果非 0，则表明家庭没有最大化其效用，因为时间结束时还有未获取的效用。

接下来分析厂商最优化问题。一个代表性厂商最大化其贴现利润（由实际消费品来度量），其贴现因子为随机贴现因子 (Stochastic Discount Factor，SDF)，相对于初始期消费的边际效用来定义 [1]：

$$SDF_t \equiv \beta^t \frac{E_0 U'(C_t)}{U'(C_0)} \tag{4.1.31}$$

厂商之所以使用随机贴现因子的根本原因在于家庭对未来的消费存在偏好，即贴现。假设厂商选择劳动、资本存量和债券存量来最大化其贴现效用

$$\max_{C_t, B_{t+1}, N_t} E_0 \sum_{t=0}^{\infty} SDF_t \left[F(A_t, K_t, N_t) - w_t N_t - I_t + D_{t+1} - (1 + r_{t-1}) D_t \right] \tag{4.1.32}$$

受约束于经典的资本积累方程 (1.1.57)。厂商的利润流由收入和支出组成：收入包括由规模报酬不变生产函数 $F(A_t, K_t, L_t)$ 生产的产出和发行的债务 D_{t+1} 募集的资金构成；支出包括工资支出、投资支出和债务本息支出。

上述最大化问题关于劳动、资本存量和债务的一阶条件分别为

$$F_3(A_t, K_t, N_t) = w_t \tag{4.1.33}$$

$$U'(C_t) = \beta E_t U'(C_{t+1}) \left[F_2(A_{t+1}, K_{t+1}, N_{t+1}) + (1 - \delta) \right] \tag{4.1.34}$$

$$U'(C_t) = \beta E_t \left[U'(C_{t+1})(1 + r_t) \right] \tag{4.1.35}$$

其中，F_i 表示关于第 i 个参变量求偏导。比较家庭关于债券和厂商关于债务的一阶条件 (4.1.27) 和 (4.1.35)，发现两者完全一致。因此只需求解家庭最优化问题，那么厂商关于债务的一阶条件就会同时成立。这意味着厂商最优化行为和债务发行的规模无关。因此，从公司金融的角度讲，这恰是关于公司资本结构无关论的著名定理：莫迪利安尼—米勒定理 (Modigliani Miller Theory)，即资本结构中股权和债券的比例和公司价值无关。如果定义

$$R_t^k \equiv F_2(A_t, K_t, N_t) \tag{4.1.36}$$

---

[1]　即由初始期消费的边际效用进行标准化，当然也可以选取其他期进行标准化或不进行标准化处理。

为资本的收益率 (即资本的边际产出)，比较资本存量的一阶条件 (4.1.34) 和债务的一阶条件，(4.1.35) 或 (4.1.27) 可以发现 [1]：

$$1+r_t = \frac{E_t\left\{U'\left(C_{t+1}\right)\left(R_{t+1}^k+(1-\delta)\right)\right\}}{E_t U'\left(C_{t+1}\right)} \qquad (4.1.37)$$

也就是说，债券的收益率 r_t 和资本的收益率 R_{t+1}^k 有着密切的联系。从期望算子的定义可知：

$$E_t\left\{U'\left(C_{t+1}\right)\left(R_{t+1}^k+(1-\delta)\right)\right\} = E_t U'\left(C_{t+1}\right) \times E_t\left(R_{t+1}^k+(1-\delta)\right) \\ + \text{cov}\left(U'\left(C_{t+1}\right), R_{t+1}^k\right) \qquad (4.1.38)$$

其中 cov 表示协方差。因此 (4.1.37) 可写为

$$1+r_t = E_t\left(R_{t+1}^k+(1-\delta)\right) + \frac{\text{cov}\left(U'\left(C_{t+1}\right), R_{t+1}^k\right)}{E_t U'\left(C_{t+1}\right)} \qquad (4.1.39)$$

当 $\text{cov}(U'(C_{t+1}), R_{t+1}^k)=0$ 时，资本收益率方程 (4.1.37) 可写为

$$1+r_t = E_t\left(R_{t+1}^k+(1-\delta)\right) \qquad (4.1.40)$$

然而消费的边际效用和资本的边际产出往往负相关。这是因为当资本的边际产出较高时，往往意味着生产率水平较高，消费越高，由于效用函数的边际递减特征，这意味着消费的边际效用越低，因而两者的协方差往往小于 0。如果一种资产，它的回报和消费负相关 [2]，那么持有人将会要求风险溢价 (Risk Premium)。如果定义

$$R_{t+1}^{rp} \equiv -\frac{\text{cov}\left(U'\left(C_{t+1}\right), R_{t+1}^k\right)}{E_t U'\left(C_{t+1}\right)} \qquad (4.1.41)$$

为资产的风险溢价，那么资本的边际产出，即资本回报率等于无风险资产收益率加上风险溢价：

$$E_t\left(R_{t+1}^k+(1-\delta)\right) = (1+r_t) + E_t\left(R_{t+1}^{rp}\right) \qquad (4.1.42)$$

或者

$$E_t\left(R_{t+1}^k-\delta\right) = r_t + E_t\left(R_{t+1}^{rp}\right) \qquad (4.1.43)$$

(4.1.43) 说明，剔除折旧后的资本回报率等于无风险利率加上风险溢价。如果对资本收益率方程 (4.1.37) 进行一阶线性化处理，可得：

$$\hat{r}_t = E_t\left(\hat{R}_{t+1}^k\right) - \delta \qquad (4.1.44)$$

---

[1] 由于债券收益率 r_t 在 t 期已知，因此可以不受 t 期期望算子的约束。

[2] 此种资产可以理解为股权资产，即风险资产。回报与消费负相关意味着，当消费较高时，收益回报率较低，或消费较低时，收益回报率较高。这说明资产回报与平滑消费的要求相背离。

(4.1.44) 说明实际利率等于期望的资本收益减去资本折旧率。风险溢价项 R_{t+1}^{rp} 将不会出现一阶线性化方程中,这说明风险溢价至少是二阶项,因而在处理风险溢价相关的问题时,对模型进行线性化处理来分析风险溢价是不恰当的,至少需要二阶或三阶近似才能捕捉到风险溢价的因素。

(2) 模型均衡

模型均衡由 9 个变量 C_t、N_t、K_t、A_t、Y_t、I_t、w_t、R_t^k、r_t 和 9 个均衡条件组成:

- Euler方程

$$U'(C_t) = \beta E_t \left(U'(C_{t+1})(1+r_t) \right) \tag{4.1.45}$$

- 劳动供给方程

$$V'(N_t) = U'(C_t)w_t \tag{4.1.46}$$

- 资源约束方程

$$Y_t = C_t + I_t \tag{4.1.47}$$

- 资本积累方程

$$K_{t+1} = I_t + (1-\delta)K_t \tag{4.1.48}$$

- 技术AR(1)过程

$$\log A_t = \rho \log A_{t-1} + \epsilon_t \tag{4.1.49}$$

- 生产函数

$$Y_t \equiv F(A_t, K_t, N_t) \tag{4.1.50}$$

- 资本存量FOC条件

$$U'(C_t) = \beta E_t(U'(C_{t+1})(1+R_{t+1}^k)) \tag{4.1.51}$$

- 劳动需求方程

$$w_t = F_3(A_t, K_t, N_t) \tag{4.1.52}$$

- 资本收益率

$$R_t^k \equiv F_2(A_t, K_t, N_t) \tag{4.1.53}$$

其中,9 个变量中,有 1 个前向变量即消费 C_t;两个预先决定的状态变量和外生变量即 K_t、A_t,其余 6 个变量为静态变量(冗余变量),分别为产出 Y_t、工资 w_t、实际利率 r_t、资本收益率 R_t^k、投资 I_t 和劳动 N_t。上述一阶条件中的劳动需求方程和资本收益率方程是标准的,在后续分析中还会多次用到。

在进一步分析之前,需要假定效用函数的解析形式,假定生产函数采取经典的柯布道格拉斯 (Cobb-Douglas) 形式为 $Y_t = F(A_t, K_t, N_t) = A_t K_t^\alpha N_t^{1-\alpha}$,并且效用函数关于消费和劳动具有可加可分的性质，采取如下简单形式：

$$U\left(C_t\right) = \log C_t, \quad V\left(N_t\right) = \frac{N_t^{1+\phi^{-1}}}{1+\phi^{-1}}, \phi > 0$$

其中，ϕ 为劳动供给的 Frisch 弹性。也就是说，工资每增加 1%，劳动供给增加 ϕ%(在消费不变的情况下)。

接下来对 Frisch 弹性做简单的解释。事实上，劳动供给的 Frisch 弹性 (Frisch Labor Supply Elasticity，FLSE) 的定义为劳动的工资弹性，即：

$$\text{FLSE} \equiv \frac{\partial N_t}{\partial W_t} \frac{W_t}{N_t} \tag{4.1.54}$$

在简单的 RBC 模型中，关于消费和劳动分别有如下的一阶条件：

$$U_c = \lambda_t \tag{4.1.55}$$
$$-U_N = \lambda_t W_t \tag{4.1.56}$$

其中，λ_t 为预算约束的拉格朗日乘子。注意消费 C_t 和劳动供给 N_t 为名义工资 W_t 的函数，因此在上面两个一阶条件中，分别关于 W_t 求一阶导数可得：

$$U_{CC} \frac{\partial C_t}{\partial W_t} + U_{CN} \frac{\partial N_t}{\partial W_t} = 0 \tag{4.1.57}$$

$$-\left(U_{NC} \frac{\partial C_t}{\partial W_t} + U_{NN} \frac{\partial N_t}{\partial W_t}\right) = \lambda_t \tag{4.1.58}$$

容易求解出：

$$\frac{\partial N_t}{\partial W_t} = \frac{-U_N U_{CC}}{W\left(U_{CN}^2 - U_{NN} U_{CC}\right)} \tag{4.1.59}$$

于是可得劳动供给 Frisch 弹性的计算公式为

$$\text{FLSE} = \frac{U_N}{N\left(U_{NN} - \frac{U_{CN}^2}{U_{CC}}\right)} \tag{4.1.60}$$

根据 (4.1.60) 和上述效用函数的解析形式，不难计算出此时劳动供给的 Frisch 弹性为 ϕ(此时 $U_{CN} = 0$，因为效用函数关于消费和劳动是可加可分的)。

(3) 定性分析

在定义好模型均衡后，接下来进行定性分析。首先求解模型稳态，然后对模型进行一阶线性化处理来定性考察 RBC 模型。为了节省篇幅，此处省略稳态求解过程[①]。首先来看劳动供给方程，有

---

① 稳态计算的内容，可参考本书"**1.3.1 确定性稳态值及其计算示例**"一节的内容。

$$N_t^{\phi^{-1}} = \frac{w_t}{C_t} \tag{4.1.61}$$

将 (4.1.61) 一阶线性化可得：

$$\hat{N}_t = -\phi\hat{C}_t + \phi\hat{w}_t \tag{4.1.62}$$

如果采取和 Kydland & Prescott(1982) 相同形式的效用函数即仍为对数消费，那么劳动可用总时间被标准化为 1，劳动负效用部分被定义为 [①]

$$V(N_t) \equiv \theta\log(1 - N_t) \tag{4.1.63}$$

其中，$\theta > 0$ 为参数，那么劳动供给方程为

$$\frac{\theta}{1 - N_t} = \frac{w_t}{C_t} \tag{4.1.64}$$

将其对数线性化可得：

$$\hat{N}_t = -\phi\hat{C}_t + \phi\hat{w}_t, \quad \phi \equiv \frac{1 - N}{N} \tag{4.1.65}$$

其中，N 为劳动的稳态值。也就是说，两种效用函数设定下，线性化后的劳动供给方程是一致的，只不过后一种设定下劳动供给的 Frisch 弹性参数 ϕ 由劳动的稳态来刻画。在劳动总可用时间标准化为 1 的情况下，如果假设劳动的稳态值为 1/3，那么此时 $\phi = 2$，也就是说工资增加 1%，那么劳动供给增加 2%。

劳动供给方程 (4.1.62) 表明，假设在工资不变的情况下，劳动和消费呈反方向变化。将劳动需求方程：

$$w_t = (1 - \alpha)A_t K_t^\alpha N_t^{-\alpha} \tag{4.1.66}$$

线性化可得：

$$\hat{w}_t = \hat{A}_t + \alpha\hat{K}_t - \alpha\hat{N}_t \tag{4.1.67}$$

劳动需求方程 (4.1.67) 说明，技术进步有助于提升工资水平，资本存量的提升也有助于增加工资。但劳动增加则会降低工资水平 (给定其他条件不变时)，即高于劳动稳态或均衡值的劳动供给会降低工资水平。

当技术和资本存量给定时，在二维空间 $(\hat{w}_t, \hat{N}_t)$ 中，可确定劳动需求方程 (4.1.67) 的位置。如果已知政策函数，此时可求得消费，于是可确定劳动供给方程 (4.1.62) 的位置。因而劳动需求方程 (4.1.67) 和劳动供给方程 (4.1.62) 共同确定了均衡的工资和劳动：劳动需求方程 (4.1.67) 为向下倾斜的曲线，而劳动供给方程 (4.1.62) 则为向上倾斜的曲线，如

---

① 注意此时效用函数的一般形式应为 $U(C_t)+V(1-N_t)$，而非 $U(C_t)-V(1-N_t)$。

图 4.6 所示。

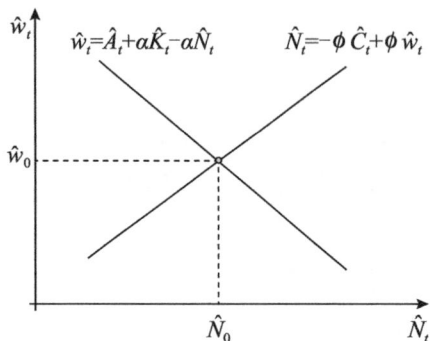

图 4.6 劳动和工资的确定

接下来考察资本收益率方程 (即资本需求方程 [①]):

$$R_t^k = \alpha A_t K_t^{\alpha-1} N_t^{1-\alpha} \tag{4.1.68}$$

线性化资本收益率方程 (4.1.68) 可得：

$$\hat{R}_t^k = \hat{A}_t - (1-\alpha)\hat{K}_t + (1-\alpha)\hat{N}_t \tag{4.1.69}$$

从资本积累方程来看，资本存量是预先决定的变量，而且资本形成无法在当期完成，因此资本供给曲线在短期内即当期，不会发生变化，因此在 $(\hat{R}_t^k, \hat{K}_t)$ 空间内，供给曲线是一条垂线，如图 4.7 所示。因此，资本供给和需求曲线在 $(\hat{R}_t^k, \hat{K}_t)$ 空间内共同确定均衡的资本存量及其收益率。

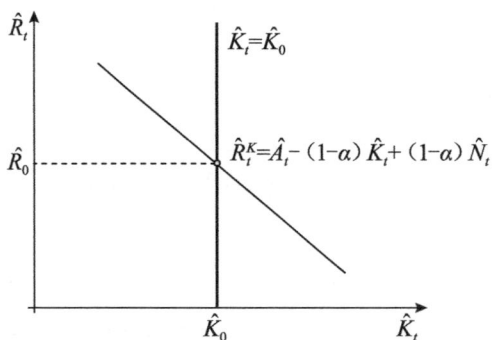

图 4.7 资本和收益率的确定

---

① 前文已经提及，家庭和厂商拥有资本存量的不同模型设定，都将会推导出相同的一阶条件。此处假设家庭拥有资本存量并出租给厂商，因此资本需求曲线是向下倾斜的曲线。

其次来看产出、实际利率与投资的决定。家庭关于债券的一阶条件：

$$\frac{1}{C_t} = \beta E_t \frac{1}{C_{t+1}} (1 + r_t) \tag{4.1.70}$$

将其对数线性化可得：

$$\hat{r}_t = E_t \hat{C}_{t+1} - \hat{C}_t \tag{4.1.71}$$

(4.1.71) 说明在一阶近似下，期望的消费增长率等于实际利率。因此，结合资本收益率方程 (4.1.44) 可知：

$$E_t \hat{C}_{t+1} - \hat{C}_t = E_t \left(\hat{R}_{t+1}^k \right) - \delta \tag{4.1.72}$$

(4.1.72) 说明期望的消费增长率应该等于期望的资本收益率减去折旧率。然后，从生产函数和资源约束方程中，可得产出和投资的一阶近似方程：

$$\hat{Y}_t = \hat{A}_t + \alpha \hat{K}_t + (1 - \alpha) \hat{N}_t \tag{4.1.73}$$

$$\hat{Y}_t = \frac{C}{Y} \hat{C}_t + \frac{I}{Y} \hat{I}_t \tag{4.1.74}$$

从上述分析过程来看，模型内生变量的决定有"先后次序"之分。首先给定状态变量，包括外生状态 $\hat{A}_t$ 和内生状态 $\hat{K}_t$，然后通过政策函数 (或相位图) 可决定消费 $\hat{C}_t$。从而可从劳动供给和需求方程中同时决定劳动 $\hat{N}_t$ 和工资 $\hat{w}_t$。从而由生产函数决定产出 $\hat{Y}_t$，进而决定投资 $\hat{I}_t$；从资本收益率方程中决定资本收益率 $\hat{R}_t^k$，从而由式 (4.1.44) 或式 (4.1.71) 可以决定实际利率 $\hat{r}_t$。将上述各内生变量决定的逻辑顺序总结如下：

$$\hat{A}_t, \hat{K}_t \rightarrow \hat{C}_t \rightarrow \hat{N}_t, \hat{w}_t \rightarrow \hat{Y}_t, \hat{R}_t^k \rightarrow \hat{r}_t, \hat{I}_t$$

4.1.2 RBC模型的拓展

对 RBC 模型拓展的文献非常丰富，除引入名义黏性 (价格和工资黏性)、垄断竞争外，还涉及名义货币、消费习惯、可变资本利用率、投资调整成本、财政政策、边际技术冲击、偏好冲击等建模要素的引入。

本小节首先聚焦分析如何在 RBC 模型中引入名义货币。文献中引入货币进行分析的模型和方式多种多样。在一般均衡分析框架下，常见的引入方式包括效用函数中引入和货币先行约束。这两种建模方式都假设货币是特殊的，不像其他金融资产那样，要么能产生直接的效用，因而进入效用函数，要么作为交换媒介 (Medium of Exchange)，充当特殊角色以方便交易开展。但这两种建模方式都未直接指定货币在实际交易中的具体角色，更未对交易技术进行建模，因而有其局限性 [①]。其次，介绍有关投资和托宾 Q 的内容，并说明投资调整成本函数引入模型的重要作用。再次，结合经典文献介绍有关边际技术冲击相关的内容。最后，对 RBC 模型中如何引入财政变量做简单的介绍。

1. MIU (Money-in-Utility)

本部分首先介绍将货币引入效用函数中 (Money-in-Utility，MIU)。MIU 是模型引入货币的一种方法，简单方便，也被广泛采用 [②]。引入货币的另外一种方法是货币先行约束 (Cash-in-Advance，CIA)，将会在下一小节介绍。首先来介绍 MIU 模型。此外，需要注意的是，由于采取名义货币引入方式，因此模型必须考虑商品的价格及其由此带来的通货膨胀问题。

(1) 模型设定

假设经济中有一个代表性家庭最大化其终身贴现效用函数，

$$\max_{C_t, N_t, B_{t+1}, M_t, K_{t+1}} E_0 \sum_{t=0}^{\infty} \beta^t U\left(C_t, N_t, M_t\right) \tag{4.1.75}$$

预算约束为

$$P_t C_t + P_t\left(K_{t+1} - (1-\delta)K_t\right) + B_{t+1} + M_t \leqslant W_t N_t + P_t R_t^k K_t + (1 + i_{t-1})B_t + M_{t-1} \tag{4.1.76}$$

其中，i_{t-1} 为名义债券利率；有别于 RBC 模型中 (4.1.25) 设定的实际债券利率 r_{t-1}，但二者时间下标的含义是一致的。债券 B_{t+1} 表示 t 期末决定的变量，因此其设定类似于资本存量的设定方式。此处货币需求量 M_t 的含义也类似于债券 B_{t+1}，为预先决定的变量，虽然下标略有差异。当然完全可以采用和债券 B_{t+1} 一致的时间下标，只不过实际货币需求的定义稍有差异。如果使用实际变量来表示预算约束，则有：

$$C_t + \left(K_{t+1} - (1-\delta)K_t\right) + \frac{B_{t+1}}{P_t} + \frac{M_t - M_{t-1}}{P_t} \leqslant w_t N_t + R_t^k K_t + (1 + i_{t-1})\frac{B_t}{P_t} \tag{4.1.77}$$

其中，$w_t \equiv \dfrac{W_t}{P_t}$ 为实际工资；R_t^k 为资本实际收益率。

---

① 分析货币的交易媒介属性还有另外一类文献分析，称之为货币搜寻模型 (Search Model for Money)，具体可参考如下两篇文献：[1] 彭涛 . 以搜寻为基础的货币理论研究进展 [J]. 经济学动态 , 2015(3):115-124. [2] Walsh, C. E. *Monetary theory and policy* [J]. MIT Press, Chapter 3.4 Search，2010.

② 其背后的理论支持可追溯及凯恩斯的流动性偏好理论 (Liquidity Preference Theory)，即家庭持有货币具有 3 种动机：交易、预防和投机动机，因此持有货币能够带来效用。也有文献认为，持有货币虽然能够带来效用，但不是直接效用。因为持有货币最终要进行交易，效用是从交易中购买的商品或服务中得到，因而货币产生的效用是间接效用。但这并不妨碍 MIU 建模方式所带来的重要启示。

假设效用函数采取如下的形式，即关于消费、劳动和实际货币余额可加可分：

$$U(C_t, N_t, M_t) \equiv \frac{C_t^{1-\sigma}-1}{1-\sigma} - \theta \frac{N_t^{1+\eta}}{1+\eta} + \psi \frac{\left(\frac{M_t}{P_t}\right)^{1-\nu}-1}{1-\nu} \tag{4.1.78}$$

其中，σ、θ、η、ν、$\psi > 0$ 为参数。当 $\sigma =1$ 时，表示对数消费形式；当 $\nu=1$ 时，表示对数货币需求形式。

家庭选择消费、劳动、资本存量、债券和货币持有量来最大化其效用，拉格朗日函数为

$$\mathcal{L} \equiv E_0 \sum_{t=0}^{\infty} \beta^t \left\{ \frac{C_t^{1-\sigma}-1}{1-\sigma} - \theta \frac{N_t^{1+\eta}}{1+\eta} + \psi \frac{\left(\frac{M_t}{P_t}\right)^{1-\nu}-1}{1-\nu} + \cdots \right.$$

$$\left. + \lambda_t \left(w_t N_t + R_t^k K_t + (1+i_{t-1})\frac{B_t}{P_t} - C_t - \left(K_{t+1}-(1-\delta)K_t\right) - \frac{B_{t+1}}{P_t} - \frac{M_t - M_{t-1}}{P_t} \right) \right\} \tag{4.1.79}$$

关于消费、劳动、资本存量的一阶条件分别为

- 消费的一阶条件

$$\lambda_t = C_t^{-\sigma} \tag{4.1.80}$$

- 劳动的一阶条件

$$\theta N_t^{\eta} = C_t^{-\sigma} w_t \tag{4.1.81}$$

- 资本存量的一阶条件

$$\lambda_t = \beta E_t \left(\lambda_{t+1}\left(R_{t+1}^k +1-\delta\right) \right) \tag{4.1.82}$$

上述 3 个一阶条件在经典的 RBC 模型中已经多次出现。

接下来，需要强调的是关于债券和货币的一阶条件。债券的一阶条件为

$$\lambda_t = \beta E_t \left(\lambda_{t+1}\frac{1+i_t}{\pi_{t+1}} \right), \quad \pi_t \equiv \frac{P_t}{P_{t-1}} \tag{4.1.83}$$

如果定义实际利率为 [1]

$$1+r_t \equiv \frac{1+i_t}{\pi_{t+1}} \tag{4.1.84}$$

则债券的一阶条件 (4.1.83) 可进一步从形式上表示为

$$\lambda_t = \beta E_t \left(\lambda_{t+1}\left(1+r_t\right) \right) \tag{4.1.85}$$

即经典的 RBC 模型的结论。货币的一阶条件 (即货币需求方程) 为

$$\psi \left(\frac{M_t}{P_t} \right)^{-\nu} = \lambda_t - \beta E_t \lambda_{t+1} \frac{P_t}{P_{t+1}} \tag{4.1.86}$$

---

[1] 此处仅从形式上进行替换。严格地说，实际利率的定义中应包括期望算子 E。以下不再一一说明。

结合债券的一阶条件 (4.1.83) 和消费的一阶条件 (4.1.80)，货币需求方程 (4.1.86) 可写为

$$\frac{M_t}{P_t} = \psi^{\frac{1}{v}} C_t^{\frac{\sigma}{v}} \left(\frac{i_t}{i_t + 1} \right)^{-\frac{1}{v}} , \sigma, v > 0 \tag{4.1.87}$$

容易从 (4.1.87) 中得到：

$$\frac{\partial M_t}{\partial C_t} > 0, \quad \frac{\partial M_t}{\partial i_t} < 0 \tag{4.1.88}$$

因此，货币需求方程有重要的含义：第一，在价格给定下，名义货币需求与消费成正比，或者说实际货币需求与消费成正比：即随着消费的增加，必然要求实际货币需求增加。第二，如果名义货币需求和名义利率保持不变，在某外生冲击下使得消费增加，那么此时价格水平必然下降。第三，在其他条件不变时，名义货币需求和名义利率成反比。这和直觉相符，这是因为持有现金货币或 (活期) 储蓄存款的利率要低于债券利率，即持有现金的机会成本较高。因此，人们在没有真实需求时 [①]，没有动机持有现金或 (活期) 储蓄存款或者持有动机被削弱。如果假设 $C_t = Y_t$, $v = \sigma = 1$, $\psi = 1$，那么货币需求方程可写为

$$M_t = P_t Y_t \frac{1 + i_t}{i_t} \tag{4.1.89}$$

如果定义

$$V_t \equiv \frac{i_t}{i_t + 1} \tag{4.1.90}$$

为货币流通速率，即利率的增函数。此时货币需求方程 (4.1.89) 为著名的费雪货币数量理论 (Fisher Monetary Quantity Theory)：

$$M_t V_t = P_t Y_t \tag{4.1.91}$$

至此完成了对家庭最优化问题的分析。

接下来分析厂商问题。厂商问题为标准的静态问题，和经典的 RBC 模型保持一致，在给定工资和资本收益率的条件下，最大化其利润：

$$\max_{N_t, K_t} A_t F(K_t, N_t) - w_t N_t - R_t^k K_t \tag{4.1.92}$$

关于资本存量和劳动的一阶条件是标准的，分别为

$$R_t^k = A_t F_K(K_t, N_t) \tag{4.1.93}$$

---

① 无实际动机或需求是指凯恩斯货币需求的 3 种动机：交易动机、预防性动机和投机动机。

$$w_t \equiv \frac{W_t}{P_t} = A_t F_N\left(K_t, N_t\right) \tag{4.1.94}$$

此为要素的价格等于要素的边际产出。由于厂商的问题为静态问题，货币的引入并未对厂商最优化问题产生任何影响，因此关于资本和劳动的一阶条件是完全一致的。在均衡分析时，假设生产函数为经典的柯布道格拉斯 (Cobb-Douglas) 形式。

接下来考虑模型的货币因素。由于效用函数中引入了货币，因此在指定货币政策规则时，假设货币当局 (Monetary Authority) 选择货币供应量 M_t 作为政策变量。需要注意的是，此处的货币供应量，严格地说应区别于效用函数中的货币需求，但在均衡时，两者相等，因此并未做明确区分。

一般说来，货币供应量是非平稳时间序列，因此考虑货币供应的 (对数) 增长率作为政策工具，假设其满足如下的 AR(1) 过程：

$$\log M_t - \log M_{t-1} = \left(1 - \rho_m\right)\log \pi + \rho_m\left(\log M_{t-1} - \log M_{t-2}\right) + \epsilon_t^m \tag{4.1.95}$$

其中，π 表示稳态名义货币供应量增长率或长期平均增长率 (Gross 形式)。如果使用实际货币余额 m_t 和 CPI 通货膨胀率 π_t，即

$$m_t \equiv \frac{M_t}{P_t}, \quad \pi_t \equiv \frac{P_t}{P_{t-1}} \tag{4.1.96}$$

则实际货币供给增长率 g_t^m 满足：

$$g_t^m = \left(1 - \rho_m\right)\log \pi - \log \pi_t + \rho_m g_{t-1}^m + \rho_m \log \pi_{t-1} + \epsilon_t^m \tag{4.1.97}$$

$$g_t^m \equiv \log m_t - \log m_{t-1} \tag{4.1.98}$$

若假定名义货币供应量增长率的稳态或长期均值 π 等于通货膨胀率 π_t 的稳态或长期均值，从式 (4.1.97) 中不难看出，实际货币供给增长率 g_t^m 的稳态或长期均值为 0，此时名义货币供应量将是趋势平稳的。事实上由定义

$$\pi = E_{t-1}\left(\log M_t - \log M_{t-1}\right) + 1 \tag{4.1.99}$$

可知名义货币供给量将为趋势平稳 (Trend Stationary)[①] 过程，即

$$M_t = M_{t-1}\exp\left(\pi - 1\right) \times \exp\left(u_t\right), \quad u_t \sim \text{i.i.d. } N\left(0, \sigma_u^2\right) \tag{4.1.100}$$

$$M_t = M_0\left(1 + g_\pi\right)^t \times \exp\left(u_t\right), \quad g_\pi \equiv \exp\left(\pi - 1\right) - 1 \tag{4.1.101}$$

这同时也意味着价格也是趋势平稳序列。

(2) 模型均衡

模型均衡由 13 个变量 C_t、N_t、K_t、I_t、Y_t、R_t^k、w_t、i_t、π_t、g_t^m、A_t、m_t、r_t 和如下

---

① 通过去趋势即可实现平稳。两边取对数，然后通过 OLS 方法，线性去趋势即可。

13 个均衡条件组成：

- 劳动供给方程

$$\theta N_t^\eta = C_t^{-\sigma} w_t \tag{4.1.102}$$

- 资本存量一阶条件

$$C_t^{-\sigma} = \beta E_t \left(C_{t+1}^{-\sigma} \left(R_{t+1}^k + 1 - \delta \right) \right) \tag{4.1.103}$$

- 债券的Euler方程

$$C_t^{-\sigma} = \beta E_t \left(C_{t+1}^{-\sigma} \frac{1+i_t}{\pi_{t+1}} \right) \tag{4.1.104}$$

- 资本收益率方程

$$R_t^k \equiv \alpha A_t K_t^{\alpha-1} N_t^{1-\alpha} \tag{4.1.105}$$

- 工资方程

$$w_t \equiv \frac{W_t}{P_t} = (1-\alpha) A_t K_t^{\alpha} N_t^{-\alpha} \tag{4.1.106}$$

- 生产函数

$$Y_t \equiv A_t K_t^{\alpha} N_t^{1-\alpha} \tag{4.1.107}$$

- 资源约束

$$Y_t = C_t + I_t \tag{4.1.108}$$

- 资本积累方程

$$K_{t+1} = I_t + (1-\delta) K_t \tag{4.1.109}$$

- 技术冲击

$$\log A_t = \rho \log A_{t-1} + \epsilon_t \tag{4.1.110}$$

- 货币需求方程

$$\psi (m_t)^{-\nu} = C_t^{-\sigma} \frac{i_t}{i_t + 1} \tag{4.1.111}$$

- 货币供给增长率方程

$$g_t^m = (1-\rho_m) \log \pi - \log \pi_t + \rho_m g_{t-1}^m + \rho_m \log \pi_{t-1} + \epsilon_t^m \tag{4.1.112}$$

- 货币供给增长率定义

$$g_t^m \equiv \log m_t - \log m_{t-1} \tag{4.1.113}$$

- 实际利率

$$r_t \equiv \frac{1+i_t}{\pi_{t+1}} \qquad\qquad (4.1.114)$$

注意，对于实际利率 r_t、CPI 通胀率 π_t 均采用了 Gross 形式，而非 Net 变量，但债券利率 i_t 却采取了 Net 形式。在 Dynare 编程处理时，为了方便处理，将三者都当作 Gross 形式来处理。特别，编程时将 i_t 当作 $1+i_t$，即模型文件中的 i_t 表示 Gross 变量。

从上述均衡中可以看出，模型中实际变量的一阶均衡条件和经典 RBC 模型中是完全一致的。因此，这些实际变量 (除实际货币供给外)，如消费、产出、投资、劳动和资本存量都不会对货币冲击做出反应。也就是说货币是中性的，货币供给的变化不对实际变量产生任何影响，因此经典的货币面纱论是成立的[1]。各参数的校准请参考对应的模型文件，此处为了节省篇幅，此处不再列示 Dynarc 源代码[2]。

(3) 货币中性分析

此处假设了外生货币供应量冲击的持续性参数非 0 而为 0.5，注意持续性参数的取值对名义货币供应量的变化趋势有重要影响[3]。为了看清楚价格和名义货币供应量在外生冲击下的变化趋势，使用如下公式反向提取价格与名义货币的脉冲响应：

$$\log P_t = \log P_{t-1} + \log \pi_t$$
$$\log M_t = \log P_t + \log m_t \qquad\qquad (4.1.115)$$

并假定在 (4.1.115) 中，$\log P_0 = 0$，即初始期价格被标准化为 1。由于实际货币余额 m_t 和通胀 π_t 的脉冲响应已经由 Dynare 给出，可使用 (4.1.115) 来计算价格和名义货币供应量的脉冲响应。在一单位正向技术冲击下，各实际变量的变化趋势和经典 RBC 模型中一致，因此省略，此处仅显示部分名义变量的变化趋势，如图 4.8 所示[4]。在技术冲击 (实际冲击) 下名义变量，如名义货币供给与名义利率并没有发生变化。技术冲击使得边际成本减少，因此通胀下跌，即物价下跌。

---

[1]　经典的二分法同样成立，即实际变量先决定，然后名义变量再决定。

[2]　Dynare 源代码：\Sources\Chap4_NKmodels\4.1_RBC_extensions\4.1.2_Extension\MIU.mod。

[3]　当持续性参数为零时，名义货币供应量服从随机游走过程，如 (4.1.95) 所示。如果在零通胀的假设下，此时名义货币供应量的增长率将为零。此处，感兴趣的读者可以验证当持续性参数为零并且零通胀假设时，在货币供应量冲击下，名义利率并不发生变化。

[4]　请在运行完 MIU.mod 文件后，立即运行 \Sources\Chap4_NKmodels\4.1_RBC_extensions\4.1.2_Extension\IRF_backout.m 中的第一部分，即可得到。

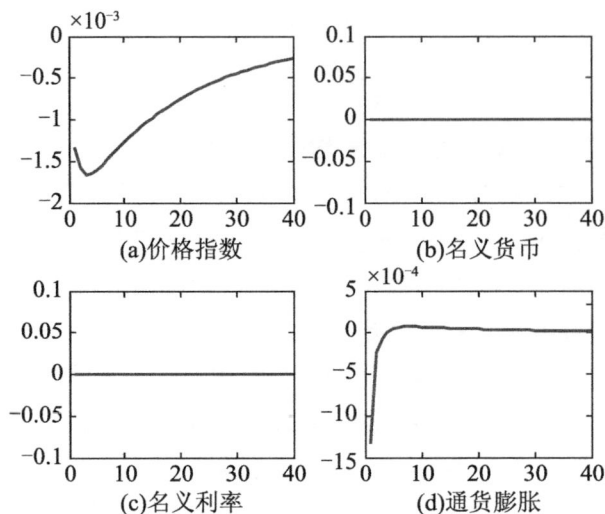

图 4.8 一单位正向技术冲击下名义变量的 IRF

在一单位正向货币供应量冲击下，实际变量没有任何反应，只有名义变量发生变化，如图 4.9 所示 [①]。除实际货币供给及其增长率外，仅通货膨胀率和名义利率做出反应。这说明货币供给的变化不对实际变量产生作用，因此从此意义上说，货币是中性的。

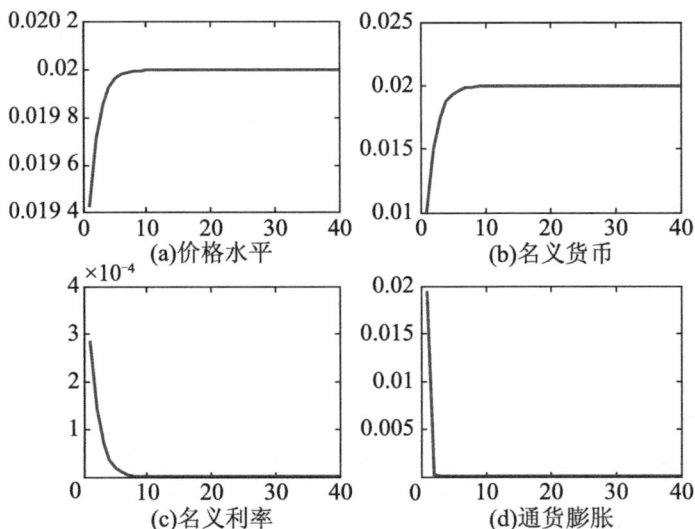

图 4.9 一单位正向货币供应量冲击下的名义变量的 IRF

---

① 请在运行完 MIU.mod 文件后，立即运行 \Sources\Chap4_NKmodels\4.1_RBC_extensions\4.1.2_Extension\IRF_backout.m 中的第二部分，即可得到。

(4) 不同的效用函数

如果假定效用函数的形式为 "$U(C_t)+V(1-N_t)$"，而非 "$U(C_t)-V(N_t)$" 的形式，并假设：

$$V\left(1-N_t\right)=\theta\log\left(1-N_t\right) \tag{4.1.116}$$

即假定劳动可用总时间被标准化为 1。这种效用函数形式设置差异会对模型求解和分析带来什么样的影响呢？假设此时模型称为标准化模型 (MIU Normalized)[①]，原模型称为 MIU 模型。

根据 RBC 模型中定性分析的结论可知，如果进行线性化处理，这两个模型关于劳动的一阶条件是相同的，甚至在某些参数适当地设定下，两者完全等价。由于劳动负效用的设置仅影响劳动供给方程，因此其他方程并未受到影响。这也就是说，如果两个模型中的供给方程完全一致，那么两个模型将是等价的。

假定两个模型中劳动的稳态值都为 1/3，此时标准化模型中劳动供给的 Frisch 弹性为 2，为了与此匹配，在原模型中设定 $\eta=1/2$ (此为原模型中劳动供给的 Frisch 弹性的倒数)。但此时参数的自由度就减少一个，选取劳动负效用调节参数 θ 为待决参数，可计算出两个模型中同一个参数的取值分别如下[②]：

$$\theta_{MIU}=4.542\,5,\ \theta_{MIU\_Normalized}=1.748\,4 \tag{4.1.117}$$

此时两个模型的线性化结果的等价的，即在一阶意义上是等价的。特别对于劳动进入效用函数的不同形式，在适当的参数设定条件下，两个模型的线性化结果完全等价，即两者有相同的变量稳态值、变量的统计特征以及政策函数。但当模型进行二阶甚至三阶近似时，两者不再等价，至少政策函数存在细微差异。

2. CIA (Cash-in-Advance)

(1) 模型设定与均衡

将货币引入模型的第二种方法是货币先行约束 (Cash-in-Advance，CIA)。严格地讲，CIA 建模方式是在模型中引入一个额外的约束条件，从而引入货币。具体说来，是对消费施加现金约束，称为 CIA 约束，即

$$M_{t-1}\geqslant P_tC_t \tag{4.1.118}$$

即消费额度不能多于持有的现金。在效用最大化时，CIA 约束成立等号 (原因稍后解释)。由于不在效用函数中直接引入货币，此处的效用函数形式和 MIU 中的形式不再相同。假设代表性家庭最大化的终身贴现效用如下：

---

① Dynare 源代码：\Sources\Chap4_NKmodels\4.1_RBC_extensions\4.1.2_Extension\MIU_Normalized.mod。

② Matlab 源代码：\Sources\Chap4_NKmodels\4.1_RBC_extensions\4.1.2_Extension\MIU_steady_check.m。

$$\max_{C_t, N_t, B_{t+1}, K_{t+1}} E_0 \sum_{t=0}^{\infty} \beta^t U(C_t, N_t) \tag{4.1.119}$$

其受约束于 CIA 条件 (4.1.118) 和预算约束

$$P_t C_t + P_t \left(K_{t+1} - (1-\delta) K_t \right) + B_{t+1} + M_t \leqslant W_t N_t + P_t R_t^k K_t + (1+i_{t-1}) B_t + M_{t-1} \tag{4.1.120}$$

其中各变量的含义同 MIU 模型。

假设效用函数具有如下的形式：

$$U(C_t, N_t) \equiv \frac{C_t^{1-\sigma} - 1}{1-\sigma} - \theta \frac{N_t^{1+\eta}}{1+\eta} \tag{4.1.121}$$

于是效用最大化问题的拉格朗日函数为

$$
\begin{aligned}
\mathcal{L} \quad = E_t \sum_{t=0}^{\infty} \beta^t \Bigg\{ & \left(\frac{C_t^{1-\sigma}-1}{1-\sigma} - \theta \frac{N_t^{1+\eta}}{1+\eta} \right) \\
& - \lambda_t \left(\begin{matrix} C_t + \left(K_{t+1} - (1-\delta) K_t \right) + \dfrac{B_{t+1}}{P_t} + \dfrac{M_t}{P_t} \\ - \dfrac{W_t}{P_t} N_t - R_t^k K_t - (1+i_{t-1}) \dfrac{B_t}{P_t} - \dfrac{M_{t-1}}{P_t} \end{matrix} \right) - \mu_t \left(C_t - \frac{M_{t-1}}{P_t} \right) \Bigg\}
\end{aligned} \tag{4.1.122}
$$

其中，λ_t、μ_t 分别为预算约束和 CIA 约束的拉格朗日乘子，也称为影子价格。

需要注意的是，当约束条件的表示形式不同时，对应的拉格朗日乘子的含义是不同的。当约束条件形如 (4.1.79) 时，不妨称之为实际约束。此时对应乘子的含义是当多一单位的实物 (消费品) 时，所能获取的边际效用的多寡。当约束条件形如 (4.1.120) 时，不妨称之为名义约束。此时对应乘子的含义是当多一单位的货币持有 (用货币购买消费品) 时，所能获取边际效用的多寡。为了与 MIU 模型一阶条件对比，此处仍采用实际约束。此时关于消费、劳动、资本存量、债券和货币持有量的一阶条件为

$$C_t^{-\sigma} = \lambda_t + \mu_t \tag{4.1.123}$$

$$\theta N_t^{\eta} = \lambda_t w_t, \quad w_t \equiv \frac{W_t}{P_t} \tag{4.1.124}$$

$$\lambda_t = \beta E_t \left(\lambda_{t+1} \left(R_{t+1}^k + 1 - \delta \right) \right) \tag{4.1.125}$$

$$\lambda_t = \beta E_t \left(\lambda_{t+1} \frac{1+i_t}{\pi_{t+1}} \right), \quad \pi_t \equiv \frac{P_t}{P_{t-1}} \tag{4.1.126}$$

$$\lambda_t = \beta E_t \left(\frac{\lambda_{t+1} + \mu_{t+1}}{\pi_{t+1}} \right) \tag{4.1.127}$$

此处的一阶条件和 MIU 模型中的一阶条件略有区别：关于消费和货币持有的一阶条件中多出了 CIA 约束的拉格朗日乘子。如果 CIA 约束不成立等号 (Non-binding)，根据最优化理论中的库恩—塔克定理 (Kuhn-Tuck Theory)，有 $\mu_t = 0$，结合债券和货币的一阶条件：(4.1.126) 和 (4.1.127)，可知名义净利率必须为 $i_t = 0$。此时，持有债券的回报将是零，因此持有债券 (即储蓄) 将没有意义，进而持有现金的机会成本为 0。然而模型中名义利率并不能恒等于 0，这就意味着持有现金的机会成本不为 0，因此家庭不会持有多于其消费所需的货币，此外，效用函数具有非厌足性 (Non-satiated Preference)，因此 CIA 约束成立等号[①]。

模型其余部分的设定同 MIU 模型，此处不再赘述。在编写 Dynare 模型文件时直接使用 MIU 模型中推导的相关均衡条件。

(2) 弗里德曼规则

上述关于 CIA 约束等式成立的讨论，其实牵涉经济学中的一个著名的规则：弗里德曼规则 (Friedman Rule)：名义利率应该设定为 0[②]。弗里德曼规则背后的基本逻辑是，公众持有法定货币 (Fiat Money) 的机会成本 (即名义利率) 应该等于法定货币印刷或生产的边际成本。一般说来，法定货币印刷或生产的边际成本为 0 或非常接近于 0，因此弗里德曼主张名义利率应该设定为 0，使得法定货币持有的机会成本为 0。在央行的实际操作中，弗里德曼主张可适当追求通货紧缩，使得通货紧缩等于实际利率，从而根据费雪方程式，可使得名义利率为 0。即

$$\tilde{i}_t = \tilde{r}_t + E_t \tilde{\pi}_{t+1} = 0 \tag{4.1.128}$$

此外，还可以从另外一个角度理解弗里德曼规则。根据凯恩斯流动性偏好理论，持有货币的边际收益为正 (如 MIU 模型持有货币产生效用)，由于法定货币的边际生产成本为 0，因此更应该使得公众持有法定货币的机会成本为 0。

然而，弗里德曼规则在实际央行决策中并未被采用。虽然西方发达国家近年来面临 0 利率下限 (ZLB) 的问题，央行实际上是在努力摆脱 ZLB 问题的困扰。很显然，央行希望货币政策能够具有真实的作用，使得货币政策工具如利率成为经济的内生变量，能够对经济波动 (如通胀或产出缺口等) 做出调整或反应。如果经济处于下行，央行希望通

[①]　从技术上讲，如果名义利率为 0，那么 $\mu_t = 0$，从而 CIA 约束为非紧固约束，从而 CIA 不再起作用。约束越少，最大值倾向于越大。因此，从最大化的角度讲，终身贴现效用只会增大，而不会减少。

[②]　弗里德曼规则由 Milton Friedman 提出。Friedman 为芝加哥学派著名的货币主义者，同时也是诺贝尔经济学奖获得者。获取更多关于弗里德曼的生平介绍，可阅读经济思想家丛书系列之一：张桂珍，李宏弗里德曼 [M]. 北京：中国财政经济出版社，2006。

过宽松的货币政策，比如下调名义利率来刺激总需求。反之，则上调利率，收紧货币政策，控制总需求。从理论上讲，名义利率不能为负，因为不论是贵金属货币还是法定货币，都具有不同程度的窖藏功能。法定货币的名义利率为负，意味着你今天储蓄 100 元，明天到期时你发现只剩下 95 元，因此持有人不会再储蓄，转而窖藏货币。如果货币不具有窖藏功能，属于易腐品，那么人们愿意接受负利率，比如今天有 100 个新鲜的桃子需要储藏，如果放到明天可能就会有 5 个桃子坏掉，因此你愿意用今天的 100 个桃子交换明天的 95 个桃子，也就是说你愿意接受负利率。因此从理论上讲，货币的可窖藏功能决定了货币的名义利率不能为负 [①]。

当名义利率为 0 时，如果面临经济下行压力较大时，央行无法将名义利率下调为负值。因此，央行希望名义利率能够上下浮动，不能太靠近 0，也不能太远离 0。这也是为什么要保持一个正的且较小通货膨胀率的原因所在。美联储的通胀目标大概是每年 2%，如果实际利率假设为 1% 或 2%，那么名义利率的目标应该是 3% 或 4%，这是较为理想的范围。如果名义利率在 15% 或 30%，那么将会有超级通货膨胀 (Hyperinflation) 伴随，不可避免地给经济带来巨大伤害。

(3) 模型均衡

模型均衡由 15 个内生变量 C_t、N_t、K_t、I_t、Y_t、R_t^k、w_t、i_t、π_t、g_t^m、A_t、m_t、r_t、λ_t、μ_t 和如下 15 个均衡条件组成：

- 劳动供给方程

$$\theta N_t^\eta = \lambda_t w_t, \quad w_t \equiv \frac{W_t}{P_t} \tag{4.1.129}$$

- 资本存量一阶条件

$$\lambda_t = \beta E_t \left(\lambda_{t+1} \left(R_{t+1}^k + 1 - \delta \right) \right) \tag{4.1.130}$$

- 债券的Euler方程

$$\lambda_t = \beta E_t \left(\lambda_{t+1} \frac{1+i_t}{\pi_{t+1}} \right), \quad \pi_t \equiv \frac{P_t}{P_{t-1}} \tag{4.1.131}$$

- 资本收益率方程

$$R_t^k \equiv \alpha A_t K_t^{\alpha-1} N_t^{1-\alpha} \tag{4.1.132}$$

---

① 但这并不意味着在实际操作中，央行不能这么做。在某些极端情况下，某些国家国债的收益率出现了负值，如日本。

- 工资方程

$$w_t \equiv \frac{W_t}{P_t} = (1-\alpha) A_t K_t^{\alpha} N_t^{-\alpha} \tag{4.1.133}$$

- 生产函数

$$Y_t \equiv A_t K_t^{\alpha} N_t^{1-\alpha} \tag{4.1.134}$$

- 资源约束

$$Y_t = C_t + I_t \tag{4.1.135}$$

- 资本积累方程

$$K_{t+1} = I_t + (1-\delta) K_t \tag{4.1.136}$$

- 技术冲击

$$\log A_t = \rho \log A_{t-1} + \epsilon_t \tag{4.1.137}$$

- CIA约束

$$m_{t-1} = \pi_t C_t \tag{4.1.138}$$

- 货币供给增长率方程

$$g_t^m = (1-\rho_m) \log \pi - \log \pi_t + \rho_m g_{t-1}^m + \rho_m \log \pi_{t-1} + \epsilon_t^m \tag{4.1.139}$$

- 货币供给增长率定义

$$g_t^m \equiv \log m_t - \log m_{t-1} \tag{4.1.140}$$

- 实际利率（形式定义）

$$r_t \equiv \frac{1+i_t}{\pi_{t+1}} \tag{4.1.141}$$

- 消费的一阶条件

$$C_t^{-\sigma} = \lambda_t + \mu_t \tag{4.1.142}$$

- 货币持有的一阶条件

$$\lambda_t = \beta E_t \left(\frac{\lambda_{t+1} + \mu_{t+1}}{\pi_{t+1}} \right) \tag{4.1.143}$$

此处共有6个均衡条件与MIU模型不同，分别是劳动供给方程、资本存量的一阶条件、债券的 Euler 方程、CIA 约束、消费的一阶条件和货币持有的一阶条件 (替换了原来的货币需求方程)。关于名义利率 i_t、实际利率 r_t 和通胀 π_t 的编程处理方式，同MIU模型中一致，此处不再说明。

此外，模型稳态的计算与 MIU 模型略有区别，比较简单，直接在模型文件中声明稳态值参数，并将稳态计算结果作为初值赋值给内生变量。需要说明的是，劳动的稳态值被校准为固定值 1/3，不随通胀稳态的变化而变化，简单方便，从而稳态计算时多施加了一个约束，少了一个自由度 [①]，此时根据劳动供给方程，参数 θ 将不能自由校准，而由劳动稳态值确定。但这样做的缺点是稳态产出和稳态消费都不随通胀稳态的变化而变化。另外一个办法是给定参数 θ 的值来计算劳动的稳态值，此时劳动稳态会随着通胀的变化而变化，因此产出和消费亦是如此，具体计算过程如下：

首先从劳动供给方程 (4.1.129)，可得：

$$\theta N^\eta = \lambda w \tag{4.1.144}$$

然后，从消费的一阶条件 (4.1.142) 和货币持有的一阶条件 (4.1.143) 可得：

$$\lambda = \frac{\beta}{\pi} C^{-\sigma} \tag{4.1.145}$$

在资源约束方程 (4.1.135) 两侧同时除以劳动，得：

$$\frac{Y}{N} = \frac{C}{N} + \frac{I}{N} = \frac{C}{N} + \frac{I}{K}\frac{K}{N} \tag{4.1.146}$$

并注意到资本积累方程和生产函数方程，(4.1.146) 可写为

$$\left(\frac{K}{N}\right)^\alpha = \frac{C}{N} + \delta\frac{K}{N} \tag{4.1.147}$$

由于 $\frac{K}{N}$ 可由资本收益率方程 (4.1.132) 和资本存量的一阶条件 (4.1.130) 求出，实际工资 w 可由工资方程 (4.1.133) 求出，参数 θ、η、δ、σ 均已知，且通胀稳态 π 已被校准，因此 (4.1.144)、(4.1.145) 和 (4.1.147) 构成了由 3 个未知量 C、N、λ 组成的一个非线性方程组，系统可解，不难得到：

$$N = \left(\frac{\beta w}{\theta\pi}\right)^{\frac{1}{\eta+\sigma}}\left(\left(\frac{K}{N}\right)^\alpha - \delta\frac{K}{N}\right)^{\frac{-\sigma}{\eta+\sigma}}, \quad C = \left(\frac{\beta w}{\theta\pi}\right)^{\frac{1}{\eta+\sigma}}\left(\left(\frac{K}{N}\right)^\alpha - \delta\frac{K}{N}\right)^{\frac{\eta}{\eta+\sigma}} \tag{4.1.148}$$

$$\lambda = \left(\frac{\beta}{\pi}\right)^{\frac{\eta}{\eta+\sigma}}\left(\frac{w}{\theta}\right)^{\frac{-\sigma}{\eta+\sigma}}\left(\left(\frac{K}{N}\right)^\alpha - \delta\frac{K}{N}\right)^{\frac{-\sigma\eta}{\eta+\sigma}} \tag{4.1.149}$$

---

① 一般说来，多少个内生变量，就对应多少均衡条件。如果某个内生变量的稳态被校准，那么此时对应的均衡条件个数将多出一个，或者说要求解稳态的内生变量少了一个，即自由度少一个，因此必须要再添加一个自由度，此时可选择某个待决参数加入其中，即可解决问题。在本书"**3.8.2 稳态求解命令：steady**"一节中已经有所说明。

值得一提的是，不同稳态的计算方法，虽然影响变量的稳态，但却不影响模型的动态，即内生变量的脉冲响应不会受此影响。此处不再列示 CIA 模型的模型文件，请参考源文件[①]。

(4) IRF 分析

此处仅仅分析一单位正向货币供给冲击 (货币供给增长率的升高) 的脉冲响应图，如图 4.10 和图 4.11 所示。由于模型文件使用了对数水平变量，因此纵轴表示偏离稳态的百分比，如消费在当期下降了约 0.9%，即 0.9 个百分点。

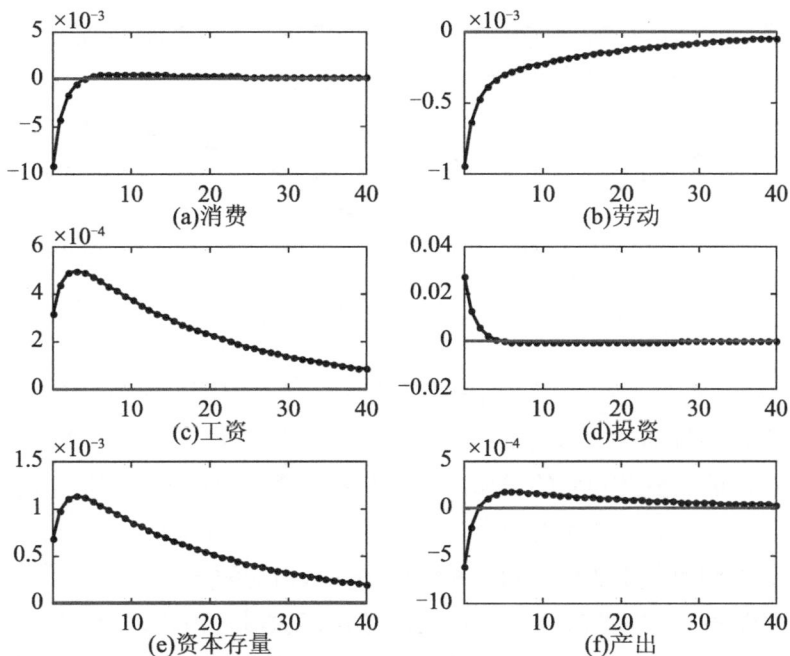

图 4.10　一单位正向货币供给冲击的脉冲响应 (Ⅱ)

在一单位正向货币供给冲击下，主要经济变量的反应有些怪异[②]。产出在短暂下跌后，开始上升到稳态以上并逐步回归。消费也是如此，但投资却增加了。劳动供给也减少了，取而代之的是闲暇的增加。货币供给的增加同时导致了通货膨胀的增加，在实际利率保持基本稳定的情况下 (如图 4.11 所示)，根据费雪方程可知名义利率也相应增加。

---

① 　mod 源文件：\Sources\Chap4_NKmodels\4.1_RBC_extensions\4.1.2_Extension\CIA.mod。
② 　因为直觉告诉我们，当货币供给增加时，应该去使用货币，而不是减少使用。

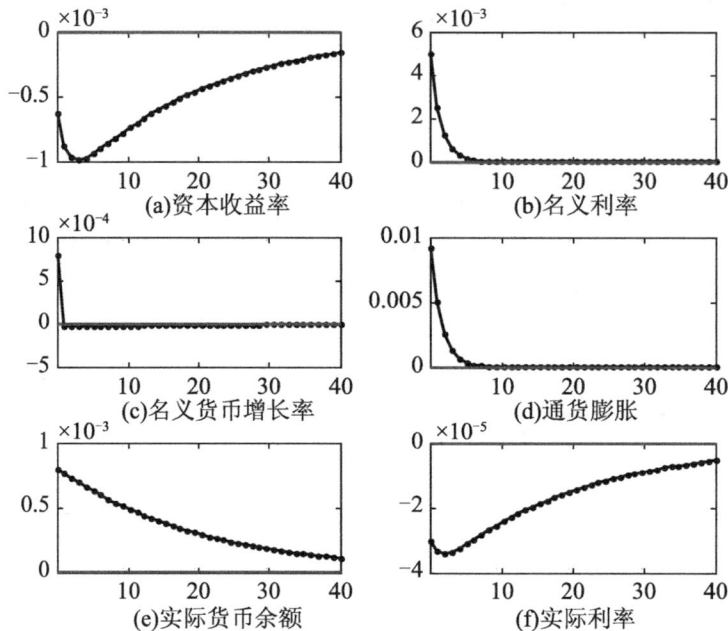

图 4.11　一单位正向货币供给冲击的脉冲响应（Ⅱ）

　　这到底是为什么呢？这实际上是通货膨胀在作怪 [①]。持续的货币供应量的增加 (货币供应量增长率方程的持续性参数为 50%，虽然不大，但仍具有一定的持续性)，导致了通货膨胀的增加，进而名义利率的增加。名义利率的增加导致了持有货币的机会成本相应增加。换句话说，这使得 CIA 约束伴随的拉格朗日乘子的值增加，即 μ_t 高于其稳态，这会使得放松 CIA 约束带来的边际效用相应增加。从消费的一阶条件 (4.1.123) 可知，如果保持预算约束伴随的拉格朗日乘子 λ_t 固定，当 μ_t 增大时，消费则会下降。那消费为什么会下降呢？直觉在哪里？事实上，这是理性经济人效用最大化的基本结果。由于 CIA 约束为紧固约束且持有现金的机会成本随着名义利率的增加而上升，因此减少现金持有会带来成本的减少和收益的增加，那如何才能减少现金持有呢？ CIA 约束意味着需要减少消费，转而增加对不需要现金持有的闲暇和资本存量的需求，从而增加投资，减少劳动。这里需要说明的是，为什么投资增加而劳动下降，产出还下降呢？由于投资转换为资本存量需要时间，投资的增加只能使得下一期的资本存量增加，而不能改变当期资本存量(资本存量是内生的状态变量)，而生产技术是上期资本存量和当期劳动共同决定的，因此产出仍然下降。但随着资本存量的积累，产出开始缓慢回升。而图 4.10 中所示的资本存量

---

① 用英文表达为：inflation sucks。

是下一期的资本存量，而非当期，因而呈现出上升态势。

此外，还可以验证，在模型稳态时，产出随着通胀上升而下降。因此，通胀不仅在模型稳态，而且在模型动态也影响产出、消费、劳动和投资等重要经济变量[①]。

综上所述，CIA 建模机制使得货币不再呈现出中性。也就是说，名义冲击具有"真实"效应，即能够影响实际变量，短期如此，长期亦然。这显著区别于 MIU 建模机制：货币完全中性。CIA 建模机制在一定程度上能够解释为什么超级通胀具有对经济的超强破坏力。如果通货膨胀非常高比如 1 000%，那么持有货币的动机将彻底消失或降低到非常低的水平，没有人愿意持有货币意味着经济中将没有交易，因为交易需要货币，而不能以物易物，没有交易意味着经济将处于停滞。如果通胀是温和的，比如 2%、3%，那么这对持有货币的动机并不会造成太大的影响，从而不会对经济中的交易造成显著负面影响。

3. 投资与托宾 Q

投资是重要的经济活动，也是经济发展的"三驾"马车之一，不可或缺。在有些经济模型中，为了简便分析（如考虑到模型具有解析解形式），并没有对投资进行建模，因而也不存在资本存量[②]。然而在实际研究中，多数模型都引入投资变量，也意味着同时引入资本存量，这往往意味着模型没有解析解，只能通过数值求解的办法来分析模型动态。

本部分将首先介绍托宾 Q 的概念，然后在局部均衡下引入投资调整成本使得托宾 Q 不再是一个常值，最后在一般均衡框架内分析托宾 Q。

(1) 托宾 Q

在介绍投资变量之前，需要首先介绍何谓托宾 Q (Tobin's Quotient)。托宾 Q 由经济学诺奖得主詹姆斯托宾 (James Tobin) 在 Tobin(1969)[③] 中提出，其本质上是一个比率的概念：

$$托宾\ Q \equiv \frac{资本的市场价值}{资本的重置成本} \tag{4.1.150}$$

其含义是企业资本的市场价值 (Market Value, 分子) 如果超越其重置成本 (Replacement Cost，分母)，也就是说，资本在企业"内"的价值高于在企业"外"的价值，那么此时托宾 Q 大于 1，企业应该积累更多的资本，即增加投资；反之，托宾 Q 小于 1，企业应减少投资。这是投资和托宾 Q 之间的基本关系。在实际估算托宾 Q 时，常常使用下面的

---

① 　使用 m 文件 \Sources\Chap4_NKmodels\4.1_RBC_extensions\4.1.2_Extension\inflation_output_check.m 即可验证，但此时劳动稳态的计算不能直接校准，而是允许其随通胀变动而变动。
② 　投资是流量，而资本是存量，当期投资在下一期进入生产函数。
③ 　Tobin J. *A General Equilibrium Approach To Monetary Theory*[J]. Journal of Money Credit & Banking, 1969, 1(1):15-29.

计算公式：

$$\text{托宾}\,Q \equiv \frac{\text{企业的股票市值}}{\text{企业净资产}} \tag{4.1.151}$$

举例说明企业托宾 Q 的计算。假设一个上市公司旗下有 100 家酒店，每家酒店净资产价值 10 亿人民币，企业净资产总值 1 000 亿人民币。假设企业发行 10 亿股股票，每股市值 120 元，那么企业的股票市值为 1 200 亿元人民币，此时企业的托宾 Q 为 1.2，因此企业应该追加或扩大投资。

上述托宾 Q 的概念实际是平均托宾 Q (Average Tobin's Q)。然而在实际投资决策时，更多地考虑边际托宾 Q (Marginal Tobin's Q) 的概念：一单位新增净资产与其市场价值之比。这也是 DSGE 模型中所用的概念。如果使用符号 V 来表示企业股票市值，K 表示企业净资产，平均托宾 Q 可以表示为

$$Q \equiv \frac{V}{K}$$

而边际托宾 Q 在理论上可表示为

$$Q \equiv \frac{\partial V}{\partial K}$$

一般情况下，平均托宾 Q 可以观测到，即可以使用 (4.1.151) 计算得到，但边际托宾 Q 却无法直接观测到，因为一单位新增资本的边际市场价值几乎没法测算。

Hayashi(1982, *Econometrica*) 对边际托宾 Q 和平均托宾 Q 进行了研究，得到两个重要结论。第一，在一个一般化的利润最大化的新古典增长模型中纳入了边际托宾 Q 理论，并证明边际托宾 Q 足以决定投资 (A Sufficient Statistic of Investment)。第二，边际托宾 Q 和平均托宾 Q 相等的充分必要条件：首先，生产函数是关于资本存量和劳动的一次齐次函数；其次，投资调整成本函数是关于投资和资本存量的一次齐次函数。文献中，也将第二个贡献称为 Hayashi 定理。

接下来的一部分，将在局部均衡框架下介绍为什么要引入投资调整成本，并简要解释说明 Hayashi (1982) 的两个重要贡献。

(2) 局部均衡分析

依据 Hayashi (1982) 的分析框架，在一个局部均衡模型中引入托宾 Q。考虑厂商利润最大化问题：

$$\max_{N_t, K_{t+1}, I_t} V_0 \equiv E_0 \sum_{t=0}^{\infty} SDF_t \left(f\left(K_t, N_t\right) - w_t N_t - I_t - C\left(I_t, K_t\right) \right) \tag{4.1.152}$$

其约束条件为经典的资本积累方程：

$$K_{t+1} = I_t + (1-\delta)K_t \tag{4.1.153}$$

其中，$SDF_t \equiv \beta^t \lambda_t / \lambda_0$ 为随机贴现因子；β 为贴现因子 (对应一般均衡模型中家庭的贴现因子)；λ_t 表示 t 期消费边际效用；$\lambda_t \beta^t$ 表示 t 期消费边际效用的现值，除以 λ_0 表示将其从效用度量转换为初期对应的实物度量 (以消费为度量单位)；$f(K_t, N_t)$ 为生产函数，且关于资本存量和劳动是一次齐次函数；N_t, w_t 分别为劳动和实际工资；$C(L_t, K_t)$ 为投资的调整成本，调整成本在文献中也称之为新投资的"安装成本"(Installation Cost)，是指新投资转换为资本存量所必须付出的成本。

假设调整成本具有如下的形式：

$$C(I_t, K_t) \equiv \frac{\phi}{2} \left(\frac{I_t}{K_t} - \delta \right)^2 K_t \tag{4.1.154}$$

其中，$\delta > 0$ 表示资本的折旧率；$\phi \geqslant 0$ 为参数，当 $\phi = 0$ 表示调整成本为 0。(4.1.154) 是关于投资的凸函数 (二次函数)，而且是关于投资和资本存量的一次齐次函数，也就是说，投资和资本存量都翻倍，那么投资调整成本也翻倍。这种形式的调整成本函数被称为 Hayashi 形式 (Hayashi Form)。文献中还有另外一种不同形式的调整成本函数，而且引入的方式也不同，会在本书 **4.3 中等规模 DSGE 模型** 一节中另做介绍。(4.1.154) 表示的投资调整成本函数具有良好的解析性质：

$$C_I(I_t, K_t) = \phi \left(\frac{I_t}{K_t} - \delta \right) \tag{4.1.155}$$

$$C_K(I_t, K_t) = \frac{\phi}{2} \left(\frac{I_t}{K_t} - \delta \right)^2 - \phi \left(\frac{I_t}{K_t} - \delta \right) \frac{I_t}{K_t} \tag{4.1.156}$$

$$C(\delta K_t, K_t) = C_I(\delta K_t, K_t) = C_K(\delta K_t, K_t) = 0 \tag{4.1.157}$$

上述最大化问题的拉格朗日函数为

$$\begin{aligned} \mathcal{L} \equiv E_0 \sum_{t=0}^{\infty} SDF_t \Big[&\big(f(K_t, N_t) - w_t N_t - I_t - C(I_t, K_t) \big) \\ &- Q_t \big(K_{t+1} - I_t - (1-\delta)K_t \big) \Big] \end{aligned} \tag{4.1.158}$$

其中，Q_t 是资本积累方程的拉格朗日乘子，代表对应约束的影子价格。其含义为每增加一单位的资本存量 (即放松约束一单位)，所能带来的企业利润或价值。因此可认为乘子 Q_t 即为边际托宾 Q：

$$Q_t = \frac{\partial V_t}{\partial K_{t+1}} \tag{4.1.159}$$

拉格朗日函数 (4.1.158) 关于劳动、投资和资本存量的一阶条件分别为

$$f_N\left(K_t, N_t\right) = w_t \tag{4.1.160}$$

$$Q_t = 1 + C_I\left(I_t, K_t\right) \tag{4.1.161}$$

$$Q_t = \beta E_t\left(f_K\left(K_{t+1}, N_{t+1}\right) - C_K\left(I_{t+1}, K_{t+1}\right) + \left(1-\delta\right)Q_{t+1}\right) \tag{4.1.162}$$

根据投资调整成本函数的解析性质 (4.1.155)，可将投资的一阶条件 (4.1.161) 写为

$$Q_t = 1 + \phi\left(\frac{I_t}{K_t} - \delta\right) \tag{4.1.163}$$

此式具有重要的内涵：第一，当模型中不存在投资调整成本时，即 $\phi = 0$ 时，托宾 Q 恒为等位 1，即常值。也就是说，投资调整成本的存在使得托宾 Q 不再是常值，而随内生变量的变化而变化，从而更贴近于现实，这也是为什么要引入投资调整成本的原因所在。第二，(4.1.161) 左端表示一单位新增资本的市场价值，而等式右端则表示新增一单位资本所必须付出的代价，即一单位投资外加一单位投资带来的调整成本。第三，该式验证了 Hayashi(1982) 的第一个重要贡献，也揭示了投资与边际托宾 Q 的重要关系：

$$Q_t > 1 \Leftrightarrow I_t > \delta K_t \tag{4.1.164}$$

也就是说，边际托宾 Q 大于 1 的充分必要条件就是投资大于资本折旧。近一步可将边际托宾 Q 的关系 (4.1.163) 改写为

$$I_t = \frac{1}{\phi}\left(Q_t - 1\right)K_t + \delta K_t \tag{4.1.165}$$

从 (4.1.165) 可知，参数 ϕ 表示投资对于托宾 Q 变化的敏感程度。当参数 ϕ 越小，敏感程度越大，即较少的托宾 Q 的变动，都会引起较大的投资变动；反之，当参数 ϕ 越大，敏感程度越小。

将资本存量的一阶条件 (4.1.162) 后向迭代，可得边际托宾 Q 的第二种解释：

$$Q_t = E_t \sum_{j=1}^{\infty} \beta^j \left(1-\delta\right)^{j-1}\left(f_K\left(K_{t+j}, N_{t+j}\right) - C_K\left(I_{t+j}, K_{t+j}\right)\right) \tag{4.1.166}$$

即边际托宾 Q，表示新增一单位资本所带来以后各期的边际利润的贴现值之和。注意这里的贴现因子不只包含随机贴现因子 β，还有资本折旧参数 δ，共同组成总的贴现因子。

最后对 Hayashi(1982) 的第二个重要贡献，即 Hayashi 定理进行简单说明：边际和平均托宾 Q 何时相等的问题。Hayashi(1982) 证明两者相等的充分必要条件是，生产函数与投资调整成本都是一次齐次的。如果假设生产函数为经典的柯布道格拉斯生产函数：

$$f\left(K_t, N_t\right) \equiv A_t K_t^{\alpha} N_t^{1-\alpha} \tag{4.1.167}$$

并假定调整成本为 (4.1.155)，那么生产函数和投资调整成本函数都是一次齐次的，满足 Hayashi 定理的条件。此时，家庭对应的工资率为劳动的边际成本为

$$w_t = \left(1-\alpha\right) A_t K_t^{\alpha} N_t^{-\alpha} \tag{4.1.168}$$

对于给定的工资率 w_t 和边际托宾 Q，由工资率 (4.1.168) 和投资的一阶条件 (4.1.163) 分别可知，当资本存量增加 1 倍时，劳动雇用和投资都将相应地增加 1 倍；然后从当期利润

$$\Pi_t \equiv f\left(K_t, N_t\right) - w_t N_t - I_t - C\left(I_t, K_t\right) \tag{4.1.169}$$

中可知，当期利润同样增加 1 倍[①]，因此企业市场价值也会增加 1 倍。这就是说，企业市值是资本存量的线性函数：

$$V_t = q K_t \tag{4.1.170}$$

其中 q 为常数。此时边际和平均托宾 Q 自然相等，都等于 q。

(3) 一般均衡分析

本部分使用一个带有投资调整成本的新古典模型，在一般均衡框架下分析调整成本设定对模型动态的影响。

假设代表性家庭最大化如下的终身贴现效用：

$$\max_{C_t, N_t, B_{t+1}} E_0 \sum_{t=0}^{\infty} \beta^t U\left(C_t, N_t\right) \tag{4.1.171}$$

其受约束于

$$C_t + B_{t+1} \leqslant w_t N_t + \left(1+r_{t-1}\right) B_t + \Pi_t \tag{4.1.172}$$

其中，$U(C_t, N_t)$ 的解析形式采用消费和劳动可加可分的形式，如 (4.1.121) 所示。Π_t 为家庭获得的红利。为了更加契合分析，此处假设厂商拥有资本存量 (这样才能合理解释公司具有市场价值)，可以验证，厂商拥有资本存量和家庭拥有资本存量的模型设定，不会导致不同的模型均衡条件，即两者均衡条件是一致的。上述最大化问题的一阶条件是标准的，即

[①] 资本存量和劳动加倍时，产出加倍；由于假定工资率和托宾 Q 保持不变，因此总工资加倍；再由投资和调整成本加倍，可知最终的利润加倍。

$$\frac{-U_N\left(C_t,N_t\right)}{U_C\left(C_t,N_t\right)}=w_t \tag{4.1.173}$$

$$U_C\left(C_t,N_t\right)=\beta E_t U_C\left(C_{t+1},N_{t+1}\right)\left(1+r_t\right) \tag{4.1.174}$$

厂商利润最大化问题则采取上一部分局部均衡分析中的均衡条件。由于模型中存在投资调整成本，因此均衡时的资源约束将不再和无投资调整成本时的资源约束相同。在均衡时，假定债券存量 $B_t=0$，即没有借贷，因此预算约束简化为

$$C_t=w_t N_t+\Pi_t \tag{4.1.175}$$

根据厂商利润的定义 $\Pi_t \equiv f(K_t,N_t)-w_t N_t-I_t-C(I_t,K_t)$，容易得到新的资源约束为

$$Y_t=C_t+I_t+\frac{\phi}{2}\left(\frac{I_t}{K_t}-\delta\right)^2 K_t \tag{4.1.176}$$

定义模型均衡由 9 个内生变量 C_t、N_t、K_t、I_t、Y_t、w_t、A_t、r_t、Q_t 和如下 9 个均衡条件组成：

- 劳动供给方程

$$\theta N_t^\eta=C_t^{-\sigma}w_t \tag{4.1.177}$$

- 债券的Euler方程

$$C_t^{-\sigma}=\beta E_t\left(C_{t+1}^{-\sigma}\left(1+r_t\right)\right) \tag{4.1.178}$$

- 工资方程

$$w_t=\left(1-\alpha\right)A_t K_t^\alpha N_t^{-\alpha} \tag{4.1.179}$$

- 生产函数

$$Y_t \equiv A_t K_t^\alpha N_t^{1-\alpha} \tag{4.1.180}$$

- 资源约束

$$Y_t=C_t+I_t+\frac{\phi}{2}\left(\frac{I_t}{K_t}-\delta\right)^2 K_t \tag{4.1.181}$$

- 资本积累方程

$$K_{t+1}=I_t+\left(1-\delta\right)K_t \tag{4.1.182}$$

- 技术冲击

$$\log A_t=\rho \log A_{t-1}+\epsilon_t \tag{4.1.183}$$

- 边际托宾Q方程

$$Q_t = 1 + \phi\left(\frac{I_t}{K_t} - \delta\right) \tag{4.1.184}$$

- 资本存量的一阶条件

$$Q_t = \beta\frac{C_{t+1}^{-\sigma}}{C_t^{-\sigma}}E_t\left(\begin{array}{c} \alpha A_{t+1}K_{t+1}^{\alpha-1}N_{t+1}^{1-\alpha} - \frac{\phi}{2}\left(\frac{I_{t+1}}{K_{t+1}} - \delta\right)^2 \\ + \phi\left(\frac{I_{t+1}}{K_{t+1}} - \delta\right)\frac{I_{t+1}}{K_{t+1}} + (1-\delta)Q_{t+1} \end{array}\right) \tag{4.1.185}$$

此外，由于本模型满足 Hayashi 定理的条件，因此企业的边际与平均托宾 Q 相同。于是由平均托宾 Q 可以得到企业总市场价值 V_t：

$$V_t = Q_t K_{t+1} \tag{4.1.186}$$

根据局部均衡模型下企业市值的计算公式 (4.1.152)[①]，可将企业总市场价值 V_t 表达成递归形式：

$$V_t = \beta E_t \frac{\lambda_{t+1}}{\lambda_t}\left(\Pi_{t+1} + V_{t+1}\right) \tag{4.1.187}$$

其中，λ_t 为预算约束的拉格朗日乘子。

为此，在上述 9 个内生变量的基础上再引入两个度量企业总市场价值的变量 (4.1.186) 和 (4.1.187)，一个企业当期利润变量 Π_t 由式 (4.1.169) 确定。此时共有 12 个内生变量和 12 个均衡条件：以验证上述两个度量，即 (4.1.186) 和 (4.1.187) 定义的企业总市场价值的变量完全等价：其稳态、模拟路径、IRF 等均相同，可以从模型文件的运行结果来验证。

模型参数校准和稳态计算此处省略，具体请参考模型文件[②]，内生变量以对数水平变量表示。此处，考察了 3 种不同投资调整成本参数 ϕ 取值下的脉冲响应：$\phi=0$、1、5，如图 4.12 和图 4.13 所示[③]。

在一单位的技术冲击下，各主要变量的变化趋势和不含有投资调整成本的 RBC 模型的结果基本相同。接下来着重分析投资调整成本参数 ϕ 变化的影响。随着 ϕ 变大，产出、投资和劳动对技术冲击的反应开始减弱。这是因为 ϕ 变大，意味着投资成本变大，即资本积累变得昂贵，因此会减少投资，进而资本积累变得缓慢。人们最自然的反应就是消费相对增加，劳动投入相对减少。

---

① 由于模型为离散时间模型，因此此处 V_t 的递归表达式与 (4.1.152) 所得的结果略有不同，感兴趣的读者可向作者索要推导过程。

② mod 文件：\Sources\Chap4_NKmodels\4.1_RBC_extensions\4.1.2_Extension\investment_q.mod。

③ 源文件：\Sources\Chap4_NKmodels\4.1_RBC_extensions\4.1.2_Extension\index_main_invest_q.m。

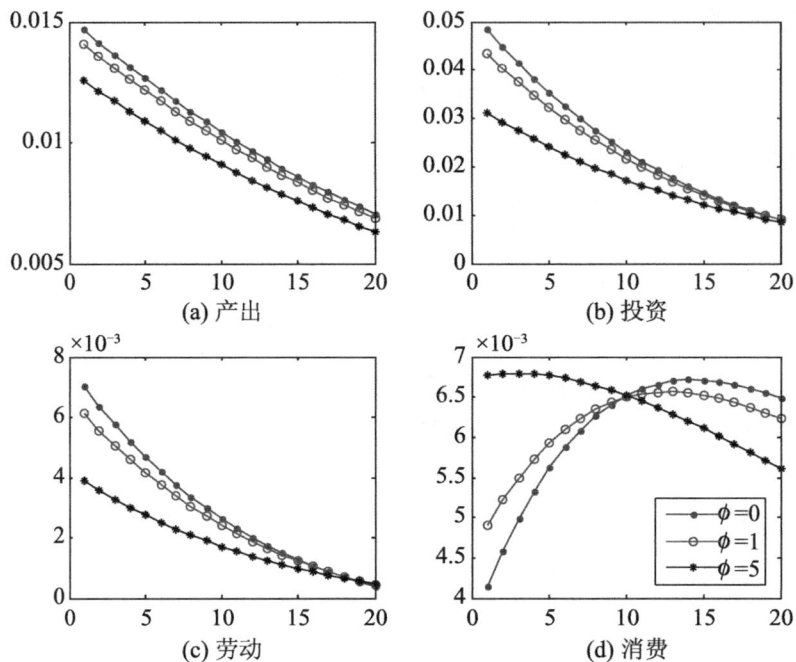

图 4.12　一单位技术冲击下各变量的脉冲响应图 (I)

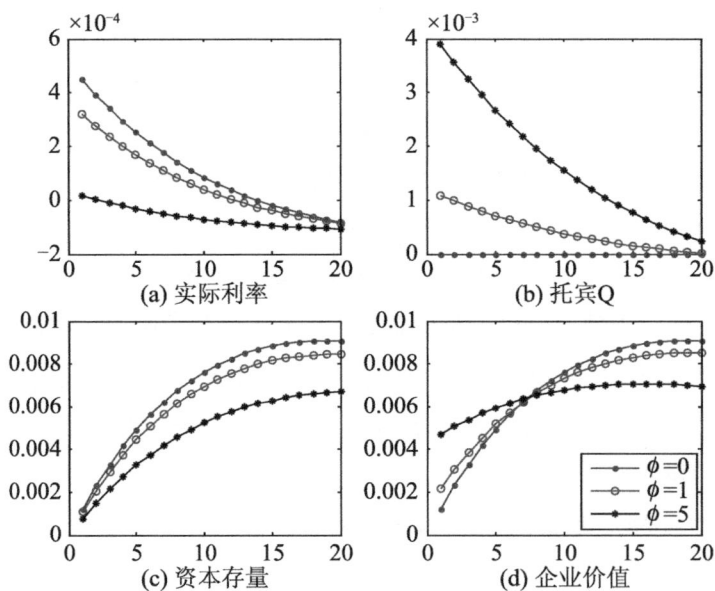

图 4.13　一单位技术冲击下各变量的脉冲响应图 (II)

根据边际托宾 Q 与投资的最优关系式 (4.1.184)，当投资资本比 $\dfrac{I}{K}$ 相对稳定时，参数 ϕ 变大，意味着边际托宾 Q 相应增大。企业总市场价值亦是如此 (如图 4.13 所示)。但当外生冲击逐渐消失，边际托宾 Q 回归到其稳态值 1，根据平均托宾 Q 的计算公式，企业总市场价值开始和资本存量的变化趋同。

另外，值得注意的是，投资调整成本参数 ϕ 越大，实际利率对技术冲击的反应越微弱。其实，这也是引入投资调整成本的另外一个重要原因，使得实际利率和产出之间的相关性得以降低，能更好地拟合数据。这恰恰克服了经典 RBC 模型的缺陷。根据 (4.1.44)，即实际利率等于资本的边际产出 (资本收益率) 减去资本折旧 [①]，有：

$$\hat{r}_t = E_t\left(\hat{R}^k_{t+1}\right) - \delta$$

在 RBC 模型中，正向技术冲击导致了资本的边际产出上升即资本收益上升，因此根据 (4.1.44)，实际利率也上升，这使得实际利率和产出之间呈现出较强的相关性，但这和数据相左。而投资调整成本的引入，使得实际利率对技术冲击的反应变弱，从而能够降低实际利率和产出之间的相关性。

4. 边际技术冲击与不可分效用

Greenwood，Hercowitz & Huffman (1988，*AER*，本节以下简称 GHH) 借助凯恩斯的观点，即投资的边际效率变化对经济波动起着非常重要的作用 (John Maynard Keynes，1936)，对 Kydland & Prescott (1982) 提出的 RBC 模型进一步拓展。其结果丰富了经济周期波动来源的理论，即投资边际效率变化 (冲击)(Marginal Efficiency Shock to Invesment)[②] 是经济波动的另一个重要来源，而不仅仅局限于 Kydland & Prescott (1982) 提出的技术冲击，因而有重要的理论贡献。

除了上述理论贡献外，GHH(1988) 的另一个理论贡献在于引入可变的资本利用率 (Variable Capital Utilization)，并且该资本利用率变量为内生决定，而非外生变量。投资

[①] 事实上，(4.1.44) 对于建立经济直觉非常有帮助。一方面，实际利率虽然从费雪方程式中能够使用名义利率和通胀相减得到。但这不是实际利率真实的决定机制，而是一种约束关系。实际利率中的"实际"二字，说明其真实的参照物或相近的参照物应该来源于产品市场，即产品生产过程。因此，资本的边际产出，即资本收益率 (去除资本折旧率) 成为实际利率最真实的参照物之一。在**"本书 4.2 新凯恩斯 (NK) 模型"**一节中将会进一步介绍实际利率，以及自然利率。而自然利率被央行作为实际利率的最真实参照物。

[②] 也称为投资专有冲击，investment-specific shock。GHH(1988) 首次在 RBC 模型中引入此类冲击，并强调其对投资波动解释的重要性。这类冲击不同于传统的技术 TFP 冲击，它只通过影响新增资本 (投资) 来最终影响产出，这也是其名称"边际效率"的由来。GHH(1988) 将投资边际效率冲击解释为当期技术进步，仅仅影响当期新生产的资本，而非存量资本，这种建模方式从直觉上讲，可能更加贴近现实。

边际效率冲击的传输机制是这样的：一个正向的投资边际效率冲击，影响新增 (Newly Produced，Newly Installed) 资本存量 (而非存量资本)，使得最优资本利用率提高，从而直接影响劳动的边际产出率，产生期内替代效应 (Intra-temproal)，提高劳动需求量，减少闲暇，但同时也使得消费增长 [1]。也就是说，投资边际效率冲击使得劳动和消费同时顺周期变动，而且使得劳动的生产率也是顺周期的。

GHH(1988) 通过构建一个特殊的效用函数形式：

$$U\left(C_t, N_t\right) = \frac{1}{1-\gamma}\left(\left(C_t - \frac{N_t^{1+\theta}}{1+\theta}\right)^{1-\gamma} - 1\right) \tag{4.1.188}$$

使得闲暇 (劳动) 和消费的边际替代率：

$$-\frac{U_N\left(C_t, N_t\right)}{U_C\left(C_t, N_t\right)} = N_t^{\theta} \tag{4.1.189}$$

仅仅依赖于劳动 [2]，因此劳动的决定将独立于跨期消费—储蓄选择 (即独立于消费)。从劳动需求方程 (4.1.194) 来看，资本利用率的提升使得劳动的边际产出增加，从而直接导致劳动需求的增加。GHH(1988) 通过资本积累方程 (Capital Accumulation Equation，CAE) 引入可变折旧率和投资边际效率冲击：

$$K_{t+1} = \left(1 - \delta\left(u_t\right)\right)K_t + \left(1 + z_t\right)I_t \tag{4.1.190}$$

其中，$\delta(u_t)$ 为非负折旧函数，u_t 为资本存量的利用率冲击，$u_t > 0$，折旧函数满足 $0 \leq \delta \leq 1, \delta' > 0, \delta'' > 0$。一阶导数大于 0，说明资本利用率的增加会使得资本损耗增加，因而折旧增加；二阶导数大于 0，说明资本利用率的增加会加速资本损耗和折旧。GHH(1988) 将折旧函数设定为如下形式：

$$\delta\left(u_t\right) \equiv \frac{u_t^{\omega}}{\omega} \tag{4.1.191}$$

其中，$\omega > 1$ 为参数，表示资本折旧对于资本利用率的弹性；z_t 表示投资边际效率冲击，假设其满足经典的 AR(1) 过程 [3]。于是 GHH(1988) 中关于家庭最大化贴现效用的问题为

$$\max_{\{C_t, N_t, u_t, K_{t+1}\}} E_0 \sum_{t=0}^{\infty} \beta^t \left(\frac{1}{1-\gamma}\left(C_t - \frac{N_t^{1+\theta}}{1+\theta}\right)^{1-\gamma} - 1\right) \tag{4.1.192}$$

---

[1] ... intratemporal substitution, away from leisure and toward consumption... .

[2] 和标准的模型设定相比，边际技术替代率一般都依赖于消费和劳动，如本节公式 (4.2.4)。

[3] GHH(1988) 则假设其满足经典的两状态的马尔可夫过程 (P404、P410)。

受约束于资本积累方程 (4.1.190) 和资源约束为

$$C_t + I_t \leqslant Y_t \equiv \left(u_t K_t\right)^\alpha N_t^{1-\alpha} \tag{4.1.193}$$

GHH(1988) 为了突出强调投资边际效率冲击的重要性，在生产函数 (4.1.193) 中舍弃了传统的技术变量，以更加清楚地观测投资边际效率冲击的作用。

效用最大化问题关于消费 C_t、劳动 N_t、资本利用率 u_t、资本存量 K_{t+1}，可得一阶条件如下：

$$N_t^\theta = \left(1-\alpha\right)\left(u_t K_t\right)^\alpha N_t^{-\alpha} \tag{4.1.194}$$

$$\frac{u_t^{\omega-1}}{1+z_t} = \alpha\left(u_t K_t\right)^{\alpha-1} N_t^{1-\alpha} \tag{4.1.195}$$

$$\frac{1}{1+z_t}\left(C_t - \frac{N_t^{1+\theta}}{1+\theta}\right)^{-\gamma} = \beta E_t\left(C_{t+1} - \frac{N_{t+1}^{1+\theta}}{1+\theta}\right)^{-\gamma}\left(\alpha\left(u_{t+1} K_{t+1}\right)^{\alpha-1} N_{t+1}^{1-\alpha} u_{t+1} + \frac{1-\frac{1}{\omega} u_{t+1}^\omega}{1+z_{t+1}}\right) \tag{4.1.196}$$

模型均衡由 6 个内生变量 $\{C_t, K_{t+1}, N_t, u_t, I_t, Y_t\}$ 和 6 个均衡条件即劳动需求方程 (4.1.194)、资本利用率方程 (4.1.195)、Euler 方程 (4.1.196)、资源约束方程 (4.1.193)、生产函数以及资本积累方程 (4.1.190) 构成。

接下来计算模型内生变量的稳态值。首先，由投资效率冲击 z_t 的引入方式，设定其稳态 $z=0$。假定资本利用率 u_t 的稳态值 $u=1$[①]，这意味着资本被完全利用。当资本利用率变量稳态被校准后，参数 ω 的值则不能被自由校准，需要由其他参数和资本利用率的稳态值 u 共同决定。

在进一步计算模型稳态之前，有必要考察资本利用率的稳态值 u 与弹性参数 ω 之间的关系。由 Euler 方程 (4.1.196) 和资本利用率方程 (4.1.195)，可求出稳态时 u 与 ω 满足：

$$u = \left(\frac{1-\beta}{\beta}\frac{\omega}{\omega-1}\right)^{\frac{1}{\omega}} \tag{4.1.197}$$

图 4.14 给出了 u 与 ω 之间的关系图。可看出随着参数 ω 增加，利用率稳态值 u 先迅速下降，然后缓慢上升，并最终趋于 1，并在 $\omega = 1.31$ 附近取最小值。如果将资本利用率 u_t 的稳态值 u 固定为 1，并且校准参数 $\alpha = 0.36$，$\beta = 0.99$，那么由式 (4.1.197)，不难计算弹性参数 $\omega = 1.010\ 2$，即非常靠近 1[②]。

[①] 请参考 Christiano, L. J. and M. Eichenbaum, et al. *Nominal Rigidities and the Dynamic Effects of a Shock to Monetary Policy*. Journal of Political Economy, 2005，113(1): 1-45. 即前文提及的 CEE(2005). 当然 u_t 可以大于 1，也可以小于 1，关于资本利用率的更多讨论可参考本书 **4.3 中等规模 DSGE 模型** 一节的介绍。

[②] 此时资本折旧率在稳态时接近于 1，即完全折旧，这和实际有较大差距，应当留意，此处仅为示例。请运行：\Sources\Chap4_NKmodels\4.1_RBC_extensions\4.1.2_Extension\utilization_rate_omega.m，即可得到图 54。

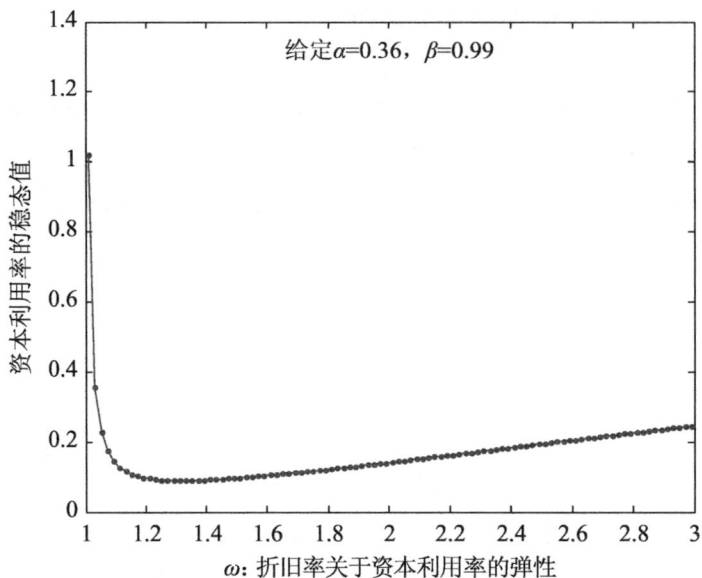

给定$\alpha=0.36$，$\beta=0.99$

纵轴：资本利用率的稳态值

横轴：ω：折旧率关于资本利用率的弹性

图 4.14　资本利用率稳态 u 和折旧关于利用率弹性参数 ω 之间的关系

均衡条件式 (4.1.194)～式 (4.1.196) 以及资源约束方程对应的稳态方程分别为

$$N^{\theta} = (1-\alpha)(uK)^{\alpha} N^{-\alpha} \tag{4.1.198}$$

$$\frac{u^{\omega-1}}{1+z} = \alpha (uK)^{\alpha-1} N^{1-\alpha} \tag{4.1.199}$$

$$\frac{1}{1+z} = \beta \left(\alpha (uK)^{\alpha-1} N^{1-\alpha} u + \frac{1-\frac{1}{\omega}u^{\omega}}{1+z} \right) \tag{4.1.200}$$

$$C + I = Y \equiv (uK)^{\alpha} N^{1-\alpha} \tag{4.1.201}$$

$$K = (1-\delta(u))K + (1+z)I \tag{4.1.202}$$

由式 (4.1.200) 可得，并注意到资本利用率的稳态值 $u=1$，折旧 δ 关于资本利用率 u_t 的弹性参数：

$$\omega = \frac{\beta}{2\beta-1} \tag{4.1.203}$$

由式 (4.1.199) 求出劳动资本比为

$$\frac{K}{N} = \alpha^{\frac{1}{1-\alpha}} \tag{4.1.204}$$

并代入式 (4.1.198) 可得劳动的稳态值为

$$N = \left(1-\alpha\right)^{\frac{1}{\theta}} \alpha^{\frac{\alpha}{\theta(1-\alpha)}} \qquad (4.1.205)$$

从而可得资本存量的稳态值为

$$K = \left(1-\alpha\right)^{\frac{1}{\theta}} \alpha^{\frac{(\alpha+\theta)}{\theta(1-\alpha)}} \qquad (4.1.206)$$

由生产函数，可得产出的稳态为

$$Y = \left(1-\alpha\right)^{\frac{1}{\theta}} \alpha^{\frac{\alpha(1+\theta)}{\theta(1-\alpha)}} \qquad (4.1.207)$$

由资本积累方程可得投资的稳态为

$$I = \delta\left(u\right)K = \frac{1}{\omega}\left(1-\alpha\right)^{\frac{1}{\theta}} \alpha^{\frac{(\alpha+\theta)}{\theta(1-\alpha)}} \qquad (4.1.208)$$

最后由资源约束方程可得消费的稳态值为

$$C = \left(1-\alpha\right)^{\frac{1}{\theta}} \alpha^{\frac{\alpha(1+\theta)}{\theta(1-\alpha)}} \left(1-\frac{\alpha}{\omega}\right) \qquad (4.1.209)$$

在参数校准后，各变量的稳态如表 4.2 所示。

表 4.2　给定资本利用率稳态 $u=1$ 时各变量的稳态值

变　　量	K	C	I	N	Y
稳　态　值	0.073 0	0.130 5	0.072 3	0.360 2	0.202 8

数据来源：依据模型稳态计算逻辑，作者自行计算。资本存量的稳态值较小，是由于稳态时折旧率较高的原因。在给定 $\alpha = 0.36$，$\beta = 0.99$ 的条件下，$\delta(u) = 0.989\,9$，即折旧率接近 100%。

接下来使用 Dynare 求解模型。为了节省篇幅，此处不再列示模型文件的源代码[①]。为了更加清楚地看到投资边际技术冲击的效果，此处编写模型文件时内生变量使用水平变量。

由于编程时使用了水平变量，因此各纵轴表示变量相对于稳态的 (绝对) 变化。图 4.15 验证了 GHH(1998) 的论证。一单位正向投资边际效率冲击使得投资增加，消费和劳动产生较强的顺周期特点，并且提升了资本利用率，即冲击后的第一期资本利用率显著高于稳态值 1，然后逐步趋近于稳态。

---

① Dynare 源代码：\Sources\Chap4_NKmodels\4.1_RBC_extensions\4.1.2_Extension\GHH.mod。

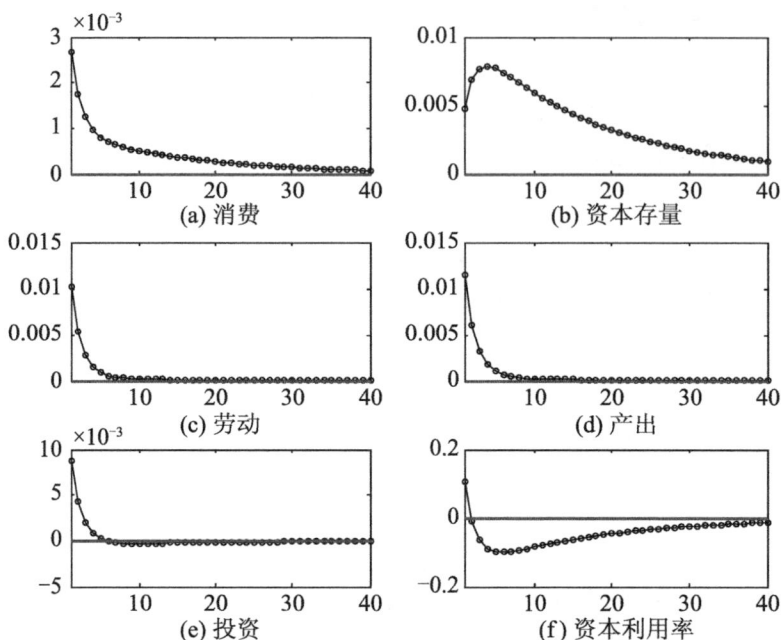

图 4.15　一单位正向投资边际效率冲击下各变量的脉冲响应图

　　为了比较传统技术冲击和投资技术冲击对经济波动的贡献，此在 GHH(1998) 的模型设定的基础上，加入了传统的技术冲击[①]。为了可比性，此处设定技术冲击的标准差和投资边际效率冲击的标准差相同，采取 GHH(1998) 的校准值 0.051 5。而且两者的 AR(1) 过程的持续性参数也相同，采取 GHH(1998) 的校准值 0.51。

　　比较图 4.15 和图 4.16 可以发现，两种技术冲击的作用效果类似，各变量的变化趋势基本相同，但技术冲击的作用更大。表 4.3 也说明了同样的现象：各变量的波动大都由技术冲击解释。在第一种情况下，假设两者标准差相同，对各变量而言，技术冲击都解释了 80% 以上的波动；而在第二种情况下，当技术冲击的标准差只有投资边际效率标准差的一半时，技术冲击仍然解释 55% 以上的波动，但此时投资边际效率冲击的解释能力已经相当可观。造成这种现象的原因是两者的传输机制存在差异。技术冲击则是直接对产出、消费和投资产生作用，影响较大；而投资边际效率冲击则是通过可变资本利用率的变化间接产生作用，影响力度相对较小。

---

① 　Dynare 源代码：\Sources\Chap4_NKmodels\4.1_RBC_extensions\4.1.2_Extension\GHH_TFP.mod。

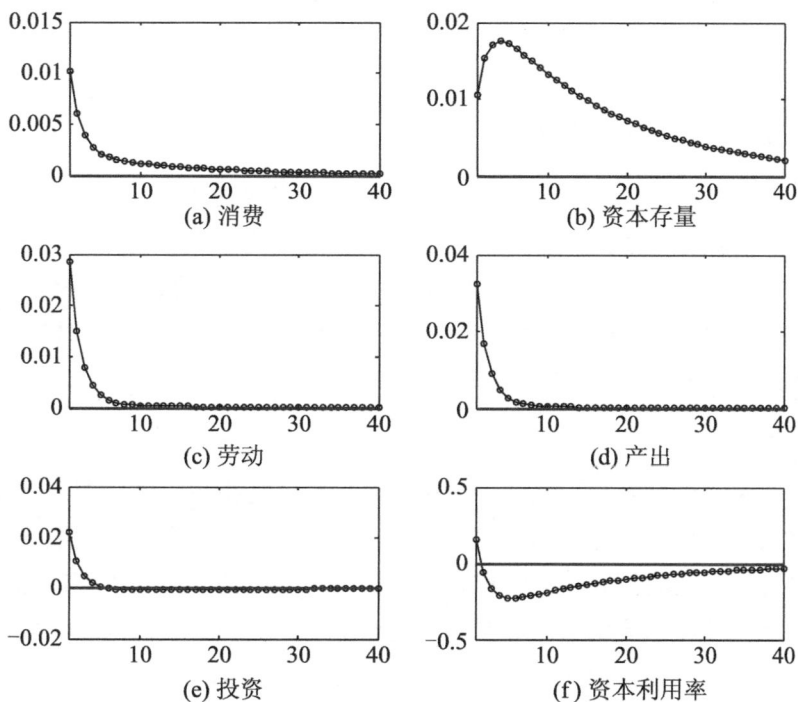

图 4.16　一单位正向技术冲击下各变量的脉冲响应图

表 4.3　两种冲击的方差分解　　　　　　　　　　　　　　%

外生冲击 内生变量	两者标准差相同		技术冲击标准差为投资边际效率冲击的一半	
	投资边际效率冲击	技术冲击	投资边际效率冲击	技术冲击
消费	8.35	91.65	26.71	73.29
资本存量	16.7	83.3	44.5	55.5
劳动	11.33	88.67	33.83	66.17
产出	11.33	88.67	33.83	66.17
投资	13.77	86.23	38.98	61.02
资本利用率	16.98	83.02	45	55

数据来源：作者自行计算。

GHH(1998) 通过一个特殊的效用函数形式构建了闲暇和消费的期内替代效应。在投资边际效率冲击下，相比跨期替代效应，期内替代效应能更好地解释消费、劳动以及劳动生产率的顺周期特点，从而使得经济波动的解释不再局限于经典的技术变化或技术冲击，使得 RBC 理论得到进一步丰富。此外，通过引入内生的可变资本利用率，使得投资边际效率冲击的传输机制也从本质上有别于技术冲击的传输机制，但从对内生变量的作用效果而言，殊途同归，即两者基本一致。

4.1.3 税收设定和Laffer曲线

税收政策作为财政政策最重要的一部分，也受到了普遍关注。DSGE 模型中能够方便地对常见的税种进行建模，并研究其变化对经济的影响。当税收作为自变量，财政收入作为因变量，考察税收变化对财政收入的影响时就牵涉著名的 Laffer 曲线[①]。本节使用一个简单的 DSGE 模型来考察消费税、收入税和资本利得税 3 种税收对财政收入的影响，进而检验 DSGE 模型能否重现经典的 Laffer 曲线。

1. 模型设定

一般说来，税收可分为两种类型：一种是直接税，是指税收的纳税人和实际税负人是一致的，比如收入税中的劳动所得税、资本所得税，纳税人和实际税负人是一致的；另一种是间接税，是指纳税人和实际税负人可能是不一致的，纳税人可以通过提高价格或收费标准，将税负转嫁给别人，比如商品的消费税、进口货物的关税、增值税都是间接税。一般说来，间接税是从价税。本节的模型设定 (预算约束中) 将同时考虑直接税 (劳动所得税、资本利得税) 和间接税 (消费税)。

假设经济中代表性家庭最大化终身贴现效用如下：

$$\max_{C_t, N_t, K_{t+1}} E_0 \sum_{t=0}^{\infty} \beta^t \left(\frac{C_t^{1-\sigma} - 1}{1-\sigma} - \kappa \frac{N_t^{1+\psi}}{1+\psi} \right)$$

预算约束为

$$\left(1 + \tau_t^C\right) C_t + I_t = \left(1 - \tau_t^K\right) R_t^K K_t + \left(1 - \tau_t^N\right) W_t N_t + G_t \tag{4.1.210}$$

$$K_{t+1} = \left(1 - \delta\right) K_t + I_t \tag{4.1.211}$$

其中，β 为家庭贴现因子；参数 $\sigma > 0$ 表示消费的跨期替代弹性的倒数；$\kappa > 0$ 为劳动负效用的敏感参数；$\psi > 0$ 为劳动供给的 Frisch 弹性的倒数；C_t、I_t、N_t 分别表示消费、投资和劳动；K_t 为资本存量；R_t^k 为资本的出租价格，即资本的回报率或出租率[②]；δ 为资本折旧率；W_t 表示名义工资；G_t 表示财政收入，假设财政收入是通过对生产要素 (劳动和资本存量) 以及消费进行征税获得，为了使得分析简化，同时假设财政收入通过一

[①] 中文常常翻译为拉弗曲线。

[②] 此处为 Net 变量，不同于模型中引入债券时对应的利率变量 (Gross 变量)。

次性转移支付返回给家庭，并保持每期平衡，因而财政收入满足如下的约束[①]：

$$G_t = \tau_t^C C_t + \tau_t^N W_t N_t + \tau_t^K R_t^K K_t \tag{4.1.212}$$

3 种税收引入的方式非常简单：定义相应的内生变量，并进入预算约束方程 (4.1.210)。一般说来，直接税和间接税的建模方式不同，直接税采取 (1- 税率) 的方式引入，表示收入的直接减少；而间接税采取 (1+ 税率) 的方式引入，表示消费量间接减少。τ_t^C、τ_t^N、τ_t^K 分别表示消费税、劳动所得税和资本利得税，并假设三者的对数服从 AR(1) 过程：

$$\log \tau_t^j = \left(1 - \rho^j\right) \log \tau^j + \rho^j \log \tau_{t-1}^j + \epsilon_t^j, \epsilon_t^j \sim \text{i.i.d } N\left(0, \sigma^j\right), j = C, N, K \tag{4.1.213}$$

其中，τ^j 为 τ_t^j 的稳态值。家庭选择对消费、劳动和资本存量，以期最大化终身贴现效用，相应的一阶条件分别为

$$\left(1 + \tau_t^C\right) \lambda_t = C_t^{-\sigma} \tag{4.1.214}$$

$$\kappa N_t^\psi = \left(1 - \tau_t^N\right) \lambda_t W_t \tag{4.1.215}$$

$$\lambda_t = \beta E_t \left(\lambda_{t+1} \left(\left(1 - \tau_{t+1}^K\right) R_{t+1}^K + 1 - \delta \right) \right) \tag{4.1.216}$$

其中，λ_t 为预算约束的拉格朗日乘子。厂商部分的建模是标准的。假设厂商采取标准的柯布道格拉斯生产函数：

$$Y_t = A_t K_t^\alpha N_t^{1-\alpha} \tag{4.1.217}$$

那么资本的出租率和劳动的名义工资分别为相应的资本和劳动的边际产出：

$$W_t = \left(1 - \alpha\right) A_t K_t^\alpha N_t^{-\alpha} \tag{4.1.218}$$

$$R_t^K = \alpha A_t K_t^{\alpha-1} N_t^{1-\alpha} \tag{4.1.219}$$

并假设产出完全用于消费和投资，不存在调整成本等额外的无效率损失：

$$Y_t = C_t + I_t \tag{4.1.220}$$

而且技术变量 A_t 的对数满足标准的 AR(1) 过程：

$$\log A_t = \rho^A \log A_{t-1} + \epsilon_t^A, \epsilon_t^A \sim \text{i.i.d } N\left(0, \sigma^A\right) \tag{4.1.221}$$

模型的均衡为：由 12 个内生变量 C_t、K_t、Y_t、I_t、N_t、λ_t、W_t、R_t^K、A_t、τ_t^j，$j=C$、K、N 和 12 个均衡条件即消费的一阶条件 (4.1.214)、劳动供给方程 (4.1.215)、资本的一阶条件 (4.1.216)、资本积累方程 (4.1.211)、生产函数 (4.1.217)、劳动需求方程 (4.1.218)、资本需求方程 (4.1.219)、市场出清条件 (4.1.220)、税率变量、技术变量对应的 4 个 AR(1) 过程组成。

---

① 为了简化分析，此处并未考虑扣除资本折旧。

为了节省篇幅，此处未将 Dynare 源代码列示出来 [①]。参数校准具体参见该部分提供的 Dynare 源文件。最后，源文件中使用了随机模拟命令来求解模型。感兴趣的读者，可进行相关的确定性模拟 (对财政政策进行确定性模拟更贴近于实际)，具体可参考本书"**3.8 确定性求解和模拟：simul**"一节中相应部分的内容。

2. Laffer 曲线

正如前文所言，税收政策的研究中有一个非常著名的曲线，叫 Laffer 曲线，是指税收收入 (财政收入) 与税率水平直接的变化关系，即随着税率水平的变化，税收收入如何变化。可以直观地想象，在两种极端情况下，即税率水平为 0 或 100%，税收收入都将为 0。当税率为 0 时，税收收入当然为 0；当税率为 100% 时，经济活动将趋于停滞，没有人愿意生产和消费，因为所有的收入都将交税，因此税收收入趋于 0。那么，当税率水平在 0 和 100% 之间变化时，税收收入将如何变化呢？ Laffer(1981) 认为税收水平先上升后下降，呈上凸型，这就是所谓的 Laffer 曲线。图 4.17 给出了此曲线的一个原型示意图。

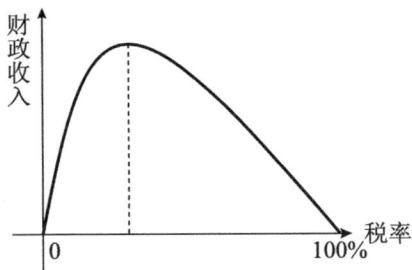

图 4.17　Laffer 曲线原型图

在本节的 DSGE 模型中，图 4.18 给出了在其他税率保持不变的前提下，稳态时劳动收入的税率 τ_t^N 与财政收入 G_t 之间的变化关系。

在给定的参数校准值下，大约当 $\tau_t^N \approx 0.55$ 时，$G_t \approx 0.869\,9$ 即财政收入取得了最大值。这说明 Laffer 曲线并不是关于税率水平在 50% 两端对称，往往是左倾或右倾，即呈现非对称性变化。当劳动所得税率为 0 时，劳动所得税水平为 0，但此时财政收入并不为 0，因为消费税和资本利得税仍然存在。当劳动所得税率为 100% 时，财政收入为 0。从计算过程可看到，当劳动所得 100% 被政府征收时，没有人愿意工作，劳动稳态值为 0，产出为 0，经济停止运行，劳动所得税、消费税和资本利得税均无法征收，财政收入为 0。从

---

① 　具体参考源代码根目录 \Sources\Chap4_NKmodels\4.1_RBC_extensions\4.1.4_Tax_Laffer_Curve\Tax.mod 文件，内生变量使用了 log-level 形式。

稳态计算过程可以看出，无论是哪种税率变量，财政收入都是其复杂的非线性函数，直接求导变得较为困难，因此一个替代的办法就是利用 Matlab，进行数值求解。

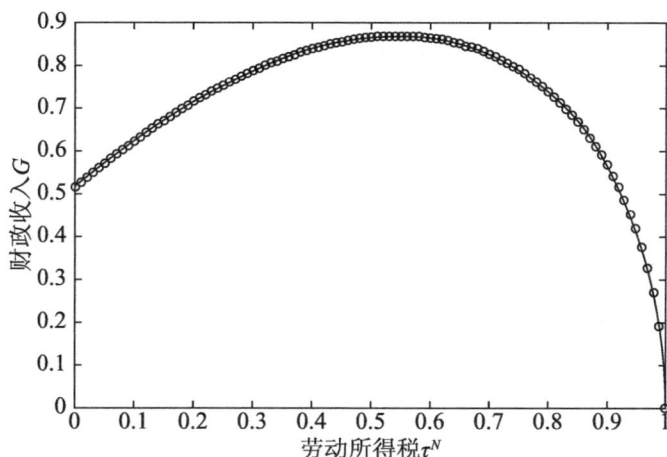

图 4.18　DSGE 模型中财政收入和劳动所得税之间的关系

源代码 30 给出了绘制图 4.18 的 Matlab 的脚本代码。此部分的编程并不复杂，首先对所有结构参数进行校准赋值，然后给出 3 种税率水平的稳态值或校准值，最后用 for循环来计算当其中一个税率变动时（其他两个保持不变）财政收入的值。其基本的想法是，在税率水平 0 到 100% 之间，以 1% 为步长，划分成 100 个小格子，对总共 101 个点进行计算。根据模型均衡的定义，依次来计算各个内生变量的稳态值，最后算出财政收入的稳态，并使用 plot 函数画出财政收入的变化值。

源代码30　Laffer曲线①

```
%Laffer Curve in a simple DSGE model
%Laffer Curve is a curve that shows how fiscal revenue varies with tax
%Xiangyang Li, Written  @SCC,2017-2-28

clear all;
%structural parameters, by calibration
beta =.99;
alpha =1/3;
delta=.025;
kappa = 1;
sigma  =1;
psi=1;
```

① 地址：\Sources\Chap4_NKmodels\4.1_RBC_extensions\4.1.4_Tax_Laffer_Curve\laffer_curve.m。

```
%steady states tax rate parameters, for illustruation only
taucs = 0.17;
tauls = 0.2;
tauks=0.3;
ii=0;
%for consumption, income and capital gains, all you need to do is to
%replace tauls to taucs or tauks
%for variable ends with 's' denotes the steady state value of that
variable;
for tauls=0:0.01:1
    Rs = (1/beta - 1+delta)/(1-tauks);
    kn = (alpha/Rs)^(1/(1-alpha));
    ws = (1-alpha)*kn^alpha;
    cs_=kn^alpha-delta*kn; %simplifying parameter
    ns=((((1-tauls)*ws/cs_^sigma/(1+taucs))/kappa)^(1/psi+sigma);
    ks = kn*ns;
    Is = delta*ks;
    ys = kn^alpha*ns;
    cs = ys - Is;
    ii=ii+1;
    %fiscal revenue, function of tax rate
    Gs(ii) = taucs*cs+tauls*ws*ns+tauks*Rs*ks;
end
%plot
plot(0:0.01:1,Gs);

title('Laffer Curve: Fiscal Revenue vs Labour Income Tax')
xlabel('Labour Income Tax \tau^N')
ylabel('Fiscal Revenue G')
```

注：此处默认认技术变量的稳态值为 1。源代码仅仅显示了如何计算劳动所得税的变化对财政收入的影响。如果想计算消费或资本利得税的变化对财政收入的影响时，只需要将 for 循环中的目标变量 tauls 换成 taucs 或 tauks 即可。

接下来考察资本利得税和消费税与财政收入的关系。图 4.19 和图 4.20 分别给出了资本利得税和消费税与财政收入之间在稳态时的变化关系 (此处考虑一种税种时，其他两种税种保持不变)。

从图 4.19 中可看出，资本利得税变动同样引起财政收入的非对称性变化。由于资本存量的产出份额占比较小 ($\alpha=1/3$)，在初期随资本利得税的增加，财政收入增加的幅度不大；在既定的参数校准情况下，当资本利得税率 $\tau_t^K \approx 0.37$，财政收入水平取最大值 $G_t \approx 0.718\,5$，而后开始迅速下降，这是由于随着资本利得税的逐渐增长，经济的扭曲程度愈加显著，工资水平、劳动水平、资本存量水平、投资水平和消费水平都持续下滑，最终趋于停止。

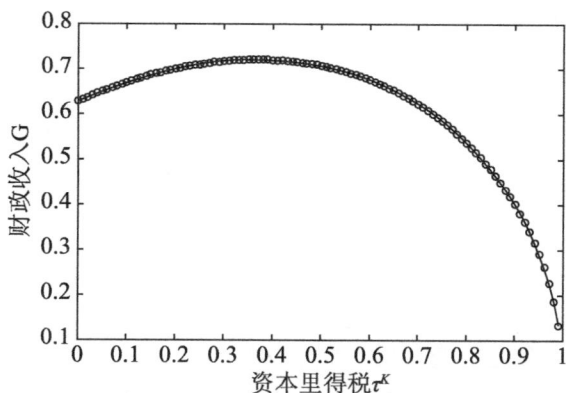

图 4.19　DSGE 模型中财政收入和资本利得税之间的关系

图 4.20 揭示了一个更为有趣的现象 [①]。在给定的参数校准值下 (特别当 $\psi \geqslant 1$ 时)，对于从价税，财政收入随着消费税率的上升而上升，甚至在税率大于 100% 时，仍然呈现出增长趋势。从生产层面来说，消费税率的变动不对产出产生任何影响，因为此时无论是资本出租率还是工资水平，都不随消费税率的变化而变化。也就是说，消费税只对支出层面产生影响，但是消费税率水平的不断增加，的确在挤压私人消费，从而导致劳动下降，因而产出、投资和资本存量都在不断下降。但这种下降并没有使得财政收入下降，反而导致财政收入继续上升，这说明私人消费被严重挤压。

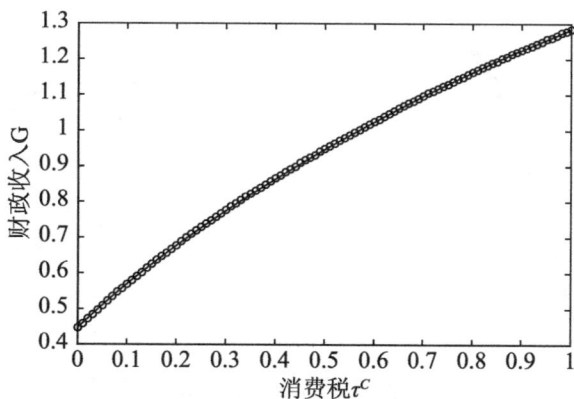

图 4.20　DSGE 模型中财政收入和消费税之间的关系 (ψ =1)

---

① 源代码地址如下，请注意修改劳动供给的 Frisch 弹性的倒数 ψ 的值：\Sources\Chap4_NKmodels\4.1_RBC_extensions\4.1.4_Tax_Laffer_Curve\laffer_curve_consumption_tax.m。

如果从稳态计算的角度来看，考察财政收入相对于消费税的边际变化：

$$\frac{\partial \log G}{\partial \tau^C} = -\frac{1}{\psi}\frac{1}{1+\tau^C} + \frac{kn^\alpha - \delta kn}{\tau^C\left(kn^\alpha - \delta kn\right) + \tau^N W + \tau^K R^K kn}, kn = \left(\frac{\alpha}{R^K}\right)^{\frac{1}{1-\alpha}} \quad (4.1.222)$$

当 $\psi \geq 1$ 时，给定其他结构参数的校准值，当消费税在 0~100% 范围内变动时 (甚至超出 100%)，都有：

$$\frac{\partial \log G}{\partial \tau^C} > 0$$

也就是说，财政收入会随消费税增加而增加。

值得注意的是，当劳动供给的 Frisch 弹性的倒数 ψ 较小时，比如 $1 > \psi > 0$ 时，财政收入可能会呈现正常的 Laffer 曲线的形状。图 4.21 给出了当 $\psi = 0.5$ 时，消费税在 0~100% 的范围内变动时，财政收入的变动呈现出经典 Laffer 曲线的形状 [1]。这说明劳动供给的 Frisch 弹性的倒数 ψ（ >0）有着重要的作用，即决定这消费税率对经济的扭曲程度。从计算过程来看，当 ψ 较小时，消费税率的增加对劳动的扭曲程度高于 $\psi \geq 1$ 的情形，从而对产出的扭曲也是如此，因此消费税率的过度增加，导致产出过度下滑，以至于不足以支撑财政收入的上升，因此在消费税率上升一定程度后，财政收入开始逐渐下降。

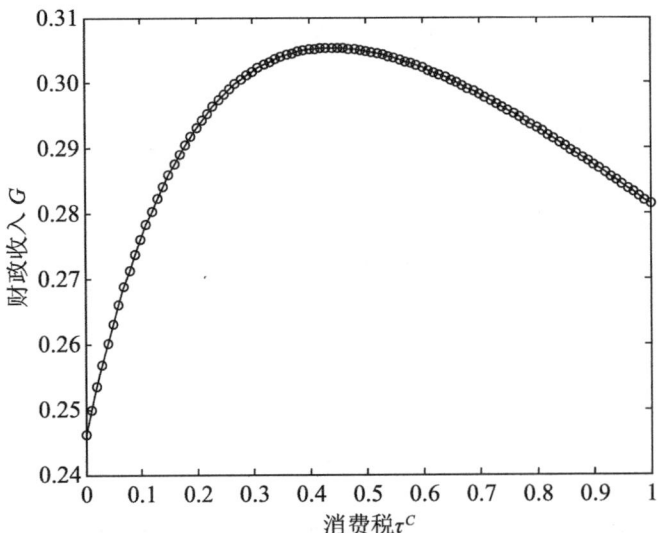

图 4.21　DSGE 模型中财政收入和消费税之间的关系 ($\psi=0.5$)

---

① 　绘图源代码同图 4.20 所示，但此时需要较小的曲率参数 σ，比如 $\sigma = 0.05$。

综上所述，在 DSGE 模型中，通过对几种常见税种的简单建模，能基本重现经典的 Laffer 曲线。但对于从价税而言，财政收入和税率之间的变动关系将会受到模型结构参数的影响，而对于直接税而言，这种影响并不明显。

4.2 新凯恩斯 (NK) 模型

在本节和下一节将集中介绍新凯恩斯模型，即如何引入黏性价格和黏性工资设定，使得货币政策产生实际作用。在此基础上，将介绍不同设定下对应的模型均衡之间的关系。为了简单起见，在本节的模型中不包含资本存量，下一节将引入资本存量和投资。

4.2.1 家庭

假设经济中有一个代表性家庭，最大化其终身贴现效用函数为

$$\max_{C_t,N_t,B_{t+1},M_t} E_0 \sum_{t=0}^{\infty} \beta^t \left(\frac{C_t^{1-\sigma}-1}{1-\sigma} - \psi \frac{N_t^{1+\eta}}{1+\eta} + \gamma \log\left(\frac{M_t}{P_t}\right) \right) \tag{4.2.1}$$

其预算约束为

$$P_t C_t + B_{t+1} + M_t \leqslant W_t N_t + T_t + (1+i_{t-1})B_t + M_{t-1} + \Pi_t \tag{4.2.2}$$

其中，E_0 为基于初始期的期望算子 (Expectation Operator)；β 为家庭的贴现因子 (Discount Factor)；B_t 为家庭持有的债券存量，该债券将在 t 期支付净利率为 i_{t-1} 的利息，注意此处的时间下标为 $t-1$，也就是说此利率在 $t-1$ 期被确定，但直到 t 期才支付相应的利息 (前述章节已多次提及)。P_t 为 CPI 价格指数，C_t、N_t 分别为消费和劳动；T_t 为家庭得到的转移支付；Π_t 为家庭得到的由厂商支付的红利。

此外，效用函数中引入了实际货币余额 (MIU)，M_t 表示家庭在 t 期末持有的名义货币余额，并在 $t+1$ 期使用。该名义货币余额由央行设定，家庭被动接受 [①]。σ 为消费跨期替代弹性的倒数，同时 σ 也可理解为相对风险规避系数 (Relative Risk Aversion，RRA)，同时也可以将其理解为效用函数的曲率参数，以度量效用函数的弯曲程度 [②]。一般说来，σ 越大，曲率越大，风险厌恶程度越大，效用函数整体弯曲越大 (如图 4.22 所示)。

---

① 事实上，货币需求等于货币供给，央行的货币供给也要根据家庭的实际需要来确定。

② 曲率 (curvature) 是数学术语，度量曲线或曲面的弯曲程度。直线的曲率为 0，圆的曲率为常数，即半径的倒数。粗略地说，曲率代表了曲线或曲面偏离直线或平面的程度。在二维平面上，曲线 $y=f(x)$ 的曲率的数学定义为 $\kappa \equiv \left| y'' / \left(1+\left(y'\right)^2\right)^{\frac{3}{2}} \right|$。

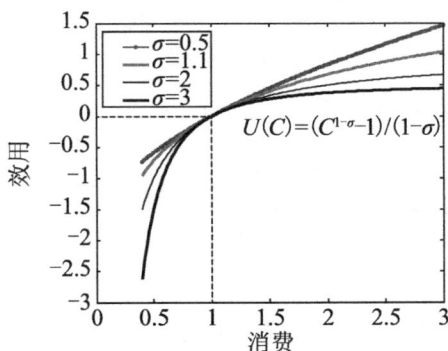

图 4.22　曲率参数 σ 与效用函数的弯曲程度

　　图 4.22 给出了 4 种 σ 不同的取值时，效用函数 $U(\cdot)$ 仅对于消费 (C) 的变化图，4 条曲线交于 $(1,0)$ 点。从图中可看出，当 σ 越大，随着消费的减少，效用函数越陡峭，但随着消费的增加，效用函数越平坦，因而效用函数的总体弯曲程度越大 [1]。参数 η 表示劳动供给的 Frisch 弹性的倒数，请参考本章 "**4.1.1 RBC 模型与新古典增长模型**" 一节中的介绍。$\psi, \gamma > 0$ 为参数。

　　家庭效用最大化问题的拉格朗日函数为 (此处采取了名义预算约束)：

$$
\begin{aligned}
\mathcal{L} \equiv E_0 \sum_{t=0}^{\infty} \beta^t &\left\{ \left(\frac{C_t^{1-\sigma}-1}{1-\sigma} - \psi \frac{N_t^{1+\eta}}{1+\eta} + \gamma \log\left(\frac{M_t}{P_t}\right) \right) \right. \\
&\left. + \lambda_t \left(W_t N_t + \Pi_t + T_t + (1+i_{t-1}) B_t + M_{t-1} - P_t C_t - B_{t+1} - M_t \right) \right\}
\end{aligned}
\tag{4.2.3}
$$

其中，λ_t 为拉格朗日乘子，即预算约束的影子价格，将预算约束放松一单位时所能获得的效用。

　　家庭选择消费、劳动、债券及名义货币余额来最大化终身贴现效用，其一阶条件分别为

$$\frac{\partial \mathcal{L}}{\partial C_t} = 0 \Leftrightarrow C_t^{-\sigma} = \lambda_t P_t$$

$$\frac{\partial \mathcal{L}}{\partial N_t} = 0 \Leftrightarrow \psi N_t^{\eta} = \lambda_t W_t$$

$$\frac{\partial \mathcal{L}}{\partial B_{t+1}} = 0 \Leftrightarrow \lambda_t = \beta E_t \lambda_{t+1} (1+i_t)$$

$$\frac{\partial \mathcal{L}}{\partial M_t} = 0 \Leftrightarrow \gamma \frac{1}{M_t} = \lambda_t - \beta E_t \lambda_{t+1}$$

---

[1]　绘制该图形的 Matlab 代码详见根目录 \Sources\Chap4_NKmodels\4.2_NK_Model\utility_curvature.m。

消去拉格朗日乘子 λ_t，可得劳动供给方程 (Labor Supply)、Euler 方程以及货币需求方程 (Money Demand) 分别为

- 劳动供给方程，即

$$\psi N_t^{\eta} = C_t^{-\sigma} w_t \tag{4.2.4}$$

- Euler方程，即

$$C_t^{-\sigma} = \beta E_t C_{t+1}^{-\sigma} (1 + i_t) \frac{P_t}{P_{t+1}} \tag{4.2.5}$$

- 货币需求方程，即

$$\gamma \left(\frac{M_t}{P_t} \right)^{-1} = \frac{i_t}{1 + i_t} C_t^{-\sigma} \tag{4.2.6}$$

其中，$w_t \equiv \dfrac{W_t}{P_t}$ 为实际工资。

4.2.2　黏性价格设定与价格离散核(Price Dispersion)

黏性价格和弹性价格的模型设定存在较大的差异。一般说来，黏性价格 (Price Stickiness) 设定都需要设定两类厂商：中间品厂商 (Intermediate Goods Firms) 和最终品厂商 (Final Goods Firms)，前者面临垄断竞争 (Monopolistic Competition)，后者面临完全竞争 (Full Competition)。

1. 最终品厂商

假设经济中有一个代表性的最终品厂商，使用生产技术 (Dixit-Stiglitz Aggregator) 生产最终品 Y_t 如下：

$$Y_t = \left(\int_0^1 Y_t(j)^{\frac{\epsilon_p - 1}{\epsilon_p}} \, \mathrm{d}j \right)^{\frac{\epsilon_p}{\epsilon_p - 1}} \tag{4.2.7}$$

其中，$Y_t(j)$ 表示第 j 个中间品厂商生产的中间品，ϵ_p 表示不同中间品之间的替代弹性。当 $\epsilon_p \to \infty$ 时，$\frac{\epsilon_p - 1}{\epsilon_p} \to 1$，此时生产函数完全线性，这意味着不同中间品之间可完全替代 (Perfect Substitute)。当 $\epsilon_p \to 1$，此时生产函数为柯布道格拉斯 (Cobb-Douglas) 形式。通常情况下要求 $\infty > \epsilon_p > 1$，即不同中间品之间不完全替代，也就是中间品厂商具有一定的垄断能力，因而具有一定的定价能力。

在给定的生产技术 (4.2.7) 下，最终品厂商将最终品价格 P_t 和中间品价格 $P_t(j)$ 视为给定，选择中间品数量 $Y_t(j)$，以最大化其利润：

$$\max_{Y_t(j)} \quad P_t Y_t - \int_0^1 P_t(j) Y_t(j)\,\mathrm{d}j = P_t\left(\int_0^1 Y_t(j)^{\frac{\epsilon_p-1}{\epsilon_p}}\,\mathrm{d}j\right)^{\frac{\epsilon_p}{\epsilon_p-1}} - \int_0^1 P_t(j) Y_t(j)\,\mathrm{d}j \qquad (4.2.8)$$

对某中间品 j，其一阶条件为 [①]

$$P_t \frac{\epsilon_p}{\epsilon_p-1}\left(\int_0^1 Y_t(j)^{\frac{\epsilon_p-1}{\epsilon_p}}\,\mathrm{d}j\right)^{\frac{\epsilon_p}{\epsilon_p-1}-1} Y_t(j)^{\frac{\epsilon_p-1}{\epsilon_p}-1}\frac{\epsilon_p-1}{\epsilon_p} = P_t(j)$$

上式中等式左边为边际收益 (Marginal Benifit)，右边为边际成本 (Marginal Cost)。注意到最终品生产技术 (4.2.7)，重新整理上式可得中间品 $Y_t(j)$ 的需求函数为

$$Y_t(j) = \left(\frac{P_t(j)}{P_t}\right)^{-\epsilon_p} Y_t \qquad (4.2.9)$$

这说明中间品 $Y_t(j)$ 的需求依赖于相对价格和价格需求弹性参数 ϵ_p。可以看出，在给定价格指数 P_t 时，对中间品 $Y_t(j)$ 的需求是向下倾斜的曲线，即随着价格 $P_t(j)$ 的上升而下降。

最终品厂商面临完全竞争，根据完全竞争的经典假设，其利润为 0，因此根据 (4.2.8)，可得名义总产出 (GDP) 计算公式为

$$P_t Y_t = \int_0^1 P_t(j) Y_t(j)\,\mathrm{d}j \qquad (4.2.10)$$

将中间品需求函数 (4.2.9) 代入 (4.2.10)，可得总价格水平指数决定方程：

$$P_t = \left(\int_0^1 \left(P_t(j)\right)^{1-\epsilon_p}\,\mathrm{d}j\right)^{\frac{1}{1-\epsilon_p}} \qquad (4.2.11)$$

2. 中间品厂商

中间品厂商求解两阶段问题。这也是模型引入黏性价格的关键设定部分。中间品厂商首先求解成本最小化问题来确定其边际成本，然后在第二阶段从中间品厂商动态定价策略下求解利润最大化问题，以引入黏性价格设定。

首先，假设中间品厂商使用简单的规模报酬不变的生产函数生产中间品 $Y_t(j)$，即

$$Y_t(j) = A_t N_t(j) \qquad (4.2.12)$$

其中，$N_t(j)$ 表示中间品厂商 j 的劳动需求；A_t 为所有中间品厂商共有的技术变量，其对数满足经典的 AR(1) 过程。

在第一阶段问题中，确定中间品厂商的边际成本，为第二阶段问题做好铺垫。假设所有中间品厂商面临相同的名义工资 W_t，厂商选择劳动来最小化其成本：

---

① 此处积分被看作简单意义上的加总求和，因此求导并不复杂。

$$\min_{N_t(j)} W_t \, N_t(j) \tag{4.2.13}$$

并满足预算约束为

$$A_t N_t(j) \geqslant \left(\frac{P_t(j)}{P_t}\right)^{-\epsilon_p} Y_t \tag{4.2.14}$$

此约束的经济含义为中间品 j 的需求不超过供给。最值问题 (4.2.13) 的拉格朗日函数为

$$\mathcal{L} \equiv -W_t \, N_t(j) + \psi_t(j)\left(A_t N_t(j) - \left(\frac{P_t(j)}{P_t}\right)^{-\epsilon_p} Y_t\right) \tag{4.2.15}$$

其中，$\psi_t(j)$ 表示约束条件的拉格朗日乘子，表示每增加一单位供给所产生的成本，因而在此意义下 $\psi_t(j)$ 表示名义边际成本。成本最小化问题关于劳动的一阶条件为

$$\frac{\partial \mathcal{L}}{\partial N_t(j)} = 0 \Leftrightarrow W_t = \psi_t(j) A_t \equiv \psi_t A_t \equiv mc_t P_t A_t \tag{4.2.16}$$

其中，$mc_t \equiv \dfrac{\psi_t}{P_t}$ 表示实际边际成本。注意，由于中间品厂商面临相同的名义工资和技术生产率，因此所有中间品厂商将面临相同的名义边际成本，所以将 $\psi_t(j)$ 写为 ψ_t。

接下来考虑第二阶段问题：利润最大化问题。首先，中间品厂商 j 在 t 期的实际利润为实际销售收入减去成本 (实际工资)：

$$
\begin{aligned}
\frac{\text{Prof}_t(j)}{P_t} &\equiv \frac{P_t(j)}{P_t} Y_t(j) - \frac{W_t}{P_t} N_t(j) \\
&= \frac{P_t(j)}{P_t} Y_t(j) - mc_t Y_t(j) \\
&= P_t(j)^{1-\epsilon_p} P_t^{\epsilon_p-1} Y_t - mc_t P_t(j)^{-\epsilon_p} P_t^{\epsilon_p} Y_t
\end{aligned}
\tag{4.2.17}
$$

其中第二行的推导来自于生产技术 (4.2.12) 和最小化问题关于劳动的一阶条件 (4.2.16)。第三行的推导来自于中间品厂商 j 的产品需求曲线 (4.2.9)。

然后，考察中间品厂商的定价策略。为了引入黏性价格，文献中做了很多探索。Clarida，Galí & Gertler (1999, *JME*) 指出在经典的文献中，黏性价格的设定通常假设在每一期 ($t > 1$)，有 $1/t$ 部分的厂商可以重新定价，随着 t 值增大，可重新定价的厂商会越来越少。但基于这种定价策略的交错定价机制，使得模型加总 (Aggreation) 即去异质性变得异常烦琐。于是 Calvo(1983, *JME*) 提出了一种特别的交错定价机制，不仅能实现交错定价的功能，而且使得加总问题大为简化：假设在每一期任一厂商都有固定

的概率 $1-\theta$ 能重新定价，也就是说有 θ 的概率不能够重新定价，而且这种概率不随时间变化而变化。从逻辑上讲，Calvo(1983) 的这种交错定价机制非常易懂，从技术处理上，使得加总 (消除异质性) 变得相当简单。后经 Yun(1996, *JME*)、King & Wolman (1995)、Woodford (1996) 等进一步发展，已经成为最经典、最常用的交错定价机制和 DSGE 模型中的一个标准组件 (Component)。

考虑 Calvo(1983) 定价机制，给定中间品厂商 t 期能够调整价格到最优 (即不考虑条件概率的情况下)，那么 $t+1$ 期不能调整价格的概率为 θ，即 $t+1$ 期的价格仍为 t 期的价格，$t+2$ 期仍不能调整价格的概率为 θ^2，此时价格仍为 t 期的价格。一般说来，$t+s$ 期仍不能调整价格的概率为 θ^s，因此随着 s 的增大，不能调整价格的概率将会越来越小，直至趋于 0 ($\theta^s \to 0$, $s \to \infty$)。

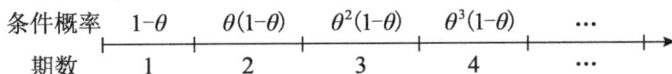

图 4.23　Calvo 平均黏性

如果考虑第一期价格调整的概率，从第二期开始不能调整价格的条件概率如图 4.23 所示。因而，从数学上容易计算出维持 t 期价格水平不变的平均持续时长，假设用 D 表示，则有：

$$D \equiv (1-\theta)\sum_{s=0}^{\infty} j\theta^{j-1} \tag{4.2.18}$$

D 为简单的无穷级数。需要注意的是，上述无穷级数中包括了价格调整的当期。如果假设某厂商第一季度初调整了价格，直到第四季度初才第二次调整价格，此时第一季度初调整的价格持续了 3 个季度，而不是只有 2 个季度，因此应包括价格调整当期在内。容易求出：

$$D = \frac{1}{1-\theta} \tag{4.2.19}$$

当 $\theta=0.75$ 时，则价格平均持续时长为 4 个周期。如果基准周期为季度，则此时持续时间为 1 年。

假定所有中间品厂商使用相同的随机贴现因子 (Stochastic Discount Factor，SDF) 贴现其未来利润流：

$$SDF_{t+s} \equiv \beta^s \frac{u'(C_{t+s})}{u'(C_t)} \tag{4.2.20}$$

考虑中间品厂商 j 在 t 期能够调整价格，且以后各期均无法来调整价格的情形，此时其选择最优价格 $P_t(j)$，以求解贴现实际利润最大化问题，具体如下：

$$\max_{P_t(j)} E_t \sum_{s=0}^{\infty} (\theta\beta)^s \frac{u'(C_{t+s})}{u'(C_t)} \left(\frac{\text{Prof}_{t+s}(j)}{P_{t+s}} \right) \tag{4.2.21}$$

将实际利润 (4.2.17) 代入上式，可得：

$$\max_{P_t(j)} E_t \sum_{s=0}^{\infty} (\theta\beta)^s \frac{u'(C_{t+s})}{u'(C_t)} \left(P_t(j)^{1-\epsilon_p} P_{t+s}^{\epsilon_p-1} Y_{t+s} - mc_{t+s} P_t(j)^{-\epsilon_p} P_{t+s}^{\epsilon_p} Y_{t+s} \right) \tag{4.2.22}$$

关于 t 期价格 $P_t(j)$ 求一阶导数可得：

$$P_t^* \equiv P_t(j) = \frac{\epsilon_p}{\epsilon_p - 1} \frac{E_t \sum_{s=0}^{\infty} (\theta\beta)^s u'(C_{t+s}) mc_{t+s} P_{t+s}^{\epsilon_p} Y_{t+s}}{E_t \sum_{s=0}^{\infty} (\theta\beta)^s u'(C_{t+s}) P_{t+s}^{\epsilon_p-1} Y_{t+s}} \equiv \frac{\epsilon_p}{\epsilon_p-1} \frac{X_{1t}}{X_{2t}} \tag{4.2.23}$$

从上述一阶条件来看，中间品厂商 j 的价格选择 $P_t(j)$ 独立于指标 j，因而所有中间品厂商选择相同的最优调整价格，选择具有对称性，因此将 $P_t(j)$ 写为 P_t^*，以示对称性。其中，X_{1t}、X_{2t} 为两个辅助变量，均包含无穷求和：

$$X_{1t} \equiv E_t \sum_{s=0}^{\infty} (\theta\beta)^s u'(C_{t+s}) mc_{t+s} P_{t+s}^{\epsilon_p} Y_{t+s}$$
$$X_{2t} \equiv E_t \sum_{s=0}^{\infty} (\theta\beta)^s u'(C_{t+s}) P_{t+s}^{\epsilon_p-1} Y_{t+s} \tag{4.2.24}$$

为了能够在 Dynare 中进行编程，首先需要将 X_{1t}、X_{2t} 视为系统的内生变量，其次将 X_{1t}、X_{2t} 的无穷求和的表达式进行适当处理，以适应编程需要。通常情况下，将 X_{1t}、X_{2t} 写成递归形式 (Recursive Form)。首先来看第一个辅助变量 X_{1t}

$$
\begin{aligned}
X_{1t} &\equiv E_t \sum_{s=0}^{\infty} (\theta\beta)^s u'(C_{t+s}) mc_{t+s} P_{t+s}^{\epsilon_p} Y_{t+s} \\
&= u'(C_t) mc_t P_t^{\epsilon_p} Y_t + E_t \sum_{s=1}^{\infty} (\theta\beta)^s u'(C_{t+s}) mc_{t+s} P_{t+s}^{\epsilon_p} Y_{t+s} \\
&= u'(C_t) mc_t P_t^{\epsilon_p} Y_t + E_t \sum_{k=0}^{\infty} (\theta\beta)^{k+1} u'(C_{t+1+k}) mc_{t+1+k} P_{t+1+k}^{\epsilon_p} Y_{t+1+k} \\
&\overset{\text{LIE}}{=} u'(C_t) mc_t P_t^{\epsilon_p} Y_t + \theta\beta E_t E_{t+1} \sum_{k=0}^{\infty} (\theta\beta)^k u'(C_{t+1+k}) mc_{t+1+k} P_{t+1+k}^{\epsilon_p} Y_{t+1+k} \\
&= u'(C_t) mc_t P_t^{\epsilon_p} Y_t + \theta\beta E_t X_{1,t+1}
\end{aligned} \tag{4.2.25}
$$

其中，LIE 表示递归期望定律 (Law Of Iterated Expectation)。第三行使用了 $s = k+1$ 替换。类似地，可对第二个辅助变量 X_{2t} 做相应处理。因此，(4.2.23) 和 (4.2.24) 可写为

$$X_{1t} = u'(C_t) mc_t P_t^{\epsilon_p} Y_t + \theta\beta E_t X_{1,t+1} \tag{4.2.26}$$

$$X_{2t} = u'(C_t) P_t^{\epsilon_p-1} Y_t + \theta\beta E_t X_{2,t+1} \tag{4.2.27}$$

$$P_t^* = \frac{\epsilon_p}{\epsilon_p - 1} \frac{X_{1t}}{X_{2t}} \tag{4.2.28}$$

当 $\theta = 0$ 时，即不能调整价格的概率为 0，因而对应的是价格弹性的情况，这时一阶条件 (4.2.23) 可写为

$$P_t^* = \mathcal{M} mc_t P_t \tag{4.2.29}$$

$$\mathcal{M} \equiv \frac{\epsilon_p}{\epsilon_p - 1} \tag{4.2.30}$$

此为经典的结论：在弹性价格下，垄断竞争者选择的价格等于 (名义) 边际成本的一个加成 $\mathcal{M}$(Markup)。由于假定参数 $\epsilon_p > 1$，因此 $\mathcal{M} > 1$，也就是说垄断竞争者选择的价格高于边际成本。

由于辅助变量 X_{1t}、X_{2t} 对应的递归形式 (4.2.26) 和 (4.2.27) 以及一阶条件 (4.2.28) 均含有不平稳的价格变量 P_t、P_t^*[①]，因此需要进一步处理才能作为系统的均衡条件，因而定义

$$\pi_t^* \equiv \frac{P_t^*}{P_{t-1}}, x_{1t} \equiv \frac{X_{1t}}{P_t^{\epsilon_p}}, x_{2t} \equiv \frac{X_{2t}}{P_t^{\epsilon_p - 1}} \tag{4.2.31}$$

其中，π_t^* 被称为重定价通胀率。此时 (4.2.26)、(4.2.27) 以及 (4.2.28) 可分别写为

$$x_{1t} = C_t^{-\sigma} mc_t Y_t + \theta \beta E_t x_{1t+1} \pi_{t+1}^{\epsilon_p} \tag{4.2.32}$$

$$x_{2t} = C_t^{-\sigma} Y_t + \theta \beta E_t x_{2t+1} \pi_{t+1}^{\epsilon_p - 1} \tag{4.2.33}$$

$$\pi_t^* = \frac{\epsilon_p}{\epsilon_p - 1} \pi_t \frac{x_{1t}}{x_{2t}} \tag{4.2.34}$$

其中，$\pi_t \equiv P_t / P_{t-1}$ 为 (总)CPI 通货膨胀率。

3. 均衡和加总

除货币政策规则外，模型的主体设定部分至此已经基本完成。接下来，首先定义模型的货币政策规则，然后消除异质性，定义模型的均衡。

由于效用函数中引入了货币，假定货币当局在指定货币政策规则时，选择货币供应量 M_t 作为政策变量。此处的货币供应量严格地说，应区别于效用函数中的货币需求，但在均衡时，两者相等，因此并未做明确区分。和 RBC 模型设定保持一致，考虑货币供应量的 (对数) 增长率作为政策工具，假设其增长率满足 AR(1) 过程：

---

① 通常情况下，认为价格为非平稳变量。但在某些特定的设定下，价格是平稳变量。

$$\Delta \log M_t = \left(1-\rho_m\right)\log\pi + \rho_m \Delta \log M_{t-1} + \epsilon_t^m \tag{4.2.35}$$

$$\Delta \log M_t \equiv \log M_t - \log M_{t-1} \tag{4.2.36}$$

其中，π 为货币供应量增长率的稳态值或长期均值 (Gross 形式)。如果使用实际货币余额和 CPI 通货膨胀率

$$m_t \equiv \frac{M_t}{P_t}, \quad \pi_t \equiv \frac{P_t}{P_{t-1}} \tag{4.2.37}$$

来表示，则 (4.2.35) 和 (4.2.36) 可分别表示为

$$g_t^m = \left(1-\rho_m\right)\log\pi - \log\pi_t + \rho_m g_{t-1}^m + \rho_m \log\pi_{t-1} + \epsilon_t^m \tag{4.2.38}$$

$$g_t^m \equiv \log m_t - \log m_{t-1} \tag{4.2.39}$$

如果 $\rho_m = 0$，其实 (4.2.35) 或 (4.2.38) 定义了名义货币余额 M_t 的随机游走过程，在本书 "**4.1.2 RBC 模型及其拓展**" 一节中已经探讨过，此处不再赘述。

然后定义模型均衡。和经典假设一致，债券存量在均衡时为零即 $B_t = 0$。此外为了简化分析，假设政府转移支付满足 $T_t = M_t - M_{t-1}$。此时均衡条件下的家庭预算约束为

$$P_t C_t = W_t N_t + \Pi_t \tag{4.2.40}$$

定义总利润 Π_t 和总劳动需求 N_t[①]：

$$\Pi_t \equiv \int_0^1 \mathrm{Prof}_t\left(j\right)\mathrm{d}j, \quad N_t \equiv \int_0^1 N_t\left(j\right)\mathrm{d}j \tag{4.2.41}$$

由中间品厂商 j 的销售净利润 (4.2.17)、总价格水平指数 (4.2.11) 可得：

$$\frac{\Pi_t}{P_t} = Y_t - \frac{W_t}{P_t}N_t \equiv Y_t - w_t N_t \tag{4.2.42}$$

将实际总利润 (4.2.42) 代入均衡时的家庭约束条件 (4.2.40)，可得市场出清条件，即资源约束方程为

$$C_t = Y_t \tag{4.2.43}$$

此即产出全部用于消费。

对中间品厂商 j 的生产技术 (4.2.12) 进行加总，并注意到产品需求函数 (4.2.9) 和劳动总需求方程 (4.2.41)，可得：

$$Y_t = \frac{A_t N_t}{d_t^p}, \quad d_t^p = \int_0^1 \left(\frac{P_t\left(j\right)}{P_t}\right)^{-\epsilon_p}\mathrm{d}j \tag{4.2.44}$$

其中，d_t^p 为所谓的价格离散核 (Price Dispersion)，其衡量了价格的离散程度；$P_t(j)$ 的离

---

① 此处的加总使用了积分形式。值得强调的是，此处的积分并非真正意义上的积分，而是简单加和的含义。

散程度越大，d_t^p 越大。根据 Galí(2008)，在零通胀稳态时，价格离散核是二阶项，如果只进行一阶 Taylor 展开，其仅为 1：

$$
\begin{aligned}
d_t^p &\equiv \int_0^1 \left(\frac{P_t(j)}{P_t}\right)^{-\epsilon_p} \mathrm{d}j \\
&= \int_0^1 \exp\left(-\epsilon_p\left(p_t(j) - p_t\right)\right)\mathrm{d}j \\
&\vdots \\
&\simeq 1 + \frac{\epsilon_p}{2}\operatorname{var}\left(p_t(j)\right) \geqslant 1
\end{aligned}
\tag{4.2.45}
$$

其中，$p_t(j) \equiv \log P_t(j)$，$p_t \equiv \log P_t$。当且仅当 $\operatorname{var}\left(p_t(j)\right) = 0$ 时，(4.2.45) 成立等号。也就是说，当所有中间品厂商价格相同时，价格离散核为 1，此为两种极端情况，即完全弹性 $\theta = 0$ 和完全刚性 $\theta = 1$。除此之外，$d_t^p > 1$。因此，由 (4.2.44) 表达的加总生产技术，一般情况下有：

$$
Y_t = \frac{A_t N_t}{d_t^p} < A_t N_t
$$

上式传递了一个非常重要的信息，即价格离散核的存在导致了产出的下降 (假设劳动供给在短期内稳定)。那么价格离散核为什么存在呢？很显然，这是价格黏性设定的直接后果。因此，黏性价格导致了产出的下降，从而导致了效率损失 (Inefficiency)。

和黏性价格推导中引入两个辅助变量一样，价格离散核同样进入 Dynare 的模型文件，当作系统的内生变量之一，需要做适当的处理。此处对 d_t^p 表达式的处理再次巧妙地运用了经典文献 Calvo(1983) 的基本假设，以消除模型的异质性：每期内可重新调整价格的厂商是随机选择的，而且存在大量的中间品厂商，因此在 [0,1] 的某个子集上的积分应和 [0,1] 整个区间的积分成比例，而该比例恰为该子集的长度。这正是 Calvo(1983) 的交错价格机制的精髓所在。因此，价格离散核的表达式可进行如下的处理，并最终写成递归形式：

$$
\begin{aligned}
d_t^p &\equiv \int_0^1 \left(\frac{P_t(j)}{P_t}\right)^{-\epsilon_p} \mathrm{d}j \\
&= \int_0^{1-\theta} \left(\frac{P_t^*}{P_t}\right)^{-\epsilon_p} \mathrm{d}j + \int_{1-\theta}^1 \left(\frac{P_{t-1}(j)}{P_t}\right)^{-\epsilon_p} \mathrm{d}j \\
&= (1-\theta)\int_0^1 \left(\frac{P_t^*}{P_t}\right)^{-\epsilon_p} \mathrm{d}j + \theta\pi_t^{\epsilon_p} \int_0^1 \left(\frac{P_{t-1}(j)}{P_{t-1}}\right)^{-\epsilon_p} \mathrm{d}j \\
&= (1-\theta)\left(\pi_t^*\right)^{-\epsilon_p} \pi_t^{\epsilon_p} + \theta\pi_t^{\epsilon_p} d_{t-1}^p
\end{aligned}
\tag{4.2.46}
$$

其中，重定价通胀率 $\pi_t^* \equiv P_t^*/P_{t-1}$，前文已定义。同样可对 CPI 价格指数公式 (4.2.11) 进行相应处理，可得：

$$\pi_t^{1-\epsilon_p} = (1-\theta)\left(\pi_t^*\right)^{1-\epsilon_p} + \theta \tag{4.2.47}$$

对 (4.2.47) 基于零通胀进行一阶对数线性化，可得到：

$$\pi_t = (1-\theta)\left(p_t^* - p_{t-1}\right) \tag{4.2.48}$$

其中，$p_t^* \equiv \log P_t^*$，$\pi_t^* = p_t^* - p_{t-1}$。注意此处为了简化，仍使用 π_t，π_t^*，以表示线性化变量。(4.2.48) 暗含了一个非常重要的信息，揭示了通胀产生的微观机制，即由于可调整价格厂商选择的最优价格不同于上期的加权平均价格，因而产生通胀 (Galí, 2008, Chapter 3, P44)[①]。此外，(4.2.48) 还表明，当完全价格刚性即 $\theta = 1$ 时，净通胀为 0。

基于递归形式的价格离散核表达式 (4.2.26) 和 CPI 指数递归公式 (4.2.47)，可考察稳态时价格离散核与 CPI 通胀之间的关系。假定 $\theta = 0.75$，$\epsilon_p = 10$，图 4.24 给出了两者的关系图[②]。可看出，稳态的价格离散核 d^p 是稳态 CPI 的下凸函数 (Convex Function)，当稳态 CPI 通胀 π 取值为 1 即净通胀为 0 时，d^p 取最小值 1。在 $\pi = 1$ 两侧呈现出非对称的形态，右侧比左侧更为陡峭。

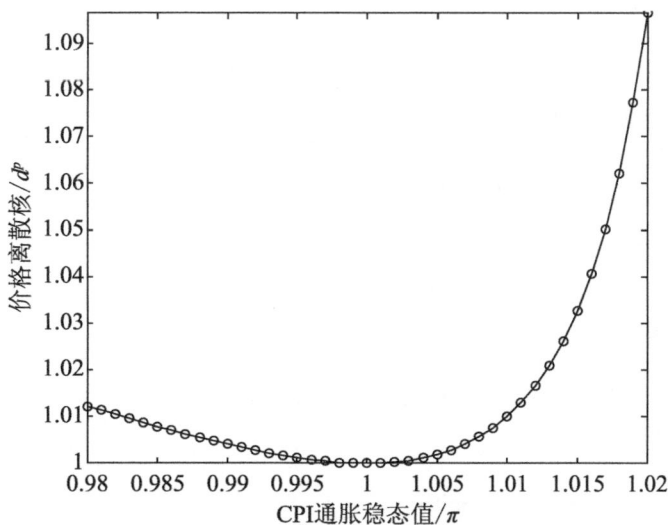

图 4.24　价格离散核与 CPI 通胀的稳态之间的关系

---

① 　... inflation results from the fact that firms reoptimizing in any given period choose a price that differs from the economy's average price in the previous period.

② 　Matlab 源代码参见：\Sources\Chap4_NKmodels\4.2_NK_Model\price_dispersion.m。

接下来定义模型均衡。模型均衡由 15 个内生变量

$$C_t、\ i_t、\ r_t、\ \pi_t、\ N_t、\ mc_t、\ w_t、\ m_t、\ Y_t、\ d_t^p、\ \pi_t^*、\ x_{1t}、\ x_{2t}、\ A_t、\ g_t^m \tag{4.2.49}$$

和如下 15 个均衡条件组成：

- 劳动供给方程

$$\psi N_t^\eta = C_t^{-\sigma} w_t \tag{4.2.50}$$

- Euler方程

$$C_t^{-\sigma} = \beta E_t C_{t+1}^{-\sigma} \left(1+i_t\right) \pi_{t+1}^{-1} \tag{4.2.51}$$

- 货币余额需求方程

$$\gamma \left(m_t\right)^{-1} = \frac{i_t}{1+i_t} C_t^{-\sigma} \tag{4.2.52}$$

- 资源约束方程

$$C_t = Y_t \tag{4.2.53}$$

- 加总生产函数

$$Y_t = \frac{A_t N_t}{d_t^p} \tag{4.2.54}$$

- CPI通胀递归方程

$$\pi_t^{1-\epsilon_p} = \left(1-\theta\right)\left(\pi_t^*\right)^{1-\epsilon_p} + \theta \tag{4.2.55}$$

- 价格离散核递归方程

$$d_t^p = \left(1-\theta\right)\left(\pi_t^*\right)^{-\epsilon_p} \pi_t^{\epsilon_p} + \pi_t^{\epsilon_p} \theta d_{t-1}^p \tag{4.2.56}$$

- 辅助变量方程

$$x_{1t} = C_t^{-\sigma} mc_t Y_t + \theta \beta E_t x_{1t+1} \pi_{t+1}^{\epsilon_p} \tag{4.2.57}$$

- 辅助变量方程

$$x_{2t} = C_t^{-\sigma} Y_t + \theta \beta E_t x_{2t+1} \pi_{t+1}^{\epsilon_p-1} \tag{4.2.58}$$

- 最优定价方程

$$\pi_t^* = \frac{\epsilon_p}{\epsilon_p - 1} \pi_t \frac{x_{1t}}{x_{2t}} \tag{4.2.59}$$

- 边际成本方程

$$mc_t = \frac{w_t}{A_t} \tag{4.2.60}$$

- 技术冲击AR(1)过程

$$\log A_t = \rho_a \log A_{t-1} + \epsilon_t^a \tag{4.2.61}$$

- 货币政策规则

$$g_t^m = (1 - \rho_m) \log \pi - \log \pi_t + \rho_m g_{t-1}^m + \rho_m \log \pi_{t-1} + \epsilon_t^m \tag{4.2.62}$$

- 实际余额增长率

$$g_t^m = \log m_t - \log m_{t-1} \tag{4.2.63}$$

- 费雪(Fisher)方程

$$r_t \equiv \frac{1 + i_t}{\pi_{t+1}} \tag{4.2.64}$$

至此，完成了黏性价格假设下的新凯恩斯模型设定 [①]。

4.2.3 弹性价格均衡

为了对比分析黏性价格带来的资源扭曲或效率损失，考察弹性价格设定下某些关键变量的表达式如产出等，以期和黏性价格条件下的表达式进行对比，可进一步加深对黏性价格设定的认识。

弹性价格均衡是指模型中不存在黏性价格设定，即 Calvo 交错定价参数 $\theta = 0$。使用上标 f 标识弹性价格均衡对应的变量。

首先从 CPI 通胀递归方程 (4.2.55)，可得到 $\pi_t = \pi_t^*$，即 CPI 通胀率与重定价通胀率相同；从价格离散核递归方程 (4.2.56) 可得 $d_t^p = 1$。进一步，从加总生产函数 (4.2.54) 中可得弹性价格下的产出公式为

$$Y_t^f = A_t N_t^f \tag{4.2.65}$$

从最优定价方程 (4.2.59) 和两个辅助变量方程 (4.2.57)、(4.2.58) 中可得弹性价格下的边际成本为常数：

$$mc_t^f = \frac{\epsilon_p - 1}{\epsilon_p} \tag{4.2.66}$$

因而从边际成本方程 (4.2.60)，可得弹性价格下的实际工资为

$$w_t^f = mc_t^f A_t = \frac{\epsilon_p - 1}{\epsilon_p} A_t \tag{4.2.67}$$

[①] 注意对于实际利率 r_t、CPI 通胀率 π_t 均采用了 Gross 形式，而非 Net 变量，但债券利率 i_t 却采取了 Net 形式的变量。在 Dynare 编程处理时，将三者都当作 Gross 形式来处理。编程时将 i_t 当作 $1 + i_t$，即 mod 文件中的 i_t 表示 Gross 变量。

最后从劳动供给方程 (4.2.50)，并结合资源约束方程 (4.2.53) 和实际工资方程 (4.2.60)，可得：

$$\psi\left(N_t^f\right)^{\eta} = \left(C_t^f\right)^{-\sigma} w_t^f = \left(Y_t^f\right)^{-\sigma} \frac{\epsilon_p - 1}{\epsilon_p} A_t \qquad (4.2.68)$$

从而得到弹性价格下的劳动和产出分别为

$$N_t^f = \left(\frac{1}{\psi} \frac{\epsilon_p - 1}{\epsilon_p}\right)^{\frac{1}{\eta+\sigma}} A_t^{\frac{1-\sigma}{\eta+\sigma}}, \ Y_t^f = A_t N_t^f = \left(\frac{1}{\psi} \frac{\epsilon_p - 1}{\epsilon_p}\right)^{\frac{1}{\eta+\sigma}} A_t^{\frac{1+\eta}{\eta+\sigma}} \qquad (4.2.69)$$

在弹性价格均衡下，产出、劳动和实际工资仅对实际冲击作出反应，而非名义冲击。也就是说，弹性价格均衡下，名义冲击没有实际效应。

有了弹性价格均衡下的产出表达式，此处可很自然地定义产出缺口 (Output Gap)：实际产出和潜在产出 (可认为是弹性价格下的产出[①]) 之间的差异：

$$\text{Gap}_t \equiv \log Y_t - \log Y_t^f \qquad (4.2.70)$$

该产出缺口变量同消费、产出一样，可作为系统的内生变量，从而可考察该变量的统计特征。

产出缺口在文献中还有另外一种定义，即将潜在产出解释为有效均衡下的产出 (Y_t^e)，Galí(2008, 2015) 将其称之为福利相关的产出缺口 (Welfare-relevant Output Gap)：

$$\text{Gap2}_t \equiv \log Y_t - \log Y_t^e \qquad (4.2.71)$$

有效均衡下产出的界定会在下一节具体分析。若从观测数据中计算产出缺口，可参考本书 "3.10.2 马尔可夫链—蒙特卡洛 (MCMC) 方法" 一节，该节从 HP 滤波的角度对产出缺口做了初步分析。

4.2.4　有效均衡、弹性价格均衡和实际均衡

新凯恩斯模型因为引入黏性价格和垄断竞争两种建模机制，使其比 RBC 模型更具解释能力。无论是黏性价格还是垄断竞争，都会对产出产生扭曲，从而产生效率损失。此处，借助于本节前面引入的简单模型，着重分析这两种模型设定会产生什么样的影响。

[①]　潜在产出 (potential output) 在文献中并没有统一的认识和界定。此处暂时将其界定为弹性价格产出，即不存在黏性价格 (和工资) 设定，但存在垄断竞争设定。Clarida, R. and J. Galí, et al. (1999) 将潜在产出解释为自然产出 (natural level of output)，即没有黏性价格和黏性工资设定的产出 (no nominal frictions，P1665)，也没有扭曲设定 (distortions)，如垄断竞争，即有效产出 (output under efficient allocation)。

1. 三种均衡的定义

首先定义 3 种均衡：有效均衡 (Efficient Allocation)、弹性价格均衡 (Flexible Allocation) 和实际均衡 (Actual Allocation)。有效均衡是指不存在垄断竞争和价格黏性两种设定，即完全竞争和弹性价格下的均衡，对应的变量用上标"e"表示。弹性价格均衡是指只存在垄断竞争设定的均衡，而价格为弹性价格。实际均衡是指同时存在两种无效率设定时对应的均衡。图 4.25 示意了 3 种不同均衡下的产出变化的逻辑关系。

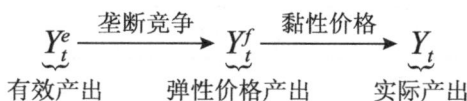

$$Y_t^e \xrightarrow{\text{垄断竞争}} Y_t^f \xrightarrow{\text{黏性价格}} Y_t$$

有效产出　　　　弹性价格产出　　　　实际产出

图 4.25　不同类型均衡定义下的产出关系

在进一步分析之前，需要明确黏性价格和垄断竞争的模型设定逻辑。其实，这两个设定在模型中有两个关键参数与之对应：Calvo 交错定价参数 θ 与黏性价格设定相对应，而不同中间品替代弹性参数 ϵ_p，与垄断竞争相对应。当 $\theta = 0$ 时，即不可调整价格的概率为 0，因此对应弹性价格设定，否则为非弹性价格，即黏性价格设定。当 $\epsilon_p \to +\infty$，由最终品生产技术 (4.2.7)，可知中间品之间完全替代，也就是说中间品厂商丧失垄断定价能力，因此不存在垄断竞争，即可认为是完全竞争。

在了解两种扭曲设定和参数之间的对应关系后，来看 3 种均衡定义下 4 个关键变量是如何确定的。首先，考察边际成本。由弹性价格均衡下的边际成本计算公式 (4.2.66)，并结合有效均衡的定义可知，令 $\epsilon_p \to +\infty$，因而有效均衡下的边际成本为单位 1，即

$$mc_t^e \equiv 1 \tag{4.2.72}$$

同样，依据弹性价格均衡下的劳动、产出和实际工资计算公式可分别计算出有效均衡下对应变量的表达式，具体参考表 4.4。

表 4.4　三种不同类型均衡下的产出、劳动、实际工资和边际成本的对比

变　量	实 际 均 衡	弹 性 价 格 均 衡	有 效 均 衡
劳动	$N_t = \left(\dfrac{mc_t\left(d_t^p\right)^\sigma}{\psi}\right)^{\frac{1}{\eta+\sigma}} A_t^{\frac{1-\sigma}{\eta+\sigma}}$	$N_t^f = \left(\dfrac{1}{\psi}\dfrac{\epsilon_p-1}{\epsilon_p}\right)^{\frac{1}{\eta+\sigma}} A_t^{\frac{1-\sigma}{\eta+\sigma}}$	$N_t^e = \left(\dfrac{1}{\psi}\right)^{\frac{1}{\eta+\sigma}} A_t^{\frac{1-\sigma}{\eta+\sigma}}$
	$N_t^f < N_t^e$		
产出	$Y_t = \dfrac{A_t N_t}{d_t^p}$	$Y_t^f = A_t N_t^f$	$Y_t^e = A_t N_t^e$
	$Y_t^f < Y_t^e$		

续表

变　量	实际均衡	弹性价格均衡	有效均衡
边际成本	$mc_t = \dfrac{w_t}{A_t}$	$mc_t^f = \dfrac{\epsilon_p - 1}{\epsilon_p}$	$mc_t^e = 1$
	$mc_t^f < mc_t^e$		
实际工资	$w_t = mc_t A_t$	$w_t^f = \dfrac{\epsilon_p - 1}{\epsilon_p} A_t$	$w_t^e = A_t$
	$w_t^f < w_t^e$		

2. 3 种均衡之间的关系

从表 4.4 可看出，弹性价格均衡下的劳动要小于有效均衡下的劳动，这是由于垄断竞争的存在 $(1 < \epsilon_p < \infty)$ 造成的，从而弹性价格均衡下的产出也小于有效均衡下的产出。由于涉及通胀等多重因素，尚不能确定实际均衡下的劳动和其他两种均衡下劳动之间的大小关系，同样也不能确定产出之间的大小关系[①]。但可以考察某些特定情况下三者之间的关系 (比如稳态)。

接下来计算内生变量的稳态值。依据家庭效用最大化的 Euler 方程 (4.2.51) 可得名义净利率的稳态值为

$$i = \frac{\pi}{\beta} - 1 \tag{4.2.73}$$

其中，π 为 CPI 通胀的稳态值。

由 CPI 通胀递归方程 (4.2.55) 可得重定价通胀的稳态值为

$$\pi^* = \left(\frac{\pi^{1-\epsilon_p} - \theta}{1-\theta} \right)^{\frac{1}{1-\epsilon_p}} \tag{4.2.74}$$

容易看出 $\pi^* = \pi \Leftrightarrow \pi = 1$，即 CPI 净通胀为 0 时，两者相同；当 $\pi > 1$ 时，$\pi^* > \pi > 1$；当 $\pi < 1$ 时，$\pi^* < \pi < 1$。在适当的参数赋值下 ($\beta = 0.99$, $\theta = 0.75$, $\epsilon_p=10$, $\psi = 1$, $\sigma = 1.5$,

---

[①] 经济学中的次优定理 (Theory of Second Best) 也许能够解释这一点。次优理论是说当经济中存在一种市场扭曲 (distortion) 而且消除这种扭曲行不通时，此时引入另外一种市场扭曲或许能够在一定程度上抵消第一种扭曲的效应，从而提高总体效率。换句话说，当市场上存在多种扭曲设定，试图消除其中的一种扭曲，可能会带来总体效率的下降。关于次优定理具体可参考 Lipsey, R. G.; Lancaster, Kelvin. *The General Theory of Second Best*. Review of Economic Studies. 1956, 24 (1): 11–32.

$\eta = 1$，本节下同)，π^* 是 π 的下凸增函数 (如图 4.26 所示)[1]，即

$$\frac{\partial \pi^*}{\partial \pi} > 0, \frac{\partial^2 \pi^*}{\partial \pi^2} > 0 \tag{4.2.75}$$

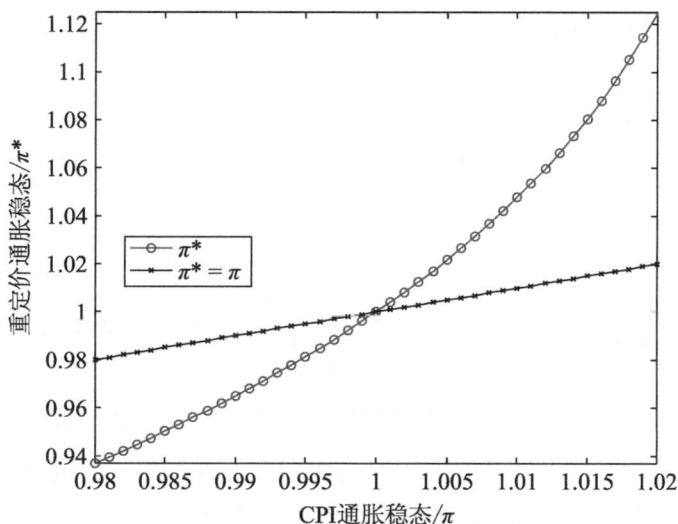

图 4.26　稳态时重定价通胀率和 CPI 通胀率之间的关系

注："虚线 +x" 代表 45° 线。

由最优定价方程 (4.2.59) 和两个辅助变量方程 (4.2.57)、(4.2.58) 可得：

$$mc = \frac{1 - \theta\beta\pi^{\epsilon_p}}{1 - \theta\beta\pi^{\epsilon_p - 1}} \frac{\pi^*}{\pi} \frac{\epsilon_p - 1}{\epsilon_p} \tag{4.2.76}$$

从式 (4.2.76)，当 CPI 净通胀为 0 时，边际成本的稳态值恒等于弹性价格下的边际成本：$mc = mc_t^f$。当 CPI 净通胀不为 0 时，即当 $\pi \neq 1$，有 $mc < mc_t^f$，也就是说实际均衡下边际成本是稳态 CPI 通胀的下凹函数，当且仅当 CPI 净通胀为 0 时取最大值，即弹性价格下的边际成本 (见图 4.27)[2]。

① Matlab 源代码：\Sources\Chap4_NKmodels\4.2_NK_Model\ reset_price_inflation_CPI_inflation.m。
② Matlab 源代码：\Sources\Chap4_NKmodels\4.2_NK_Model\steady_state_marginal_cost_CPI_inflation.m。

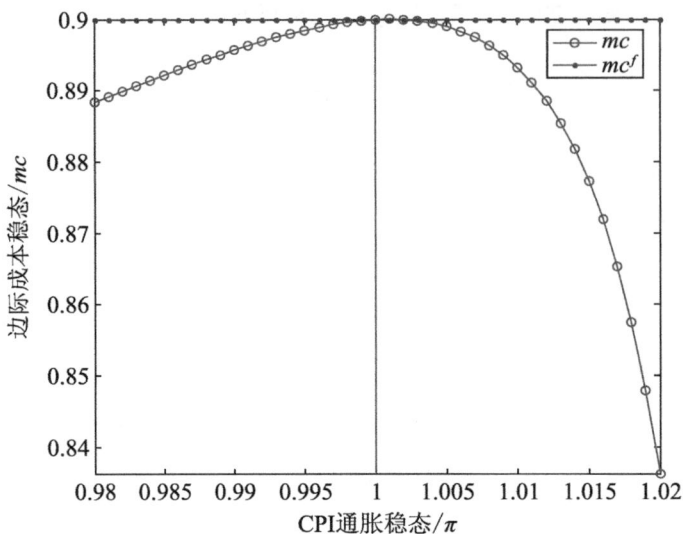

图 4.27　稳态时实际均衡和弹性价格均衡下边际成本和 CPI 通胀率之间的关系

由此来计算 3 种均衡下，劳动和产出稳态相对于 CPI 通胀稳态的变化曲线。首先来计算价格离散核的稳态值，由价格离散核递归方程 (4.2.56) 不难得到：

$$d^p = \frac{(1-\theta)(\pi^*)^{-\epsilon_p}\,\pi^{\epsilon_p}}{1-\pi^{\epsilon_p}\theta} \tag{4.2.77}$$

由此计算劳动和产出的稳态值如下（技术 A_t 的稳态为单位 1）：

$$N = \left(\frac{1}{\psi}(d^p)^\sigma mc\right)^{\frac{1}{\eta+\sigma}},\ \ N^f = \left(\frac{1}{\psi}\frac{\epsilon_p-1}{\epsilon_p}\right)^{\frac{1}{\eta+\sigma}},\ \ N^e = \left(\frac{1}{\psi}\right)^{\frac{1}{\eta+\sigma}} \tag{4.2.78}$$

$$Y = \frac{N}{d^p},\ \ Y^f = N^f,\ \ Y^e = N^e \tag{4.2.79}$$

图 4.28 和图 4.29 给出了稳态时两种均衡（实际和弹性价格均衡）下劳动、产出和 CPI 通胀率之间的关系[①]。两者都在 CPI 净通胀率为 0 时取最值，但变化趋势完全相反。在实际均衡下，劳动的稳态始终不小于弹性价格均衡下的稳态值，而对于产出则完全相反。这是一个非常有趣的现象，劳动投入得更多，产出反而更少。究其主要原因是黏性价格导致的扭曲不仅抵消了劳动增加引致的产出增长，而且扭曲效应之强，使得产出最终呈现出下降趋势。稳态 CPI 通胀增长率的增大，意味着 CPI 通胀率总体变大。根据交错价格调整方程 (4.2.48)，这意味着可调整价格厂商选择的最优价格不同于上期的加权平均价

[①]　Matlab 源代码：\Sources\Chap4_NKmodels\4.2_NK_Model\steady_state_labor_outputl_CPI_inflation.m。

格的程度也相应增大，即价格黏性效应增强。

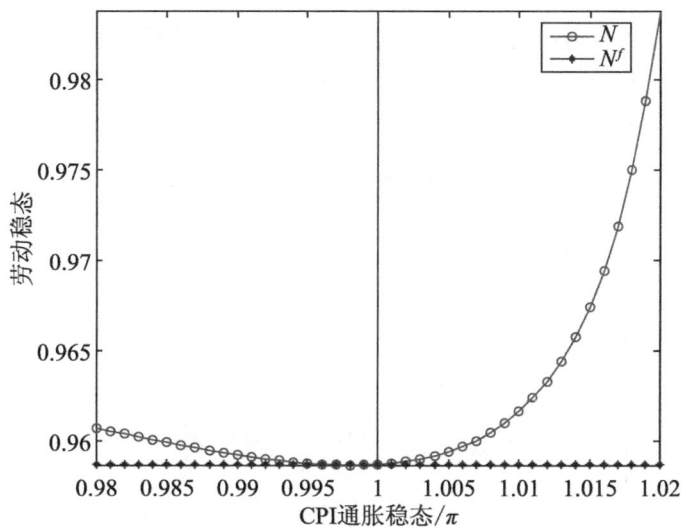

图 4.28　稳态时实际均衡和弹性价格均衡下劳动和 CPI 通胀率之间的关系

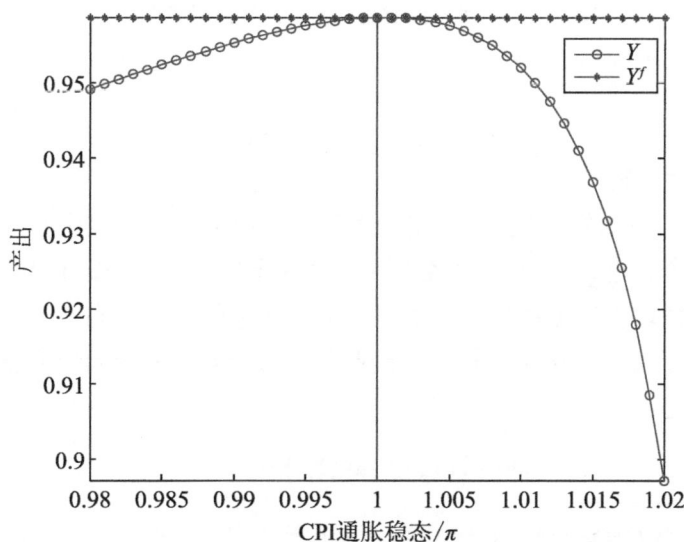

图 4.29　稳态时实际均衡和弹性价格均衡下产出和 CPI 通胀率之间的关系

　　综上所述，在稳态时黏性价格的严重程度影响劳动的需求量。通胀的增长会使得实际工资下降，家庭只有通过增加劳动供给才能使得消费不至于下降太快，但随之带来的扭曲效应之大使得产出反而呈现出下降趋势，从而消费也不得不下降，因而最终带来了效率的损失。

图 4.30 给出了三种不同均衡下的产出示意图。假设各变量平稳。考虑稳态时 CPI 净通胀为 0 的情况。此时实际产出和弹性价格均衡下产出的稳态值相同，因此平均而言，两者位于同一个水平线上。在多数情况下，实际均衡下产出的方差应比弹性价格均衡下的产出的方差要大[①]，因此表现为波动性更大，如图虚线表示。因此两者不完全相关：

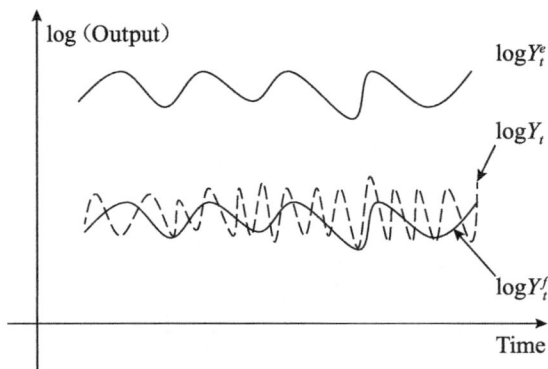

图 4.30　三种不同类型均衡下的产出示意图

注：log(Output) 表示产出的自然对数。

$$\text{corr}\left(\log Y_t^f, \log Y_t\right) \neq 1 \tag{4.2.80}$$

其中，corr 表示相关系数。

从表 4.4 可知，有效均衡和弹性价格均衡下的产出应该具有完全相关性，因为两者都仅有技术冲击完全确定 (因为两种均衡下劳动也完全技术冲击确定)，只不过稳态值 (均值) 不同。由于有效均衡下劳动的稳态大于实际均衡下的劳动稳态，于是有效均衡下的产出在稳态时要高于实际均衡下的产出，因此从图形上看，两者具有完全相同的形状，只不过位置不同而已：

$$\text{corr}\left(\log Y_t^f, \log Y_t^e\right) = 1 \tag{4.2.81}$$

[①] 特别当经济受到了较大的名义冲击时更是如此。后续的随机模拟也支持了这一结论，无论是价格型 (名义利率冲击) 还是数量型 (货币供应量冲击) 货币政策规则下，都是如此。如在价格型规则下，假定名义利率和技术冲击的标准差都为 1%，此时实际均衡下的产出、弹性价格均衡下的产出的标准差分别为 4.49%、3.2%。在数量型规则下 (本节的例子是实际货币增长率规则)，如果货币供应量冲击和技术冲击的标准差分为 3%、1%。此时实际均衡下的产出、弹性价格均衡下产出的标准差分别为 3.84%、3.2%，但是当两个冲击的标准差都为 1% 时，实际均衡下产出的方差要小于弹性价格均衡下的方差。读者可根据后续提供的 mod 文件自行验证。

3. 均衡转换

(1) 弹性价格均衡和有效均衡

Galí(2008, 2015) 将有效均衡定义为：当给定适当的 (劳动) 补贴后，弹性价格和垄断竞争同时存在时对应的均衡。本质上，该均衡的定义和本节开头的定义是一致的。

事实上，假设模型中不存在资本存量，在弹性价格和完全竞争设定中，家庭最优化问题要求消费和劳动的边际替代率 (MRS) 等于边际转换率 (MRT)，进而等于劳动的边际产出 (MPN)：

$$MRS=MRT=MPN \tag{4.2.82}$$

即

$$-\frac{U_{N,t}}{U_{C,t}} = \frac{W_t}{P_t} = MPN_t \tag{4.2.83}$$

如果模型中仅存在垄断竞争即 $\epsilon_p < +\infty$，价格仍为弹性，那么厂商最优的定价规则是中级宏观经济学中经典的结论，即边际成本 $\frac{W_t}{MPN_t}$ 乘以价格加成 $\mathcal{M}$：

$$P_t = \mathcal{M}\frac{W_t}{MPN_t}, \quad \mathcal{M} \equiv \frac{\epsilon_p}{\epsilon_p - 1} > 1 \tag{4.2.84}$$

很显然式 (4.2.83) 不再成立：

$$-\frac{U_{N,t}}{U_{C,t}} = \frac{W_t}{P_t} = \frac{MPN_t}{\mathcal{M}} < MPN_t \tag{4.2.85}$$

这就是说，无效率设定 (垄断竞争) 使得边际替代率和劳动的边际产出之间产生缺口 (Wedge)，因此 Galí(2008, 2015) 认为该缺口是经济中总体无效率程度的一个度量。Galí(2008, 2015) 指出边际替代率和劳动的边际产出关于劳动分别是增函数和减函数，从 (4.2.85) 可知，垄断竞争的存在使得劳动和产出都出现不同程度的下降。为了消除垄断竞争带来的负面影响，引入劳动成本补贴参数 τ (可将其视为某种意义上的财政政策)，使得厂商的定价等于边际成本：

$$P_t = \mathcal{M}(1-\tau)\frac{W_t}{MPN_t} = \frac{W_t}{MPN_t} \tag{4.2.86}$$

即 $\mathcal{M}(1-\tau) = 1$ 时，(4.2.83) 再次成立。因而设定 $\tau = 1/\epsilon_p$ 即可消除垄断竞争带来的影响，使得弹性价格均衡成为有效均衡。这说明，垄断竞争带来的影响可通过简单的隐性参数设定加以消除，使得这种无效率的模型设定显著区别于其他无效率设定，如黏性价格、黏性工资 [①]。在文献中，垄断竞争带来的扭曲和无效率一般被称为 "长期扭曲" (Long-Run

---

[①]　黏性价格和黏性工资的设定无法通过某种补贴形式来消除。

Distortion)，而劳动成本补贴则被称之为庇古税 (Pigouvian Tax)。

将几种不同价格设定和中间品市场设定情况下的劳动供给方程形式列示如表 4.5 所示。可看出，价格加成的大小综合反映了产品市场扭曲程度的大小。

表 4.5　3 种不同产品市场设定下的劳动需求方程

模 型 设 定	劳动需求方程
完全价格弹性、完全竞争的中间品市场 $\epsilon_p = +\infty$，$\theta = 0$	$\dfrac{W_t}{P_t} = MPN_t \Leftrightarrow w_t - p_t = mpn_t$
完全价格弹性、垄断竞争的中间品市场 $0 < \epsilon_p < +\infty$，$\theta = 0$	$\dfrac{W_t}{P_t} = \mathcal{M}MPN_t \Leftrightarrow w_t - p_t = mpn_t + \mu$
价格黏性、垄断竞争的中间品市场 $0 < \epsilon_p < +\infty$，$0 < \theta < 1$	$\dfrac{W_t}{P_t} = \mathcal{M}_t MPN_t \Leftrightarrow w_t - p_t = mpn_t + \mu_t$

注：表格中的小写字母变量表示对应大小字母的对数，和本节行文的符号有差异，注意区别；其中 μ 表示价格加成 $\mathcal{M}$ 的自然对数，μ_t 表示可变价格加成 $\mathcal{M}_t$ 的自然对数。$\mathcal{M}_t$ 决定，见 (4.2.88)。

(2) 实际均衡与有效均衡

上一节的分析表明，垄断竞争设定可以通过设定劳动成本补贴参数的方法得以消除，因此实际均衡转换为有效均衡唯一需要关心的是黏性价格设定。那么黏性价格带来的影响如何消除呢？一般说来，无法通过简单的所谓补贴参数的方法来消除黏性价格带来的负面影响。这说明黏性价格设定是更深层次的无效率设定，不能通过财政政策来消除，只能通过货币政策来消除，即通过实施最优的货币政策，比如严格通胀目标制即可消除，即

$$\pi_t \equiv 0 \tag{4.2.87}$$

关于最优货币政策的具体分析，请参考本书"7.1 货币政策和新开放宏观模型"一节，此处不做深入介绍。黏性价格设定带来的扭曲和无效率被称之为"短期扭曲"(Short-Run Distortion)。

在结束分析之前，有必要对黏性价格设定做更近一步的分析。Galí(2008，2015) 指出，当模型中存在黏性价格设定时，由于部分厂商不能及时调整价格，那么经济中的平均价格加成将不再是常值，即不再是弹性价格下对应的常数价格加成 $\mathcal{M}$：

$$\mathcal{M}_t \equiv \frac{P_t}{(1-\tau)(W_t/MPN_t)} = \frac{P_t\mathcal{M}}{W_t/MPN_t} \neq \mathcal{M} \tag{4.2.88}$$

因此，只有当某种政策使得经济中平均价格加成恒等于弹性价格下的加成即 $\mathcal{M}_t \equiv \mathcal{M}$ 时，名义黏性的扭曲作用才能完全抵消，厂商才没有动力调整价格，此时实际均衡才

能转换为有效均衡 (存在劳动成本补贴时)。

Galí(2008, 2015) 还指出，黏性价格设定还会引起第二种更为复杂的无效率问题，即相对价格扭曲 (Relative Price Distortion)。这是由于不同产品不在同一期内调整价格，产生价格不同问题，从而导致更为复杂的异质性问题。为了简单起见，一般情况下模型设定均假定不存在这种无效率的问题。

4.2.5　货币非中性分析

本节将在前述分析的基础上，编写 Dynare 源文件，并分析脉冲响应 (IRF) 结果，来验证货币非中性 (Non-Neutrality) 成立的一个充分条件：价格黏性的存在。为了节省篇幅，此处并不打算列示出源文件 [①]。

在阅读源文件时需要注意三点：一是变量以对数水平变量的形式出现 (log-level)；二是为了编程的方便，源代码中的名义利率变量 i_t 表示总利率水平 (Gross Nominal Rate)，这和本节模型中定义的净利率水平 (Net Nominal Rate) 有所不同，即模型中的 $1 + i_t$ 变量相当于源代码中的 i_t 变量 [②]；三是在 stoch_simul 命令后面列示了 12 个内生变量，以考察它们的脉冲响应图，分别是名义利率 i_t、CPI 通胀 π_t、劳动 N_t、实际利率 r_t、实际货币余额 m_t、边际成本 mc_t、技术水平变量 A_t、实际产出 Y_t、弹性产出 Y_t^f、产出缺口 (Output Gap)、消费 C_t 和实际工资 w_t。由于模型中不含有资本存量，产出全部用于消费，因此只需考察产出的 IRF，消费的 IRF 则完全相同。

此外，还有两个内生变量，也让人非常感兴趣：CPI 价格指数 P_t 和名义货币余额 M_t。由于这两个变量一般被认为是非平稳变量，因而未进入模型文件，无法直接得到其脉冲响应图。为此，手动编写 Matlab 程序，以求解 CPI 价格指数和名义货币余额的脉冲响应图以及名义利率的脉冲响应图，如源代码 31 所示。

需要指出的是，此处考虑的是 CPI 净通胀率为 0 时的特殊情况，即 $\pi = 1$，CPI 通胀变量的稳态为 1。另外，对于货币政策规则，同样为了简化分析，假设 $\rho_m = 0$ [③]。在运行

---

① 　Dynare 源代码：\Sources\Chap4_NKmodels\4.2_NK_Model\NK_sticky_price.mod。关于参数的校准值，请参考该源文件，此处不再列示。Mod 文件中加入了另外两个变量，方便分析比较：弹性价格均衡下的产出和产出缺口。产出缺口采用式 (4.2.70) 给出的定义。

② 　对于增长率的变量，在编程时通常采用 Gross 形式，这样编程更加方便，但并不影响模型的任何结果。对于通胀率往往也是这样处理。但这并不是说编程中一定不能使用 Net 变量。在阅读或编写时注意区分是非常重要的，能避免不该出现的低级错误。前面章节已经多次提及。

③ 　名义货币供应量增长率规则中的持续性参数 ρ_m 是否为 0，对结果有重要影响，特别是对名义货币供应量和名义利率的影响较大，感兴趣的读者可以自行验证。

完模型文件后，Dynare 会依据两个外生冲击，分别画出两个脉冲响应图。在技术冲击下会画出 11 个变量的脉冲响应图，而名义利率的脉冲响应没有画出。除消费和实际工资外 2 个变量外，其余 9 个变量的脉冲响应如图 4.31 所示。在外生货币供给冲击下，Dynare 画出了 10 个变量的脉冲响应图。此时，名义利率、技术变量和弹性价格产出共 3 个变量的脉冲响应没有画出，其余变量的脉冲响应如图 4.33 所示。为什么个别变量没有被画出脉冲响应呢？这是因为在默认情况下，Dynare 不画出脉冲响应图为 0 的变量，即无响应变量[①]。

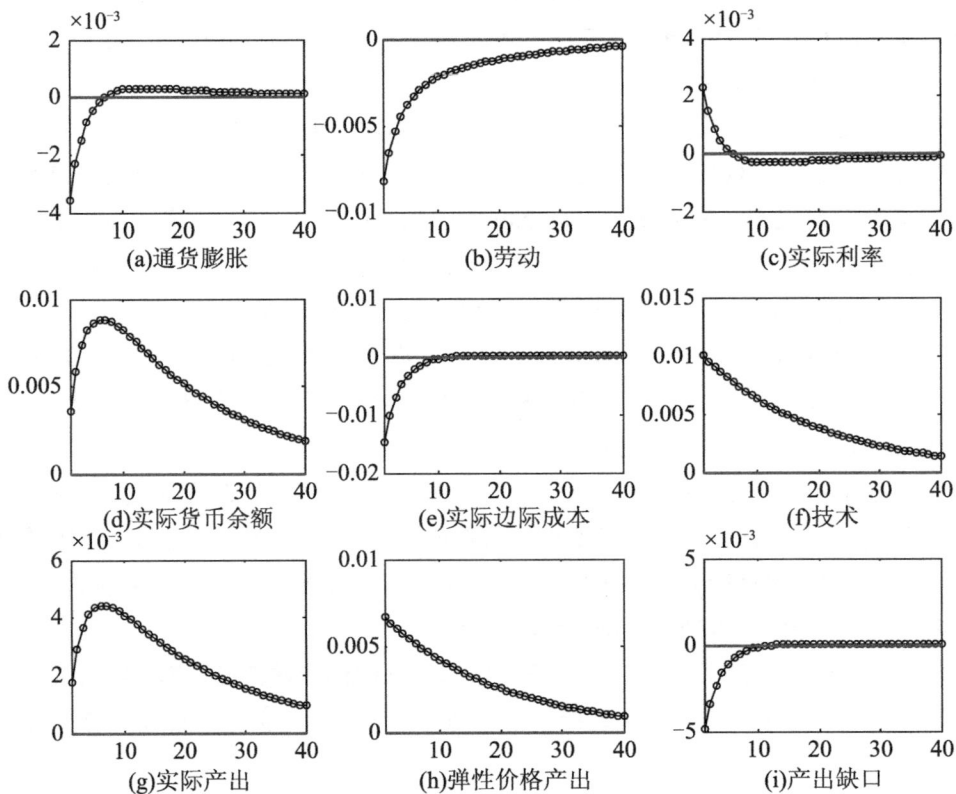

图 4.31　一单位 (标准差 ,1%) 正向技术冲击 ϵ_t^a 的脉冲响应图

---

① 　在求解命令 stoch_simul 中，有一个选项 irf_plot_threshold，该选项设定绘出 IRF 的门槛值，默认情况下该选项为 1e-10，即百亿分之一。低于该值的脉冲响应将不被画出。因此可根据需要调节该值的大小，来决定是否画出某些变量的 IRF。

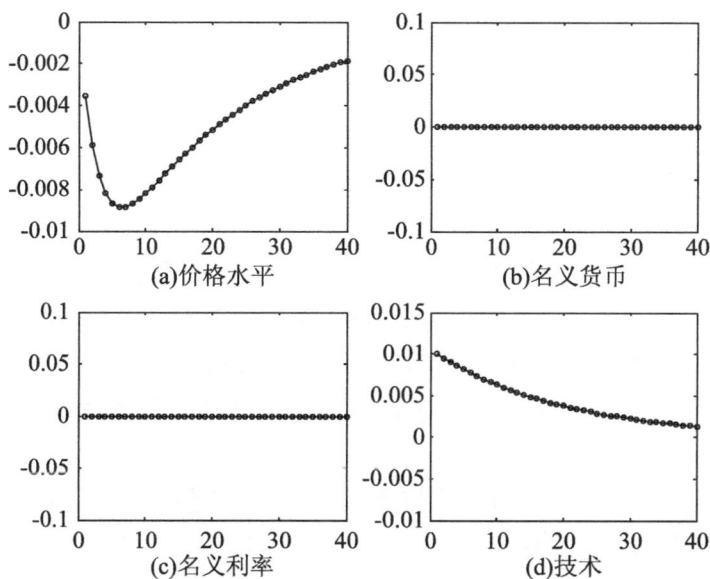

图 4.32　一单位 (标准差 ,1%) 正向技术冲击 ϵ_t^a 的脉冲响应图

在进一步分析之前，需要建立一个重要的直觉，即实际利率和消费之间的关系，因而可得到产出和实际利率之间的关系。根据家庭效用最大化问题的 Euler 方程 (4.2.5) 可得：

$$C_t^{-\sigma} = \beta E_t C_{t+1}^{-\sigma} \left(1+r_t\right) \tag{4.2.89}$$

对数线性化 (4.2.89) 可得：

$$\hat{c}_t = E_t \hat{c}_{t+1} - \frac{1}{\sigma}\hat{r}_t = E_t \hat{c}_{t+2} - \frac{1}{\sigma}E_t \hat{r}_{t+1} - \frac{1}{\sigma}\hat{r}_t = -\frac{1}{\sigma}E_t \sum_{j=0}^{\infty}\hat{r}_{t+j} \tag{4.2.90}$$

上式说明，消费由当期和未来各期的实际利率确定，实际利率越高，消费则越低。也就是说，实际利率对消费起到抑制作用。从直观上说，较高的实际利率，刺激储蓄增长，因而降低消费，增加投资。这是因为同一单位的物品，如果实际利率高，储蓄则意味着下一期会得到更多的 (实物) 回报，因而家庭选择储蓄更多而非消费更多。如果实际利率较低，家庭选择消费更多，储蓄更少。

图 4.31 给出了一个单位正向的技术冲击下，各主要变量的脉冲响应图。

首先来看产出的反应情况：实际均衡下的产出 (Output) 对 1% 正向技术冲击的反应比较微弱，首期的反应约为 0.3%；与之形成对比的是弹性价格均衡下产出 (Flexible Output)，其对技术冲击在首期做出完全反应 (此时由于参数校准的原因，使得 $1+\eta = \sigma+\eta$，弹性价格均衡下产出对技术冲击的变动做出一对一的反应)。为什么黏性价格设定会导致实际产出不对技术冲击做出完全反应呢？从实际货币余额方程 (4.2.52)，并结合资源约束方程 (4.2.53) 可得：

$$\log m_t = \log\gamma + \log(1+i_t) - \log i_t + \sigma \log Y_t \tag{4.2.91}$$

名义利率不对技术冲击做出反应 (后面会做进一步探讨)，因而产出和实际余额对技术冲击做出相同的反应 ($\sigma = 1$) 或成比例变动 ($\sigma = 2$)，图 4.31 中的脉冲响应也印证了这一点。此外，由于名义货币余额 M_t 外生给定，因此实际货币余额 m_t 只能跟随 CPI 价格指数 P_t 的反应而反向变化。于是方程 (4.2.91) 说明产出与价格对技术冲击做出同样大小的反应 ($\sigma = 1$) 或成比例变动 ($\sigma = 2$)，但方向相反。因为黏性价格的存在，P_t 不能对技术冲击做出足够的反应，因此实际货币余额 m_t 和产出 Y_t 都未能像弹性价格均衡下那样做出充分的反应。

其次来看产出缺口。由于 CPI 净通胀率为 0，因而实际均衡下的产出和弹性均衡下的产出具有相同的稳态值，弹性价格均衡下产出的反应要大于实际均衡下产出的反应，因而由产出缺口的定义 (4.2.70) 可知，产出缺口为负，然后逐步趋于 0。

再次来看实际货币余额。由家庭效用最大化问题关于实际货币余额的一阶条件可知，实际货币余额随消费 (因而产出) 增长而增长。

最后，名义利率不对技术冲击做出任何反应。从实际货币余额的原始一阶条件，可得拉格朗日乘子的表达式为

$$\begin{aligned}\lambda_t &= \gamma\frac{1}{M_t} + \beta E_t \lambda_{t+1} = \gamma\frac{1}{M_t} + \beta E_t\left(\gamma\frac{1}{M_{t+1}} + \beta E_{t+1}\lambda_{t+2}\right)\\ &= \cdots = E_t\sum_{j=0}^{\infty}\beta^j\frac{\gamma}{M_{t+j}}\end{aligned} \tag{4.2.92}$$

这说明 λ_t 由名义货币余额来确定。从参数校准来看，$\rho_m = 0$，货币政策规则方程 (4.2.62) 意味着实际余额的增长率为 0，即 (对数) 名义货币余额 M_t 服从随机游走过程 (Random Walk)：

$$\log M_t = \log\pi + \log M_{t-1} + \epsilon_t^m \tag{4.2.93}$$

因此 M_t 不受技术冲击的影响 (见图 4.32)，从而 λ_t 亦然。因此从家庭效用最大化问题关于债券的一阶条件

$$\lambda_t = \beta E_t\lambda_{t+1}(1+i_t) \tag{4.2.94}$$

可知，名义利率不受技术冲击的影响 (见图 4.32)。因而从经典的费雪方程式可知，由于 CPI 通胀 π_t 呈现下降后上升趋势，因而实际利率 r_t 则呈现相反的变动，先上升后

下降。此外，由于正向技术冲击带来边际成本的下降，因此通胀下降，进而价格水平也出现下降，但由于黏性价格的存在，使得价格水平无法一次调整到位，因而缓慢下调后逐步回升 (见图 4.32)。

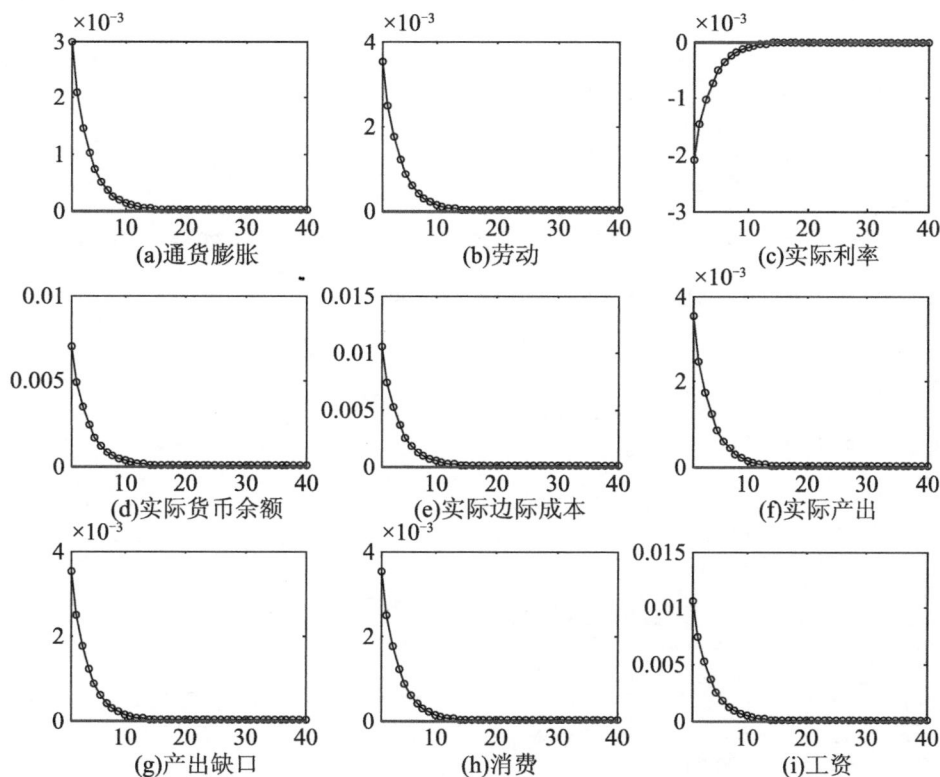

图 4.33　一单位 (标准差 ,1%) 正向货币供应量冲击 ϵ_t^m 的脉冲响应图

为了验证无响应变量的脉冲响应图形 (如名义利率、弹性产出)，以及考察非平稳变量 (价格水平变量和名义货币供给变量) 的脉冲响应图，在运行完模型文件后，另外编写 Matlab 脚本文件画出非平稳变量和无响应变量的脉冲响应图，列示于图 4.32 和图 4.34 中。

源代码 31 中，Matlab 脚本代码利用了 Dynare 的输出结果，因此应在模型文件运行完毕后再运行。脚本代码分为两部分：第一部分处理了技术冲击下的 CPI 价格指数、名义货币余额和名义利率的脉冲响应。第二部分则处理了名义货币供应冲击下的 CPI 价格指数和名义货币余额、名义利率和弹性价格均衡下产出的脉冲响应。不失一般性，在求解 CPI 价格指数 P_t 的脉冲响应时，假设初期 CPI 价格水平为 1，即假设其对数为 0，运行结果分别如图 4.32 和图 4.34 所示。

源代码31　编程求解价格水平、名义货币余额和名义利率的脉冲响应IRF[①]

```
%% back out the nominal price level and nominal money to technology
shock
% this scripts should be run immediately after running of the mod file
close all; % close all existing figures
T = 40;
lnP_em(1) = pi_ea(1);
M_em(1) = m_ea(1)+lnP_em(1);
for ii=2:T
    lnP_em(ii) = lnP_em(ii-1) + pi_ea(ii); %in log, intial price level
=1
    M_em(ii) = m_ea(ii)+lnP_em(ii); %in log
end
figure;
subplot(2,2,1);
plot(1:1:T,lnP_em,'-ko','MarkerSize',4);
title('price level');
subplot(2,2,2);
plot(1:1:T,M_em,'-ko','MarkerSize',4);
axis([0 40 -0.1 0.1])
title('Nominal Money');
subplot(2,2,3);
plot(1:1:T,i_ea,'-ko','MarkerSize',4);
axis([0 40 -0.1 0.1])
title('Nominal interest rate ');
subplot(2,2,4);
plot(1:1:T,a_ea,'-ko','MarkerSize',4);
axis([0 40 -0.01 0.015])
title('Technology Shock ');
%% back out the price level and nominal money  from monetary shock
T = 40;
lnP_em(1) = pi_em(1);
M_em(1) = m_em(1)+lnP_em(1);
for ii=2:T
    lnP_em(ii) = lnP_em(ii-1) + pi_em(ii); %in log, intial price level
=1
    M_em(ii) = m_em(ii)+lnP_em(ii); %in log
end
```

[①] Matlab 源代码：\Sources\Chap4_NKmodels\4.2_NK_Model\price_money_IRF_quantity.m。

```
figure;
subplot(2,2,1);
plot(1:1:T,lnP_em,'-ko','MarkerSize',4);
title('Price level ');
subplot(2,2,2);
plot(1:1:T,M_em,'-ko','MarkerSize',4);
axis([0 40 -0.01 0.02])
title('Nominal Money');
subplot(2,2,3);
plot(1:1:T,i_em,'-ko','MarkerSize',4);
axis([0 40 -0.1 0.1])
title('Nominal interest rate ');
subplot(2,2,4);
plot(1:1:T,yf_em,'-ko','MarkerSize',4);
axis([0 40 -0.1 0.1])
title('Flexible output ');
title('Price level ');
```

注：上述代码中使用了类似于"axis([0 40 -0.1 0.1])"的代码，这样做的目的是过滤掉较小而且几乎可以认为是 0 的脉冲响应的干扰，即从视觉上平滑掉图形上可忽略的凸凹不平。但此举有缺点，对应脉冲响应较小但不可以认为 0 的脉冲响应也将被平滑掉，因此使用时应注意。

从图 4.32 中，可以发现名义利率的反应确实是 0，而且名义货币的反应也的确是 0。由于正向技术冲击的作用，价格水平出现下跌后缓慢回升。

图 4.33 列示了各主要变量在一单位正向货币供应冲击 ϵ_t^m 下的脉冲响应图，是 Dynare 给出的脉冲响应图，前述已经做过说明，其并未画出名义利率和弹性价格均衡下产出的脉冲图。这表明两者均未对正向货币供应量冲击做出反应，这似乎并不符合直觉。但名义货币余额却做出反应，导致永久性增加，并保持不变 (见图 4.34)。这是因为名义货币余额服从随机游走过程 ($\rho_m = 0$)。

当名义货币余额 M_t 永久性增长并保持不变时 (图 4.34，立即发生跳跃，并保持不变)，根据上述名义货币余额的一阶条件 (4.2.92)、债券的一阶条件 (4.2.94)，λ_t、λ_{t+1} 的都是名义货币余额的无穷级数，因而两者保持相同的变化，从而名义利率也不做出反应 (图 4.34 保持为 0 的状态)。

在一单位正向名义货币供给冲击下，名义货币余额瞬时增加，如果价格是弹性的，那么价格将及时做出调整，此时实际货币余额将保持不变，从而实际产出亦然。这就是前文提及的"货币面纱"或"货币中性"理论，即名义变量不影响实际变量。但当价格是黏性时，这种情况就会发生变化。价格黏性会使得价格不能充分调整，从而使得实际货币余额增加，因而产出亦然。

其实该问题还可以从另外一个角度分析。如果价格是弹性的，那么名义货币余额的一次性永久增加，价格也会一次性增加，从而使得 $E_t P_{t+1} = P_t$，因而期望的通胀率将为 0。如果名义利率保持不变，根据费雪方程式，实际利率将不会变化。但当存在黏性价格，面临名义货币供给冲击时，并不是所有的厂商都能及时调整价格，价格指数较慢向上调整 (图 4.34，并呈现永久性增加)，因而期望的通胀率将会上升，即 $E_t P_{t+1} > P_t$；如果名义利率仍然保持不变，将会导致实际利率下降，从而刺激消费和产出。

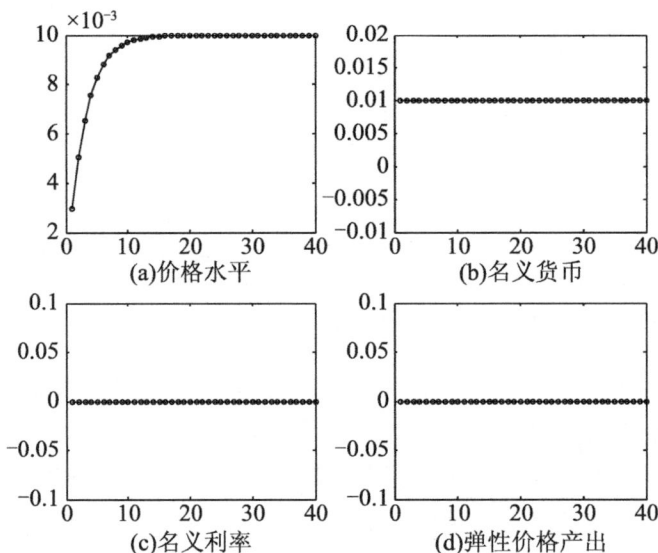

图 4.34　一单位 (标准差 ,1%) 正向货币供应冲击 ϵ_t^m 的脉冲响应图 (非平稳和无响应变量)

此外，由于弹性价格均衡下的产出只受技术冲击的影响，因而对名义货币供给冲击的反应为 0。因此产出缺口为正，且和实际均衡下产出的脉冲响应完全相同。

综上所述，黏性价格使得名义冲击 (Nominal Shock) 具有真实效应 (Real Effect)，而不再是"面纱"或呈现"中性"。

值得一提的是，上述参数校准 (特别是持续性参数 $\rho_m = 0$) 对结果有重要影响。在两种冲击下，名义利率的反应都为 0。如果 $\rho_m \neq 0$，名义货币供应量冲击会对名义利率产生影响[①]

---

①　注意在绘制脉冲响应图时，使用了类似于 "axis([0 40 -0.1 0.1])" 的代码，当脉冲响应很小时，比如 1e-5 数量级，此时显示的脉冲响应看起来和 0 差不多，但这并不意味着脉冲响应为 0。当持续参数不为 0 时，比如 0.5 时，在技术冲击和货币供应量冲击下，名义利率的响应分别在 1e-18 和 1e-5 的水平上，而在持续性参数为 0 时，名义利率的响应都为 0。

4.2.6 价格型和数量型规则的比较

在本节前述的分析中，货币政策规则一直使用了一个简单的货币供应量规则，即名义或实际货币供应量的增长率规则。在文献中，以名义或实际货币供应量的增长率来定义的货币政策规则统称为数量型货币政策规则 (Quantity Rule)。McCallum(1988) 较早研究了以货币供应量为被解释变量的政策规则，因此数量型货币政策规则也被称为 McCallum 规则，一个常见的形式为

$$v_t = g_t^* - \Delta vel_t + \frac{1}{2}\left(g_t^* - g_{t-1}\right) \tag{4.2.95}$$

其中，v_t 表示名义货币供应量增长率；g_t^* 表示目标 (Target) 名义 GDP 增长率；g_t 表示真实的名义 GDP 增长率；Δvel_t 表示货币流通速率。(4.2.95) 表明，货币供应量的增长率和其流通速率成反比，和目标 GDP 增长率成正比，目标 GDP 增长率越高，货币供应增长率越大。

在考察中国的货币政策时，Zhang(2009) 采取了如下的货币供应量规则：

$$v_t = l_1 v_{t-1} - l_2 E_t \pi_{t+1} - l_3 Gap_t + \chi_{v,t} \ , 0 < l_1 < 1, 0 < l_2, l_3 \tag{4.2.96}$$

其中，v_t 仍表示名义货币供应量增长率；Gap_t 为产出缺口；π_t 为净通货膨胀率；$\chi_{v,t}$ 为外生货币供应量冲击。

数量型规则的定义形式呈现出多样性，一般以货币供应量的增长率为因变量，以其一阶滞后项、产出缺口和通胀率、货币流通速率为解释变量。事实上，数量型规则的原型可追溯到经典的费雪货币数量理论 (Fisher, 1920)，一个经典的表述是：

$$M_t V_t = P_t Y_t \tag{4.2.97}$$

其中，M_t 表示一定时期内流通中的货币量；V_t 表示货币的流通速率；P_t 表示物价水平；Y_t 表示一段时期内的交易总量。如果动态地来看此方程式，两边取对数并取一阶差分可得：

$$\mathrm{d}\log M_t + \mathrm{d}\log V_t = \mathrm{d}\log P_t + \mathrm{d}\log Y_t \tag{4.2.98}$$

使用上述公式中定义的变量来表示，(4.2.98) 可写为

$$v_t = \pi_t + g_t - \Delta vel_t \tag{4.2.99}$$

其中，g_t 表示交易总量的增长率，可粗略地认为是产出的增长率。因此 (4.2.99) 为数量型规则提供了一个原型。

以 (短期) 名义利率 i_t 来定义的货币政策规则，文献中统称为价格型货币政策规则 (Price Rule, Interest Rate Rule)。价格型货币政策规则也被称为 Taylor 规则 (Taylor, 1993)，

通常具有如下的形式：

$$i_t = (1-\rho_i)i + \rho_i i_{t-1} + (1-\rho_i)\big(\phi_\pi(\pi_t - \pi) + \phi_y(Gap_t - Gap)\big) + \epsilon_t^i \qquad (4.2.100)$$

其中，Gap 为产出缺口 Gap_t 的稳态值或目标值；ϕ_π、$\phi_y > 0$ 为参数，且 $0 < \rho_i < 1$。

价格型规则的定义也不拘一格，形式多样。在上述定义中，当前利率除了对其一阶滞后做出反应外，还对通胀对其目标的偏离、产出缺口对其目标的偏离做出调整。这里假设通胀和产出缺口的目标值使用其长期稳态值来替代。这已经成为文献公认的设定方法，即短期名义利率对产出缺口和通胀做出反应。在实际研究中，可在上述 Taylor 规则中加入更多的解释变量，比如期望通货膨胀或期望产出缺口或者两者的组合等，如谢平与罗雄 (2002)，Clarida, Galí & Gertler (2000)。

在开放经济模型中，Taylor(2001) 认为短期名义利率服从如下的过程：

$$i_t = \phi_\pi \pi_t + \phi_x Gap_t + \phi_e e_t + \phi_{e1} e_{t-1} + \epsilon_t^i \qquad (4.2.101)$$

即短期利率不仅对通胀和产出缺口做出反应，还对名义汇率及其滞后项做出反应。本小节将使用 Taylor 规则来替代外生的货币供应量规则，来看会有什么样的影响。外生的货币供应量规则被取代并不意味着模型中不能出现货币，因此分析中保留货币 (名义或实际)。

1. 模型均衡

为了对比分析数量型和价格型货币政策规则的差异，此处仍采用同一个模型，但使用不同的货币政策规则。将原模型中的数量型政策规则 (4.2.62) 和 (4.2.63)，替换为价格型规则 (4.2.100)，即模型均衡条件减少一个，内生变量的个数也减少一个，即实际货币增长率变量 $\Delta\log m_t$，由方程 (4.2.63) 定义。因此价格型货币政策均衡下，由 14 个内生变量：

$$C_t \mathbin{、} i_t \mathbin{、} r_t \mathbin{、} \pi_t \mathbin{、} N_t \mathbin{、} mc_t \mathbin{、} w_t \mathbin{、} m_t \mathbin{、} Y_t \mathbin{、} d_t^P \mathbin{、} \pi_t^* \mathbin{、} x_{1t} \mathbin{、} x_{2t} \mathbin{、} A_t$$

和 14 个均衡条件组成 [即原模型均衡条件去除 (4.2.62) 和 (4.2.63)，加入 (4.2.100)]，此处不再一一列示均衡条件。

为了方便分析，在编写模型文件时还加入两个变量：弹性价格均衡下的产出和产出缺口[1]。在计算模型稳态时，同样假设了 CPI 净通胀率为 0，从而使得弹性价格均衡下的产出和实际均衡下的产出具有相同的稳态值。进一步，产出缺口的稳态值为 0。其余变

---

[1] Dynare 源代码：\Sources\Chap4_NKmodels\4.2_NK_Model\NK_sticky_taylor.mod。关于结构参数的校准值，请参考该源文件，此处不再列示。

量的稳态的计算和数量型规则下的模型完全一致，此处省略。

2. IRF 分析

对于货币政策规则 (4.2.100) 中的参数，此处要做进一步的说明。

$$i_t = (1-\rho_i)i + \rho_i i_{t-1} + (1-\rho_i)\left(\phi_\pi(\pi_t - \pi) + \phi_y(Gap_t - Gap)\right) + \epsilon_t^i$$

参数 ρ_i 也被称为平滑参数或持续参数 (Persistence Parameter)，表示政策规则的平滑程度，即当期决策和上一期决策的关联程度，可理解为政策的连续性。ρ_i 越大，表明上期决策对当期影响较大，平滑程度高，连续性越强。当 $\rho_i = 0$ 时，表示政策没有考虑平滑性或连续性，当期决策和上期没有直接联系。

参数 $\phi_\pi > 0$ 表示利率对通胀变化的灵敏度或反应程度，一般要求 $\phi_\pi > 1$，否则可能会因反应不足出现求解的不确定性问题 (Indeterminacy Problem)，即泰勒原理 (Taylor Principle)，后续会进一步介绍。也就是说，一单位的通胀变化，要求利率变化大于一个单位，即利率要调整 $\phi_\pi > 1$ 个单位。经典的费雪方程式可以帮助我们建立一个直觉：假设通胀上升一个单位，此时名义利率上升 ϕ_π 个单位，此时实际利率则出现 $\phi_\pi - 1$ 个单位的变动，当且仅当 $\phi_\pi > 1$ 时，实际利率才能上升，从而才能抑制消费和产出，降低通货膨胀率。如果 $\phi_\pi < 1$，实际利率反而下降，从而不但不能抑制消费和产出，反而鼓励消费，助推经济过热，产生"顺周期"调控，因此一般要求 $\phi_\pi > 1$，此处选择经典的取值：$\phi_\pi = 1.5$[①]。

$\phi_y > 0$ 表示利率对产出缺口变动的敏感程度。如果产出缺口过大，即实际产出远高于弹性价格均衡下的产出，说明经济过热，货币政策的选择是上调利率，因而要求 $\phi_y > 0$，反之亦然。文献中，ϕ_y 一般取值小于 1。如 Galí(2008) 选择 $\phi_y = 0.125/4$，此处为了分析方便，此处选择 $\phi_y = 0$。

接下来分析在一单位技术冲击 (实际冲击) 和利率冲击 (名义冲击) 下，各主要变量的脉冲响应图。

图 4.35(Dynare 自动绘图) 和图 4.36(手动编程绘图[②]) 显示了一单位正向技术冲击下各变量的响应图。对比图 4.35(价格型规则下) 和图 4.31(数量型规则下)，可以发现两者差异较大。

[①]　通常情况下，经典的 Taylor 规则是指 $\rho_i = 0, \phi_\pi = 1.5, \phi_y = 0$，且通胀和利率为年化形式。Taylor (1993) 发现上述参数取值符合格林斯潘执政时期 (Greenspan period) 的联邦利率走势。

[②]　Matlab 源代码：\Sources\Chap4_NKmodels\4.2_NK_Model\price_money_IRF_taylor.m。

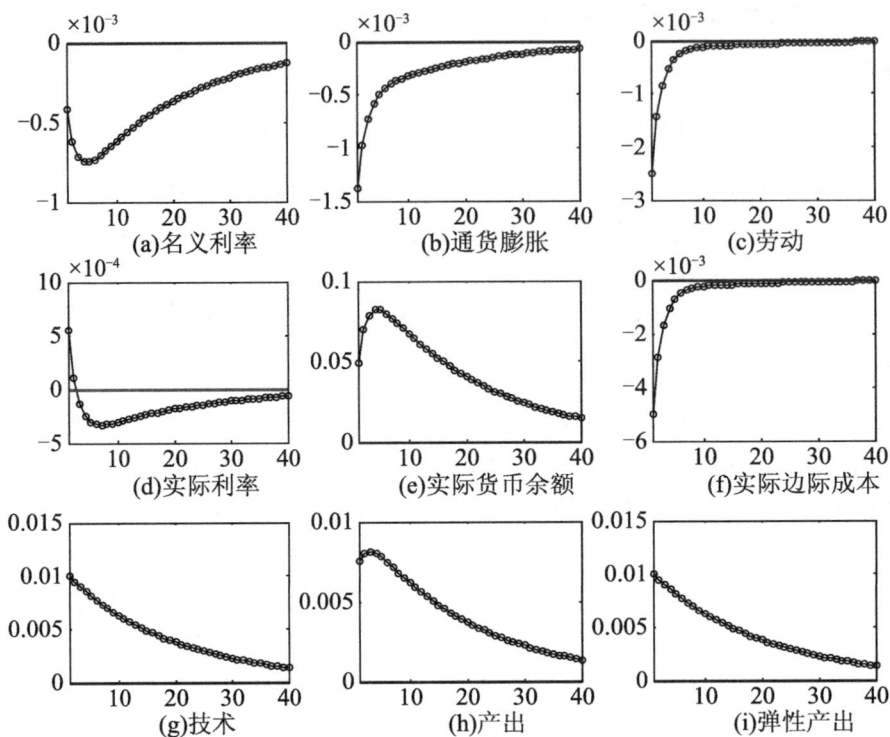

图 4.35　一单位 (标准差 ,1%) 正向技术冲击 ϵ_t^a 的脉冲响应图

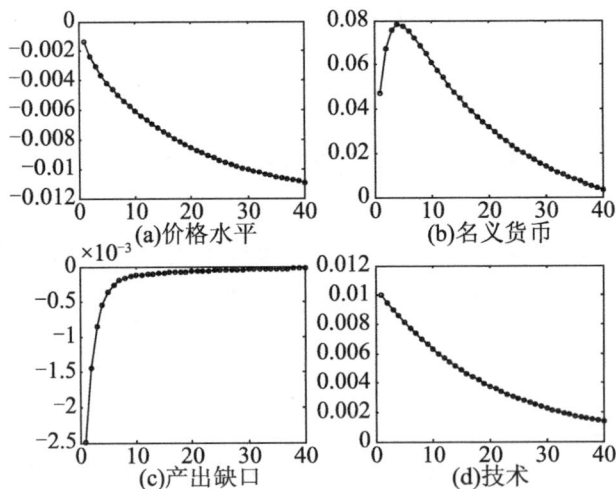

图 4.36　一单位 (标准差 ,1%) 正向技术冲击 ϵ_t^a 的脉冲响应图 (非平稳和无响应变量)

首先，在价格型规则下，产出对技术冲击的反应更大，首期反应达到 0.75%，最大值达 0.82%。而在数量型规则下，产出的首期反应仅有 0.18%，最大值仅为 0.44%。

其次，在价格型规则下，产出反应大一些，劳动下降的幅度要小些，首期下降为 -0.25%。在数量型规则下，劳动首期下降达 -0.82%，而后逐步回升。

再次，在价格型规则下，实际利率上升的幅度小些，首期上升为 0.05%，而后持续下降并逐步向稳态回归。数量型规则下，实际利率首期上升的幅度为 0.23%，而后逐步回落至稳态，这种差异的原因在于通胀和名义利率在两种规则下，对技术冲击的反应不同导致的。通胀在价格型规则下，下降的幅度要小些，首期下降仅为 -0.14%，这是由于产出缺口的下降幅度小一些，因而通胀下降也小一些；在数量型规则下，通胀下降得多一些，首期下降为 -0.36%。因此，根据费雪方程式，实际利率在价格型规则下上升的小一些。名义利率在价格型规则下，对技术冲击做出逆向反应，而在数量型规则下不做任何反应，这是由于 Taylor 规则决定的。Taylor 规则要求名义利率对产出缺口和通胀做出反应。此外，从实际利率的变化角度看，价格规则下产出的反应要大一些，因为实际利率上升的幅度小于数量型规则下的上升幅度，越高的实际利率越抑制消费，由于产出全部用于消费，因而产出的反应要高一些。

最后，在价格型规则下，价格水平的下降更加持久。而数量型规则下，价格水平的下降后又快速返回其均值 (Mean-Reverting)。对于产出缺口，由于价格型规则下，实际产出的反应更大，而弹性价格均衡下的产出在两种规则下则保持相同的变化，因而相比数量型规则，价格型规则下，产出缺口下降的程度要小一些，首期下降为 -0.25%，而后逐步回升至稳态 0。数量规则下，首期下降为 -0.49%，而后逐步上升至稳态。

下面来看名义货币余额。对比图 4.32 和图 4.36 可发现，价格型规则下，名义货币余额对技术冲击做出反应，并且反应较强。而在数量型货币政策下则不然，名义货币余额不做任何反应 (名义货币余额外生给定)。在价格型规则下，名义货币余额的外生 AR(1) 过程被 Taylor 规则取代，因此此时的名义货币余额是内生决定的。也就是说，货币供给是由需求确定 (货币进入效用函数，但不进入 Taylor 规则中)。为了应对生产率增加带来的货币需求，央行增加货币投放，因而这使得实际货币余额增加。从数值上看，实际货币余额首期增加 4.86%，最高增至 8.21%。在数量型规则下，实际货币余额首期增加 0.36%，最高增加 0.88%，因而远远小于前者。因此，根据实际货币余额的一阶条件，产出的增加要大一些，因为产出的增加不在仅仅依赖于 CPI 价格指数的下调，名义货币供给的增加同样能使得实际货币余额增长，从而为产出的增加赢得更多空间。

从技术冲击的脉冲响应图形对比分析来看，在价格型规则下，即当名义货币余额作为内生变量时，能在一定程度增加产出对技术冲击的反应程度，这是由于货币供应量能依据内生需求自动调节，从而增加实际货币余额，提高产出对技术冲击的反应，在一定程度上，可以说抵消了黏性价格带来的扭曲。因而，这也在一定程度上说明了为什么价格型货币政策能成为央行的主流调控工具[①]。

最后来看一单位正向利率冲击下（即名义利率增加），各变量的脉冲响应图，如图 4.37 和图 4.38 所示。图 4.37 为 Dynare 绘出的脉冲响应图，图 4.38 是手动编程得到的脉冲响应图形[②]。

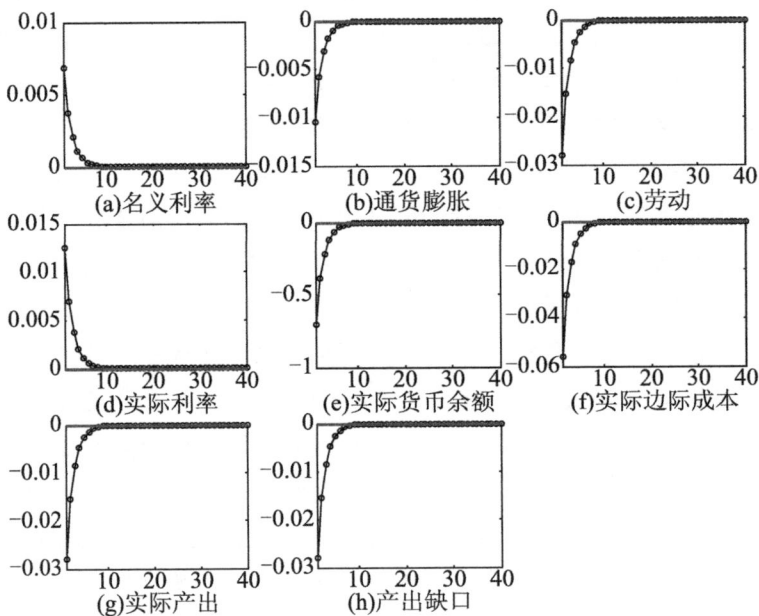

图 4.37　一单位（标准差,1%）正向利率冲击 ϵ_t^i 的脉冲响应图

---

① 舍弃数量型规则，转向价格型规则有其更深入的原因。从 20 世纪 80 年代开始，研究表明经典的长期货币需求关系已经不复存在 [如 Friedman B.M. and K.N. Kuttner, *Money, income, prices, and interest rates*, American Economic Review, 1992, 82(3): 472–492.]：即货币供应量（如 M1、M2）、GDP 和短期名义利率之间的长期协整关系已经不复存在（此即经典的 Baumol-Tobin 方程，即著名的平方根公式，库存模型，交易性货币需求与实际收入成正比，与利率成反比）。因此采取货币供应量的货币政策无疑会带来不少问题，于是央行开始从数量型规则逐渐转向价格型规则，以通胀为目标，以短期利率为政策工具。实践证明，这种政策无疑是成功的，发达国家通货膨胀得以有效遏制。更多阅读可参考：Luca Benati, Robert Lucas, Juan Pablo Nicolini, Warren E. Weber(2017): Long-run money demand redux, http://voxeu.org/article/long-run-money-demand-redux。
② Matlab 源代码：\Sources\Chap4_NKmodels\4.2_NK_Model\price_money_IRF_taylor.m。

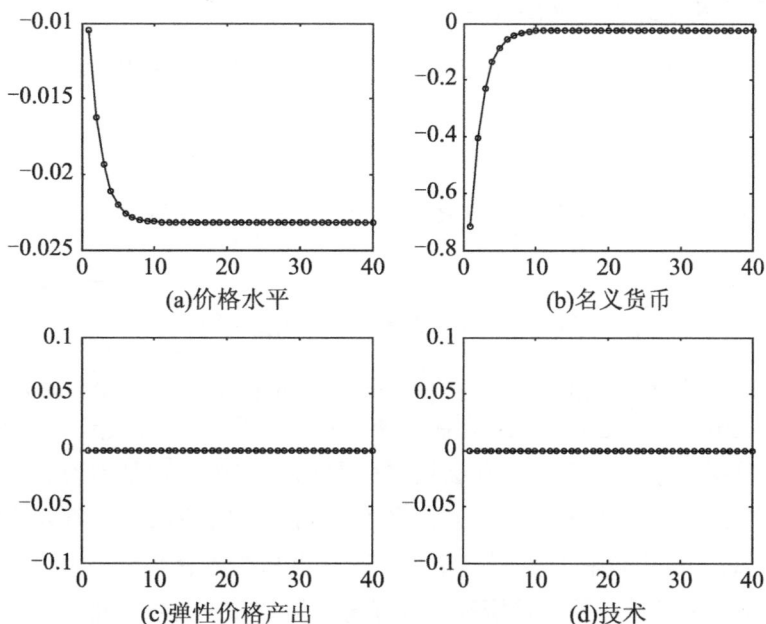

图 4.38　一单位 (标准差 ,1%) 正向利率冲击 ϵ_t^i 的脉冲响应图 (非平稳和无响应变量)

　　一单位 (1%) 的正向利率冲击导致利率上升，但首期利率上升仅为 0.69%，并未做出充分反应，这是由于利率对当期通胀做出反应，首期通货膨胀的反应是 -1.05%，而利率对通胀的反应系数 $(1-\rho_i)\phi_\pi = 0.2 \times 1.5 = 0.3$，因而名义利率首期的反应是 $1-0.3 \times 1.05\% = 0.69\%$。名义利率的上升导致货币需求下降，从而名义货币供应量的下降 (图 4.38) 和实际利率的上升 (图 4.37)，因而导致经济下滑，从而使得名义冲击具有真实效应。之所以如此，同样是因为价格黏性的存在。名义货币供应量的下降，由于价格黏性的存在，不能使得 CPI 价格水平同比例下调，从而使得实际货币余额下降 (相比弹性价格均衡)，从而依据实际货币余额的一阶条件，造成产出下降。同数量型规则下一致，弹性价格产出不对利率冲击做出反应 (见图 4.38)。

4.2.7　"三方程"新凯恩斯模型

　　为了更加清楚地考察新凯恩斯模型，本节将新凯恩斯模型的均衡条件进行线性化处理，模型的均衡条件，具体请参考本书 "**4.2.2 黏性价格设定与价格离散核 (Price Dispersion)**" 一节。最终新凯恩斯模型可以表达为仅具有三个方程的经典形式 (实际上包含自然利率水平变量，因此应为四方程系统)。

1. 自然利率变量与新凯恩斯 IS 曲线

首先对 Euler 方程对数线性化，并注意到资源约束方程：产出只用于消费，没有投资，可得：

$$Y_t^{-\sigma} = \beta E_t Y_{t+1}^{-\sigma} \left(1+i_t\right) \pi_{t+1}^{-1} \tag{4.2.102}$$

根据本书 "1.1.2 线性化与对数线性化" 一节的介绍，很容易将 (4.2.102) 式线性化，可得：

$$\tilde{Y}_t = E_t \tilde{Y}_{t+1} - \frac{1}{\sigma}\left(\tilde{i}_t - E_t\tilde{\pi}_{t+1}\right) = E_t\tilde{Y}_{t+1} - \frac{1}{\sigma}\tilde{r}_t \tag{4.2.103}$$

其中，$\tilde{r}_t \equiv \tilde{i}_t - E_t\tilde{\pi}_{t+1}$ 为线性化的费雪方程式 (Fisher Equation)。(4.2.103) 被称为新凯恩斯 IS 曲线 (New Keyensian IS Curve, NKIS)。在传统的 IS-LM 模型中，IS 是指投资和储蓄相等。然而在该模型中并没有投资变量，为什么仍然称为 IS 曲线呢？这是因为 (4.2.103) 描述了总支出 (消费支出，因而对应产出) 与实际利率之间的负向关系。之所以称为新凯恩斯 IS 曲线，是因为总产出不仅和实际利率相关，而且也和期望总产出相关。虽然用于推导 NKIS 曲线的模型较为简单，不含投资和资本存量，但是加入资本存量和投资后，虽然使得 (4.2.103) 变得复杂，但是基本的定性关系 (Fundamental Qualitative Relationship) 仍然存在：总需求仍然和实际利率负相关，和期望的总需求正相关。

在弹性价格下，新凯恩斯 IS 曲线仍然成立，用上标 f 来表示弹性价格下的各变量：

$$\tilde{Y}_t^f = E_t\tilde{Y}_{t+1}^f - \frac{1}{\sigma}\tilde{r}_t^f \tag{4.2.104}$$

其中，$\tilde{r}_t^f$ 表示弹性价格下的利率，被称为维克赛尔自然利率 (Wicksellian Natural Rate of interest)[①]。在经典模型中，自然利率和弹性价格下产出的增长率成正比，即

$$\tilde{r}_t^f = \sigma\left(E_t\tilde{Y}_{t+1}^f - \tilde{Y}_t^f\right) \tag{4.2.105}$$

为什么自然利率与弹性价格下产出的增长率成正比呢？背后的直觉是什么？事实上，如果期望的产出较高，即明天的产出要高于今天，在固定实际利率下，作为理性消费者，一定会平滑消费，即产生借贷需求，将明天的产出 "借" 到今天消费。如果考虑特殊情况，即 $\sigma = 1$，此时由 (4.2.69) 可知，弹性价格均衡下的劳动为常数，不再是技术冲击的函数：

[①] 1898 年，瑞典经济学家克努特·维克塞尔 (Knut Wicksell) 首先提出自然利率的概念，也被称之为中性利率 (neutral interest rate)，自然利率不可观测，区别与现实经济中的货币名义利率。维克塞尔认为自然利率和货币利率相同是经济均衡的重要条件，当自然利率低于货币利率时，经济收缩，物价下跌；反之，经济扩张，投资增加，通胀上行，直到自然利率与货币利率相同。

$$N_t^f = \left(\frac{1}{\psi} \frac{\epsilon_p - 1}{\epsilon_p} A_t^{1-\sigma} \right)^{\frac{1}{\sigma+\eta}} = \left(\frac{1}{\psi} \frac{\epsilon_p - 1}{\epsilon_p} \right)^{\frac{1}{\sigma+\eta}} \tag{4.2.106}$$

此时的产出是技术冲击的线性函数，因而可把此时的模型视为"禀赋经济"(Endowment Economy)。因此，如果期望的产出较高，意味着明天的禀赋要高于今天。但此时模型中没有借贷，也没有储蓄，那么实际利率 (自然利率) 会怎么变化呢？因此实际利率会升高，以抵消个人借贷意愿。如果使用产出缺口 X_t 的定义 (4.2.70)，那么新凯恩斯 IS 曲线 (NKIS，也被称为 Dynamic IS 曲线) 可表示为

$$X_t = E_t X_{t+1} - \frac{1}{\sigma} \left(\tilde{i}_t - E_t \tilde{\pi}_{t+1} - \tilde{r}_t^f \right) = E_t X_{t+1} - \frac{1}{\sigma} \left(\tilde{r}_t - \tilde{r}_t^f \right) \tag{4.2.107}$$

也就是说，当期产出缺口是期望产出缺口和实际利率缺口 (实际利率与自然利率之差) 的函数。

如果进一步将 (4.2.107) 进行后向迭代，可得：

$$X_t = -\frac{1}{\sigma} \sum_{j=0}^{\infty} \left(\tilde{r}_{t+j} - \tilde{r}_{t+j}^f \right) \tag{4.2.108}$$

该表达式非常清晰地表明了产出缺口不仅是当期实际利率缺口的函数，也是未来各期实际利率缺口的函数，并最终以无穷级数的形式表示。如果仅从利率的角度来看货币政策的松紧，那么当实际利率高于自然利率时，可认为货币政策趋紧，产出缺口为负；反之，货币政策趋松，产出缺口为正。当 $\tilde{r}_t = \tilde{r}_t^f, \forall t$，这意味着产出缺口恒为 0，此时产出即为弹性价格下的产出水平。因此，实际利率缺口，实际上包含了模型中价格黏性和垄断竞争带来的综合影响。

当经济中存在其他消费，比如政府消费时或产出用于投资时，前文已提及 NKIS 曲线的基本形式不会发生根本变化，即总需求仍然和实际利率负相关，和期望的总需求正相关。但需要注意的是，(4.2.107) 的推导是在本节特定的假设下得到的。一般情况下，文献研究中会在 NKIS 曲线中引入一个外生冲击，将其解释为需求冲击 (如 Clarida, Galí & Gertler，1999)：

$$X_t = E_t X_{t+1} - \frac{1}{\sigma} \left(\tilde{i}_t - E_t \tilde{\pi}_{t+1} - \tilde{r}_t^f \right) + v_t \tag{4.2.109}$$

其中，v_t 为需求冲击，需求冲击的存在会使得 NKIS 曲线发生平移。一般可假设该冲击服从 AR(1) 过程或独立同分布的白噪声过程。接下来推导自然利率的决定过程。

在本章"**4.2.3 弹性价格均衡**"一节中，如果假设技术冲击服从 AR(1) 过程：

$$\tilde{A}_t = \rho_a \tilde{A}_{t-1} + \epsilon_t^a, \quad \tilde{A}_t = \log A_t \tag{4.2.110}$$

那么根据 (4.2.69) 即弹性价格下产出的计算公式，可知弹性价格下产出也服从 AR(1) 过程：

$$\tilde{Y}_t^f = s\tilde{A}_t = s\left(\rho_a \tilde{A}_{t-1} + \epsilon_t^a\right) = \rho_a \tilde{Y}_{t-1}^f + s\epsilon_t^a, \quad s \equiv \frac{1+\eta}{\sigma+\eta} \tag{4.2.111}$$

从而根据弹性价格下的 NKIS 曲线 (4.2.105)，可知自然利率也服从 AR(1) 过程：

$$\tilde{r}_t^f = \sigma(\rho_a - 1)\tilde{Y}_t^f = \sigma(\rho_a - 1)s\tilde{A}_t = \rho_a \tilde{r}_{t-1}^f + \sigma(\rho_a - 1)s\epsilon_t^a \tag{4.2.112}$$

假设经济始于稳态，在一单位正向技术冲击下，弹性价格下的产出将高于稳态值，即 $\tilde{Y}_t^f > 0$，由于 $\rho_a < 1$，这意味着 $\tilde{r}_t^f < 0$，即自然利率低于其稳态值。这是为什么呢？也就是说，正向技术冲击下，自然利率下降到其稳态以下。这是因为技术冲击的 AR(1) 过程是平稳的，具有均值回归的特性 ($\rho_a < 1$)，因此 $E_t\tilde{Y}_{t+1}^f = \rho_a\tilde{Y}_t^f < \tilde{Y}_t^f$，这意味着你明天的期望收入变少了。同样，在固定实际利率下，为了平滑消费，你会储蓄。但在禀赋经济均衡中，你无法做到储蓄。因此实际利率（自然利率）下降，以抵消个人存储意愿。

在禀赋经济中，实际利率（自然利率）总是及时充分调整以保证经济中的量 (Quantity) 不变化，比如劳动、消费。如果考虑另外一种极端情况，比如局部均衡模型中，假定实际利率不发生变化，此时经济中的量将发生变化，即发生借贷行为，平滑消费，比如 Milton Friedman 的永久收入模型 (Permanent Income Hypothesis，PIH) 恰是如此，消费不由当期决定，而由长期的永久性收入来决定。因此禀赋经济和局部均衡模型好比两种"极端"情况，非常有助于建立直觉。当在模型中引入投资和资本存量时，其结论应该位于上述两种极端情况之间的某个地方。

如果考虑极限情况，即 $\rho_a = 1$，那么此时 $\tilde{r}_t^f = 0$。在均衡时，产出缺口将为 0[参考 (4.2.163)]，这类似于弹性价格均衡。$\rho_a = 1$，同时意味着技术冲击的 AR(1) 过程是随机游走过程，即其期望的增长率为 0。

2. 新凯恩斯菲利普斯曲线

经济学中的菲利普斯曲线 (Philips Curve) 可分为 3 种：第一个为"失业率—货币工资率"菲利普斯曲线，为最原始的菲利普斯曲线，由新西兰经济学家 Philips 于 1958 年提出，即失业率与货币工资率之间的反向变动关系。第二个为"失业率—通胀率"菲利普斯曲线，由美国经济学家萨缪尔森 (Paul A. Samuelson) 和索洛 (Robert M. Solow) 于 1960 年提出的，即失业率和通胀率呈反向变动关系。即在一定前提下，将第一个菲利普斯曲线中的货币工资率替换为通胀率，可得到此菲利普斯曲线。第三个为"产出增长率—通胀率"菲利普斯曲线。这也是宏观经济学中常提及的菲利普斯曲线，也就是将失业率替换为产出增长率。这一替换的依据是美国经济学家奥肯 (Arthur M. Okun) 于 1962 年提出的奥肯定律 (Okun's law)：GDP 每增加 2%，失业率大约下降 1%。在实际研究中，产出增长率通常不直接采用 GDP 增长率指标，而是使用产出缺口来替代。

接下来推导的菲利普斯曲线为"产出增长率—通胀率"菲利普斯曲线。为了方便起见，事先将本节前述模型的相关均衡条件重新列示如下：

- CPI通胀递归方程

$$\pi_t^{1-\epsilon_p} = (1-\theta)\left(\pi_t^*\right)^{1-\epsilon_p} + \theta \tag{4.2.113}$$

- 辅助变量方程

$$x_{1t} = C_t^{-\sigma} mc_t Y_t + \theta\beta E_t x_{1t+1} \pi_{t+1}^{\epsilon_p} \tag{4.2.114}$$

- 辅助变量方程

$$x_{2t} = C_t^{-\sigma} Y_t + \theta\beta E_t x_{2t+1} \pi_{t+1}^{\epsilon_p - 1} \tag{4.2.115}$$

- 最优定价方程

$$\pi_t^* = \frac{\epsilon_p}{\epsilon_p - 1} \pi_t \frac{x_{1t}}{x_{2t}} \tag{4.2.116}$$

- 劳动供给方程

$$\psi N_t^{\eta} = C_t^{-\sigma} w_t \tag{4.2.117}$$

- 资源约束方程

$$C_t = Y_t \tag{4.2.118}$$

- 加总生产函数

$$Y_t = \frac{A_t N_t}{d_t^p} \tag{4.2.119}$$

- 价格离散核递归方程

$$d_t^p = (1-\theta)\left(\pi_t^*\right)^{-\epsilon_p} \pi_t^{\epsilon_p} + \pi_t^{\epsilon_p} \theta d_{t-1}^p \tag{4.2.120}$$

- 边际成本方程

$$mc_t = \frac{w_t}{A_t} \tag{4.2.121}$$

首先来线性化 CPI 通胀递归方程 (4.2.113)。在 (4.2.113) 两边取对数，即

$$\left(1-\epsilon_p\right)\log \pi_t = \log\left(\left(1-\theta\right)\left(\pi_t^*\right)^{1-\epsilon_p}+\theta\right) \tag{4.2.122}$$

在稳态处 (为了简单起见，也为了和前述保存一致，假定净通胀的稳态为 0，重定价净通胀的稳态亦为 0，即总通胀的稳态为 1)，两边取全微分可得 [1]：

$$\left(1-\epsilon_p\right)\mathrm{d}\log \pi_t = \mathrm{d}\log\left(\left(1-\theta\right)\left(\pi_t^*\right)^{1-\epsilon_p}+\theta\right) \tag{4.2.123}$$

进一步化简，并在稳态处取值，可得：

$$\left(1-\epsilon_p\right)\mathrm{d}\pi_t\left.\frac{1}{\pi_t}\right|_{\pi_t=\pi=1} = \left.\frac{1}{\left(1-\theta\right)\left(\pi_t^*\right)^{1-\epsilon_p}+\theta}\right|_{\pi_t^*=\pi^*=1}\left(1-\theta\right)\left(1-\epsilon_p\right)\mathrm{d}\pi_t^* \tag{4.2.124}$$

其中常数的全微分为 0：$\mathrm{d}\theta = 0$，上式可进一步化简为

$$\tilde{\pi}_t^* = \frac{1}{1-\theta}\tilde{\pi}_t, \quad \tilde{\pi}_t^* = \mathrm{d}\pi_t^*, \quad \tilde{\pi}_t = \mathrm{d}\pi_t \tag{4.2.125}$$

然后来推导第一个辅助方程 (4.2.114) 的线性化方程。在稳态时，有

$$x_1 = \frac{mc Y^{1-\sigma}}{1-\phi\beta} \tag{4.2.126}$$

在 (4.2.114) 两边取对数并全微分，得到：

$$\mathrm{d}\log x_{1t} = \mathrm{d}\log\left(C_t^{-\sigma}mc_t Y_t + \theta\beta E_t x_{1t+1}\pi_{t+1}^{\epsilon_p}\right) \tag{4.2.127}$$

进一步展开，并在稳态处取值可得：

$$\left.\frac{1}{x_{1t}}\right|_{x_{1t}=x_1}\mathrm{d}x_{1t} = \left.\frac{1}{C_t^{-\sigma}mc_t Y_t + \theta\beta E_t x_{1t+1}\pi_{t+1}^{\epsilon_p}}\right|_{C_t=C,mc_t=mc,Y_t=Y,x_{1t+1}=x_1,\pi_{t+1}=\pi=1} \tag{4.2.128}$$
$$\times\mathrm{d}\left(C_t^{-\sigma}mc_t Y_t + \theta\beta E_t x_{1t+1}\pi_{t+1}^{\epsilon_p}\right)$$

注意到资源约束方程：$Y_t = C_t$，上式可写为

$$\frac{\mathrm{d}x_{1t}}{x_1} = \frac{\mathrm{d}\left(Y_t^{1-\sigma}mc_t\right)+\mathrm{d}\left(\theta\beta E_t x_{1t+1}\pi_{t+1}^{\epsilon_p}\right)}{x_1}$$
$$= \frac{\left(1-\sigma\right)Y^{-\sigma}mc}{x_1}\mathrm{d}Y_t + \frac{Y^{1-\sigma}}{x_1}\mathrm{d}mc_t + \frac{\theta\beta\pi^{\epsilon_p}}{x_1}E_t\mathrm{d}x_{1t+1} + \theta\beta\epsilon_p\pi^{\epsilon_p-1}E_t\mathrm{d}\pi_{t+1} \tag{4.2.129}$$

---

[1] 请参考本书 "1.1.2 线性化与对数线性化"。

注意到稳态方程 (4.2.126) 和通胀的稳态值，整理 (4.2.129) 可得：

$$\tilde{x}_{1t} = (1-\sigma)(1-\theta\beta)\tilde{Y}_t + (1-\theta\beta)\tilde{mc}_t + \theta\beta E_t\tilde{x}_{1t+1} + \theta\beta\epsilon_p E_t\tilde{\pi}_{t+1} \tag{4.2.130}$$

其中，对变量 z_t，使用公式 $\mathrm{d}z_t = z_t - z$，z 为 z_t 的稳态值 ($z_t = Y_t$, mc_t, π_t, x_t)。同理可得到第二个辅助方程的线性化结果：

$$\tilde{x}_{2t} = (1-\sigma)(1-\theta\beta)\tilde{Y}_t + \theta\beta E_t\tilde{x}_{2t+1} + \theta\beta(\epsilon_p - 1)E_t\tilde{\pi}_{t+1} \tag{4.2.131}$$

最后来看最优定价方程 (4.2.116) 的线性化。最优定价方程已经是乘积形式，因而线性化较为容易，此处不再赘述，其线性化的结果为

$$\tilde{x}_{1t} - \tilde{x}_{2t} = \tilde{\pi}_t^* - \tilde{\pi}_t \tag{4.2.132}$$

将两个辅助方程的线性化结果相减：(4.2.130) 减去 (4.2.131)，并使用 (4.2.132) 进行替换，并注意到 (4.2.125)，可得到新凯恩斯菲利普斯曲线的一种表达形式：

$$\tilde{\pi}_t = \frac{(1-\theta)(1-\theta\beta)}{\theta}\tilde{mc}_t + \beta E_t\tilde{\pi}_{t+1} \tag{4.2.133}$$

该式之所以被称为新凯恩斯菲利普斯曲线，其"新颖"之处在于当期通胀和预期通胀（下一期）相关 (Forward-Looking)，区别经典的凯恩斯菲利普斯曲线。如果将 (4.2.133) 进行后向迭代，可得：

$$\tilde{\pi}_t = \frac{(1-\theta)(1-\theta\beta)}{\theta}E_t\sum_{j=0}^{\infty}\beta^j\tilde{mc}_{t+j} \tag{4.2.134}$$

此式说明通胀不仅是当期边际成本的函数，还是未来各期边际本的函数。而且各期边际成本的系数依赖于价格黏性参数 θ。当 $\theta \to 0$ 即不可调整价格的概率趋于 0，经济趋于弹性价格，边际成本各项系数趋于无穷大，因此 $\tilde{mc}_t = 0$，NKPC 曲线为垂直线，即弹性价格下的均衡。当 $\theta \to 1$ 即不可调整价格的概率趋于 100%，即完全价格黏性，因此价格趋于稳定，此时 $\tilde{\pi}_t \to 0$。

但 (4.2.133) 还不是最终想要的形式，产出缺口变量还未出现，因此下一步需要将边际成本替换为产出缺口。为此需要对劳动供给方程、边际成本方程、生产技术和离散价格核方程进行线性化处理。前 3 个方程均为乘积形式，其线性化较为简单，结果分别如下：

$$\eta\tilde{N}_t = -\sigma\tilde{Y}_t + \tilde{w}_t \tag{4.2.135}$$

$$\tilde{mc}_t = \tilde{w}_t - \tilde{A}_t \tag{4.2.136}$$

$$\tilde{Y}_t = \tilde{N}_t + \tilde{A}_t - \tilde{d}_t^p \tag{4.2.137}$$

下面来对离散价格核方程进行线性化处理。两边取对数，并取全微分可得：

$$\mathrm{d}\log(d_t^p) = \mathrm{d}\log\left[(1-\theta)\left(\pi_t^*\right)^{-\epsilon_p}\pi_t^{\epsilon_p} + \pi_t^{\epsilon_p}\theta d_{t-1}^p\right] \tag{4.2.138}$$

由于假设净通胀和重定价净通胀的稳态为 0，因此不难算出离散价格核的稳态为 1；于是 (4.2.138) 可进一步写为

$$\left.\frac{1}{d_t^p}\right|_{d_t^p=1} \mathrm{d}d_t^p = \left.\frac{1}{(1-\theta)\left(\pi_t^*\right)^{-\epsilon_p}\pi_t^{\epsilon_p}+\pi_t^{\epsilon_p}\theta d_{t-1}^p}\right|_{\pi_t^*=1,\pi_t=1,d_t^p=1} \tag{4.2.139}$$
$$\times d\left[(1-\theta)\left(\pi_t^*\right)^{-\epsilon_p}\pi_t^{\epsilon_p}+\pi_t^{\epsilon_p}\theta d_{t-1}^p\right]$$

因此很容易得到如下的线性化方程：

$$\tilde{d}_t^p = -\epsilon_p(1-\theta)\tilde{\pi}_t^* + \epsilon_p\tilde{\pi}_t + \theta\tilde{d}_{t-1}^p \tag{4.2.140}$$

由 CPI 通胀递归方程 (4.2.113) 线性化的结果 (4.2.125)，可知 (4.2.140) 等式右边前两项之和为 0，因此

$$\tilde{d}_t^p = \theta\tilde{d}_{t-1}^p \tag{4.2.141}$$

由于 $0<\theta<1$，如果系统始于稳态，那么 $\tilde{d}_t^p=0, t>0$。

也就是说，当稳态净通胀为 0 时，价格离散核是二阶变量，而非一阶，因此在线性化时，无须关注此变量。这也验证了本书 **"4.2.2 黏性价格设定与价格离散核 (Price Dispersion)"** 一节中的结论。因此生产函数线性化方程 (4.2.137) 变为

$$\tilde{Y}_t = \tilde{N}_t + \tilde{A}_t \tag{4.2.142}$$

由劳动供给方程和边际成本方程可知：

$$\tilde{mc}_t = (\sigma+\eta)\tilde{Y}_t - (1+\eta)\tilde{A}_t \tag{4.2.143}$$

根据弹性价格下产出的计算公式 (4.2.69)，可得弹性价格下产出的线性化方程：

$$\tilde{Y}_t^f = \frac{1+\eta}{\sigma+\eta}\tilde{A}_t \tag{4.2.144}$$

因此

$$\tilde{mc}_t = (\sigma+\eta)\left(\tilde{Y}_t-\tilde{Y}_t^f\right) = (\sigma+\eta)X_t \tag{4.2.145}$$

将 (4.2.145) 代入 (4.2.133)，最终得到想要的新凯恩斯菲利普斯曲线：

$$\tilde{\pi}_t = \frac{(1-\theta)(1-\theta\beta)}{\theta}(\sigma+\eta)X_t + \beta E_t\tilde{\pi}_{t+1} \tag{4.2.146}$$

(4.2.145) 说明边际成本是产出缺口的线性函数，两者呈比例变动。然而这一结论是在本节设定的特殊假设条件下得到的：如生产技术、效用函数形式、劳动力市场结构等满足特殊的假设。Galí & Gertler (1999) 指出一般情况下，(4.2.145) 并不成立，边际成本和产出缺口之间存在差异，因此很多文献在考察货币政策时，将 (4.2.146) 写为如下的形式：

$$\tilde{\pi}_t = \frac{(1-\theta)(1-\theta\beta)}{\theta}(\sigma+\eta)X_t + \beta E_t\tilde{\pi}_{t+1} + u_t \tag{4.2.147}$$

其中，u_t 反映了边际成本和产出缺口之间的差异，通常情况下被解释为"成本推动型"冲击 (Cost-Push Shocks)。这种差异通常被解释为由于工资黏性导致名义工资波动，从而推动实际工资偏离其均衡值，因此使得边际成本和产出缺口之间的差异。更多的解释，可参考 Galí(2008，P112)。

3. 货币政策规则

货币政策规则的形式可以多种多样，既可以为数量型规则，也可以为价格型规则。Taylor 规则作为价格型规则，其表现形式也多种多样。假设货币政策规则采取 Taylor 规则的形式，即 (4.2.100) 的形式，其线性化的结果为

$$\tilde{i}_t = \rho_i\tilde{i}_{t-1} + (1-\rho_i)(\phi_\pi\tilde{\pi}_t + \phi_x X_t) + \epsilon_t^i \tag{4.2.148}$$

当 $\rho_i = 0$ 时，上述 Taylor 规则可简化为

$$\tilde{i}_t = \phi_\pi\tilde{\pi}_t + \phi_x X_t + \epsilon_t^i \tag{4.2.149}$$

如果近一步 $\phi_x = 0$ 时，Taylor 规则可简化为

$$\tilde{i}_t = \phi_\pi\tilde{\pi}_t + \epsilon_t^i \tag{4.2.150}$$

甚至当 $\phi_\pi = 0$ 时，此时 Taylor 规则为简单的白噪声过程：

$$\tilde{i}_t = \epsilon_t^i \tag{4.2.151}$$

4. "三方程"新凯恩斯模型求解

总结前述分析，将"三方程"新凯恩斯模型的均衡条件列示如下[①]：

* NKPC曲线

$$\tilde{\pi}_t = \kappa X_t + \beta E_t\tilde{\pi}_{t+1}, \quad \kappa \equiv \frac{(1-\theta)(1-\theta\beta)}{\theta}(\sigma+\eta) \tag{4.2.152}$$

* NKIS曲线

$$X_t = E_t X_{t+1} - \frac{1}{\sigma}\left(\tilde{r}_t - \tilde{r}_t^f\right) \tag{4.2.153}$$

* Taylor规则

$$\tilde{i}_t = \rho_i\tilde{i}_{t-1} + (1-\rho_i)(\phi_\pi\tilde{\pi}_t + \phi_x X_t) + \epsilon_t^i \tag{4.2.154}$$

---

① 此处实际上是四方程系统，而非三方程系统。这是因为我们将自然利率显示表达出来，其服从 AR(1) 过程，而 Walsh(2010) 则将其当作误差处理 (P340，eq.8.24)：Walsh, C.E., *Monetary theory and policy*. 2010: MIT Press。

● 自然利率AR(1)过程

$$\tilde{r}_t^f = \rho_a \tilde{r}_{t-1}^f + \sigma(\rho_a - 1)s\epsilon_t^a, \ s \equiv \frac{1+\eta}{\sigma+\eta} \tag{4.2.155}$$

在进一步阐述之前，为了更清楚地认识各变量之间的决定关系，特意将产出缺口、通胀、边际成本和实际利率缺口 (实际利率减去自然利率) 之间的关系用图示的方法表示出来，如图 4.39 所示。产出缺口和通胀作为宏观经济中两个重要的变量，理解其背后的潜在驱动力非常关键。虽然产出缺口不可直接观测，但其可被估计。上述的理论分析表明，产出缺口背后驱动的关键因素在于实际利率缺口，并与实际利率缺口呈反向变动。而通货膨胀则由实际边际成本决定，两者变动方向一致，即边际成本的升高或下降都将导致通胀的升高或下降。进一步的推导表明，通货膨胀本身可以表示成产出缺口的函数，而且两者变动方向也一致。

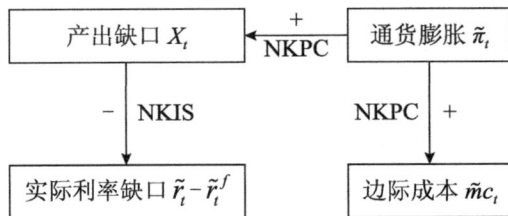

图 4.39 产出缺口、通胀、边际成本和实际利率缺口之间的关系

接下来分析模型均衡。当参数 $\rho_i \neq 0$ 时，模型中 X_t、$\tilde{\pi}_t$ 为内生前向变量；$\tilde{i}_t$、$\tilde{r}_t^f$ 为状态变量，其中 $\tilde{i}_t$ 为内生状态变量，$\tilde{r}_t^f$ 为外生状态变量。当参数 $\rho_i = 0$ 时，X_t、$\tilde{\pi}_t$ 仍为内生的前向变量；但 $\tilde{i}_t$ 不再是内生状态变量，而是内生静态变量；$\tilde{r}_t^f$ 仍为外生状态变量。因此，平滑参数 ρ_i 的取值对系统的稳定与否有重要影响。Bullard & Mitra (2002) 发现，当 $\rho_i = 0$、$\phi_x = 0$ 时，系统存在唯一均衡的充分条件是 $\phi_\pi > 1$，此被称为泰勒原理 (Taylor Principle)，前文已有提及。当 $\rho_i = 0$、$\phi_x \neq 0$ 时，Bullard & Mitra (2002) 发现系统存在唯一均衡的充分条件是

$$\kappa(\phi_\pi - 1) + (1-\beta)\phi_x > 0 \tag{4.2.156}$$

可以看出，当 $\phi_x = 0$ 时，(4.2.156) 仍然要求 $\phi_\pi > 1$。否则并不要求 $\phi_\pi > 1$，这是因为只要 ϕ_x 足够大，上式仍然能够成立。但在合理的参数校准下，ϕ_π 的仍然接近于 1。假设 $\sigma = \eta = 1$、$\beta = 0.99$、$\theta = 0.75$、$\phi_x = 0.5$，那么 $\kappa = 0.171\ 7$，此时 $\phi_\pi > 0.970\ 9$ 即可。如果此时仍施加 $\phi_\pi > 1$ 的约束，虽然较强但仍然能保证均衡存在且唯一。

根据 Taylor 规则 (4.2.154)，当 $\rho_i = 0$、$\phi_x \neq 0$ 时，并注意到 NKPC 曲线中暗含的产出缺口与通胀之间的**长期**关系 (Long-run Relationship)，可得：

$$\mathrm{d}\tilde{i} = \phi_\pi \mathrm{d}\tilde{\pi} + \phi_x \mathrm{d}X = \left(\phi_\pi + \frac{\phi_x(1-\beta)}{\kappa}\right)\mathrm{d}\tilde{\pi} \tag{4.2.157}$$

括号内的系数表示当通胀增加 $d\tilde{\pi}$ 时，名义利率相应增加的倍数(假设自然利率不变)。因此，(4.2.156) 意味着 (4.2.157) 括号中的系数大于 1，也就是说利率的调整要高于通胀的调整，才能保证系统唯一均衡的存在。

求解上述均衡系统有多种方法可用：第一种方法为 B&K 方法 (参考本书 "1.1.3 **B&K 方法**" 一节)；第二种方法为待定系数法 (仅当 $\rho_i = 0$ 时)；第三种方法可使用 Dynare 进行求解，其实质上就是 B&K 方法。使用 Dynare 进行求解时可以有两种选择：第一种直接将线性化后的方程输入 Dynare 中；第二种则使用原始均衡条件 (即线性化之前的均衡条件)，一阶求解即可。

此处仅对第一种和第二种方法做简要介绍，第三种方法此处不做详细介绍，感兴趣的读者可根据本书提供的模型文件[1]，自行验证第三种方法所得结果是否和第一种、第二种方法的结果一致[2]。

首先来看如何使用 B&K 方法求解。当 $\rho_i \neq 0$ 时，系统均衡由 4 个变量组成[3]，即

$$E_t\begin{pmatrix} X_{t+1} \\ \pi_{t+1} \\ i_{t+1} \\ r_{t+1}^f \end{pmatrix} = \begin{pmatrix} 1+\dfrac{\kappa}{\sigma\beta} & -\dfrac{1}{\sigma\beta} & \dfrac{1}{\sigma} & -\dfrac{1}{\sigma} \\ -\dfrac{\kappa}{\beta} & \dfrac{1}{\beta} & 0 & 0 \\ \dfrac{\alpha\kappa}{\beta}\left(\dfrac{\phi_x}{\sigma}-\phi_\pi\right)+\alpha\phi_x & \dfrac{\alpha}{\beta}\left(\phi_\pi-\dfrac{\phi_x}{\sigma}\right) & \alpha\dfrac{\phi_x}{\sigma}+\rho_i & -\alpha\dfrac{\phi_x}{\sigma} \\ 0 & 0 & 0 & \rho \end{pmatrix}\begin{pmatrix} X_t \\ \pi_t \\ i_t \\ r_t^f \end{pmatrix} \tag{4.2.158}$$

其中，$\alpha \equiv 1 - \rho_i$。当 $\rho_i = 0$ 时，由于利率为静态变量，因此在求解时需要先剔除该变量，然后进行求解。此时系统均衡由 3 个变量组成，两个前向变量，一个外生变量[4]，即

$$E_t\begin{pmatrix} X_{t+1} \\ \pi_{t+1} \\ r_{t+1}^f \end{pmatrix} = \begin{pmatrix} 1+\dfrac{1}{\sigma}\left(\dfrac{\kappa}{\beta}+\phi_x\right) & \dfrac{1}{\sigma}\left(\phi_\pi-\dfrac{1}{\beta}\right) & -\dfrac{1}{\sigma} \\ -\dfrac{\kappa}{\beta} & \dfrac{1}{\beta} & 0 \\ 0 & 0 & \rho \end{pmatrix}\begin{pmatrix} X_t \\ \pi_t \\ r_t^f \end{pmatrix} \tag{4.2.159}$$

接下来，即可使用本书 "**1.1.3 B&K 方法**" 一节中的方法进行求解，此处不再赘述。

其次来看待定系数法 (仅当 $\rho_i = 0$ 时)。由于各变量均为线性化变量，因此猜测政策

---

[1]　mod 源文件：\Sources\Chap4_NKmodels\4.2_NK_Model\4.2.7_three_eqs\ three_eqs.mod。

[2]　m 文件：\Sources\Chap4_NKmodels\4.2_NK_Model\4.2.7_three_eqs\ lam_mu_check.m。该 m 文件仅提供第二种方法的结果，可将其与 Dynare 的运行结果相比较。

[3]　为了简便起见，此处省略各变量符号中的上波浪线 (tilde)，本节下同。

[4]　为了简便起见，假设利率规则中不存在外生冲击。

函数也为线性函数：

$$X_t = \lambda r_t^f, \pi_t = \mu r_t^f \tag{4.2.160}$$

其中，λ、μ 为待定系数。将猜测函数 (4.2.160) 分别代入 NKPC 方程和 NKIS 方程，然后令两端系数相等，可得：

$$\lambda = \frac{1-\beta\rho_a}{\left(\sigma(1-\rho_a)+\phi_x\right)(1-\beta\rho_a)+\kappa(\phi_\pi-\rho_a)} \tag{4.2.161}$$

$$\mu = \frac{\kappa}{\left(\sigma(1-\rho_a)+\phi_x\right)(1-\beta\rho_a)+\kappa(\phi_\pi-\rho_a)} \tag{4.2.162}$$

当参数 $\phi_x \to \infty$ 或 $\phi_\pi \to \infty$ 时，即利率对产出缺口或通胀的调整极其敏感 (Taylor 规则)，这要求 $\lambda \to 0$、$\mu \to 0$，因此根据 (4.2.160)，此时产出缺口和通胀均为 0。当价格黏性参数 θ 趋于 0 时，即 $\kappa \to \infty$ 时，有 $\lambda \to 0$，即产出缺口为 0，不存在产出缺口，也就是此时为弹性价格均衡，这与前述结论一致。

进一步，可得政策函数如下：

$$X_t = \frac{1-\beta\rho_a}{\left(\sigma(1-\rho_a)+\phi_x\right)(1-\beta\rho_a)+\kappa(\phi_\pi-\rho_a)} r_t^f \tag{4.2.163}$$

$$\pi_t = \frac{\kappa}{\left(\sigma(1-\rho_a)+\phi_x\right)(1-\beta\rho_a)+\kappa(\phi_\pi-\rho_a)} r_t^f \tag{4.2.164}$$

上述推理也可从技术冲击的脉冲响应图中得到确认，具体如图 4.40 所示。

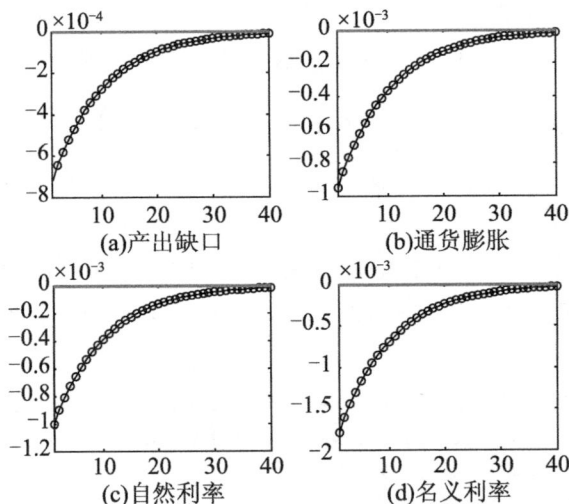

图 4.40　一单位技术冲击下各变量的脉冲响应图

不难发现，在合理的参数校准值下 ($\phi_\pi \geqslant \rho_a$)，$\lambda$、$\mu$ 均大于 0，这也是均衡存在的必要条件。这是为什么呢？在一单位正向技术冲击下，由自然利率的 AR(1) 过程 (4.2.155) 可知，自然利率下降到稳态以下，因此产出缺口也下降到稳态以下 (图形上表现为负值)，也就是说实际产出水平低于弹性价格下的产出水平。这恰恰是由于扭曲设定造成了实际产出无法对技术冲击做出充分反应的后果。因为弹性价格下的产出对外生冲击完全反应，根据产出缺口的定义，实际产出低于弹性价格下的产出。由 NKPC 曲线，通胀也下降，低于其稳态 (图形上表现为负值)。

4.3　中等规模 DSGE 模型

在上一节中，介绍如何引入价格黏性，并详细分析了价格黏性的模型动态，但并未对劳动力市场进行深入的讨论，只是简单假设劳动力市场是完全竞争的市场，即厂商和家庭将工资视为给定。本节将对劳动力市场进行简单拓展，即不再假设劳动力市场为完全竞争，而是假设家庭有一定的工资定价能力，因而引入工资黏性。

本节介绍的中等规模 DSGE 模型 (Medium Scale) 不仅含有价格和工资黏性 (Wage Stickiness)，而且同时引入投资、资本存量，并引入投资调整成本、可变资本利用率、消费习惯以及 4 种外生冲击。

4.3.1　模型

1. 家庭

工资黏性的引入方式，和价格黏性引入的方式一致，都采用 Calvo(1983) 的建模方式，以方便模型加总并去除异质性。价格黏性设定中，厂商具有一定的垄断能力，因而具有一定的定价能力，从而引入价格黏性。在工资黏性设定中，逻辑类似。

假设家庭提供的劳动具有异质性，因而具有工资议价能力，从而能够引入工资黏性 (Erceg, Henderson & Levin, 2000, *JME*)。使得总名义工资对外生冲击的反应，就如同黏性价格下价格和产出的反应一致，都被削弱，因此工资黏性使得工资加成 (Wage Markup) 在外生冲击下产生内生波动 [①]。

假设家庭提供的异质性劳动为 $N_t(l)$，用下标 $l \in (0, 1)$ 来标识，即在 0~1 区间上均匀连续分布 (Continuum)。单个家庭提供的劳动 $N_t(l)$ 被打包为最终劳动 N_t (可理解为一

---

① 这和价格黏性设定下，价格加成的波动（即非常数）其逻辑是一致的。

个最终劳动生产商负责打包 Labor Packer，如工会 Union 等)：

$$N_t = \left(\int_0^1 N_t\left(l\right)^{\frac{\epsilon_w - 1}{\epsilon_w}} \mathrm{d}l \right)^{\frac{\epsilon_w}{\epsilon_w - 1}}, \epsilon_w > 1 \tag{4.3.1}$$

其中，ϵ_w 表示异质性劳动之间的替代弹性。假设最终劳动生产商面临充分竞争，将单个劳动对应的工资率 $W_t(l)$ 与总工资率 W_t 视为给定，选择单个劳动投入，其利润最大化问题为

$$\max_{N_t(l)} W_t N_t - \int_0^1 W_t\left(l\right) N_t\left(l\right) \mathrm{d}l \tag{4.3.2}$$

受约束于最终劳动的生产技术 (4.3.1)。其一阶条件为 [推导过程类似于本书 "**4.2.2 黏性价格设定与价格离散核 (Price Dispersion)**"]：

$$N_t\left(l\right) = \left(\frac{W_t\left(l\right)}{W_t} \right)^{-\epsilon_w} N_t \tag{4.3.3}$$

即异质性劳动为 $N_t(l)$ 的需求曲线：与相对工资率成反比，与总劳动需求成正比。由最终劳动生产商的零利润条件可得工资演化方程：

$$W_t = \left(\int_0^1 W_t\left(l\right)^{1-\epsilon_w} \mathrm{d}l \right)^{\frac{1}{1-\epsilon_w}} \tag{4.3.4}$$

上述关于劳动异质性的假定使得家庭具有异质性 (Heterogeneity)。然而家庭异质性的假定使得求解效用最大化问题变得相当困难。这是因为家庭能够获取不同的工资，因而可以工作不同的时间，进而可以有不同的消费、不同的债券持有，从而有不同的收入。Erceg, Henderson & Levin(2000) 证明了若经济中存在完备的依状态而定的证券 (State Contingent Claims)，并且效用函数是关于消费和劳动是可加可分的，那么家庭将具有相同的消费和债券持有，仅仅工资和劳动不同。因此在如下的阐述中，假设经济存在依状态而定的债券，因此消费和债券持有不再依存于单个家庭，接下来的分析虽然使用下标 $l \in (0, 1)$ 来标识，仅表示某一家庭，不代表家庭具有异质性。

假定家庭求解如下的终身贴现效用最大化问题：

$$\max_{C_t, I_t, u_t, B_{t+1}, K_{t+1}} E_0 \sum_{t=0}^{\infty} \beta^t U\left(C_t, N_t\left(l\right)\right) \tag{4.3.5}$$

预算约束为

$$C_t + I_t + \frac{B_{t+1}}{P_t} \leq w_t\left(l\right) N_t\left(l\right) + R_t^k u_t K_t + \frac{\Pi_t}{P_t} - T_t - RC_t + \left(1 + i_{t-1}\right) \frac{B_t}{P_t} \tag{4.3.6}$$

$$K_{t+1} = z_t \left(1 - \frac{\phi}{2} \left(\frac{I_t}{I_{t-1}} - 1 \right)^2 \right) I_t + (1-\delta) K_t \qquad (4.3.7)$$

其中，$w_t(l) \equiv W_t(l)/P_t$ 为第 l 个家庭的实际工资；z_t 为投资的边际效率冲击，在本书 "**4.1.2 RBC 模型的拓展**" 一节中已做过介绍；T_t 为一次性总量税 (Lump-Sum Tax)；u_t 为资本存量的利用率，参考 Christiano, Eichenbaum & Evans (2005, *JPE*, 本节以下简称 CEE) 的设定。假定其稳态值为单位 1，因此 $u_t K_t$ 可理解为有效资本存量 (Effective Capital)；当 $u_t > 1$ 时可理解为有效资本存量大于实际资本存量，资本得以充分 (或过分) 利用；当 $u_t < 1$，有效资本存量小于实际资本存量，资本未得以充分利用。此为可变资本利用率 (Variable Utilization Rate)。可变资本利用率的引入，有助于提升模型的内生放大机制 (Amplification)。

这里还有一个问题值得考虑。为什么对资本存量引入可变资本利用率设定呢？同作为生产函数的关键要素之一，为什么劳动不能引入可变利用率呢？事实上，引入可变资本利用率的一个前提是，该要素在短期内不能发生变化即相对固定，或者说短期内迅速调整非常困难，即使能够勉强调整，其调整成本也将会非常巨大。换句话说，如果一个要素能在短期内迅速调整，那么引入可变利用率是没有实质意义的。从理论上说，资本存量相对于劳动，在短期内快速调整的难度较大，而劳动则可以在短期内快速调整，即通过雇用或解雇更多劳动力得以实现，而且调整成本相对较小。从模型构建来讲，当期投资的增加并不能够直接增加资本存量 (Time-To-Build)，当期的投资只能到下一期才能进入生产函数，因此短期内资本存量不变，这也是资本存量为预先决定的内生状态变量的含义所在。而模型中劳动为静态变量即控制变量，能够在本期内迅速调整。因此对资本存量引入利用率变量有其合理性。

当资本过分利用或闲置时，模型假定会产生资本利用率成本，假设该成本具有如下的基本解析形式：

$$RC_t \equiv \frac{K_t}{z_t} \left(\chi_1 (u_t - 1) + \frac{\chi_2}{2} (u_t - 1)^2 \right) \qquad (4.3.8)$$

其中，$\chi_1 > 0$，$\chi_2 > 0$ 为参数，后续的分析表明 χ_1 不能自由校准，需由模型稳态内生决定；χ_2 为可自由校准参数。很显然，利用率成本随着 χ_2 的变大而变大；当 χ_2 取值过大时，会导致产出对外生冲击的反应大大降低，这是因为过多的资源被以调整成本的形式消耗掉。同样，当 χ_2 取值过大时，模型的放大作用将被显著削弱。一般说来 χ_2 取值较小，比如 1%。其余变量和符号的解释，请参考本书 "**4.2.1 家庭**" 一节。

资本积累方程 (4.3.7) 中引入了另外一种调整成本——投资调整成本。这种投资调整成本引入方式有别于本章 **"4.1.2 RBC 模型的拓展"** 中 Hayashi 形式：

$$K_{t+1} = z_t \left(1 - \frac{\tau}{2} \left(\frac{I_t}{K_t} - \delta \right)^2 \right) I_t + (1-\delta) K_t \tag{4.3.9}$$

当期投资过度偏离于上期投资时，(4.3.7) 意味着投资调整成本越大，而 Hayashi 形式则表示当投资过度偏离其稳态时，投资成本越大。因此两者的着眼点不同。CEE(2005) 认为形如 (4.3.7) 的调整成本能够使得投资产生"驼峰状"的脉冲响应，要比 Hayashi 形式更为理想。

假设家庭具有如下形式的效用函数，即关于消费和劳动可加可分，并且带有消费习惯设定 (Habit Formation)：

$$U(C_t, N_t(l)) = \log(C_t - bC_{t-1}) - \psi \frac{N_t(l)^{1+\eta}}{1+\eta} \tag{4.3.10}$$

其中，$b \geq 0$ 为消费习惯参数。当 $b = 0$ 时，不存在消费习惯。$\psi, \eta > 0$ 为参数。注意效用函数中并未包括货币余额变量。其实，此处可以轻松地使用 MIU 的建模方式，而且不会对其余均衡条件产生太大的影响，感兴趣的读者可自行推导。

家庭效用最大化问题的拉格朗日函数为

$$\mathcal{L} \equiv E_0 \sum_{t=0}^{\infty} \beta^t \left\{ \left(\log(C_t - bC_{t-1}) - \psi \frac{N_t(l)^{1+\eta}}{1+\eta} \right) + \mu_t \left(z_t \left(1 - \frac{\phi}{2} \left(\frac{I_t}{I_{t-1}} - 1 \right)^2 \right) I_t + (1-\delta) K_t - K_{t+1} \right) \right.$$
$$\left. + \lambda_t \left(w_t(l) N_t(l) + R_t^k u_t K_t + \frac{\Pi_t}{P_t} - T_t - RC_t + (1+i_{t-1}) \frac{B_t}{P_t} - C_t - I_t - \frac{B_{t+1}}{P_t} \right) \right\}$$

$$\tag{4.3.11}$$

其中，λ_t、μ_t 分别为预算约束和资本积累方程的拉格朗日乘子。λ_t 表示多增加一单位收入带来的边际效用；μ_t 表示多增加一单位的资本积累带来的边际效用[1]。因此可定义边际托宾 Q 如下：

$$q_t \equiv \frac{\mu_t}{\lambda_t} \tag{4.3.12}$$

即 q_t 表示每增加一单位的资本存量，能带来多少实际利润 (收入)。拉格朗日函数关于消费、债券、资本利用率、投资和资本存量的一阶条件分别为

$$\lambda_t = \frac{1}{C_t - bC_{t-1}} - \beta b E_t \frac{1}{C_{t+1} - bC_t} \tag{4.3.13}$$

---

[1] 前文已经多次提及并解释乘子的含义。

$$\lambda_t = \beta E_t \lambda_{t+1} \left(\frac{1+i_t}{\pi_{t+1}} \right), \quad \pi_t \equiv \frac{P_t}{P_{t-1}} \tag{4.3.14}$$

$$R_t^k = \frac{1}{z_t} \left(\chi_1 + \chi_2 (u_t - 1) \right) \tag{4.3.15}$$

$$\lambda_t = \mu_t z_t \left(\left(1 - \frac{\phi}{2} \left(\frac{I_t}{I_{t-1}} - 1 \right)^2 \right) - \phi \left(\frac{I_t}{I_{t-1}} - 1 \right) \frac{I_t}{I_{t-1}} \right) + $$
$$\beta E_t \mu_{t+1} z_{t+1} \phi \left(\frac{I_{t+1}}{I_t} - 1 \right) \left(\frac{I_{t+1}}{I_t} \right)^2 \tag{4.3.16}$$

$$\mu_t = \beta E_t \left(\lambda_{t+1} \left(R_{t+1}^k u_{t+1} - \frac{1}{z_{t+1}} \left(\chi_1 (u_{t+1} - 1) + \frac{\chi_2}{2} (u_{t+1} - 1)^2 \right) \right) + \mu_{t+1} (1-\delta) \right) \tag{4.3.17}$$

接下来推导家庭的工资决定来引入工资黏性设定。为了推导和分析的简便性，此处未考虑指数化调整 (Indexation)，即不能最优调整工资的家庭根据通胀来调整工资，而是简单地假设不能最优调整工资的家庭保持工资不变，直到下一次调整为止。假定在每一期，家庭能够最优调节工资的概率为 $1-\phi_w$，即有 ϕ_w 的概率不能最优调节工资，其工资仍为未调整前的工资即保持不变。此处 ϕ_w 类似于黏性价格设定中的参数 ϕ_p[1]，决定了工资黏性的大小程度。家庭选择最优名义工资 $W_t(l)$，以最大化其效用。效用分为两个部分，第一个是劳动带来的负效用；第二个是劳动带来收入产生的正效用，并使用拉格朗日乘子将其转换为效用 [假设家庭能够在第 t 期最优调整工资为 $W_t(l)$，而后各期无法调整其工资的情形：此即 $W_{t+s}(l) = W_t(l), s > 0$，此时对应的最优化问题为]：

$$\mathcal{L} \equiv E_t \sum_{s=0}^{\infty} (\beta \phi_w)^s \left(\underbrace{-\psi \frac{N_{t+s}(l)^{1+\eta}}{1+\eta}}_{\text{劳动负效用}} + \lambda_{t+s} \overbrace{\underbrace{\frac{W_{t+s}(l)}{P_{t+s}} N_{t+s}(l)}_{\text{劳动收入，消费为单位}}}^{\text{劳动收入的正效用}} \right) \tag{4.3.18}$$

其受约束于劳动需求曲线 (4.3.3)

$$N_{t+s}(l) \leqslant \left(\frac{W_{t+s}(l)}{W_{t+s}} \right)^{-\epsilon_w} N_{t+s}$$

注意到 $W_{t+s}(l) = W_t(l), s > 0$ 和劳动需求曲线 (4.3.3)，那么拉格朗日函数 (4.3.18) 式可写为

---

[1] 本书 **"4.2 新凯恩斯 (NK) 模型"** 中使用的价格黏性参数为 θ。

$$\mathcal{L} \equiv E_t \sum_{s=0}^{\infty} \left(\beta\phi_w\right)^s \left(-\psi \frac{\left(\left(\frac{W_t(l)}{W_{t+s}}\right)^{-\epsilon_w} N_{t+s}\right)^{1+\eta}}{1+\eta} + \lambda_{t+s} \left(\frac{W_t(l)}{P_{t+s}} \left(\frac{W_t(l)}{W_{t+s}}\right)^{-\epsilon_w} N_{t+s} \right) \right) \tag{4.3.19}$$

拉格朗日函数 (4.3.19) 关于名义最优工资 $W_t(l)$ 的一阶条件为

$$0 = \frac{\partial \mathcal{L}}{\partial W_t(l)} = E_t \sum_{s=0}^{\infty} \left(\beta\phi_w\right)^s \left(\psi\epsilon_w \left(W_t(l)\right)^{-(1+\eta)\epsilon_w-1} \left(W_{t+s}\right)^{(1+\eta)\epsilon_w} N_{t+s}^{1+\eta} \right)$$
$$- E_t \sum_{s=0}^{\infty} \left(\beta\phi_w\right)^s \left(\frac{\lambda_{t+s}}{P_{t+s}}(\epsilon_w-1)\left(W_t(l)\right)^{-\epsilon_w}\left(W_{t+s}\right)^{\epsilon_w} N_{t+s} \right) \tag{4.3.20}$$

名义最优工资 $W_t(l)$ 的一阶条件 (4.3.20) 两边同时除以 $(W_t(l))^{-\epsilon_w}$，整理可得：

$$\left(W_t(l)\right)^{1+\eta\epsilon_w} = \frac{\epsilon_w}{\epsilon_w-1} \frac{E_t \sum_{s=0}^{\infty} \left(\beta\phi_w\right)^s \left(\psi W_{t+s}^{(1+\eta)\epsilon_w} N_{t+s}^{1+\eta}\right)}{E_t \sum_{s=0}^{\infty} \left(\beta\phi_w\right)^s \left(\frac{\lambda_{t+s}}{P_{t+s}} W_{t+s}^{\epsilon_w} N_{t+s}\right)} \tag{4.3.21}$$

(4.3.21) 两边同时除以 $P_t^{1+\eta\epsilon_w}$，可得关于最优实际工资 $w_t(l) \equiv \frac{W_t(l)}{P_t}$ 的一阶条件为

$$\left(w_t^*\right)^{1+\epsilon_w\eta} = \left(w_t(l)\right)^{1+\epsilon_w\eta} = \frac{\epsilon_w}{\epsilon_w-1} \frac{E_t \sum_{s=0}^{\infty} \left(\beta\phi_w\right)^s \psi w_{t+s}^{\epsilon_w(1+\eta)} \Pi_{t,t+s}^{\epsilon_w(1+\eta)} N_{t+s}^{1+\eta}}{E_t \sum_{s=0}^{\infty} \left(\beta\phi_w\right)^s \lambda_{t+s} w_{t+s}^{\epsilon_w} \Pi_{t,t+s}^{\epsilon_w-1} N_{t+s}} \tag{4.3.22}$$

其中，$\Pi_{t,t+s} \equiv \frac{P_{t+s}}{P_t}$ 为 t 期到 $t+s$ 期的累积通货膨胀率。当 $s=0$ 时，$\Pi_{t,t}=1$；$w_t \equiv \frac{W_t}{P_t}$ 为加总的实际工资。可看出，上式中最优工资不再是下标 l 的函数，因此使用 w_t^* 替代 $w_t(l)$。也就是说，所有能够最优调整工资的家庭都选择相同的工资。若引入辅助变量：

$$H_{1t} \equiv E_t \sum_{s=0}^{\infty} \left(\beta\phi_w\right)^s \psi w_{t+s}^{\epsilon_w(1+\eta)} \Pi_{t,t+s}^{\epsilon_w(1+\eta)} N_{t+s}^{1+\eta} \tag{4.3.23}$$

$$H_{2t} \equiv E_t \sum_{s=0}^{\infty} \left(\beta\phi_w\right)^s \lambda_{t+s} w_{t+s}^{\epsilon_w} \Pi_{t,t+s}^{\epsilon_w-1} N_{t+s} \tag{4.3.24}$$

那么最优工资的一阶条件 (4.3.22) 可写为

$$\left(w_t^*\right)^{1+\epsilon_w\eta} = \frac{\epsilon_w}{\epsilon_w-1} \frac{H_{1t}}{H_{2t}} \tag{4.3.25}$$

由于指数 $1+\epsilon_w\eta$ 在正常的参数校准值下会比较大，比如 $\epsilon_w=11$，$\eta=2$ 此时 $1+\epsilon_w\eta=23$，这在数值计算上会产生较大的问题，因此对上述最优条件进行改写，近一步引入辅助变量：

$$\bar{H}_{1t} \equiv \frac{H_{1t}}{\left(w_t^*\right)^{\epsilon_w(1+\eta)}}, \quad \bar{H}_{2t} \equiv \frac{H_{2t}}{\left(w_t^*\right)^{\epsilon_w}} \tag{4.3.26}$$

并将 $\bar{H}_{1t}$、$\bar{H}_{2t}$ 写成递归形式，那么上述最优条件最终可写为

$$w_t^* = \frac{\epsilon_w}{\epsilon_w - 1} \frac{\bar{H}_{1t}}{\bar{H}_{2t}} \tag{4.3.27}$$

$$\bar{H}_{1t} = \psi \left(\frac{w_t}{w_t^*}\right)^{\epsilon_w(1+\eta)} N_t^{1+\eta} + \phi_w \beta E_t \left(\pi_{t+1}\right)^{\epsilon_w(1+\eta)} \left(\frac{w_{t+1}^*}{w_t^*}\right)^{\epsilon_w(1+\eta)} \bar{H}_{1t+1} \tag{4.3.28}$$

$$\bar{H}_{2t} = \lambda_t \left(\frac{w_t}{w_t^*}\right)^{\epsilon_w} N_t + \phi_w \beta E_t \left(\pi_{t+1}\right)^{\epsilon_w - 1} \left(\frac{w_{t+1}^*}{w_t^*}\right)^{\epsilon_w} \bar{H}_{2t+1} \tag{4.3.29}$$

在结束黏性工资设定讨论之前，有必要考虑上述最优条件在特殊条件下的表现形式：$\phi_w = 0$，也就是完全弹性工资的情况。

当 $\phi_w = 0$ 时，最优工资即为加总的实际工资，由最优定价方程 (4.3.27) 可知：

$$w_t^* = w_t = \mathcal{M}_w \frac{\psi N_t^{\eta}}{\lambda_t} = \mathcal{M}_w \frac{-U_{N,t}}{U_{C,t}} \equiv \mathcal{M}_w MRS_t, \quad \mathcal{M}_w \equiv \frac{\epsilon_w}{\epsilon_w - 1} \tag{4.3.30}$$

其中，$\mathcal{M}_w$ 为工资加成。在弹性工资设定下，工资加成 $\mathcal{M}_w$ 为常数。当 $\phi_w \neq 0$ 时，工资加成 $\mathcal{M}_w$ 不再为常数，而是呈现出波动的变量，即其标准差不再是 0。MRS_t 为边际替代率，即劳动的边际效用与消费的边际效用之比的绝对值。在完全弹性工资设定下，当 $\epsilon_w = +\infty$，劳动力替代弹性无穷大，即劳动力市场完全竞争，家庭不再具有工资议价能力，因此 $\mathcal{M}_w = 1$，此时实际工资和边际替代率完全相同，此为完全工资弹性和无垄断竞争的劳动力市场下的经典结论。

从上述分析中可看出，工资加成的存在及其波动，实际上代表了劳动力市场的扭曲程度。不同模型设定下对应的劳动供给方程总结于表 4.6 中。

表 4.6 3 种不同劳动力市场设定下的劳动供给方程

模 型 设 定	劳动供给方程
完全工资弹性、完全竞争的劳动力市场 $\epsilon_w = +\infty$, $\phi_w = 0$	$\frac{W_t}{P_t} = MRS_t \Leftrightarrow w_t - p_t = mrs_t$
完全工资弹性、垄断竞争的劳动力市场 $0 < \epsilon_w < +\infty$, $\phi_w = 0$	$\frac{W_t}{P_t} = \mathcal{M}_w MRS_t \Leftrightarrow w_t - p_t = mrs_t + \mu^w$

模 型 设 定	劳动供给方程
工资黏性、垄断竞争的劳动力市场 $0 < \epsilon_w < +\infty,\ 0 < \phi_w < 1$	$\dfrac{W_t}{P_t} = \mathcal{M}_{w,t} MRS_t \Leftrightarrow w_t - p_t = mrs_t + \mu_t^w$

注：表格中的小写字母变量表示对应大小字母的对数，和本节行文的符号有差异，注意区别；其中 μ^w 表示 $\mathcal{M}_w$ 的自然对数，μ_t^w 表示 $\mathcal{M}_{w,t}$ 的自然对数。

2. 厂商

和本章 "4.2.2 黏性价格设定与价格离散核 (Price Dispersion)" 一节类似，可以引入黏性价格设定。所不同的是，此处中间品厂商的生产函数包括了资本存量，因而推导细节上有所不同。

中间品厂商同样求解两阶段问题。在第一阶段问题中，确定中间品厂商的边际成本。假设中间品厂商的生产技术为

$$Y_t(j) = A_t \overline{K}_t(j)^\alpha N_t(j)^{1-\alpha}, \quad \overline{K}_t(j) = u_t K_t(j) \tag{4.3.31}$$

假设所有中间品厂商面临相同的实际工资 w_t 和资本收益率 R_t^k，厂商选择劳动、资本存量来最小化其成本：

$$\min_{\overline{K}_t(j), N_t(j)} w_t N_t(j) + R_t^k \overline{K}_t(j) \tag{4.3.32}$$

受约束于中间品的需求曲线：

$$A_t \overline{K}_t(j)^\alpha N_t(j)^{1-\alpha} \geq Y_t(j) = \left(\frac{P_t(j)}{P_t} \right)^{-\epsilon_p} Y_t \tag{4.3.33}$$

厂商成本最小化问题的拉格朗日函数为

$$\mathcal{L} \equiv -w_t N_t(j) - R_t^k \overline{K}_t(j) + \psi_t(j) \left(A_t \overline{K}_t(j)^\alpha N_t(j)^{1-\alpha} - \left(\frac{P_t(j)}{P_t} \right)^{-\epsilon_p} Y_t \right) \tag{4.3.34}$$

其中，$\psi_t(j)$ 为约束的拉格朗日乘子，可将其解释为实际边际成本[①]。

关于劳动与资本存量的一阶条件为

$$R_t^k = \psi_t(j) \alpha A_t \overline{K}_t(j)^{\alpha-1} N_t(j)^{1-\alpha} \tag{4.3.35}$$

$$w_t = \psi_t(j)(1-\alpha) A_t \overline{K}_t(j)^\alpha N_t(j)^{-\alpha} \tag{4.3.36}$$

[①] 因为目标函数为实际成本，预算约束为生产函数不小于需求函数，因此乘子意味着每多生产一单位产品所必须付出的实际成本，因此可将乘子解释为边际成本，前述已经多次提及。

消去拉格朗日乘子，可得：

$$\frac{w_t}{R_t^k} = \frac{1-\alpha}{\alpha}\frac{\overline{K}_t(j)}{N_t(j)} \qquad (4.3.37)$$

定义劳动和资本总需求变量为每个中间品厂商需求的简单加总：

$$N_t^d \equiv \int_0^1 N_t(j)\,\mathrm{d}j,\ \ \overline{K}_t \equiv \int_0^1 \overline{K}_t(j)\,\mathrm{d}j \qquad (4.3.38)$$

因而实际工资和资本收益比 (4.3.37) 可写为

$$\frac{w_t}{R_t^k} = \frac{1-\alpha}{\alpha}\frac{\overline{K}_t}{N_t^d} \qquad (4.3.39)$$

从 (4.3.39) 和 (4.3.37) 可知，单个中间品厂商使用的资本劳动比等于加总的资本劳动比，因此实际工资决定方程 (4.3.36) 可写为

$$w_t = \psi_t(j)(1-\alpha)A_t\left(\frac{\overline{K}_t}{N_t^d}\right)^{\alpha} \qquad (4.3.40)$$

这意味着单个中间品厂商面临的实际边际成本是相同的，因此可定义 $mc_t \equiv \psi_t(j)$，那么边际成本可写为

$$mc_t = \frac{w_t}{(1-\alpha)A_t}\left(\frac{\overline{K}_t}{N_t^d}\right)^{-\alpha} \qquad (4.3.41)$$

进一步由加总的资本劳动比率方程 (4.3.39)，可将资本收益率表示为

$$R_t^k = mc_t\alpha A_t\left(\frac{\overline{K}_t}{N_t^d}\right)^{\alpha-1} \qquad (4.3.42)$$

接下来考虑第二阶段问题——利润最大化问题，从而引入价格黏性。中间品厂商 j 的实际利润可表示为

$$\frac{\Pi_t(j)}{P_t} \equiv \frac{P_t(j)Y_t(j)}{P_t} - w_tN_t(j) - R_t^k\overline{K}_t(j) \qquad (4.3.43)$$

第二阶段问题的推导，从形式上和本章 "**4.2.2 黏性价格设定与价格离散核 (Price Dispersion)**" 一节完全一致，此处推导从略。最优定价方程如下：

$$\pi_t^* = \frac{\epsilon_p}{\epsilon_p-1}\pi_t\frac{x_{1t}}{x_{2t}} \qquad (4.3.44)$$

$$x_{1t} = \lambda_t mc_t Y_t + \phi_p\beta E_t x_{1t+1}\pi_{t+1}^{\epsilon_p} \qquad (4.3.45)$$

$$x_{2t} = \lambda_t Y_t + \phi_p\beta E_t x_{2t+1}\pi_{t+1}^{\epsilon_p-1} \qquad (4.3.46)$$

其中，λ_t 为家庭预算约束的拉格朗日乘子。此外关于 CPI 通胀递归关系与价格离散核递归关系式的推导完全一致，此处从略。

上述分析表明，模型引入投资变量后，厂商问题的一阶条件受到影响的是边际成本的定义和资本收益率的确定，而其余条件尚未受到影响，包括价格黏性的最优条件等。

3. 货币政策与财政政策

假设货币政策采用经典的 Taylor 规则：

$$i_t = (1-\rho_i)i + \rho_i i_{t-1} + (1-\rho_i)\left(\phi_\pi(\pi_t - \pi) + \phi_y(\log Y_t - \log Y_{t-1})\right) + \epsilon_t^i \tag{4.3.47}$$

其中，π 为通胀 π_t 的稳态值。此处短期名义利率对产出的变化率做出反应而非产出缺口，这是一种替代的建模方式。

假设政府支出只包括政府消费，不包括政府投资。假设政府支出为产出的可变比重 ω_t^g：

$$G_t = \omega_t^g Y_t \tag{4.3.48}$$

并进一步假设可变比重 ω_t^g 满足如下的 AR(1) 过程：

$$\omega_t^g = (1-\rho_g)\omega^g + \rho_g \omega_{t-1}^g + \epsilon_t^g \tag{4.3.49}$$

最后假设政府消费来源于一次性总量税收：

$$G_t = T_t \tag{4.3.50}$$

4.3.2 均衡

1. 均衡与加总

在均衡时，假设债券存量为 0，并且劳动供给等于劳动需求：$N_t = N_t^d$。加总单个家庭预算约束可得总约束为

$$C_t + I_t = \int_0^1 w_t(l)N_t(l)\mathrm{d}l + R_t^k u_t K_t + \frac{\Pi_t}{P_t} - T_t - RC_t \tag{4.3.51}$$

由最终劳动生产厂商的零利润条件 (4.3.2)，可将加总的预算约束 (4.3.51) 进一步写为

$$C_t + I_t = w_t N_t + R_t^k u_t K_t + \frac{\Pi_t}{P_t} - T_t - RC_t \tag{4.3.52}$$

将中间品厂商的实际利润 (4.3.43)，进行加总得到：

$$\begin{aligned}
\frac{\Pi_t}{P_t} &\equiv \int_0^1 \frac{\Pi_t(j)}{P_t}\mathrm{d}j = \int_0^1 \frac{P_t(j)Y_t(j)}{P_t}\mathrm{d}j - w_t\int_0^1 N_t(j)\mathrm{d}j - R_t^k\int_0^1 \bar{K}_t(j)\mathrm{d}j \\
&= Y_t - w_t N_t^d - R_t^k u_t K_t
\end{aligned} \tag{4.3.53}$$

结合加总的预算约束 (4.3.52) 和加总的实际利润 (4.3.53)，可得总资源约束方程：

$$Y_t = C_t + I_t + G_t + \frac{K_t}{z_t}\left(\chi_1(u_t - 1) + \frac{\chi_2}{2}(u_t - 1)^2\right) \tag{4.3.54}$$

因此，在均衡条件中只需要包含此资源约束方程，而无须包括预算约束方程。此外，关于模型的生产技术的加总、价格离散核递归方程的推导，和本书"**4.2.2 黏性价格设定与价格离散核 (Price Dispersion)**"一节完全类似，此处不再赘述。

2. 参数校准 (见表 4.7)

表 4.7 参 数 校 准

参 数	校 准 值	含 义
β	0.99	家庭主观贴现因子，意味着年无风险利率为 4.1%，同时也意味着模型对应的数据频率为季度①
α	1/3	资本的产出份额 $\alpha = \dfrac{K}{Y}\dfrac{\partial Y}{\partial K}$
ϵ_w	11	异质性劳动之间的替代弹性，意味着工资加成为 10%
ϵ_p	11	不同中间品之间的替代弹性，意味着价格加成为 10%
ϕ_p	0.75	价格黏性参数，意味着价格平均调整周期为 1 年，即 4 个季度
ϕ_w	0.75	工资黏性参数，意味着工资平均调整周期为 1 年，即 4 个季度
ω^g	0.2	政府支出比重的稳态值
b	0.65	消费习惯参数
ϕ	2	投资调整成本参数
η	1	劳动供给的 Frisch 弹性的倒数
χ_1	由稳态计算决定，不能自由校准	资本利用率成本参数
χ_2	0.01	资本利用率成本参数
$\rho_x, x=i, a, z, g$	0.90	外生冲击的持续性参数，利率 (i)、技术 (a)、投资边际效率 (z) 和政府支出 (g) 冲击；仅作示例
$\sigma_x, x=i, a, z, g$	0.01	外生冲击的标准差参数，利率 (i)、技术 (a)、投资边际效率 (z) 和政府支出 (g) 冲击；仅作示例
δ	0.025	资本折旧参数

① 根据 (总) 名义利率的计算公式，$i = \pi/\beta$；由于模型假定稳态通胀为 0，即 $\pi = 1$、$\beta = 0.99$，如果数据频率为年度，那么这意味着年化名义利率为 1%，此值过于偏低。若假设数据频率为季度，那么年化名义利率为 $i^4 - 1 = (\pi/\beta)^4 - 1 = 4.1\%$，此值 符合常理。在通胀稳态为大于 0，比如 2% 时，即 $\pi = 1.02$，此时假设数据频率为年度是合理的，因为此时年化名义利率为 3%，当然可以先设定一个年化名义利率的值，根据此处的计算公式倒推主观贴现因子也可。

参　数	校　准　值	含　义
ϕ_π	1.5	Taylor 规则中利率对通胀的反应系数
ϕ_y	0.5	Taylor 规则中利率对产出变化率的反应系数
ψ	由稳态计算决定，不能自由校准	劳动负效用的系数，因为稳态时假设劳动为 1/3，因此该参数不能自由校准

数据来源：作者自行校准。

3. 均衡定义

模型均衡由如下 26 个内生变量 λ_t、μ_t、Y_t、A_t、N_t、C_t、I_t、R_t^k、K_t、u_t、$\overline{K}_t$、G_t、z_t、i_t、w_t^*、w_t、x_{1t}、x_{2t}、$\overline{H}_{1t}$、$\overline{H}_{2t}$、d_t^p、π_t、π_t^*、mc_t、ω_t^g、q_t 和如下 26 个均衡条件组成：

- Euler 方程

$$\lambda_t = \frac{1}{C_t - bC_{t-1}} - \beta b E_t \frac{1}{C_{t+1} - bC_t} \tag{4.3.55}$$

- 债券的一阶条件

$$\lambda_t = \beta E_t \lambda_{t+1} \left(\frac{1+i_t}{\pi_{t+1}} \right), \quad \pi_t \equiv \frac{P_t}{P_{t-1}} \tag{4.3.56}$$

- 资本利用率的一阶条件

$$R_t^k = \frac{1}{z_t} \left(\chi_1 + \chi_2 (u_t - 1) \right) \tag{4.3.57}$$

- 投资的一阶条件

$$\lambda_t = \mu_t z_t \left(\left(1 - \frac{\phi}{2} \left(\frac{I_t}{I_{t-1}} - 1 \right)^2 \right) - \phi \left(\frac{I_t}{I_{t-1}} - 1 \right) \frac{I_t}{I_{t-1}} \right)$$
$$+ \beta E_t \mu_{t+1} z_{t+1} \phi \left(\frac{I_{t+1}}{I_t} - 1 \right) \left(\frac{I_{t+1}}{I_t} \right)^2 \tag{4.3.58}$$

- 资本存量的一阶条件

$$\mu_t = \beta E_t \left(\lambda_{t+1} \left(R_{t+1}^k u_{t+1} - \frac{1}{z_{t+1}} \left(\begin{matrix} \chi_1 (u_{t+1} - 1) \\ + \frac{\chi_2}{2} (u_{t+1} - 1)^2 \end{matrix} \right) \right) + \mu_{t+1} (1-\delta) \right) \tag{4.3.59}$$

- 最优工资定价方程

$$w_t^* = \frac{\epsilon_w}{\epsilon_w - 1} \frac{\overline{H}_{1t}}{\overline{H}_{2t}} \tag{4.3.60}$$

- 辅助方程

$$\bar{H}_{1t} = \psi \left(\frac{w_t}{w_t^*} \right)^{\epsilon_w(1+\eta)} N_t^{1+\eta} + \phi_w \beta E_t \left(\pi_{t+1} \right)^{\epsilon_w(1+\eta)} \left(\frac{w_{t+1}^*}{w_t^*} \right)^{\epsilon_w(1+\eta)} \bar{H}_{1t+1} \tag{4.3.61}$$

- 辅助方程

$$\bar{H}_{2t} = \lambda_t \left(\frac{w_t}{w_t^*} \right)^{\epsilon_w} N_t + \phi_w \beta E_t \left(\pi_{t+1} \right)^{\epsilon_w - 1} \left(\frac{w_{t+1}^*}{w_t^*} \right)^{\epsilon_w} \bar{H}_{2t+1} \tag{4.3.62}$$

- 工资递归方程

$$w_t^{1-\epsilon_w} = \left(1 - \phi_w \right) \left(w_t^* \right)^{1-\epsilon_w} + \pi_t^{\epsilon_w - 1} \phi_w w_{t-1}^{1-\epsilon_w} \tag{4.3.63}$$

- 最优价格方程

$$\pi_t^* = \frac{\epsilon_p}{\epsilon_p - 1} \pi_t \frac{x_{1t}}{x_{2t}} \tag{4.3.64}$$

- 最优价格辅助方程

$$x_{1t} = \lambda_t mc_t Y_t + \phi_p \beta E_t x_{1t+1} \pi_{t+1}^{\epsilon_p} \tag{4.3.65}$$

- 最优价格辅助方程

$$x_{2t} = \lambda_t Y_t + \phi_p \beta E_t x_{2t+1} \pi_{t+1}^{\epsilon_p - 1} \tag{4.3.66}$$

- CPI通胀递归方程

$$\pi_t^{1-\epsilon_p} = \left(1 - \phi_p \right) \left(\pi_t^* \right)^{1-\epsilon_p} + \phi_p \tag{4.3.67}$$

- 价格离散核递归方程

$$d_t^p = \left(1 - \phi_p \right) \left(\pi_t^* \right)^{-\epsilon_p} \pi_t^{\epsilon_p} + \pi_t^{\epsilon_p} \phi_p d_{t-1}^p \tag{4.3.68}$$

- 资源约束方程

$$Y_t = C_t + I_t + G_t + \frac{K_t}{z_t} \left(\chi_1 \left(u_t - 1 \right) + \frac{\chi_2}{2} \left(u_t - 1 \right)^2 \right) \tag{4.3.69}$$

- 加总生产函数

$$Y_t = \frac{A_t K_t^\alpha \cdot N_t^{1-\alpha}}{d_t^p} \tag{4.3.70}$$

- 边际成本方程

$$mc_t = \frac{w_t}{\left(1 - \alpha \right) A_t} \left(\frac{\bar{K}_t}{N_t^d} \right)^{-\alpha} \tag{4.3.71}$$

- 资本收益方程

$$R_t^k = mc_t \alpha A_t \left(\frac{\bar{K}_t}{N_t^d} \right)^{\alpha-1}$$ (4.3.72)

- 政府消费

$$G_t = \omega_t^g Y_t$$ (4.3.73)

- 政府消费比重AR(1)过程

$$\omega_t^g = \left(1 - \rho_g \right) \omega^g + \rho_g \omega_{t-1}^g + \epsilon_t^g$$ (4.3.74)

- 资本积累方程

$$K_{t+1} = z_t \left(1 - \frac{\phi}{2} \left(\frac{I_t}{I_{t-1}} - 1 \right)^2 \right) I_t + \left(1 - \delta \right) K_t$$ (4.3.75)

- 有效资本

$$\bar{K}_t = u_t K_t$$ (4.3.76)

- 技术冲击AR(1)过程

$$\log A_t = \rho_a \log A_{t-1} + \epsilon_t^a$$ (4.3.77)

- 投资边际效率AR(1)过程

$$\log z_t = \rho_z \log z_{t-1} + \epsilon_t^z$$ (4.3.78)

- 泰勒规则

$$i_t = \left(1 - \rho_i \right) i + \rho_i i_{t-1} + \left(1 - \rho_i \right) \left(\phi_\pi \left(\pi_t - \pi \right) + \phi_y \left(\log Y_t - \log Y_{t-1} \right) \right) + \epsilon_t^i$$ (4.3.79)

- 边际托宾Q

$$q_t \equiv \frac{\mu_t}{\lambda_t}$$ (4.3.80)

在均衡时，劳动供给 N_t 等于劳动需求：N_t^d。工资递归方程的推导可参考 CPI 通胀方程的推导过程，具体见本书 **"4.2.2 黏性价格设定与价格离散核 (Price Dispersion)"** 一节。

4. 模型稳态

首先，稳态时 AR(1) 变量的稳态为单位 1，这包括技术变量的稳态 A 和投资边际效率冲击变量 z；政府消费比重 ω^g 被校准为 0.2，仅作示例。其次，为了计算方便，此处假设稳态的净通胀为 0，即 $\pi = 1$，因而由 CPI 通胀递归方程 (4.3.67)，可得重定价净通胀率的稳态也为 0，即 $\pi^* = 1$。因此由价格离散核 d_t^p 的递归方程 (4.3.68) 可知 d_t^p 的稳态为单位 1。进一步，由工资递归方程，可知实际工资和重定价工资相同：$w = w^*$。根据 CEE(2005)

将资本利用率 u_t 的稳态校准为单位 1，因此资本存量和有效资本稳态相同：$K = \bar{K}$。此外，为了计算上的方便，假设劳动的稳态值为 1/3，从而需要内生确定参数 ψ[①]。由债券一阶条件 (4.3.56)、资本存量的一阶条件 (4.3.59) 和资本利用率一阶条件 (4.3.57)，可得名义利率与资本收益率的稳态值和参数 χ_1：

$$1 + i = \frac{\pi}{\beta}, \quad \chi_1 = R^k = \frac{1}{\beta} - (1 - \delta) \tag{4.3.81}$$

由最优价格方程 (4.3.64) 可得边际成本稳态值：

$$mc = \frac{\epsilon_p - 1}{\epsilon_p} \tag{4.3.82}$$

然后由边际成本方程 (4.3.71) 可得实际工资稳态值：

$$w = (1 - \alpha) \left(\alpha^\alpha \frac{mc}{\left(R^k \right)^\alpha} \right)^{\frac{1}{1-\alpha}} \tag{4.3.83}$$

进一步由资本收益方程 (4.3.72) 可得资本劳动比

$$\frac{K}{N} = \frac{w}{R^k} \frac{\alpha}{1 - \alpha} \tag{4.3.84}$$

因而资本存量的稳态 K 可求出。

再次，由生产技术和资本积累方程可得产出和投资的稳态：

$$Y = \frac{A \bar{K}^\alpha N^{1-\alpha}}{d^p}, \quad I = \delta K \tag{4.3.85}$$

由政府支出定义 (4.3.73)，可得政府支出的稳态 $G = \omega^g Y$。由资源约束方程可得消费：

$$C = Y - G - I \tag{4.3.86}$$

由 Euler 方程 (4.3.55) 可得乘子的稳态值

$$\lambda = \frac{1 - \beta b}{1 - b} C \tag{4.3.87}$$

再由最优工资方程 (4.3.60) 可得：

$$\psi = \frac{\epsilon_p - 1}{\epsilon_p} \frac{w}{\lambda} N \tag{4.3.88}$$

由投资的一阶条件可得 $\mu = \lambda$，以及边际托宾 Q 的稳态 $q = 1$。最后从 4 个辅助方程中求解出 4 个辅助变量的稳态值 $\bar{H}_1$、$\bar{H}_2$、x_1、x_2。

[①] 前文已经阐述过。此处，同样可以先校准参数 ψ，然后计算劳动的稳态值，不过这种方式稍微复杂，其结果并不影响模型的动态，只是稳态不同而已。因此为了简便，此处校准了劳动的稳态值，然后内生确定参数 ψ。

4.3.3 IRF分析

由于篇幅限制，模型文件不再列示，请参考本书提供的源文件 [①]。模型文件中内生变量以对数水平表示 (除资本收益率外)，因此纵轴表示百分比，即变量相对稳态的偏离百分比：比如对于产出，在一单位投资边际效率冲击下，第一期的反应是 7*1e-3=0.7%。

模型中包括了 4 个外生冲击，分别为技术冲击 ϵ_t^a，投资边际效率冲击 ϵ_t^z，政府支出冲击 ϵ_t^g 和利率冲击 ϵ_t^i。前 3 种正向冲击均为扩张性外生冲击 (Expansionary)，其中技术冲击属于供给冲击，投资边际效率冲击和政府支出冲击属于需求冲击。最后一种正向利率冲击为紧缩性外生冲击 (Contractionary)。

在一单位正向技术冲击、投资边际效率冲击和政府支出冲击下的脉冲响应图，分别如图 4.41 和图 4.42 所示 [②]。

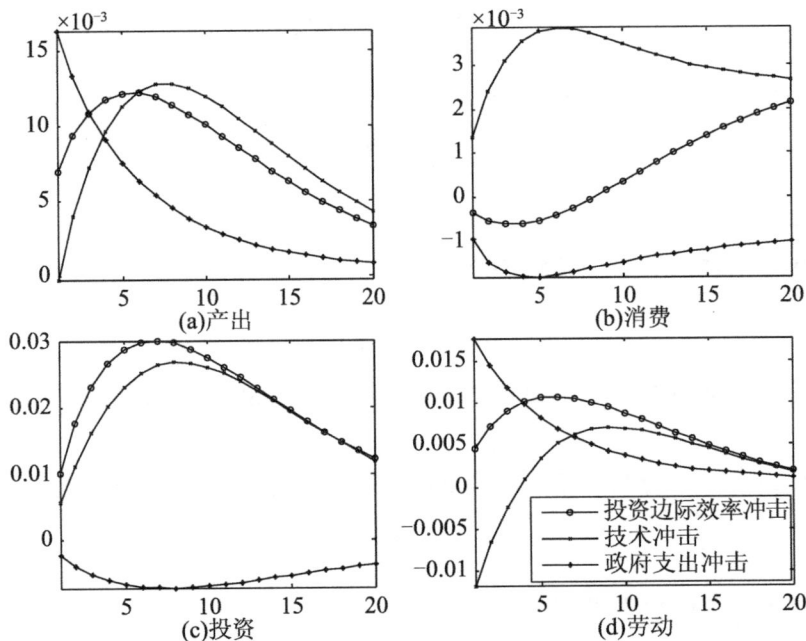

图 4.41 一单位正向投资边际效率冲击、技术冲击和政府支出冲击下各变量的脉冲响应图（Ⅰ）

① Mod 文件：\Sources\Chap4_NKmodels\4.3_Medium_Scale\mediumdsge.mod。请先运行模型文件对应的主文件：index.m 的第一部分，该主文件第一部分会先校准参数，然后计算稳态值，并传递给 mod 文件，并自动运行 mod 文件。注意 mod 文件中关于名义利率的处理和模型中稍有差异，模型中名义利率为净利率，而 mod 文件将其当作总利率。

② 在运行完毕 \Sources\Chap4_NKmodels\4.3_Medium_Scale\index.m 主文件的第一部分后，再立即执行第二部分，可得脉冲响应图。

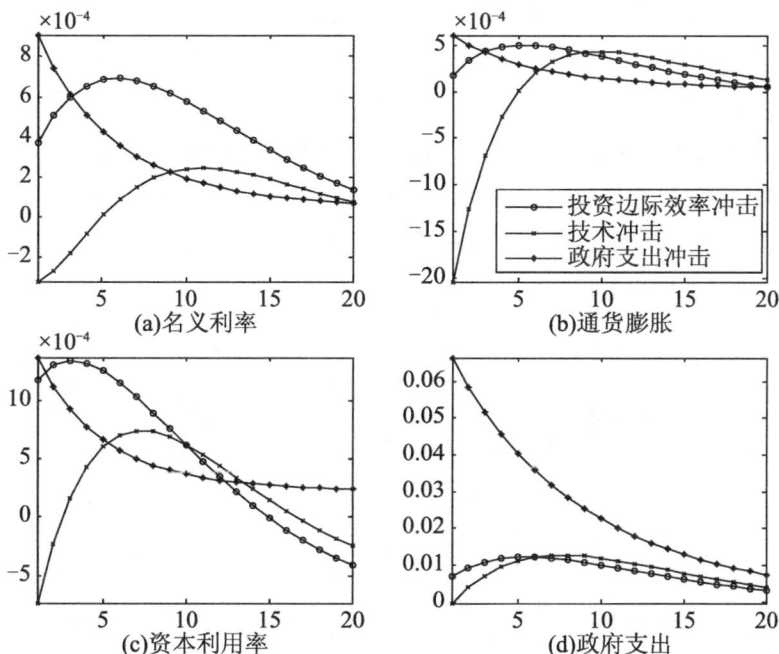

图 4.42 一单位正向投资边际效率冲击、技术冲击和政府支出冲击下各变量的脉冲响应图（Ⅱ）

在一单位正向技术冲击、投资边际效率冲击和政府支出冲击下，产出都增加（因而政府支出的增加，政府支出是产出的一个比例）。这说明 3 个冲击都是扩张性冲击。但消费和投资却有增有减，这是由于 3 个外生冲击的各自性质决定的。

技术冲击的供给属性不仅使得产出增加，而且消费、投资均增加。同时工资上升，边际成本下降，从而通胀下降。投资边际效率冲击属于需求冲击，因此在多种需求之间具有替代作用。因而在正向投资边际效率冲击下，消费减少，投资增加。这是因为投资边际效率的增大，意味着一单位投资能转换为更多的资本存量，从而带来更多的产出。因此家庭对此的反应是减少消费，增加投资。

一单位正向政府支出冲击下（实为政府支出比重变量的外生冲击，1%），导致了政府支出较大增长，达到 6.64%（相对于稳态）。这种增长导致了对私人消费和投资的严重挤出效应 (Crowd-Out Effect)，并伴随着通胀上升。容易计算出政府支出乘数此时为

$$\lambda_g \equiv \frac{Y\_eg(1)*Y}{G\_eg(1)*G} = 1.233\,5 > 1 \tag{4.3.89}$$

其中，$Y\_eg(1)$，$G\_eg(1)$ 分别表示一单位正向政府支出冲击下，产出和政府支出第一期

脉冲响应值；Y、G 分别表示产出和政府支出的稳态值[①]。

在政府支出增加幅度小于产出增加的幅度，而且消费和投资均减少时，资源约束如何成立呢？事实上，这是由于资本利用率的提高，使得利用率成本上升所致。也就是说，多余的资源以调整成本的方式被消耗掉。此外，一单位正向利率冲击下各变量的脉冲响应图，如图 4.43 所示。正向利率冲击下，根据 Taylor 规则，短期名义利率升高，因此带来了紧缩效应。产出、消费、投资、政府支出、劳动均呈现出不同程度的下降态势，经济出现紧缩。

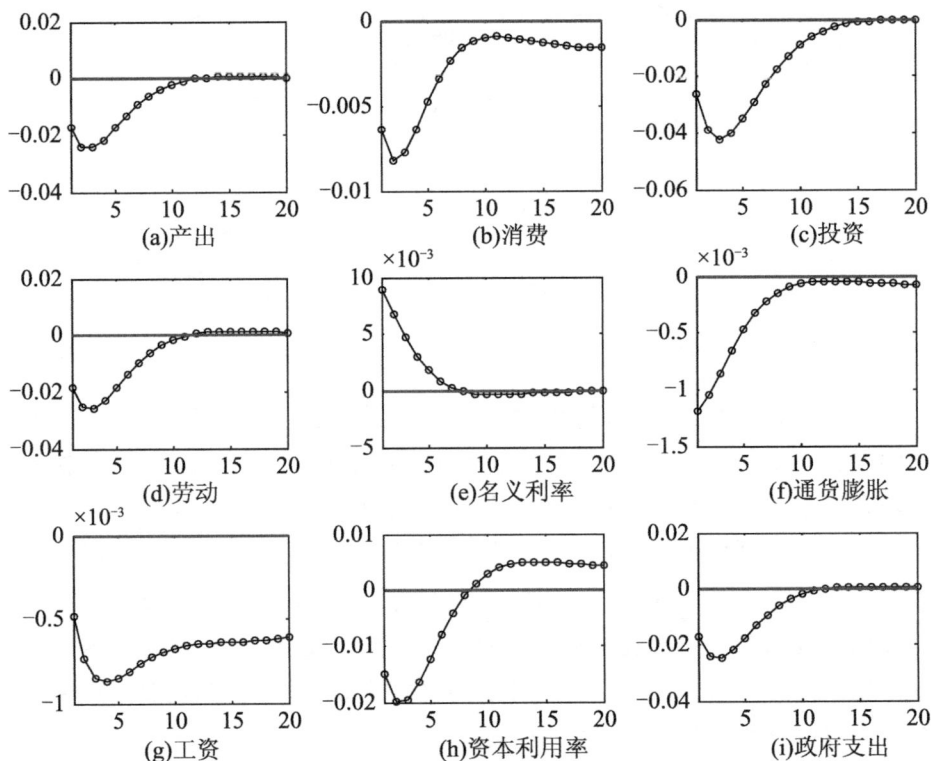

图 4.43　一单位正向利率冲击下各变量的脉冲响应图

---

① 注意政府支出乘数的计算公式为什么具有这种形式。这是由于变量在模型文件中以对数水平的形式出现，因此脉冲响应是指变量对稳态的偏离的百分比，因此必须乘以稳态值将其转换为水平变量，这样 (4.3.89) 分子、分母分别表示产出和政府支出对其稳态的偏离水平值，因此之比表示一单位政府支出伴随的产出增加的多少，此即为政府支出乘数。注意该支出乘数大于一并不受制于政府支出占比稳态大小的约束。

4.3.4　黏性设定对比分析

为了分析不同黏性设定 (如表 4.8 所示) 下的影响，只画出 4 个主要变量对技术冲击和货币政策冲击的脉冲响应图以对比分析，如图 4.44 和图 4.45 所示 [①]。

表 4.8　价格和工资黏性设定下的黏性参数值

模 型 设 定	对应黏性参数设置
同时设定价格和工资黏性	$\phi_p = 0.75$，$\phi_w = 0.75$
只有价格黏性	$\phi_p = 0.75$，$\phi_w = 0$
只有工资黏性	$\phi_p = 0$，$\phi_w = 0.75$

注：实现不同的黏性设定，只需要简单地修改黏性参数值即可实现，无须更改相关均衡条件。

从图 4.44 可看出，在一单位正向技术冲击 (供给冲击) 下，只有工资黏性设定 (即价格弹性) 时产出的脉冲响应最高，只有价格黏性时产出的脉冲响应是最低的，同时设定黏性价格和黏性工资时则大致位于中间。实际工资基本类似，但通胀和名义利率在三种设定下的差异并不明显。

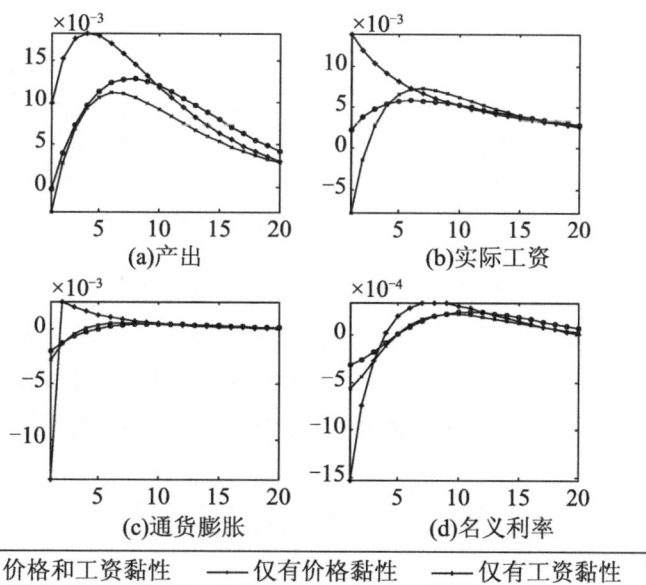

图 4.44　一单位正向技术冲击下的脉冲响应图 (3 种不同黏性设定情况)

---

① 　模型文件地址：\Sources\Chap4_NKmodels\4.3_Medium_Scale\comparision\price_wage_stickiness.mod。请直接运行该目录下的 index.m 文件，即可直接调用并运行模型文件。通过修改 index.m 文件中的黏性参数值来实现不同的黏性设定模型，无须修改模型文件本身，修改后的黏性参数值自动传递到模型文件中。同时在模型文件中添加了价格和工资加成变量，以帮助理解 3 种不同设定下的脉冲响应图。

在一单位正向利率冲击下，产出的脉冲响应在 3 种不同设定下的响应有别于技术冲击下的响应。实际工资的响应基本和技术冲击下的响应类似。通胀与名义利率在 3 种设定下的差异也不大 (见图 4.45)。

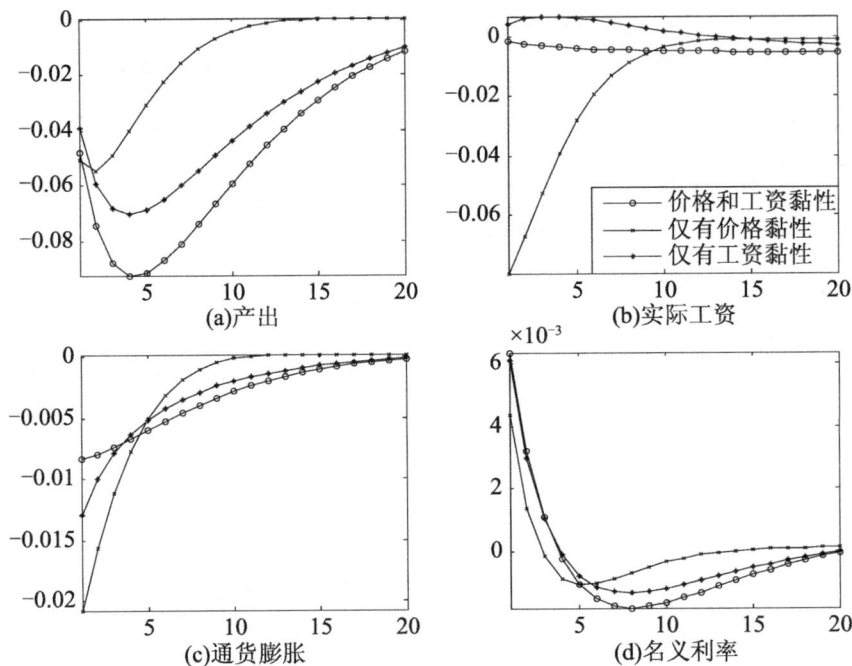

图 4.45　一单位正向货币政策冲击下的脉冲响应图 (3 种不同情况)

本质上说，上述不同价格和工资黏性的设定导致对外生冲击的不同反应，是由于经济中价格加成和工资加成对外生冲击的不同反应所致。接下来，简单考察价格加成和工资加成在两种不同冲击下的脉冲响应图，以更好地理解不同黏性设定之间的差异。

由表 4.5、表 4.6 可知，价格加成和工资加成的计算公式分别为

$$\mathcal{M}_t = \frac{w_t}{MPN_t} = \frac{w_t}{\partial Y_t / \partial N_t} = \frac{w_t N_t}{(1-\alpha) Y_t} \tag{4.3.90}$$

$$\mathcal{M}_{w,t} = \frac{w_t}{MRS_t} = \frac{w_t}{-U_{N,t}/U_{C,t}} = \frac{w_t \lambda_t}{\psi N_t^{\eta}} \tag{4.3.91}$$

将价格和工资加成及其计算公式加入模型文件，并画出其在技术冲击和货币政策冲击下的脉冲响应，如图 4.46 所示。

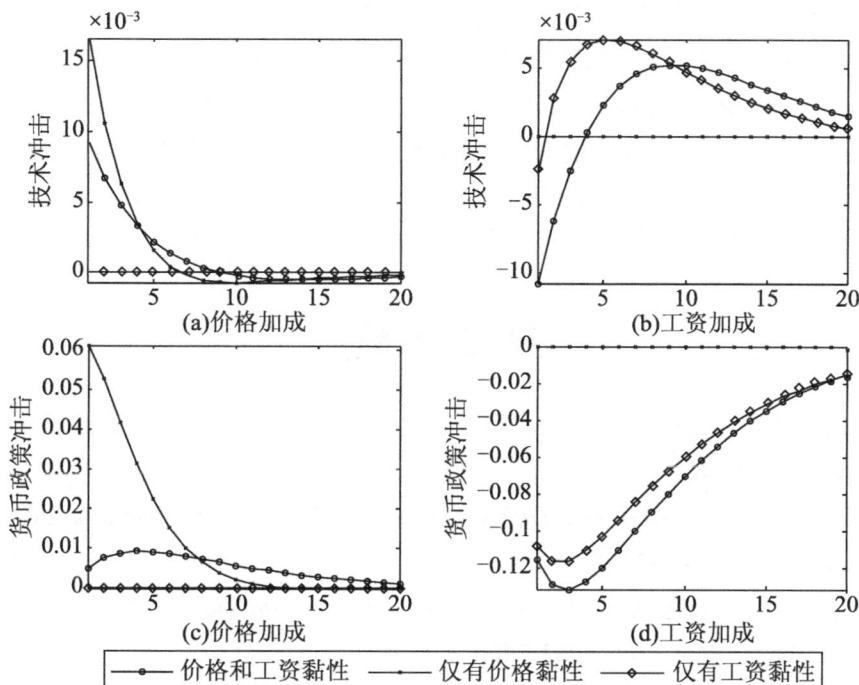

图 4.46　技术冲击和货币政策冲击下的价格和工资加成的脉冲响应

在一单位正向技术冲击下，价格趋于下降。但是在黏性价格设定下，意味着部分厂商的价格无法下降，因此价格加成趋于上升。价格加成上升意味着扭曲程度增加，因此黏性价格下产出的响应要低于弹性价格下产出的响应。实际工资在正向技术冲击下趋于升高（实际工资等于劳动的边际产出，边际产出是技术冲击的线性函数），由于黏性工资的存在，使得部分家庭的工资无法上升那么多，因此部分家庭的工资较低。这意味着工资加成下降到其稳态下，导致经济的扭曲程度下降程度之大，以至于在只有黏性工资设定下，经济的反应程度和弹性价格、弹性工资设定下经济的反应相当，甚至还高些（图 4.45，黏性工资下，产出的第一期波动幅度和技术冲击 1% 的波动幅度相当，而后高于 1%）。然后随着时间推移，未能调整工资的家庭逐步调高工资，使得工资加成逐步上升。

价格和工资加成对技术冲击反应的差异，导致了不同黏性设定下经济的反应有较大区别。两者反应的差异及经济的反馈结果在一定程度上支持了经济学中的次优定理[①]，即当经济中存在一种扭曲（如价格黏性）而无法消除时，引入另外一种扭曲设定（如黏性工

---

① 次优定理，Theory of Second Best，本章第 2 节中有提及。

资) 后两者可能存在相互抵消的效果，从而使得经济的总体效率得以提升。

在一单位正向利率冲击下，经济呈现紧缩。这和技术冲击的扩张效应有较大的区别。产出、劳动、实际工资和价格均出现不同程度的下降。当价格黏性存在时，价格下降使得价格加成呈现上升趋势，类似于技术冲击下的情形。但是工资加成的变化趋势有所变化。虽然工资黏性存在，但是产出、消费和劳动都出现了大幅下降，因此工资加成显著为负 (下降到稳态以下) 并持续为负。随着工资的调整，工资加成逐步上升。

参 考 文 献

[1] Bullard J., Mitra K. *Learning About Monetary Policy Rules*[J]. Journal of Monetary Economics, 2002, 49(6):1105-1129.

[2] Calvo G. A. *Staggered Prices in a Utility-Maximizing Framework*[J]. Journal of Monetary Economics, 1983, 12(3):383-398.

[3] Cass D. *Optimum Growth in an Aggregative Model of Capital Accumulation*[J]. Review of Economic Studies, 1965, 32(32):233-240.

[4] Christiano L. J., Eichenbaum M., Evans C. L. *Nominal Rigidities and the Dynamic Effects of a Shock to Monetary Policy*[J]. Journal of Political Economy, 2005, 113(1):1-45.

[5] Clarida R., Galí J., Gertler M. *The Science of Monetary Policy: A New Keynesian Perspective*[J]. Journal of Economic Literature, 1999, 37(4):1661-1707.

[6] Cooley T. F., Prescott E. C. *Economic Growth and Business Cycles*[M].Cooley T. F. Frontiers of Business Cycle Research. Princeton: Princeton University Press, 1995:1-38.

[7] Debreu G. *Theory of Value : An Axiomatic Analysis of Economic Equilibrium*[M]. Yale University Press, 1959.

[8] Erceg C. J., Henderson D. W., Levin A. T. *Optimal Monetary Policy with Staggered Wage and Price Contracts*[J]. Journal of Monetary Economics, 2000, 46(2):281-313.

[9] Fisher I., Barber W. J. *The Purchasing Power of Money*[J]. Journal of Political Economy, 1920, 37(959):758-763.

[10] Galí J. *Monetary Policy, Inflation, and the Business Cycle: An Introduction to the New Keynesian Framework*[M]. Princeton University Press, 2008.

[11] Galí J. *Monetary Policy, Inflation, and the Business Cycle: An Introduction to the New Keynesian Framework and its Applications (2nd Edition)*[M]. Princeton University Press,

2015.

[12] Galí J., Gertler M. *Inflation Dynamics: A Structural Econometric Analysis*[J]. Journal of Monetary Economics, 1999, 44(2):195-222.

[13] Greenwood J., Hercowitz Z., Huffman G. W. *Investment, Capacity Utilization, and the Real Business Cycle*[J]. American Economic Review, 1988, 78(3):402-417.

[14] Hansen G. D. *Indivisible Labor and the Business Cycle*[J]. Journal of Monetary Economics, 1985, 16(3):309-327.

[15] Hayashi F. *Tobin's Marginal Q and Average Q: A Neoclassical Interpretation*[J]. Econometrica, 1982, 50(1):213-224.

[16] Keynes J. M. *The General Theory of Employment Interest and Money*[M]. London: Macmillan, 1936.

[17] King R. G., Wolman. A. L. *Inflation Targeting in a St. Louis Model of the 21st Century*[J]. NBER Working Paper 5507, 1996.

[18] Koopmans T. C. *On the Concept of Optimal Economic Growth*[J]. Cowles Foundation Discussion Papers, 1963, No.163.

[19] Kydland F. E., Prescott E. C. *Time to Build and Aggregate Fluctuations*[J]. Econometrica, 1982, 50(6):1345-1370.

[20] Kydland F. E., Prescott E. C. *Rules Rather than Discretion: The Inconsistency of Optimal Plans*[J]. Journal of Political Economy, 1977, 85(3):473-491.

[21] Laffer A. B. *Government Exactions and Revenue Deficiencies*[M]. Macmillan Education UK, 1981: 1-21.

[22] Lucas R. E. *Econometric Policy Evaluation: A Critique: Carnegie-Rochester Conference Series on Public Policy*[C]. New York, Elsevier, 1976.

[23] Lucas R. E. *Expectations and the Neutrality of Money*[J]. Journal of Economic Theory, 1972, 4(2):103-124.

[24] Lucas R. E. *Some International Evidence On Output-Inflation Tradeoffs*[J]. American Economic Review, 1973, 63(3):326-334.

[25] McCallum B. T. *Robustness Properties of a Rule for Monetary Policy*[J]. Carnegie-Rochester Conference Series On Public Policy, 1988, 29(1):173-203.

[26] Mcgrattan E. R. *The Macroeconomic Effects of Distortionary Taxation*[J]. Journal of Monetary Economics, 1994, 33(3):573-601.

[27] Prescott E. C. *RBC Methodology and the Development of Aggregate Economic Theory*[M]. Taylor J. B., Uhlig H. Handbook of Macroeconomics. Elsevier, 2016:1759-1787.

[28] Ramsey F. P. *A Mathematical Theory of Saving*[J]. Economic Journal, 1928, 38(152):543-559.

[29] Rogerson R. *Indivisible Labor, Lotteries and Equilibrium*[J]. Journal of Monetary Economics, 1988, 21(1):3-16.

[30] Solow R. M. *A Contribution to the Theory of Economic Growth*[J]. Quarterly Journal of Economics, 1956, 70(1):65-94.

[31] Summers L. H. *Some Skeptical Observtions On Real Business Cycle Theory*[J]. Federal Reserve Bank of Minneapolis, Quarterly Review, 1986, 10(Fall):23-27.

[32] Swan T. W. *Economic Growth and Capital Accumulation*[J]. Economic Record, 1956, 32(2):334-361.

[33] Taylor J. B. *Discretion Versus Policy Rules in Practice*[J]. Carnegie-Rochester Conference Series On Public Policy, 1993, 39:195-214.

[34] Tobin J. *A General Equilibrium Approach to Monetary Theory*[J]. Journal of Money Credit & Banking, 1969, 1(1):15-29.

[35] Woodford M. *Control of the Public Debt: A Requirement for Price Stability?*[J]. NBER Working Paper 5684, 1996.

[36] Yun T. *Nominal Price Rigidity, Money Supply Endogeneity, and Business Cycles*[J]. Journal of Monetary Economics, 1996, 37(2):345-370.

[37] Zhang W. *China'S Monetary Policy: Quantity Versus Price Rules*[J]. Journal of Macroeconomics, 2009, 31(3):473-484.

[38] 谢平，罗雄 . 泰勒规则及其在中国货币政策中的检验 [J]. 经济研究 , 2002, 3:3-12.

第 2 篇

进 阶 篇

5

金融加速器机制及其 Dynare 实现

宏观经济学中有关金融市场摩擦 (Financial Frictions) 的理论由来已久。根据 Stiglitz(2018)，金融市场摩擦是指信贷配给 (Credit Rationing)、股权配给 (Equity Rationing) 及其相关的抵押约束 (Collateral Constraint) 等问题。其中由信息不对称 (Information Asymmetric) 和抵押约束等问题所产生金融市场摩擦已经成为文献中一般均衡框架下常见的建模要素。

起源于 20 世纪 70 年代的不完全信息理论，如委托—代理问题 (Principal-Agent) 和信息不对称问题，成为金融市场摩擦 (债务融资) 问题的一个重要来源。Townsend(1978, *JET*) 提出的有成本状态验证 (Costly State Verification，CSV) 理论，成为文献中分析金融市场摩擦的重要理论工具之一。金融市场摩擦的重要来源是金融市场的信息不对称。信息不对称是指金融市场中贷款人 (Lender) 和借款人 (Borrower) 具有不完全相同的信息集。贷款人不能无成本地观察到借款人的经济活动行为，因而无法有效地分散其贷款风险，即不能完全确保贷款 100% 安全回收。对此贷款人就会要求一个额外融资溢价 (External Finance Premium)，从而对于借款人来说外部融资 (信贷市场借款) 相对内部融资 (自有资金或净值) 更贵，这个外部融资溢价与借贷者的净资产负相关 (资产负债表)，这是信息不对称影响金融信贷市场的关键所在。外部融资溢价作为金融加速器机制中的一个关键元素，由于影响企业借贷成本，进而影响企业投资决策，触发加速器机制，是分析中不可或缺的。因此，基于不完全信息和 CSV 理论的分析框架，也被称之为外部融资溢价分析框架。

除了 CSV 理论外，文献中还有另外一支有关金融市场摩擦的建模方式，被称为抵押约束或有成本执行理论 (CE)。该理论最早可追溯到 Eaton & Gersovitz (1981, *RES*)、Kiyotaki & Moore (1997, *JPE*)。CE 理论和 CSV 理论不同，并不涉及信息不对称问题，而且建模较为简单。其基本的假设就是当债务违约发生时，贷款人只能收回部分贷款，和 CSV 一致都存在最优的债务合约问题，但在建模上却十分简化即借款人面临抵押约束，也就是说借款人所能借到的资金数量只能为其净值或自有资产的一部分。和 CSV 理论相同，资产价格的波动影响可贷资金数量，进而影响企业决策。CE 理论的建模方法非常类似于本书"**4.1.2 RBC 模型的拓展**"一节中的 CIA 建模方式，即引入一个额外的约束作为模型的均衡条件。

　　Brzoza-Brzezina，Kolasa & Makarski (2013，*JEDC*) 对上述两种关于金融摩擦建模方法 (CSV & CE) 在脉冲响应分析、矩匹配 (Moments Matching)、经济周期特点 (Business Cycle Accounting) 等方面对比分析了两者的优缺点，发现外部融资溢价分析框架 (CSV 框架) 关于经济周期的结果和经验研究结果更一致，而抵押约束分析框架 (CE 框架) 无法得到驼峰状的脉冲响应，并且在变量矩估计方面和实际数据差异较大。Brunnermeier, Eisenbach & Sannikov(2013) 对金融摩擦理论进行了综述，内容非常全面，值得一读 [1]。Walsh(2010,Chapter 10) 从信贷市场 (信贷渠道) 的角度来介绍金融市场摩擦，特别从逆向选择、道德风险、监督成本和代理成本的角度来解释信贷市场的不完美性 (Imperfection)，内容较为全面且易懂，也值得细致阅读。

　　本章并不打算介绍由信贷配给和股权配给等问题相关的金融市场摩擦，而是将重点放在介绍 CSV 理论下的建模框架上 [2]。首先介绍金融加速器机制的背景和内涵；然后介绍企业家的标准债务合约以及银行在金融加速器机制中的模型设定；再以企业家期望净回报为目标，推导出最优的债务合约，并进行数值举例和局部均衡分析；最后将 CSV 元素纳入一个简单的 RBC 模型中，示例如何通过 Dynare 求解带有金融加速器机制的一般均衡模型。在行文中，引入了供给冲击—储蓄成本溢价冲击的分析，同时吸收文献中最新的研究成果，纳入了一个需求冲击——风险冲击——的分析 [3]。

5.1　金融加速器机制的背景

　　Bernanke，Gertler & Gilchrist (1999，本节以下简称 BGG) 将 CSV 理论纳入一个简单的 DSGE 模型中，引入了标准债务合约和异质不确定性冲击，从而建立了真正意义上的金融加速器模型，成为诸多文献研究的起点和参考。

　　梅冬州和龚六堂 (2011) 对金融加速器机制做了细致解释。假设企业向金融中介申请

① 　RED(Review of Economic Dynamics) 杂志第 18 卷第 1 期专门刊载了金融摩擦理论的 8 篇文献 (2015 年 1 月)，值得关注：https://ideas.repec.org/s/red/issued.html。

② 　限于篇幅和时间限制，CE 理论的建模方法将在后续再版时给予考虑。

③ 　本章的写作受到了宾夕法尼亚大学 Jesus Fernandez-Villaverde 教授、西北大学 Lawrence J. Christiano 教授的启发，并借鉴他们的讲义。聆听两位教授的讲学是一种享受，在此一并表示感谢，当然文责自负。

贷款的贷款利率 Z 满足如下的函数关系式：

$$Z = R * f\left(\frac{A}{N}\right), f'(\cdot) > 0, f(1) = 1 \tag{5.1.1}$$

其中，R、A、N 分别表示无风险利率、企业总资产和企业净值 (Net Worth)。企业总资产由净值 N 加贷款构成；A/N 表示企业的投资杠杆；$f(x)$ 表示风险溢价函数，其一阶导数大于 0，这说明投资杠杆越大，即内部净值越少，外部融资越多时，融资溢价越高。当没有外部融资即杠杆为 1 时，企业贷款利率就是无风险利率即机会成本。当负向的外部冲击导致企业净值减少时，将会使得企业的外部融资溢价上升，提升企业外部融资成本，进而导致企业投资减少，造成产出下降，进一步导致消费下降，失业上升，经济处于紧缩，从而企业净值进一步下降，导致进一步恶化，这就是金融加速器机制。

赵振全，于震和刘淼 (2007) 认为，金融加速器机制发生的过程各有不同，但外生冲击都会通过影响借贷关系中的代理成本造成信贷市场发生信贷配给现象，并在"松"与"紧"两种状态之间转换，使得金融加速器机制作用于宏观经济波动。所谓信贷配给是指金融机构授信时，着重考虑企业贷款违约风险和贷款利率，常常将贷款贷给净值高、信用好、违约风险低的企业，对那些急需贷款的企业往往无法得到，从而造成企业融资需求得不到满足的现象。正如 Stiglitz(2018) 所说，信贷配给是金融市场摩擦的具体体现。

Christiano, Motto & Rostagno (2014，本节以下简称 CMR, *AER*) 通过引入风险冲击 (Risk Shock) σ_t，对金融加速器机制进行了拓展。CMR(2014) 首先将风险冲击定义为异质不确定性冲击 (Idiosyncratic Uncertainty, Idiosyncratic Productivity Shock，以下简称异质不确定性冲击) 的标准差，通过标准差的变动来表示经济风险的大小。其次将风险冲击引入加速器机制中，将贷款利率 (相对于无风险利率) 视为风险冲击的函数：

$$\frac{Z}{R} = f\left(\sigma_t; \frac{A}{N}, \dots\right), f'(\sigma_t) > 0 \tag{5.1.2}$$

即存贷款利差是风险冲击的增函数。随着风险的增大，存贷款利差增大，企业可获得的信贷将减少。因此，企业投资需求将会下降，因而产出、消费和就业下降。经济紧缩导致了生产的边际成本下降，因此通货膨胀下降。此时企业家净值也会下降 [CMR(2014) 使用了股票市值作为代理变量]，这一方面因为企业家的资本出租收益随着经济紧缩而下降，另一方面因资本价格下跌而下降。这进一步导致了企业家可获得的头寸下降，加速经济紧缩。

从上述的分析可以看到，对金融加速器机制的解释，无论是梅冬州和龚六堂 (2011) 使用外部融资溢价，还是 CMR(2014) 从风险冲击的角度，都有一个共同点即这些外部因素或冲击都影响借贷成本，进而影响企业或企业家的净值，减少了企业或企业家可获得的投资资源，即投资水平依赖于企业资产负债表。投资减少，导致经济紧缩，陷入恶性循环。这恰好与周炎和陈昆亭 (2014) 的观点吻合：金融加速器机制就是企业"资产负债表路径"，是经济冲击通过金融市场传导到实体经济的两个重要机制之一。这种经由信贷市场将外部冲击的作用效果放大的机制，导致"小冲击、大波动"的现象，才是金融加速器机制的核心所在，这也是 BGG(1999) 的核心要义。

在结束本节讨论之前，对上节提及的有成本执行理论 (CE) 做简单的讨论。CE 理论建模的基本方式是引入一个额外的约束条件，即抵押约束。引入抵押约束有几种方式，最简单的抵押约束有两种：第一种，工作资本 (Working Capital) 抵押约束；第二种，工作资本和投资抵押约束。

首先来看第一种建模方式。这种建模方式假定厂商支付的工人工资 (即工作资本) 需要通过外部融资来实现，外部融资要求企业抵押其自有资本，且融资总额不能超过其自有资本，通常情况下为自有资本的一部分，其抵押约束条件可写为

$$W_t N_t \leqslant \mu_t Q_t K_t \tag{5.1.3}$$

其中，$W_t N_t$ 为厂商需要支付的名义工资总额；Q_t 为单位资本的价格；$Q_t K_t$ 为资本价值；$\mu_t \in [0,1]$ 为外部融资比例。通常情况下将外部融资比例视为变量，随外部冲击变化而变化，可假定其服从 AR(1) 过程，如

$$\log \mu_t = (1-\rho) \log \mu + \rho \log \mu_{t-1} + \epsilon_t \tag{5.1.4}$$

其中，μ 为其稳态值。

第二种建模方式是在第一种的基础上，引入投资

$$W_t N_t + I_t \leqslant \mu_t Q_t K_t \tag{5.1.5}$$

也就是说，工作资本和投资都需要由外部融资来解决。或者仅仅假设投资需要外部融资来解决，即

$$I_t \leqslant \mu_t Q_t K_t \tag{5.1.6}$$

将上述抵押条件作为模型的均衡条件，从而可以研究 CE 建模方式即抵押约束带来的影响。

5.2 对数正态分布的基本概念

金融加速器机制中的异质不确定性冲击，可以通过引入概率统计学中的随机变量的概念加以定量刻画。考虑异质不确定性冲击主要作用于资产及其收益，要求该外生冲击

非负，因此，一个自然的选择就是引入对数正态随机变量作为外生异质不确定性冲击。

5.2.1 对数正态分布的定义

一般而言，随机变量 ω 称为服从对数正态分布，如果其对数 $\log(\omega)$ 服从正态分布，此时随机变量 ω 也被称为对数正态随机变量。换句话说，如果一个随机变量 x 服从正态分布，那么其指数函数 $\exp(\omega)$ 对应的随机变量服从对数正态分布。简言之，正态随机变量的指数函数（以自然对数的底数为底）对应的随机变量为对数正态随机变量：

$$\omega \sim \log \text{Normal} \Leftrightarrow \log(\omega) \sim \text{Normal}$$

其中，Normal 表示正态分布；log Normal 表示对数正态分布。因此，对数正态和正态分布是相互伴随的，也就是说，给定正态分布就给定了对数正态分布，反之亦然。

从上述定义可看出，对数正态随机变量的定义域为非负即 $\omega \in [0, +\infty]$，这和正态随机变量全数轴的定义域不同。这也是为什么对数正态随机变量能作为外生冲击变量进入模型的原因之一。

由于正态分布较为简单，常常用其均值和标准差参数来表征伴随的对数正态分布的均值和标准差（方差）。假设对数正态随机变量 ω 伴随的正态随机分布的均值和标准差分别为 μ、σ，即

$$\log(\omega) \sim N\left(\mu, \sigma^2\right) \tag{5.2.1}$$

根据定义，很容易求出对数正态随机变量 ω 的均值和和方差分别为

$$E(\omega) = \mathrm{e}^{\mu + \frac{\sigma^2}{2}}, \text{var}(\omega) = \mathrm{e}^{2\mu + \sigma^2}\left(\mathrm{e}^{\sigma^2} - 1\right) \tag{5.2.2}$$

其中，e 为自然对数的底数，即 $\mathrm{e} \approx 2.718\,281\,828\,459$（下同）。因此，对于任何 μ、$\sigma \neq 0$，对数正态随机变量不可能具有零均值和零方差。在本章接下来的内容中，μ、σ 均指伴随的正态分布的均值和标准差参数。

对于标准的正态分布，$\mu = 0$、$\sigma = 1$，其对应的对数正态分布的均值和方差分别为

$$\begin{aligned} E(\omega) &= \mathrm{e}^{\mu + \frac{\sigma^2}{2}} = \mathrm{e}^{\frac{1}{2}} \approx 1.6487 \\ \text{var}(\omega) &= \mathrm{e}^{2\mu + \sigma^2}\left(\mathrm{e}^{\sigma^2} - 1\right) = \mathrm{e}(\mathrm{e} - 1) \approx 4.6708 \end{aligned} \tag{5.2.3}$$

为了使得对数正态随机变量 ω 能够作为外生异质不确定性冲击被引入 DSGE 模型，需要假定其均值为 1，这已经是文献中的标准做法，如 CMR(2010,2014)。若假定 $E(\omega) = 1$，即

$$\int_0^\infty \omega \, \mathrm{d}F(\omega) = 1 \tag{5.2.4}$$

其中，$F(\omega)$ 为 ω 的累积分布函数 (Cumulative Distribution Function，CDF)。那么由式 (5.2.2) 可知，对应正态分布的均值和方差必须满足：

$$\mu = -\frac{\sigma^2}{2} \tag{5.2.5}$$

也就是说，对应正态分布的均值为负数，且绝对值为方差的一半。此时对数正态分布的方差为

$$\mathrm{var}(\omega) = \mathrm{e}^{\sigma^2} - 1 \tag{5.2.6}$$

如果设定 $\sigma = 1$，由表 5.1 可知 $\mu = -\dfrac{1}{2}$；由 (5.2.6) 可知 $\mathrm{var}(\omega) = \mathrm{e}^{\sigma^2} - 1 = \mathrm{e} - 1 \approx 1.718\,3$。将 (5.2.3) 和 (5.2.6) 归纳如表 5.1 所示。

表 5.1　两种不同对数正态分布的均值与方差

对应的正态分布	对数正态分布均值	对数正态分布方差
$N(0,1)$	$\mathrm{e}^{\frac{1}{2}} \approx 1.648\,7$	$\mathrm{e}(\mathrm{e}-1) \approx 4.670\,8$
$N\left(-\dfrac{1}{2}, 1\right)$	$\mathrm{e}^0 = 1$	$\mathrm{e} - 1 \approx 1.718\,3$

数据来源：作者自行计算。

在以下的分析中，如果没有特殊说明，均假设对数正态随机变量 ω 的均值为 1。也就是说该假设对伴随的正态分布的均值与标准差施加了一个约束 (5.2.5)，但此时标准差 (或均值) 仍可以自由取值或被校准。此时不妨将该约束称为均值标准差约束。同样，在本章以下的行文中，假定对数正态随机变量 ω 的均值为 1，实际上就等于施加了均值标准差约束 (5.2.5)。

5.2.2　两个函数：Γ 和 G

在金融加速器机制模型中有两个函数非常重要，而且也具有经济学含义，因此首先在这里介绍其解析性质，为后续的模型设定做好铺垫。

这两个函数分别是 Γ 和 G，定义分别为

$$\Gamma(\omega) \equiv \omega[1 - F(\omega)] + G(\omega) \tag{5.2.7}$$

$$G(\omega) \equiv \int_0^\omega s \, \mathrm{d}F(s) \tag{5.2.8}$$

其中，$F(\omega)$ 为 ω 的累积分布函数。在本章以下的行文中，假定随机变量 ω 为对数正态随

机变量，因而 $F(\omega)$ 的解析形式将是已知且标准的，因而在多数软件平台中都有内置标准的函数与之对应。在下文中将推导 $\varGamma$ 和 G 在 Matlab 中的计算公式，为后续 DSGE 模型编程做好准备。

首先来看 $\varGamma$ 和 G 的解析图形，如图 5.1 所示[①]。显然，$\varGamma$ 和 G 均为有界增函数，但凹凸性存在差异。结合 (5.2.7) 和 (5.2.8) 的定义，容易得到 $\varGamma$ 和 G 的相互大小关系和解析性质如下：

$$0 \leqslant G(\omega) \leqslant \varGamma(\omega) \leqslant 1 \tag{5.2.9}$$

$$\lim_{\omega \to \infty} \varGamma(\omega) = 1, \quad \lim_{\omega \to 0} \varGamma(\omega) = 0, \quad \lim_{\omega \to \infty} G(\omega) = 1, \quad \lim_{\omega \to 0} G(\omega) = 0 \tag{5.2.10}$$

$$\varGamma'(\omega) = 1 - F(\omega) > 0, \ \varGamma''(\omega) = -\frac{\mathrm{d}F(\omega)}{\mathrm{d}\omega} < 0 \tag{5.2.11}$$

$$G'(\omega) = \omega \frac{\mathrm{d}F(\omega)}{\mathrm{d}\omega} > 0 \tag{5.2.12}$$

从 (5.2.9)~(5.2.12) 可知，$\varGamma$ 和 G 是关于 ω 的递增函数，具有上界即位于 0~1 区间内。此外，从 (5.2.11) 可知，$\varGamma$ 是 ω 的下凹 (Concave) 函数，而 G 则具有拐点，前段为下凸，后段为下凹。上述的解析性质可以从图 5.1 中直观看到。

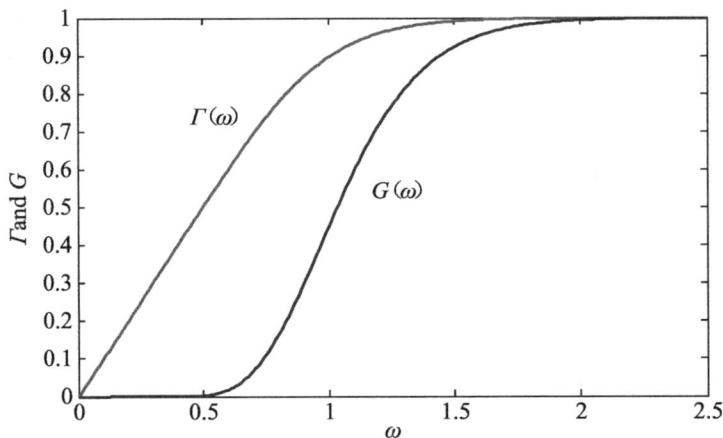

图 5.1 $\varGamma$ 和 G 的解析图形

在初步了解 $\varGamma$ 和 G 的解析性质后，为了能够在 Matlab 编程中使用 $\varGamma$ 和 G，有必要推导 $\varGamma$ 和 G 函数在 Matlab 中的计算公式。从定义 (5.2.7) 和 (5.2.8) 中可知，由于 $\varGamma$ 函数中包括 G 函数，并且对数正态分布的累积分布函数 $F(\omega)$ 是标准的，因此只需要推导 G

① 可参考图 5.2 的源代码，进行编程画图。

函数的计算公式即可。

在推导 G 函数的计算公式之前，先考察对数正态分布的累积分布函数 $F(\omega)$ 在 Matlab 中的计算公式。Matlab 中对数正态分布的累积分布函数为 logncdf，具体为

$$F(\omega) \equiv \text{logncdf}(\omega, \mu, \sigma) = \text{normcdf}\left(\frac{\log(\omega) + \dfrac{\sigma^2}{2}}{\sigma}\right) \tag{5.2.13}$$

其中，μ、σ 分别为对数正态随机变量 ω 对应的正态随机分布的均值和标准差（本章下文中均表示此含义，不再一一说明）。此外，σ 在模型设定中也被称为风险冲击即一个变量，不再是一个常量。normcdf 表示均值为 0，标准差为 1 的正态分布的累积分布函数，即标准正态分布累积分布函数 [①]。(5.2.13) 表明对数正态分布的累积函数可通过 Matlab 中两个不同的内置函数计算出来，只不过参数不同而已，但计算结果相同。(5.2.13) 中第二个等号的推导如下：

$$
\begin{aligned}
F(\bar{\omega}) &= \text{Prob.}(\omega < \bar{\omega}) \\
&= \text{Prob.}(\log(\omega) < \log(\bar{\omega})) \\
&= \text{Prob.}\left(\frac{\log(\omega) - \mu}{\sigma} < \frac{\log(\bar{\omega}) - \mu}{\sigma}\right) \\
&= \int_{-\infty}^{\frac{\log(\bar{\omega}) - \mu}{\sigma}} \frac{1}{\sqrt{2\pi}} e^{-\frac{1}{2}x^2} \, \mathrm{d}x \\
&= \text{normcdf}\left(\frac{\log(\bar{\omega}) - \mu}{\sigma}\right) \\
&= \text{normcdf}\left(\frac{\log(\omega) + \dfrac{\sigma^2}{2}}{\sigma}\right)
\end{aligned} \tag{5.2.14}
$$

(5.2.14) 中第四个等号使用了概率论中的基本事实

$$x \sim N(\mu, \sigma^2) \Leftrightarrow \frac{x - \mu}{\sigma} \sim N(0,1) \tag{5.2.15}$$

---

① logncdf 和 normcdf 均为 Matlab 内置函数，进一步的说明和解释，请参考 Matlab 的帮助文档。在命令行窗口中输入 help logncdf，或 help normcdf 即可查阅相关帮助文档。

以及标准正态分布的概率密度

$$p(x) \equiv \int_{-\infty}^{x} \frac{1}{\sqrt{2\pi}} e^{-\frac{s^2}{2}} ds \tag{5.2.16}$$

(5.2.14) 中最后一个等号使用了前述提及的对数正态分布的基本假设：对数正态随机变量 ω 的均值为 1。然后来推导 G 函数的计算公式：

$$
\begin{aligned}
G(\bar{\omega}) \quad &\equiv \int_0^{\bar{\omega}} \omega dF(\omega) \\
&= \int_0^{\bar{\omega}} \omega \frac{1}{\omega\sqrt{2\pi}\sigma} e^{-\frac{1}{2}\left(\frac{\log(\omega)-\mu}{\sigma}\right)^2} d\omega \\
&= \int_{-\infty}^{\frac{\log(\bar{\omega})-\mu}{\sigma}} \frac{1}{\sqrt{2\pi}} e^{x\sigma+\mu} e^{-\frac{1}{2}x^2} dx \\
&= \int_{-\infty}^{\frac{\log(\bar{\omega})-\mu}{\sigma}} \frac{1}{\sqrt{2\pi}} e^{-\frac{1}{2}(x-\sigma)^2} dx \\
&= \int_{-\infty}^{\frac{\log(\bar{\omega})-\mu}{\sigma}-\sigma} \frac{1}{\sqrt{2\pi}} e^{-\frac{1}{2}x^2} dx \\
&= \text{normcdf}\left(\frac{\log(\bar{\omega})+\sigma^2/2}{\sigma} - \sigma\right) \\
&= \text{normcdf}\left(\frac{\log(\bar{\omega})-\sigma^2/2}{\sigma}\right)
\end{aligned}
\tag{5.2.17}
$$

在 (5.2.17) 推导过程中使用了如下的等量替换：

$$x \equiv \frac{\log(\omega)-\mu}{\sigma} \Leftrightarrow \omega = e^{x\sigma+\mu}, \quad d\omega = \sigma e^{x\sigma+\mu} dx, \quad \mu = -\frac{\sigma^2}{2}$$

从对数正态累积分布函数 F 的计算公式 (5.2.14) 和函数 G 的计算公式 (5.2.17) 推导过程中，还可得到如下的副产品，即两者的一阶偏导数：

$$\frac{dF(\omega)}{d\omega} = \frac{1}{\omega\sqrt{2\pi}\sigma} e^{-\frac{1}{2}\left(\frac{\log(\omega)-\mu}{\sigma}\right)^2} \tag{5.2.18}$$

$$\frac{dG(\omega)}{d\omega} = \omega \frac{dF(\omega)}{d\omega} = \frac{1}{\sqrt{2\pi}\sigma} e^{-\frac{1}{2}\left(\frac{\log(\omega)-\mu}{\sigma}\right)^2} \tag{5.2.19}$$

5.2.3 简单的编程尝试

本节通过 Matlab 编程，画出对数正态分布变量的密度函数 (PDF) 和累积分布函数

(CDF) 的图形 (见图 5.2)[①] 来直观认识两种不同的对数正态分布。第一个是均值为 1 的对数正态分布，即本节第一部分引入用于刻画异质不确定性冲击的对数正态分布；第二个对数正态分布，是由标准正态分布对应的。

从图 5.2 可以看出，均值为 1 的对数正态分布的密度函数较第二种对数正态分布更左偏，具有尖峰薄尾。直观上说，均值越小，密度函数越左偏，峰度越高，尾部越薄，意味着集中度高，因而方差越小。这同时表明均值为 1 的对数正态累积分布函数，要大于第二个对数正态累积分布函数。

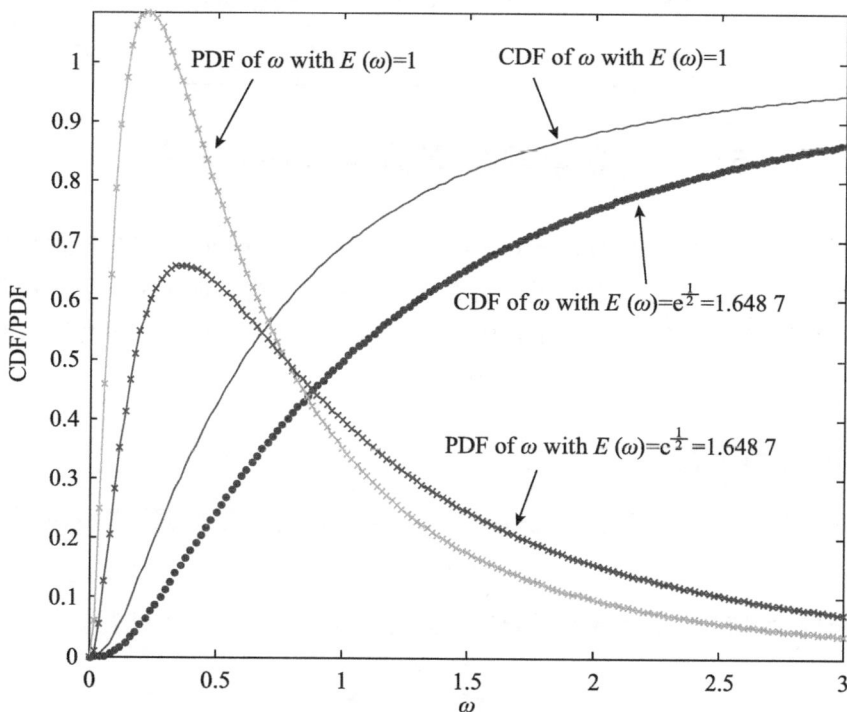

图 5.2　两种不同的对数正态分布：累积分布函数 (CDF) 与概率密度函数 (PDF)

进一步，可分别从这两个对数正态分布中随机抽取样本来验证表中的均值与方差，具体参见源代码 32。其中使用了 Matlab 内置函数 lognrnd，用来抽取对数正态分布变量。从每个对数正态分布中都抽取了 100 万个样本，其均值、方差和理论均值与方差非常接近。

---

① 　源代码请参考：\Sources\Chap5_Financial_Friction\Definition_figure.m。

源代码32　两种不同对数正态分布的均值与方差[①]

```
%draw samples from lognormal with mean one
omega=lognrnd(-0.5,1,1e6,1);%one million samples
mean(omega)%should be close to unit.
std(omega)
var(omega) %should be close to e-1, which is about 1.718

%draw samples from lognormal whose associated normal is standard
omega2=lognrnd(0,1,1e6,1);%one million samples
mean(omega2)%should be close to e^0.5, which is about 1.6487.
std(omega2)
var(omega2) %should be close to e*(e-1), which is about 4.6708
```

5.3　企业家的标准债务合约与杠杆

假设经济中存在许多家庭 (Households)、企业家 (Entrepreneurs) 和许多面临充分竞争的金融中介如银行 (Banks)。家庭在银行储蓄获取无风险收益，企业家从银行获得贷款，并与银行签署标准的债务合约 (Standard Debt Contract)。为了使得描述更加简洁，此处省略变量的时间下标，在具体建模时再予考虑。

5.3.1　标准的债务合约

假设企业家和银行之间签署了一个标准的债务合约，即指定贷款利率和贷款金额的合约：

$$(Z, B) \tag{5.3.1}$$

其中，Z 表示贷款利率[②]；B 表示贷款金额。此时企业家的总资产 A 可表示为

$$\underset{\text{总资产}}{A} \equiv \underset{\text{净资产}}{N} + \underset{\text{银行贷款}}{B} \tag{5.3.2}$$

其中，N 表示企业家的净资产或净值。每个企业家在获取贷款后，开始风险项目投资，将全部资产包括净资产和银行贷款全部用于投资。假设资本回报率为 R^k，但该风险项目会受到不确定性因素的影响，该不确定性因素会使得资本回报率放大或缩小，即会受到一个异质不确定性冲击 ω 的影响，以乘法的形式引入模型，因此该风险投资项目的总资本回报率为

---

① 源代码请参考：\Sources\Chap5_Financial_Friction\Definition_figure.m。

② BGG(1999) 发明了使用符号 Z 来表示贷款利率，后来被文献广泛采用。

$$\omega\left(1+R^k\right) \tag{5.3.3}$$

其中，ω 为均值是 1 时的对数正态分布随机变量[①]，因此从平均意义或均值上讲，此异质不确定性冲击不具有本质影响。此外还假设该异质不确定性冲击的大小，只有企业家自己才能观测到，银行等其他经济行为人无法直接观测到。这就使得模型存在非对称性信息 (Asymmetric Information) 问题，因而银行面临公司金融中提到的著名问题：CSV 问题 (Costly State Verification)，即银行不能直接观测到异质性风险的大小，并且当公司破产收回贷款时要付出监督成本 (Monitoring Cost)。

当债务合约到期后，会有两种情况：第一种情况是企业家还本付息，结束贷款合同。第二种情况是企业家无力支付全部贷款本息，债务合约发生违约，投资项目进入破产清算程序，企业家一无所获，此时银行付出清算成本后取得违约项目的剩余资产。因此，可称第一种情况为企业家投资成功，第二种情况为企业家投资失败。

5.3.2 投资杠杆

定义企业家的投资杠杆为总资产与净资产的比率：

$$L \equiv \frac{A}{N} \tag{5.3.4}$$

在给定资产总规模的情况下，显然净值越大，杠杆越小。当 $A = N$ 时，即全部资产都是净资产，没有贷款，杠杆 $L = 1$；当 $N \to 0$ 时，即全部资产均为贷款，杠杆 $L \to \infty$，因而其取值范围为 $[1, +\infty)$。

5.3.3 异质性冲击的临界值

定义外生异质不确定性冲击的临界值 $\bar{\omega}$ (Critical Value)，使其满足如下的临界条件：

$$\overset{\text{资产回报率}}{\overbrace{\bar{\omega}\ (1+R^k)}} \times \overset{\text{总资产}}{\overbrace{A}} = \overset{\text{贷款本息}}{\overbrace{Z \times B}} \tag{5.3.5}$$

在临界条件的右侧是债务合约到期后，企业家需要偿还的贷款本息；在左侧是企业家投资的风险项目的总投资回报。当总投资回报低于到期要偿还的贷款本息时，企业家将处于违约状态，资不抵债即破产状态、投资失败；当总投资回报高于到期要偿还的贷款本息时，投资取得成功，偿还贷款本息后仍有盈余。因此，临界条件就是两者相等即不亏不盈，此时对应的异质不确定性冲击的大小就成为异质不确定性冲击的临界值。

---

① 作为对数正态随机变量，其对应的标准差参数在本章最后一节具体建模时被认为是变量，不再是常量，被称为风险冲击 (risk shock)，后文会有详细提及。

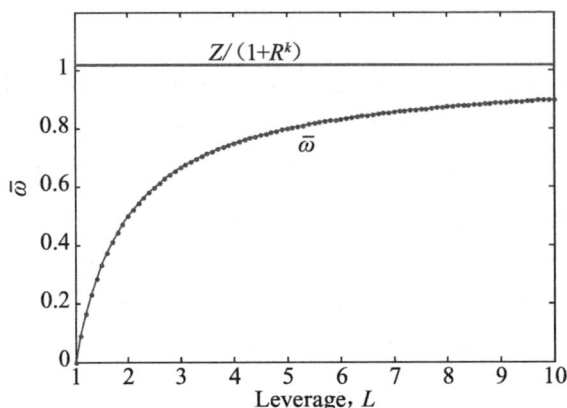

图 5.3　异质不确定性冲击的临界值 $\bar{\omega}$ 与投资杠杆 (Leverage) 的关系

注意到投资杠杆的定义 (5.3.4) 和资产恒等式 (5.3.2)，可从临界条件 (5.3.5) 中推导出临界值的计算公式为

$$\bar{\omega} = \frac{Z \times B}{\left(1+R^k\right)A} = \frac{Z}{1+R^k}\frac{\dfrac{B}{N}}{\dfrac{A}{N}} = \frac{Z}{1+R^k}\frac{\dfrac{A-N}{N}}{\dfrac{A}{N}} = \frac{Z}{1+R^k}\frac{L-1}{L} \tag{5.3.6}$$

在给定贷款利率 Z 和资本回报率 R^k 的情况下，由上述临界条件 (5.3.6) 可知：

$$\frac{\mathrm{d}\bar{\omega}}{\mathrm{d}L} = \frac{Z}{\left(1+R^k\right)}\frac{1}{L^2} > 0 \tag{5.3.7}$$

因而临界值是投资杠杆的增函数（下凹函数）。也就是说，给定贷款利率和资本回报率，投资杠杆越高，异质不确定性冲击的临界值越高，但存在上限即贷款利率与资本回报率的比值（见图 5.3）。

本小节中关于总资产的表述较为抽象。在文献中，总资产往往被定义为企业家拥有的资本存量的市场价值，如在 CMR(2010) 中，使用 $Q_t K_{t+1}$ 表示时期 t 企业家的总资产，其中 Q_t 表示资本存量 K_{t+1} 的市场价格。

5.4　企业家期望净回报和银行均衡条件

5.4.1　企业家期望净回报

定义企业家投资风险项目的期望净回报函数：

$$E\left(U\left(Z,R^k,\overline{\omega}\right)\right) \equiv \int_{\overline{\omega}}^{\infty}\left[\omega\left(1+R^k\right)A - ZB\right]\mathrm{d}F(\omega) \tag{5.4.1}$$

期望净回报函数是企业家每次投资成功后净收益（收益减成本）关于异质性不确定性冲击的线性加总（概率加总即加权平均），是贷款利率、资本回报率和临界值的函数。此处可以将企业家的期望净回报函数解释为企业家的效用偏好，因此企业家有动机最大化其效用偏好。

此处只考虑了投资成功的情况，即异质不确定性冲击大于临界值时的情况。这是因为异质不确定性冲击小于临界值时，投资失败，企业家没有任何期望回报，剩余资产都被优先偿还银行债务。

为了使得上述偏好函数标准化，将期望净回报函数 (5.4.1) 除以持有自有净值的机会成本 (Opportunity Cost)，即存入银行的无风险收益，可得：

$$E\left(U\left(Z,R^k,\overline{\omega};R\right)\right) \equiv \frac{\int_{\overline{\omega}}^{\infty}\left[\omega\left(1+R^k\right)A - ZB\right]\mathrm{d}F(\omega)}{N(1+R)} \tag{5.4.2}$$

其中，R 表示无风险收益率。此时标准化后的期望净回报函数同时也是无风险收益率的函数。注意到临界条件 (5.3.5)，于是标准化后的期望净回报函数 (5.4.2) 可进一步写为

$$\begin{aligned}
E\left(U\left(Z,R^k,\overline{\omega};R\right)\right) &\equiv \frac{\int_{\overline{\omega}}^{\infty}\left[\omega\left(1+R^k\right)A - ZB\right]\mathrm{d}F(\omega)}{N(1+R)} \\
&= \frac{\int_{\overline{\omega}}^{\infty}\left[\left(\omega-\overline{\omega}\right)\left(1+R^k\right)A\right]\mathrm{d}F(\omega)}{N(1+R)} \\
&= \int_{\overline{\omega}}^{\infty}\left[\omega-\overline{\omega}\right]\mathrm{d}F(\omega)\frac{1+R^k}{1+R}L
\end{aligned} \tag{5.4.3}$$

因此，期望净回报 $E(U(Z,R^k,\overline{\omega};R))$ 还可以写为投资杠杆 L 的函数。此外期望净回报是关于对数正态变量的概率加总。既然牵涉概率分布，那么分布的均值和标准差必然为参变量，考虑均值标准差约束 (5.2.5)，因此期望净回报函数可看作对应正态随机变量标准差 σ 的函数：

$$E\left(U\left(R^k,L,\overline{\omega};\sigma,R\right)\right) \equiv E\left(U\left(Z,R^k,\overline{\omega};R\right)\right) \tag{5.4.4}$$

其中，σ 为对数正态分布对应的正态分布的标准差，为隐含参数。在文献中，该标准差参数通常被解释为风险的大小。如果将该参数视为变量，不再是给定的常值，这就意味着风险波动，被称之为风险冲击 (Risk Shock, CMR, 2014，P27)，即受到外生因素变化的影响，因此将标准差参数视为变量的模型设定也被称为随机波动 (Stochastic Volatility) 设

定，即一般假设其对数服从 AR(1) 过程。在一般均衡模型中，其 AR(1) 过程如 (5.8.13) 所示。在 (5.4.4) 中，如果将投资杠杆 L 作为期望净回报函数的参数，由临界条件 (5.3.6) 可知，贷款利率 Z 将可以表示为投资杠杆、临界值、资本回报率的函数，因此可不再将其当作参变量。

当给定贷款利率和资本回报率时，由 (5.3.6) 可知，当投资杠杆 L 足够大时，临界值 $\bar{\omega}$ 接近于常值，因此期望净回报函数几乎是投资杠杆 L 的线性函数 (见图 5.4)。从企业家的角度看，投资杠杆越大，期望净回报越高，因此企业家具有无限借贷的激励。但是在均衡下，企业家不可能从银行获得无限制数量的借款，这也是为什么在标准的债务合约中需要指定贷款数量 B 的原因。

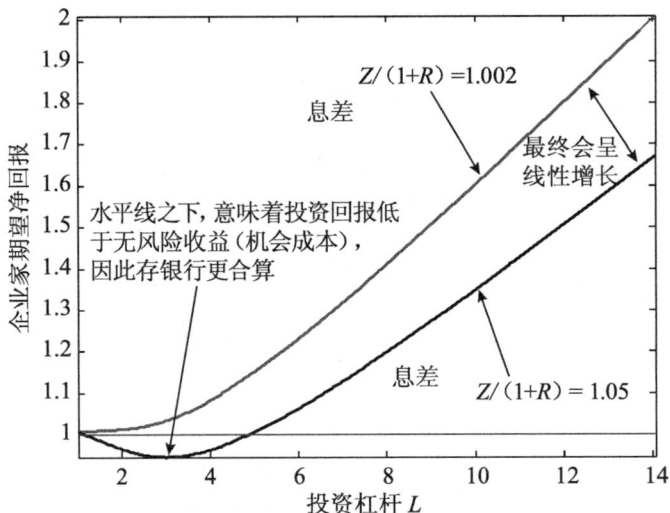

图 5.4　企业家期望净回报与投资杠杆之间的关系

在进一步分析之前，定义存贷款利率相对差为贷款利率和 (总) 无风险利率之比为

$$\frac{Z}{1+R}$$

该值越大，表明存贷款利率相对差越大。在以下的分析中可将其简称为存贷款利差。图 5.4 给出了在两种不同存贷款利差下，企业家的期望净回报曲线，其中标准差参数 σ 和风险溢价参数 sp 给定 [①]：

---

① 资本回报率相对于无风险收益率的大小反映了风险水平的大小，因此将其称之为风险溢价参数。标准差参数和风险溢价参数的校准值的说明，请参考图 5.5 的注释说明。如果数据频率为季度，$sp=1.007\,3$ 意味着年风险溢价约为 3%。

$$\sigma = 0.259\,2, sp \equiv \frac{1+R^k}{1+R} = 1.007\,3$$

从图 5.4 可看出，在同一杠杆水平下，当存贷款利差较小时，对应的期望净回报要高于存贷款利差较大时的期望净回报。这是因为给定风险溢价，当存贷款利差较小时会使得临界值下降，从而提升企业家的期望回报，因而净回报也较高[1]。

此外，对于图 5.4 中，存贷款利差较大的情况（涂黑实线表示），当杠杆较低时，可发现期望净回报低于机会成本即低于无风险回报，因而此时将净值存入银行期望回报更高。也就是说，存贷款利差对企业投资决策有较为重要的影响。

5.4.2 银行均衡条件

家庭在银行储蓄，获得固定的无风险收益率 R。银行和企业家签订标准的债务合约 (Z,B)，到期后用收回的贷款本息或清算资产偿还家庭的贷款本息。

当企业家投资失败后，即企业家经历的异质不确定性冲击低于临界值：$\omega < \bar{\omega}$，此时企业家投资的风险项目进入违约清算程序，为了收回一定的清算资产，银行需要付出一定的监督或清算成本，并假设该成本是被清算资产的某一固定比例，使用参数 μ 表示，因此清算成本为[2]

$$\mu\omega\left(1+R^k\right)A \tag{5.4.5}$$

因此，银行在付出清算成本后所取得的剩余资产为

$$(1-\mu)\omega\left(1+R^k\right)A \tag{5.4.6}$$

为了简化分析，正如前文所述，假定银行面临充分竞争，但存在一定的成本溢价，该成本溢价既可解释为储蓄者（家庭）对储蓄收益的溢价要求，也可解释为银行的"利润"。假设该成本溢价与其存款本息成比例，使用参数 $\lambda \geqslant 0$ 来表示该溢价：

$$\lambda(1+R)B$$

当参数 $\lambda = 0$ 时表示无成本溢价。在合理的设定下，一般认为此溢价参数应和无风险利率相当或在同一数量级上。在本书"5.8 金融加速器与随机波动模型示例"一节中可以验证，过高的储蓄成本溢价参数，会使得在一般均衡下模型不存在稳态值，模型不可解。

---

[1]　图 5.4 的绘制请参考 Matlab 文件：\Chap5_Financial_Friction\ Otherfigures.m 或 leverage_utility_book.fig。
[2]　注意此处的清算成本参数 μ 使用了和正态分布的均值相同的符号。由于均值标准差约束 (5.2.5) 的存在，正态分布的均值和标准差同时决定。本章的后续分析只使用了标准差参数，因此此值自动被确定，因此无须使用均值符号，故不会引起混淆。

基于上述假设，可得银行面临的均衡条件如下：

$$\underbrace{\int_{\bar{\omega}}^{\infty} ZB\mathrm{d}F(\omega)}_{\substack{\text{企业家投资成功后}\\\text{银行获得本息}}} + \underbrace{(1-\mu)\int_0^{\bar{\omega}}\omega(1+R^k)A\mathrm{d}F(\omega)}_{\substack{\text{企业家投资失败后}\\\text{银行取得的清算资产}}} = \underbrace{(1+\lambda)(1+R)B}_{\substack{\text{含有溢价的储蓄}\\\text{成本}}} \tag{5.4.7}$$

等式右侧表示含有成本溢价的储蓄成本，即支付给家庭的储蓄本息；等式左侧第一项表示企业家投资成功后银行所得到的本息。当企业家投资成功时，考虑到临界条件 (5.3.5) 银行所能获取总收益的比例可表示为

$$\bar{\omega}\int_{\bar{\omega}}^{\infty}\mathrm{d}F(\omega) = \bar{\omega}\bigl(1-F(\bar{\omega})\bigr) \tag{5.4.8}$$

其中，$1-F(\bar{\omega})$ 为企业投资成功的概率；第二项表示企业家投资失败后银行取得的违约清算资产，其中

$$(1-\mu)\int_0^{\bar{\omega}}\omega\mathrm{d}F(\omega) \tag{5.4.9}$$

表示企业家投资失败时的平均异质不确定性冲击的均值 (扣除银行付出清算成本后)[1]。注意到临界条件 (5.3.5)，那么 (5.4.8) 和 (5.4.9) 之和为

$$\bar{\omega}\bigl(1-F(\bar{\omega})\bigr) + (1-\mu)\int_0^{\bar{\omega}}\omega\mathrm{d}F(\omega) \tag{5.4.10}$$

表示风险项目总回报 $(1+R^k)A$ 由银行占有的部分。若定义：

$$\Gamma(\bar{\omega};\sigma) \equiv \bar{\omega}\bigl(1-F(\bar{\omega})\bigr) + G(\bar{\omega};\sigma), G(\bar{\omega};\sigma) \equiv \int_0^{\bar{\omega}}\omega\,\mathrm{d}F(\omega) \tag{5.4.11}$$

则 $\Gamma(\bar{\omega})$ 表示投资项目回报中，未扣除清算成本且由银行占有的部分。此处，为了表达式更加简洁，如下行文中暂时省略风险参数 (标准差)σ，将 $\Gamma(\bar{\omega};\sigma)$、$G(\bar{\omega};\sigma)$ 分别写为 $\Gamma(\bar{\omega})$、$G(\bar{\omega})$。因此 $\Gamma(\bar{\omega})-\mu G(\bar{\omega})$ 则表示为 (5.4.10)。此时银行均衡条件 (5.4.7) 可写为：

$$L = \frac{1}{1 - \dfrac{1+R^k}{(1+\lambda)(1+R)}\bigl(\Gamma(\bar{\omega})-\mu G(\bar{\omega})\bigr)} \tag{5.4.12}$$

在给定风险溢价 $\dfrac{1+R^k}{1+R}=1.0073$、溢价参数 λ、清算成本参数 μ、风险参数 σ 后 [2]，投资杠杆和异质不确定性冲击的临界值之间关系如图 5.5 所示。在 $(\bar{\omega}, L)$ 二维空间中，

---

① 因此 (5.4.9) 也表示投资失败后，总项目回报 $(1+R^k)A$ 受到的平均冲击大小，因而决定了总回报最终的大小，其作用类似于调节系数，能够成比例放大或缩小总回报。

② 资本收益率和无风险收益率之间的比值反映了资本的相对收益率，一般该相对收益率表示风险收益，因此可将其解释为风险溢价 (Risk Premium)，后续会进一步说明。

随着 $\bar{\omega}$ 上升，杠杆先上升后下降。在相同的投资杠杆下，如果有较低的临界值可获取，那么企业家不会选择较高的临界值，因此后半部分处于下降阶段的曲线不具有经济含义，只需要考虑前半本部分即上升部分，因此模型的均衡 $(\bar{\omega}, L)$ 会出现在上升部分。

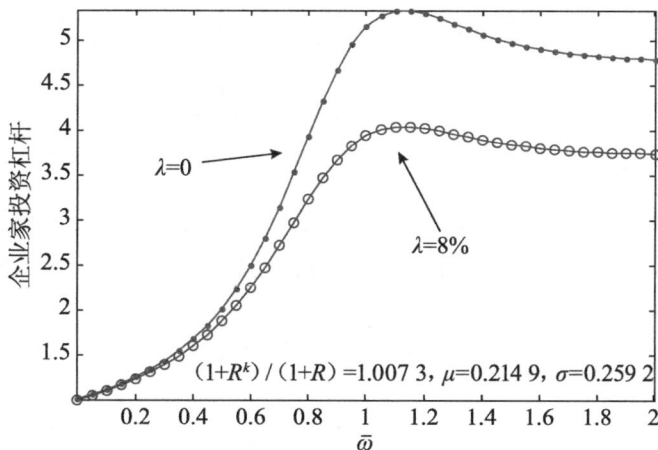

图 5.5　投资杠杆和异质不确定性冲击的临界值之间的关系

注意：此处清算成本参数 $\mu=0.214\,9$，$\sigma=0.259\,2$，借鉴了 CMR(2014, P45) 的研究结果。为了估计清算成本参数 μ，CMR(2014) 假定其先验分布参数的均值为 0.275，位于 Carlstrom & Fuerst(1997, *AER*) 建议的 0.20~0.36 区间内，结果发现其后验分布的众数为 0.214 9。λ 的取值此处选择了 8% 仅仅作为示例，并未有经验估计支撑。

在局部均衡下，图 5.5 表明在外生异质不确定性冲击的均值附近 (即单位 1)，相同的异质不确定性冲击下，成本溢价参数的增加 (即 λ 变大) 会显著降低企业家的投资杠杆。直观上讲，在无风险利率不变的情况下，成本溢价参数的变大，意味可贷资金成本变大，因此贷款数量的减少，因而投资杠杆下降，但这并不意味着一般均衡下该结论成立，这是因为一般均衡下，杠杆由总资产和净值共同决定。

本章将在最后一节考察一般均衡下引入成本溢价对经济的影响。

5.5　最优合约

标准的债务合约中指定了两个关键的要素 (Z, B)，分别为贷款利率和贷款数量。由前文的分析 [临界条件 (5.3.5) 和银行均衡条件 (5.4.12)] 可知，贷款利率和贷款数量 (Z, B)

可以表示为异质不确定性冲击临界值和投资杠杆 $(\bar{\omega}, L)$ 的非线性函数，因此债务合约亦可由 $(\bar{\omega}, L)$ 来指定。本节求解以 $(\bar{\omega}, L)$ 表示的最优债务合约 (Optimal Debt Contract)。

所谓最优债务合约是指能够最大化企业家期望净回报 (5.4.3) 的 $(\bar{\omega}, L)$ 组合，最大化问题的解如下：

$$
\begin{aligned}
\max_{\bar{\omega}, L} E\left(U\left(R^k, L, \bar{\omega}; \sigma, R\right)\right) &= \int_{\bar{\omega}}^{\infty} [\omega - \bar{\omega}] \, dF(\omega) \frac{1+R^k}{1+R} L \\
&= \left(1 - \Gamma(\bar{\omega})\right) \frac{1+R^k}{1+R} L
\end{aligned}
\tag{5.5.1}
$$

受约束于临界条件 (5.3.5) 和银行均衡条件 (5.4.12)。

使用银行均衡条件 (5.4.12)，将最大化问题 (5.5.1) 中的投资杠杆 L 消去，将目标函数表示为异质不确定性冲击临界值 $\bar{\omega}$ 的函数，并对替换后的目标函数两边取对数可得：

$$
\log E\left(U\left(R^k, \bar{\omega}; \sigma, R, \lambda, \mu\right)\right) = \overbrace{\log\left(1 - \Gamma(\bar{\omega})\right)}^{\text{临界值增大，此项变小}} + \log\left(\frac{1+R^k}{1+R}\right)
$$
$$
\underbrace{-\log\left(1 - \frac{1+R^k}{(1+\lambda)(1+R)}\left(\Gamma(\bar{\omega}) - \mu G(\bar{\omega})\right)\right)}_{\text{临界值增大，杠杆增加，此项变大}}
\tag{5.5.2}
$$

其中，λ 为储蓄成本溢价参数。图 5.6 上半部分显示了企业家期望净回报的对数关于最优临界值的变化趋势，可看到期望净回报关于最优临界值确实存在最大值[1]。

此外，从期望净回报 (5.5.2) 可以看到，等式右侧第一项和第三项会相互作用，从而存在最大值，其一阶导数存在 0 解 (图 5.6 下半部分)，两边关于异质不确定性冲击临界值 $\bar{\omega}$ 求一阶条件，并令其等于 0，可得：

$$
\frac{d \log E(U)}{d\bar{\omega}} = -\frac{1 - F(\bar{\omega})}{1 - \Gamma(\bar{\omega})} + \frac{\frac{1+R^k}{(1+\lambda)(1+R)}\left(1 - F(\bar{\omega}) - \mu\bar{\omega}F'(\bar{\omega})\right)}{1 - \frac{1+R^k}{(1+\lambda)(1+R)}\left(\Gamma(\bar{\omega}) - \mu G(\bar{\omega})\right)} = 0
\tag{5.5.3}
$$

整理可得：

$$
\frac{1 - F(\bar{\omega})}{1 - \Gamma(\bar{\omega})} = \frac{\frac{1+R^k}{(1+\lambda)(1+R)}\left(1 - F(\bar{\omega}) - \mu\bar{\omega}F'(\bar{\omega})\right)}{1 - \frac{1+R^k}{(1+\lambda)(1+R)}\left(\Gamma(\bar{\omega}) - \mu G(\bar{\omega})\right)}
\tag{5.5.4}
$$

---

[1] 图 5.6 的源代码，请参考：\Sources\Chap5_Financial_Friction\Otherfigures.m。

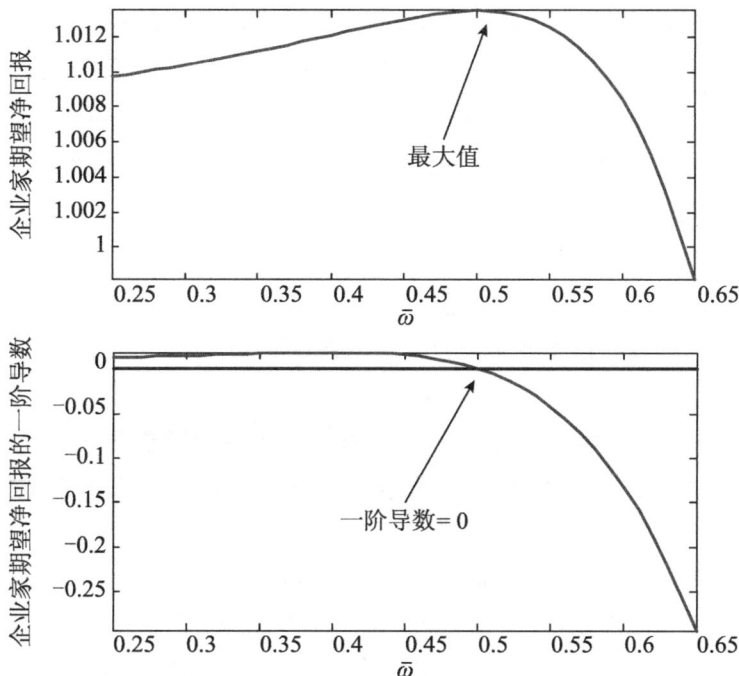

图 5.6 企业家期望净回报与最优临界值 ($\lambda=0$)

求解 (5.5.4)，即可得到最优解 $\bar{\omega}$。然而 (5.5.4) 为非线性方程，无法求出解析解，因此只有通过数值求解求出最优临界值。在下一节中会通过数值方法，在 Matlab 中来阐述如何求解上述非线性方程。

在求解之前，先来分析 (5.5.4) 的解析性质，为后续求解做准备。该式左侧大于 0，因此右侧也必须要大于 0，否则不存最优解。在合理的参数设定条件下，可保证右侧分母大于 0：

$$1-\frac{1+R^{k}}{(1+\lambda)(1+R)}\left[\Gamma(\bar{\omega})-\mu G(\bar{\omega})\right]>0 \tag{5.5.5}$$

事实上，(5.5.5) 可写为

$$\Gamma(\bar{\omega})-\mu G(\bar{\omega})<\frac{(1+\lambda)(1+R)}{1+R^{k}} \tag{5.5.6}$$

也就是说，只要 (5.5.6) 成立，那么 (5.5.4) 中等式右边的分母大于 0。

在进一步讨论 (5.5.6) 之前，先来看参数的校准。CMR(2014) 将违约概率 $F(\bar{\omega})$ 设定为自由参数即外生给定，并将异质不确定性冲击参数 σ 作为 $F(\bar{\omega})$ 的函数。BGG(1999)

将违约概率设定为 0.007 5 即 0.75%；Fisher(1999, JMCB) 将违约概率设定为 0.97%。CMR(2014) 为了估计 $F(\bar{\omega})$，设定其先验分布的均值为 0.7%，然后通过贝叶斯估计发现其后验分布的众数 (mode) 为 0.56%。若使用 0.56% 作为 $F(\bar{\omega})$ 的校准值，那么异质不确定性冲击临界值则被立即确定[①]：$\bar{\omega}=0.501\,0$。此时 $\Gamma(\bar{\omega})-\mu G(\bar{\omega})=0.500\,2$；如果假定风险溢价的校准值与图 5.5 中的设定相同，即

$$\frac{1+R^k}{1+R}=1.007\,3$$

由 (5.5.6) 式，那么此时储蓄成本溢价参数只需要满足：

$$\lambda \geqslant 0 \qquad\qquad\qquad (5.5.7)$$

而储蓄成本溢价参数总是大于等于 0，因此在合理参数设定条件下 (5.5.5) 总是成立，即 (5.5.4) 中等式右边的分母大于 0。于是最优异质不确定性冲击临界值 $\bar{\omega}$ (以下简称最优值) 必须满足：

$$1-F(\bar{\omega})-\mu\bar{\omega}F'(\bar{\omega}) > 0 \qquad\qquad (5.5.8)$$

不难发现，当 $\mu=0.214\,9$ 时 (其他参数值的校准如上)，在全定义域上 (5.5.8) 并不总是成立的。实际数值计算显示当 $\bar{\omega}\in[0,1.126]$ 时，上式成立；当 $\bar{\omega}>1.2$ 时，上式不成立，也就是说在给定上述参数校准下，最优值 $\bar{\omega}$ 不应该大于 1.2。此外 (5.5.8) 还说明，在最优值 $\bar{\omega}$ 处，函数 $\Gamma(\omega)-\mu G(\omega)$ 的斜率仍然大于 0。由于 $\Gamma(\omega)-\mu G(\omega)$ 的导数为连续函数，因此在最优值附近仍然大于 0。也就是说，在最优值附近 $\Gamma(\omega)-\mu G(\omega)$ 为增函数，因而由银行均衡条件 (5.4.12) 可知，在最优值附近投资杠杆处于上升态势。在获取最优解 $\bar{\omega}$ 后，可通过银行均衡条件 (5.4.12) 求得此时的投资杠杆。最后通过风险临界条件从 (5.3.5) 获得存贷款利差。

下一节将分情况来探讨最优债务合约，给出数值举例。

5.6　模型均衡计算示例

本节中，将首先对前述几节中推导的均衡条件进行归纳，并在校准基本参数的情况下，探讨最优临界值 $\bar{\omega}$、违约概率 $F(\bar{\omega})$ 和风险冲击的稳态值 σ[即 $\log(\omega)$ 的标准差参数] 之间的局部均衡决定关系 (即局部均衡分析)，分两种不同的情况进行编程示例。

---

① 　使用 Matlab 内置函数，即对数正态分布累积函数的反函数：logninv，可计算出，其中清算成本参数 μ 和风险参数 σ 的取值同图 5.5 中参数的值。

5.6.1　模型均衡条件与基本参数

在计算模型均衡时需要用到前述几节中推导的均衡条件和参数，为了方便起见，将其分别归纳如表 5.2 和表 5.3 所示。

表 5.2　均衡计算所需的均衡条件

均衡条件名称	均 衡 条 件
异质不确定性冲击的临界条件 (5.3.6)	$\bar{\omega} = \dfrac{Z}{1+R^k}\dfrac{L-1}{L}$
银行均衡条件 (5.4.12)	$L = \dfrac{1}{1 - \dfrac{1+R^k}{(1+\lambda)(1+R)}\left(\Gamma(\bar{\omega}) - \mu G(\bar{\omega})\right)}$
企业家期望净回报最大化问题的一阶条件 (5.5.4)	$\dfrac{1-F(\bar{\omega})}{1-\Gamma(\bar{\omega})} = \dfrac{\dfrac{1+R^k}{(1+\lambda)(1+R)}\left(1-F(\bar{\omega}) - \mu\bar{\omega}F'(\bar{\omega})\right)}{1 - \dfrac{1+R^k}{(1+\lambda)(1+R)}\left(\Gamma(\bar{\omega}) - \mu G(\bar{\omega})\right)}$
违约概率（定义）	$F(\bar{\omega}) \equiv \mathrm{logncdf}\left(\bar{\omega}, -\dfrac{\sigma^2}{2}, \sigma\right)$

注意：假定成本溢价参数为已知，具体校准参考表 5.3。

在表中共有 8 个未知量（或参数）：投资杠杆 L、贷款利率 Z、资本收益率 R^k、无风险利率 R、异质不确定性冲击的临界值 $\bar{\omega}$、风险冲击标准差 σ、违约概率 $F(\bar{\omega})$、清算成本 μ，但只有 4 个约束条件。因此必须校准 4 个未知量，才能求解出其余 4 个未知量。假设已有 3 个基准未知量被校准，如表 5.3 所示，分别为清算成本 μ、资本收益率 R^k、无风险利率 R。

表 5.3　模型均衡计算所需要的参数

参 数 名 称	符　　号
清算成本	$\mu = 0.2149$
风险溢价	$\dfrac{1+R^k}{1+R} = 1.0073$
储蓄成本溢价参数	$\lambda = 0$（基准），$\lambda = R*50\%$（非基准，即无风险利率的一半），在结果分析中主要围绕该参数展开讨论

在表 5.3 中，只有 3 个未知量被校准。那么另外一个要校准的未知量应该选择谁呢？由临界条件 (5.3.6)，可知贷款利率 Z 可表示为 $\bar{\omega}$、L 以及 σ 的函数。而由银行均衡条件

(5.4.12) 可知，L 可表示为 $\bar{\omega}$ 和 σ 的函数，因此贷款利率 Z 和杠杆 L 最终都可以表示为临界值 $\bar{\omega}$ 和风险参数 σ 的函数。因此，只剩下未知量三元组 $(F(\bar{\omega}), \bar{\omega}, \sigma)$。

首先来看违约概率 $F(\bar{\omega})$。很显然，从违约概率的定义来看，给定临界值 $\bar{\omega}$ 和风险参数 σ 后，必然对应一个违约概率；反之，如果给定违约概率，那么临界值 $\bar{\omega}$ 和风险参数 σ 将一一对应。也就是说，对每一个风险参数 σ，必然有且只有一个临界值 $\bar{\omega}$ 与之对应，反之亦然。因而对于三元组 $(F(\bar{\omega}), \bar{\omega}, \sigma)$ 校准其中任何两个，另外一个必然自动确定。除违约概率定义外，由于存在其他 3 个均衡条件的约束，不能同时校准三元组其中的任何两个，只能校准一个。此处选择分别校准违约概率 $F(\bar{\omega})$ 和风险参数 σ 作为最后一个待校准未知量。也就是说，此时的求解归结为 4 个未知量，4 个均衡条件，未知量可解。

5.6.2　基于违约概率校准的局部均衡解

本部分将假设给定违约概率参数 $F(\bar{\omega}) = 0.005\,6$ 来求解四元未知量 $\{\bar{\omega}, \sigma, L, Z\}$。从表 5.2 可知贷款利率 Z 和杠杆 L 都是临界值 $\bar{\omega}$ 和风险参数 σ 的函数，因此核心逻辑归结于从违约概率的定义 (logncdf 函数) 和企业家期望净回报最大化问题的一阶条件 (5.5.4) 求解 $\{\bar{\omega}, \sigma\}$。

1. 求解逻辑

数值求解 $\{\bar{\omega}, \sigma, L, Z\}$ 的基本逻辑如下：

- 首先，给定 $\bar{\omega}$ 的一个较大的区间，并分成若干个较小的子区间；然后，判断每个子区间端点对应的企业家期望净回报一阶条件(5.5.4)两端的差异，如果这两个差异乘积为负(一般情况下不大可能为0)，那么说明最优的 $\bar{\omega}$ 一定位于该子区间内；再使用Matlab的内置函数fzero求解 $\bar{\omega}$。该任务对应的Matlab文件为：get_omega_cond_Fomegabar.m。

- 对于每一个子区间端点(即可能的 $\bar{\omega}$)对应的企业家期望净回报一阶条件(5.5.4)两端的差异该如何计算呢？这就是find_entrepreneur_foc_difference.m完成的任务，对于给定的 $\bar{\omega}$ 来计算(5.5.4)两端的差异，但是计算两端差异的前提是要知道风险参数 σ，否则无法计算。

- 如何计算风险参数 σ？这就是find_sigma_logncdf_cond_Fomegabar.m 要完成的任务。对于给定 $\bar{\omega}$，该m文件从违约概率定义，即对数正态分布的累积函数中求解出与 $\bar{\omega}$ 对应的或者说相容的 σ，以供find_entrepreneur_foc_difference.m使用。

- 如何从对数正态分布的累积函数 $0.005\,6 = F(\bar{\omega}) \equiv \text{logncdf}\left(\bar{\omega}, -\dfrac{\sigma^2}{2}, \sigma\right)$ 中计算 σ 呢？

  首先给定 σ 一个变化区间，然后在这个区间内使用 fzero 直接求解，fzero 的目标函数是 find_logncdf_difference.m，即计算上述定义两端的差异。

- 在求解出 $\{\bar{\omega}, \sigma\}$ 后，使用银行均衡条件(5.4.12)和临界条件(5.3.6)分别求出投资杠杆和贷款利率 $\{L, Z\}$。

2. 结果分析

在 Matlab 运行 index.m 文件 [①]，即可自动调用上述求解逻辑中的全部 m 文件。在基准 ($\lambda = 0$) 和非基准 ($\lambda = R*50\%$) 两种情况下，主要变量的求解结果如表 5.4 所示，即最优债务合约下的结果。

表 5.4　不同储蓄成本溢价参数下各主要未知量的取值

变量或参数	$\lambda = 0$	$\lambda = R*50\%$
L	2.015 5	1.064 3
$\dfrac{Z}{1+R}$	1.001 5	1.006 0
$\bar{\omega}$	0.501 1	0.060 4
σ	0.259 2	0.934 6
$\Gamma(\bar{\omega})$	0.500 9	0.060 3
$\Gamma(\bar{\omega}) - \mu G(\bar{\omega})$	0.500 3	0.060 2

数据来源：作者自行计算。

从表 5.4 可以看出，给定违约概率，局部均衡下，提高储蓄成本溢价参数，会极大地提高经济风险水平，导致存贷款利差升高，降低企业借贷杠杆，同时企业家期望净回报下降。

为了能够更加清楚地看到储蓄成本溢价参数 λ 对于杠杆、存贷款利差和企业家期望净回报的影响，以图示的方式来表达 λ 变动的影响，如图 5.7 所示 [②]。

[①]　源文件地址：\Sources\Chap5_Financial_Friction\5.6_numerical_example\conditional_on_Fomegabar，其他 m 文件也位于该目录下。

[②]　地址：\Sources\Chap5_Financial_Friction\5.6_numerical_example\conditional_on_Fomegabar\index.m。

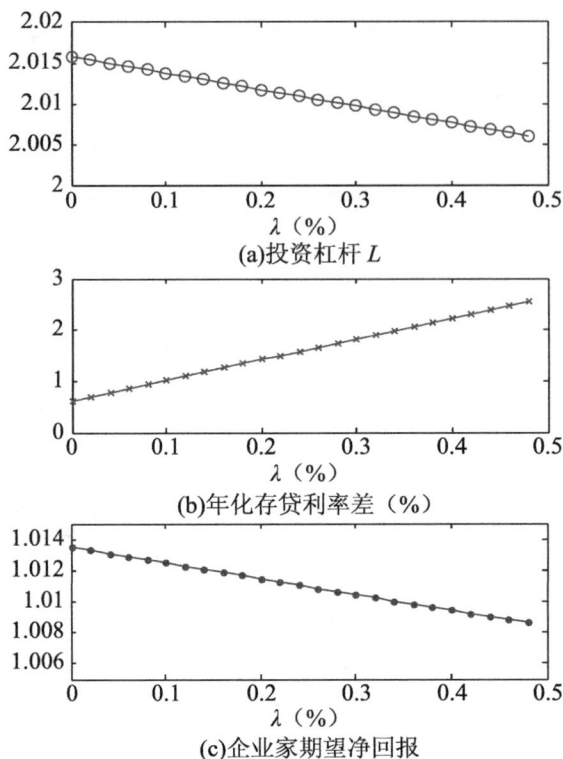

(a)投资杠杆 L

(b)年化存贷利率差（%）

(c)企业家期望净回报

图 5.7　杠杆、存贷款利差和企业家期望净回报与储蓄成本溢价参数的关系

　　在局部均衡下，如果风险溢价 (即相对于无风险收益的资本收益) 不受储蓄成本溢价参数 λ 的影响并保持不变时，因而，根据业家期望净回报最大化问题的一阶条件 (5.5.4) 可知，异质不确定性冲击的临界值并不发生变化 (假定风险参数 σ 给定)。根据银行均衡条件 (5.4.12)，λ 的上升将直接导致企业家投资杠杆的下降。由临界条件 (5.6.1) 可知，若风险溢价和最优临界值不变，那么存贷款利差因杠杆下降而急剧上升，即

$$\bar{\omega} = \underbrace{\frac{Z}{1+R}}_{\text{存贷款利差}} \times \underbrace{\frac{1+R}{1+R^k}}_{\text{风险溢价的倒数}} \times \frac{L-1}{L} \tag{5.6.1}$$

此时，由于企业家期望净回报是杠杆的线性函数，因此净值同样直线下降。

　　在一般均衡分析下，储蓄成本溢价参数 λ 的变动或储蓄成本溢价冲击都会造成风险溢价的变动，因而，由企业期望净回报问题的一阶条件 (5.5.4) 可知，异质不确定性冲击的临界值也会发生变化。因此，投资杠杆的变化要看风险溢价变动和临界值变动的综合

结果。更多的一般均衡分析，请参考本书 "**5.8 金融加速器与随机波动模型示例**" 一节中关于 IRF 的分析。

5.6.3 基于风险参数校准的局部均衡解

本部分将假设给定风险参数 σ=0.259 2 来求解四元未知量 $\{\bar{\omega}, F(\bar{\omega}), L, Z\}$。此时求解逻辑要比给定违约概率参数 $F(\bar{\omega})$ 的情况要简单些。这是因为风险参数 σ 是联系 (5.5.4) 和违约概率定义的纽带 (表 5.2)。σ 一旦被校准，意味着这两个方程分别是 $\bar{\omega}$、$F(\bar{\omega})$ 的函数，可单独求解，无须联立求解。此时企业家期望净回报最大化问题的一阶条件 (5.5.4)，只是关于临界值 $\bar{\omega}$ 的函数，不再是风险参数 σ 的函数，于是直接求解该一阶条件即可找到最优临界值，然后通过违约概率的定义求解出违约概率 $F(\bar{\omega})$。$\{L, Z\}$ 的求解同上一节。

上述求解过程的 4 个源文件如下 [①]：

- index.m，主文件，只需运行该文件即可。该文件调用get_omega_cond_sigma.m，首先求解 $\bar{\omega}$ 和 $F(\bar{\omega})$，然后求解 $\{L, Z\}$。
- get_omega_cond_sigma.m，该文件求解最优临界值 $\bar{\omega}$，并同时返回 $F(\bar{\omega})$。首先指定临界值 $\bar{\omega}$ 的一个较大的变化区间，然后通过调用reduce_to_small_interval.m来帮助找到较小的子区间(该子区间含有最优的临界值)，最后使用Matlab内置函数fzero和find_foc_difference.m来求解最优临界值 $\bar{\omega}$。
- reduce_to_small_interval.m，帮助找到含有最优临界值 $\bar{\omega}$ 的子区间。
- find_foc_difference.m，给定校准的各未知量的值和每一个临界值 $\bar{\omega}$，返回企业家期望净回报最大化问题的一阶条件(5.5.4)两端的差异，当差异为0时即找到最优临界值 $\bar{\omega}$。

可验证，上述求解结果将和上一节 [即给定违约概率参数 $F(\bar{\omega})$ 的情况] 完全一致，这是因为 σ =0.259 2 恰好对应了 $F(\bar{\omega}) = 0.005 6$ ($\lambda = 0$)。如果风险参数 $\sigma \neq 0.259 2$，那么计算的结果将会发生变化，感兴趣的读者可根据提供的源代码进行验证。

5.7 风险参数、风险溢价与清算成本变化的影响

在本节的分析中，为了简单起见，假定储蓄成本溢价参数 $\lambda = 0$。读者完全可依照提供的源代码，修改程序以考察不同储蓄成本溢价参数的影响。本节的分析仍然属于局部

---

① 源文件地址：\Sources\Chap5_Financial_Friction\5.6_numerical_example\conditional_on_sigma。

均衡分析范畴 [1]。

5.7.1 风险参数

正如前文所述，标准差参数 σ 被解释为风险的大小，因此 σ 也被称之为风险参数 (前文已经将其称之为风险参数)。σ 的变化势必对经济产生影响。

接下来分析 σ 的变化如何定性和定量地影响经济中的其他变量。

首先，图 5.8 给出了 3 种不同标准差参数 σ 下的对数正态分布的累积分布函数的示意图，3 种对数正态分布的均值都为 1。标准差参数越大，意味着风险越大，对数正态分布的累积分布函数的尾部越厚。也就是说，企业家面临较小的异质不确定性冲击的概率变大，因此期望净回报变小，从而企业家违约概率有上升趋势，风险变大对经济具有紧缩作用。当风险变小时，作用相反。这就是模型刻画的风险变化对经济影响的基本逻辑。

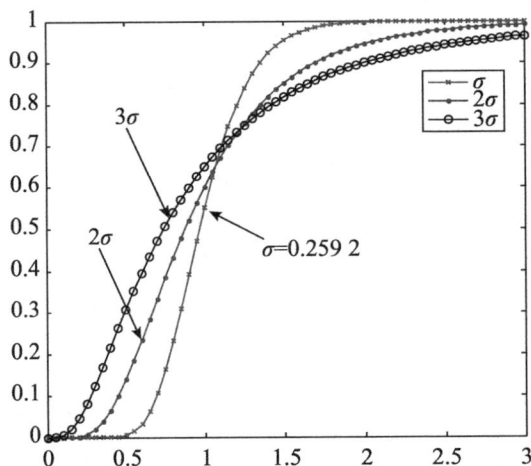

图 5.8　风险参数 σ 的变化与对数正态累积分布 (logncdf)

其次，通过数值计算的方式来验证上述结论。在校准风险溢价参数 $sp \equiv \dfrac{1+R^k}{1+R}$、清算成本参数 μ 的基础上来计算 3 种不同风险参数 σ 下各未知变量的取值，结果如表 5.5

---

[1]　本节 Matlab 源程序地址：D:\DSGE-Tsinghua\Sources\Chap5_Financial_Friction\5.7_sigma_effect，请直接运行 index.m 文件中的不同单元 (cell)，可以得到表 5.5、图 5.9、图 5.10、图 5.11，这 3 个图形和 1 个表格的计算逻辑基本一致。

所示 [1]。

表 5.5 不同风险参数下各主要未知量的取值

变量或参数	$\sigma = 0.2592$	2σ	3σ
L	2.015 5	1.336 4	1.141 8
$\dfrac{Z}{1+R}$	1.001 5	1.002 6	1.655 9
$\bar{\omega}$	0.501 0	0.250 5	0.123 8
Expected Return	1.013 5	1.009 2	1.008 0
$\Gamma(\bar{\omega})$	0.500 8	0.250 3	0.123 5
$\Gamma(\bar{\omega}) - \mu G(\bar{\omega})$	0.500 2	0.249 9	0.123 3
$F(\bar{\omega})$	0.005 6	0.008 0	0.010 8

数据来源：作者自行计算。其中"Expected Return"表示企业家期望净回报，即相对于其机会成本而言。其中存贷款利差为非年化数据。计算时，给定清算成本参数和风险溢价参数的值。

最后，在 0~1 区间上画出风险参数动态变化下投资杠杆 (Leverage)、年化存贷款利差 (Annualized Interest Rate Spread，AIRS)、违约概率 (Default Rate) 和期望净回报 (Expected Return) 的变动趋势，如图 5.9 所示。年化存贷款利差 AIRS 的计算公式为

$$AIRS \equiv 4 \times \left(\frac{Z}{1+R} - 1 \right) = 400 \times \left(\frac{Z}{1+R} - 1 \right)\% \tag{5.7.1}$$

其存贷款利差 $Z/(1+R)$ 由临界条件 (5.6.1) 计算得到。

从表 5.5 和图 5.9 可看出，随着风险参数的增大，异质不确定性冲击的临界值迅速降低，期望净回报变小，违约概率大幅攀升，同时存贷款利差也迅速扩大，投资杠杆下降。因此，当经济中不确定性增加时 (σ 变大)，经济总体状况将趋于恶化 [2]。

---

[1] 表计算的基本逻辑如下：在给定风险参数、风险溢价参数和清算成本参数后，由企业家期望净回报最大化问题的一阶条件，可计算出最优临界值 $\bar{\omega}$，从而计算出 Γ 和 G 函数；然后由银行均衡条件，计算出投资杠杆 L；再由临界条件计算出存款利差；最后计算企业家期望净回报。

[2] 源文件地址：\Sources\Chap5_Financial_Friction\5.7_sigma_effect\index.m。

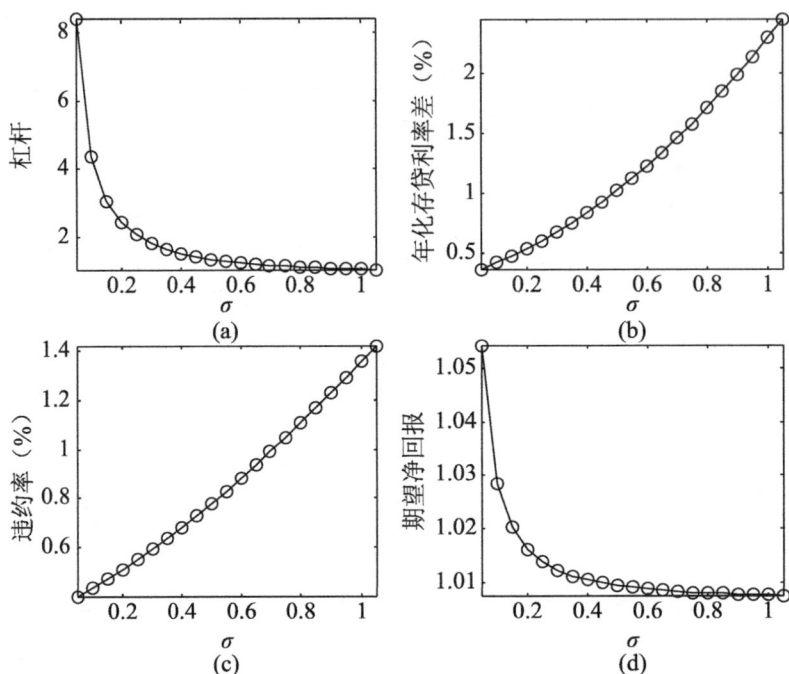

图 5.9　不同风险参数 (σ) 下 4 个主要变量的变化趋势图

5.7.2　风险溢价

资本的收益受到不确定性冲击的影响，因此其收益率是风险收益，综合反映了风险作用的结果。因此，将资本收益率与无风险收益率的比值 $\dfrac{1+R^k}{1+R}$ 称为风险溢价，前文已有阐述。一般说来，风险溢价要大于 1，即资本收益率一般大于无风险收益率，否则企业家选择储蓄获得无风险收益。

在前面的分析中一直假定风险溢价是给定的，即 1.007 3，年化净风险溢价约为 3%。接下来考察当风险溢价变动时，其他未知量的变化情况。在给定风险参数 σ 和清算成本参数 μ 时，图 5.10 给出了风险溢价参数 $\dfrac{1+R^k}{1+R}$（准确地说是年化净风险溢价）变动时，各主要变量的变化趋势 [1]。

---

[1]　源文件地址：\Sources\Chap5_Financial_Friction\5.7_sigma_effect\index.m。

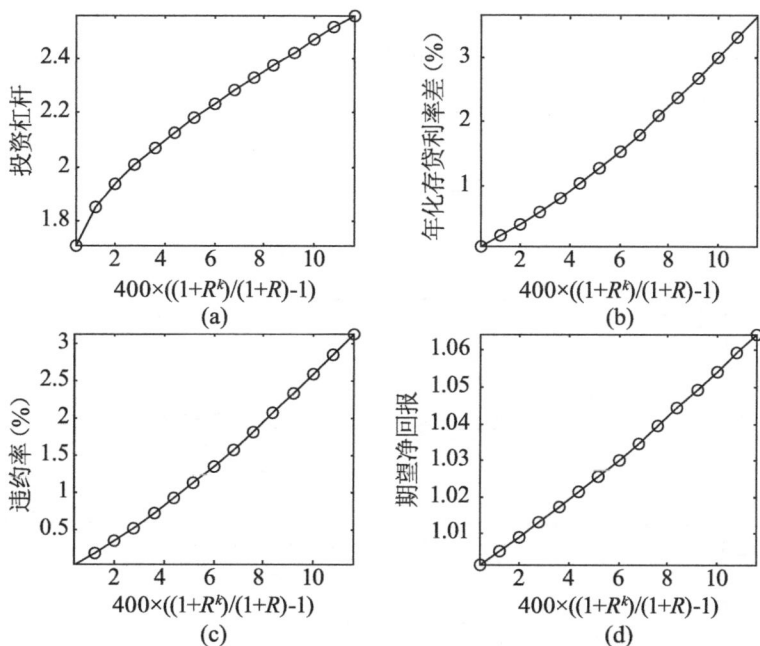

图 5.10 风险溢价参数变动下各主要变量的变化趋势

注：横轴表示年化的经风险溢价，单位为 %；图 (b) 表示年化的存贷款利差 (%)。

从图 5.10 可看到，高风险溢价带来了高杠杆，高期望回报和违约率。这是因为期望净回报最大化问题 (5.5.1) 要求高风险溢价伴随较高的异质不确定性风险冲击的临界值 $\bar{\omega}$；其次，由银行均衡条件 (5.4.12) 可知杠杆升高；再次，由期望净回报的计算公式 (5.4.3)，可知期望净回报增高；然后，较高的临界值 $\bar{\omega}$，也意味着较高违约率；最后，由临界条件 (5.6.1) 可知，当风险溢价和临界值上升速度高于杠杆的相对变化速度，对应的存贷款利差将变大。

5.7.3 清算成本参数

银行清算成本参数 μ 在上述分析中，一直被假设给定。此处考察当清算成本参数变化时，其他各主要变量是如何变化的。

当风险参数 σ 和风险溢价参数 $\dfrac{1+R^k}{1+R}$ 给定的情况下，各主要变量随清算成本变化的趋势，如图 5.11 所示。直观上看，清算成本的升高，使得投资杠杆、存贷款利差、违约概率和期望净回报全部下降 (见图 5.11)。此外，企业家期望净回报最大化问题 (5.5.1) 要求在越高的清算成本下，异质不确定性冲击的临界值越小。进而，在给定风险溢价的情况下，银行均衡条件 (5.4.12) 要求企业家的投资杠杆下降，进而期望净回报也下降。同时较低的临界值意味着较低的违约概率[①]。

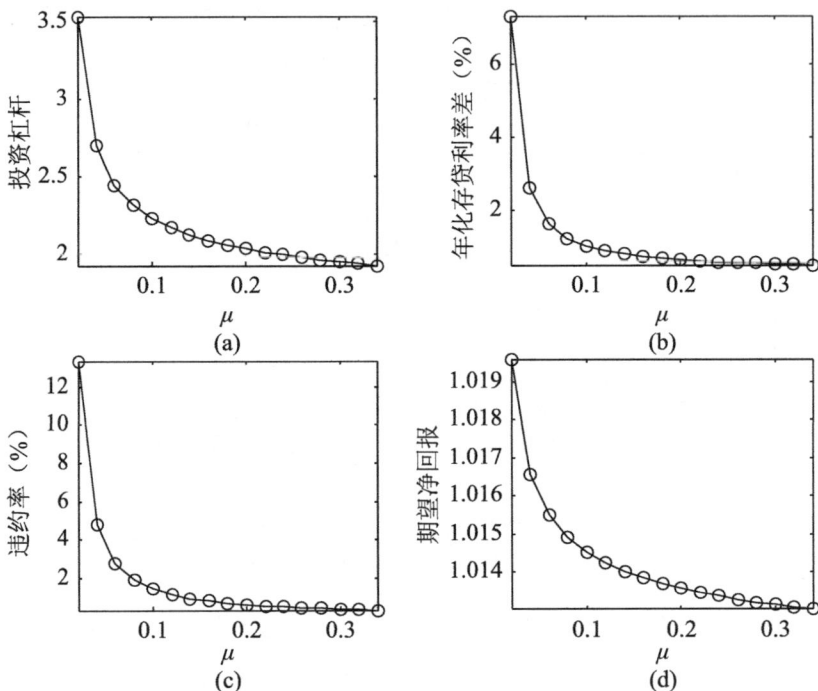

图 5.11　清算成本变化下各主要变量的变化趋势

5.8　金融加速器与随机波动模型示例

本节将金融加速器机制、随机波动两个特征引入简单的 RBC 模型中，示例两者的模型设定及模型求解。金融加速器机制的引入参考了 BGG(1999)，并同时考虑 CSV 机制；随机波动的引入参考了 CMR(2014)，将异质不确定性冲击对应的标准差参数（波动率）看作变量，称之为风险冲击，将其视为 AR(1) 过程，从而引入随机波动特征。

为什么随机波动重要呢？CMR(2014) 引入了风险冲击 (Risk Shock) 的概念，并强调风险冲击是经济波动最主要的驱动力。CMR(2014) 使用了一个含有金融加速器机制

---

① 源文件地址：\Sources\Chap5_Financial_Friction\5.7_sigma_effect\index.m。

的 DSGE 模型，并使用包括 4 个宏观金融数据在内的 12 个宏观经济变量进行贝叶斯参数估计后 [①]，发现风险冲击能够解释 60% 的美国经济增长波动，超越投资专有技术冲击 (Marginal Efficiency of Investment)、证券冲击 (Equity Shock) 以及 TFP 冲击，成为最重要的外生冲击。因此，当模型中引入金融市场或者使用了关键的金融数据进行参数估计时，在模型设定时考虑风险冲击具有必要性，因此需要引入随机波动设定。此处在 RBC 模型中引入随机波动作为示例。

此外，可在模型中引入更多的设定，将 RBC 模型进行拓展。比如：引入黏性价格设定；在资本积累方程中引入投资边际效率冲击；在效用函数中引入偏好冲击 (Preference)；将企业家生存概率参数视为变量，解释为证券冲击 (Equity Shock) 等。更为复杂的模型示例可参考 CMR(2014)。

5.8.1 模型设定

首先将不含有金融加速器机制的 RBC 模型阐述如下所示，以示对比。简单的 RBC 模型仅含有家庭和厂商两个部门以及两个简单的市场：一个是劳动力市场，家庭供给劳动，厂商雇佣劳动进行生产，并支付劳动工资；另一个是资本市场，厂商从家庭租赁资本品用于生产，偿还资本租金。

1. 家庭与厂商

假设家庭的效用函数为简单的对数效用函数：

$$\max_{\{C_t, B_{t+1}, H_t\}_{t=0}^{\infty}} E_0 \sum_{t=0}^{\infty} \beta^t \log(C_t) \tag{5.8.1}$$

受约束于

$$0 \leqslant H_t \leqslant 1 \tag{5.8.2}$$

$$C_t + B_{t+1} + K_{t+1} - (1-\delta)K_t \leqslant w_t H_t + r_t K_t + (1+R_{t-1})B_t \tag{5.8.3}$$

其中，C_t 为消费；B_{t+1} 为 t 期末确定的债券 (或储蓄) 持有量；R_t 为无风险净收益；K_{t+1} 为资本存量；r_t 为资本的边际产出；H_t 为劳动，总劳动时间被标准化为 1；δ 为折旧参数。

家庭选择消费 C_t，债券 B_{t+1} 和劳动 H_t 最大化其终身贴现效用函数，其一阶条件分别为

$$C_t^{-1} = \beta E_t C_{t+1}^{-1}(r_{t+1} + 1 - \delta) \tag{5.8.4}$$

---

① 如信贷、股票二级市场市值等。

$$C_t^{-1} = \beta E_t C_{t+1}^{-1}(1+R_t) \tag{5.8.5}$$

$$H_t = 1 \tag{5.8.6}$$

由于劳动没有进入效用函数，因此不存在劳动的负效用。从预算约束 (5.8.3) 来看，越多的劳动意味着越多的收入，同时也意味着更多的消费和更高的效用，因此 $H_t = 1$ 是最优的。

假设厂商的生产函数为

$$Y_t = A_t K_t^\alpha H_t^{1-\alpha}, 0 < \alpha < 1 \tag{5.8.7}$$

其中，A_t 为技术冲击，服从经典的对数 AR(1) 过程。由厂商的最优化问题得到工资和资本收益分别为

$$w_t \equiv (1-\alpha) K_t^\alpha H_t^{-\alpha} \tag{5.8.8}$$

$$r_t \equiv \alpha K_t^{\alpha-1} H_t^{1-\alpha} \tag{5.8.9}$$

此时模型的资源约束为

$$C_t + I_t = A_t K_t^\alpha H_t^{1-\alpha} \tag{5.8.10}$$

其中，I_t 为投资。

接下来，在简单的 RBC 模型基础之上引入金融加速器机制。为此，需要引入企业家部门、金融中介以及资本品生产者部门。

2. 企业家、金融中介与资本品生产者

文献中，关于金融加速器机制的模型设定逻辑大致如下：企业家从金融中介 (如银行) 获得贷款，加上自有资本金，从资本品生产者部门购买原始资本 (Raw Capital)，然后经历异质不确定性冲击，将原始资本转化为有效生产资本 (Effective Capital)。再将此有效资本租给厂商用于生产，并获得资本收益。在生产完成后，企业家收回未折旧的资本并将其卖给资本品生产者，企业家还本付息或者资不抵债进而违约。此时企业家的 (平均) 自有净值被确定，从而进入下一个生产循环中 (见图 5.12 和图 5.13)。

为了简化分析，使得模型的设定更为简洁，在不影响模型均衡条件的基础上，此处省略了模型的加总分析 (Aggregation)，并使用了文献中的"大家庭"或"大家族"假设 (Large Family Assumption, CMR, 2014; Gertler & Karadi, 2011; Gertler & Kiyotaki, 2010)，即经济中有许多相同的大家族，每个家族中都有很多的企业家。"大家庭"或"大家族"假设能够使得模型均衡条件的推导大大简化。模型中，对企业家的界定较为模糊，但 CMR(2014) 认为企业家最直观的解释就是将其当作非金融机构的厂商，同时也可以将企

业家解释为从事风险业务的金融机构 [1]。

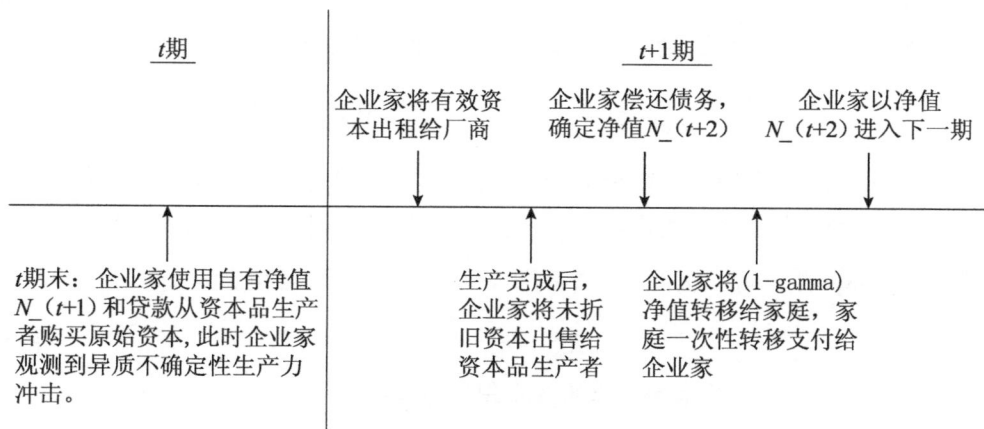

图 5.12 企业家决策逻辑

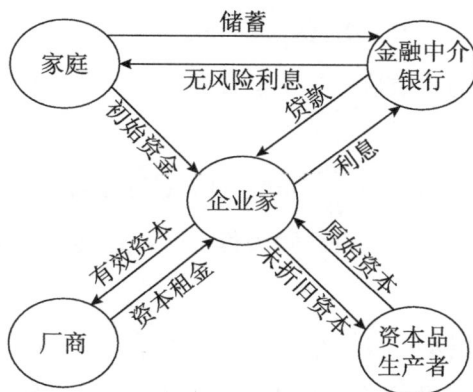

图 5.13 金融加速器机制的部门设定逻辑

假设 t 期末，具有净值 N_{t+1} 的企业家，从银行获取贷款 B_{t+1}，购买原始实物资本 K_{t+1}，从而成立的恒等式如下：

$$K_{t+1} = N_{t+1} + B_{t+1} \tag{5.8.11}$$

企业家购买实物资本后，企业家观测到其购买的原始实物资本受到一个异质不确定

---

① P34, ... The most straightforward interpretation of our entrepreneurs is that they are firms in the nonfinancial business sector. However, it is also possible to interpret entrepreneurs as financial firms that are risky because they hold a nondiversified portfolio of loans to risky nonfinancial businesses.

性冲击 ω 的影响，从而将原始实物资本转换为有效资本 ωK_{t+1}：

$$\omega K_{t+1}, \quad \omega \sim F(.,\sigma_t) \tag{5.8.12}$$

其中，σ_t 为 $\log\omega$ 的标准差，被解释为风险冲击，并假设其服从如下的 AR(1) 过程：

$$\log\left(\frac{\sigma_t}{\bar\sigma}\right) = \rho_\sigma \log\left(\frac{\sigma_{t-1}}{\bar\sigma}\right) + \sigma_s \epsilon_t^\sigma, \quad \sigma_s > 0, \epsilon_t^\sigma \sim N(0,1) \tag{5.8.13}$$

其中，$\bar\sigma$ 为风险的长期均值或稳态值。在一个竞争性的市场中，企业家将有效资本以利率 r_{t+1} 出租给厂商进行生产。生产结束后，企业家获得未折旧的资本 $\omega K_{t+1}(1-\delta)$，并以单位价格卖给资本品生产者。因此，资本的实际回报率 $1+R_{t+1}^k$ 可定义为

$$1+R_{t+1}^k \equiv r_{t+1} + 1 - \delta \tag{5.8.14}$$

资本品生产者的生产技术为经典的资本积累方程：

$$K_{t+1} = (1-\delta)K_t + I_t \tag{5.8.15}$$

假设标准的债务合约为 (Z_{t+1}, B_{t+1})，定义异质不确定性冲击 ω 的临界值为 $\bar\omega_{t+1}$ 满足：

$$(1+R_{t+1}^k)K_{t+1}\bar\omega_{t+1} = Z_{t+1}B_{t+1} \tag{5.8.16}$$

临界值满足项目本金与收益恰好等于借贷成本，即盈亏平衡点。假设银行面临完全竞争，但存在储蓄成本溢价 λ_t：

$$\int_{\bar\omega_{t+1}}^\infty Z_{t+1}B_{t+1}\mathrm{d}F(\omega) + (1-\mu)\int_0^{\bar\omega_{t+1}} \omega K_{t+1}\left(1+R_t^k\right)\mathrm{d}F(\omega) = \lambda_t\left(1+R_t\right)B_{t+1} \tag{5.8.17}$$

为了简化模型设定和分析，假设这种溢价被一次性转移给家庭用于消费。其中，储蓄成本溢价 λ_t 满足：

$$\lambda_t \equiv \exp\left(\lambda + \tilde\lambda_t\right), \quad \tilde\lambda_t = \rho_\lambda\tilde\lambda_{t-1} + \sigma_\lambda\epsilon_t^\lambda, \quad \epsilon_t^\lambda \sim N(0,1) \tag{5.8.18}$$

当 $\lambda + \tilde\lambda_t = 0$ 时，$\lambda_t = 1$，即不存在储蓄成本溢价；当 $\lambda + \lambda_t$ 绝对值较小时，有：

$$\lambda_t \approx 1 + \lambda + \tilde\lambda_t \tag{5.8.19}$$

在稳态求解时，假定 λ 的取值和无风险利率的取值相当或在同一数量级上。在本书"**5.5 最优合约**"一节中已经提及过高的 λ 校准值会使得模型不存在稳态值。

根据本书"**5.4 企业家期望净回报和银行均衡条件**"中的推导，可得到银行均衡条件为

$$L_{t+1} \equiv \frac{K_{t+1}}{N_{t+1}} = \frac{1}{1 - \frac{1+R_{t+1}^k}{\lambda_t\left(1+R_t\right)}\left(\Gamma\left(\bar\omega_{t+1}\right) - \mu G\left(\bar\omega_{t+1}\right)\right)} \tag{5.8.20}$$

其中，L_t 为企业家投资杠杆。同时根据本书 **"5.5 最优合约"** 一节中的推导可知，企业家期望净回报最大化问题的一阶条件为：

$$\frac{1-F(\bar{\omega}_{t+1})}{1-\Gamma(\bar{\omega}_{t+1})} = \frac{\dfrac{1+R^k_{t+1}}{\lambda_t(1+R_t)}\left(1-F(\bar{\omega}_{t+1})-\mu\bar{\omega}F'(\bar{\omega}_{t+1})\right)}{1-\dfrac{1+R^k_{t+1}}{\lambda_t(1+R_t)}\left(\Gamma(\bar{\omega}_{t+1})-\mu G(\bar{\omega}_{t+1})\right)} \tag{5.8.21}$$

接下来分析企业家净值的演进规律。根据本章 **"5.4 企业家期望净回报和银行均衡条件"** 中的推导，$\Gamma(\bar{\omega}_{t+1})$ 表示企业家投资项目回报中银行占有的比例 (未扣除清算成本)，因此企业家占有的部分为

$$[1-\Gamma(\bar{\omega}_{t+1})](1+R^k_{t+1})K_{t+1} \tag{5.8.22}$$

为了使得债务融资问题有意义，避免企业家净值无限增大，假设每期企业家生存概率为 γ，因此企业家的死亡概率为 $1-\gamma$，死亡的企业家将其资产转移给家庭。同时，每期有新企业家进入市场，并收到来自家庭的转移 W^e_{t+1} 作为初始自有净值 (同时得以生存的企业家同样收到该转移支付)，因此平均而言，企业家净值的演化规律如下：

$$N_{t+2} = \gamma(1-\Gamma(\bar{\omega}_{t+1}))(1+R^k_{t+1})K_{t+1} + W^e_{t+1} \tag{5.8.23}$$

注意，此处的生存概率和来自家庭的转移支付均为外生给定 (CMR, 2014)。此外，模型的资源约束方程如下：

$$C_t + I_t + \mu\int_0^{\bar{\omega}_t}\omega\mathrm{d}F(\omega)\left(1+R^k_t\right)K_t = A_t K^\alpha_t H^{1-\alpha}_t \tag{5.8.24}$$

$$H_t \equiv 1 \tag{5.8.25}$$

至此，完成了模型的基本设定。下一小节将使用 Dynare 编程求解该模型。

5.8.2　Dynare实现及模型结果分析

1. 模型均衡

模型均衡由 $\{C_t, I_t, \bar{\omega}_t, R^k_t, K_t, N_t, R_t, A_t, \lambda_t, \tilde{\lambda}_t, L_t, \sigma_t\}$ 12 个内生变量和如下 12 个均衡条件组成：

- 资源约束方程(5.8.24)：

$$C_t + I_t + \mu\int_0^{\bar{\omega}_t}\omega\mathrm{d}F(\omega)\left(1+R^k_t\right)K_t = A_t K^\alpha_t$$

- 家庭的Euler方程(5.8.5)：

$$C^{-1}_t = \beta E_t C^{-1}_{t+1}(1+R_t)$$

- 资本积累方程(5.8.15)：

$$K_{t+1} = (1-\delta)K_t + I_t$$

- 资本收益率方程(5.8.14)和(5.8.9)：

$$1 + R_t^k \equiv \alpha K_t^{\alpha-1} + 1 - \delta$$

- 企业家一阶条件(5.8.21)：

$$\frac{1-F(\bar{\omega}_{t+1})}{1-\Gamma(\bar{\omega}_{t+1})} = \frac{\dfrac{1+R_{t+1}^k}{\lambda_t(1+R_t)}\left(1-F(\bar{\omega}_{t+1})-\mu\bar{\omega}F'(\bar{\omega}_{t+1})\right)}{1-\dfrac{1+R_{t+1}^k}{\lambda_t(1+R_t)}\left(\Gamma(\bar{\omega}_{t+1})-\mu G(\bar{\omega}_{t+1})\right)}$$

即 $t+1 \rightarrow t$

  $t \rightarrow t-1$

- 银行均衡条件(5.8.20)，含两个方程：

$$L_t \equiv \frac{K_t}{N_t} = \frac{1}{1-\dfrac{1+R_t^k}{\lambda_{t-1}(1+R_{t-1})}\left(\Gamma(\bar{\omega}_t)-\mu G(\bar{\omega}_t)\right)}$$

- 企业家净值演化方程(5.8.23)：

$$N_{t+2} = \gamma\left(1-\Gamma(\bar{\omega}_{t+1})\right)\left(1+R_{t+1}^k\right)K_{t+1} + W_{t+1}^e$$

- 厂商生产技术冲击的AR(1)过程：

$$\log A_t = \rho_A \log A_{t-1} + \sigma_A \epsilon_t^A, \epsilon_t^A \sim N(0,1)$$

- 储蓄成本溢价方程(5.8.18)：

$$\lambda_t \equiv \exp\left(\lambda + \tilde{\lambda}_t\right)$$
$$\tilde{\lambda}_t = \rho_\lambda \tilde{\lambda}_{t-1} + \sigma_\lambda \epsilon_t^\lambda, \quad \epsilon_t^\lambda \sim N(0,1)$$

- 风险冲击方程(5.8.13)：

$$\log\left(\frac{\sigma_t}{\bar{\sigma}}\right) = \rho_\sigma \log\left(\frac{\sigma_{t-1}}{\bar{\sigma}}\right) + \sigma_s \epsilon_t^\sigma, \ \sigma_s > 0, \epsilon_t^\sigma \sim N(0,1)$$

为了辅助分析，再引入如下 5 个内生变量，因此该模型共有 17 个内生变量和 17 个均衡条件：

- 信贷B_{t+1}决定方程(5.8.11)：

$$K_{t+1} = N_{t+1} + B_{t+1}$$

- GDP变量：

$$\text{GDP}_t \equiv C_t + I_t$$

- 违约概率变量：

$$Default\_rate_t \equiv F\left(\overline{\omega}_t\right)$$

- 存贷款利差变量：

$$Interest\_spread_t \equiv \frac{Z_t}{1+R_{t-1}} = \frac{1+R_t^k}{1+R_{t-1}}\overline{\omega}_t\frac{L_t}{L_t-1}$$

- 风险溢价变量：

$$Wedge_t \equiv 1 - \frac{1+R_{t-1}}{1+R_t^k}$$

在新古典模型中，家庭的 Euler 方程 (5.8.5) 中的 $1+R_t$ 应和资本收益率方程 (5.8.14) 和 (5.8.9) 定义的资本收益率：$1+R_t^k \equiv \alpha K_t^{\alpha-1}+1-\delta$ 是一致的或者相差一个期望算子，如式 (4.1.37)。但金融加速器机制的引入，使得两者之间出现差异（文献中称为 *Wedge*），该差异被称为风险溢价变量。该变量衡量了资本收益率 R_t^k 与无风险收益率 R_t 之间的差异，风险溢价变量越大，这种差异越显著。

2. 模型稳态

(1) 参数校准

在稳态计算前，需要对参数进行校准。校准结果如表 5.6 所示。

表 5.6　模型参数校准

参　数	校　准	参　数　含　义
结构参数		
$\overline{\sigma}$	0.259 2	风险冲击的稳态或长期均衡值
μ	0.214 9	银行清算成本参数
γ	0.97	企业家生存率参数
α	1/3	资本的产出份额
δ	0.025	资本折旧参数
β	1.03^(−0.25) ≈0.992 6	主观贴现因子参数，意味着年无风险利率为 3%，同时也意味着模型对应的数据频率为季度
λ	0 或 $\frac{1}{\beta}-1$	储蓄成本溢价参数
W^e	0.01	家庭对企业家的转移支付，假设为固定值，仅作为示例
外生冲击的持续性（Persistence）参数与标准差参数		
ρ_σ	0.97	风险冲击的持续性参数，即 AR(1) 参数
σ_s	0.07	风险冲击的标准差
ρ_λ	0.85	储蓄成本溢价冲击的持续性参数

续表

参　数	校　准	参　数　含　义
σ_λ	0.01	储蓄成本溢价冲击的标准差，取值仅作示例
ρ_A	0.85	技术冲击 (TFP) 的 AR(1) 系数
σ_A	0.01	技术冲击 (TFP) 的标准差，取值仅作示例

　　注意：储蓄成本溢价参数、家庭对企业家转移支付参数、储蓄成本溢价冲击和 TFP 冲击持续性参数和标准差参数的校准仅作为示例演示，并没有实际的数据支撑。

(2) 稳态计算

　　由于无法直接求解企业家一阶条件 (5.8.21) 和银行均衡条件 (5.8.20)，这两个一阶条件都为复杂的非线性方程，因此，模型稳态的计算需要使用数值迭代的方法[①]。在给定表中的参数校准值，使用如下的计算逻辑求出模型内生变量的稳态值。

　　①使用家庭最优化问题的 Euler 条件，可得 $1+R=1/\beta$，即可得到无风险利率的稳态校准值 $R=1/\beta-1\approx0.74\%$；年化后的无风险利率 $(1+R)^4-1$ 可表示为 $\beta^{-4}-1=3\%$。

　　②由于表中校准了风险冲击的稳态值 $\bar{\sigma}$，根据本书"**5.6 模型均衡计算示例**"中的计算逻辑，则需要计算异质不确定性冲击的临界值 $\bar{\omega}$，从而计算出违约概率。由于企业家一阶条件 (5.8.21) 中含有的未知变量个数少于银行均衡条件 (5.8.20) 中的未知变量的个数[②]，因此，从企业家期望净回报最大化问题的一阶条件入手计算较为简单，首先给定资本收益率的初始猜测值 $R^k\geq R$。

- 从企业家期望净回报最大化问题的一阶条件(简称企业家FOC)中计算 $\bar{\omega}$：

$$\frac{1-F(\bar{\omega})}{1-\Gamma(\bar{\omega})}=\frac{\dfrac{1+R^k}{\bar{\lambda}(1+R)}\left(1-F(\bar{\omega})-\mu\bar{\omega}F'(\bar{\omega})\right)}{1-\dfrac{1+R^k}{\bar{\lambda}(1+R)}\left(\Gamma(\bar{\omega})-\mu G(\bar{\omega})\right)},\ \bar{\lambda}=\exp(\lambda)$$

- 由资本收益率方程(5.8.14)计算出资本存量的稳态值：

$$K=\left(\frac{\alpha}{1+R^k-(1-\delta)}\right)^{\frac{1}{1-\alpha}} \tag{5.8.26}$$

---

① 使用 Matlab 的内置函数 fzero 来求解，在求解之前尽量手动缩小解所在的区域范围，以减少计算时间提高效率。

② 企业家一阶条件 (5.8.21)中含有的未知变量个数为 2 个，即异质不确定性冲击的临界值和资本收益率；而银行均衡条件 (5.8.20) 中的未知变量的个数至少为 3 个，即除了异质不确定性冲击的临界值和资本收益率外两个，还包括投资杠杆。如果使用资本和净值之比替代杠杆，则此时至少有 4 个未知变量。

- 从净值演化方程(5.8.23)计算出净值N。为了简化,假设家庭对企业家的转移支付W^e为外生给定的一个固定值[①]。注意此处计算可忽略W^e,一般说来,该值较小且外生给定,因此忽略该值对结果的影响并不大。

- 将上述计算出的资本存量K,净值N和初始猜测值R^k,代入银行均衡条件(5.8.20)对应的静态方程(5.8.27)中进行迭代。重复上述步骤,直到该静态方程被满足,此时找到稳态的资本收益R^k:

$$\frac{K}{N} = \frac{1}{1 - \frac{1+R^k}{\lambda(1+R)}\left(\Gamma(\bar{\omega}) - \mu G(\bar{\omega})\right)} \tag{5.8.27}$$

(3) 获取资本存量K,净值N和资本收益率R^k和临界值$\bar{\omega}$的稳态后,计算其他变量的稳态就非常简单了。比如可由资本积累方程计算投资的稳态值$I=\delta K$;从资源约束计算消费的稳态值C,因此可计算出 GDP 的稳态值;从投资杠杆的定义求出杠杆的稳态值;从而信贷、违约概率和存贷款利差的稳态都能够计算出来。

在确定上述稳态值计算逻辑后,编写 Dynare 稳态计算的外部 m 文件,并交由 Dynare 自动调用并计算稳态。

(3)Dynare 源文件

虽然上述稳态计算逻辑较为简单,但具体 Matlab 编程计算并不轻松,而且略显复杂。此处共有 7 个相关文件共同完成模型求解任务。为了帮助理解复杂的计算过程以及函数之间的调用关系,每个,文件取名都基本解释了其基本功能。下面对其具体功能进行阐述[②]。

- **fin_acc_rbc.mod**,模型文件,限于篇幅有限,此处不再列示其内容。

- **fin_acc_rbc_steadystate.m**,模型的稳态外部求解文件,有基本固定的编程格式,由Dynare自动调用,该文件调用mysteadystate.m文件进行核心变量稳态的计算。核心变量稳态计算后,其他变量的稳态计算较为简单。

- **mysteadystate.m**,具体负责模型核心变量稳态(资本存量K,净值N和资本收益率R^k和临界值$\bar{\omega}$)的计算任务,即给定表5.6中参数的校准值,首先给出资本收益率R^k的一个较大的可能变化区间,分成若干个小区间。在这若干个小区间中,逐步缩小目标范围。其基本技巧就是判断银行均衡条件等号两端之差(恰是get_bank_zero_profit_diff_cond_on_Rk.m.m的功能之一)。如果相邻的两个R^k(即小区间的

---

① CMR(2014) 将其校准为 0.5% (P43),此处将其校准为 1%,具体请参考本节的源代码。

② 源文件地址: \Sources\Chap5_Financial_Friction\5.8_example。

左右端点)对应的银行均衡条件等号两端之差的乘积为负值(一般情况下不可能为0)，则说明最优值位于两个 R^k 之间，那么该小区间为目标区间，然后使用Matlab内置函数fzero在两个R^k之间进行求解最优的R^k，从而提升求解效率。

- **get_bank_zero_profit_diff_cond_on_Rk.m**，给定某个 R^k 值，首先调用get_omega_entrepreneur_foc_cond_on_sigma.m文件，从企业家FOC条件(5.8.21)中求解最优临界值 $\bar{\omega}$；然后使用 R^k 和 $\bar{\omega}$，可计算出资本存量 K (其稳态计算公式)，净值 N (净值方程)；最后将 R^k、$\bar{\omega}$、K 和 N 代入银行均衡条件，返回该条件等号两端之差。

- **get_omega_entrepreneur_foc_cond_on_sigma.m**，给定 R^k 值，获取最优临界值 $\bar{\omega}$。为了求解最优临界值 $\bar{\omega}$，同样需要对 $\bar{\omega}$ 指定一个较大的可能变化区间，分成若干小区间，然后逐步缩小目标范围。同样，其基本技巧是判断企业家FOC条件(5.8.21)等号两端之差的乘积是否为负。如果为负，则说明相邻的两个 $\bar{\omega}$ 之间一定有最优值，然后使用fzero来寻找最优。该m文件调用reduce_to_small_interval.m，用于辅助缩小目标范围。

- **reduce_to_small_interval.m**，该文件用于辅助缩小求解临界值 $\bar{\omega}$ 的目标范围，调用get_entrepreneur_foc_diff_cond_on_sigma.m。

- **get_entrepreneur_foc_diff_cond_on_sigma.m**，给定 R^k 和临界值 $\bar{\omega}$，返回企业家FOC条件等号两端之差。

上述稳态计算文件之间存在相互调用关系。理解相互调用关系是读懂源代码的关键。文件之间的相互调用关系比较简单，即按顺序上一个文件调用下一个文件，但要注意调用文件之间的参数传递和函数的返回值 [①]。

(4) 结果及 IRF 分析

①储蓄成本溢价参数变动的影响

首先考察储蓄成本溢价参数 λ 变动的影响。从表 5.7 的结果来看，参数 λ 的增大对经济具有紧缩作用，产出、消费、投资和资本存量均不同程度下降。企业家净值与信贷都出现大幅减少，异质不确定性冲击的临界值和违约概率亦下降。风险冲击和技术变量

---

① 调试上述 7 个文件使之正确、顺利执行不是一件容易的事情，需要不断调试、排摸、积累经验。建议读者一定要学会使用 Matlab 的 debug 模式，找到出错的具体地方所在 (特别是 dbstop 命令及其相关命令 dbstatus、dbclear、dbquit 等使用方法至关重要)。特别是在稳态计算时，Dynare 内置文件之间的调用关系以及自行编写的 m 文件之间的调用关系较为复杂，需要一步步调试才能发现问题的所在。有时稳态计算的错误出自于静态方程与动态方程不一致，该错误不易被发现，往往花费大量时间排查错误后才意识到此问题，因此要确保静态方程在编程时和动态方程完全一致，排除低级错误，提高效率。

的稳态不受参数 λ 变动的影响。

表 5.7　储蓄成本溢价参数 λ 变动对各变量稳态值和参数的影响

变　　量	名　　称	当 $\lambda=0$ 时	当 $\lambda=R*100\%$ 时
K_t	资本存量	24.956 6	21.628 7
I_t	投资	0.499 1	0.432 6
C_t	消费	2.397 1	2.339 9
R_t	无风险利率	0.007 4	0.007 4
$\bar{\omega}_t$	临界值	0.528 2	0.505 7
R_t^k	资本收益率	0.019 0	0.022 9
N_t	企业家净值	11.659 8	10.622 6
σ_t	风险冲击	0.259 2	0.259 2
Interest_spread	存贷款利差	1.002 7	1.009 2
B_t(credit)	信贷	13.296 8	11.006 1
Default_rate	违约概率	0.009 8	0.006 2
GDP	GDP	2.896 3	2.772 4
A_t	技术变量	1.000 0	1.000 0
λ_t	储蓄成本溢价	1.000 0	1.007 4
$\tilde{\lambda}_t$	储蓄成本溢价冲击	0.000 0	0.000 0
L_t	投资杠杆	2.140 4	2.036 1
Wedge	风险溢价（风险差额）	0.011 4	0.015 2
$\Gamma(\bar{\omega})$	银行占有部分	0.527 7	0.505 5
$\Gamma(\bar{\omega})-\mu G(\bar{\omega})$	去除清算成本后银行占有部分	0.526 7	0.504 9

数据来源：作者自行计算；在执行完毕 mod 文件后，立即执行 \Sources\Chap5_Financial_Friction\5.8_example\ 中的 getsteadystates.m 文件，即可将稳态值赋给内生变量。

② IRF 分析

IRF 均表示在一单位（标准差）正向冲击下，各变量对其稳态值的绝对偏离（模型文件中使用 level 变量）[①]。

首先来看一单位正向风险冲击 ϵ_t^σ 造成的影响，如图 5.14 和图 5.15 所示。根据前文的分析，风险参数 σ 的增加通常被解释为经济中风险的增大。因此，一单位正向风险冲

---

① 源文件地址：\Sources\Chap5_Financial_Friction\5.8_example\fin_IRF.m，并使用 fin_acc_rbc_results_lam0.mat（储蓄成本溢价参数为 0）和 fin_acc_rbc_results_lam8.mat（储蓄成本溢价参数为无风险利率）两个结果文件。

击意味着 σ_t 的增大，即风险增大。

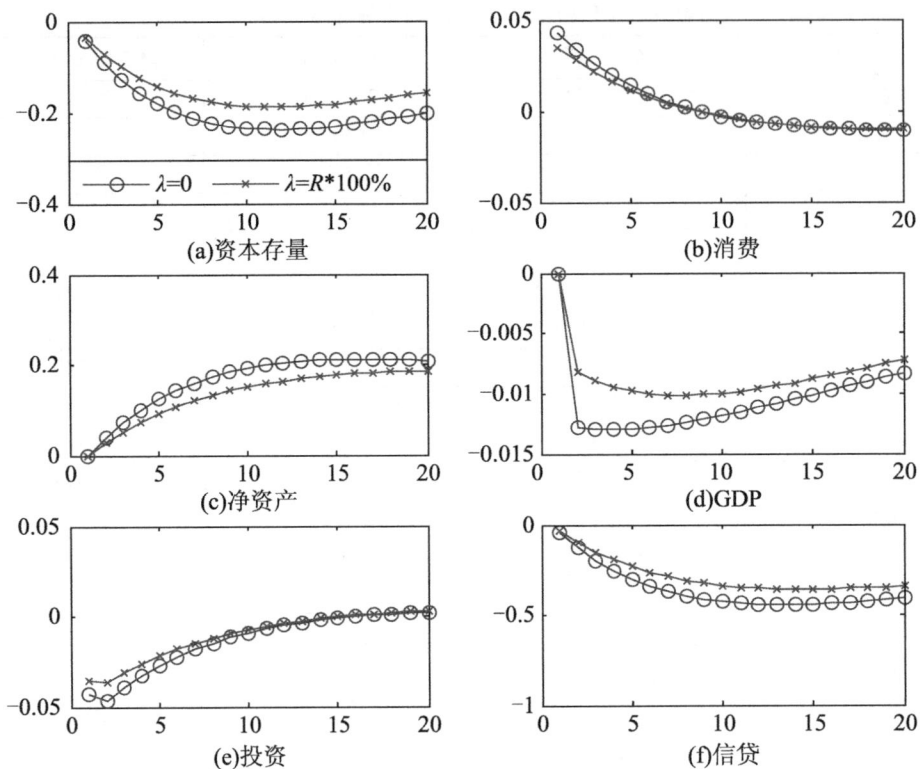

图 5.14　一单位正向风险冲击下各变量的脉冲响应 (I)

CMR(2014) 指出存贷款利差是风险冲击的增函数，即：

$$\frac{\partial\left(\dfrac{Z}{1+R}\right)}{\partial\sigma_t}>0 \tag{5.8.28}$$

即风险变大时，存贷款利差变大，并伴随着异质不确性冲击临界值的减少以及违约率的上升，这一结论无论是在局部均衡分析下 (见图 5.9) 还是在一般均衡分析下 (见图 5.14 和图 5.15) 都成立。在金融加速器机制下，经济呈现紧缩状态，GDP、投资、信贷和资本存量均呈现不同程度的下降，因而风险冲击具有紧缩效应。但是在风险冲击下，储蓄成本溢价参数 λ 的不同，并没有造成各变量脉冲响应的显著差异。

在局部均衡分析下，假设风险溢价为给定的。但一般均衡分析中，风险溢价为变量，一单位正向风险冲击导致风险溢价大幅攀升 (见图 5.15，Financial Wedge 变量)。

一般说来, 违约概率是临界值的增函数。为什么此处临界值出现大幅下降后, 违约概率却出现上升呢? 这并不难理解。"违约概率是临界值的增函数" 这一结论成立是有前提的, 即风险不变。换句话说, 只有当对数正态分布对应的标准差 σ_t 是不变的, 才能保证 $F(\bar\omega)$ 是 $\bar\omega$ 的增函数。然而, 在风险冲击 ϵ_t^σ 下, σ_t 恰恰发生了变化。根据图 5.8, σ_t 的增加导致了对数正态的累积分布函数出现左偏, 即厚尾的出现, 此时虽然临界值下降, 但不足以抵消风险冲击带来的影响, 因此最终违约率上升。

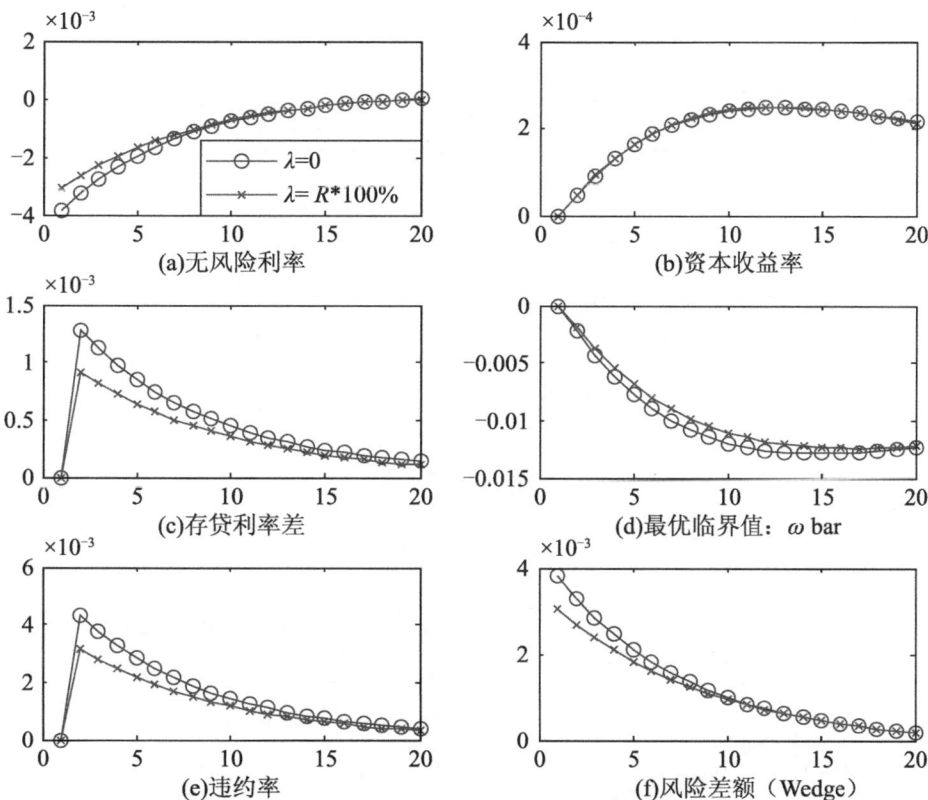

图 5.15　一单位正向风险冲击下各变量的脉冲响应 (II)

其次来看一单位正向储蓄成本溢价冲击 ϵ_t^λ 的影响。从图 5.16 和图 5.17 的结果来看, 成本溢价冲击的作用效果类似于风险冲击的作用效果, 即提升储蓄成本溢价会使得经济呈现紧缩状态。同样, 该冲击能使得存贷款利差上升, 违约率上升。

需要指出的是, 在储蓄成本溢价冲击下, 异质不确定性冲击的临界值出现上升。由于风险 σ_t 没有发生变化, 因此违约率上升 ($\lambda=0$)。该影响机制显著区别于风险冲击下的脉冲响应。

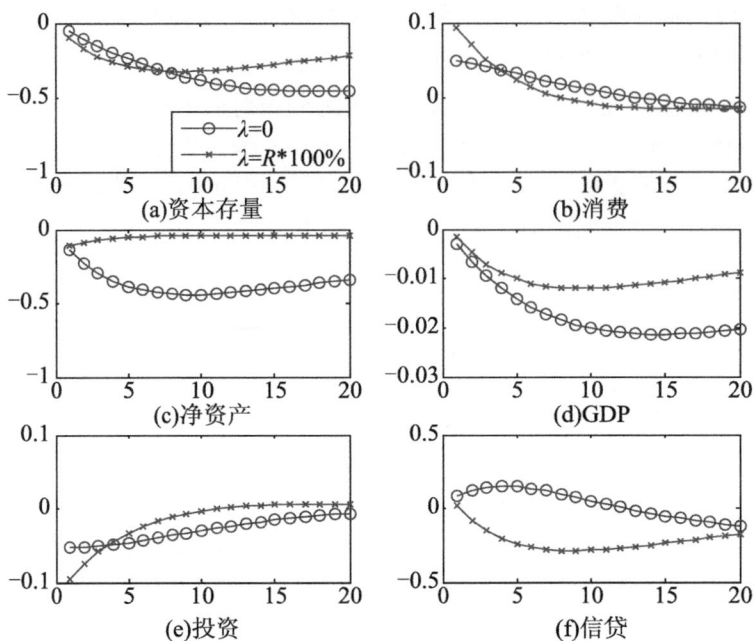

图 5.16　一单位正向储蓄成本溢价冲击下各变量的脉冲响应 (I)

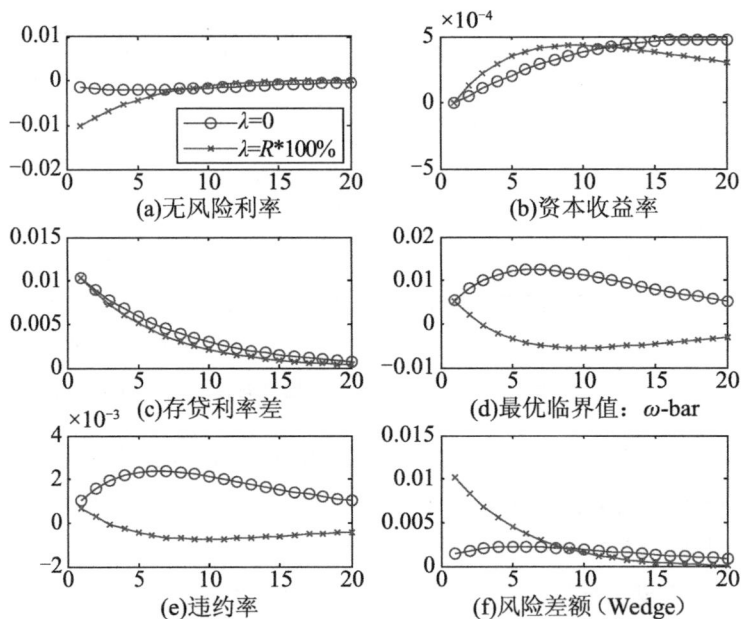

图 5.17　一单位正向储蓄成本溢价冲击下各变量的脉冲响应 (II)

从上述分析可看出,虽然储蓄成本溢价冲击属于供给冲击,风险冲击属于需求冲击,即两者属于不同类型的冲击,但其对于内生变量的影响却非常类似,都对经济具有紧缩效应。但是此时,不同储蓄成本溢价参数 λ 对部分内生变量的脉冲响应有明显不同的影响。但两种冲击的影响存在略微差异。

储蓄成本溢价冲击使得最优异质不确定性冲击的临界值 $\bar\omega$ 上升以及资本存量下降,由净值演化方程可知企业家净值呈下降趋势。其下降幅度之大,使得资本收益率提升带来的净值提升幅度不足以抵消净值下降的大趋势,因而最终净值呈下降状态。

在一单位正向风险冲击下,最优异质不确定性冲击的临界值 $\bar\omega$ 呈现明显的下降趋势,并伴随着资产收益率的提升。虽然资本存量呈现下降趋势,但企业家净值却呈现出上升趋势,这说明 $\bar\omega$ 及资产收益率的提升带来净值提升的正效应,不仅足以抵消资本存量下降带来的负效应,而且还最终使得净值上升。

参 考 文 献

[1] Bernanke B. S., Gertler M., Gilchrist S. *The Financial Accelerator in a Quantitative Business Cycle Framework*[M].Taylor J. B., Woodford M. Handbook of Macroeconomics. North-Holland, 1999:1341-1393.

[2] Brunnermeier M. K., Eisenbach T. M., Sannikov Y. *Macroeconomics with Financial Frictions: A Survey*[M]. Advances in Economics and Econometrics, Tenth World Congress of the Econometric Society, Vol. II: Applied Economics. New York: Cambridge University Press, 2013:4-94.

[3] Brzoza-Brzezina M., Kolasa M., Makarski K. *The Anatomy of Standard DSGE Models with Financial Frictions*[J]. Journal of Economic Dynamics & Control, 2013, 37(1):32-51.

[4] Carlstrom C. T., Fuerst T. S. *Agency Costs, Net Worth, and Business Fluctuations: A Computable General Equilibrium Analysis*[J]. American Economic Review, 1997, 87(5):893-910.

[5] Christiano L. J., Motto R., Rostagno M. *Risk Shocks*[J]. American Economic Review, 2014, 104(1):27-65.

[6] Christiano L., Motto R., Rostagno M. *Financial Factors in Economic Fluctuations*[J]. European Central Bank Working Paper Series, 2010, No.1192.

[7] Eaton J., Gersovitz M. *Debt with Potential Repudiation: Theoretical and Empirical*

Analysis[J]. Review of Economic Studies, 1981, 48(2):289-309.

[8] Fisher J. D. M. *Credit Market Imperfection and the Heterogeneous Response of Firms to Monetary Shocks*[J]. Journal of Money, Credit, and Banking, 1999, 31(2):187-211.

[9] Gertler M., Karadi P. *A Model of Unconventional Monetary Policy*[J]. Journal of Monetary Economics, 2011, 58(1):17-34.

[10] Gertler M., Kiyotaki N. *Financial Intermediation and Credit Policy in Business Cycle Analysis*[M].Benjamin M. F. A. M. Handbook of Monetary Economics. Elsevier, 2010:547-599.

[11] Kiyotaki N., Moore J. *Credit Cycle*[J]. Journal of Political Economy, 1997, 105(2):211-248.

[12] Stiglitz J. E. *Where Modern Macroeconomics Went Wrong*[J]. Oxford Review of Economic Policy, 2018, 34(1-2):70-106.

[13] Townsend R. M. *Optimal Contracts and Competitive Markets with Costly State Verification*[J]. Journal of Economic Theory, 1979, 21(2):265-293.

[14] Walsh C. E. *Monetary Theory and Policy*[M]. MIT Press, 2010.

[15] 梅冬州，龚六堂 . 新兴市场经济国家的汇率制度选择 [J]. 经济研究 , 2011, 11:73-88.

[16] 赵振全，于震，刘淼 . 金融加速器效应在中国存在吗？ [J]. 经济研究 , 2007 ,6:27-38.

[17] 周炎，陈昆亭 . 金融经济周期理论研究动态 [J]. 经济学动态 , 2014, 7:128-138.

6

Dynare 进阶应用

本章介绍 Dynare 的进阶应用，分为 5 节内容。内容涵盖模型文件的循环调用和执行、脉冲响应函数及自定义编程、DSGE 模型二阶随机模拟中的一些问题、常用的 Dynare 语法和运行时错误以及宏命令编程。希望通过这章的学习，读者能够对使用 Dynare 求解 DSGE 模型有更加深入的认识和了解。

6.1 Dynare 模型文件的循环执行

在某些时候，需要反复运行同一个 Dynare 模型文件，以检验同一个参数或不同参数变化对运行结果造成的影响。这时就遇到了如何循环调用模型文件的问题。本节将介绍如何在 Matlab 中编程，循环调用 Dynare 模型文件。

6.1.1 循环执行的逻辑

通常情况下，需要检验一个或多个参数的连续微小变化会对模型结论存在何种影响。比如想考察柯布道格拉斯生产函数中的资本产出份额参数 α 的变化对产出的影响。这时可设定 $\alpha=0.2{:}0.01{:}0.5$ 或其他合理的值。这种设定相当于 $\alpha=0.2, 0.21, 0.22, \cdots, 0.5$，共 31 个不同的值。对于数组中的每一个 α 值，执行一次模型文件，共需执行 31 次模型文件，最后来观测和分析结果的变化。如果手动执行，每次修改参数 α 的取值并保存计算结果，这样势必过于烦琐而且容易出错。可以通过简单的编程来巧妙地解决上述循环执行问题。在 Matlab 中，循环执行的基本逻辑如下：

1) 初始设定 (Housekeeping)。

2) 声明待测参数的数组：$\alpha=0.2{:}0.01{:}0.5$

   a) 对数组中的每一个参数 α；

   b) 使用 dynare 命令执行模型文件；

c) 保存求解结果：oo_, M_, options_ 到本地 mat 文件中，或保存部分结果到内存，以备后用；

d) 结束执行。

3) 依次加载保存的 mat 文件，或直接从内存中调用结果变量进行分析。

对上述逻辑的具体执行，需要做如下进一步说明：

第一步，需要一个独立的 m 文件 (独立于原始模型 mod 文件) 来实现上述循环执行逻辑，比如 mainfile.m。

第二步，正如本书 "3.7 求解结果分析和调用" 中所述，每一次执行模型文件都会在内存中产生和执行结果相关的3个结构对象：oo_, M_, options_，并自动存储到mat 文件中。但是在不更改原有 mat 文件名前提下，新的执行结果将会覆盖已有的 mat 文件。因此需要在 mainfile.m 文件中动态保存 mat 文件 (重量保存，保存全部结果) 或者使用 noclearall 选项，动态保存内存中的变量即可 (轻量保存，保存部分必需结果)[①]。此外，动态保存内存变量到mat 文件，在 Matlab 中实现并不困难。其关键在于动态构造保存命令的字符串，该字符串包括了 mat 文件的名称，该名称必须是动态的，每次都不能相同，否则会覆盖上一次的运行结果，一个较好的办法就是使用 for 循环中的操作变量 i，将其转换为字符串 (int2str) 作为文件名的一部分，然后使用 eval 函数即可执行该字符串对应的保存命令，实现动态保存。一个具体例子可参考 **"源代码 41，7.3 节"**。

第三步，在动态执行模型文件时，如何传递参数值是一个非常关键的设定。这也是循环执行的核心所在。

第四步，根据不同的保存结果，加载分析即可。

6.1.2　一个简单示例

此部分使用一个简单的 RBC 模型来示例如何循环执行模型文件。此处不再具体阐述模型本身，具体请参考模型文件[②]。

同前文一致，此处考察柯布道格拉斯生产函数中的资本产出份额参数 α 的变化对产出关于技术冲击反应的影响，仅作为示例。为了简单起见，此处仅使用 3 个 α 的值，可以很简单地将其改写为上述资本产出份额参数 α 的 31 个不同的取值。依据前面的循环执

---

① 关于 noclearall 使用注意事项，请参考本书 **"3.5 Dynare 文件的预编译和运行原理"** 一节中内容。

② 源文件地址：\Sources\Chap6_Dynare_Advanced\Recursively_Running_Dynare_codes\recursively_running_dynare_orginal.mod。

行 mod 文件的逻辑，将主文件 mainfile.m 编写如下 [①]，具体参见源代码 33。

源代码33　mainfile.m文件

```
%初始设定, house-keeping
clear all; close all; clc;

%设置参数变化的数组
alpha_d=[0.2 0.35 0.5];% alpha_d = 0.2:0.01:0.5;

%结果存储的mat文件,此处针对产出对技术冲击的反应感兴趣
save_results =zeros(40,length(alpha_d));

%如果存在旧的结果文件,将其删除
if exist('save_results.mat','file')   delete save_results.mat  end

for ii-1:length(alpha_d)
%如果存在旧的参数文件,将其删除。注意,在Matlab中,请分行书写,此处为节省空间未分行
if exist('parametersaved.mat','file')  delete parametersaved.mat   end

%注意此处将需要传递的所有参数保存在一个mat文件中: parametersaved.mat
    alpha =alpha_d(ii);
    save parametersaved alpha;

    %新参数值将被加载到模型文件中,请查阅模型文件或源代码 34
    dynare recursively_running_dynare noclearall;

    %为了提高执行效率,可直接运行编译后的m文件,这样会节省不少时间;如果使用该命令请注
释上一行dynare命令行,以免重复执行
    %recursively_running_dynare;
    %保存感兴趣的变量,此处使用了轻量保存的方法,即使用了noclearall选项,并未将
%save_results保存到硬盘上;
    save_results(:,ii) = y_e;
end
```

主文件 mainfile.m 每次执行模型 (*.mod) 文件之前，都将新的参数值 α 保存在一个 mat 文件中：parametersaved.mat。如果有同名旧文件存在，则首先删除它，以确保参数值为最新的。此处使用了轻量方式保存，每次执行完后，将产出对于技术冲击的脉冲响应保存起来，dynare 命令的选项 noclearall 保证 save_results 变量不被清除，当循环调用结束后，save_results 包括了全部需要的结果。最后也可以将 save_results 变量保存到硬盘上，以备后用。

现在的问题是最新的参数值 α 是如何被模型文件知晓并使用呢？这是参数传递的关键所在。因此必须修改原模型文件，使之接收或加载 mainfile.m 保存的参数值。其实修

---

① 　源文件地址：\Sources\Chap6_Dynare_Advanced\Recursively_Running_Dynare_codes\mainfile.m。

改非常简单。只需要将源文件中对 α 的赋值语句删除，替换为源代码 34 中的命令即可。源代码 34 首先加载最新文件，该文件中包含了最新保存的参数值 α，然后使用 Dynare 内置函数，将此参数值赋予模型文件中的参数 α 即可 [①]。

源代码34   使用set_param_value函数传递参数

```
%加载mainfile.m文件中存储的新参数值；load为Matlab内置命令，可直接使用
load parametersaved;
set_param_value('alpha',alpha);
```

负责传递参数值的函数 set_param_value 接受两个参数，如源代码 35 所示。第一个参数 pname，表示模型文件中定义的参数名称，即待被赋值的参数；第二个参数：value，表示 parametersaved.mat 中存储的变量名称，即传递进来参数。pname 和 valuc 两者名称可以相同，可以不同。set_param_value 函数除了赋值外，还同时将该参数写入 Matlab 内存中。需要注意的是当有多个参数要传递时，多次使用 set_param_value 函数即可。

源代码35   set_param_value函数语法

```
set_param_value(pname,value)
```

注意：可在 Matlab 命令行使用 edit set_param_value 命令打开 set_param_value.m 文件，查看源代码。

最后，可对保存的结果 save_results 进行各种分析。此处画出了 save_results 的图形，如图 6.1 所示。结果显示，在脉冲发生后的几期内，资本产出份额的不同造成的影响并不显著，而后差异开始逐渐扩大。当产出份额较小时，技术冲击影响的衰减较快，这与直觉相符。

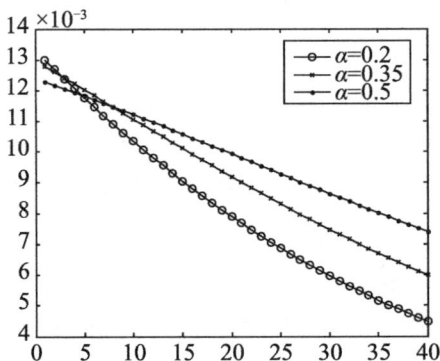

图 6.1   不同资本产出份额下产出对技术冲击的脉冲响应图

注意：纵轴表示产出对其稳态的绝对偏离。

---

①   修改后的 mod 文件为：\Sources\Chap6_Dynare_Advanced\Recursively_Running_Dynare_codes\recursively_running_dynare.mod。

6.1.3　时间效率

当模型较为复杂时，每次循环执行中，如果都使用 dynare 命令对模型文件编译将会花费不少的时间。此外，每次循环执行中 Dynare 都会在屏幕上输出编译和计算信息，这也会花掉不少时间。那么，有没有办法来节省这些时间呢？如果有应该如何设置呢？事实上，可以通过简单的编程或设定来达到目的。接下来，针对上述两个问题的解决办法做简单介绍。

1. 使用编译后的 m 文件

在本书"**3.5 Dynare 文件的预编译和运行原理**"一节中，介绍了在第一次使用 dynare 命令编译结束后，会生成一个和模型文件同名的 m 文件，称之为模型文件的主文件。针对上述例子，Dynare 编译后生成的主文件名为：recursively_running_dynare.m。直接执行主文件同样可以完成求解 (源代码 33 中注释的部分已经做过说明)。需要注意的是，如果直接运行编译后生产 m 文件，此时需要删除或注释掉 dynare 命令对应的那一行 [①]，以免重复执行。直接执行编译后的 m 文件，就省略了全部的预编译过程，因此会节省不少执行时间。

2. 使用 noprint 和 nograph 选项

在模型文件中的求解命令中，比如 stoch_simul 中使用 noprint 和 nograph 选项同样会节省不少时间。根据本书"**3.9 随机模拟分析：stoch_simul**"一节的分析，noprint 是指不在屏幕上输出任何计算结果信息 (仍会保存预编译信息)，nograph 是指不输出和保存任何图片。因此在求解命令中使用这两个选项后，每次执行中不会在屏幕上输出计算结果，也不会画出任何图形。而且在预编译后，m 主文件也会包含这两个选项 (即会记住这两个选项)。因此上述两种方法合并使用，既使用编译后的 m 文件又使用两个求解选项，这样会节省不少运行时间，提升求解效率。

6.2　脉冲响应函数和自定义编程

脉冲响应函数 (Impluse Response Function，IRF) 的概念大家并不陌生，在前述章节

---

①　即 dynare recursively_running_dynare noclear all。此处需要特别说明的是，如果不改变模型均衡条件，直接使用编译后的 m 文件来得到计算结果是没有问题的。比如此处仅仅是传递参数值，而没有对模型均衡条件做任何结构改变。当模型均衡条件发生结构变化时，此时必须使用 dynare 命令重新编译后才能继续使用该 m 文件。

已经提及。根据 Hamilton(1994) 的定义，对于变量 y_t 关于外生冲击 ϵ_t 的脉冲响应函数可定义为：

$$\frac{\partial y_{t+j}}{\partial \epsilon_t}, j = 0, 1, 2, \cdots \tag{6.2.1}$$

即 y_t 关于 ϵ_t 的 $MA(\infty)$ 表示的第 j 项系数 (无穷移动平均表示，Moving Average)。从直观上讲，ϵ_t 在第 t 期出现仅有的一单位脉冲 (Implusion)，而后各期为 0，y_t 对其做出反应，并且这种反应会逐步变小并消失 (如果 y_t 为平稳变量)。事实上，上述脉冲响应函数是条件脉冲响应函数。接下来给出条件脉冲响应函数定义，并介绍无条件脉冲响应函数及其在 Dynare 中的实践。

6.2.1 条件和无条件脉冲响应函数

1. 条件脉冲响应函数

一般说来，对于外生冲击 ϵ_t，变量 y_t 基于 $t-1$ 期信息集的脉冲响应可定义为

$$\begin{aligned}
\mathrm{IRF}_t(j) &\equiv E\left(y_{t+j} \big| \Omega_{t-1}, \epsilon_t \neq 0\right) - E\left(y_{t+j} \big| \Omega_{t-1}, \epsilon_t = 0\right) \\
&\equiv E_t\left(y_{t+j}\right) - E_{t-1}\left(y_{t+j}\right)
\end{aligned} \tag{6.2.2}$$

其中，$j = 0, 1, 2, \cdots$；ϵ_t 为外生冲击；Ω_t 为 t 期的信息集。可看出第 j 期的脉冲响应实际上是两个基于不同信息集的期望之差，信息集的差别就在于是否包含 t 期外生冲击的实现值。由于此时的脉冲响应是基于 $t-1$ 期信息集，因此被称为条件脉冲响应 (Conditional IRF)。在实际计算中，如何选择 Ω_{t-1} 的确是一个问题，即如何选择初始条件或起点的问题。在 Dynare 中通常选择稳态值作为初始条件来进行计算。当然可以指定其他的初始条件，如随机稳态 (Stochastic Steady State)、均值等。

2. 线性示例

假设有如下的自回归移动平均 $ARMA(p, q)$ 过程：

$$y_t = a + \sum_{i=1}^{p} \rho_i y_{t-i} + \epsilon_t + \sum_{j=1}^{q} \theta_j \epsilon_{t-j} \tag{6.2.3}$$

其中，$\{\epsilon_t\}_{t \in \mathbf{Z}}$ 为白噪声过程：$\epsilon_t \sim$ i.i.d. $N(0, \sigma^2)$，a, ρ_i, θ_j 均为常数，$p, q \in \mathbf{Z}$。为了简单起见，假设 $p = q = 1$，则 (6.2.3) 可写为

$$y_t = \underbrace{a + \rho_1 y_{t-1} + \theta_1 \epsilon_{t-1}}_{\Omega_{t-1}} + \epsilon_t \tag{6.2.4}$$

由条件脉冲响应的定义 (6.2.2)，可得 y_t 的各期条件脉冲响应如下：

$$IRF_t(0) \equiv \underbrace{E_t(y_t)}_{y_t} - \underbrace{E_{t-1}(y_t)}_{a+\rho_1 y_{t+1}+\theta_1 \epsilon_{t+1}} = \epsilon_t \tag{6.2.5}$$

可看到 $t-1$ 期外生冲击的实现值 (Realized Shock) 以及其他 $t-1$ 期的信息都被消去，只剩下 t 期的信息，即 t 期外生冲击的实现值。进一步可得：

$$IRF_t(1) \equiv \underbrace{E_t(y_{t+1})}_{a+\rho_1 y_{t+1}+\theta_1 \epsilon_{t+1}} - \underbrace{E_{t-1}(y_{t+1})}_{a+\rho_1 y_t} = \theta_1 \epsilon_t \tag{6.2.6}$$

$$IRF_t(2) = \rho_1 \theta_1 \epsilon_1, \ IRF_t(j) = \rho_1^{j-1} \theta_1 \epsilon_t, \ j > 1 \tag{6.2.7}$$

当 $p=0$ 时，(6.2.3) 为 y_t 的移动平均过程，即

$$y_t = a + \epsilon_t + \sum_{j=1}^{q} \theta_j \epsilon_{t-j} \tag{6.2.8}$$

根据定义，可得条件脉冲响应为

$$IRF_t(j) = \theta_j \epsilon_t, \ j = 0, 1, 2, \cdots, q, \ \theta_0 = 1$$

这说明，移动平均的脉冲响应为第 j 项外生冲击的系数与 t 期外生冲击的实现值之积。当外生冲击实现值为单位 1 时，移动平均的脉冲响应为第 j 项系数。

3. 非线性示例

假设有如下的非线性例子：

$$y_t = \alpha + \beta y_{t-1} + \gamma y_{t-1}^2 + \epsilon_t \tag{6.2.9}$$

即当期值为其一阶滞后的二次函数，其中 α、β、γ 均为非零常数，ϵ_t 为白噪声过程。接下来求解 y_t 在 t 期关于外生冲击 ϵ_t 的脉冲响应函数。根据条件脉冲响应的定义 (6.2.2)，可知：

$$IRF_t(0) \equiv \underbrace{E_t(y_t)}_{y_t} - \underbrace{E_{t-1}(y_t)}_{a+\beta y_{t-1}+\gamma y_{t-1}^2} = \epsilon_t \tag{6.2.10}$$

进一步，由于

$$\begin{aligned} y_{t+1} &= \alpha + \beta y_t + \gamma y_t^2 + \epsilon_{t+1} \\ &= \alpha + \beta\left(\alpha + \beta y_{t-1} + \gamma y_{t-1}^2 + \epsilon_t\right) + \gamma\left(\alpha + \beta y_{t-1} + \gamma y_{t-1}^2 + \epsilon_t\right)^2 + \epsilon_{t+1} \end{aligned} \tag{6.2.11}$$

于是可得

$$E_t(y_{t+1}) = \alpha + \beta\left(\alpha + \beta y_{t-1} + \gamma y_{t-1}^2 + \epsilon_t\right) + \gamma\left(\alpha + \beta y_{t-1} + \gamma y_{t-1}^2 + \epsilon_t\right)^2 \tag{6.2.12}$$

$$E_{t-1}(y_{t+1}) = \alpha + \beta\left(\alpha + \beta y_{t-1} + \gamma y_{t-1}^2\right) + \gamma\left(\alpha + \beta y_{t-1} + \gamma y_{t-1}^2\right)^2 + \gamma\sigma^2 \tag{6.2.13}$$

$$IRF_t(1) \equiv E_t(y_{t+1}) - E_{t-1}(y_{t+1}) = \left(\beta + 2\gamma\left(\alpha + \beta y_{t-1} + \gamma y_{t-1}^2\right)\right)\epsilon_t + \gamma\epsilon_t^2 - \gamma\sigma^2 \tag{6.2.14}$$

第一期脉冲响应 $IRF_t(1)$ 不仅是 Ω_{t-1} 的函数，而且还是 t 期冲击实现值的二次函数。可看到此时脉冲响应的计算较为复杂。

在上述线性示例 (6.2.3) 中，脉冲响应不仅不是 Ω_{t-1} 的函数，而且也只是外生冲击实现值的一次函数。在实际研究中，变量之间的关系往往是非线性的，因此通过解析解的形式来计算脉冲响应是非常困难的。特别是当内生变量较多而且相互关系错综复杂时，解析求解脉冲响应函数几乎不可能。因此，多数情况下往往寻求数值模拟的方法获得脉冲响应。以 (6.2.9) 为例，其基本的步骤如下：

- 随机抽取 T 个外生冲击，T 为要计算的脉冲响应的期数

$$\epsilon_{t+1}^{(1)}, \epsilon_{t+2}^{(1)}, \cdots, \epsilon_{t+T}^{(1)}$$

- 使用政策函数，如 $y_t = \alpha + \beta y_{t-1} + \gamma y_{t-1}^2 + \epsilon_t$ 计算[1]

$$y_{t+1}^{(1)}, y_{t+2}^{(1)}, \cdots, y_{t+T}^{(1)}$$

- 重复上述步骤 H 次，得到

$$y_{t+1}^{(1)}, y_{t+2}^{(1)}, \cdots, y_{t+T}^{(1)}$$
$$\vdots$$
$$y_{t+1}^{(H)}, y_{t+2}^{(H)}, \cdots, y_{t+T}^{(H)}$$

- 最终得到将 H 次重复模拟相加，求加权平均得到近似期望值

$$E_t\left(y_{t+j}\right) = \frac{1}{H}\sum_{i=1}^{H} y_{t+j}^{(i)}, \; j = 1, 2, \cdots, T$$

- 重复上述步骤，计算

$$E_{t-1}\left(y_{t+j}\right) = \frac{1}{H}\sum_{i=1}^{H} y_{t+j}^{(i)}, \; j = 1, 2, \cdots, T$$

并同时在式 (6.2.9) 中设定 $\epsilon_t = 0$，以获得基于 $t-1$ 期的近似期望值。最后计算两者的差值即可得到 T 期脉冲响应函数。

4. 无条件脉冲响应函数

无条件脉冲响应函数 (Unconditional IRF)，顾名思义就是不指定初始信息集 Ω_{t-1} 而得到的脉冲响应函数。因此，其形式定义可以写为

$$\mathrm{IRF}_t^u\left(j\right) \equiv E\left(y_{t+j}\big|\epsilon_t \neq 0\right) - E\left(y_{t+j}\big|\epsilon_t = 0\right) \tag{6.2.15}$$

---

[1] 此时需要指定初始条件，比如使用非随机稳态作为初始条件。由于该政策函数含有二次项，因此在计算过程中，仍可能碰到实际困难，需要使用诸如剪枝算法 (pruning) 等技术，后文会有介绍。

　　然而在实际计算中,上述定义不具有可行性。因为没有初始条件,往往无法直接计算。此时可通过数值模拟的办法近似计算无条件脉冲响应函数。由定义可知,条件脉冲响应函数是初始信息集 Ω_{t-1} 的函数,因此,条件脉冲响应函数本身就是一个随机变量。

　　那如何计算无条件脉冲响应函数呢?一个简单的思路就是使用该随机变量的模拟均值作为无条件脉冲响应函数。但这里存在一个问题,就是其仍然依赖于初始信息集。为解决此问题,在具体计算时会丢弃一部分前期模拟值 (Burn-in),以降低对初始信息集的依赖,从而近似得到无条件脉冲响应函数。这也恰恰是 Dynare 汇报的脉冲响应函数 [①],即平均的脉冲响应函数。

6.2.2　自定义脉冲响应函数

　　本部分将具体介绍 Dynare 的脉冲响应函数在 Matlab 中的实现,分析其源代码,以自定义需要的脉冲响应函数,满足实际研究的需求。

　　在 Dynare 中,只需要在 stoch_simul 命令中指定如下 3 个选项即可完成上述无条件脉冲响应的计算:

- 使用 replic = H 选项来设定重复模拟的次数;一阶求解时默认为 $H=1$ 即只计算一次,否则默认为 $H=50$(通常为二阶)。
- 使用 irf = T 选项来设定每组随机模拟需要抽取的外生冲击的个数,默认为 $T=40$。
- 使用 drop 选项来设定每组丢弃的样本数量,默认为 drop=100。

　　Dynare 负责脉冲响应函数计算的 m 文件为 irf.m,位于安装目录中的 matlab 子目录下。其基本代码参见源代码 36 [②]。

源代码36　Dynare的脉冲响应函数计算文件irf.m

```
function y = irf(dr, e1, long, drop, replic, iorder)

% function y = irf(dr, e1, long, drop, replic, iorder)
% Computes impulse response functions
%
```

---

① 　Dynare 脉冲响应的具体算法:http://www.dynare.org/DynareWiki/IrFs, In Dynare, at order 1, we don't need to care about the possible values of shocks except for the impulsion, because in a linear model the average effect of symmetric shocks is always 0. This is not true for orders of approximation 2 and above. In that case, we compute the IRF for shock e in the following manner ...By following this procedure, we average over the influence of the state point at which the impulse occurs and of future shocks in periods after the impulse. So, we report indeed an average IRF.

② 　irf.m 文件的版权仍属于 Dynare 官方团队,此处仅仅作为展示和学习之用。

```
% INPUTS
%   dr:     structure of decisions rules for stochastic simulations
%   e1:     exogenous variables value in time 1 after one shock
%   long:   number of periods of simulation
%   drop:   truncation (in order 2)
%   replic: number of replications (in order 2)
%   iorder: first or second order approximation
%
% OUTPUTS
%   y:          impulse response matrix, 脉冲响应函数矩阵
%
global M_ oo_ options_

if M_.maximum_lag >= 1
    temps = repmat(dr.ys,1,M_.maximum_lag);
else
    temps = zeros(M_.endo_nbr, 1); % Dummy values for purely forward
models
end
y       = 0;

if iorder == 1    %一阶只需计算一次
    y1 = repmat(dr.ys,1,long);
    ex2 = zeros(long,M_.exo_nbr);
    ex2(1,:) = e1';
    y2 = simult_(temps,dr,ex2,iorder);
    y = y2(:,M_.maximum_lag+1:end)-y1;
else              %否则需要计算50次
    % eliminate shocks with 0 variance
    i_exo_var = setdiff([1:M_.exo_nbr],find(diag(M_.Sigma_e) == 0 ));
    nxs = length(i_exo_var);
    ex1 = zeros(long+drop,M_.exo_nbr);
ex2 = ex1;

%外生冲击方差与协方差矩阵的Cholesky分解，分解后chol_S为对角矩阵，
chol_S = chol(M_.Sigma_e(i_exo_var,i_exo_var));
    for j = 1: replic
        ex1(:,i_exo_var) = randn(long+drop,nxs)*chol_S;
        ex2 = ex1;
        ex2(drop+1,:) = ex2(drop+1,:)+e1';    %关键步骤，脉冲发生(impulsion)
        y1 = simult_(temps,dr,ex1,iorder);
        y2 = simult_(temps,dr,ex2,iorder);
        y = y+(y2(:,M_.maximum_lag+drop+1:end)-y1(:,M_.maximum_
lag+drop+1:end));
    end
    y=y/replic;    %取平均
end
```

irf 函数的计算有 6 个输入参数，1 个输出，即脉冲响应计算结果。6 个输入参数说明了计算脉冲响应函数所必须具备的条件。源代码中已经有了非常详细的解释。dr 代表决策规则，即求解后的政策函数，被存储于 oo_.dr 中。e1 代表外生冲击的脉冲大小即 $\epsilon_t = \sigma$，代码中是全部外生冲击脉冲的向量表示。通常情况下，脉冲大小都是一个单位，即一个标准差。long 代表脉冲响应的期数。drop 以及 replic 前文已经解释过，此处略。iorder 代表当前模型求解的阶数，一般是 1 或 2。此外，在随机模拟时，使用了稳态作为计算的起点 (oo_.dr.ys)，具体由内置函数 simult_ 来完成[①]。

在明白 Dynare 计算 IRF 的原理后，可以自定义计算脉冲响应函数。注意到源代码 36 中的一个关键计算步骤："ex2(drop+1,:) = ex2(drop+1,:)+e1'"。此表示为将一单位脉冲加入到第 t 期外生冲击中。因此可以修改这部分代码，以自定义需要计算的脉冲响应函数。当然这只是实现自定义脉冲响应函数计算的一种方式。可将脉冲修改为原来的两倍、三倍、负一倍、负二倍等，具体参见源代码 37[②]。

源代码37　自定义Dynare的脉冲响应函数计算
`ex2(drop+1,:) = ex2(drop+1,:)+e1';`
`ex2(drop+1,:) = ex2(drop+1,:)+2*e1';`
`ex2(drop+1,:) = ex2(drop+1,:)+3*e1';`
`ex2(drop+1,:) = ex2(drop+1,:)- e1';`
`ex2(drop+1,:) = ex2(drop+1,:)-2*e1';`

除上述修改 irf.m 文件的方法实现自定义脉冲响应之外，也可以通过直接修改外生冲击标准差参数的大小或在 AR(1) 过程中直接修改外生冲击前的系数来达到同样的目的，不妨称之为第二种方法。

对于负向的脉冲响应函数的计算，其实可使用第二种方法，比如经典的 TFP 冲击：

$$\log A_t = \rho \log A_{t-1} + \epsilon_t$$

可将其修改为

$$\log A_t = \rho \log A_{t-1} - \epsilon_t$$

将外生冲击前面的正号 (+) 改成负号 (−)，即可实现纯负向冲击的效果。或者，通过修改 AR(1) 过程中外生冲击系数的大小实现不同的需求：

$$\log A_t = \rho \log A_{t-1} + s\epsilon_t \tag{6.2.16}$$

其中，s 为系数，可令 $s = -1, -2, 1, 2, 3$ 实现和源代码 37 相同的目的。

需要注意的是，上述脉冲响应函数的计算是针对某一个外生冲击而言，而不是所有

[①]　除了纯前向变量模型外，即模型中不含有后向变量，只含有当前或前向变量的模型。

[②]　强烈建议，在修改 Dynare 源文件之前，先进行备份。

外生冲击。也就是说，其余外生冲击被赋值为 0，这是脉冲响应函数的定义。

从方便和安全程度来说，第二种方法不失为一种好办法。通过修改 irf 文件的方法存在一定的风险，但是第一种方法对于读懂源代码，深刻理解 Dynare 脉冲响应函数的计算是非常有帮助的。

6.3　二阶随机模拟中的一些问题

6.3.1　朴素模拟(Naïve Simulation)及其局限性

此处以本书"1.1.3 B&K 方法"一节中的简单 RBC 模型为例来说明何为朴素模拟，及其局限性。该例子中存在两个状态变量：技术变量和资本存量。假设暂不考虑投资 (因为其为静态变量)，则资本存量的政策函数 $g(\cdot)$ 可表示为

$$K_{t+1} = g\left(K_t, \log A_{t-1}, \epsilon_t, \sigma\right) \overset{a_t \equiv \log A_t}{=} g\left(K_t, a_{t-1}, \epsilon_t, \sigma\right) \tag{6.3.1}$$

其中，σ 为随机调节参数。如果给定初始状态 K_0，a_{-1}，ϵ_0，那么第一期的资本存量为

$$K_1 = g\left(K_0, a_{-1}, \epsilon_0, \sigma\right) \tag{6.3.2}$$

在此基础上，第二期和第三期的资本存量分别为

$$K_2 = g\left(K_1, a_0, \epsilon_1, \sigma\right) = g\left(\overset{K_1}{\overbrace{g\left(K_0, a_{-1}, \epsilon_0, \sigma\right)}}, \overset{a_0}{\overbrace{\rho a_{-1} + \sigma \epsilon_0}}, \epsilon_1, \sigma\right) \tag{6.3.3}$$

$$
\begin{aligned}
K_3 &= g\left(K_2, a_1, \epsilon_2, \sigma\right) \\
&= g\left\{\overset{K_2}{\overbrace{g\left[g\left(K_0, a_{-1}, \epsilon_0, \sigma\right), \rho a_{-1} + \sigma \epsilon_0, \epsilon_1, \sigma\right]}}, \overset{a_1}{\overbrace{\rho^2 a_{-1} + \rho \sigma \epsilon_0 + \sigma \epsilon_1}}, \epsilon_2, \sigma\right\}
\end{aligned} \tag{6.3.4}
$$

依次下去，使用政策函数，可以模拟任何期对应的资本存量，从而可以计算出相应的投资以及对应的消费。在文献中这种模拟被称为朴素模拟 (Naïve Simulation)。但这里存在一个关键的问题是政策函数 $g(\cdot)$ 的解析形式未知，而且大多数情况是不可获得的。因此朴素模拟实际上是行不通的。即使在政策函数 $g(\cdot)$ 的近似解已知的情况下，朴素模拟仍然面临不可解决的或非常困难的问题：非平稳问题。

以二阶近似解为例，假设资本存量 (对数线性化) 政策函数 $g(\cdot)$ 具有如下的基本形式：

$$k_{t+1} = g_k k_t + g_a a_{t-1} + g_{ka} k_t a_{t-1} + \frac{1}{2}\left(g_{kk} k_t^2 + g_{aa} a_{t-1}^2 + g_{\sigma\sigma} \sigma^2\right) \tag{6.3.5}$$

其中，$k_t \equiv \log K_t - \log K$，$K$ 为资本存量的稳态值，其中 g_k、g_a、g_{ka}、g_{kk}、g_{aa} 表示政策函数关于资本存量和技术变量的一阶和二阶导数，并在稳态处取值。将 (6.3.5) 向前迭代一期，可得：

$$k_{t+2} = g_k k_{t+1} + g_a a_t + g_{ka} k_{t+1} a_t + \frac{1}{2}\left(g_{kk} k_{t+1}^2 + g_{aa} a_t^2 + g_{\sigma\sigma} \sigma^2\right) \tag{6.3.6}$$

将 (6.3.6) 中的 k_{t+1} 使用 (6.3.5) 替换，可得：

$$k_{t+2} = g_k^2 k_t + (g_k g_a + \rho g_a)a_{t-1} + g_a \sigma \epsilon_t$$
$$+ \frac{1}{2}\left(\overbrace{(g_k g_{kk} + g_{kk} g_k^2)k_t^2}^{\text{二次项}} + (\rho^2 g_{aa} + g_{kk} g_a^2 + g_k g_{aa} + \cdots)a_{t-1}^2 + \cdots\right) + \frac{1}{4}\overbrace{g_{kk}^3 k_t^4}^{\text{四次项}} + \cdots \tag{6.3.7}$$

可看到 (6.3.7) 中出现了资本存量的四次项，如果继续迭代下去会出现更加高阶的项。因此使用迭代的方法，会使得计算不仅非常烦琐、困难，而且还可能会有比较严重的非平稳问题 (Non-Stationarity)。因为如此迭代出现了变量的高阶项，误差在迭代过程中可能被放大。因此需要寻求替代的解决办法，剪枝算法应运而生。

6.3.2　剪枝算法(Pruning)

在介绍剪枝算法之前，先看几个例子。假设考察如下的简化形式的二阶近似解：

$$y_t = \alpha + \beta y_{t-1} + \gamma y_{t-1}^2 + \epsilon_t, \alpha = 0.1, \beta = 0.5, \gamma = 0.7, \sigma = 0.10 \tag{6.3.8}$$

从图 6.2 可以看到，由 (6.3.8) 表示的二阶近似解，在 3 种不同的外生冲击下：$\epsilon_t = 2\sigma, -2\sigma$ 及 $\epsilon_t \sim N(0, \sigma)$ 的随机模拟的结果。横轴表示当期值，纵轴表示下一期值。从图形看，三者都呈现出不断上升的态势，且多数位于 45° 线以上，也就是说，最终的模拟序列将出现非平稳现象，并在图 6.3 中得到进一步验证。

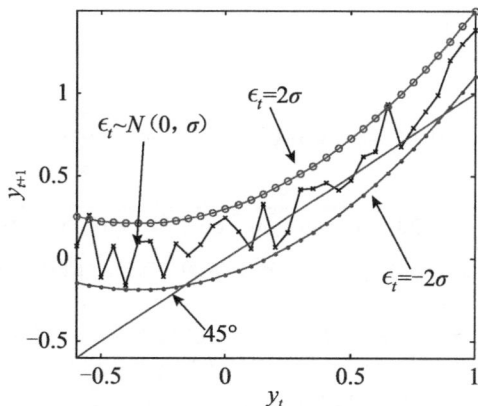

图 6.2　不同外生冲击下的二阶近似解

图 6.3 画出了 (6.3.8) 的模拟序列。为了对比，在图 6.3 中同时画出了与二阶近似对应的一阶近似解 (即舍弃二阶项)。在前 25 期内，两者差异较小，但在 30 期以后，迅速增大至正无穷大 (Inf)[①]。

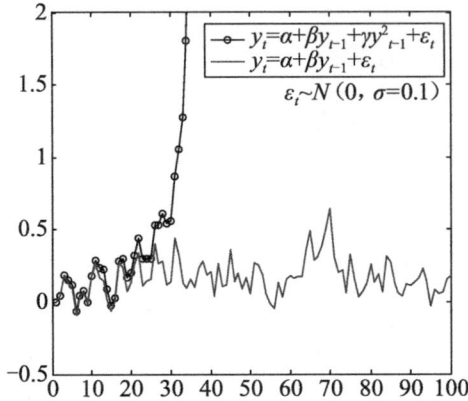

图 6.3　较大的外生冲击标准差下的二阶朴素模拟出现了非平稳现象

当外生冲击的标准差较小时，且截距项 α 也较小时，二阶朴素模拟的结果才会平稳，如图 6.4 所示。

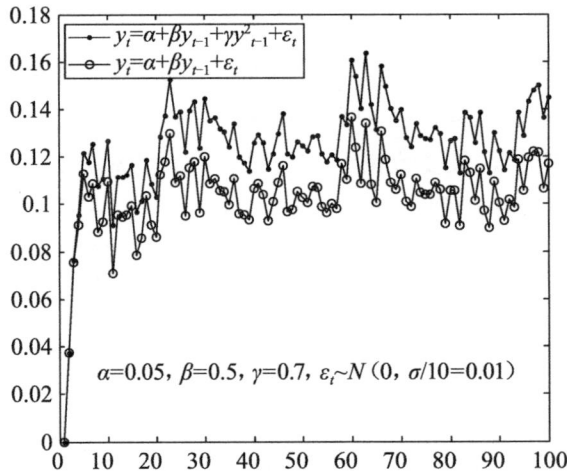

图 6.4　较小的外生冲击标准差下的一阶和二阶朴素模拟

---

① 在未设置随机模拟种子的情况下，每次运行情况会存在较大的差异。变量本身的初始值被设定为 0。值得注意的是，此处的截距项 α 会影响模拟序列的稳定性。在图 6.4 中即使设置了外生冲击的标准差为原来的 1/10，但由于 $\alpha=0.1$，模拟序列仍不平稳，因此选择设定了 $\alpha=0.05$。图 6.2~图 6.4 的源代码请参考 Matlab 源文件：\Sources\Chap6_Dynare_Advanced\Issues_2nd_perturbation_codes\prun.m。

从上述数值模拟的结果来看，二阶近似解使用朴素模拟可能会出现意想不到的非平稳现象，特别是对较大的外生冲击的标准差时尤其如此。那么该如何解决问题呢？

Kim, Schaumburg & Sims(2008, *JEDC*) 提出了一种能解决该问题的算法，称为剪枝算法 (Pruning)。英文中，"Pruning"的本意是指剪去生病或不想要的枝丫，以促使其余部分健康生长。因此，剪枝算法应用到二阶朴素模拟中，就意味着要"剪去"或"丢弃"二阶近似解中不需要或引起非平稳问题的部分。很显然，二阶近似解在朴素模拟中的问题项是二次项。因此，对于一个二阶近似解

$$y_t = \alpha + \beta y_{t-1} + \gamma y_{t-1}^2 + \epsilon_t, \beta < 1 \tag{6.3.9}$$

需要处理的问题项是 y_{t-1}^2。如果简单地将其丢弃，而不做任何额外处理，那么模拟的结果势必会出现较大的偏误，因此不能将其简单丢弃。由于 y_{t-1} 的决定关系为

$$y_{t-1} = \alpha + \beta y_{t-2} + \gamma y_{t-2}^2 + \epsilon_{t-1} \tag{6.3.10}$$

因此一个自然的选择是使用 (6.3.10) 中的一次项作为 y_{t-1} 的近似值，而丢弃其中的二次项，即使用

$$\tilde{y}_{t-1} = \alpha + \beta \tilde{y}_{t-2} + \epsilon_{t-1} \tag{6.3.11}$$

来近似替代 (6.3.9) 的二次项 y_{t-1}^2 中的 y_{t-1}。对于某个给定的初始值 $\tilde{y}_0$ 和外生冲击的样本 $\{\epsilon_t\}_{t \in \mathbb{Z}}$，(6.3.11) 构造的序列是平稳的，由此 (6.3.9) 也是平稳的，即

$$y_t = \alpha + \beta y_{t-1} + \gamma \tilde{y}_{t-1}^2 + \epsilon_t \tag{6.3.12}$$

是平稳的。对于二阶近似解：

$$k_{t+1} = g_k k_t + g_a a_{t-1} + g_{ka} k_t a_{t-1} + \frac{1}{2}\left(g_{kk} k_t^2 + g_{aa} a_{t-1}^2 + g_{\sigma\sigma} \sigma^2\right) \tag{6.3.13}$$

可使用 $\tilde{k}_t^2$ 来近似替代 k_t^2，而 $\tilde{k}_t^2$ 的决定过程非常简单，求解如下的线性方程即可：

$$\tilde{k}_t = g_k \tilde{k}_{t-1} + g_a a_{t-2} \tag{6.3.14}$$

$$a_t = \rho a_{t-1} + \epsilon_t \tag{6.3.15}$$

值得注意的是，剪枝算法在解决平稳性问题的同时也造成了新的问题，即偏差问题。使用剪枝算法后得到的模拟序列，不再是原来的序列，两者存在差异，因此使用剪枝算法要特别小心。

在 Dynare 的随机模拟命令 stoch_simul 提供了剪枝算法选项：pruning，直接将其加入选项中即可实现剪枝算法。对于三阶近似的剪枝算法，Dynare 使用了 Andreasen, Fernández-Villaverde & Rubio-Ramírez (2013) 提供的算法。

在本书"**1.2.1 基于扰动项的泰勒近似方法**"一节中，当外生技术冲击的标准差为单

位 1，并进行二阶求解时 [1]，Dynare 会给出如下的提醒：

> stoch_simul:: The simulations conducted for generating IRFs to eps were explosive.
> stoch_simul:: No IRFs will be displayed. Either reduce the shock size,
> stoch_simul:: use pruning, or set the approximation order to 1.

此提醒说明在给定的外生冲击下，脉冲响应呈现爆炸性路径即非平稳现象，因此不予显示脉冲响应。Dynare 建议减少外生冲击的大小 (即标准差) 或使用剪枝算法或使用一阶求解算法。当求解命令中使用 periods 选项时，Matlab 屏幕输出关于各阶模拟矩的计算部分会显示 NaN(Not a Number)。因此，当脉冲响应图形出现奇怪的形状或其他问题时，不妨可倒推此方法，使用剪枝算法或减少外生冲击标准差的方法，逐步排除问题的所在。事实上，当标准差设为 0.1 时，问题得以解决，这和图 6.3 中的直觉相一致。

6.3.3　二阶近似的伪稳态值

朴素模拟不仅会造成模拟的非平稳问题，而且还会引起伪稳态值问题。在经典的 RBC 模型或新古典模型中，二阶近似模拟会造成模拟序列存在第二个稳态值，而这个稳态值往往是冗余的，因此称为伪稳态值 (Spurious Steady State)。假设考虑如下资本存量的二阶近似解：

$$k_{t+1} = g_k k_t + g_a a_{t-1} + g_{ka} k_t a_{t-1} + \frac{1}{2}\left(g_{kk}k_t^2 + g_{aa}a_{t-1}^2 + g_{\sigma\sigma}\sigma^2\right) \tag{6.3.16}$$

假设 $a_{t-1}=0$(处于稳态)，并忽略外生冲击的转移效应 $g_{\sigma\sigma}$，即认为 $g_{\sigma\sigma} = 0$(通常情况下非常小)。此时 (6.3.16) 可写为

$$k_{t+1} = g_k k_t + \frac{1}{2}g_{kk}k_t^2 \tag{6.3.17}$$

很显然，(6.3.17) 关于 k_t 有两个稳态值，一个为 $k_t = 0$，即通常意义下的稳态值，另一个为 [2]

$$k_t = \frac{2(1-g_k)}{g_{kk}} = \frac{2(1-0.976\,5)}{0.016\,5} = 2.848\,5 \tag{6.3.18}$$

此为伪稳态值。由于 $k_t \equiv \log K_t - \log K$，且 $\log K = 3.637\,3$ 可知

---

[1]　stoch_simul(order=2,nograph); 请运行该节对应的源代码目录下的 first_order_perturbation_by_hand.mod 文件即可。

[2]　请执行：\Sources\Chap6_Dynare_Advanced\Issues_2nd_perturbation_codes\BK_log_level.mod 来找到对应的系数和资本存量的稳态值。需要注意的是，外生冲击的标准差，不影响一次和二次项系数，只会影响常数项，即外生冲击的转移效应。图 6.5 是在外生冲击标准差为 10% 下的情形。如果外生冲击的标准差为 100%，即单位 1，模拟路径将出现非平稳态势，呈爆炸增长趋势，无稳态或均值。

$$K_t = \exp\left(k_t + 3.637\,3\right) = \exp(2.848\,5 + 3.637\,3) = 655.763\,4 \qquad (6.3.19)$$

这个资本存量的稳态值相对于模型正常的稳态值:

$$K_t = \exp(3.637\,3) = 37.989\,1 \qquad (6.3.20)$$

显然过大,不合实际,因此称之为伪稳态。

实际上这一现象可使用随机模拟的方法加以验证。根据 (6.3.16) 进行模拟,并考虑外生冲击的转移效应 $g_{\sigma\sigma}$ 和 3 种不同的技术冲击,分别为 0、2σ、4σ。以 $k_t - k$ 为横轴,以 $(k_{t+1} - k) - (k_t - k)$ 为纵轴,使用模拟数据画图,具体如图 6.5 所示[①]。由于纵轴为资本水平增量,因此当曲线和水平线相交时,即表示处于稳态。模拟曲线呈开口向上的二次曲线形状,左端与水平线相交的点为通常意义下的稳态,而右侧则代表伪稳态。

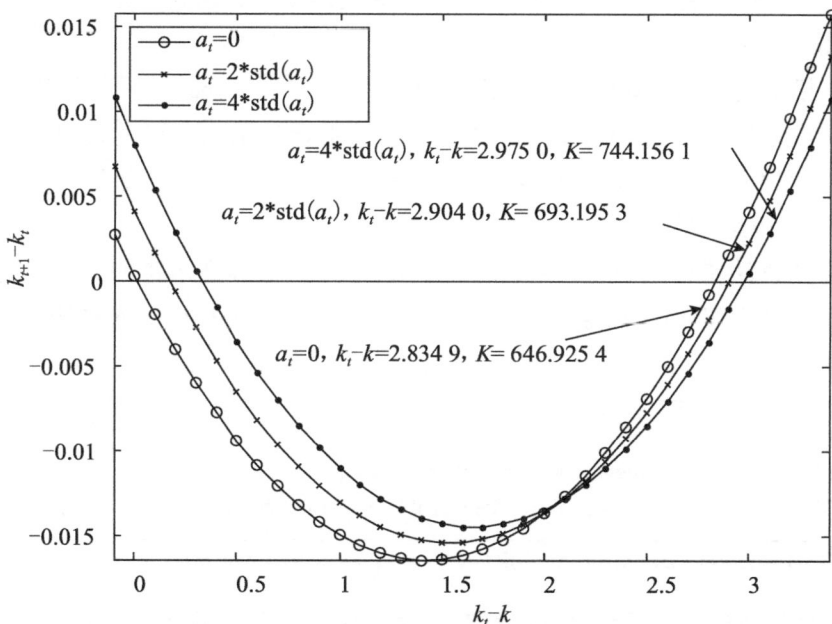

图 6.5　3 种不同技术冲击下的 RBC 模型的伪稳态

注意图 6.5 中,当 $a_t = 0$ 时,伪稳态值 $K = 646.925\,4$ 和 (6.3.19) 存在差异,其主要原因为考虑了外生冲击的转移效应,因而造成两者不同。从图 6.5 可看出,随着技术水平的提升,稳态的资本存量逐步提升,对应的伪稳态也相应升高。

---

① 源文件地址: \Sources\Chap6_Dynare_Advanced\Issues_2nd_perturbation_codes\book_spurious_ss.m。

6.4　常见的 Dynare 运行错误

Dynare 的运行错误，可谓非常常见，有数千种之多。实际碰到的错误可谓千差万别，因人而异。对于初学者而言，如何及时解决遇到的错误尤为重要。本节就常见的少许错误进行解读，但并未包罗万象，希望起到举一反三的作用，并告诉大家如何查找错误，明白起因并排除。

6.4.1　Dynare错误分类

Dynare 中的错误可分为两类：一类是语法错误 (Syntax Errors)；另一类是非语法错误，可以称之为运行时错误 (Runtime Errors)。简单直观地说，语法错误是表面错误，而运行时错误是深层次错误。

Dynare 模型文件，易编写，语法相对简单。这意味着 Dynare 必须拥有自己强大的预编译处理器 (包括宏处理器) 来处理模型文件对应的语法结构，翻译成 Matlab 可执行的文件。因此，在"翻译"的过程中，随时都可能碰到无法"翻译"的部分，产出错误信息，此类错误称之为语法错误。

Dynare 的语法错误一般非常容易排除。Dynare 会告诉你出错的准确位置信息，即显示出具体的行号 (line)，列号 (col 或 cols) 或行列范围，3 种格式的语法错误信息如下所示。

```
ERROR: <<file_name.mod>>: line A, col B: <<error message>>
ERROR: <<file_name.mod>>: line A, cols B-C: <<error message>>
ERROR: <<file_name.mod>>: line A, col B - line C, col D: <<error message>>
```

数据来源：Dynare Reference Manual，注意其中的 A、B、C、D 均为正整数。

除此之外的错误，一般称之为运行时错误。这是因为该类错误常常出现在预编译完成后，执行"翻译好"的 m 文件时。也就是说，在实际运算时出现的错误，这往往是模型参数值、模型设定本身 (如均衡条件书写) 等问题造成的，而不是通过简单的语法修改就能排除的错误。这类错误虽然有具体的行号和列号的信息，往往会是多层 m 文件嵌套执行出现的错误信息，较为隐蔽。因此，运行时错误有两个重要的含义：第一，没有语法错误的模型文件并不意味着一定能顺利执行并得到结果，因为可能存在难以排除的运行时错误；第二，运行时错误相比语法错误，更加隐蔽，更加难以排除，因此对初学者来说往往束手无策。

6.4.2　常见错误示例

首先来看语法错误。常见的语法错误非常多 (如表 6.1 所示)，语法错误往往是因为模型文件在编写过程中，由于疏忽等原因造成的各种错误，比如行末缺少分号 "；"，变量或参数名或命令选项拼写错误，等等。

另外需要提及的是，必须在修改完模型文件中的错误后并保存后才能再执行。因为不少奇怪的错误往往会在此时发生，即不保存而立即执行。因而错误依旧，因为 Matlab 未更新其内存。对于运行时错误，修改后未保存会造成错误更加离奇，难以发现。此处仅列举少量的错误示例以供参考，更多的语法和运行时错误还需要一事一查。

表 6.1　常见的语法错误

序号	错误或警告信息	错误原因
1	Undefined function 'dynare' for input arguments of type 'char'. 未定义函数 dynare	未正确配置 Dynare 路径。可按本书 **"2.2 配置 Dynare"** 一节中的介绍正确配置即可
2	syntax error, unexpected *command_name|symbol|name* 语法错误，未预料的命令名或字符	往往是上一行或当前行末尾少了 "分号 (semicolon)"。一般情况下，出现 unexpected 表示模型文件中少了某些字符或信息或命令选项拼写错误等，仔细查看修改即可
3	character unrecognized by lexer 解析器无法识别的字符	使用了非西文字符，比如中文 (全角) 标点或字符，修改即可
4	DYNARE: can't open *file_name*.mod 无法打开模型文件	该模型文件不在当前工作目录下或模型文件名拼写错误，此时改变当前目录或纠正拼写错误即可
5	Unknown symbol: name 未知字符	未声明的变量或参数名，声明即可
6	To use an external function (*name*) within the model block, you must first declare it via the external_function() statement 使用外部函数 (name) 前必须声明	使用了 Dynare 不认识的外部函数或已知函数名称 name 拼写错误。使用 external_function() 声明或纠正即可
7	Warning: Some of the parameters have no value (*parameter_name*) when using... 警告：某些参数 (*parameter_name*) 没有被赋值	未给参数赋值，往往会造成不少问题；给 (*parameter_name*) 赋值即可
8	Symbol XXX is being treated as if it were a function (i.e., takes an argument that is not an integer).	符号 XXX 被当作函数使用，即后面括号内为非整数参数。通常情况下 XXX 代表参数，而参数后面缺少运算符号，比如乘号 "*" 等

数据来源：作者自行总结。

其次来看运行时错误。常见的或初学者碰到最多的运行时错误，莫过于 Blanchard Kahn 条件未满足或稳态计算方面的错误。Blanchard Kahn 条件未满足错误是深层次的错误，需要在确保模型均衡条件输入正确的基础上找原因，可能是参数校准的原因 [1]，可能是变量的初始值 [2]，也可能是模型设定造成问题，需要仔细排查。

在稳态计算时，Dynare 提供了一个命令用于显示静态方程两端的残差："resid(1)"。该命令可辅助稳态计算，查找残差不为 0 的均衡条件，从而为找到稳态值提供帮助。

此外 Dynare 提供了一个命令 "model_diagnostics"，接受 3 个参数 (M_,options_,oo_)，用于诊断模型并提供错误帮助信息。该命令会提供模型稳态计算、静态方程的雅克比矩阵、均衡条件共线性 (co-linear) 等问题的诊断信息。其中共线性 (co-linear) 信息对于线性模型较为有用。因此，在模型执行过程后如果碰到问题而且无法排除时，不妨使用此命令来看看具体的细节信息，或许对于解决问题帮助很大。

此处仅举几个简单的运行时错误的例子供参考，如表 6.2 所示。

表 6.2 常见的运行时错误

序 号	错误或警告信息	错 误 原 因
1	Blanchard Kahn conditions are not satisfied: indeterminacy Blanchard Kahn 条件未满足，即前向变量的个数要和不小于 1 的特征值 (unstable) 的个数要相等 [3]	造成这个问题的原因非常复杂：一个可能的原因是 Taylor 规则中通胀前面的系数接近于 1 或小于 1；另一个可能的原因是均衡条件输入有误，比如时间下标错误，甚至有可能是变量的初始值不恰当，等等
2	maximum number of iterations is reached 达到迭代的最大次数（通常情况下是指稳态的计算）	Dynare 根据设定的初始值，在最大迭代次数内无法找到稳态值。解决的办法是手动计算稳态值或编写稳态计算文件；或者更改最大迭代次数到更高的值
3	STEADY: The Jacobian contains Inf or NaN. The problem arises from:... . 雅克比矩阵包含 Inf 或 NaN	此问题的典型原因是一个含有指数小于 1 的内生变量，没有被赋值 [4]，在求导后出现在分母上，在默认值为 0，此时会出现无穷大的情况；只需要在初值中对该内生变量赋值即可

---

[1] Mod 文件：\Sources\Chap6_Dynare_Advanced\TroubleShooting\indeterminacry_error.mod 出现此错误。

[2] Mod 文件：\Sources\Chap6_Dynare_Advanced\TroubleShooting\indeterminacry_error_initial_var.mod 出现此错误。

[3] 具体可参考 "1.1.3 B&K 方法" 一节中的介绍。

[4] Mod 文件：\Sources\Chap6_Dynare_Advanced\TroubleShooting\steady_not_initialized_variables.mod 出现此错误。初值模块中消费变量 C 未被赋值。

续表

序　号	错误或警告信息	错误原因
4	One of the eigenvalues is close to 0/0 (the absolute value of numerator and denominator is smaller than 1e-06!　If you believe that the model has a unique solution you can try to reduce the value of qz_zero_threshold.	某个特征值接近于 0/0，此时可通过将 QZ 分解的门限值参数值降低解决问题。具体说来，在求解命令，如 stoch_simul 中添加选项如 qz_zero_threshold=1e-15，一般能解决问题[①]
5	stoch_simul:: The simulations conducted for generating IRFs to eps were explosive. stoch_simul:: No IRFs will be displayed. Either reduce the shock size, stoch_simul:: use pruning, or set the approximation order to 1.	随机模拟出现非平稳现象（IRF 出现爆炸性增长，即非平稳）。可在 stoch_simul 命令中使用 pruning 选项或者减小外生冲击的标准差[②] 或者使用一阶求解

数据来源：作者自行总结。注意，虽然在模型文件中可以直接使用 Matlab 的命令，比如 close all 关闭所有图形，以清除已经画出的图形，但诸如 clear 和 clear all 的命令请慎重使用，这会造成很多意想不到的运行时错误。

6.4.3　使用调试Debug模式

在某些运行时错误中，特别是牵涉参数传递的时候，使用调试模式非常重要。根据运行时错误提供的文件及其位置信息，辅以 Debug 命令能够准确找到错误的原因所在。

Matlab 提供了 11 个与 Debug 相关的命令[③]。其中 dbstop、dbclear、dbstatus 与 dbquit 较为常用。dbstop 命令可以根据各种需要设置断点，能够精确设定具体位置，也能根据事件触发。比如，dbstop if error 可设定当出现错误时进入调试模式，这是一个非常有用的设定，可立即定位到错误的位置。而 dbclear 则与 dbstop 相反，用于清除 dbstop 设定的断点。同样地，dbclear 可以使用 in 和 if 选项做到精确清除和条件清除。而 dbstatus 则用于查看当前所有设定的断点信息。在调试模式下，命令行显示"K>>"。最后在调试完毕后，可以使用 dbquit 退出 Debug 模式。

以本书"**5.8 金融加速器与随机波动模型示例**"一节中模型为例子。断点的设置可以直接在模型文件中设定，如在 fin_acc_rbc.mod 文件[④] 首行直接添加如下代码，即可设置两个断点：第一个断点是当遇到错误时立即停止在错误的地方，进入调试模式；第二个

[①]　Mod 文件：\Sources\Chap6_Dynare_Advanced\ToubleShooting\cgg_level.mod 出现此错误。

[②]　Mod 文件：\Sources\Chap6_Dynare_Advanced\ToubleShooting\BK_Check_pruning_warning.mod 出现此警告信息。

[③]　在 Matlab2012b 中调试模式提供了 11 条命令。请在命令行窗口中使用 help debug 命令来查看。

[④]　该文件为本书"**5.8 金融加速器与随机波动模型示例**"一节中模型对应的 mod 文件。

断点是在待调用的同一目录下的 get_bank_zero_profit_diff_cond_on_Rk.m 文件的第 11 行设置断点，每次执行到该行即停止，等待进一步命令。

```
close all;
dbstop if error
dbstop in 'get_bank_zero_profit_diff_cond_on_Rk.m' at 11
```

注意：由于 Dynare 文件最终被翻译成 m 文件，因此直接在模型文件中书写 Matlab 命令是被允许的。

图 6.6 显示了在一个调试过程中 Matlab 显示的函数调用堆栈 (stack)，多达 14 层，从下到上依次调用。Base 为 Matlab 最原始堆栈，所有运行从这里开始，然后是 Dynare 命令，调用 fin_acc_rbc.m 文件。从中可以看出，在使用外部稳态文件进行稳态值计算时，fin_acc_rbc.m 文件经过 4 层调用[1]，到达外部稳态计算文件 fin_acc_rbc_steady.m，然后逐层调用自定义文件。此外，堆栈提供了一个切换功能，即能非常方便在不同被调用函数对应的堆栈中切换，查看该堆栈中的变量，还原调用场景。

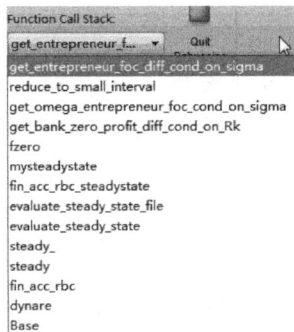

图 6.6　调试模式下函数调用堆栈

Matlab 的帮助文档中还提供了一个非常简单的函数，称为 buggy.m 的文件[2]，包括函数声明在内的共 3 行代码。推荐使用此函数进行各种调试操作，简单易懂。

6.5　Dynare 宏命令编程示例

Dynare 从 v4.0 版本开始引入宏命令 (Macro Command)，也被称为宏语言 (Macro

---

[1]　其中 steady.m, steady_.m, evaluate_steady_state.m, evaluate_steady_state_file.m 均为 Dynare 内置文件，用于辅助稳态计算。

[2]　请在命令行窗口使用：doc debug 进入调试命令的帮助文档界面，查看该函数和相关示例。

Language) 来满足某些特定的编程需求。比如：

- 因某些均衡方程形式类似而需要引入循环结构(loop)编程来减轻编程工作量，比如多国模型有部分均衡方程形式类似。
- 某种情况下想把大型的模型文件分成几个独立的小模型文件分别编写，然后通过主文件调入其余文件(@#include命令)，即模块化需要(Modularization)。
- 某些情况下需要根据不同的条件来执行不同的语句，此时需要if判断语句，比如在货币政策模型中有两种不同的货币政策：价格型和数量型政策规则，需要根据不同的条件选择执行这两个货币政策。
- 某些表达式或均衡方程内部有需要循环重复的语句，比如多国模型中的预算约束条件。

Dynare 将使用宏处理器 (Macro Processor) 来处理宏命令，通过文本替换 (Text Substitution)，将宏命令替换为普通的表达式，替换后不包括宏命令，然后通过 Dynare 解析器进一步处理。因此，宏处理器的核心思想是简单的文本替换，而没有其他任何形式的编译功能。接下来，通过一个简单的多国模型的例子来示例如何使用宏命令来编程。

6.5.1 模型

考虑一个含有 n 个国家的简单 RBC 模型。假设所有国家只生产、消费和贸易一种同质商品。国家 j 一个代表性家庭的效用仅来自消费 C_{jt}，其函数形式为

$$U(C_{jt}) = \frac{C_{jt}^{1-\frac{1}{\gamma_j}}}{1-\frac{1}{\gamma_j}} \tag{6.5.1}$$

其中，γ_j 为国家 j 的消费的跨期替代弹性，可因此引入国家之间的异质性，即每个国家的消费跨期替代弹性不同。假设其满足：

$$\gamma_j = \frac{j + 0.25(n-j)}{n} \tag{6.5.2}$$

国家 j 都使用如下的生产技术来生产：

$$Y_{jt} = a_{jt} A K_{j,t-1}^{\alpha} \tag{6.5.3}$$

其中，A 为常数；$\alpha > 0$；$K_{j,t-1}$ 为国家 j 的资本存量；a_{jt} 为国家 j 的生产率水平，满足如下的对数 AR(1) 过程：

$$\log a_{jt} = \rho \log a_{j,t-1} + \sigma(\epsilon_{jt} + \epsilon_t) \tag{6.5.4}$$

其中，ϵ_{jt} 为国家 j 的独有技术冲击 (country-specific)，ϵ_t 为世界共有技术冲击 (worldwide)，两者均为 i.i.d(independent identical distribution) 高斯白噪声过程且相互独立；ρ、$\sigma > 0$ 为参数。此处定义了两种冲击，也就是说，本国生产率水平不仅受到本国独有技术冲击的影响，还受到世界共有技术冲击的影响。资本存量满足经典的积累方程：

$$K_{jt} = I_{jt} + (1-\delta) K_{j,t-1} \tag{6.5.5}$$

其中，$\delta > 0$ 为资本折旧率参数，I_{jt} 为国家 j 的投资。

考虑一个中央计划者问题，选取消费和资本存量来最大化加权的世界总贴现效用：

$$\max_{\{C_{jt}, K_{jt}\}_{j=1}^n} E_0 \sum_{t=0}^{\infty} \beta^t \sum_{j=1}^n \tau_j U(C_{jt}) \tag{6.5.6}$$

其中，$\tau_j > 0$ 为国家 j 的权重。

上述最大化问题满足总（世界）预算约束即生产用于消费和投资：

$$\sum_{j=1}^n (C_{jt} + I_{jt}) = \sum_{j=1}^n a_{jt} A K_{j,t-1}^{\alpha} \tag{6.5.7}$$

关于消费和资本存量的一阶条件分别如下：

$$\tau_j C_{jt}^{-\frac{1}{r_j}} = \lambda_t \tag{6.5.8}$$

$$-\lambda_t + \beta E_t \lambda_{t+1} (a_{jt+1} \alpha A K_{j,t}^{\alpha-1} + 1 - \delta) = 0 \tag{6.5.9}$$

其中，λ_t 为总预算约束的拉格朗日乘子。系统均衡由 $4n+1$ 个内生变量：C_{jt}、I_{jt}、K_{jt}、a_{jt}、λ_t 和 $4n+1$ 个均衡方程组成：n 个消费的一阶条件 (6.5.8)、n 个资本存量的一阶条件 (6.5.9)、n 个资本积累方程和 n 个生产率水平的 AR(1) 过程 (6.5.4)、1 个预算约束 (6.5.7)。此外，模型有 $n+1$ 个外生变量，在生产率水平的 AR(1) 过程 (6.5.4) 中被定义；即国家 j 的独有技术冲击和世界共有技术冲击。

6.5.2　两国模型Dynare示例

首先考虑一个最简单的情况，两国模型，即 $n=2$，手动编写两国对应的所有变量和均衡条件 (Hardcoded)，而不使用宏命令。在编写模型文件之前，先考虑模型的稳态值。为了简化处理，假设各国资本存量的稳态值为 1，拉格朗日乘子的稳态值也为 1，这样来倒推参数 A、τ_j 的取值，其余参数的值则直接校准，具体校准值请参考源文件[①]。

① 根目录 \Sources\Chap6_Dynare_Advanced\6.5_macroprocessor\two_country_model.mod，为了节省篇幅，此处并未列示源代码，也未对运行结果做任何分析。

首先来看参数 A 取值的推导。在假设劳动生产率变量稳态为 1 的条件下，从 Euler 方程很容易推出：

$$A = \frac{1 - \beta(1 - \delta)}{\alpha\beta} \tag{6.5.10}$$

然后从消费的一阶条件中也容易推出：

$$\tau_j = C_j^{\frac{1}{\gamma_j}}\lambda = C_j^{\frac{1}{\gamma_j}} \tag{6.5.11}$$

其中，C_j 为国家 j 的消费稳态值，由资本积累方程 (6.5.5) 和预算约束方程 (6.5.7) 共同确定，具体计算过程见源文件。

从模型文件的编写来看，即使模型中只有两个国家，编写过程并不轻松。当模型中有 3 个、5 个甚至更多国家时，手动编程将会相当痛苦，而且容易出错，因此需要另辟蹊径：使用宏编程语言。

6.5.3　多国模型Dynare宏语言示例

本节考虑一般情况即 $n > 2$，假设 $n = 5$。如果对每一个国家都定义相同的变量、参数和均衡方程，模型文件的书写将会非常繁杂且无效率，此时正是使用宏命令的最佳时机。

Dynare 宏命令以"@#"开头，主要分为如下 4 类。

- 外部文件调用命令：@#include
- 变量定义：@#define
- 条件语句：@#if/@#ifdef/@#ifndef/@#else/@#endif
- 循环结构：@#for/@#endfor

宏命令指示宏处理器做相应处理，本身不输出信息。通常情况下，宏命令一般单独占用一行 (除表达式内)，结尾不需要加入分号 (;)。由于宏命令被宏处理器处理时，只是简单的文本替换，因此宏命令理论上可以出现在模型文件的任何位置。

由于篇幅限制，本节并不打算详细介绍宏命令的具体语法，仅通过两个简单的例子来说明如何使用宏命令进行编程。此处仅示例了如何在表达式之间或之内使用 for 循环进行编程，如何定义变量以及包含外部文件命令，并未涉及 if 判断命令等，Dynare Reference Manual 中提供了非常详细的说明和例子。

接下来，结合源代码 38 来讲解变量定义和 for 循环的语法。

源代码38　宏命令编程示例：一个简单的多国模型

```
%N-country model illustration: n_country_model.mod
%Written by Xiangyang Li @SCC, 2017-3-23
%Using Dynare macroprocessor

@#define n =5
%第一处for循环
@#for j in 1:n
var c@{j} k@{j} i@{j} a@{j};
varexo eps@{j};
parameters c@{j}s k@{j}s i@{j}s a@{j}s gamma@{j} tau@{j};
@#endfor
var lambda;
varexo eps;
parameters alpha beta delta sigma A rho lambdas;

alpha = 0.36;
……(为节省篇幅，此处省略，具体参见源文件)
lambdas = 1;
%第二处for循环
@#for j in 1:n
gamma@{j} = (@{j}+0.25*(@{n}-@{j}))/@{n};
k@{j}s =1;
i@{j}s = delta;
a@{j}s =1;
c@{j}s = a@{j}s*A*k@{j}s^alpha - i@{j}s;
tau@{j} = c@{j}s^(1/gamma@{j});
@#endfor

model;
%第三处for循环
@#for  j in 1:n
log(a@{j}) = rho*log(a@{j}(-1)) + sigma*(eps@{j} + eps);
tau@{j}*c@{j}^(-1/gamma@{j}) = lambda;
k@{j} = i@{j} + (1-delta)*k@{j}(-1);
lambda = beta*lambda(1)*(a@{j}(1)*A*alpha*k@{j}^(alpha-1)+(1-delta));
@#endfor

%第四处for循环
% world budget constraint
@#for j in 1:n
+c@{j} + i@{j}
@#endfor
=
@#for j in 1:n
+a@{j}*A*k@{j}(-1)^(alpha)
```

```
@#endfor
;
end;


%第五处for循环
initval;
@#for j in 1:n
k@{j} =k@{j}s;
i@{j} = i@{j}s;
a@{j} =a@{j}s;
c@{j} = c@{j}s;
@#endfor
lambda = lambdas;
end;
steady;

shocks;
var eps1 =1;   var eps =1;
end;
stoch_simul;
```

首先是变量的定义："@#define n =5"定义了一个整数型的变量。变量一经定义，在后续表达式内的引用时，需要使用 @，并紧跟大括号 {}，将变量放入该 {} 内，如"gamma@{j} = (@{j}+0.25*(@{n}-@{j}))/@{n};"中对宏变量 j 和 n 的引用。需要注意的是，在后续宏命令 (纯宏命令行) 调用中则无须使用，如"@#for j in 1:n"，否则会报错。

其次是表达式之间和之内的 for 循环定义。表达式之间和之内的 for 循环定义完全相同，只不过出现位置不同而已。for 循环的宏命令表达式简单明了，语法类似于 Matlab 的语法。如宏命令"@#for j in 1:n"类似于 Matlab 的"for j = 1:n"命令，其中的宏命令关键字"in"的功能类似于 Matlab 中的等号"="。

源代码 38 中 5 处使用了 for 循环，前三处和最后一处均位于表达式之间，第四处位于表达式之内。第一处循环，定义了内生和外生变量和部分参数；第二处循环，定义了稳态参数的赋值；第三处为均衡条件的循环定义；第四处为预算约束的循环定义，注意操作符加号"+"，应位于变量前面，即"+c@{j} + i@{j}"，而非"c@{j} + i@{j}+"；最后一处为变量初值的循环赋值。

为了更加清楚地看到宏处理器的处理过程和结果，在使用 Dynare 命令 (即 dynare) 编译含有宏语言的原始模型文件时，可以加入 savemarco 选项 [①]。这样，宏处理器会自动

----

① 　即在命令行输入：dynare n_country_model savemacro 即可。

将处理后生成的新模型文件 (即不含有宏语言) 保存下来，然后以此不含宏语言的模型文件继续预编译和处理。缺省状态下新的模型文件名为原文件名加 macroexp 组成。比如此处原文件为 n_country_model.mod，处理后不带宏命令的模型文件为 n_country_model-macroexp.mod [①]。

6.5.4　@#include命令示例

当模型的模型文件较为复杂，而且需要根据不同的情况设计结构化的模型文件时，使用宏语言是一个非常不错的选择 [②]。此处针对模块化编程需求，简单讲解如何使用 @#include 命令。

使用 @#include 命令包含外部文件的命令非常简单，即在该命令后跟要包含文件的路径即可。包含外部文件的功能，相当于在包含该命令所处的位置上复制和粘贴外部文件的内容，但仅具有文本插入功能。注意 @#include 命令允许嵌套，即在包含的外部文件中允许再次使用包含命令。@#include 命令的语法具体示例如下所示。

```
@# include  "path"       %path为模型文件的路径，包括文件名本身，请依据实际情况给定
@# include  "myDSGE_ parameters.mod"   %从当前路径搜索模型文件
@# include  "../ myDSGE _ parameters.mod"   %从上级目录中搜索模型文件
```

注意，如果未指定路径，只指定文件名，则默认为当前路径。路径支持 Windows 下标准的命令，比如"../"，即两点加斜杠，表示上级目录。

假设模型文件被分割成如下的 4 个模型文件，并由 myDSGE.mod 作为主文件调用。

```
myDSGE_declarations.mod
myDSGE_parameters.mod
myDSGE_model.mod
myDSGE_shocks.mod
```

假设 myDSGE.mod 和上述 4 个子文件位于同一个目录下，那么可在 myDSGE.mod 中使用如下的代码来包括这 4 个子文件。

[①]　可查阅处理后的 \Sources\Chap6_Dynare_Advanced\6.5_macroprocessor\n_country_model-macroexp.mod，mod 文件，仔细观察宏处理器是如何处理宏命令并保存的。

[②]　CMR(2014)：Christiano L. J., Motto R., Rostagno M. *Risk Shocks*[J]. American Economic Review, 2014(1):27-65, 提供了一个比较好的例子，可在 AER 网站上查阅其提供的源代码。

```
@# include "myDSGE_ declarations.mod"
@# include "myDSGE_ parameters.mod"
@# include "myDSGE_ model.mod"
@# include "myDSGE_ shocks.mod"
```

最后直接编译运行 myDSGE.mod 文件，即可实现对上述 4 个子模型文件的自动调用，编译成一个 m 主文件，直接运行该 m 主文件即可完成模型求解。

参 考 文 献

[1] Andreasen M. M., Fernandez-Villaverde J., Rubio-Ramrez J. F. *The Pruned State-Space System for Non-Linear DSGE Models: Theory and Empirical Applications*[J]. NBER Working Papers 18983, 2013.

[2] Hamilton J. D. *Time Series Analysis*[M]. Princeton, NJ: Princeton University Press, 1994: 799.

[3] Kim J., Kim S., Schaumburg E., Sims C. A. *Calculating and Using Second-Order Accurate Solutions of Discrete Time Dynamic Equilibrium Models*[J]. Journal of Economic Dynamics and Control, 2008, 32(11):3397-3414.

7

部分经典文献解析和建模问题

本章对部分文献进行解析，讲述文献中部分经典建模问题，由于 DSGE 文献量浩瀚，而且经典文献层出不穷，因此不可能覆盖每一个问题，此处仅涉及非常少的一部分，分为 3 节内容：第 1 节对开放经济建模进行介绍，针对 Galí(2008) 第 7 章的内容进行分析和讲解，并进一步介绍了基于福利损失函数的最优货币政策，内容涉及了 Galí(2008) 的其他章节。此外，对几处数学推导难点加以详解。第 2 节主要针对利率钉住模型进行简单介绍。第 3 节为拉姆齐最优货币政策，其区别于基于福利损失函数的最优货币政策。

7.1　货币政策和新开放宏观模型

前述章节讲述的模型都是封闭经济模型 (Closed Economy Model)，对开放经济模型并未涉及。本节以 Galí(2008, 2015) 中构建的开放经济模型为例子[①]，简要介绍开放经济模型构建及其相关问题，并在原有货币政策基础上进行拓展分析，共引入 8 种货币政策，而且考虑了国外技术冲击溢出效应。

和封闭模型有很多不同，开放经济模型必须在模型构建方面做较多的权衡取舍。Galí(2008) 指出开放模型构建所必须做出的选择包括如下几个重要的方面：第一，"小型"还是"大型"开放经济体。"小型经济体假设"，意味着本国的发展 (技术冲击、政策决策、债券持有等) 对世界或世界其他国家的发展没有影响[②]。第二，完备资产市场还是不完备资产市场 (Complete vs Imcomplete)。由于经济体之间面临的外部冲击并不完全相关，所

---

① 　Galí(2008) 第 7 章，实为：Galí, J. and T. Monacelli . *Monetary Policy and Exchange Rate Volatility in a Small Open Economy*. The Review of Economic Studies, 2005, 72 (3): 707-734.

② 　McCandless(2008 ,P370):This is frequently the definition of a small country, that whatever it does has no effect on international prices. 小国开放模型的定义也成为 DSGE 模型一个受攻击的地方。小国开放模型的根本假设在于小国的经济活动不会影响其他国家，也就是将其他国家经济状态视为给定，这恰恰是局部均衡的分析，而非一般均衡的分析 (Korinek, 2017)。

以两国居民之间有交易需求以平滑消费。因此，国际资产市场的模型特征设定较为重要，可能的设定包括从封闭的资产市场 (Financial Autarky) 到完备资产市场 (每个给定的自然状态下，都有可交易的证券)。第三，出口商的价格歧视设定，依市定价 (Pricing-To-Market，PTM) 还是一价定律 (Law of One Price)。依市定价是文献中常用的价格歧视设定方法。而一价定律则意味着不存在价格歧视。如果使用 PTM 设定，还需要对出口商品的定价货币进行选择，即进口国货币定价 (Local Currency Pricing, LCP) 还是出口国货币定价 (Producer Currency Pricing, PCP)。其余建模要素还包括贸易成本、国际政策合作与协调、不可贸易品等 [①]。

7.1.1　货币政策和新开放宏观模型

Galí(2008) 第 7 章构建了一个小型开放经济模型，并在特殊的设定条件下，基于福利标准 (效用损失函数) 来讨论最优货币政策。开放经济模型中引入了汇率、贸易条件 (Term of Trade)、进出口部门和完备国际金融市场 (Complete International Financial Market)，而且区分了 CPI(既包括进口物品价格，又包括国内物品价格) 和国内 (Domestic) 物价指数。

本节不再重新推导 Galí(2008) 第 7 章中模型的全部均衡条件，仅对部分均衡条件进行说明和推导，然后在 Dynare 中对模型加以实现 [②]。

1. 部分均衡条件推导

(1) 最终消费品的极限情况

国内最终消费品 C_t 是国内消费品 C_t^H 与国外进口消费品 C_t^F 的常替代弹性函数 (CES) 函数：

$$C_t = \left((1-\alpha)^{\frac{1}{\eta}} \left(C_t^H \right)^{\frac{\eta-1}{\eta}} + \alpha^{\frac{1}{\eta}} \left(C_t^F \right)^{\frac{\eta-1}{\eta}} \right)^{\frac{\eta}{\eta-1}} \tag{7.1.1}$$

其中，参数 $\alpha \in [0, 1]$ 表示开放程度。α 越大表示开放程度越高。当 $\alpha=0$ 时，表示封闭经济；当 $\alpha=1$ 时表示完全开放。这是两种极端情况。通常情况下，位于 0 和 1 之间，代表某种程度的开放。同时 $1-\alpha$ 也可解释为国内偏好 (Home Bias)。参数 $\eta > 0$ 表示国内消费

品 C_t^H 与国外进口消费品 C_t^F 两者之间的替代弹性。当 η 越大时，说明两者之间的替代越容易，这是因为两者之间的替代趋于线性。当 $\eta = +\infty$ 时：

$$C_t = C_t^H + C_t^F \tag{7.1.2}$$

当 $\eta \to 1$ 时，可推导出最终消费品表达式为（参考本书"**7.1.3 技术附录**"）：

$$C_t = \frac{1}{(1-\alpha)^{1-\alpha}\,\alpha^\alpha}\left(C_t^H\right)^{1-\alpha}\left(C_t^F\right)^\alpha \tag{7.1.3}$$

(2)（对数）有效贸易条件

Galí(2008，P155) 定义了有效贸易条件：

$$S_t \equiv \frac{P_t^F}{P_t^H} = \left(\int_0^1 S_{i,t}^{1-\gamma}\mathrm{d}i\right)^{\frac{1}{1-\gamma}} \tag{7.1.4}$$

其中，$S_{i,t}$ 表示本国与国家 i 之间的双边贸易条件。令 $s_t \equiv \log S_t, s_{i,t} \equiv \log S_{i,t}$，则

$$\left[\exp(s_t)\right]^{1-\gamma} = \int_0^1\left[\exp(s_{i,t})\right]^{1-\gamma}\mathrm{d}i \tag{7.1.5}$$

注意到当 x 很小时，$\exp(x) \approx 1+x$，因此 $\left(\exp(x)\right)^\alpha = \exp(\alpha x) \approx 1+\alpha x$，因而可得：

$$s_t = \int_0^1 s_{i,t}\mathrm{d}i \tag{7.1.6}$$

即 Galí(2008，P155) 方程 (13)。

(3) NKPC 曲线

根据 Galí(2008，P159) 方程 (23)，并注意到弹性价格时 $mc_t = -\mu$，可得：

$$\overline{p}_{H,t} - p_{H,t-1} = (1-\beta\theta)\sum_{k=0}^{\infty}(\beta\theta)^k E_t\left\{\tilde{m}c_{t+k} + p_{H,t+k} - p_{H,t-1}\right\} \tag{7.1.7}$$

注意此处使用了

$$\frac{1}{1-\beta\theta} = \sum_{k=0}^{\infty}(\beta\theta)^k, \quad \tilde{m}c_t = mc_t - (-\mu)$$

将 (7.1.7) 前向迭代一期，即

$$\overline{p}_{H,t+1} - p_{H,t} = (1-\beta\theta)\sum_{k=0}^{\infty}(\beta\theta)^k E_{t+1}\left\{\tilde{m}c_{t+k+1} + p_{H,t+k+1} - p_{H,t}\right\} \tag{7.1.8}$$

在上式两边取期望 (基于 t 期) 可得:

$$
\begin{aligned}
& E_t\left(\overline{p}_{H,t+1}-p_{H,t}\right) \\
&= (1-\beta\theta)\sum_{k=0}^{\infty}(\beta\theta)^k E_t E_{t+1}\left\{\tilde{m}c_{t+k+1}+p_{H,t+k+1}-p_{H,t}\right\} \\
&= (1-\beta\theta)\sum_{k=0}^{\infty}(\beta\theta)^k E_t\left\{\tilde{m}c_{t+k+1}+p_{H,t+k+1}-p_{H,t}\right\} \\
&= (1-\beta\theta)\sum_{k=1}^{\infty}(\beta\theta)^{k-1} E_t\left\{\tilde{m}c_{t+k}+p_{H,t+k}-p_{H,t}\right\} \\
&= \frac{(1-\beta\theta)}{\beta\theta}\sum_{k=0}^{\infty}(\beta\theta)^k E_t\left\{\tilde{m}c_{t+k}+p_{H,t+k}-p_{H,t}\right\}-\frac{(1-\beta\theta)}{\beta\theta}\tilde{m}c_t \\
&= \frac{(1-\beta\theta)}{\beta\theta}\sum_{k=0}^{\infty}(\beta\theta)^k E_t\left\{\tilde{m}c_{t+k}+p_{H,t+k}-p_{H,t-1}-\left(p_{H,t}-p_{H,t-1}\right)\right\}-\frac{(1-\beta\theta)}{\beta\theta}\tilde{m}c_t \\
&= \frac{1}{\beta\theta}\left\{\overline{p}_{H,t}-p_{H,t-1}-\left(p_{H,t}-p_{H,t-1}\right)\right\}-\frac{(1-\beta\theta)}{\beta\theta}\tilde{m}c_t
\end{aligned}
\tag{7.1.9}
$$

若令 $\overline{\pi}_{H,t}\equiv\overline{p}_{H,t}-p_{H,t-1}$ 为重定价通胀, 并注意到 $\pi_{H,t}\equiv p_{H,t}-p_{H,t-1}$, 则上式可写为

$$\overline{\pi}_{H,t}-\pi_{H,t}=\beta\theta E_t\left(\overline{\pi}_{H,t+1}\right)+(1-\beta\theta)\tilde{m}c_t \tag{7.1.10}$$

在黏性价格设定下, 重定价通胀与国内通胀之间的关系为 [①]

$$\overline{\pi}_{H,t}=\frac{1}{1-\theta}\pi_{H,t} \tag{7.1.11}$$

将 (7.1.11) 代入 (7.1.10), 可得国内 NKPC 曲线:

$$\pi_{H,t}=\beta E_t\left(\pi_{H,t+1}\right)+\frac{(1-\beta\theta)(1-\theta)}{\theta}\tilde{m}c_t \tag{7.1.12}$$

即 Galí(2008, P163) 方程 (33)。

(4) 自然产出

根据 Galí(2008, P163) 方程 (35), 令 $mc_t\equiv-\mu$, 令 $y_t^n\equiv y_t$, 可得:

$$-\mu=-\nu+(\sigma-\sigma_\alpha)y_t^*+(\sigma_\alpha+\varphi)y_t^n-(1+\varphi)a_t$$

整理即可得到 Galí(2008, P164) 方程 (36)。

① 关于 (线性化) 重定价通胀与通胀之间的线性关系, 请参考本书 (4.2.125)。

2. 均衡定义

模型均衡有如下的 23 个内生变量：

$$\pi_t, \pi_{H,t}, \pi_t^*, s_t, p_t, p_{H,t}, e_t, q_t, y_t, y_t^*, \tilde{y}_t, y_t^n, R_t, r_t^n, mc_t, nx_t, a_t, r_t^*, mc_t^*, w_t, n_t, a_t^*, v_t$$

其中，带有 * 的变量表示世界变量；不带 * 的变量表示本国变量；名义汇率 e_t 为直接标价法即外币的本币价格，汇率上升意味着本币贬值；有效贸易条件 S_t 被定义为进口产品的价格与本国产品价格之比，贸易条件上升意味着贸易条件恶化；R_t 为名义利率，相当于 Galí(2008) 中的 i_t；$\tilde{R}_t$ 表示 R_t 的线性化形式。在考察货币政策时，指定了 8 种不同的情况。模型均衡条件由如下 23 个方程组成：

(1) CPI 通胀 π_t 和国内通胀 $\pi_{H,t}$ 方程

$$\pi_t = \pi_{H,t} + \alpha(s_t - s_{t-1}) \tag{7.1.13}$$

(2) 国内通胀的定义

$$\pi_{H,t} \equiv p_{H,t} - p_{H,t-1} \tag{7.1.14}$$

(3) CPI 通胀的定义

$$\pi_t \equiv p_t - p_{t-1} \tag{7.1.15}$$

(4) 有效实际汇率 q_t

$$q_t = (1-\alpha)s_t \tag{7.1.16}$$

(5) 有效贸易条件 s_t 与名义有效汇率 e_t

$$s_t = e_t + p_t^* - p_{H,t} \tag{7.1.17}$$

(6) 本国产出 y_t 与世界产出 y_t^*

$$y_t = y_t^* + \frac{1}{\sigma_\alpha}s_t \tag{7.1.18}$$

(7) 国内产出缺口

$$\tilde{y}_t \equiv y_t - y_t^n \tag{7.1.19}$$

(8) 国内 NKPC 曲线

$$\pi_{H,t} = \beta E_t\left(\pi_{H,t+1}\right) + \kappa_\alpha \tilde{y}_t \tag{7.1.20}$$

(9) 国内 IS 曲线

$$\tilde{y}_t = E_t(\tilde{y}_{t+1}) - \frac{1}{\sigma_\alpha}(\tilde{R}_t - E_t(\pi_{H,t+1}) - \tilde{r}_t^n) \tag{7.1.21}$$

(10) 自然产出 y_t^n

$$y_t = \Gamma_0 + \Gamma_a a_t + \Gamma_* y_t \tag{7.1.22}$$

(11) 自然利率的定义

$$r_t^n = \rho - \sigma_\alpha \Gamma_a (1-\rho_a)a_t + \frac{a\Theta\sigma_\alpha\varphi}{\sigma_\alpha+\varphi} E_t(\Delta y_{t+1}^*)$$

或

$$\tilde{r}_t^n = -\sigma_\alpha \Gamma_a (1-\rho_a)a_t + \frac{a\Theta\sigma_\alpha\varphi}{\sigma_\alpha+\varphi} E_t(\Delta y_{t+1}^*) \tag{7.1.23}$$

(12) 国内净出口方程

$$nx_t = \alpha\left(\frac{\omega}{\sigma}-1\right)s_t \tag{7.1.24}$$

(13) 国内边际成本方程

$$mc_t = (\sigma_\alpha+\varphi)\tilde{y}_t \tag{7.1.25}$$

(14) 国内劳动供给方程

$$w_t = \sigma y_t + \varphi n_t \tag{7.1.26}$$

(15) 资源约束方程

$$y_t = a_t + n_t \tag{7.1.27}$$

(16) 国内货币政策

- 严格CPI通胀目标制(Strict CPI Inflation Target, SCIT)

$$\pi_t \equiv 0 \tag{7.1.28}$$

- CPI通胀目标制(CPI Inflation Target Rule，CITR)

$$R_t = \rho + \phi_\pi \pi_t \text{ 或 } \tilde{R}_t = \phi_\pi \pi_t \tag{7.1.29}$$

- 固定汇率(Exchange Rate PEG)

$$e_t \equiv 0 \tag{7.1.30}$$

- 严格国内通胀目标制(Strict Domestic Inflation Target, SDIT)

$$\pi_{H,t} \equiv 0 \tag{7.1.31}$$

- 最优货币政策

$$\tilde{R}_t = \tilde{r}_t^n + \phi_\pi \pi_{H,t} + \phi_y \tilde{y}_t \tag{7.1.32}$$

- Taylor规则 1

$$\tilde{R}_t = \tilde{r}_t^n + \phi_\pi \pi_{H,t} + \phi_y \tilde{y}_t + v_t \tag{7.1.33}$$

- Taylor规则 2

$$R_t = \rho + \phi_\pi \pi_t + \phi_y \tilde{y}_t + v_t \quad \text{或} \quad \tilde{R}_t = \phi_\pi \pi_t + \phi_y \tilde{y}_t + v_t \tag{7.1.34}$$

- 国内通胀目标制(Domestic Inflation Target Rule, DITR)

$$R_t = \rho + \phi_\pi \pi_{H,t} + \phi_y \tilde{y}_t \quad \text{或} \quad \tilde{R}_t = \phi_\pi \pi_{H,t} + \phi_y \tilde{y}_t \tag{7.1.35}$$

(17) 外生货币冲击 AR(1) 过程

$$v_t = \rho_v v_{t-1} + \epsilon_t \tag{7.1.36}$$

(18) 技术冲击

$$a_t = \rho_a a_{t-1} + \epsilon_t^a + a_{\text{corr}} \epsilon_t^{a^*} \tag{7.1.37}$$

(19) 国外 Euler 方程 [①]

$$y_t^* = E_t\left(y_{t+1}^*\right) - \frac{1}{\sigma}\left[r_t^* - E_t\left(\pi_{t+1}^*\right)\right]$$

或使用 AR(1) 过程

$$y_t^* = \rho_{y^*} y_{t-1}^* + \epsilon_t^{y^*} \tag{7.1.38}$$

(20) 国外 NKPC 曲线 [②]

$$\pi_t^* = \beta E_t\left(\pi_{t+1}^*\right) + \lambda m c_t^* \tag{7.1.39}$$

(21) 国外边际成本曲线 [③]

$$mc_t^* = \left(\sigma + \varphi\right) y_t^* - \left(1 + \varphi\right) a_t^* \tag{7.1.40}$$

(22) 国外 Taylor 规则 [④]

$$r_t^* = \phi_\pi^* \pi_{t+1}^* + \phi_a^* a_t^* \tag{7.1.41}$$

(23) 国外技术冲击

$$a_t^* = \rho_{a^*} a_{t-1}^* + \epsilon_t^{a^*} \tag{7.1.42}$$

其中，$\rho \equiv -\log\beta$；$\sigma_\alpha \equiv \dfrac{\sigma}{1+\alpha(\omega-1)}$，$\omega \equiv \sigma\gamma + (1-\alpha)(\sigma\eta-1)$；$\kappa_\alpha \equiv \lambda(\sigma_\alpha + \varphi)$，

$\lambda \equiv \dfrac{(1-\beta\theta)(1-\theta)}{\theta}$；$\Gamma_0 \equiv \dfrac{v-\mu}{\sigma_a+\varphi}$；$\Gamma_a \equiv \dfrac{1+\varphi}{\sigma_a+\varphi}$；$\Gamma_* \equiv \dfrac{\alpha\Theta\sigma_a}{\sigma_a+\varphi}$；$\Theta \equiv \omega-1$；$\mu \equiv \log\dfrac{\epsilon}{\epsilon-1}$；

$v = -\log(1-\tau)$，为劳动成本补贴（也称为庇古税，Pigouvian Tax），以消除模型垄断竞争

[①] Equation(22): Galí& Monacelli, … , NBER w.p. 8905, April 2002（工作论文）。

[②] Equation(31): Galí& Monacelli, … , NBER w.p. 8905, April 2002（工作论文）。

[③] Equation(32): Galí& Monacelli, … , NBER w.p. 8905, April 2002（工作论文）。

[④] Equation(51) and see also note.19: Galí& Monacelli, … , NBER w.p. 8905, April 2002（工作论文）。

设定造成的影响。

严格国内通胀目标制 (货币政策 4) 和最优货币政策 (货币政策 5) 的最优性问题，将在本书 **"7.1.2 基于福利损失的最优货币政策"**，通过更为简单的例子加以解释和说明。

3. 开放经济模型带来启示

此处的开放经济模型其实包含本书 **"4.2 新凯恩斯 (NK) 模型"** 一节中的封闭经济模型。当 $\alpha = 0$ 时，也就是开放度为 0 时，开放经济变为封闭经济，此时开放经济模型的 NKPC 曲线 (7.1.20)、NKIS 曲线 (7.1.21) 和自然利率方程 (7.1.23) 恰好分别为封闭模型中的 NKPC 曲线 (4.2.146)、NKIS 曲线 (4.2.153) 和自然利率方程 (4.2.112)(仅仅变量符号差异)。这意味着封闭经济模型是该开放经济模型的一种极限情况。上述 3 个方程的对应，读者可自行验证。

(1) 边际成本

封闭经济中，以本书 **"4.2 新凯恩斯 (NK) 模型"** 一节中的模型为例，边际成本由工资和劳动的边际产出决定 (4.2.60)。开放经济中的边际成本决定不再相同。一方面是由于消费和产出之间存在差异，这是因为消费不再完全依赖于本国产出，而是可以来自于进口。另一方面，CPI 通胀与国内通胀之间存在差异，如 (7.1.13) 所示，这也使得边际成本的决定显著区别于封闭经济。

在封闭经济中，技术冲击影响劳动生产率 (即劳动的边际产出)，从而影响边际成本。正向技术冲击有利于降低边际成本。总需求的变动通过影响劳动，进而影响实际工资和边际成本。总需求的提升一般会带来边际成本的增加。因此，在封闭经济体中，技术冲击和总需求都会影响边际成本。然而，在开放经济中，影响边际成本的因素，除技术冲击和总需求外，还有另外一个渠道，即贸易条件效应 (Terms of Trade Effect)：贸易条件的变化直接影响产品工资 (Product Wage)[①]。对于出口商而言，贸易条件的恶化意味着边际成本的上升。Galí(2008，P163) 方程 (34) 推导了如下形式的边际成本方程：

$$mc_t = -v + \sigma y_t^* + \varphi y_t + s_t - (1+\varphi) a_t \tag{7.1.43}$$

[①]　在宏观经济学中，工资具有双重属性。一般说来，工资对于家庭来说是最大收入，对于企业来说是最大成本。然而对家庭来说，最关键的是收入能带来多少实际单位的消费量，此称之为消费工资 (Consumption Wage); 对企业来说，其决策的关键在于劳动成本与期望的产品售价之间的关系，即产品工资 (Product Wage)。通常情况下，消费工资和产品工资并不相同，造成两者差异的主要因素是税负，即家庭因工资收入和企业因雇用员工而承担的各种税负。在给定消费工资的条件下，贸易条件的变化会造成产品工资的变化，进而影响边际成本，最终影响 CPI 通胀。

其中，ϖ 为劳动成本补贴参数。进一步将贸易条件替换掉，上式可表示为

$$mc_t = -v + (\sigma - \sigma_a)y_t^* + (\sigma_a + \varphi)y_t - (1+\varphi)a_t \tag{7.1.44}$$

因此，Galí(2008) 进一步指出如下两点：

第一，国内产出变化（总需求变化）从两个渠道影响边际成本：通过影响就业（由参数 φ 表征）和贸易条件（由参数 σ_a 表征）来最终影响边际成本。

第二，世界产出的变化也从两个渠道影响边际成本，即通过影响消费（进而影响实际工资，由参数 σ 表征）和影响贸易条件（由参数 σ_a 表征）来最终影响边际成本。世界产出变化对边际成本影响取决于 σ 和 σ_a 的大小。当 $\sigma > \sigma_a$ 时（即当 $\sigma\gamma > 1$ 和 $\sigma\eta > 1$ 时，也就是说，当国外产品之间的替代弹性 γ、国内和国外最终品之间的替代弹性 η 都较大时），世界产出的增长会提升边际成本。Galí(2008) 认为这是因为世界产出增长带来的消费增长，因而实际工资增长对边际产出造成的正效应高于因实际升值（吸收相对产出的变化）带来的负效应，综合结果为正效应。当 $\sigma = \sigma_a$ 时（如 $\sigma = 1$，$\eta = 1$，$\gamma = 1$ 时），世界产出变化不会对边际成本造成任何影响，即贸易条件效应和消费增长效应相互抵消。

此外，从模型构建来看，在一定条件下[①]（σ_a 是 α 的减函数），随着开放度的提升（即 α 增大），边际成本方程 (7.1.44) 表明相同单位的国内产出变化对边际成本（和通胀）影响会变小，相同单位的世界产出变化对边际成本（和通胀）影响会变大。

(2) NKIS 曲线

开放经济的 NKIS 曲线由 (7.1.21) 表示：

$$\tilde{y}_t = E_t(\tilde{y}_{t+1}) - \frac{1}{\sigma_\alpha}\left[\tilde{R}_t - E_t(\pi_{H,t+1}) - \tilde{r}_t^n\right]$$

很显然，开放度的变化会使得国内实际利率 $\tilde{R}_t - E_t(\pi_{H,t+1})$ 的变化对产出影响的灵敏度发生变化。当参数 α 变大时，在一定条件下，σ_α 会变小，因此会放大国内实际利率正向变化对产出带来的负效应[②]。

(3) 自然利率方程

开放经济建模使得自然利率依赖于开放程度，如 (7.1.23) 所示。也就是说，国内自然利率不仅像封闭模型那样依赖于本国技术冲击，而且开放经济建模使其依赖

[①] 当开放度参数 α 小于 0.5，且当国外产品之间的替代弹性 γ、国内和国外最终品之间的替代弹性 η 都较大时，可保证 σ_a 关于 α 的一阶导数小于 0。

[②] 国内实际利率 $\tilde{R}_t - E_t(\pi_{H,t+1})$ 变量是与封闭经济体中的实际利率相对应；但最终决定总需求的应该是基于消费的实际利率 $\tilde{R}_t - E_t(\pi_{t+1})$。

于世界产出增长率。

4. 参数校准与结果分析

在特定参数设定下 (见表 7.1)，本部分考察不同货币政策下各变量的脉冲响应。

表 7.1　模型结构参数及其校准值

参　数	含　义	校　准　值
α	经济开放程度	0.4
β	贴现因子	0.99
η	国内和进口商品之间的替代弹性	1
σ	消费的跨期替代弹性的倒数	1
γ	不同国家商品之间的替代弹性	1
φ	劳动供给的 Frisch 弹性的倒数	3
ϵ	同一国家不同商品之间的替代弹性	6
θ	价格黏性参数	0.75
ϕ_π	国内货币政策规则中通胀的反应系数	1.5
ϕ_y	国内货币政策规则中产出缺口的反应系数	0
ϕ_π^*	国外货币政策中利率的反应系数	1.01
ρ_a	国内技术 AR(1) 过程的持续性参数	0.66
ρ_{y^*}	国外产出 AR(1) 过程的持续性参数	0.86
ρ_{a^*}	国外技术 AR(1) 过程的持续性参数	0.90
a_{corr}	国外技术冲击溢出效应参数	0.3

注：部分参数来源于 Galí(2008)，部分由作者自行校准，未列出的参数校准参考模型文件。

此处不再列示模型文件，具体请参考源代码[1]，模型文件中各变量以对数线性化的形式表示。在一单位技术冲击下，各主要变量在 5 种不同货币政策下的脉冲响应如图 7.1 和图 7.2 所示[2]。其中，Optimal 表示最优货币政策即 (7.1.32) 或 (7.1.31)；DITR 代表国内通胀目标制；SCIT 代表严格的 CPI 通胀目标制；PEG 代表固定汇率；CITR 代表 CPI 通胀目标制即简单的 Taylor 规则。具体请参考上述模型均衡条件中的说明。

---

[1]　模型 Mod 文件地址：\Sources\Chap7_Papers\7.1_Classic_Papers\Gali_smallopen.mod。

[2]　M 文件地址：\Sources\Chap7_Papers\7.1_Classic_Papers\index_Gali_smallopen.m。

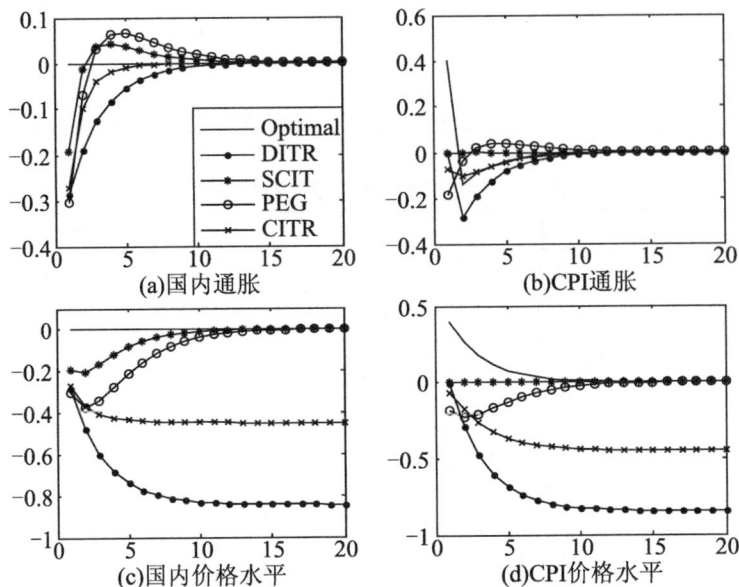

图 7.1　一单位正向技术冲击下各变量的脉冲响应图 (I)

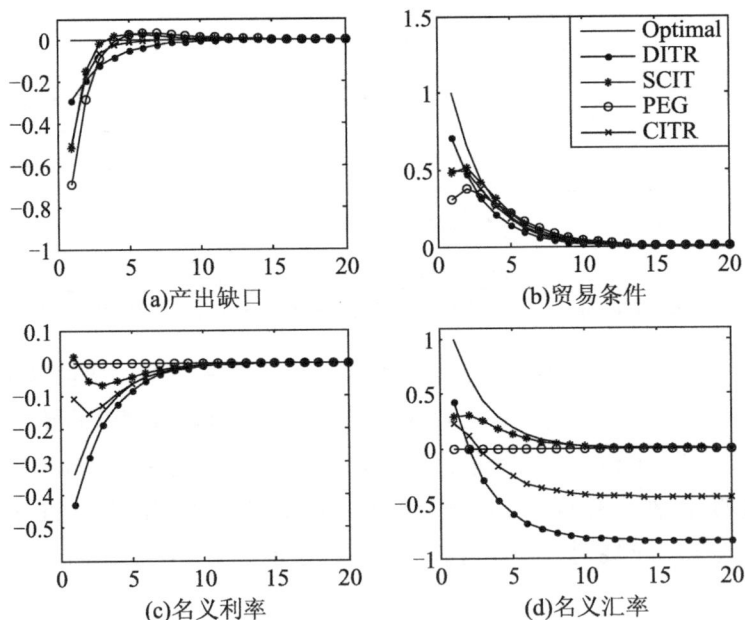

图 7.2　一单位正向技术冲击下各变量的脉冲响应图 (II)

在最优货币政策下 (即 $\pi_{H,t} \equiv 0, \tilde{y}_t \equiv 0$，下一小节会具体介绍)，从图 7.1 和图 7.2 可分别看到国内通胀 (Domestic Inflation) 与产出缺口 (Output Gap) 确实全为 0(实线表示)。产出和消费增加，在国内通胀为 0 的情况下，名义利率会随实际利率下跌，以确保消费的增加。此外，根据无抛补利率平价 (UIP)，在给定世界利率不变的情况下，本国利率下跌意味着名义汇率的贬值 (e_t 增大)，而后逐步升值回归[①]。根据有效贸易条件 s_t 与名义有效汇率 e_t 的决定方程 (7.1.17)，世界价格不变和国内物价为常数的情况下，有效贸易条件 s_t 会复制有效汇率 e_t 的变化趋势。根据 CPI 通胀的决定关系 (7.1.13)，CPI 通胀将复制有效贸易条件的变化率即先升后降：有效贸易条件起初从稳态开始，第一期迅速至最高，即贸易条件恶化，其变化率为正，然后回调，其变化率为负。但 CPI 价格却始终为正，并逐步趋于均值或稳态。关于最优货币政策的进一步内容在下一节会具体介绍。

在国内通胀目标制 (DITR) 和 CPI 通胀目标制下 (CITR)，一单位正向技术冲击使得国内通胀和 CPI 通胀出现不同程度地下跌，国内物价和 CPI 物价水平持续下跌。根据本国产出和世界产出之间的关系式 (7.1.18)，在假定世界产出不变的前提下，本国产出的增加意味着贸易条件升高，即贸易条件趋于恶化 (Real Depreciation)。但在 DITR 和 CITR 下，两者呈现出细微的差别。DITR 和最优货币政策下的情况类似。但 CITR 下的贸易条件走势则呈现出驼峰状，这恰是 CITR 要求稳定 CPI 通胀的结果。

在固定汇率制度下改变名义利率，使得货币贬值变得不可行，因此贸易条件的变化受到限制。根据有效贸易条件 s_t 与名义有效汇率 e_t 的关系式 (7.1.17) 可知，贸易条件和国内价格水平一对一反向变动。在假设贸易条件平稳的条件下，国内物价水平则呈现出平稳性，此时的 CPI 物价水平同样平稳。

7.1.2　基于福利损失的最优货币政策

文献中关于最优货币政策的讨论一般基于两种分析框架。第一种为拉姆齐 (Ramsey) 最优货币政策，这种方法将在本章 **"7.3 拉姆齐 (Ramsey) 最优货币政策"** 一节中进行简要介绍；第二种为基于福利损失 (Welfare Loss) 函数的最优货币政策，其基本思路是在给定家庭偏好 (或效用函数) 下推导福利损失函数，然后以该福利损失函数为度量标准 (Measurement)，讨论不同货币政策的最优性。本节来考察第二种方法。这也是 Galí(2008) 整本书考察最优货币政策时使用的方法。

关于福利损失函数本身的推导稍微有些复杂，请参考 Galí(2008) 第 4 章和第 6 章附

[①]　这是由于世界价格不变以及国内物价为常数的情况下，有效贸易条件的平稳性决定了名义汇率的平稳性。

录，此处不再介绍。Galí(2008, P96) 认为由终身贴现效用函数推导的福利损失函数，可在更一般的情况下解释为央行的损失函数。Clarida, Galí & Gertler(1999, *JEL*) 采取了形如 (7.1.45) 的经典损失函数，即通胀 π_t 和产出缺口 X_t 的二阶矩：

$$-\frac{1}{2}E_0\sum_{t=0}^{\infty}\beta^t\left(\pi_t^2+\omega X_t^2\right) \tag{7.1.45}$$

该损失函数以潜在产出为其目标产出水平 (Target Level)[①]，以零通胀为其通胀目标（以 0 为目标，并没有实质性影响，因为通胀被表示成对其趋势偏离的百分比）。

Clarida，Galí & Gertler(1999, *JEL*) 考察了两种经典情况下的最优货币政策：第一，相机抉择 (Discretion)，即逐期求解最优化问题；第二，规则承诺 (Commitment)，即求解无穷期最优化问题，并承诺遵从最优政策。接下来依次考察这两种情况，首先来看相机抉择的情形。

1. 相机抉择

在相机抉择下，央行逐期求解最大化问题 (Period-by-Period)。在给定新凯恩斯菲利普斯 (NKPC) 曲线下，央行选择通胀和产出缺口，最大化负福利损失[②]：

$$\max_{\pi_t, X_t} -\frac{1}{2}(\pi_t^2+\omega X_t^2) \tag{7.1.46}$$

s.t.

$$\pi_t = \kappa X_t + \beta E_t\pi_{t+1} \tag{7.1.47}$$

其中，$\omega \equiv \dfrac{\kappa}{\epsilon}$ 为央行赋予产出缺口的权重；ϵ 为不同中间品之间的替代弹性。求解上述最优化问题关于通胀和产出缺口的一阶条件，并经过简单的算术推导可得：

$$X_t = -\frac{\kappa}{\omega}\pi_t \tag{7.1.48}$$

这说明在相机抉择策略下，央行的策略可被解释为逆风 (Leaning Against the Wind) 策略，即如果产出缺口为正（实际产出高于潜在产出），那么央行将选择负通货膨胀率（即低于稳态或目标通胀）；产出缺口为负时，央行将选择正通货膨胀率（即高于稳态或目标通胀）。如果将 (7.1.48) 代入 NKPC 曲线，可发现最优解为

$$\pi_t = X_t \equiv 0 \tag{7.1.49}$$

也就是说，央行选择稳定通胀，同时产出缺口也被消除。即，稳定通胀的同时也实现了稳定产出缺口，可谓一举两得。因此，央行在决策时没有面临权衡取舍 (Tradeoff)，

---

① 关于潜在产出的定义和讨论请参考本书 **"4.2.3 弹性价格均衡"** 一节的脚注。

② 假定央行已经确定了名义利率，也就是说在给定期望通货膨胀率下，实际利率将确定。最大化负福利损失相当于最小化正福利损失。

即没有在选择稳定通胀 (Nominal) 和产出缺口 (Real) 之间左右为难。此时只要稳定其中的一个，另外一个自动稳定。这就是 Blanchard & Galí(2007, *JMCB*) 提出的所谓"神圣巧合" (Divine Coincidence)：当模型中没有真实的无效率设定 (Real Imperfection) 时如黏性工资设定，稳定通胀相当于同时稳定产出缺口。如果当模型存在真实的无效率设定时，"神圣巧合"将不复存在，此时央行将面临稳定通胀和产出缺口的权衡取舍。

2. 规则承诺

在规则承诺下，央行求解无穷期问题，并承诺依最优规则行事，即求解如下最大化问题：

$$\max_{\pi_t, X_t} -\frac{1}{2} E_0 \sum_{t=0}^{\infty} \beta^t \left(\pi_t^2 + \omega X_t^2 \right) \tag{7.1.50}$$

s.t.

$$\pi_t = \kappa X_t + \beta E_t \pi_{t+1} \tag{7.1.51}$$

经过简单的推导，可得一阶条件为 (注意到通胀为对数价格之差)：

$$X_t = -\frac{\kappa}{\omega}(p_t - p_{-1}) \tag{7.1.52}$$

其中，p_{-1} 为初始 (对数) 价格水平。如果假定初始水平价格为 1(潜在目标价格，可设定为任何可能值，为简单起见将其设定为单位 1)，那么 $p_{-1} = 0$，此时一阶条件为

$$X_t = -\frac{\kappa}{\omega} p_t \tag{7.1.53}$$

也就是说，规则承诺下的最优决策是以价格水平为目标 (Price Level Targeting Rule) 来平抑产出缺口。比较相机抉择下的一阶条件 (7.1.48) 和规则承诺下的一阶条件 (7.1.53)，可以发现两者非常类似，只不过相机抉择下以通胀为目标，而规则承诺下以 (对数) 价格水平为目标。

如果将 (7.1.53) 代入 NKPC 曲线，并将通胀写成对数价格之差，并整理可得 [①]：

$$p_t = \alpha p_{t-1} + \alpha \beta E_t p_{t+1}, \alpha \equiv \frac{\omega}{\omega(1+\beta) + \kappa^2} \tag{7.1.54}$$

上述差分方程的稳定解可写为 [②]

$$p_t = \delta p_{t+1}, \delta \equiv \frac{1 - \sqrt{1 - 4\beta\alpha^2}}{2\alpha\beta} \in (0,1) \tag{7.1.55}$$

[①]　可参考 Galí(2008, P103)。

[②]　求解方法请参考本书"**1.3.3 随机差分方程及其求解简析**"一节。

由于 $\delta < 1$，因此当 $t \to \infty$ 时，有

$$p_t = \delta p_{t-1} \to 0 = p_{-1} \tag{7.1.56}$$

也就是说，在规则承诺下，价格最终趋向于目标价格，即价格趋于稳定，因而通胀趋于 0。这同时意味着产出缺口最终也趋向于 0。因此，最优解和相机抉择下一致，此时达到了全局最优，即最大值为 0(在本节接下来的分析中，最优货币政策是指央行损失函数取得最大值 0，即没有福利损失)。考虑极限情况时，同样意味着模型存在"神圣巧合"，因此央行不存在稳定通胀和产出缺口的权衡取舍。

3. 一个例子"三方程"新凯恩斯模型

总结上述两种情况下的分析结果可发现，虽然相机抉择要求以通胀为目标，而规则承诺要求以价格为目标，着眼点虽然不同，但最终殊途同归：最优解是一致的。也就是说，无论央行选择相机抉择还是规则承诺，其结果都能同时稳定产出缺口和通胀。但遗憾的是，这种分析是有前提的，即模型不存在真实的无效率设定。在进一步分析真实无效率设定之前，先通过一个简单的示例来对上述分析进行解释说明。使用本书"**4.2.7 '三方程'新凯恩斯模型**"一节中的线性化模型。首先校准模型参数如表 7.2 所示。

表 7.2 参 数 校 准

参　数	含　义	校 准 值
β	贴现因子	0.99
η	劳动供给的 Frisch 弹性的倒数	1
σ	消费跨期替代弹性的倒数	1
ϵ	不同中间品之间的替代弹性	10
θ	价格黏性参数	0.75
ϕ_π	货币政策规则中通胀的反应系数	1.5
ϕ_x	货币政策规则中产出缺口的反应系数	0.125/4
ρ_R	货币政策规则中的平滑参数，即 AR(1) 参数	0.75
ρ_a	技术冲击 AR(1) 过程的持续性参数	0.75

由上述参数校准值可计算出，NKPC 曲线 (7.1.47) 或 (4.2.152) 中产出缺口的系数以及损失函数 (7.1.46) 中产出缺口的权重为

$$\kappa \equiv \frac{(1-\theta)(1-\theta\beta)}{\theta}(\sigma+\eta) = 0.171\,7 \tag{7.1.57}$$

$$\omega \equiv \frac{\kappa}{\epsilon} = 0.017\,2 \tag{7.1.58}$$

　　由此可见，在合理的参数校准值下，产出缺口的权重非常小。这也间接说明了，在很多情况下通胀目标制是一种较好的货币政策，即其福利损失接近于最优货币政策下的福利损失。为了对比分析，此处同时考虑多种简单的 Taylor 规则，将所有可能的货币政策规则列示如表 7.3 所示，共 11 种不同的政策。

表 7.3　不同的货币政策规则

序　号	货币政策规则	解 释 说 明
1	$X_t = -\dfrac{\kappa}{\omega}\pi_t$	相机抉择规则，即**最优货币政策**
2	$\pi_t = 0$	相机抉择、规则承诺规则，即**最优货币政策**
3	$X_t = 0$	相机抉择、规则承诺规则，即**最优货币政策**
4	$R_t = r_t^f$	名义利率只对自然利率做出反应，**多重均衡**
5	$R_t = r_t^f + \phi_\pi \pi_t$	**最优货币政策**，名义利率仅对自然利率和通胀做出反应
6	$R_t = r_t^f + \phi_\pi \pi_t + \epsilon_t^R$	**次优**，名义利率不仅对自然利率和通胀做出反应，还对外生冲击做出反应
7	$R_t = r_t^f + \phi_\pi \pi_t + \phi_x X_t$	**最优货币政策**，名义利率对自然利率、通胀和产出缺口做出反应
8	$R_t = r_t^f + \phi_\pi \pi_t + \phi_x X_t + \epsilon_t^R$	**次优**，名义利率不仅对自然利率、通胀和产出缺口做出反应，还对外生冲击做出反应
9	$R_t = \phi_\pi \pi_t + \phi_x X_t$	**次优**，名义利率仅对通胀和产出缺口做出反应
10	$R_t = \rho_R R_{t-1} + (1 - \rho_R)(\phi_\pi \pi_t + \phi_x X_t)$	次优，名义利率对其一阶滞后，以及通胀和产出缺口做出反应
11	$R_t = \rho_R R_{t-1} + (1 - \rho_R)(\phi_\pi \pi_t + \phi_x X_t) + \epsilon_t^R$	**次优**，更一般的泰勒规则，名义利率对其一阶滞后，以及通胀、产出缺口和外生冲击做出反应；此时名义利率为内生状态变量

　　注：所有变量均为对数线性化，外生冲击的标准差都假设为 1%。最优货币政策是指央行损失函数取得最大值，（但不一定能取得全局最大值，即零损失；在特殊情况下，只有当模型只存在黏性价格设定时，货币政策不存在权衡取舍，此时能取得全局最大值 0）。次优政策是指损失大于最优情况时对应的政策。最优性和次优性可通过观测 Dynare 的输出结果来判断。首先可以从理论矩（Theoretical Moments）中查看通胀和产出缺口的标准差。最优政策意味着标准差为 0，次优则意味着标准差不为 0，因为标准差非零意味着福利损失非 0。其次，可以从福利损失计算结果中查看（参考 m 主文件）。

　　由于上述货币政策规则较多，不再一一示例说明，感兴趣的读者可逐一验证。此处仅以相机抉择（表 7.3 中的规则 1，2，3，其实此时规则承诺下的货币政策也是最优的）下的最优政策和次优的 Taylor 规则 (表 7.3 中的规则 9) 来示例说明，不再列示模型文件的源代码[①]。

在一单位正向技术冲击下，各变量的脉冲响应如图 7.3 所示。在相机抉择 (规则承诺也如此) 下，通货膨胀、产出缺口和价格水平均不变。根据 NKIS 曲线，当通货和产出缺口都为 0 时，名义利率对自然利率水平做出一对一的反应，因而为负 (即下降到稳态以下)，逐步回归[②]。在简单的 Taylor 规则 (即名义利率仅对产出缺口和通胀做出反应) 下，一单位技术冲击使得通胀下降，价格水平持续下降，由于黏性价格的存在，实际产出对冲击的反应弱于弹性价格下产出的反应，因此产出缺口为负，通胀和产出缺口为负，根据 Taylor 规则，名义利率也为负。

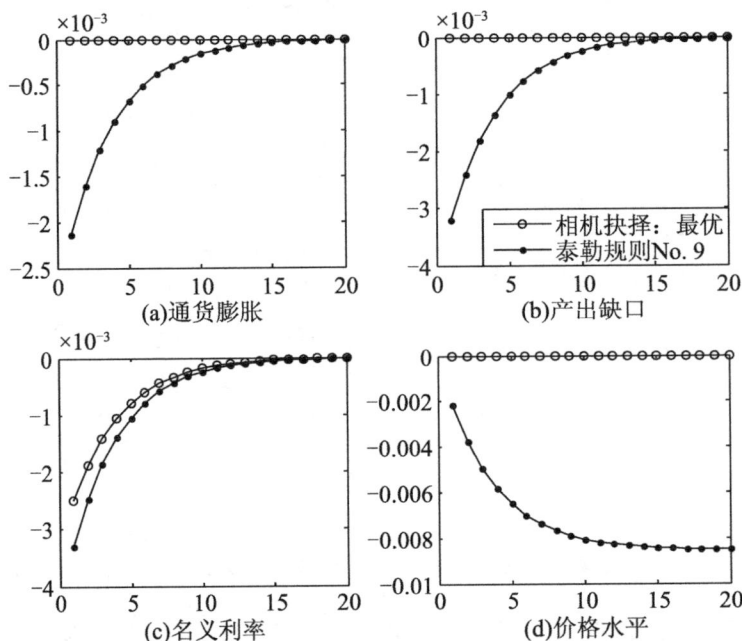

图 7.3 相机抉择 (规则承诺) 和 Taylor 规则下一单位正向技术冲击的脉冲响应图

对于最优政策而言，可以将其视为规则 9 的极限情况：当 $\phi_\pi \to \infty$ 和 (或) $\phi_x \to \infty$ 时，

[①] 模型文件地址：\Sources\Chap7_Papers\7.1_Classic_Papers\ optimal_monetary_policy.mod。请直接运行同目录下的 m 主文件：opt_mon_pol_main.m，该主文件自动调用模型文件并运行，并绘制图 7.3。所有变量都是对数线性化形式，因此纵轴表示对稳态偏离的百分比，非百分点。

[②] 自然利率水平在一单位正向技术冲击下，会下降到其稳态以下，具体原因请参考本书 **4.2.7 '三方程' 新凯恩斯模型** 一节中的解释。

规则 9 其实意味着通胀和 (或) 产出缺口为 0。这就是说当名义利率对通胀和 (或) 产出缺口的变化极其敏感时，通胀和产出缺口的变动会带来极大的福利损失 (名义利率进入 NKIS 方程)，因此均衡时要求通胀和 (或) 产出缺口必须为 0[①]。

在次优政策下，央行福利损失函数不再为 0。此时可以定量计算福利损失。具体计算依据和计算方法，请参考本书 "**8.3 损失函数法**" 一节，此处不再具体阐述和举例。

4. 多重均衡与唯一均衡

本部分针对表 7.3 中所列示的规则 4~8 的最优性和次优性做出解释和说明。首先来看规则 4，即名义利率对自然利率水平做出一对一的反应。在相机抉择或规则承诺下，通胀和产出缺口同时为 0，根据 NKIS 曲线，规则 4 确实成立 (事后成立，Ex-post)，满足均衡条件。那如果事前 (Ex ante) 采取规则 4，为什么会出现均衡不唯一的情况呢 (Indeterminancy) ?

从技术上讲，当 $R_t = r_t^f$ 时，三方程系统可以简化为两方程系统，形如本书 "**1.1.3 B&K 方法**" 中的 (1.1.40)：

$$E_t \begin{pmatrix} X_{t+1} \\ \pi_{t+1} \end{pmatrix} = \begin{pmatrix} 1 + \dfrac{\kappa}{\sigma\beta} & -\dfrac{1}{\sigma\beta} \\ -\dfrac{\kappa}{\beta} & \dfrac{1}{\beta} \end{pmatrix} \begin{pmatrix} X_t \\ \pi_t \end{pmatrix} \equiv \boldsymbol{B}^{-1}\boldsymbol{A} \begin{pmatrix} X_t \\ \pi_t \end{pmatrix} \tag{7.1.59}$$

容易验证 (见本书 "**7.1.3 技术附录**")，矩阵 $\boldsymbol{B}^{-1}\boldsymbol{A}$ 有一根严格大于 1，一根严格小于 1，因此不满足 B&K 条件，即此处有两个前向变量 (产出缺口和通胀) 要求两根都必须要大于 1。一根小于 1，意味着模型存在多重均衡 (即除最优解：通胀和产出缺口均衡为 0 之外，还有其他的解)。

其次，对于规则 5 或 7，可以使用上述同样的办法验证其最优性。当参数校准值满足 (4.2.156) 时，系统存在唯一均衡，即最优解。根据本书 "**4.2.7 '三方程'新凯恩斯模型**" 中说明，条件 (4.2.156) 实际上相当于央行承诺对利率进行足够的调节来 "威胁" 任何来自产出缺口和通胀对目标的偏离，从而排除了多重均衡的存在。这在直观上也解释了为什么事前采取规则 4 能造成多重均衡。

最后，对于规则 6 和规则 8，由于含有外生利率冲击，也就是说利率除了对产出缺口和通胀做出反应外，还需要对外生冲击做出调整，因此一般说来这两种政策不再是最优政策，而是次优。

[①] 可以在 Dynare 中做几个实验来验证这种情况：随着通胀和产出缺口的反应系数增大，通胀和产出缺口的标准差趋于 0，因此福利损失趋于 0。

5. 权衡取舍

(1) 带有成本推动型冲击的封闭经济模型

当经济中仅仅包含价格黏性这一扭曲设定时，上述的分析表明，央行在稳定通胀和稳定产出缺口之间不存在权衡取舍，即稳定其中一个目标，另一个目标自动稳定。当经济中包含更多的扭曲设定时，央行在稳定通胀和稳定产出缺口之间就存在权衡取舍。也就是说，在稳定其中一个目标时，另一个目标无法达到稳定状态。Galí(2008, P97, P112)认为价格加成 (Price Markup) 和工资加成 (Wage Markup) 外生变动、劳动所得税的变动以及黏性工资设定都会使得央行面临权衡取舍，也就是说两个目标无法同时稳定。

Galí(2008, P112) 指出当价格加成或工资加成外生变动时，NKPC 曲线将包含一个外生冲击，称为"成本推动型"冲击 u_t：

$$\pi_t = \kappa x_t + \beta E_t \pi_{t+1} + u_t, \quad x_t \equiv y_t - y_t^e, u_t \equiv \kappa\left(y_t^e - y_t^n\right) \tag{7.1.60}$$

需要说明的是，此处的产出缺口 x_t 定义为实际产出和有效产出之差，有别于上述 $X_t \equiv y_t - y_t^n$ 的定义，即实际产出和弹性价格产出（自然产出）。但当经济中不存在扭曲设定时，自然产出和有效产出是一致的（假设劳动成本补贴参数存在，即消除垄断竞争的影响），即成本推动型冲击 u_t 恒为 0，此时两个产出缺口的定义一致。当 u_t 不恒为 0 时，两者不再相同。假设成本推动型冲击满足如下的 AR(1) 过程：

$$u_t = \rho_u u_{t-1} + \epsilon_t^u \tag{7.1.61}$$

如下假设考虑两种情况：ρ_u=0 或 0.75，并设定外生冲击的方差仍为 1%。

一般说来，当价格加成和工资加成外生变动时，该成本推动型冲击一般不再恒为 0，那么此时最优的货币政策将发生变化。在相机抉择下，一阶条件 (7.1.48) 将仍旧成立，但由于成本推动型冲击的存在，最优货币政策不再是通胀和产出缺口为 0，而是不再恒为 0：通胀和产出缺口都是当期成本推动型冲击的线性函数 [Galí, 2008, P98, 方程 (5)]；在规则承诺下，最优货币政策同样不再是通胀和产出缺口为 0，而是产出缺口为当期及其以前各期成本推动型冲击的线性函数。也就是说，产出缺口的调整不仅要考虑到当期，也要考虑到以前各期的冲击（但权重随时间而减小），这一点可以从产出缺口的均衡表达式中看到 [Galí, 2008, P104, 方程 (16)]：

$$x_t = \delta x_{t-1} - \frac{\kappa\delta}{\alpha(1 - \delta\beta\rho_u)}u_t \tag{7.1.62}$$

其中，α，δ 的定义分别见 (7.1.54)、(7.1.55)。

为了考察两种不同决策规则下的最优政策的区别，将一单位正向成本推动型冲击下的各变量的脉冲响应列示于图 7.4 和图 7.5(此处不再列示其他货币政策下的脉冲响应图)，此处也不再列示模型文件的源代码，请参考本书提供的源文件 [①]。

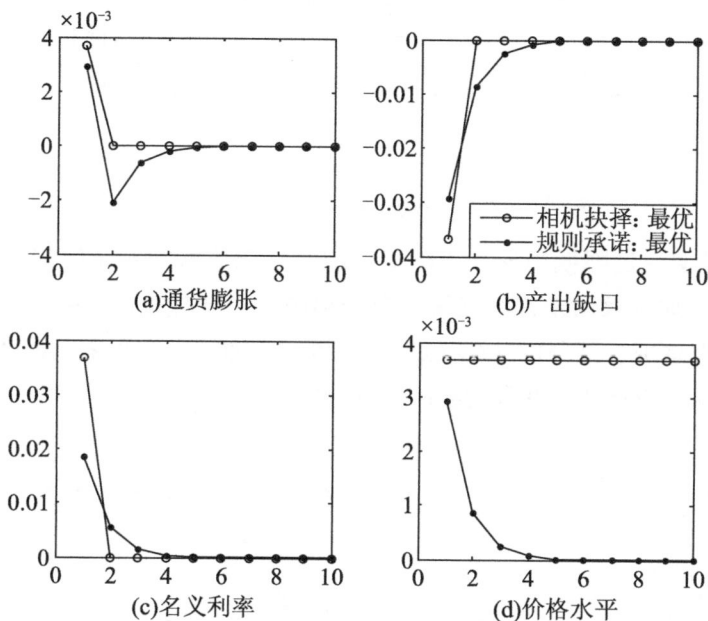

图 7.4   一单位成本推动型冲击下各变量的脉冲响应图 $(\rho_u = 0)$

　　首先来看暂时性成本推动型冲击的脉冲响应图 (即 $\rho_u = 0$)。暂时性冲击意味着冲击只持续一期。冲击结束后，相机决策规则下通胀和产出缺口立即回到稳态 (即 0)，这是由于其最优解的性质确定的，即通胀和产出缺口是外生冲击的线性函数，冲击消失后，通胀和产出缺口都立即回到稳态。根据 NKIS 曲线，名义利率亦如此。价格水平则发生永久性变化。但在规则承诺下，虽然冲击消失，但通胀和产出缺口并没有立即回到稳态，而是逐渐回到稳态。这是因为在规则承诺下，最优货币政策要求产出缺口满足 AR(1) 过程 (7.1.62)，因此是逐渐回到稳态。名义利率亦如此。根据规则承诺下的一阶条件 (7.1.53)，价格水平亦如此。

　　一个令人感兴趣的问题是，在规则承诺下，当第一期之后即冲击消失时，零通胀和零产出缺口从道理上说是可行解，那为什么不是最优解呢？也就是说，央行为什么会选

[①]　模型文件地址：\Sources\Chap7_Papers\7.1_Classic_Papers\ optimal_monetary_policy_costpush.mod。请直接运行同目录下的 m 文件：opt_mon_pol_main_costpush.m，该主文件自动调用模型文件并运行，并绘制图 7.4 和图 7.5。所有变量都是对数线性化形式，因此纵轴表示对稳态偏离的百分比，非百分点。

择持续性负通胀和负产出缺口呢？这个问题的答案其实就是为什么规则承诺之所以得名的原因。通过承诺持续性负通胀和负产出缺口，央行能够在通胀和产出缺口之间找到更好的平衡点，从而减少福利损失（也就是说此时能达到较优的值）。正是通过这种承诺，能够使得通胀在第一期的变动小于相机抉择下第一期通胀的值，从而福利损失要小一些。根据 NKPC 曲线，当期通胀的确定具有前瞻性，即由期望通胀决定，因此可将其前向迭代可得：

$$\pi_t = \kappa x_t + u_t + \kappa \sum_{i=1}^{\infty} \left(\beta^i E_t \left(x_{t+i} \right) + u_{t+i} \right) \tag{7.1.63}$$

式 (7.1.63) 说明通过降低当期产出缺口，能够降低通胀面对正向成本推动型冲击带来的增长。此外，通过承诺未来继续维持负产出缺口（根据规则承诺一阶条件，相当于降低了未来的价格水平），同样能够降低通胀。因此，通过当期和未来期产出缺口的降低产生叠加作用，从而央行能够获取想要的目标通胀。

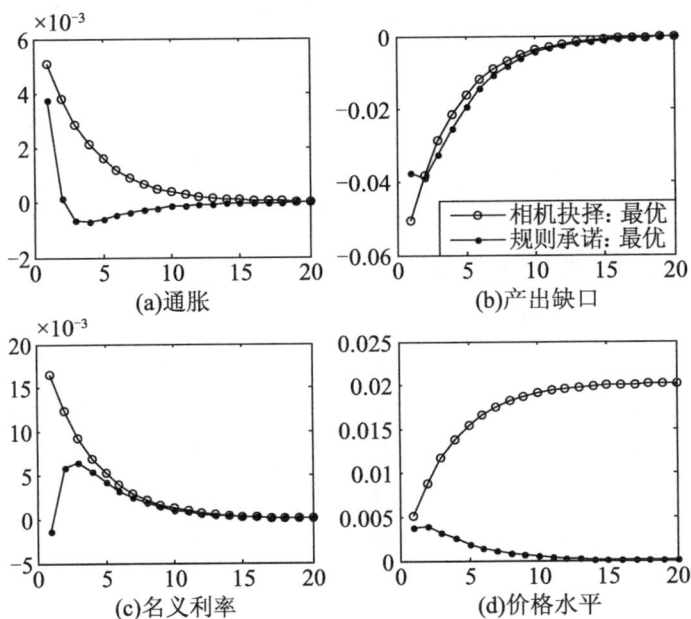

图 7.5　一单位成本推动型冲击下各变量的脉冲响应图 ($\rho_u = 0.75$)

其次再来看持续性成本推动型冲击的脉冲响应图（即 $\rho_u = 0.75$）。持续性冲击意味着冲击的影响在所有期内持续存在。此时无论是相机抉择还是规则承诺，各变量都是渐进回归稳态。对应相机抉择规则下，通胀和产出缺口都是外生冲击的线性函数，外生冲击此时渐进回归，通胀、产出缺口，名义利率都是渐进回归。由于规则承诺属于价格锚定的规则，因此不论是暂时性冲击还是持续性冲击，价格在若干期后均回归初值，表现出平稳性。

相机抉择规则下，更关注于中长期产出缺口的稳定，而忽略短期内产出缺口，意味着短期内产出缺口的波动较大。也就是说，相机抉择更偏好于关注中长期产出缺口的稳定性，未能顾及协调短期和中长期内产出缺口的波动互换能够带来更少的福利损失，这也恰是规则承诺所做的事情。通过在短期内降低产出缺口的变化，获取较大的福利收益（较小的福利损失），虽然在中长期内产出缺口波动较大，但带来的福利损失不足以抵消短期内获取的福利收益，因而总体福利增加。

总体而言，规则承诺更注重短期、中长期之间波动互换，使得总体波动更加均匀，央行在稳定短期和中长期之间的波动没有明显偏好和倾向；而相机抉择规则下，央行对稳定中长期波动更加偏好，而忽略了短期波动。就是文献中所谓的"稳定偏差"(Stabilization Bias)。上述的结论不论是在暂时性冲击 ($\rho_u = 0$) 还是持续性冲击 ($\rho_u = 0.75$) 下，都成立。即稳定偏差都存在，只不过在暂时性冲击下表现得更加明显。稳定偏差的存在反映了两种调控逻辑的根本特点：虽然两种调控逻辑都在通胀和产出缺口之间进行权衡取舍，但取舍的方式不同，因而有不同的福利损失结果。从直观上讲，相机抉择调控下对应的福利损失要高于规则承诺调控下对应的福利损失。因此从数量结果而言，规则承诺更加可取，这一直觉可以通过下面的数量结果加以验证。

如果使用平均福利损失函数（定义见本书**"8.3 损失函数法"**一节的内容），那么各种货币政策的福利损失如表 7.4 所示。从数量结果来看，严格通胀目标和严格产出缺口目标不再是最优选择，而是次优选择。因此，不论是相机抉择还是规则承诺，对应的最优货币政策必须在通胀和产出缺口之间寻找一定的平衡。数量结果表明，相机抉择和规则承诺对应的福利损失都显著低于其他货币政策，包括简单的 Taylor 规则。但是严格通胀目标制的福利损失却相当接近于相机抉择和规则承诺下的福利损失。这说明，严格通胀目标制是最优货币政策的极好近似，从而也为央行实际货币决策提供理论支撑。

表 7.4　含义成本推动型冲击下的最优货币政策的福利损失　　　　　　　　%

冲击持续性 决策逻辑	$\rho_u = 0.75$	$\rho_u = 0$
相机抉择 (Discretion)	1.59	0.37
规则承诺 (Commitment)	1.10	0.29
严格通胀目标制 $\pi_t \equiv 0$	1.33	0.58

续表

冲击持续性 决策逻辑	$\rho_u = 0.75$	$\rho_u = 0$
严格产出缺口制 $x_t \equiv 0$	34.47	1.00
规则 5(见表格 59)	4.42	0.66
规则 9(见表格 59)	6.74	2.39

数据来源：作者自行计算。数值越大，福利损失越大。注意此时相机抉择和规则承诺不再相同。此处相比无成本推动型冲击时，多了一个货币政策，共有 12 个政策，具体见源代码。

(2) 通胀偏差

很多经典的文献考察了当央行维持产出缺口为正的目标而不是为 0 时，最优货币政策会出现所谓"通胀偏差"(Inflationary Bias) 问题 (Kydland & Prescott, 1977, *JPE*；Barro & Gordon, 1983, *JPE*)。此处仅对通胀偏差问题进行简单的解释说明。当产出缺口的潜在目标为正时即 $k > 0$，目标损失函数为

$$-\frac{1}{2} E_0 \sum_{t=0}^{\infty} \beta^t \left[\pi_t^2 + \omega (x_t - k)^2 \right] \tag{7.1.64}$$

考虑相机抉择问题 (即单期优化问题)，在给定 NKPC 曲线的情况下，最优化问题的一阶条件为

$$x_t = -\frac{\kappa}{\omega} \pi_t + k \tag{7.1.65}$$

将 (7.1.65) 代入 NKPC 曲线 (7.1.60) 可得：

$$\left(1 + \frac{\kappa^2}{\omega}\right) \pi_t = \kappa k + \beta E_t \pi_{t+1} + u_t \tag{7.1.66}$$

假设通胀为成本推动型冲击 u_t 的线性函数，由待定系数法可求得：

$$\pi_t = \pi_t^0 + \frac{\omega\kappa}{\kappa^2 + \omega(1-\beta)} k = \frac{\omega}{\kappa^2 + \omega(1-\beta\rho_u)} u_t + \frac{\omega\kappa}{\kappa^2 + \omega(1-\beta)} k \tag{7.1.67}$$

$$x_t = x_t^0 + \frac{1-\beta}{\kappa^2 + \omega(1-\beta)} k = \frac{-\kappa}{\kappa^2 + \omega(1-\beta\rho_u)} u_t + \frac{\omega(1-\beta)}{\kappa^2 + \omega(1-\beta)} k \tag{7.1.68}$$

其中，x_t^0，π_t^0 分别表示当 $k=0$ 时，相机抉择下的最优通胀和产出缺口。如果假定 $1-\beta \approx 0$，那么 (7.1.67) 和 (7.1.68) 分别为

$$\pi_t = \pi_t^0 + \frac{\omega}{\kappa} k = \frac{\omega}{\kappa^2 + \omega(1-\beta\rho_u)} u_t + \frac{\omega}{\kappa} k \tag{7.1.69}$$

$$x_t = x_t^0 = -\frac{\kappa}{\kappa^2 + \omega(1 - \beta\rho_u)} u_t \qquad (7.1.70)$$

也就是说，在相机抉择下，如果央行想把产出提升到其目标值之上，那么结果是产出缺口几乎没有任何改变，而通货膨胀却持续高于其目标，这就是通胀偏差。因此，如果央行宣称将实际产出提升到目标值之上，那么维持原来的通货膨胀目标将是非常困难的。因此，公众将会依据 (7.1.69) 来预测未来通胀。

(3) 开放经济模型

本小节前半部分和本书"**4.2.4 有效均衡、弹性价格均衡和实际均衡**"一节的分析，主要聚焦于封闭经济模型，讲述了如何设计最优政策以使得实际均衡能转换为有效均衡。

首先来做一个简单的回顾。在经典的凯恩斯模型中，如果只含有垄断竞争设定，而价格是弹性价格，不存在黏性，那么引入劳动成本补贴即可将弹性价格均衡转换为有效均衡；如果当模型中仅有黏性价格设定，那么可以通过稳定通胀 (同时自动稳定产出缺口，被称之为"神圣巧合") 来实现实际均衡向有效均衡转变。但当模型中含有其他无效率设定，如上述分析中假设存在成本推动型冲击，那么同时稳定通胀和稳定产出缺口或者稳定其中一个目标，不再是最优的货币政策 (给定央行目标函数)，最优的政策要求存在一定的通胀和产出缺口，或者说两者之间以某种方式进行权衡取舍以达到最优的情形，但此时无法达到有效均衡的状态。

相比封闭经济模型，开放经济模型中实际均衡向有效均衡转换的最优政策设计变得异常复杂。在两国开放经济模型中，即使仅含有垄断竞争设定，劳动成本补贴的引入并不能使得模型达到弹性价格均衡状态 (Benigno & Benigno, 2003, *RES*)。这是因为模型存在贸易条件效应，央行有动机去改善贸易条件，从而偏离弹性价格均衡。Corsetti & Pesenti(2001, *QJE*) 也指出，国内和国外商品的不完全替代性，再加上黏性价格设定，从而使得央行有动机去改善贸易条件，使得国内消费者受益，因此原有政策设计失效，有效均衡或弹性价格均衡无法达到。

Galí(2008, Chap.7) 考察了一种特殊的开放经济模型，即给定特殊的参数值 ($\sigma = \eta = \gamma = 1$) 下，劳动成本补贴参数能够恰好抵消垄断竞争和贸易条件效应带来的扭曲影响，因此能够达到弹性价格均衡的状态。在此条件下，严格国内通胀目标制是最优货币政策，同时产出缺口自动稳定。也就是说，此时央行能够同时稳定两个政策目标，即"神圣巧合"存在。同时由于贸易条件的波动，最优货币政策允许名义汇率和 CPI 通胀的适度调整，以最大化福利水平，减少福利损失。因此，Galí(2008, Chap.7) 指出适度的名义汇率波动和 CPI 波动是福利最大化的内在要求，而不是不利的波动，因此是必需的。此外，Galí(2008, Chap.7) 还指出有很多其他模型设定能够使得严格国内通胀目标制不再最优，比如不完全金融市场、LCP 定价、国内外商品替代弹性不再为单位 1 等等。

最后需要指出的是，此处讨论的最优货币政策和实际央行决策之间还存在不小的差异。此处模型假定往往比较理想化，如仅仅含有垄断竞争、价格黏性等。现实经济是极其复杂的，包含了各种无效率的因素，因此央行政策设计面临诸多权衡取舍。通胀目标制 (Inflation Target) 已经被欧美等发达经济体央行广泛采用，但这并不意味着严格的通胀目标即通胀为 0。如果一味追求严格的通胀目标，势必会对经济中的其他变量造成影响，比如就业、产出和消费可能会面临大幅波动。因此，为避免经济大幅波动，央行虽然追求通胀目标制，但都会在短期内允许适度的通货膨胀率，在长期确保通胀可控。比如美联储的通胀目标被认为在 1%~3%，一般为 2%。这种通胀目标制在文献中一般被称为灵活的通胀目标制 (Flexible Inflation Target)。

7.1.3　技术附录

1. 最终消费品表达式

此处推导 $\eta \to 1$ 时最终消费品表达式 (7.1.71) 的变化。

首先来看指数的变化规律。令

$$\mu \equiv \frac{\eta}{\eta - 1} = 1 + \frac{1}{\eta - 1} \tag{7.1.71}$$

当 $\eta \to 1^+$ 时，即大于 1 而趋于 1 时，$\mu \to +\infty$；当 $\eta \to 1^-$ 时，即小于 1 而趋于 1 时，$\mu \to -\infty$，也就是说，当 $\eta \to 1$ 时，指数趋于无穷大，因此 $\mu^{-1} \to 0$。式 (7.1.71) 的函数示意图如图 7.6 所示。

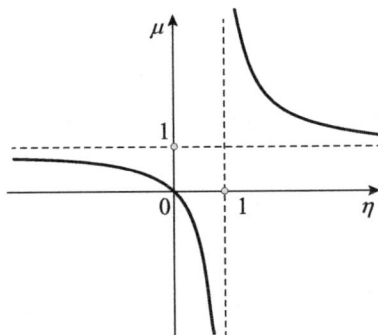

图 7.6　反比例函数示意图

其次来推导。在推导过程使用了高等数学中的罗必塔法则 (L'Hôpital's Rule)，即第三个和第四个等号之间使用了该法则：原式为 $\frac{0}{0}$ 型，同时运用了基本求导公式 $(a^x)' = a^x \log a$ 。

$$
\begin{aligned}
C_t &= \lim_{\eta \to 1} \left((1-\alpha)^{\frac{1}{\eta}} \left(C_t^H \right)^{\frac{\eta-1}{\eta}} + \alpha^{\frac{1}{\eta}} \left(C_t^F \right)^{\frac{\eta-1}{\eta}} \right)^{\frac{\eta}{\eta-1}} \\
&= \lim_{\eta \to 1} \exp \frac{\eta}{\eta-1} \log \left((1-\alpha)^{\frac{1}{\eta}} \left(C_t^H \right)^{\frac{\eta-1}{\eta}} + \alpha^{\frac{1}{\eta}} \left(C_t^F \right)^{\frac{\eta-1}{\eta}} \right) \\
&= \exp \lim_{\eta \to 1} \frac{\log \left((1-\alpha)^{\frac{1}{\eta}} \left(C_t^H \right)^{\frac{\eta-1}{\eta}} + \alpha^{\frac{1}{\eta}} \left(C_t^F \right)^{\frac{\eta-1}{\eta}} \right)}{\frac{\eta-1}{\eta}} \\
&= \exp \left\{ (1-\alpha) \left[\log(1-\alpha) + \log C_t^H \right] + \alpha \left(\log \alpha + \log C_t^F \right) \right\} \\
&= \frac{1}{(1-\alpha)^{1-\alpha} \alpha^\alpha} \left(C_t^H \right)^{1-\alpha} \left(C_t^F \right)^\alpha
\end{aligned}
\tag{7.1.72}
$$

当 $\alpha = \frac{1}{2}$ 时，有 $C_t = 2\sqrt{C_t^H C_t^F}$ 。

2. 特征根推导

接下来证明矩阵

$$
\boldsymbol{B}^{-1}\boldsymbol{A} \equiv \begin{pmatrix} 1+\dfrac{\kappa}{\sigma\beta} & -\dfrac{1}{\sigma\beta} \\ -\dfrac{\kappa}{\beta} & \dfrac{1}{\beta} \end{pmatrix}
\tag{7.1.73}
$$

其特征根一个小于 1，一个大于 1。假设其特征根为 λ_1、λ_2，根据线性代数的基本知识可知两者满足：两根之和与两根之积都同时大于 1，即

$$
\lambda_1 + \lambda_2 = 1 + \frac{1}{\beta} + \frac{\kappa}{\sigma\beta}, \lambda_1\lambda_2 = \frac{1}{\beta}
\tag{7.1.74}
$$

很显然，两根不可能同时小于 1。那么会同时大于 1 吗？事实上，根据求根公式，其较大的一根满足：

$$\lambda_1 \equiv \frac{1 + \dfrac{1}{\beta} + \dfrac{\kappa}{\sigma\beta} + \sqrt{\left(1 + \dfrac{1}{\beta} + \dfrac{\kappa}{\sigma\beta}\right)^2 - \dfrac{4}{\beta}}}{2}$$

$$> \frac{1 + \dfrac{1}{\beta} + \dfrac{\kappa}{\sigma\beta} + \sqrt{\left(1 + \dfrac{1}{\beta}\right)^2 - \dfrac{4}{\beta}}}{2} \tag{7.1.75}$$

$$= \frac{1 + \dfrac{1}{\beta} + \dfrac{\kappa}{\sigma\beta} + \dfrac{1}{\beta} - 1}{2} > \frac{1}{\beta} > 1$$

再根据两根之积为 $\dfrac{1}{\beta}$，一根大于 $\dfrac{1}{\beta}$，因此另一个根必须小于 1。于是，一根严格大于 1，一根严格小于 1。

7.2 利率钉住与零利率下限模型

近年来，零利率下限 (Zero Lower Bound，ZLB)[1] 问题不仅成为西方各国央行面对的现实问题，而且也成为学术界研究的热点问题，受到广泛关注。零利率下限问题本质上是利率相对固定不变，不能灵活地应对经济形势的变化，即所谓的利率钉住问题 (Interest Rate Peg)。本节并不打算介绍如何解决 ZLB 问题或其对央行决策造成的政策困扰，而是简单地介绍在一般均衡框架下，如何对利率钉住问题进行建模，从而研究利率钉住带来的影响。

7.2.1 零利率下限和利率钉住的定义

零利率下限的定义非常简单。所谓零利率下限，是指短期名义利率为零或非常接近于零 (以下简称 ZLB)，使得央行无法继续下调利率为负值，从而面临下限问题[2]。ZLB

---

① 零利率下限 (Zero Lower Bound，ZLB) 又称为 Zero Nominal Lower Bound, ZNLB。

② 虽然现实中有部分国家和地区的央行实行了有限的负利率，但这并不影响 ZLB 的普遍性，也就说大多数情况下，0 仍为名义利率的下限。负利率最早是 2014 年 9 月欧洲央行对商业银行在央行的存款准备金超过限额的部分实施负利率，而后日本央行又跟进。如果持有货币的成本过于高昂或政府极力鼓励机构或个人投资，而非储蓄，那么负利率在实际上是可以解释的。

问题源于 20 世纪 90 年代的日本 [①]，以及最近的美国次贷危机。图 7.7 显示了自 2008 年 4 月—2017 年 7 月，美联储联邦基金利率 (Federal Fund Rate) 的走势图。样本期内平均利率为 0.31%，2008 年 12 月—2015 年 12 月，平均利率更跌至 0.12%，其中部分月份一度跌破 0.1%。2016 年年初开始逐步走高。这说明美联储在接近 10 年的时间内一直面临 ZLB 问题的困扰 [②]。

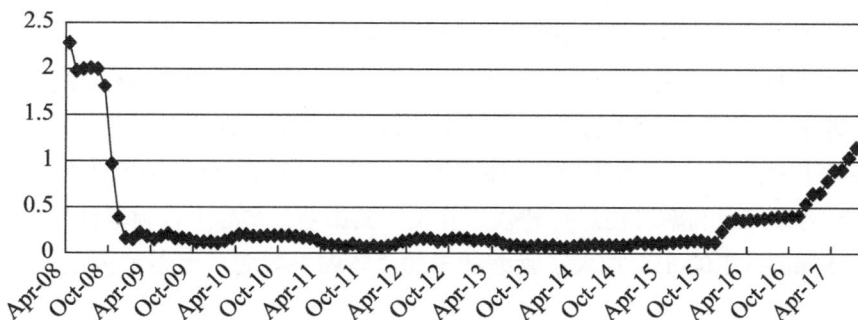

图 7.7 美国联邦基金利率 (%，月度)

经济学家对 ZLB 的看法并不一致。以 Milton Friedman 为代表的芝加哥货币主义学派 (Monetarist) 认为名义利率应为 0(Friedman Rule)[③] 并不会对货币政策造成影响；相反，央行应维持货币供应量 (持续购买债券即可)。Friedman 甚至还举了一个非常极端的例子：直升机撒钱的例子来说明央行维持货币投放，能够刺激消费和维持合理通胀 [④]，从而发挥货币政策的作用。但以 Paul Krugman 和 Michael Woodford 为代表的著名经济学家则持有不同的看法：在 ZLB 下货币政策不再有效。此时只有发挥财政政策的刺激作用才能走出流动性陷阱。Paul Krugman 将日本失去的 10 年解释为 "流动性陷阱"，也就是说利率无法继续下调，从而导致货币政策失效。

---

① 1991 年年底—1992 年年初，日本地产泡沫的破裂，造成了长达 10 年的经济衰退和滞胀，文献中称为失去的 10 年 (The Lost Decade，1991—2000 年)。但是最近的 10 年 (2001—2010 年) 也常常被包括进来。自从 1994 年以来，名义利率一直低于 1%，2012 年为 0.1%，甚至后来国债利率为负。

② 数据文件：\Sources\Chap7_Papers\7.2_Interest_Rate_Peg\ FFR1954_2014_monthly.xlsx。

③ 请参考本书 "**4.1.2 RBC 模型的拓展**" 一节的内容。

④ Friedman used the example of a helicopter flying over a town dropping dollar bills from the sky, which households then gathered in perfectly equal shares.

一般说来，ZLB 问题往往会造成所谓的流动性陷阱[①]，并使得央行调控经济的能力受到限制，或者货币政策往往失效。很显然，央行并不喜欢 ZLB，标准的新凯恩斯模型的分析结果表明，当自然利率下降时（如正向的技术冲击），央行需要同时下调名义利率（当通胀基本稳定时，下调名义利率等于下调实际利率），以保持产出缺口稳定，至少不能过度偏离（参见本书"4.2.7 '三方程'新凯恩斯模型"一节）。但 ZLB 问题使得央行无法继续下调名义利率，从而使得货币政策决策变得困难。也就是说，ZLB 问题使得央行单边下调名义利率受到限制（虽然央行仍然能够自由地上调利率）。

ZLB 问题的本质是利率不能再下调，也就是说，利率不能够对经济状况做出灵活的反应，即利率处于一种"钉住"状态，称之为"利率钉住"。那么这种钉住的状态会对经济产生什么样的影响呢？接下来，通过一个简单的带有价格黏性的新凯恩斯模型来示例如何对利率钉住进行建模，并说明其影响。实际上，利率钉住呈现出了"马太效应"（Matthew Effect），加大了紧缩冲击的"紧缩"效应，增强了扩张冲击的"扩张"效应。

7.2.2 一个新凯恩斯(NK)模型

1. 新凯恩斯模型

此处采取本书"**4.2 新凯恩斯(NK)模型**"中的例子即仅含有价格黏性的新凯恩斯模型，并稍作取舍。第一，为了考察利率钉住在不同冲击下的影响，在原有供给冲击（技术冲击）基础上，再添加两个需求冲击（净出口冲击和政府支出冲击）；第二，由于此处考察利率钉住，因此货币政策采取简单的 Taylor 规则：利率对通胀和产出增长率做出反应。此处不再详细讲述模型构建，而是直接定义均衡。

模型均衡的具体定义如下：由 15 个内生变量，$Y_t, C_t, N_t, G_t, NX_t, A_t, i_t, r_t, w_t^p, \pi_t, \pi_t^*, d_t^p, x_{1,t}, x_{2,t}, mc_t$ 和如下 15 个均衡条件组成。

- 劳动供给方程

$$\psi N_t^\eta = C_t^{-\sigma} w_t \tag{7.2.1}$$

- Euler方程

$$C_t^{-\sigma} = \beta E_t C_{t+1}^\sigma (1+i_t) \pi_{t+1}^{-1} \tag{7.2.2}$$

[①] 在凯恩斯经济学中，流动性陷阱 (Liquidity Trap) 的典型特征就是利率接近于 0，货币供应量的变化并不能使得（资金）价格变化，即没有流动性效应，货币供应量无法影响价格水平。

- 资源约束方程

$$Y_t = C_t + G_t + NX_t \tag{7.2.3}$$

- 加总生产函数

$$Y_t = \frac{A_t N_t}{d_t^p} \tag{7.2.4}$$

- CPI通胀递归方程

$$\pi_t^{1-\epsilon_p} = (1-\theta)\left(\pi_t^*\right)^{1-\epsilon_p} + \theta \tag{7.2.5}$$

- 价格离散核递归方程

$$d_t^p = (1-\theta)\left(\pi_t^*\right)^{-\epsilon_p} \pi_t^{\epsilon_p} + \pi_t^{\epsilon_p} \theta d_{t-1}^p \tag{7.2.6}$$

- 辅助变量方程

$$x_{1t} = C_t^{-\sigma} mc_t Y_t + \theta\beta E_{t+1} x_{1t+1} \pi_{t+1}^{\epsilon_p} \tag{7.2.7}$$

- 辅助变量方程

$$x_{2t} = C_t^{-\sigma} Y_t + \theta\beta E_t x_{2t+1} \pi_{t+1}^{\epsilon_p-1} \tag{7.2.8}$$

- 最优定价方程

$$\pi_t^* = \frac{\epsilon_p}{\epsilon_p-1} \pi_t \frac{x_{1t}}{x_{2t}} \tag{7.2.9}$$

- 边际成本方程

$$mc_t = \frac{w_t}{A_t} \tag{7.2.10}$$

- 技术冲击AR(1)过程

$$\log A_t = \rho_a \log A_{t-1} + \epsilon_t^a \tag{7.2.11}$$

- 费雪(Fisher)方程(形式定义)

$$r_t \equiv \frac{1+i_t}{\pi_{t+1}} \tag{7.2.12}$$

- Taylor规则

$$i_t = (1-\rho_i)i + \rho_i i_{t-1} + (1-\rho_i)\left(\phi_\pi(\pi_t-\pi) + \phi_y(\log Y_t - \log Y_{t-1})\right) + \epsilon_t^i \tag{7.2.13}$$

- 政府支出AR(1)过程

$$G_t = (1-\rho_g)G + \rho_g G_{t-1} + \epsilon_t^g \tag{7.2.14}$$

- 净出口AR(1)过程

$$NX_t = \left(1 - \rho_{nx}\right) NX + \rho_{nx} NX_{t-1} + \epsilon_t^{nx} \qquad (7.2.15)$$

其中对于政府支出和净出口的稳态值的计算，假定了其为产出的一个固定比例。其余各参数的校准参见对应的模型文件。不带时间下标的变量（非参数）表示该变量的稳态值。

2. 利率钉住建模

此处只针对有限期利率钉住进行建模，也就是说利率在有限期内固定不变，然后在此期限结束后服从经典的 Taylor 规则。

假设名义利率在 H 期内保持不变，利率钉住的基本含义为

$$i_{t+h} = i_{t-1}, h = 0, 1, \cdots, H-1 \qquad (7.2.16)$$

在此之后遵循简单的 Taylor 规则：

$$i_{t+s} = \left(1 - \rho_i\right) i + \rho_i i_{t+s-1} + \left(1 - \rho_i\right)\left[\phi_\pi\left(\pi_{t+s} - \pi\right) + \phi_y\left(\log Y_{t+s} - \log Y_{t+s-1}\right)\right] + \epsilon_{t+s}^i \qquad (7.2.17)$$

7.2.3 Dynare实现和IRF分析

在 Dynare 中，实现利率钉住较为简单。其基本思想是额外引入 H 个内生状态变量，并使得这些内生状态变量的稳态值都等于钉住的利率值，即可实现利率钉住。不论是内生变量的模拟结果还是 IRF 分析，都可以看到利率的确在 H 期内被钉住。以 $H=4$ 为例子，具体操作如下：

$$i_t = S1_{t-1} \qquad (7.2.18)$$

$$S1_t = S2_{t-1} \qquad (7.2.19)$$

$$S2_t = S3_{t-1} \qquad (7.2.20)$$

$$S3_t = S4_{t-1} \qquad (7.2.21)$$

$$S4_t = \left(1 - \rho_i\right) i + \rho_i S4_{t-1} + \left(1 - \rho_i\right)\left[\phi_\pi\left(\pi_{t+4} - \pi\right) + \phi_y\left(\log Y_{t+4} - \log Y_{t+3}\right)\right] + \epsilon_{t+4}^i \qquad (7.2.22)$$

因此，当 $H \neq 0$ 时，模型内生变量的个数相应增加 H 个。如下的分析中，以 $H=0$、4、8，即利率灵活调整、利率钉住 4 期和 8 期为例子，对应的 m 文件和模型文件如表 7.5 所示 [①]。

---

① 文件地址：\Sources\Chap7_Papers\7.2_Interest_Rate_Peg. 脉冲响应图形的绘图代码请参考 main_ZLB.m。

表 7.5　利率钉住模型 Dynare 实现的 4 个文件

文 件 名 称	解　释
main_ZLB.m	主文件,自动调用 3 个模型文件,并绘图 (IRF)
ZLB.mod	$H=0$,利率灵活调整,没有钉住
ZLB_four.mod	$H=4$,利率钉住 4 期
ZLB_eight.mod	$H=8$,利率钉住 8 期

注意:各变量的形式为对数水平,因此脉冲响应图表示对稳态偏离的百分比。

接下来分析模型的脉冲响应图,如图 7.8 和图 7.9 所示。

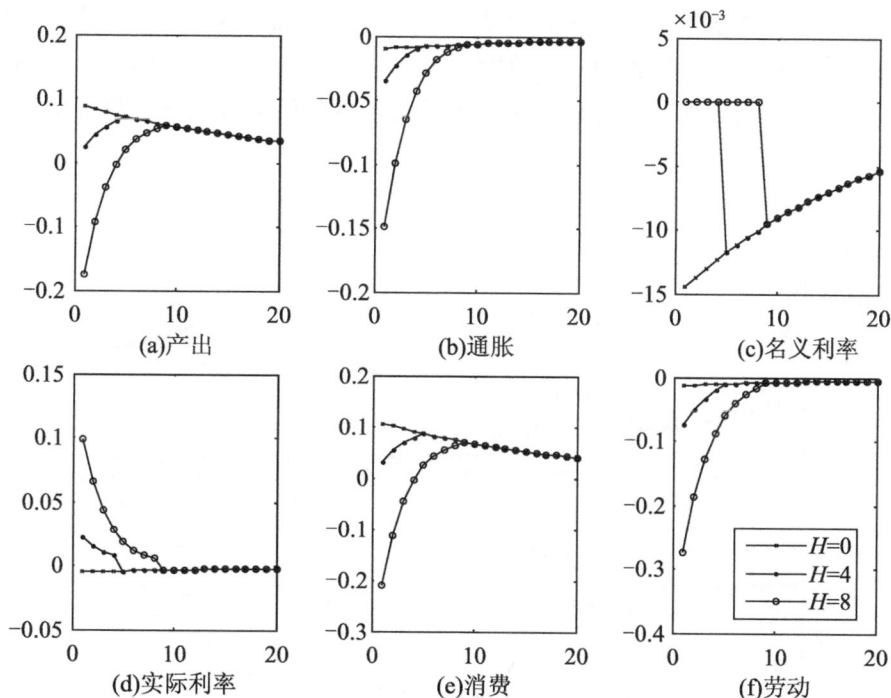

图 7.8　一单位正向技术冲击下各变量的脉冲响应图

在一单位的正向技术冲击下,各变量的脉冲响应如图 7.8 所示。可以看到名义利率的确被分别钉住了 0、4、8 期,然后在钉住结束后立即发生跳跃,回归到 Taylor 规则。从产出和通胀的变化来看,利率钉住的时间越长,紧缩效应越明显。正向的技术冲击使得边际成本下跌,从而使得通胀下跌,由于名义利率不能及时调整,由 Fisher 方程式可知实际利率大幅上升,根据式 (4.2.90):

$$\tilde{C}_t = -\frac{1}{\sigma} \sum_{j=0}^{\infty} \tilde{r}_{t+j} \tag{7.2.23}$$

可知，消费下降进而产出下降。也就是说，利率钉住使得黏性价格设定的"紧缩"效用得以增强[①]。

在一单位的正向政府支出冲击下，各变量的脉冲响应如图 7.9 所示。在面对需求冲击时，利率钉住的效果则呈反向效果。政府支出的增加，随着利率钉住期限的增加，不但不会挤出私人消费，反而会增加消费。这是为什么呢？同样，政府支出增加，导致产出增加，通常情况下会导致挤出效应，但由于利率钉住的存在，使得利率无法及时上调，通胀的增加则导致实际利率大幅下降，从而导致消费的增加，因而具有扩张性作用。这也有重要的政策启示：在面对 ZLB 时，政府可以通过财政政策的刺激来稳住产出和消费。这也和 20 世纪 90 年代日本政府为缓解地产泡沫带来的经济衰退而极力推行的财政政策相符合。

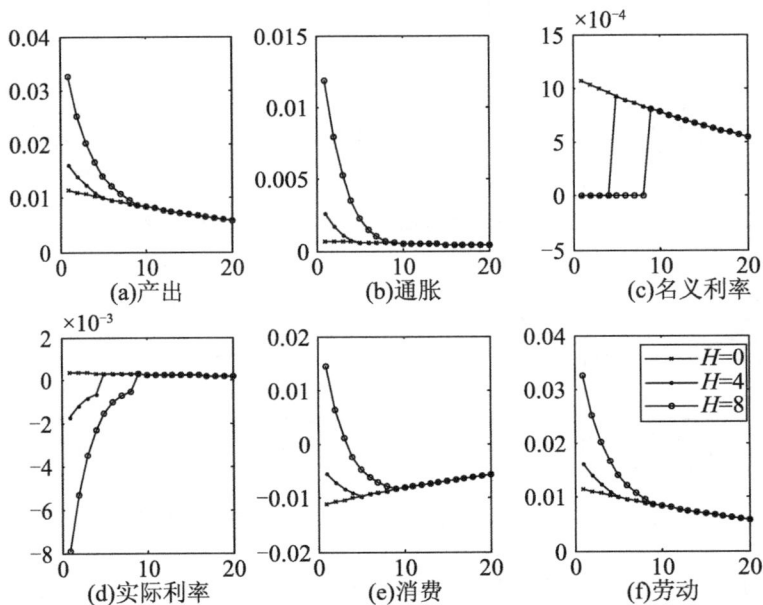

图 7.9 一单位正向政府支出冲击下各变量的脉冲响应图

上述分析表明，当经济面临利率钉住时，不同类型的冲击会导致不同的政策效果。其

[①] 前文的分析已经表明，黏性价格设定会使得产出不能对技术冲击做出完全反映，其结果是降低了产出，增加了无效率的损失。

根本的作用渠道是通过 Fisher 方程式：名义利率钉住使得实际利率与 CPI 通胀呈反向变动。当面临供给冲击时，利率钉住会使得经济更加趋于紧缩状态；当面临需求冲击时，利率钉住会使得经济更加趋于扩张状态，因此利率钉住呈现出了类似于"马太效应"的影响。

7.3　拉姆齐 (Ramsey) 最优货币政策

7.3.1　拉姆齐最优货币政策的定义

在本书"**7.1.2 基于福利损失的最优货币政策**"一节中，介绍了基于经典福利损失函数的最优货币政策。本节则介绍另外一种最优货币政策：拉姆齐 (Ramsey) 最优货币政策，即基于决策者社会福利函数 (形式等同于代表性家庭的终身贴现效用，只不过贴现因子区别于家庭的贴现因子) 最大化的货币政策。对应的问题被称之为 Ramsey 最优问题，对应的均衡被称之为 Ramsey 均衡。下面给出 Ramsey 最优问题的一般描述。

假设模型均衡条件可写为

$$E_t \underbrace{f\left(x_{t-1}, x_t, x_{t+1}, u_t, u_{t+1}\right)}_{(N-1)\times N} = 0 \tag{7.3.1}$$

均衡条件不包括货币政策规则，因此共有 $N-1$ 个均衡条件。其中 x_t 为内生变量，维度为 $N\times 1$，即共有 N 个内生变量；u_t 为外生变量，服从经典的 AR(1) 过程：

$$u_t = Pu_{t-1} + \epsilon_t \tag{7.3.2}$$

决策者社会福利函数：

$$W\left(x_{-1}, x_0, u_0\right) \equiv E_0 \sum_{t=0}^{\infty} \beta_n^t U\left(x_t, u_t\right) \tag{7.3.3}$$

其中，β_n 为决策者的贴现因子。社会福利函数可以写为递归形式：

$$W(x_{t-1}, x_t, u_t) = U(x_t, u_t) + \beta_n E_t W(x_t, x_{t+1}, u_{t+1}) \tag{7.3.4}$$

决策者社会福利函数最大化问题可写为

$$\max_{x_t} L \equiv E_0 \sum_{t=0}^{\infty} \beta_n^t \left(U\left(x_t, u_t\right) + \underbrace{\lambda_t'}_{1\times(N-1)} E_t \underbrace{f\left(x_{t-1}, x_t, x_{t+1}, u_t, u_{t+1}\right)}_{(N-1)\times N} \right) \tag{7.3.5}$$

Ramsey 最优问题由 $2N-1$ 个内生变量和 $2N-1$ 个均衡条件组成。$2N-1$ 个内生变量包括原有 N 个内生变量 x_t 和 $N-1$ 个拉格朗日乘子 (对应原有 $N-1$ 个均衡条件)；$2N-1$ 个均衡条件由原有 $N-1$ 个均衡条件和如下拉格朗日问题关于原有 N 个内生变量 x_t 的 N 个一阶条件组成：

$$
0 = \frac{\partial L}{\partial x_t} = \underbrace{U_1(x_t, u_t)}_{1 \times N} + \underbrace{\lambda_t'}_{1 \times (N-1)} E_t \underbrace{f_2(x_{t-1}, x_t, x_{t+1}, u_t, u_{t+1})}_{(N-1) \times N}
$$
$$
+ \beta_n^{-1} \underbrace{\lambda_{t-1}'}_{1 \times (N-1)} E_t \underbrace{f_3(x_{t-2}, x_{t-1}, x_t, u_{t-1}, u_t)}_{(N-1) \times N} + \beta_n \underbrace{\lambda_{t+1}'}_{1 \times (N-1)} E_t \underbrace{f_1(x_t, x_{t+1}, x_{t+2}, u_{t+1}, u_{t+2})}_{(N-1) \times N}
$$

(7.3.6)

Ramsey 问题和其他问题一样，都可以使用一阶或二阶，甚至高阶扰动算法求解。为了使用扰动算法求解，首先需要求解 $2N-1$ 个内生变量的稳态值。对于简单的模型，求解内生变量的稳态值较为简单，包括乘子的稳态。但对于复杂的模型，乘子的稳态计算变得异常复杂，甚至不可行。因此，Ramsey 问题对于复杂的模型将会变得非常困难，因而其应用受到了限制。但对于简单的问题，Ramsey 均衡常常作为比较的基准，如 Schmitt-Grohé & Uribe (2007, *JME*)。

在接下来的部分，将通过一个经典的、简单的例子来解释如何求解 Ramsey 均衡并在 Dynare 中实现。模型为一个黏性价格模型，该模型设定包括黏性价格 (Sticky Price) 和垄断竞争 (Monopolistic Competition)。黏性价格的设定方式有别于传统的 Calvo(1983, *JME*) 的交错价格设定机制，而是使用了价格调整成本来"隐性"引入价格黏性。这种调整成本源于中间品厂商的价格调整，使用简单的凸二次函数的形式，本期价格调整相对于上期越大，则调整成本越大，因此调整成本的设定在一定程度上"抑制"了价格的调整，出现价格"黏性"。

7.3.2 黏性价格模型及其最优

7.3.2.1. 黏性价格模型

该黏性价格模型是一个带有价格调整成本的简单 RBC 模型。

(1) 模型

①家庭

假设经济中代表性家庭最大化如下终身贴现效用：

$$
\max_{\{C_t, N_t, B_t\}_{t=1}^{\infty}} E_0 \sum_{t=0}^{\infty} \beta^t \left(\frac{C_t^{1-\sigma}-1}{1-\sigma} - \kappa \frac{N_t^{1+\psi}}{1+\psi} \right)
$$

预算约束为

$$
P_t C_t + B_t = (1 + R_{t-1}) B_{t-1} + W_t N_t + \Pi_t
$$

其中，β 为家庭贴现因子；参数 $\sigma > 0$ 表示消费的跨期替代弹性的倒数；$\kappa > 0$ 为劳动负效用的敏感参数；$\psi > 0$ 为劳动供给的 Frisch 弹性的倒数；C_t、N_t 分别表示消费和劳动；B_t 表示在 $t-1$ 期购买的债券，其名义净利率为 R_{t-1}^①，在 $t-1$ 期确定，但在 t 期实现；W_t 表示名义工资；P_t 表示 CPI 指数；Π_t 表示当期家庭一次性总量收入或支出，可以是总量税、利润或红利等 (依符号确定)。

对消费、劳动和债券求一阶条件，可得到如下的劳动供给 (Labor Supply) 方程和 Euler 方程：

$$\kappa N_t^{\psi} C_t^{\sigma} = \frac{W_t}{P_t}$$

$$\frac{1}{1+R_t} = \beta E_t \frac{C_t^{\sigma}}{\pi_{t+1} C_{t+1}^{\sigma}}, \quad \pi_{t+1} \equiv \frac{P_{t+1}}{P_t} \tag{7.3.7}$$

为了简化分析，在本章以下的分析中假定 $\sigma = \psi = 1$，即消费是对数形式，劳动是二次形式。

②厂商

和以前章节的模型设定类似，只要引入黏性价格设定的特征，一般情况下模型中都有两类厂商：中间品厂商 (Intermediate Goods Firms) 和最终品厂商 (Final Goods Firms)。前者面临垄断竞争，后者面临完全竞争。

假设经济中有一个代表性最终品厂商，使用如下的生产技术生产最终品 Y_t：

$$Y_t = \left(\int_0^1 Y_{i,t}^{\frac{\epsilon-1}{\epsilon}} \, \mathrm{d}i \right)^{\frac{\epsilon}{\epsilon-1}}, \epsilon > 1 \tag{7.3.8}$$

其中，ϵ 表示式 (7.3.8) 中不同中间投入品 $Y_{i,t}$ 的替代弹性；$1 < \epsilon < \infty$ 表示不同的中间投入品具有不完全替代性。不同的中间品厂商用 i 表示。最终品厂商面临完全竞争，将中间品和最终品的价格 $P_{i,t}$、P_t 视为给定，使用生产技术 (7.3.8) 选择 Y_t 和 $Y_{i,t}$，以最大化其利润：

$$\max_{Y_t, Y_{i,t}} P_t Y_t - \int_0^1 P_{i,t} Y_{i,t} \mathrm{d}i \tag{7.3.9}$$

约束条件为 (7.3.8)。其一阶条件为中间品 i 的需求函数：

$$Y_{i,t} = \left(\frac{P_{i,t}}{P_t} \right)^{-\epsilon} Y_t \tag{7.3.10}$$

---

① 即为 Net 变量，而非 Gross 变量。

中间品厂商 i 最大化如下贴现效用：

$$\max_{\{P_{i,t}\}_{l=0}^{\infty}} E_t \sum_{l=0}^{\infty} \beta^t \lambda_{t+l} \left((1+v) P_{i,t+l} Y_{i,t+l} - \overbrace{mc_{t+l} P_{t+l} Y_{i,t+l}}^{\text{生产成本}} - \overbrace{\frac{\phi}{2} \left(\frac{P_{i,t+l}}{P_{i,t+l-1}} - 1 \right)^2 P_{t+l} C_{t+l}}^{\text{价格调整成本}} \right) \quad (7.3.11)$$

约束条件为中间品 i 的需求函数 (7.3.10)。其中，参数 v 表示政府补贴。这是一个比较关键的参数，即劳动成本补贴参数，前述章节有提及。简单地说，引入参数并给予恰当的赋值，可以消除由垄断竞争造成的无效率 (Inefficiency) 和扭曲 (Distortion)，从而使得模型在扭曲设定上只保留一种特征：黏性价格。但由于引入的方式不同，使得此处的补贴参数 v 有别于本书"**4.2.4 有效均衡、弹性价格均衡和实际均衡**"中定义的参数 τ。

(7.3.11) 括号中的第一项表示第 i 个中间品厂商的销售收入；第二项表示生产成本，其中 mc_t 表示实际边际成本；第三项表示价格调整成本，假定为总消费的一个比例，参数 $\phi > 0$，本期价格偏离上期价格越多，调整成本越大；如果 $\phi=0$，则表示不存在价格调整成本，因此参数 ϕ 的赋值较为重要。此外假设厂商的贴现因子 λ_t 和家庭相同：

$$\lambda_t = \frac{U'(C_t)}{P_t} = \frac{1}{P_t C_t} \quad (7.3.12)$$

实际边际成本由边际实际工资和劳动的边际产出决定，因此：

$$mc_t = \frac{\frac{d(W_t N_t)}{dN_t}}{MPL_t} \bigg/ P_t = \underbrace{\frac{W_t}{P_t A_t}}_{\text{劳动供给方程(FOC)}} = \frac{\kappa N_t C_t}{A_t} \quad (7.3.13)$$

最大化问题 (7.3.11) 关于 $P_{i,t}$ 的一阶条件是：

$$\lambda_t \left((1+v)(1-\epsilon) + \epsilon mc_t \frac{P_t}{P_{i,t}} \right) Y_{i,t} - \phi \left(\frac{P_{i,t}}{P_{i,t-1}} - 1 \right) \frac{1}{P_{i,t-1}} + \beta E_t \phi \left(\frac{P_{i,t+1}}{P_{i,t}} - 1 \right) \frac{P_{i,t+1}}{P_{i,t}^2} = 0 \quad (7.3.14)$$

假设存在对称性均衡，即所有厂商都选择相同的价格[①]，并且都等于 CPI 价格指数：

$$P_{i,t} = P_t$$

然后将贴现因子 (7.3.12) 和边际成本 (7.3.13) 代入 (7.3.14)，即可得到如下的新凯恩斯菲利普斯曲线 (NKPC)：

$$\left[(1+v)(1-\epsilon) + \epsilon \left(\frac{\kappa N_t C_t}{A_t} \right) \right] \left(1 + \frac{\phi}{2}(\pi_t - 1)^2 \right) - \phi(\pi_t - 1)\pi_t + \phi\beta E_t(\pi_{t+1} - 1)\pi_{t+1} = 0 \quad (7.3.15)$$

---

① 对称性均衡只考虑了厂商价格水平选择的一致性，并没限制价格调整，因此仍然需要考虑通胀和价格调整问题。

此外，假设中间品厂商 i 的生产函数为

$$Y_{i,t} = A_t N_{i,t}$$

其中，$N_{i,t}$ 为劳动需求；A_t 为技术变量；其对数服从 AR(1) 过程为

$$\log A_t = \rho \log A_{t-1} + \epsilon_t^A$$

其中，ϵ_t^A 为独立同分布的白噪声过程。

(2) 对称性均衡

在上一小节中，考察了家庭和厂商的最优化决策问题，本部分来定义模型均衡，包括家庭、厂商最优化决策的一阶条件及市场出清条件。

首先是加总，以消除模型异质性。和前述章节保持一致，定义加总的劳动需求和总产出：

$$N_t \equiv \int_0^1 N_{i,t}\mathrm{d}i$$

$$Y_t \equiv \int_0^1 Y_{i,t}\mathrm{d}i = A_t \int_0^1 N_{i,t}\mathrm{d}i = A_t N_t$$

由于考察对称性均衡，所有厂商选择相同的价格，因此上式中关于总产出的加总也可由中间产品的需求曲线得到。

然后定义模型均衡。除了技术冲击外，模型均衡由 4 个变量 C_t、R_t、π_t、N_t 组成，此时模型均衡条件只有如下 3 个：

- 家庭消费的 Euler 方程(7.3.7)：

$$\frac{1}{1+R_t} = \beta E_t \frac{C_t}{\pi_{t+1} C_{t+1}} \tag{7.3.16}$$

- 厂商的定价方程，NKPC 曲线(7.3.15)：

$$\left[\left((1+v) - \frac{\epsilon}{\epsilon-1}\right)(1-\epsilon) + \epsilon(mc_t-1)\right]\left(1 + \frac{\phi}{2}(\pi_t-1)^2\right) - \phi(\pi_t-1)\pi_t + \phi\beta E_t(\pi_{t+1}-1)\pi_{t+1} = 0 \tag{7.3.17}$$

- 资源约束，即产出仅仅用于消费和支付价格调整成本。正如前文所述，价格调整成本被认为是消费的一个比例，该比例由参数 ϕ 和通胀确定。因此资源约束可写为

$$C_t + \underbrace{\frac{\phi}{2}(\pi_t-1)^2 C_t}_{\text{价格调整成本}} = A_t N_t = Y_t \tag{7.3.18}$$

为什么会有 4 个内生变量，而只有 3 个均衡条件呢？这是因为模型尚未指定货币政策规则。通常情况下，为了完成模型的设定会引入一个货币政策规则，比如 Taylor 规则，

指定名义利率与通胀、产出缺口等变量之间的关系。此时会有 4 个内生变量，4 个均衡条件，形式上满足模型可解条件。但由于本节求解 Ramsey 最优政策，因此不能直接给定 Taylor 规则。一般情况下，给定的 Taylor 规则大都不是最优，而是次优的 [①]。

（3）Ramsey 最优政策

根据 Ramsey 最优问题的定义和前述分析的均衡条件，求解如下的拉格朗日问题：

$$
\begin{aligned}
\max_{\{C_t, N_t, \pi_t, R_t\}} E_0 \sum_{t=0}^{\infty} \beta_n^t & \left\{ \left(\log(C_t) - \frac{\kappa}{2} N_t^2 \right) \right. \\
& + \lambda_{1t} \left(\frac{1}{1+R_t} - \beta E_t \frac{C_t}{\pi_{t+1} C_{t+1}} \right) \\
& + \lambda_{2t} \left\{ \left[\left((1+\nu) - \frac{\epsilon}{\epsilon-1} \right)(1-\epsilon) + \epsilon \left(\frac{\kappa N_t C_t}{A_t} - 1 \right) \right] \left(1 + \frac{\phi}{2}(\pi_t - 1)^2 \right) \right. \\
& \left. - \phi(\pi_t - 1)\pi_t + \phi\beta E_t(\pi_{t+1} - 1)\pi_{t+1} \right\} \\
& \left. + \lambda_{3t} \left(C_t \left(1 + \frac{\phi}{2}(\pi_t - 1)^2 \right) - A_t N_t \right) \right\}
\end{aligned}
$$

其中，β_n 为社会计划者 (Social Planner) 的贴现因子，可将其值设定为家庭的贴现因子 β。拉格朗日乘子 (Multipliers)λ_1、λ_2、λ_3 分别伴随 (Associated)Euler 方程、NKPC 曲线和资源约束方程。

在进一步分析之前，首先对动态优化中的紧固约束 (Binding Constraints) 和非紧固约束 (Non-Binding Constraints) 做简单、直觉性解释。一般说来，如果该约束伴随的乘子恒为 0，则称该约束条件为非紧固约束，否则称为紧固约束。从直观上讲，乘子被称为影子价格 (Shadow Price)。这种影子价格对应的量来自于约束条件的变化，也就是说，乘子对应的值是约束条件变化一单位时，目标函数的变化量（此处为效用的变化量）。前述章节已经多次提及。非紧固约束对应的影子价格为 0，意味着非紧固约束如果放松约束，

[①] 注记：2013—2014 年，在美国访问期间，UND 的 Tim Fuerst 教授给我打了一个生动的比喻。4 个内生变量组成了一个较大的空间，比如说是我们谈话所在的办公室，模型的最优解就位于这间办公室的某些地方。如果指定了货币政策，比如 Taylor 规则，则至少会使得名义利率和通胀的变化范围受到限制，比如限制在了办公室的某个角落里，因此在这个角落里的最优解往往不是全局（整个办公室）最优解，而 Ramsey 最优解则没有指定 Taylor 规则，而是在全局空间内求解，从而能保证最优性，因此使用了拉格朗日函数求解。简单地说，受约束的优化问题的解往往不是全局最优解，而 Taylor 规则就是一个约束条件。此外，UND 的 Nelson C. Mark 教授对我说，Taylor 规则是经验规则，是学者根据美联储的实际操作拟合或抽象出来的一个公式，而非真正意义上的政策规则，实际的操作规则更为复杂，甚至无法用规则来简单描述，而且是高度机密，至少当时不为外界所知。

变大一单位或缩小一单位将不影响目标函数的值。那在什么情况下会出现这种情况呢？或者说在什么情况下，能判断一个约束条件是非紧固约束呢？一个比较容易想到的情况就是，选择变量出现在某一个约束条件中[①]，而未出现在目标函数中。

以上述的 Ramsey 最优问题为例，第一个消费的 Euler 方程为非紧固约束，这是因为作为选择变量的名义利率 R_t 没有出现在目标函数中，而且该变量只出现在 Euler 方程中。事实上，如果对 R_t 求导，可得到：

$$\lambda_{1t}\frac{1}{1+R_t}=0,\ t=0,1,2,\cdots$$

其中，$\lambda_{1t}\equiv 0$，$t=0,1,2,\cdots$，因此验证了上述判断，即 Euler 方程为非紧固约束。

①最优情况 (First Best)

从直觉上讲，最优情况应该是模型中不存在任何无效率或扭曲。然而从模型设定来看，存在两种无效率的设定：垄断竞争和由价格调整形成的"黏性价格"。

先看当模型中不存在价格调整成本时的情况。从新凯恩斯菲利普斯曲线 (7.3.14) 中可知，如果调整成本参数 $\phi=0$，即不存在调整成本，此时有：

$$(1+\nu)P_{i,t}=\frac{\epsilon}{\epsilon-1}mc_tP_t$$

该结果是经典的结果，即 (含补贴) 名义价格等于名义边际成本的一个加成 (Markup)。而此价格加成正是垄断竞争形成的[②]，为了消除该价格加成，唯一可用的选择变量就是政府补贴参数 ν。因此，只有当

$$1+\nu=\frac{\epsilon}{\epsilon-1} \tag{7.3.19}$$

时，即 $\nu=1/(\epsilon-1)$ 时，才能完全消除垄断竞争的影响，使得价格等于边际成本。因此在最优情况下，政府补贴参数必须取此值。此时

$$mc_t=\frac{P_{i,t}}{P_t}$$

在对称性均衡的假设下，$P_{i,t}=P_t$，$t=1,2,3,\cdots$，因此 $mc_t=1$。

由于在模型设定中参数 $\phi\neq 0$，也就是说存在价格调整成本，因此为了达到最优，Ramsey 均衡将选择 $\pi_t\equiv 1$，即零通胀，价格不再发生变化，从而消除价格调整成本，使得所有的产出全部用于消费，以达到效用最大化。表 7.6 中列示了消除黏性价格和垄断

---

① 当该选择变量出现在多个约束条件中时，情况变得比较复杂，此时不能轻易做出判断。

② 因为在最终品的生产中，参数 $\epsilon>1$ 为不同中间品的替代弹性，这正是垄断竞争设定的具体体现。

竞争的两种方法。第一种方法是 Ramsey 均衡的选择，第二种方法是模型构建的选择。当 $\epsilon = +\infty$ 时，有最终品生产技术方程 (7.3.8)。此时生产技术为完全线性，中间品为完全替代，因此不存在垄断竞争。

表 7.6 模型中消除无效率或扭曲的方法

	方 法 一	方 法 二
黏性价格（价格调整成本）	$\pi_t \equiv 1$	$\phi = 0$
垄断竞争	$1 + \nu = \dfrac{\epsilon}{\epsilon-1}$	$\epsilon = +\infty$

值得指出的是，如果模型中垄断竞争的影响没有被完全消除，Ramsey 均衡仍然选择零通胀，此时的 Ramsey 均衡相比没有垄断竞争时是次优的[①]。因此，Ramsey 均衡对政府补贴参数 ν 的取值敏感。

由 $\pi_t \equiv 1$，并从原模型的 3 个一阶均衡条件中容易得到如下的 Ramsey 均衡 (Optimal Allocations)：

$$C_t = A_t N_t,\ \pi_t \equiv 1,\ N_t = \left(\frac{1}{\kappa}\right)^{\frac{1}{2}},\ 1+\nu = \frac{\epsilon}{\epsilon-1}$$

$$R_t = \frac{1}{\beta E_t \dfrac{C_t}{\pi_{t+1}C_{t+1}}} - 1 \underset{\pi_{t+1}=1}{\equiv} \frac{1}{\beta E_t \dfrac{A_t}{A_{t+1}}} - 1 \tag{7.3.20}$$

在 Ramsey 均衡下，净通胀为 0，价格不发生变化，劳动供给和需求都是常数。由于没有任何无效率和扭曲存在，所有的产出都被用于消费，福利水平达到最大。名义利率只和技术变化率相关，此时也可称为 Ramsey 最优货币政策。

在 Ramsey 均衡下，社会总福利水平将会取得最大值：

$$\text{Welf} \equiv E_0 \sum_{t=0}^{\infty} \beta_n^t \left(\log(C_t) - \frac{\kappa}{2} N_t^2 \right) = \frac{1}{1-\beta_n}\left(\log A_0 - \frac{1}{2}\log\kappa - \frac{1}{2} \right)$$

其中，A_0 为技术变量的稳态值，如果设定 $\kappa = 1$、$A_0 = 1$，并且 $\beta_n = 0.99$，则 $\text{Welf} = -50$。任何偏离最优 Ramsey 均衡的均衡都无法取得这个最大化的福利水平值。从上述福利水平的计算可看到，福利水平将随技术水平的提高而逐步提高。在接下来的一小节中，将考虑一个简单的非最优 Ramsey 均衡。

---

① 至于 Ramsey 均衡为什么只选择消除（neutralize）价格调整成本，直观上可以这样理解。价格调整成本是有价格调整造成的，比起垄断竞争的市场特性，更像是一种货币现象，Ramsey 均衡实质上是 Ramsey 最优货币政策均衡，而垄断竞争虽是市场行为，但更多地属于非货币现象，根植于产品或技术特性本身，应属于财政政策或者属于财政和货币政策同时调控的范畴。从此意义上说，Ramsey 均衡选择了消除价格调整成本。

② 次优情况 (Second Best)

本小节考察非最优 Ramsey 均衡的情形，即对最优 Ramsey 均衡的偏离。此偏离的 Ramsey 均衡相比最优 Ramsey 均衡时是次优的，即无法取得最优 Ramsey 均衡时对应的福利水平。上节中提到，Ramsey 均衡对政府补贴参数具有敏感性，只有当 $\nu = 1/(\epsilon-1)$ 时才能取得最优 Ramsey 均衡。在非最优 Ramsey 均衡的推导中，将默认 $\nu \neq 1/(\epsilon-1)$。在 Dynare 编程中将考虑 $\nu = 0$ 时即不存在政府补贴时的 Ramsey 均衡，来考察两种均衡的区别和联系。因此，重新考察拉格朗日问题[①]：

$$
\begin{aligned}
\max_{\{C_t,N_t,\pi_t,R_t\}} E_0 \sum_{t=0}^{\infty} \beta_n^t &\left\{ \left(\log(C_t) - \frac{\kappa}{2} N_t^2 \right) \right. \\
&+ \lambda_{2t} \left\{ \left[\left((1+\nu) - \frac{\epsilon}{\epsilon-1} \right)(1-\epsilon) + \epsilon \left(\frac{\kappa N_t C_t}{A_t} - 1 \right) \right] \left(1 + \frac{\phi}{2}(\pi_t - 1)^2 \right) \right. \\
&\left. - \phi(\pi_t - 1)\pi_t + \phi\beta E_t (\pi_{t+1} - 1)\pi_{t+1} \right\} \\
&\left. + \lambda_{3t} \left(C_t \left(1 + \frac{\phi}{2}(\pi_t - 1)^2 \right) - A_t N_t \right) \right\}
\end{aligned}
$$

关于 C_t、N_t、π_t 的一阶条件分别为

$$
\frac{1}{C_t} + \lambda_{2t} \epsilon \frac{\kappa N_t}{A_t} \left(1 + \frac{\phi}{2}(\pi_t - 1)^2 \right) + \lambda_{3t} \left(1 + \frac{\phi}{2}(\pi_t - 1)^2 \right) = 0 \tag{7.3.21}
$$

$$
-\kappa N_t + \lambda_{2t} \epsilon \frac{\kappa C_t}{A_t} \left(1 + \frac{\phi}{2}(\pi_t - 1)^2 \right) - \lambda_{3t} A_t = 0 \tag{7.3.22}
$$

$$
\begin{aligned}
\lambda_{2t} &\left\{ \left[(1+\nu)(1-\epsilon) + \epsilon \left(\frac{\kappa N_t C_t}{A_t} \right) \right] \phi(\pi_t - 1) - \phi(2\pi_t - 1) \right\} \\
&+ \lambda_{2t-1} \beta_n^{-1} \beta \phi(2\pi_t - 1) + \lambda_{3t} C_t \phi(\pi_t - 1) = 0
\end{aligned} \tag{7.3.23}
$$

此时的 Ramsey 均衡系统由 6 个内生变量即 C_t、N_t、π_t、R_t、λ_{2t}、λ_{3t} 和 6 个均衡条件构成 [拉格朗日问题的 3 个一阶条件 (7.3.21) ~ (7.3.23) 和原模型的 3 个均衡条件 (7.3.16) ~ (7.3.18)]。

虽然模型从形式上可解，但并不像最优情况那样，此时解析解并不存在，只能通过数值求解，因而需要在 Dynare 编程实现。在 Dynare 编程之前，需要求出内生变量的稳态值。

首先假设社会计划者的贴现因子和家庭贴现因子取值相同：$\beta_n = \beta$；技术变量的稳态 $A=1$，通货膨胀的稳态为 π^* (或称为货币当局设定的目标通货膨胀率，Target Inflation

---

① 无论政府补贴参数的取值如何，Euler 方程对应的约束都是非紧固约束，即对应的乘子恒为 0，因此将其省略。

Rate)。由 NKPC 曲线 (7.3.17) 和资源约束方程 (7.3.18)，可推导出劳动和消费的稳态值：

$$N = \left(\frac{1}{\kappa\epsilon}\right)^{\frac{1}{2}} \left(\phi(1-\beta)\pi^*\left(\pi^*-1\right) + (1+\nu)(\epsilon-1)\left(1 + \frac{\phi}{2}\left(\pi^*-1\right)^2\right)\right)^{\frac{1}{2}} \tag{7.3.24}$$

$$C = \frac{N}{1 + \frac{\phi}{2}\left(\pi^*-1\right)^2} \tag{7.3.25}$$

再由消费的 Euler 方程可得到名义利率的稳态为：$R = 1/\beta - 1$。为了简化分析，可假设 $\pi^* = 1$。此时劳动和消费的稳态值相等，即

$$C = N = \left(\frac{(1+\nu)(\epsilon-1)}{\kappa\epsilon}\right)^{\frac{1}{2}}$$

如果引入辅助参数：

$$\gamma \equiv \frac{1+\nu}{\dfrac{\epsilon}{\epsilon-1}} = \frac{\text{政府补贴率}}{\text{没有政府补贴情况下的价格加成}}$$

参数 γ 反映了政府补贴对垄断竞争影响的抵消 (Offset) 程度大小。当 $\gamma = 1$ 时，政府补贴参数正好能完全抵消垄断竞争带来的无效率；当 $\gamma > 1$ 时，政府补贴过度；当 $\gamma < 1$ 时，政府补贴不足。从下文的分析来看，无论补贴不足还是补贴过度，都会造成效率的损失，从而不能最大化福利水平 (见图 7.10)。

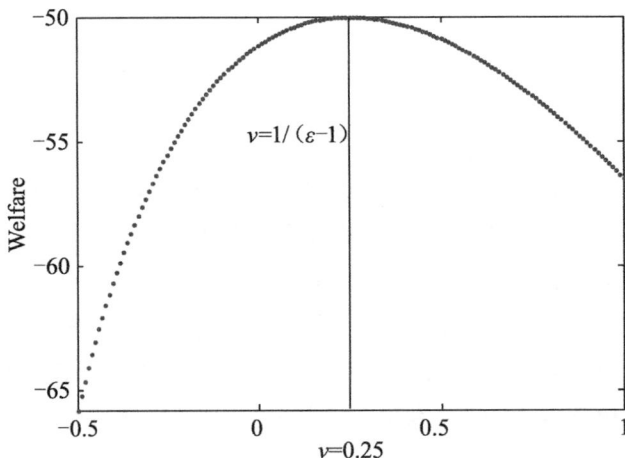

图 7.10　稳态路径下福利水平 (Welfare) 和政府补贴参数 (ν) 之间的关系

从拉格朗日问题关于消费和劳动的一阶条件 (7.3.21) 和 (7.3.22) 中，容易推导出来消

费、劳动和两个乘子的稳态值：

$$C = N = \left(\frac{\gamma}{\kappa}\right)^{\frac{1}{2}}, \ \lambda_2 = \frac{\gamma - 1}{2\gamma\epsilon}, \ \lambda_3 = -(\gamma\kappa)^{\frac{1}{2}}\frac{\gamma + 1}{2\gamma}$$

消费和劳动的稳态值和政府补贴参数 ν 密切相关，随着 ν 增加而增加。乘子 λ_{2t} 稳态值的符号同样依赖于补贴参数的大小。当 $\gamma=1$ 即 $\nu=1/(\epsilon-1)$ 时，$\lambda_2=0$。而乘子 λ_{3t} 的稳态值恒小于 0。当 $\gamma \neq 1$ 时，$\lambda_2 \neq 0$。在下文的分析中可以看到，λ_{2t} 的一阶滞后进入政策函数，由于其稳态不为 0[1]，因而政策函数将会存在时间不一致性问题[2]。

如果此时重新考察福利水平变量，并假设消费和劳动始终处于稳态路径上，技术处于稳态值 1，此时

$$\begin{aligned}
\text{Welf} &= E_0 \sum_{t=0}^{\infty} \beta_n^t \left(\log(C_t) - \frac{\kappa}{2} N_t^2 \right) \\
&= \frac{1}{2(1-\beta_n)} (\log\gamma - \log\kappa - \gamma) \\
&= \frac{1}{2(1-\beta_n)} \left(\log(1+\nu) - \log\left(\frac{\epsilon}{\epsilon-1}\right) - \log\kappa - \frac{1+\nu}{\frac{\epsilon}{\epsilon-1}} \right)
\end{aligned} \tag{7.3.26}$$

假设 $\kappa=1$，$\beta_n=0.99$，$\epsilon=5$，来看政府补贴参数 ν 与社会计划者福利水平的关系。从图 7.10 中可看到[3]，福利水平和政府补贴参数的关系并非线性，而是倒 U 形关系，这有点类似于拉弗曲线 (Laffer Curve，Laffer，1981) 的形状。只有当政府补贴恰到好处，即 $\nu=1/(\epsilon-1)$ 时，才有最高的福利水平；补贴不足或补贴过度都会带来福利的损失，但较为有趣的是，两者呈现出非对称的变化状态，即曲线两端斜率不同。

那为什么补贴过度时，会带来福利水平的损失呢？这是因为虽然稳态的消费会随着补贴的增加而增加，但稳态的劳动同时增加，而且其负效用更大，因而福利水平不但没有增加，反而减少。

此外，当政府补贴不足或者为负（可理解为税收）时，福利水平下降较快。当政府补贴参数趋向于 -1 即 100% 收税时，福利水平曲线的斜率快速趋于正无穷，因而福利本身快速趋向于负无穷。

---

[1] 乘子 λ_{2t} 的稳态不为 0，其标准差很小，几乎为 0，因此 λ_{2t} 接近于常值，其偏度和峰度不为 0。

[2] 时间不一致性问题，下文会做进一步介绍。

[3] 源文件：\Sources\Chap7_Papers\7.3_Ramsey_optimal_policy\Ramsey\Welfare_nu_relationship.m 可画出福利水平和政府补贴参数之间的关系图（见图 7.10）。

2. 黏性价格模型的 Dynare 实践

使用 Dynare 求解上述 Ramsey 最优问题，有如下两种方法。

（1）使用 Dynare 内置命令：ramsey_policy

使用 Dynare 内置命令 ramsey_policy 是求解 Ramsey 最优问题的一个非常简便的方法。其基本的步骤如下：

第一步，输入模型的原始均衡条件。Dynare 将以原始均衡条件作为约束条件，建立 Ramsey 最优问题的拉格朗日函数，并自动创建拉格朗日乘子，进而求出一阶条件，最后求解整个问题。

第二步，定义社会计划者的优化目标，即目标函数 (Objective Function)。通常情况下该目标函数和家庭终身贴现效用函数相同。

第三步，指定社会计划者的贴现因子 β_n，通常情况下设定其为家庭的贴现因子，即 $\beta_n = \beta$。

第四步，使用 ramsey_policy 命令，并依据求解需求设定该命令的合适选项 (options)。

上一节的分析表明，Ramsey 最优问题的解，对模型中政府补贴参数 v 的取值非常敏感。当参数 $v = 1/(\epsilon-1)$，Ramsey 最优问题具有解析解 (Analytic Form)。否则，只有数值解 (Numerical Form)，此时以 $v = 0$ 为例，即没有政府补贴的情况，是次优 Ramsey 问题。

上述两种情况（即 $v = 1/(\epsilon-1)$ 和 $v = 0$）都将通过 Dynare 编程加以求解和验证，源代码 39 中使用了 Dynare 的内置 ramsey_policy 命令，通过对参数 v 的修改，即可实现对上述两种情况加以求解和验证，具体源代码如下：

源代码39 Rotemberg_ramsey_policy.mod[①]

```
//Sticky Price Model: Ramsey problem, Dynare Source Code
//Xiangyang Li, Written when visited @UND
// 6 endogenous variables including newly-defined period utility
var R      //Nominal interest rate
N        //labor
pie      //gross inflation
C      //consumption
A      //technology shock
Util   //period utility, social planner's objective;
```

---

① 该 mod 文件位于目录 Chap7_Papers\Ramsey_optimal_policy\Ramsey\ 下。

```
// Innovations
varexo eps_A;

// PARAMETERS
parameters kappa beta epsil phi rho nu pietarget;
parameters as rs pis Ns cs Utils;
beta = 0.99;  //households' discount factor
epsil = 5;       //the elasticity of substitution between different
intermediate goods;
phi = 100;   //adjustment cost;
rho = 0.9;    //persistence of technology shock
nu=1/(epsil-1);  //government subsidy parameter,optimal case;
//nu=0; %switch of different values of subsidy parameter, sub-optimal
case;
kappa=1;  //disutility parameter
pietarget=1; //target inflation

%technology steady state (ss)
as=1;

%nominal rate ss from the inter-temporal Euler equation
rs=pietarget/beta-1;

%the inflation target if we set it a monetary policy rule
pis=pietarget;

%steady state labor
ns=((1+nu)*(epsil-1)+phi*(pis-1)*pis*(1-beta)/
(1+(phi/2)*(pis-1)^2))/(epsil*kappa);
ns=sqrt(ns);

%consumption and utility s.s.
cs=ns/(1+(phi/2)*(pis-1)^2);
Utils = log(cs) -kappa*ns^2/2;

model;
//(1) home Euler equation—inter-temporal condition
1/(1+R) = beta*C/(C(+1)*pie(+1));

//(2) New Keynesian Phillips Curve, NKPC
((1+nu)*(1-epsil)+epsil*(kappa*N*C/A))*(1+phi*(pie-1)^2/2)-phi*(pie-
1)*pie+ beta*phi*(pie(+1)-1)*pie(+1);

//(3) Resource constraint
C*(1+(phi/2)*(pie-1)^2)-A*N;
```

```
//(4) Technology Shocks
log(A) = rho*log(A(-1))+eps_A;

//(5) Period Utility function
Util=log(C)-kappa*N^2/2;
end;
initval;
Util=Utils;R=rs; N=Ns; pie=pis; C=cs;A=as;
end;
shocks;
var eps_A;   stderr .01;
end;

//steady;
planner_objective Util;
ramsey_policy(order=1,irf=20, planner_discount=0.99);
```

注意：在运行前，请确保政府补贴参数取想要的数值，以免得到错误的结果。此外，均衡方程 "x=0;" 书写时可简写为 "x;"。

接下来对上述模型文件进行简单解释。

首先来看模型内生变量的声明部分。此处声明了 6 个内生变量。除技术变量 A_t 外，还有 5 个内生变量值得关注，即 C_t、R_t、π_t、N_t、$Util_t$。其中前 4 个内生变量已经在上一节的分析中详细介绍过，即消费、名义利率、通胀和劳动。第 5 个内生变量为社会计划者的即期目标函数，其具体定义为 model 模块中的第 5 个方程，即家庭的即期效用函数。

然后再看源代码中的 model 模块。此处包括了 3 个原始均衡条件，即 Euler 方程、NKPC 曲线和资源约束条件。此外还有技术变量的 AR(1) 过程和社会计划者目标函数的定义。

最后是核心命令部分。一是目标函数指定命令：planner_objective *Util*，即指定 *Util* 变量为即期目标函数，Dynare 将以此函数为基准构建终身贴现效用函数。二是核心命令 ramsey_policy。此处指定了该命令的 3 个选项[①]：

- order=1，使用一阶扰动算法求解模型。
- irf=20，画出20期脉冲响应图IRF。
- planner_discount=0.99，社会计划者的贴现因子。Dynare将使用此贴现因子贴现即期效用函数，而非家庭贴现因子。两者可以相同，也可以不同。

表 7.7 显示了 Dynare 编译和运行模型文件后的部分输出信息。

---

①   ramsey_policy 命令还有很多其他的选项，详细可参阅官网提供的 Dynare Reference Manual。

表7.7 当 $\nu = 1/(\epsilon-1)$ 时的输出结果(最优，First Best)

```
Starting Dynare (version 4.4.1).
Starting preprocessing of the model file ...
Ramsey Problem: added 5 Multipliers.
Found 5 equation(s).
Found 11 FOC equation(s) for Ramsey Problem.
Evaluating expressions...done
......

Processing outputs ...done
Preprocessing completed.
Starting MATLAB/Octave computing.

MODEL SUMMARY

  Number of variables:          11
  Number of stochastic shocks: 1
  Number of state variables:    4
  Number of jumpers:           3
  Number of static variables:   5


MATRIX OF COVARIANCE OF EXOGENOUS SHOCKS
Variables       eps_A
eps_A           0.000100
```

POLICY AND TRANSITION FUNCTIONS

	R	N	pie	C	A	Util
Constant	0.010101	1.000000	1.000000	1.000000	1.000000	-0.500000
A(-1)	-0.090909	0	0	0.900000	0.900000	0.900000
MULT_1(-1)	-0.464647	0.399666	0.030067	0.399666	0	0
MULT_2(-1)	-1.010090	2.508343	0.498331	2.508343	0	0
eps_A	-0.101010	0	0	1.000000	1.000000	1.000000

```
THEORETICAL MOMENTS

VARIABLE        MEAN      STD. DEV.   VARIANCE
R               0.0101    0.0023      0.0000
N               1.0000    0.0000      0.0000
pie             1.0000    0.0000      0.0000
C               1.0000    0.0229      0.0005
A               1.0000    0.0229      0.0005
Util            -0.5000   0.0229      0.0005


MATRIX OF CORRELATIONS
......
```

```
COEFFICIENTS OF AUTOCORRELATION
......
STEADY-STATE RESULTS:
R        0.010101      N        1
pie      1             C        1
A        1             Util     -0.5

Approximated value of planner objective function
    - with initial Lagrange multipliers set to 0: -50
    - with initial Lagrange multipliers set to steady state: -50

Total computing time : 0h00m02s
```

和非 Ramsey 问题对应的模型文件编译运行后的输出信息相比，大部分信息是一致的，比如模型变量信息、政策函数、变量的理论矩、相关系数和自相关系数矩阵、稳态等。但有两处不同的地方。第一，在输出信息的第三行提示当前模型文件所要解决的问题是 Ramsey 最优问题，并自动为已找到的 5 个均衡条件添加了 5 个拉格朗日乘子[①]。第二，在输出信息的最后一部分，则提示乘子在两种不同初始值的条件下 (零和稳态值)，社会计划者的目标函数 (福利) 的取值。这是一个比较有用的信息，可以用于比较不同模型设定下 (如某个参数值)Ramsey 问题对应的福利取值，从而可用于模型或政策排序。

接下来看关于政策函数的输出信息部分：**POLICY AND TRANSITION FUNCTIONS**。该栏的第一列显示了政策函数中的自变量，即状态变量。Constant 表示选择变量的稳态值，即内生变量的稳态值 (此为一阶近似时；当二阶近似时包含纠正项)。A(-1) 表示技术变量 A_t 的一阶滞后；MULT_1(-1)、MULT_2(-1) 分别表示拉格朗日乘子 $\lambda_{1t}, \lambda_{2t}$ 的一阶滞后，由 Dynare 自动创建[②]；eps_A 表示技术变量的外生冲击 ϵ_t^a。

因为模型均衡条件使用了水平变量 (level)，此政策函数以名义利率 R_t 为例，其解应该具有如下的形式：

$$R_t = 0.010\,1 - 0.464\,6 \times (\lambda_{1t-1} - 0) - 1.010\,1 \times (\lambda_{2t-1} - 0) - 0.010\,1 \times (A_t - 1)$$

由于拉格朗日乘子由 Dynare 自动设定，而非模型本身设定，因此编译输出信息中关

---

① 尽管 mod 文件中，第四和第五个方程不是原始均衡条件，但 Dynare 仍然将这两个方程认为是原始均衡条件，因此额外添加了两个乘子，但这不影响最终结果。

② 第一和第二个乘子 λ_{1t}、λ_{2t} 作为状态变量出现在政策函数中，这是因为其一阶滞后项出现在了拉格朗日问题的均衡条件中，而后 3 个乘子没有出现滞后项，因此没有进入政策函数中。但若两者的初始值为稳态值即 0(表 7.8)，那么实际上两者全为 0(后面脚注有说明)。因此劳动和通胀实际上是常值，这和最优解析解 (7.3.20) 一致。

于乘子的信息非常有限，需要从编译结果 (Matlab 内存变量 [1],[2]) 中提取更多的信息。表 7.8 列示了所有的内生变量及其稳态值。内生变量的个数总共有 11 个，包括 5 个拉格朗日乘子和 6 个定义的内生变量。默认情况下，5 个拉格朗日乘子，按照顺序依次对应源文件中的 5 个均衡条件 (按书写先后顺序)。

表 7.8　所有内生变量 (以 DR 顺序排序) 及其稳态值 (最优情况)

序号	名　称	含　义	稳态值
1	R	名义利率	0.010 1
2	N	劳动	1
3	$Util$	即期效用函数	−0.5
4	$MULT\_3$	伴随资源约束的拉格朗日乘子	−1
5	$MULT\_5$	伴随即期效用函数定义的拉格朗日乘子	−1
6	A	技术变量	1
7	$MULT\_1$	伴随 Euler 方程的拉格朗日乘子	0
8	$MULT\_2$	伴随 NKPC 曲线的拉格朗日乘子	0
9	C	消费	1
10	pie	通货膨胀率	1
11	$MULT\_4$	伴随技术冲击 AR(1) 过程的拉格朗日乘子	−9.174 3

数据来源：Dynare 计算结果，最优情况。其中第四、第五个拉格朗日乘子为 Dynare 自行添加，并非模型均衡要求。

从表 7.8 可看出，分别伴随 Euler 方程和 NKPC 曲线的拉格朗日乘子 λ_{1t}、λ_{2t}，其稳态值均为 0。如果在初始值都为 0 的情况下，那么名义利率 R_t 对应的政策函数应具有如下的形式：

$$R_t = 0.010\ 1 - 0.010\ 1(A_t - 1)$$

即完全由技术水平决定 [3]，这也和最优解析解 (7.3.20) 相一致。

---

[1]　如 oo_,M_,options_ 等由 Dynare 创建的 Matlab 结构 (struct) 对象，存储了几乎所有 Dynare 求解、估计等相关信息，具体信息请参考本书 **"3.7 求解结果分析和调用"** 一节的内容。

[2]　在 Matlab 的命令行输入 M_.endo_names(oo_.dr.order_var,:)，显示所有内生变量，并以决策规则 (Decision Rule，DR) 顺序排列，对应的稳态值使用命令 oo_.steady_state(oo_.dr.order_var) 来显示。如果直接以变量声明的排序列示变量及其稳态值，只需使用 M_.endo_names 和 oo_.steady_state 命令即可。注意这些命令必须在运行完毕 mod 文件后，尚未清除编译产生的内存变量之前，才能正确执行和显示结果。存储决策规则变量顺序的对象是 oo_.dr.order_var。

[3]　由于第一个拉格朗日乘子已经证明恒为 0，因此根据表 7.10，可知第二个拉格朗日乘子也恒为 0。

表7.9　当 $\nu = 0$ 时的部分输出结果(次优，Second Best)

```
POLICY AND TRANSITION FUNCTIONS
              R            N          pie          C           A          Util
Constant   0.010101    0.894427    1.000000    0.894427    1.000000  -0.511572
A(-1)     -0.090909           0           0    0.804984    0.900000    0.900000
MULT_1(-1)-0.486705    0.392281    0.028171    0.392281           0    0.087717
MULT_2(-1)-0.705597    2.112780    0.454956    2.112780           0    0.472432
eps_A     -0.101010           0           0    0.894427    1.000000    1.000000
```

数据来源：作者自行计算，Dynare 输出结果，次优情况。

表 7.9 给出了次优情况下的政策函数的输出结果。可以看出，除稳态的消费和劳动发生变化外，大多数内生变量的系数也都发生了变化。为了节省篇幅，此处不再列示每个内生变量的一阶解表示。

(2) DIY 方法

相比直接使用内置命令求解的方法，DIY 方法更具有挑战性，难度更大，但是其回报更大。DIY 方法要求手动求解拉格朗日问题的一阶条件，并找到乘子的稳态值，这是 DIY 方法难度最大的地方，可以说没有之一。对于复杂的问题尤其如此，甚至无法求解最优问题。但是通过求解简单模型的最优条件并手动编程，能使你理解 Dynare 内置命令 ramsey_policy 背后的逻辑和功能，这是 DIY 方法最大的回报。使用 DIY 方法，其一般遵循如下的步骤：

第一步，定义拉格朗日乘子、优化目标，并计算最优性条件；

第二步，计算拉格朗日乘子的稳态值；

第三步，在模型文件中输入均衡条件；

第四步，使用 **stoch_simul** 命令。

计算拉格朗日问题的最优性条件，往往比较烦琐，而且容易出错。因此有人专门编写了工具包以解决求解最优性条件问题，比如 Andy Levin 的工具包[1]，这极大地减轻了求解和编程的工作量，而且减少差错。因此，在本节的例子中，将尝试使用该工具包，并将求解出的最优性条件直接复制到 Dynare 的源文件中，而非手动求解手动输入。

除自定义乘子外，DIY 手动求解还需要自定义最优化的目标函数。此处不仅要定义即期目标函数 *Util*，还需要定义社会计划者的终身贴现目标函数 *Welf*，不妨称之为福利水平变量。其依赖于系统的初始状态，可定义为

---

① 本书"**7.3.3 Andy Levin's Code**"一节将专门介绍如何使用该工具包。

$$Welf_0 = E_0 \sum_{t=0}^{\infty} \beta_n^t U(C_t, N_t) = E\left(\sum_{t=0}^{\infty} \beta_n^t U(C_t, N_t) \mid \Omega_0\right)$$

其中，β_n 为社会计划者的贴现因子；$U(\cdot,\cdot)$ 为即期效用函数；$\{C_t, N_t\}_{t=0}^{\infty}$ 分别指消费和劳动的鞍点路径，即微观个体的最优化选择；Ω_0 为系统初始状态，可以是状态空间 (State Space) 中的任何一点。也就是说，该福利水平的计算可以从状态空间的中任何一点开始，即以该点为初始条件，因此该福利水平变量通常情况下可称为条件福利水平变量。一般说来，选择模型的非随机稳态 (Non-stochastic Steady State) 作为福利水平计算的初始条件，即系统初始状态处于鞍点路径上。根据最优性原理 (Principle of Optimality)，可将其写成递归形式 (Lester, Pries & Sims，2014，*JEDC*)：

$$Welf_0 = U(C_0, L_0) + \beta_n E_0 Welf_1 \tag{7.3.27}$$

其中，$Welf_1 \equiv \sum_{t=0}^{\infty} \beta_n^t U(C_{t+1}, N_{t+1})$。(7.3.27) 将福利水平表示成当前效用函数和未来福利水平的贴现值之和。如果将福利水平变量视为模型的内生变量，那么式 (7.3.27) 的递归形式则成为决定福利水平变量的均衡条件，因此将其写入模型文件中，成为 Ramsey 问题的均衡条件之一。

此外，计算乘子的稳态值是难点，但此处并不打算对此进行详细的介绍和举例。此处的黏性价格模型中乘子稳态值的计算较为简单。从模型均衡条件的分析中，可求出其稳态的表达式。以黏性价格模型示例如何使用 DIY 方法求解 Ramsey 问题，Dynare 模型文件参见源代码 40 所示。[①]

源代码40　Rotemberg_DIY.mod[①]

```
//Written By Xiangyang Li
// Endogenous variables, including three multipliers, lmult1 - lmult3
// Endogenous variables
var R N pie C A
Util     //planner's period objective
Welf   //planner's objective
lmult1 lmult2 lmult3;  // define 3 multipliers

// Innovations
varexo eps_A;

// PARAMETERS
parameters nbeta kappa beta epsil phi rho alpha nu pietarget;
```

① 该 mod 文件位于目录 \Sources\Chap7_Papers\7.3_Ramsey_optimal_policy\DIY\ 下。

```
parameters as rs pis Ns cs Utils; //steady state parameters
parameters lmult1_SS  lmult2_SS  lmult3_SS;
beta = 0.99;
epsil = 5;
phi = 100;
rho = 0.9;
alpha = 1.5;
nbeta = beta;  //planner's discount factor, set to household's
%key government subsidy parameter.
nu=1/(epsil-1); //lmult2 will equal to zero
//nu =0;      //lmult2 will not equal to zero
kappa=1;
pietarget=1;

%technology steady state
as=1;
%nominal rate s.s. from the inter-temporal Euler equation
rs=pietarget/beta-1;

%from the monetary policy rule:
pis=pietarget;

Ns=(((1+nu)*(epsil-1)+phi*(pietarget-1)*pietarget*(1-beta)/
(1+(phi/2)*(pietarget-1)^2)))/(epsil*kappa);

Ns=sqrt(Ns);
cs=Ns/(1+(phi/2)*(pis-1)^2);
Utils = log(cs) -kappa*Ns^2/2;

% inital values, actually ss under the current parameterization;
lmult1_SS = 0;
lmult2_SS = 0;
lmult3_SS  = -1;

model;
//(1) period utility
Util=log(C)-kappa*N^2/2;

//(2) policymakers' social welfare
Welf=Util + nbeta*Welf(+1);

// Ramsey optimal FOCs
// produced by Andy Levin's codes;
//(3) FOCs w.r.t nomial rate;
-lmult1/(R + 1)^2=0;

//(4) FOCs w.r.t consumption;
lmult3*((phi*(pie - 1)^2)/2 + 1) + 1/C -
```

```
   (beta*lmult1)/(C(+1)*pie(+1)) + (C(-1)*beta*lmult1(-1))/(C^2*nbeta*pie) +
(kappa*epsil*N*lmult2*((phi*(pie - 1)^2)/2 + 1))/A;


//(5) FOCs w.r.t. labor;
(C*kappa*epsil*lmult2*((phi*(pie - 1)^2)/2 + 1))/A - kappa*N - A*lmult3;


//(6) FOCs w.r.t. inflation
(lmult2(-1)*(beta*phi*(pie - 1) + beta*phi*pie))/nbeta
- lmult2*(phi*pie + phi*(pie - 1) + (phi*(2*pie - 2)*((epsil - 1)*(nu + 1)
- (C*kappa*epsil*N)/A))/2) + (C*lmult3*phi*(2*pie - 2))/2
+ (C(-1)*beta*lmult1(-1))/(C*nbeta*pie^2);


//(7)Original FOCs - Home Euler Equation
1/(1+R) = beta*C/(C(+1)*pie(+1));


//(8)Original FOCs -new Keynesian Phillips Curve
((1+nu)*(1-epsil)+epsil*(kappa*N*C/A))*(1+phi*(pie-1)^2/2)-phi*(pie-1)*pie
+ beta*phi*(pie(+1)-1)*pie(+1);


//(9)Original FOCs -resource constraint
C*(1+(phi/2)*(pie-1)^2)-A*N;


//(10)Technology Shocks
log(A) = rho*log(A(-1))+eps_A;
end;


initval;
R=rs;  N=Ns;  pie=pis;  C=cs;  A=1;
lmult1 = lmult1_SS; lmult2 = lmult2_SS; lmult3 = lmult3_SS;
Util=log(cs)-kappa*Ns^2/2;
Welf=log(cs)-kappa*Ns^2/2/(1-nbeta);
end;


shocks;
var eps_A; stderr .01;
end;


steady;
//we only focus on multipliers and welfare, you could add more.
stoch_simul(order=1,irf=20,periods=200) lmult1 lmult2 lmult3 Welf;
```

　　注意：在运行前，请确保政府补贴参数取想要的数值，以免得到错误的结果。

　　表 7.10 和表 7.11 分别列示了 $v = 1/(\epsilon-1)$ 和 $v = 0$，即当最优和次优情况下的 (部分变量) 政策函数。可看出，无论在哪种情况下，λ_{1t} 的稳态值和政策函数中各变量的系数均为 0。同前述结论一致，λ_{1t} 恒为 0。正如前面的分析一样，λ_{2t} 的稳态值在最优情况 (即 v

$=1/(\epsilon-1))$ 下为 0，次优情况 $(\nu=0)$ 下为负值。而且 λ_{2t} 只依赖 λ_{1t} 和自身的一阶滞后项，并不依赖于技术变量 A_t。不难看出，如果初始值为稳态，在最优情况下，λ_{2t} 也将恒为 0，因此这验证了上一节中使用 Dynare 内置命令时得到的结果。

表7.10　当 $\nu=1/(\epsilon-1)$ 时的部分输出结果(最优，First Best)

POLICY AND TRANSITION FUNCTIONS	lmult1	lmult2	lmult3	Welf
Constant	0	0	-1.000000	-50.000000
A(-1)	0	0	0.900000	8.256881
lmult1(-1)	0	-0.020067	-0.500000	0
lmult2(-1)	0	0.501669	0	0
eps_A	0	0	1.000000	9.174312

数据来源：Dynare 编译输出结果，最优情况。

最后，对于福利变量 *Welf*，在最优时其取值是 -50，在次优时其取值为 -51.157 178，同样和上一节的结果一致[①]。

因此，从 DIY 方法来看，Dynare 的内置命令 planner_objective 相当于定义了一个条件福利水平变量 *Welf*，而 ramsey_policy 则相当于求解拉格朗日最优性条件并使用 stoch_simul 命令。

表7.11　当 $\nu=0$ 时的部分输出结果(次优，Second Best)

POLICY AND TRANSITION FUNCTIONS	lmult1	lmult2	lmult3	Welf
Constant	0	-0.025000	-1.006231	-51.157178
A(-1)	0	0	0.905608	8.256881
lmult1(-1)	0	-0.015354	-0.509982	0.070428
lmult2(-1)	0	0.590540	0.264098	1.137389
eps_A	0	0	1.006231	9.174312

数据来源：作者自行计算，由 Dynare 编译输出结果，次优情况。

(3) 时间不一致问题

Kydland & Prescott(1977，*JPE*) 就指出相机抉择 (Discretion) 下的最优政策往往存在时间不一致性 (Time Inconsistency，有时也被称之为动态不一致性) 问题。换句话说，给定当前的状态或约束，政策制定者相机选择的最好决策往往在将来不能够最大化其目标函数。政策制定者应该注重把握政策是时间一致性，今天的决策在明天也是最优的，否则会影响政策的可信度 (Credibility)。因此，**Kydland & Prescott(1977)** 主张抛弃相机抉择

---

① 　在次优时，使用内置命令，得到的福利结果为：Approximated value of planner objective function - with initial Lagrange multipliers set to 0: -51.1287。- with initial Lagrange multipliers set to steady state: -51.1572。

政策，转而采取规则承诺制，哪怕是最简单的规则，比如实行货币供应量增长率不变、税率政策不变等政策，都能成为更安全、更稳妥的策略。

通俗地讲，不一致性是指今天的最优政策往往明天不是最优的，或者反之[①]。因此，从这个意义上讲，政策的一致性是有前提条件的，是基于时间或某个状态的[②]。特别是具有自反馈机制 (Feedback Rule) 的最优政策规则，都存在时间不一致性。导致不一致性问题的根源在于经济行为主体是理性的，即理性预期。也就是说，当前决策不仅基于历史和现在的状态，而且也基于对未来的预测，而这恰恰违反了最优控制理论的基本假设：行为主体当前的决策仅仅依赖于历史和现在的信息 (Kydland & Prescott，1977)。

下面通过一个简单的两期决策来示例何为时间不一致问题。考虑如下假想的两期决策问题：假设 x_t，π_t 为决策者关心的重要变量，并且决策者选择 π_t，π_{t+1} (分别为 t，$t+1$ 期可使用的唯一政策变量) 来最大化值函数：

$$\max_{\pi_t,\pi_{t+1}} V_t = -\frac{1}{2}\left(\gamma\pi_t^2 + x_t^2\right) - \frac{1}{2}\left(\gamma\pi_{t+1}^2 + x_{t+1}^2\right) \tag{7.3.28}$$

面临如下的约束

$$x_t = \alpha x_{t-1} + \beta\pi_{t+1} \tag{7.3.29}$$

$$x_{t+1} = \alpha x_t + \beta\pi_{t+1} \tag{7.3.30}$$

$$x_{t-1} = x > 0 \tag{7.3.31}$$

其中，参数 α、β、γ 均大于 0，$x_{t-1} = x$ 为 t 期给定变量，即初始条件。在 t 期，关于 π_t、π_{t+1} 分别求解一阶导数可得

$$\frac{\partial V_t}{\partial \pi_t} = -\gamma\pi_t = 0 \tag{7.3.32}$$

$$\frac{\partial V_t}{\partial \pi_{t+1}} = -\gamma\pi_{t+1} - x_{t+1}\beta(1+\alpha) - x_t\beta = 0 \tag{7.3.33}$$

注意到约束条件，并经过简单的代数运算可得到 t 期最优解：

$$\pi_t = 0 \tag{7.3.34}$$

[①] 一个不太严谨的例子是戒烟。对于嗜烟者而言，选择今天 (比如周一) 抽烟，明天 (周二) 起戒烟，从今天看该策略是最优选择，既满足了当前需求，又达到了明天戒烟的目的，可谓两全其美，但是到了明天，这个策略就不是最优选择了。因为在给定昨天抽烟，今天戒烟的决策，今天应该抽烟，此时显然不是嗜烟者的最优选择。其根本的原因在于当期决策是未来状态的函数。

[②] 因此 Kydland & Prescott(1977) 说：It was consistent in a sense that at each point in time the policy selected was best, given the current situation. The optimal policy is inconsistent.

$$\pi_{t+1} = -\frac{\alpha[1+\alpha(1+\alpha)]\beta}{\gamma + [1+(1+\alpha)^2]\beta^2}x \tag{7.3.35}$$

$$x_t = \alpha\frac{\gamma + (1+\alpha)\beta^2}{\gamma + [1+(1+\alpha)^2]\beta^2}x \tag{7.3.36}$$

在 $t+1$ 期，$x_{t-1}=x$、x_t、π_t 均视为给定，若仍考虑 (7.3.28)，那么此时的最优解满足条件（以下标星号表示 $t+1$ 期最优变量）：

$$-\gamma\pi_{t+1}^* - x_{t+1}^*\beta = 0 \tag{7.3.37}$$

此时关于政策工具变量的最优解为

$$\pi_{t+1}^* = -\frac{\alpha\beta}{\gamma + \beta^2}x_t = -\frac{\alpha^2\beta}{\gamma + \beta^2}\frac{\gamma + (1+\alpha)\beta^2}{\gamma + [1+(1+\alpha)^2]\beta^2}x \tag{7.3.38}$$

很显然，t 期最优解 (7.3.35) 和 $t+1$ 期最优解 (7.3.38) 是不相同的，除非 $x=0$，也就是说存在时间不一致问题。造成这个问题的根源在于当期变量 x_t 依赖于未来信息：π_{t+1} 或者解释为依赖于对未来变量的预期。

接下来探讨本节黏性价格模型最优解的时间不一致性问题。当政府补贴参数 $v=1/(\epsilon-1)$ 时，Ramsey 最优解是时间一致的，即不存在时间不一致问题。也就是说，在任何时候，当前的决策都是最优的（最优情况），否则存在时间不一致问题，即当前的决策在下一期不是最优（次优情况）。

此处仍然以 $v=0$ 为例，分析时间不一致问题。将次优情况对应的政策函数，即表 7.9 和表 7.11 中的政策函数写成：

$$N_t = 0.894\,4 + 2.112\,8\times\left(\lambda_{2,t-1}+0.025\right)$$

$$R_t = 0.010\,1 - 0.705\,6\times\left(\lambda_{2,t-1}+0.025\right) - 0.101\,0\times\left(A_t - 1\right)$$

$$C_t = 0.894\,4 + 2.112\,8\times\left(\lambda_{2,t-1}+0.025\right) + 0.894\,4\times\left(A_t - 1\right)$$

$$\pi_t = 1 + 0.455\,0\times\left(\lambda_{2,t-1}+0.025\right)$$

$$\lambda_{2,t} = -0.025 + 0.590\,5\times\left(\lambda_{2,t-1}+0.025\right)$$

$$Welf_t = -51.157\,2 + 1.137\,4\times\left(\lambda_{2,t-1}+0.025\right) + 9.174\,3\times\left(A_t - 1\right)$$

假设系统处于稳态，而且外生技术变量 A_t 恒为稳态值 1，则各变量的稳态分别为

$$C = N = 0.894\,4, R_t = 0.010\,1, \pi = 1, \lambda_2 = -0.025, Welf = -51.157\,2$$

如果在 $t-1$ 时期，政策制定者选择 $\lambda_{2,t-1}=0$，即选择偏离 $\lambda_{2,t}$ 的稳态。那么在时刻 t，各变量的值为

$$
\begin{aligned}
C_t &= 0.894\,4 + 2.112\,7 \times 0.025 &= 0.947\,2 \\
N_t &= 0.894\,4 + 2.112\,7 \times 0.025 &= 0.947\,2 \\
\pi_t &= 1 + 0.455\,0 \times 0.025 &= 1.011\,4 \\
R_t &= 0.010\,1 - 0.705\,6 \times 0.025 &= -0.007\,5 \\
Welf_t &= -51.157\,2 + 1.137\,4 \times 0.025 &= -51.128\,7
\end{aligned}
$$

影子价格 $\lambda_{2,t}$ 偏离其稳态，使得消费和劳动上升，因而产出将增加。对比偏离前后的福利水平的值，可发现偏离后的福利水平更高，但此时通胀却增加。如果政策制定者一直选择不偏离的政策，现在（选择偏离的政策后）看来不是最优的，而是次优的。如果后续政策制定者继续使得 $\lambda_{2,t}$ 偏离其稳态，比如 $\lambda_{2,t}=0.01$，这将继续推高通胀，降低利率，从而增加产出、就业和消费，使得经济趋于最优情况。

那为什么政策制定者选择偏离影子价格 $\lambda_{2,t}$ 的稳态继而推高通胀呢？这就涉及著名的"通胀偏差 (Inflation Bias)"问题[①]。

当政府补贴参数 $v=0$ 时（财政政策），经济中的垄断竞争效应依然存在，即存在价格扭曲。由于影子价格 $\lambda_{2,t}$ 在 $v=0$ 时，其稳态不为 0，而且其伴随的是短期的 NKPC 曲线，存在通胀和就业的权衡取舍 (Tradeoff)，因此货币政策当局有动机选择较高的通胀（货币政策），以换取较高就业和经济增长。这种高于稳态的偏差被称为"通胀偏差"。因此在缺乏财政政策的支持下，货币当局"只能"选择"通胀偏差"的方法来"抵消"垄断竞争造成的福利损失。

当政府补贴参数 $v=1/(\epsilon-1)$ 时，Ramsey 最优解是时间一致的。这点不难看出，因为所有的控制变量不依赖于乘子，而只依赖于初始值和技术变量。在假设技术变量不变的前提下，各控制变量（包括福利水平）都不发生变化，因此不存在时间不一致性问题。从上述的分析中可得到一个非常重要的启示：最优的货币政策依赖于既定的财政政策。

第一，如果财政政策（政府补贴 $v=1/(\epsilon-1)$）能恰好抵消垄断竞争带来的负效应，那么 Ramsey 最优货币政策是最优的（财政政策解决垄断竞争问题，Ramsey 最优货币政策解决通胀问题[②]），而且不存在时间不一致问题。

第二，如果财政政策不能抵消垄断竞争带来的负效应（如不补贴 $v=0$ 或过度补贴 $v=0.5$），Ramsey 最优解将只解决通胀问题，而未能解决垄断竞争造成的问题。而对 Ramsey 最优解的偏离，"可能是"货币当局解决垄断竞争问题的一个尝试。

---

① 请参考本书"**7.1.2 基于福利损失的最优货币政策**"一节中的相关介绍。

② 与其说 Ramsey 最优货币政策解决通胀问题，不如说其解决了黏性价格问题。价格的调整带来了通胀，从而产生调整成本，进而造成福利损失，因此 Ramsey 最优则稳定了价格和通胀，使得调整成本为 0。

（4）IRF 分析：Ramsey 均衡和非 Ramsey 均衡

为了分析 Ramsey 最优均衡下一单位正向外生技术冲击带来的影响，引入非 Ramsey 均衡，也就是通常意义下的实际均衡作为对比分析。和 Ramsey 均衡不同，非 Ramsey 均衡不求解拉格朗日问题，而是直接给定外生的货币政策规则，因此也可称为外生货币政策均衡。假设给定如下简单的 Taylor 规则：

$$R_t = R + \alpha(\pi_t - \pi)$$

其中，$R = \pi/\beta - 1$ 为名义利率 R_t 的稳态值[①]；π 为目标通胀率或通胀稳态值；$\alpha > 0$ 为名义利率对通胀偏离目标通胀的反应系数，取标准值 1.5；其余参数值的设定同前节。

定义非 Ramsey 均衡由 5 个内生变量（消费、劳动、利率、通胀和技术）和 5 个均衡条件组成。5 个均衡条件包括家庭最大化效用的一阶条件：Euler 方程、NKPC 曲线以及资源约束方程、Taylor 规则和技术变量的 AR(1) 过程，此处不再列示对应的 Dynare 模型文件[②]。而 Ramsey 均衡则由对应的拉格朗日问题的一阶条件组成，前文已有列示。其 Dynare 源文件为 Rotemberg_ramsey_policy.mod，由于加入循环调用机制，略区别于源代码 39。同时考察两种政府补贴参数值：$\nu = 0$ 和 $\nu = 1/(\epsilon - 1)$。两种不同的均衡和两个不同补贴参数值，需要首先循环调用模型文件，然后存储分析结果并绘图，因此需要编程加以解决。源代码 41 列示了该程序的循环调用部分，在 Matlab 中直接执行该文件即可得到图 7.11。[③]

源代码41   IRF_Ramsey_Exogenous_Equilibrium.m[3]

```
%Plot the IRFs from exogenous monetary policy equilibrium and Ramsey
%equilibrium.

clear all;  close all;  clc;

%1. we iterate on parameter nu
epsilon = 5;
```

---

① 该稳态可由家庭最大化问题的一阶条件：Euler 方程推导得到。

② 源文件：Chap7_Papers\Ramsey_optimal_policy \Exogenous_Monetary_rule\ exogenous_monetary_rule.mod，由于需要对此 mod 文件进行循环调用，因此在 \IRF 目录下有另外一个同名文件，但做了少许修改，加入循环调用机制。

③ 位于 Chap7_Papers\Ramsey_optimal_policy \IRF 目录下。

```
nu_arr = [0, 1/(epsilon-1)];
%run the dynare mod file and store the results;
for ii=1:length(nu_arr)
    nu = nu_arr(ii);
    save parameterfile_irf nu;
    dynare exogenous_monetary_rule noclearall;
    str=['save exogenous_mon_rule',int2str(ii)];
    eval(str);

    dynare Rotemberg_ramsey_policy noclearall;
    str=['save ramsey_policy',int2str(ii)];
    eval(str);
end
%% 2. plot the IRFs together
...... (omitted, see source codes for more details)
```

注：关于循环调用的介绍，请参考本书"**6.1 Dynare 模型文件的循环执行**"一节的介绍。

　　值得注意的是，在循环调用两个不同的模型文件时，也动态存储了运行结果。通过构造一个带有循环信息的字符串[①]，并使用 Matlab 内置命令 eval 函数，实现了结果的动态保存，为后续的分析做好铺垫。此外，在使用 Dynare 命令时加入了 noclearall 选项，这是比较重要的选项。特别是在循环调用时，若不加入该命令可能会得不到正确的结果。具体关于循环执行的更多内容，可参考本书"**6.1 Dynare 模型文件的循环执行**"一节。

　　图 7.11 列示了主要变量在一单位 (1%) 外生技术冲击下的脉冲响应图形。通胀率、名义利率和实际利率都做了年化处理 (Annual Percentage Rate, APR)[②]，而且是用净值 (Net 而非 Gross) 表示，即考虑到净值形式时的稳态[③]，而消费和劳动则是对其稳态的百分比。技术变量由其 AR(1) 过程决定，实际利率由名义利率减去通胀确定[④]。

　　图 7.11 中带圈实线表示 Ramsey 均衡，带 * 号的实线表示外生货币政策对应的均衡。在 Ramsey 均衡下，通胀、劳动对技术冲击的反应为 0，消费的反应是完全的 (无论是次

---

① 　将循环标志 ii，转化为字符串，作为存储文件名的一部分，实现动态存储，前文已有叙述。

② 　由于贴现因子取值为 99%，即名义利率为 1.01% ($=1/\beta-1$)，因此基期被认为季度，在转化为百分比并做年化处理时乘以 400，即年化后的名义利率稳态是 4.04%。

③ 　通常情况下，净值是总值减去 1。净通胀的稳态是 0，即 0 通胀（模型中的通胀使用的是总通胀形式，稳态是 1），净利率的稳态是 1.01%（模型中的名义利率已经用净利率形式表示），年化后是 4.04%，因为是净值表示，因此利率和通胀在冲击后逐渐回归到其稳态。净值和总值的概念，前述章节已经多次提及。

④ 　严格地说，实际利率 r 由 Fisher 方程决定，$r=R-E_t[pi(+1)]$，应将实际利率作为内生变量写入 Dynare 文件中，由 Dynare 自行计算 IRF。但此处只是在作图时临时定义，$r=R-pi$，从数量上说，差异不大。

优 $\nu=0$ 还是最优情况 $\nu=1/(\epsilon-1)$ [①]。在最优情况下，通胀和劳动为常值，不对技术冲击做出反应。在次优情况下，通胀和劳动虽然不是常值，但均不是技术冲击的函数，因此不对技术变化做出反应。而消费在最优情况下和产出相同，因此对技术冲击做出完全反应，而在次优情况下，从政策函数中可以看出，虽然消费从绝对量上讲，不对技术冲击做出完全反应，但以稳态百分比表示时却是完全的反应。

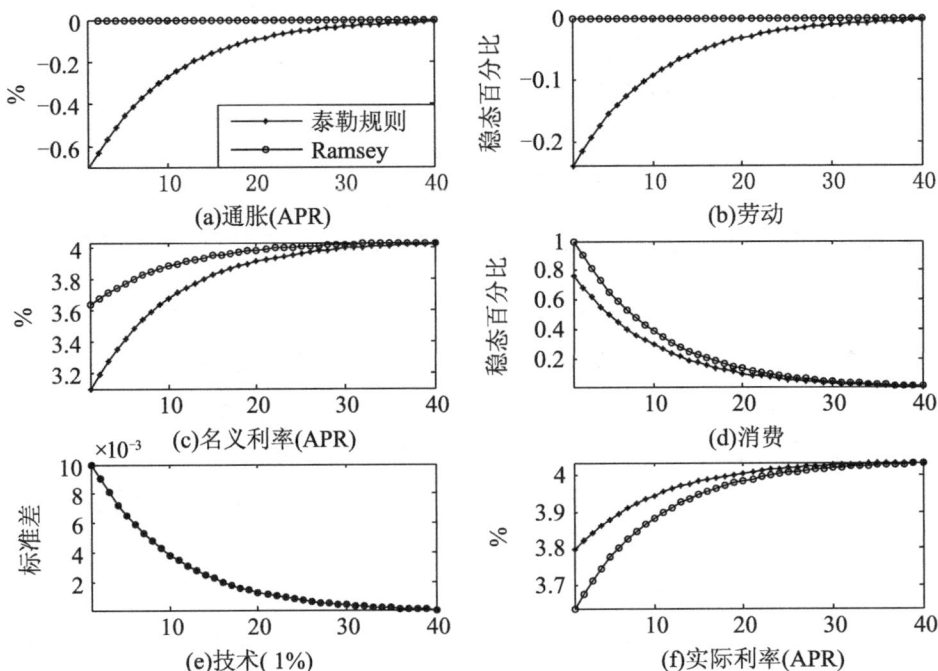

图 7.11　当 $\nu=0$ 次优时，1% 的技术冲击下 Ramsey 均衡和外生货币政策均衡的脉冲响应图

Ramsey 均衡下名义利率下降的幅度小于外生货币政策均衡，这是由于名义利率要对通胀做出调整，在 Ramsey 均衡下通胀未对技术冲击做出任何反应，而在外生货币政策下，通胀对正向技术冲击做出了较大的负向调整，反应系数 $\alpha=1.5$，因此其调整幅度大于 Ramsey 均衡下的调整幅度。实际利率也做出反应，由于外生货币政策均衡下通胀的负向调整较大，因而 Ramsey 均衡下实际利率的下调要大一些。最后，消费由实际利率决定 [见 Euler 方程，如 (7.2.23)]，因此越高的实际利率，越鼓励消费跨期平滑。也就是说，更多地用于储蓄和未来消费，减少现期消费，从而 Ramsey 均衡下消费偏离稳态要大一些。

---

① 　注意，无论在次优还是最优情况，消费对其稳态的偏离都是 1%，技术冲击的完全反应。从绝对量来看，最优情况下要比次优情况要大，因为最优情况下的稳态值比次优情况下的稳态要大。

7.3.3　Andy Levin's Code

本小节介绍如何使用 Andy Levin 的 Matlab 源代码来自动求出 Ramsey 最优问题对应的拉格朗日一阶条件。

使用 Andy Levin 的 Matlab 源代码求解一阶条件，其一般步骤包括：

第一步，准备原始的模型文件。即包含原始货币政策的模型文件，并且该模型文件满足一定的格式要求。

第二步，使用 Andy Levin 的源代码中提供的命令 get_remsey。

第三步，获得新的模型文件。该新模型文件包含一阶条件和拉格朗日乘子，但不包括原来的货币政策，即原来的货币政策规则已经被去除。

接下来，针对上述 3 个步骤进行简要介绍。

1. 准备原始模型文件

原始模型文件的书写除了要按照 Dynare 的语法进行外，该软件包还对模型文件提出了额外的要求，主要是两个额外变量定义和两点注释要求。

首先来看两个变量定义，需要定义即期效用变量和福利水平变量。这两个变量的名称固定，分别使用 "Util" 和 "Welf"。即期效用的均衡定义方程则依据模型具体定义，而福利水平变量的方程是给定的： "Welf=Util + nbeta*Welf(+1);"，字符名称不能变化。

其次来看注释要求。第一，对内生变量按要求进行区别注释。对内生变量即待优化变量，在其声明的前一行加入注释 "// Endogenous variables"；对于其他无须优化的内生变量，比如技术冲击变量，在其声明的前一行加入注释 "// Exogenous variables"（模型文件中仍然使用 var 声明，而非 varexo 声明）；但对于随机外生冲击并未要求注释。第二，对货币政策方程按要求进行注释。在原始货币政策声明的前一行加入注释： "// Monetary Policy Rule"。

下面来看一个示例[①]，具体参见源代码 42。

源代码42　原始模型文件示例

```
// Endogenous variables(内生参数声明)
var R h pie C Util Welf;
```

---

① 示例原始模型文件地址：\Sources\Chap7_Papers\7.3_Ramsey_optimal_policy\Andy_Levin\Andy_Levin_code\modelin.mod。

```
// Exogenous variables(外生变量声明，主要为AR(1)过程变量)
var A;

// Innovations, Stochastic Exogenous variables
varexo eps_A;
......
model;
%(即期效用和福利水平均衡方程)
Util=log(C)-chi*h^2/2;
Welf=Util + nbeta*Welf(+1);

// Monetary Policy Rule(给定外生方程)
R = (pietarget/beta)-1+alpha*(pie(+1)-pietarget);

…(其他语句)
```

注意：技术冲击变量此处被认为是外生变量，白噪声过程被认为是随机外生变量。

如果在编写过程中仍有问题，请参考软件包提供的两个帮助文档：readme.m 和 readme.doc，以及本书提供的一个示例原始模型文件：modelin.mod。

2. 使用 get_remsey 内置命令

在原始模型文件编写结束后，在 Matlab 命令行窗口使用如下的命令来获取新的模型文件，比如命名为：modelout.mod。首先定义两个字符串变量：infilename 和 outfilename，这两个字符串变量的名称不能改变，分别存储原始模型文件的名称、新模型文件的名称，均不包括后缀 .mod。此处原始模型文件名必须和已准备好的模型文件的名称一致；新模型文件必须为合法字符串。然后使用软件包的内置函数 get_ramsey 来获取新的模型文件，并自动存储到当前目录中(一般说来是指该软件包根目录下)，具体命令如源代码 43 所示。

源代码43　获取新模型文件命令示意

```
infilename = 'modelin';
outfilename = 'modelout';
get_ramsey;
```

注意：其中黑体部分为关键字，不能改变。

3. 获取新的模型文件

新模型文件被自动存储到当前目录[①]。相比原始模型文件，新模型文件的变化有如下

[①] 示例新模型文件地址：\Sources\Chap7_Papers\7.3_Ramsey_optimal_policy\Andy_Levin\Andy_Levin_code\modelout.mod。

几点:

- 新增了若干拉格朗日乘子的定义,以及为此声明的3个参数,用于存储3个乘子的稳态值。在此示例中共声明3个乘子,3个稳态值参数。
- 拉格朗日问题的最优条件。在此示例中共有4个一阶条件,即随模型4个内生变量分别求一阶导数得到的,此时原有模型文件中的货币政策规则被丢弃,此时相当于新增了3个均衡条件,对应3个新增的乘子。
- 最后在初始值模块中,指定3个乘子的初始值为其稳态值。

具体示例参考源代码44所示。

源代码44　新模型文件

```
var lmult1,  lmult2,  lmult3; %(Lagrangian乘子)

parameters lmult1_SS,  lmult2_SS,  lmult3_SS; %(乘子稳态参数)

// Policymaker's First-Order Conditions
……; (第一个一阶条件)
……; (第二个一阶条件)
……; (第三个一阶条件)
……; (第四个一阶条件)
…
initval;
……

lmult1 = lmult1_SS;
lmult2 = lmult2_SS;
lmult3 = lmult3_SS;
end;
…
```

参 考 文 献

[1] Barro R. J., Gordon D. B. *A Positive Theory of Monetary Policy in a Natural Rate Model*[J]. Journal of Political Economy, 1983, 91(4):589-610.

[2] Benigno G., Benigno P. *Price Stability in Open Economies*[J]. The Review of Economic Studies, 2003, 70(4):743-764.

[3] Blanchard O., Galí J. *Real Wage Rigidities and the New Keynesian Model*[J]. Journal of Money Credit & Banking, 2007, 39(s1):35-65.

[4] Calvo G. A. *Staggered Prices in a Utility-Maximizing Framework*[J]. Journal of Monetary

Economics, 1983, 12(3):383-398.

[5] Clarida R., Galí J., Gertler M. *The Science of Monetary Policy: A New Keynesian Perspective*[J]. Journal of Economic Literature, 1999, 37(4):1661-1707.

[6] Corsetti G., Pesenti P. *Welfare and Macroeconomic Interdependence*[J]. The Quarterly Journal of Economics, 2001, 116(2):421-445.

[7] Galí J. *Monetary Policy, Inflation, and the Business Cycle: An Introduction to the New Keynesian Framework*[M]. Princeton University Press, 2008.

[8] Galí J. *Monetary Policy, Inflation, and the Business Cycle: An Introduction to the New Keynesian Framework and its Applications (2nd Edition)*[M]. Princeton University Press, 2015.

[9] Kydland F. E., Prescott E. C. *Rules Rather than Discretion: The Inconsistency of Optimal Plans*[J]. Journal of Political Economy, 1977, 85(3):473-491.

[10] Korinek A. *Thoughts on DSGE Macroeconomics: Matching the Moment, but Missing the Point?*[M].Guzman M. Economic Theory and Public Policies: Joseph Stiglitz and the Teaching of Economics. New York: Columbia University Press,forthcoming, 2017.

[11] Laffer A. B. *Government Exactions and Revenue Deficiencies*[M]. Macmillan Education UK, 1981: 1-21.

[12] Lester R., Pries M., Sims E. *Volatility and Welfare[J]*. Journal of Economic Dynamics and Control, 2014, 38:17-36.

[13] Schmitt-Grohé S., Uribe M. *Optimal Simple and Implementable Monetary and Fiscal Rules*[J]. Journal of Monetary Economics, 2007, 54(6):1702-1725.

8

DSGE 模型下微观福利度量方法

在 DSGE 分析框架下，福利度量 (Welfare Metrics) 已经成为政策比较和排序的尺度 (Measurement) 与基石。特别是基于效用最大化的微观福利度量，近年来在文献中广泛使用。

粗略地说，文献中有两类关于福利的度量方法。第一类为 (社会) 福利损失函数。这类定义通常从产出和通胀的方差推导而来，如 Woodford(2003)，Galí(2008)。第二类为补偿变化 (Compensating Variation，CV)。该方法通常选取一个参照的内生变量作为度量标准，当这个参照的内生变量为消费时，CV 方法就非常类似于微观经济学中的一个定义，即消费等价变化 (Consumption Equivalent Variation，CEV)。两者都是指需要多少额外的消费量才能达到初始或给定的效用水平。这一额外的量 (以消费为参照物) 被称为补偿变化，从而为排序提供数量度量。CEV 的方法最初由英国著名经济学家 John Hicks 提出，而 Schmitt-Grohé & Uribe(2007, *JME*) 将其引入 DSGE 框架内，并给出明确的定义和例子。本章在 DSGE 框架下简要介绍如何定义上述两种福利度量，并进行简单的计算和分析。

首先来介绍基于补偿变化的福利定义。

8.1 条件福利和非条件福利的定义

本节介绍基于补偿变化的福利定义。在介绍定义之前，先引入一个含有劳动的 RBC 模型为定义阐述使用[①]。

8.1.1 简单的RBC模型

假设经济中代表性家庭最大化如下终身贴现效用：

$$\max_{\{C_t, N_t\}_{t=1}^{\infty}} E_0 \sum_{t=0}^{\infty} \beta^t U(C_t, N_t)$$

---

① 定义和例子来源于 Lester R., Pries M., Sims E. *Volatility and Welfare*[J]. Journal of Economic Dynamics and Control, 2014:17-36.

预算约束为

$$C_t + K_{t+1} - (1-\delta)K_t \leqslant A_t K_t^\alpha N_t^{1-\alpha} \tag{8.1.1}$$

定义值函数为

$$W_0 \equiv W(A_0, K_0) \equiv \max_{\{C_t, N_t, K_{t+1}\}} E_0 \sum_{t=0}^\infty \beta^t U(C_t, N_t) \tag{8.1.2}$$

与上述无限期、含贴现的动态规划问题相对应的贝尔曼方程 (Bellman) 可写为

$$W_t \equiv W(A_t, K_t) \equiv \max_{\{C_t, N_t, K_{t+1}\}} U(C_t, N_t) + \beta E_t W(A_{t+1}, K_{t+1}) \tag{8.1.3}$$

$$C_t + K_{t+1} - (1-\delta)K_t \leqslant A_t K_t^\alpha N_t^{1-\alpha} \tag{8.1.4}$$

该最优化问题的一阶条件及均衡条件如下：

$$U_C(C_t, N_t) = \beta E_t \left(U_C(C_{t+1}, N_{t+1}) \left(\alpha A_{t+1} \left(\frac{K_{t+1}}{N_{t+1}} \right)^{\alpha-1} + (1-\delta) \right) \right) \tag{8.1.5}$$

$$-U_N(C_t, N_t) = U_C(C_t, N_t)(1-\alpha)A_t \left(\frac{K_t}{N_t} \right)^\alpha \tag{8.1.6}$$

$$W_t = U(C_t, N_t) + \beta E_t W_{t+1} \tag{8.1.7}$$

$$K_{t+1} = A_t K_t^\alpha N_t^{1-\alpha} - C_t + (1-\delta)K_t \tag{8.1.8}$$

$$A_t = (1-\rho) + \rho A_{t-1} + \sigma_i \epsilon_t \tag{8.1.9}$$

其中，σ_i 表示扰动项，代表经济状态，可解释为风险。因此可假定经济中的风险随 σ_i 的增大而增大。当 $i = h$ 时，表示高风险状态；当 $i = l$ 时，表示低风险状态（即 $\sigma_h > \sigma_l$）。该扰动项仅表示不同经济环境或状态的一种方法而已，可以使用不同的设定来表示经济环境或政策环境的不同。

8.1.2　条件福利水平

定义条件福利水平 $W_i(A_t, K_t)$：

$$W_i(A_t, K_t) = E_t \sum_{j=0}^\infty \beta^j U(C_{i,t+j}^*, N_{i,t+j}^*), i = h, l \tag{8.1.10}$$

此处 $C_{i,t+j}^*$、$N_{i,t+j}^*$ 分别表示最优选择的消费和劳动即位于鞍点路径上。该福利水平变量之所以被称为条件福利水平，是因为期望算子是基于时刻 t 的状态 (A_t, K_t) 来计算的。

接下来由条件福利水平的定义来引入补偿变化的定义。针对上述两种不同的状态，定义条件消费补偿变化 λ^c 满足如下的等式关系：

$$E_t \sum_{j=0}^{\infty} \beta^j U\left(C_{l,t+j}^*, N_{l,t+j}^*\right) \equiv W_l\left(A_t, K_t\right) = E_t \sum_{j=0}^{\infty} \beta^j U\left(\left(1+\lambda^c\right) C_{h,t+j}^*, N_{h,t+j}^*\right) \tag{8.1.11}$$

即在风险较高的状态下，需要补偿 λ^c 单位的消费量，才能使得福利水平和风险较低状态下的福利水平相当。也就是说，为了使家庭在两种经济状态下无差异，需要在高风险状态下补偿 λ^c 单位的消费量。于是补偿的含义因此而来。需要指出的是，变量 λ^c 可能为正，可能为负，也可能为 0。当 λ^c 为正时，说明低风险状态更具吸引力，因为低风险下福利水平更高；反之，当 λ^c 为负时，说明高风险状态更具吸引力；当 λ^c 为 0 时，说明两种状态无差异。根据定义，很显然条件消费补偿变化 λ^c 依赖于初始状态。也就是说，不同初始状态，对应的条件消费补偿变化 λ^c 是不同的。一般情况下，初始状态为内生变量的稳态值。

8.1.3 无条件福利水平

除了条件福利水平变量外，无条件福利水平是另外一种福利度量方法。无条件福利水平的计算基于无条件值函数。在计算时通常选择其无条件期望，即均值作为度量，而不是基于某一个初始状态，如前述提及的稳态值。从形式上，无条件福利水平的定义如下：

$$E\left(W_i\left(A_t, K_t\right)\right) = E \sum_{j=0}^{\infty} \beta^j U\left(C_{i,t+j}^*, N_{i,t+j}^*\right) \tag{8.1.12}$$

其中，$C_{i,t+j}^*$、$N_{i,t+j}^*$ 分别表示最优选择的消费和劳动。于是基于上述无条件福利水平的形式定义，可进一步定义无条件消费补偿变化 λ^u 如下：

$$E\left(W_i\left(A_t, K_t\right)\right) = E \sum_{j=0}^{\infty} \beta^j U\left(\left(1+\lambda^u\right) C_{h,t+j}^*, N_{h,t+j}^*\right) \tag{8.1.13}$$

通常情况下，无条件消费补偿变化 λ^u 和条件消费补偿变化 λ^c 是不同的。也就是说，对应的条件和无条件福利是不同的。那么在实际研究中该使用哪种度量呢？一般情况下，应该根据研究目的不同，选择适当的福利水平进行政策比较。如果考察短期内政策的过渡性或转换效应，应该选择条件福利水平进行政策比较，因为无条件福利水平的计算忽略了转换效应。如果考察政策的长期效果，那么无条件福利水平是较好的选择，因为无条件福利水平依赖于长期的状态空间分布，短期的转换效应和成本会在长期内消失。

8.1.4 无条件消费补偿变化的其他度量

Elekdağ & Tchakarov(2007, *JEDC*) 使用了即期效用函数，而非值函数，并以稳态 (C, N) 时的效用函数为基准，定义了另外一种无条件消费补偿变化：

$$E\big(U\big(C_t,L_t\big)\big)=U\big((1-\lambda)C,N\big) \tag{8.1.14}$$

即使用即期效用函数的无条件均值与稳态效用相对比，稳态时需要（负向）补偿多少单位的消费，才能使得两者无差异。进一步将 $U(C_t, L_t)$ 在稳态 (C, N) 附近进行二阶泰勒展开，两边取无条件期望：

$$E\big(U\big(C_t,N_t\big)\big)=U(C,N)+U_cC\cdot E\big(C_t^*\big)+U_N N\cdot E\big(N_t^*\big)+U_{CN}CN\cdot E\big(C_t^* N_t^*\big)$$
$$+\frac{U_{cc}C^2+U_cC}{2}\cdot \mathrm{var}\big(C_t^*\big)+\frac{U_{NN}N^2+U_N N}{2}\mathrm{var}\big(N_t^*\big) \tag{8.1.15}$$

其中，C_t^*、N_t^* 分别表示离差形式，即对稳态偏离的百分比。如果假设效用函数为可加可分，解析形式如下：

$$U\big(C_t,N_t\big)=\frac{C_t^{1-\sigma}-1}{1-\sigma}-\frac{N_t^{1+\psi}}{1+\psi},\sigma,\psi>0 \tag{8.1.16}$$

根据 (8.1.15)，消费补偿 λ 则具有如下解析形式的解：

$$\lambda=1-\left(1+(1-\sigma)\left(E\big(C_t^*\big)-\alpha E\big(N_t^*\big)+\frac{1-\sigma}{2}\mathrm{var}\big(C_t^*\big)-\frac{\alpha(1+\psi)}{2}\mathrm{var}\big(N_t^*\big)\right)\right)^{\frac{1}{1-\sigma}} \tag{8.1.17}$$

其中，$\alpha=L^{1+\psi}/C^{1-\sigma}$。这种方法计算消费补偿参数依赖于效用函数的具体形式，不可分的效用函数或较为复杂的效用函数形式，都会给计算带来不小的难度甚至无法求出解析解。

8.2 消费补偿变化示例

本节将通过两个典型的例子，考察如何推导以及如何在 Dynare 中编程计算条件和无条件福利水平及其对应的消费补偿变化。

8.2.1 可加可分的效用函数

1. 对数消费

假设家庭的效用函数具有可加可分的性质且为对数消费：

$$U\big(C_t,N_t\big)=\log C_t-\psi\frac{N_t^{1+\phi}}{1+\phi},\phi,\psi\geqslant 0 \tag{8.2.1}$$

因此，基于某个给定初始状态 (A_t, K_t) 和经济风险水平 i，定义条件福利水平为

$$W_i\left(A_t,K_t\right)=E_t\sum_{j=0}^{\infty}\beta^j\left(\log C_{i,t+j}^*-\psi\frac{\left(N_{i,t+j}^*\right)^{1+\phi}}{1+\phi}\right) \tag{8.2.2}$$

根据效用函数可加可分的性质，可引入两个辅助变量：W_i^C 和 W_i^N，即

$$W_i\left(A_t,K_t\right)=W_i^C\left(A_t,K_t\right)+W_i^N\left(A_t,K_t\right) \tag{8.2.3}$$

$$W_i^C\left(A_t,K_t\right)\equiv E_t\sum_{j=0}^{\infty}\beta^j\left(\log C_{i,t+j}^*\right) \tag{8.2.4}$$

$$W_i^N\left(A_t,K_t\right)\equiv E_t\sum_{j=0}^{\infty}\beta^j\left(-\psi\frac{\left(N_{i,t+j}^*\right)^{1+\phi}}{1+\phi}\right) \tag{8.2.5}$$

因此定义条件消费补偿变化 λ^c 满足：

$$W_l\left(A_t,K_t\right)=E_t\sum_{j=0}^{\infty}\beta^j\left(\log\left(1+\lambda^c\right)C_{h,t+j}^*-\psi\frac{\left(N_{h,t+j}^*\right)^{1+\phi}}{1+\phi}\right) \tag{8.2.6}$$

可进一步表示为

$$\begin{aligned}W_l\left(A_t,K_t\right)&=E_t\sum_{j=0}^{\infty}\beta^j\log\left(1+\lambda^c\right)+W_h^C\left(A_t,K_t\right)+W_h^N\left(A_t,K_t\right)\\&=\sum_{j=0}^{\infty}\beta^j\log\left(1+\lambda^c\right)+W_h\left(A_t,K_t\right)\end{aligned} \tag{8.2.7}$$

从而求解出条件消费补偿变化 λ^c 的解析表达式为

$$\lambda^c=\exp\left(\left(1-\beta\right)\left(W_l\left(A_t,K_t\right)-W_h\left(A_t,K_t\right)\right)\right)-1 \tag{8.2.8}$$

可以看出，λ^c 的正负值取决于 $W_l\left(A_t,K_t\right)$ 和 $W_h\left(A_t,K_t\right)$ 的大小。如果 $W_l\left(A_t,K_t\right)>W_h\left(A_t,K_t\right)$，则 $\lambda^c>0$，家庭会更倾向于低风险经济状态；反之 $\lambda^c<0$，家庭更倾向于高风险经济状态。

类似可定义并求出无条件消费补偿变化 λ^u 的解析表达式：

$$\lambda^u=\exp\left\{\left(1-\beta\right)\left(E\left[W_l\left(A_t,K_t\right)\right]-E\left[W_h\left(A_t,K_t\right)\right]\right)\right\}-1 \tag{8.2.9}$$

2. 非对数消费

假设家庭的效用函数具有可加可分的性质：

$$U\left(C_t,N_t\right)=\frac{C_t^{1-\sigma}-1}{1-\sigma}-\psi\frac{N_t^{1+\varphi}}{1+\varphi},\sigma,\varphi,\psi\geqslant0 \tag{8.2.10}$$

当 $\sigma\to1$ 时，此为对数消费效用函数。和第一种情况类似，定义两个辅助变量：

$$W_i\left(A_t, K_t\right) = W_i^C\left(A_t, K_t\right) + W_i^N\left(A_t, K_t\right) \tag{8.2.11}$$

$$W_i^C\left(A_t, K_t\right) \equiv E_t \sum_{j=0}^{\infty} \beta^j \left(\frac{\left(C_{i,t+j}^*\right)^{1-\sigma} - 1}{1-\sigma}\right) \tag{8.2.12}$$

$$W_i^N\left(A_t, K_t\right) \equiv E_t \sum_{j=0}^{\infty} \beta^j \left(-\psi \frac{\left(N_{i,t+j}^*\right)^{1+\phi}}{1+\phi}\right) \tag{8.2.13}$$

定义条件消费补偿变化 λ^c 满足：

$$W_l\left(A_t, K_t\right) = E_t \sum_{j=0}^{\infty} \beta^j \left\{\frac{\left[\left(1+\lambda^c\right) C_{h,t+j}^*\right]^{1-\sigma} - 1}{1-\sigma} - \psi \frac{\left(N_{h,t+j}^*\right)^{1+\phi}}{1+\phi}\right\} \tag{8.2.14}$$

上式可进一步简化为

$$
\begin{aligned}
W_l\left(A_t, K_t\right) = {}& W_h^N\left(A_t, K_t\right) \\
&+ \left(1+\lambda^c\right)^{(1-\sigma)}\left(W_h^C\left(A_t, K_t\right) + \frac{1}{(1-\sigma)(1-\beta)}\right) - \frac{1}{(1-\sigma)(1-\beta)}
\end{aligned} \tag{8.2.15}
$$

最终可求出条件消费补偿变化 λ^c 的解析表达式为

$$\lambda^c = \left(\frac{W_l\left(A_t, K_t\right) - W_h^N\left(A_t, K_t\right) + \frac{1}{(1-\sigma)(1-\beta)}}{W_h^C\left(A_t, K_t\right) + \frac{1}{(1-\sigma)(1-\beta)}}\right)^{\frac{1}{1-\sigma}} - 1 \tag{8.2.16}$$

同样可定义并求出无条件消费补偿变化 λ^u 的解析表达式：

$$\lambda^u = \left(\frac{E\left(W_l\left(A_t, K_t\right)\right) - E\left(W_h^N\left(A_t, K_t\right)\right) + \frac{1}{(1-\sigma)(1-\beta)}}{E\left(W_h^C\left(A_t, K_t\right)\right) + \frac{1}{(1-\sigma)(1-\beta)}}\right)^{\frac{1}{1-\sigma}} - 1 \tag{8.2.17}$$

8.2.2　KPR 效用函数

King，Plosser & Rebelo (1988，*JME*) 使用了如下形式的效用函数：

$$U\left(C_t, N_t\right) = \frac{1}{1-\gamma}\left[\left(C_t \times \exp\left(-\psi \frac{N_t^{1+\phi}}{1+\phi}\right)\right)^{1-\gamma} - 1\right], \ \gamma, \phi \geqslant 0 \tag{8.2.18}$$

此效用函数关于消费和劳动不具有可加可分性质。依此可定义，对应的条件福利水平为

$$W_i\left(A_t,K_t\right)=E_t\sum_{j=0}^{\infty}\beta^j\left\{\frac{1}{1-\gamma}\left[\left(C_{i,t+j}^*\times\exp\left(-\psi\frac{\left(N_{i,t+j}^*\right)^{1+\phi}}{1+\phi}\right)\right)^{1-\gamma}-1\right]\right\} \tag{8.2.19}$$

和条件消费补偿变化 λ^c：

$$W_l\left(A_t,K_t\right)=E_t\sum_{j=0}^{\infty}\beta^j\left\{\frac{1}{1-\gamma}\left[\left(\left(1+\lambda^c\right)C_{h,t+j}^*\times\exp\left(-\psi\frac{\left(N_{h,t+j}^*\right)^{1+\phi}}{1+\phi}\right)\right)^{1-\gamma}-1\right]\right\} \tag{8.2.20}$$

(8.2.20) 可简化为

$$W_l\left(A_t,K_t\right)=\left(1+\lambda^c\right)^{1-\gamma}\left(W_h\left(A_t,K_t\right)+\frac{1}{(1-\gamma)(1-\beta)}\right)-\frac{1}{(1-\gamma)(1-\beta)} \tag{8.2.21}$$

因此可求解出条件消费补偿变化 λ^c 的解析表达式为

$$\lambda^c=\left(\frac{W_l\left(A_t,K_t\right)+\dfrac{1}{(1-\gamma)(1-\beta)}}{W_h\left(A_t,K_t\right)+\dfrac{1}{(1-\gamma)(1-\beta)}}\right)^{\frac{1}{1-\gamma}}-1 \tag{8.2.22}$$

同样可定义并求出无条件消费补偿变化 λ^u 的解析表达式为

$$\lambda^u=\left(\frac{E\left(W_l\left(A_t,K_t\right)\right)+\dfrac{1}{(1-\gamma)(1-\beta)}}{E\left(W_h\left(A_t,K_t\right)\right)+\dfrac{1}{(1-\gamma)(1-\beta)}}\right)^{\frac{1}{1-\gamma}}-1 \tag{8.2.23}$$

8.2.3　Dynare代码实现

1. 二阶近似的必要性

根据福利经济学第一定理，完全竞争均衡都是帕累托最优的 (Pareto Optimal)。因而在其他设定等同的情况下，完全市场 (Complete market) 设定下的经济模型应该比不完全市场 (Incomplete market) 经济模型有更高的福利水平。Kim & Kim(2003，*JIE*) 使用了一个开放的 RBC 模型，在一阶近似下得到了完全相反的结论。这就是说在进行福利分析时，对模型进行二阶或二阶以上近似是必需的。而舍弃高阶项 (矩)，忽略风险因素 (由二阶矩即方差度量)，则会产生较大的舍入误差，从而产生了完全相反的结论。这是由于一阶近似舍弃高阶项 (矩) 中包含的风险因素，因而会产生较大的舍入误差，从而导致了错误的结论。

2. Dynare 的实现

假设考虑本书"**8.1 条件福利和非条件福利的定义**"一节中介绍的例子，以贝尔曼方程的形式引入值函数，将其视为条件福利水平并作为内生变量，那么该模型的均衡由 5 个内生变量 C_t、N_t、K_t、A_t、W_t 和 5 个均衡条件 (8.1.5) ～ (8.1.9)[①] 组成。

在具体编程之前，需要首先确定条件和非条件福利水平的编程逻辑。在本书"**3.6.2 二阶解表示**"一节中介绍了 Dynare 的二阶解表示形式及其结果存储。为了方便，将二阶解表示重新表述如下[②]：

$$y_t = \bar{y} + \frac{1}{2}g_{\sigma\sigma} + g_y\hat{y}_{t-1} + g_u u_t + \frac{1}{2}\big(g_{yy}(\hat{y}_{t-1}\otimes\hat{y}_{t-1}) + \tag{8.2.24}$$
$$g_{uu}(u_t\otimes u_t) + 2g_{yu}(\hat{y}_{t-1}\otimes u_t)\big)$$

其中，y_t 为内生变量组成的向量；$\bar{y}$ 为内生变量的稳态值；$g_{\sigma\sigma}$ 为外生冲击的转移效应，被存储于 oo_.dr.ghs2。具体到此处简单的 RBC 模型，假设以稳态 (A, K) 为初始条件或起点[③]，那么条件福利水平 $W_t = W(A_t, K_t)$ 可表示为：

$$W(A, K) = W + \frac{1}{2}g_{\sigma\sigma} \tag{8.2.25}$$

其中，W 为条件福利水平的稳态。对于无条件福利水平，作为模型的内生变量，可以使用无条件均值 (Unconditional Mean) 作为其值。该无条件均值被存储于 oo_.mean 中，并以声明顺序排列。此处假设效用函数采取可加可分的形式，如 (8.2.10) 所示；模型的参数校准如表 8.1 所示。

表 8.1　模型的参数校准

符　　号	参　数　含　义	校　准　值
α	产出的资本份额	$\frac{1}{3}$
β	贴现因子	0.995
δ	资本折旧率	0.02
σ	消费跨期替代弹性的倒数	1.05

---

① 在实际编写 mod 文件时，为了提高代码的可读性，加入了其他一些内生变量，比如产出、投资、资本收益率、实际利率等和辅助变量；福利水平变量的两个组成部分（消费正效用部分和劳动负效用部分）分别声明一个辅助变量。

② 具体请参考本书"**1.2 DSGE 高阶求解：Dynare 的求解逻辑**"一节的具体说明。

③ 以稳态为起始点，此时外生冲击为 0。

续表

符　　号	参 数 含 义	校 准 值
ϕ	劳动的 Frisch 弹性的倒数	0.4
ψ	劳动负效用参数	3
ρ	技术冲击持续性参数	0.95
σ_i	技术冲击标准差参数	$\sigma_t = 0.01, \sigma_h = 0.02$

数据来源：作者自行校准；Lester, Pries & Sims(2014, *JEDC*)。

模型文件此处不再列示，请参考提供的源码[①]。由于牵涉两种不同的经济状态，因而此处对模型文件进行循环调用[②]。此处列示出用于调用的主文件[③]，并对其进行简单分析，具体如源代码 45 所示。

源代码45　条件和无条件福利水平的计算

```
%% This is the main file that recursively invokes cv.mod file
clear all;  close all;  clc;

%volatility of exogenous shock 注意标准差参数值的大小对补偿变化值有影响
sigmae_arr = [0.01, 0.02];

% unconditional and conditional welfare metric
uncond_mean = zeros(3,length(sigmae_arr));
cond = zeros(3,length(sigmae_arr));

%recursively running the mod file and save the results
% ii denotes different economy states,i.e., different shocks
for ii=1:length(sigmae_arr)
    sigmae=sigmae_arr(ii);
    save parameterfile_cv sigmae;
    dynare cv noclearall;

    %we extract unconditional welfare metric here;

%The welfare value function w,w_c,w_l are at No. 1, 2,3 in declaration
order
%variables in delcaration order in oo_.mean

    uncond_mean(1,ii) = oo_.mean(1); %value function w
    uncond_mean(2,ii) = oo_.mean(2);%consumption part w_c
```

```
    uncond_mean(3,ii) = oo_.mean(3); %labor part w_l

    %we extract conditional welfare metric here;
    %oo_.steady_state in declaration order

    %oo_.dr_ghs2 in DR(Decision Rule) order:w n wage y i r k a w_c w_l c Rk.;
    %The welfare value function w,w_c,w_l  are at No. 1, 9,10 in DR order
respectively
    %The welfare value function w,w_c,w_l  are at No. 1, 2,3 in declaration
order resp.
    cond(1,ii) = oo_.steady_state(1) + oo_.dr.ghs2(1)/2; %value function
    cond(2,ii) = oo_.steady_state(2) + oo_.dr.ghs2(9)/2; %consumption part
    cond(3,ii) = oo_.steady_state(3) + oo_.dr.ghs2(10)/2;%labor part
end

% calculating the unconditional compensation variation welfare metric
% cab_lab = 1/(1-beta)/(1-sigma); defined in cv.mod.
%lambda_u is usually small, we multiply it by 100;
%under the current parameter setting, cv >0. This mean that low
%volatility regime will be preferred.
nomin= (uncond_mean(1,1) - uncond_mean(3,2) + cab_lab);
denomin = uncond_mean(2,2) +cab_lab;
lambda_u = 100*((nomin/denomin)^(1/(1-sigma)) -1); %Eq.  (8.2.16)in Text

% conditional compensation variation welfare metric
nomin_c= (cond(1,1) - cond(3,2) + cab_lab);
denomin_c = cond(2,2) +cab_lab;
lambda = 100*((nomin_c/denomin_c)^(1/(1-sigma)) -1); %Eq.  (8.2.17)in Text
%after calculation, we display it.
disp('conditional   unconditional');
disp([lambda lambda_u]);
```

由 (8.2.16) 和 (8.2.17) 定义的条件和无条件消费补偿参数，其最终的计算结果如表 8.2 所示。结果显示，两个消费补偿参数均大于 0，也就是说，无论从条件福利水平来说，还是无条件福利水平来说，家庭都更倾向于具有低波动状态下的经济，因为其带来了更高的福利水平。

表 8.2　消费补偿参数计算结果　　　　　　　　　　　　　　　　　　%

消费补偿参数	计算结果
条件消费补偿参数 λ^c	0.042 1
无条件消费补偿参数 λ^u	0.021 2

数据来源：作者自行计算。补偿参数为百分点。

此外，读者可根据本节提供的源代码，求解本节中其他例子 (如 KPR 效用函数以及对数消费效用函数等) 对应的福利水平和消费补偿参数。值得一提的是，此处求解福利水平的方法值得关注。将福利水平作为模型内生变量的一个好处在于，不管模型采取了何种形式的效用函数，这种处理方法一般都能求解出福利水平变量本身，尽管消费补偿参数不再具有漂亮的解析形式。

8.3 损失函数法

8.3.1 损失函数的推导

损失函数法 (Welfare Loss) 是文献中另外一种常用的福利度量方法，如梅冬州和龚六堂 (2011)[1]、马文涛 (2011)、Zhang(2009, *JM*)、Galí(2008)、Galí & Monacelli (2005, *RES*)。然而这种方法不同于前述定义的条件和无条件福利，而是在某些特定的条件下，对条件福利水平进行简化处理，对效用函数进行二阶泰勒近似，最终将其表示成通胀和产出缺口的函数，以此来说明经济对有效均衡 (Efficient Allocation) 的偏离。然而，在一般均衡框架下，该方法的使用范围受到了限制，因为最终结果的推导是基于某些特定形式的效用函数，因此不具有普遍适用性。

Rotemberg & Woodford(1999)、Woodford(2002, 2003) 较早地使用了该方法，而后被广泛引用。该方法将福利损失函数表示成即期效用函数与稳态效用的相对偏离百分比的贴现值，使用了稳态消费的效用，将即期效用函数与稳态效用函数的差值转变成无量纲的相对比值：

$$W = E_0 \sum_{t=0}^{\infty} \beta^t \left(\frac{U_t - U}{U_c C} \right) \tag{8.3.1}$$

其中，U_c 表示消费的边际效用；C 为稳态消费；$U_c C$ 表示稳态消费对应的效用；U 为稳态效用，即消费和劳动都取稳态值时对应的效用。在某些特定的假设下[2]，损失函数 W 可以进一步表示为

$$W = -\frac{1}{2} E_0 \sum_{t=0}^{\infty} \beta^t \left(\lambda_1 \pi_t^2 + \lambda_2 y_t^2 \right) \tag{8.3.2}$$

---

[1] 该文最终推导出的损失函数是关于消费和劳动方差的函数。

[2] 在封闭经济条件下，如效用函数关于消费和劳动可分，没有工资黏性等。

其中，π_t、y_t 分别表示通胀和产出缺口。因此本质上讲，损失函数 W 表征了经济偏离其有效均衡时代表性家庭的福利损失。$\lambda_1 > 0$、$\lambda_2 > 0$ 是权重参数，其为模型结构参数的函数[①]：

$$\lambda_1 = \frac{\epsilon\theta(1-\alpha+\alpha\epsilon)}{(1-\theta)(1-\beta\theta)(1-\alpha)}, \quad \lambda_2 = \sigma + \frac{\psi+\alpha}{1-\alpha}$$

其中，$(1-\alpha)$ 为劳动产出份额；θ 为价格黏性参数；ϵ 为国内不同中间产品的替代弹性；σ、ψ 分别为相对风险厌恶系数（消费跨期替代弹性的倒数）和劳动供给的 Frisch 弹性的倒数。

通常情况下，该损失函数无法直接计算福利损失水平。Galí(2008) 考虑了平均福利损失水平 (Average Welfare Loss Per Period)[②]：

$$\mathbb{L} = \frac{1}{2}\left(\lambda_1 \mathrm{var}(\pi_t) + \lambda_2 \mathrm{var}(y_t)\right) \tag{8.3.3}$$

从参数 λ_1 的表达式可看出，其为黏性参数 θ 和中间品替代弹性参数 ϵ 的增函数。也就是说，随着这两个参数增加，福利损失也在增加。为什么呢？黏性参数使得经济中发生了价格离散（部分价格调整），黏性参数越大，价格离散程度越强，因此通胀越高，福利损失越大。在给定价格离散程度时，中间品替代弹性参数 ϵ 的增加，使得价格离散核 d_t^p 增加 [参见本书"**4.2.2 黏性价格设定与价格离散核 (Price Dispersion)**"一节]，从而导致了劳动波动增加，并最终增加了福利损失。$\lambda_2 > 0$ 是曲率参数 σ、ψ、α 的增函数，而这些曲率参数的增加会导致（消费和劳动之间的）边际替代率与其边际技术转换率之间的差异增大，并最终导致边际替代率和劳动的边际产出之间的差异增大，从而使得经济中无效率损失增加。

如果只考虑平均福利水平，那么 $\mathbb{L}$ 越大，意味着越大的福利损失水平。(8.3.3) 与货币经济学中的央行损失函数有着几乎完全相同的解析形式。然而两者存在区别。央行损失函数中关于通胀和产出的权重设定通常带有较强的主观性，并不是模型结构参数的函数，因此缺乏微观基础（刘晓辉和范从来，2007，2008）。

Rduebusch & Svensson(1999)、Willianms(1999) 指出，很多文献假定产出和通胀缺口有相同或相近的权重，这种做法有失妥当。然而在一般均衡分析框架中，合理的模型结构参数的设定会使得 λ_2 要远小于 λ_1（见表 8.3）。在通常的设定下，λ_2=3，当 ϵ=11，θ=0.5 时，λ_1=141.58，产出的权重只相当于通货膨胀的 2.1%。这和 Woodford(2002)、Rotemberg & Woodford(1997) 结论 5% 相近，因此直接假定等权重或相近的权重可能会造成误导性的

[①] 具体推导方法，请参考 Gali(2008)，P86-89。
[②] 平均福利水平的本质是无条件福利损失，通胀和产出缺口的方差通常是无条件方差，即理论方差。

结果。

表 8.3　国内商品替代弹性 ϵ、价格黏性参数 θ 的设定和通胀权重大小

λ_1	$\theta=0.3$	$\theta=0.5$	$\theta=0.8$	$\theta=0.95$
$\epsilon=3$	4.57	14.85	144.23	2 394.95
$\epsilon=5$	10.67	34.65	336.54	5 588.24
$\epsilon=11$	43.59	141.58	1 375.00	22 831.93
$\epsilon=21$	147.23	478.22	4 644.23	77 117.64

数据来源：作者计算；其他参数的取值分别为 $\alpha=\frac{1}{3}, \beta=0.99, \sigma=1, \psi=1$。其中 ϵ 大小和价格加成 $\frac{\epsilon}{\epsilon-1}$ 成反比，$\epsilon=3$ 意味着价格加成为 50%，$\epsilon=21$ 意味着价格加成为 5%。价格黏性参数 θ 越大，意味着价格调整得越慢。

如果考虑无条件福利损失水平，结合条件福利损失 (8.3.2) 和平均福利损失 (8.3.3)，则有：

$$W=-\frac{1}{1-\beta}\mathbb{L} \qquad (8.3.4)$$

根据 (8.3.3) 和 (8.3.4)，如果在 Dynare 进行计算福利损失函数，其关键在于找到通胀和产出缺口的方差。和本书"**8.2 消费补偿变化示例**"小节计算一致，使用无条件二阶矩，即方差作为通胀和产出缺口的方差，该无条件方差存储于 **oo_.var** 结构数组中，该数组为内生变量的方差和协方差矩阵，以声明顺序排列 (若 stoch_simul 命令指定了内生变量，则以此处声明的内生变量排序为准)。

从福利度量和政策分析的角度说，福利损失的绝对值越大，意味着该经济状态越差或对应的政策排序越靠后，因为此时的产出和通胀的波动较大，这不是家庭或政策制定者所希望看到的。因此，家庭或政策制定者应该更倾向于福利损失的绝对值较小的经济状态或经济政策。

8.3.2　Dynare代码实现和结果解析

此部分以本书"**7.1 货币政策和新开放宏观模型**"一节中的小型开放宏观模型，示例如何计算平均福利损失。此处针对两个参数的变化考察平均福利损失，具体参见表 8.4。

表8.4　两个不同参数取值对福利损失的影响

参　　数	参 数 含 义	取　　值
ϵ	不同商品替代弹性的倒数	6，11
ϕ	劳动供给的 Frisch 弹性的倒数	3，10

数据来源：作者自行校准。替代弹性的倒数取 6 表示价格加成 20%，取 11 表示价格加成 10%。两个参数分别取两个不同的值，两两组合，共有 4 种情况。此外为简单起见，令 $\alpha = 0$，$\sigma = 1$。

此处同样需要循环调用模型对应的模型文件[①]，此处不再列示其代码。而对应的 m 主文件[②]的源代码，如源代码 46 所示。

源代码46　福利损失的计算

```
%this the main file that invokes the welfare_loss.mod
clear all;  close all;  clc;

%we iterate on two parameters as in the textbook P177,Table7.2,
Galí(2008)
%phi: the reciprocal of elasticity of Frisch labor supply;
%epsilon: the elasticity of substitution between varieties produced in
%any given country.
% mu = epsilon/(epsilon-1);
epsilon_arr=[6,11];
phi_arr = [3,10];

beta =0.995;  theta = 0.75;
lambda = (1-beta*theta)*(1-theta)/theta;

%welfare loss metric
welfare_loss_arr=zeros(length(epsilon_arr),length(phi_arr));

var_inflation = zeros(length(epsilon_arr),length(phi_arr));
var_outputgap=zeros(length(epsilon_arr),length(phi_arr));

%running the mode file and save the desired results
for ii=1:length(epsilon_arr)
    for jj=1:length(phi_arr)
        epsilon = epsilon_arr(ii);
        phi = phi_arr(jj);
        save parameterfile_welfare epsilon phi;
        dynare welfare_loss noclearall
```

---

① Mod 源文件地址：\Sources\Chap8_Welfare_Metrics\welfare_loss.mod。

② M 源文件地址：\Sources\Chap8_Welfare_Metrics\ welfare_loss_index.m。

```
    var_outputgap(ii,jj) = oo_.var(1,1);
    var_inflation(ii,jj) = oo_.var(2,2);
    welfare_loss_arr(ii,jj) = epsilon/lambda*var_inflation(ii,jj)+...
        (1+phi)*var_outputgap(ii,jj);
    end
end
disp('The welfare loss');
%percentage
disp(100*welfare_loss_arr);
```

　　源代码 46 中的关键部分已经用黑体标示出来。此对应着平均福利损失的计算公式，最终计算结果如表 8.5 所示。同时，这也意味着无条件福利损失 (8.3.4) 也被计算出来。

表 8.5　不同参数下的平均福利损失　　　　　　单位：%

	$\phi=3$	$\phi=10$
$\epsilon = 6$	0.103 3	0.233 2
$\epsilon = 11$	0.170 2	0.402 6

数据来源：作者自行计算。

　　从表 8.5 中的计算结果来看，平均福利损失 (绝对值) 是两个参数的增函数。

参 考 文 献

[1] Elekdağ S., Tchakarov I. *Balance Sheets, Exchange Rate Policy, and Welfare*[J]. Journal of Economic Dynamics and Control, 2007, 31(12):3986-4015.

[2] Galí J. *Monetary Policy, Inflation, and the Business Cycle: An Introduction to the New Keynesian Framework*[M]. Princeton University Press, 2008.

[3] Galí J., Monacelli T. *Monetary Policy and Exchange Rate Volatility in a Small Open Economy*[J]. The Review of Economic Studies, 2005, 72(3):707-734.

[4] Kim J., Kim S. H. *Spurious Welfare Reversals in International Business Cycle Models*[J]. Journal of International Economics, 2003, 60(2):471-500.

[5] King R. G., Plosser C. I., Rebelo S. T. *Production, Growth and Business Cycles: I. The Basic Neoclassical Model*[J]. Journal of Monetary Economics, 1988, 21(2–3):195-232.

[6] Lester R., Pries M., Sims E. *Volatility and Welfare*[J]. Journal of Economic Dynamics and Control, 2014, 38:17-36.

[7] Rotemberg J. J., Woodford M. *Interest Rate Rules in an Estimated Sticky Price Model*[M]. Taylor J. B. Monetary Policy Rules. University of Chicago Press, 1999:57-126.

[8] Rotemberg J. J., Woodford M. *An Optimization-Based Econometric Framework for the Evaluation of Monetary Policy*[J]. NBER Macroeconomics Annual, 1997, 12:297-346.

[9] Rudebusch G., Svensson L. E. *Policy Rules for Inflation Targeting*[M].Taylor J. B. Monetary policy rules. University of Chicago Press, 1999:203-262.

[10] Williams J. C. *Simple Rules for Monetary Policy*[J]. Finance and Economics Discussion Series Paper No.1999-12. Federal Reserve Board, 1999:1-15.

[11] Woodford M. *Interest and Prices: Foundations of a Theory of Monetary Policy*[M]. Princeton University Press, 2003.

[12] Woodford M. *Inflation Stabilization and Welfare*[J]. Contributions to Macroeconomics, 2002, 2(1):1-51.

[13] Zhang W. *China's Monetary Policy: Quantity Versus Price Rules*[J]. Journal of Macroeconomics, 2009, 31(3):473-484.

[14] 刘晓辉，范从来 . 汇率制度选择标准：从社会福利到微观福利 [J]. 财贸经济，2008，4:18-22.

[15] 刘晓辉，范从来 . 汇率制度选择及其标准的演变 [J]. 世界经济，2007，3:86-96.

[16] 马文涛 . 货币政策的数量型工具与价格型工具的调控绩效比较——来自动态随机一般均衡模型的证据 [J]. 数量经济技术经济研究，2011，10:92-110.

[17] 梅冬州，龚六堂 . 新兴市场经济国家的汇率制度选择 [J]. 经济研究，2011，11:73-88.